マイケル・キーン／ジョエル・スレムロッド

課税と脱税の経済史

古今の（悪）知恵で学ぶ租税理論

中島由華訳

みすず書房

REBELLION, RASCALS, AND REVENUE

Tax Follies and Wisdom through the Ages

by

Michael Keen and Joel Slemrod

私の愚行をこころよく許してくれる、愛するわが妻ジェラルディーヌと、ピッパ、エディ、セリーナに捧げる。

——M・K

わが生涯の伴侶エイヴァと、アニー、ジョナサンに捧げる——私の節税アドバイスに耳を貸してくれないことはあっても、私の愛情をいつも喜んで受け入れ、それに応えてくれる。

——J・S

課税と脱税の経済史▒目次

はしがき　xvii

謝辞　xxii

第I部　強奪と権力

1　すべての公共のことがら　3

ベンガルからボストンへ　5

かつてなかったほどの不名誉　13

ボリビアが内陸国である理由　18

天界の光に税金をかける　20

何もかもが税金のせいではない。しかし……　26

2　われわれが来た道　29

駆け足でたどる税金の長い歴史　30

いくら？　41
戦争と福祉　46
バベッジの悪夢　50
債務、債務不履行、そして君主たち　53
お金をつくる　58

3　別の名前で

69
エリザベス一世から周波数オークションまで　70
主権の売却　77
低賃金労働　79
無賃金労働　79
金持ちの戦争を貧乏人が戦う　81
自分の役割を果たす　84
（封建的な）税を納める　88
一線を超える　90

さらにもう少し　94
ツテを頼る　94
愚行税　96

第Ⅱ部　勝者と敗者

4　まずまずの公平性

串刺し刑　103
人頭税とイングランド人　103
崇高な目的　112
公平性の追求　114
払っただけの見返りを得られる？　115
納められるだけの額を納める？　118
サインを示せ　120

階級別の課税　120
コミュニティ別の課税　122
ぜいたく品に対する課税　125
経済状況の推定　130

5　財政の強大な動力源　133

巨人の仕事――イギリスの所得税　134
ドレッド・スコット判決　143
激情犯罪とフランスの所得税　153
古い恐怖と新しい方向　157

6　誰でも平等に扱われるわけではない　163

女性らしさに対する課税　165
特殊な制度　169

改宗　172
部外者　179
見知らぬ土地の見知らぬ人　179
懲罰としての課税　181
難しい選択　182

7　留まるか、移り変わるか

誤ったスタート　189
他人の知見を盗みとる　194
忘れてはならないこと　198
君、10セントの20分の1を都合してくれないか？　201
ものごとは見た目どおりとはかぎらない　203
ワーキングプア（あるいは、彼らの雇用者）に助けの手を差しのべる　203
非課税の地方債は抜け目のないリッチへの贈呈品か？　205
法人税の帰着は闇のなか　206

全体像をとらえる　209

第Ⅲ部　行動を変える

8　悪い行ないを改める　215

正しいことをせよ　216
家族の問題　217
知識に対する課税　220
よい事柄よりも、よくない事柄に課税せよ　222
地球を救う　224
牛のおなら、怖い犬、かわいい猫　227
罪の報い　228
悪習　229
飲酒階級にとって忌まわしいもの　235

セックス　238
ドラッグ　239
だがロックンロールは別　241
不健康な生活　241
ノーというだけ？　244

9　巻き添え被害　249

創意工夫の後押し　250
奇妙なもの　251
線を引く　259
超過負担　267
煙のないところに火はない　267
超過負担を知るために　276

10 ガチョウの羽根のむしり方 281
聖杯を探して 284
戦時利得者と法人税を再考する 285
土地をくれ、広い土地を 288
富の強制徴収 293
ダメージの制限 295
イギリス一の才人 296
課税ベースを広げ、税率を下げよ（まあ、そうしなくてもいい） 300
税制の形成 303
どれだけの羽根を？ 308
11 世界市民 313
ライスプディングをつかまえる 316
税金という嵐からの避難 321

金持ちはわれわれとは違う　326
すでに転居済み　326
他言しない　329
虚偽の利益　331
「私があなたなら、ここはやめておく」　332
武器（レングス）よさらば？　338
税を転がす　344

第Ⅳ部　税金はひとりでに集まらない

12　串刺しヴラドと穏便な徴税方法——353
隙間に注意　355
いろいろな脱税犯　356
既知の未知　359

ムチをたっぷり——アメをちょっぴり　360
まず金をとる　362
大企業は税務署の友……　370
……そして、小規模事業者は税務署の悪夢である　372
情報が支配する　374
信頼せよ、しかし確認せよ　382
納税者も人である　384
主義のための（公然の）脱税　384
正直さを政策にする　386

13 誰かがやらなければならない

誰かがやらなければならない——391
いろいろな徴税人　392
誰が集める？　397
徴税請負制度（および徴税請負人）の隆盛と終焉　398
キックバック——合法と非合法　405

税の独立　410
収税業務の民営化　411
税務機関の規模は？　413
税務のテクノロジー　415

第V部　税をつくる

14　税の喜び

425
財務大臣の夢　426
野獣を飢えさせる　431
コヴェントリーからKストリートまで　433
ロビー活動の赤裸々な真実　434
バター（と税額が同じ）ではないとは信じられない　438
課税によるチェーン店虐殺　439

ひとりの免税　442
課税してはならない――イギリスにおける食料品非課税の400年　443
政府のゲーム　447
見えなくする　447
名前の意味？　450
しまった！　453
まずまずの成功といえる税政策　454
グッチ峡谷などから得られる教訓　456
VATの隆盛（と増税）　460

15 来るべき世界の形――465

ナブーとユートピアの税制　466
税金の知恵の柱　469
納税者の反乱の理由が税金とはかぎらない　469
言葉に気をつける　471

昼食代を払うのはあなたかもしれない　472
ともあれ、課税の公平性は達成しがたい　474
課税とはよい代理指標を見つけることだ　476
租税回避と脱税に発揮される創造性　478
課税の最大のコストは目に見えないかもしれない　479
税はたんなる資金調達ではない　481
人は怖いから税金を払う　483
国家主権としての課税権は過去の遺物になりつつある　484
スローガンに注意　486
未来とその先　487
厳しい時代　488
素晴らしき新世界　492
彼らはわれわれをどう思うか　497

索引　*1*　原注　*11*　参考文献　*73*　図版クレジット　*117*

はしがき

税制は……あいかわらず活況を呈している。われわれ10人のうち9人までに直接かかわっている点で天然痘やゴルフに勝るし、劇的な要素をたっぷりと含んでいる点でこれらふたつに引けをとらない。さらに、時がたつにつれて熟成され、装飾される点では、多くの安っぽい、馬鹿げた仮説と同じことである。

——H・L・メンケン(1)

昔の租税および財政構造は、テーマとしては難解で、面白味がない。

——ジョージ・テニスン・マシューズ(2)

われわれはメンケン氏の意見を支持する——本書を執筆したのは読者にそのことを納得してもらうためである。マシューズ教授にしても、自ら発したこの言葉に心底納得しているわけではないらしく、アンシャン・レジーム期のフランスにおける難解な税の規定をテーマに292ページの論文を執筆している。

昔の税制にまつわる物語のなかには面白いものもあることを、われわれは読者に伝えたい。成立の経緯が奇妙なもの、奇怪なもの。また、制度自体が興味をそそるもの。それらに改めて目を向けることは、今日の新聞や政治の場でさかんにとりあげられる税の重要な問題の考察にも有益だろう。本書でとりあげるのは数千年の期間に生まれた物語の数々である。シュメールの粘土板、ヘロドトス、カリグラ帝の奇抜な税制から、パナマ文書で暴露された狡猾な租税回避や、ブロックチェーン技術で可能になる税務の仕組みや、新型コロナウイルス感染症のパンデミックで変化した世界における今後の税制の展望まで、幅広く紹介する。とはいえ、この本は税金の歴史をまとめた歴史書ではないし、税金の原則を教える入門書でもない。その両方の要素を少しずつ持っている。

　税金の原則がわかれば、税金の歴史をとらえるのに役立つ。たとえば、所得税のような制度がなかった時代の統治者は、最貧困層の税負担を軽減するために（それが自分自身の生き残りを目的としていたとしても）さまざまな方法を考案した。また、税金の歴史上の有名なエピソードのなかには、事実とは異なるものもいくつか（それほど多くはないが）あるのだが、それらの真相はたいへん重要で、興味深い。例を挙げれば、イギリスで、１３８１年の農民一揆の発端となった税金は、実際には人頭税とはいえなかった。また、ボストン茶会事件のきっかけは増税ではなく、減税だった。

　一方、税金の歴史がわかれば、税金の原則を解き明かすのに役立つ。ときには、われわれになじみのある現行の制度よりも、昔の一風変わった制度やその名残に目を向けるほうが、原則をとらえやすくなる。今日の税制の議論にはつまらない政治的レトリックがつきものなので、それに気をとられ、集中を削がれやすくなる。論争の種にならない過去の税制のエピソードならば、税金の基本原則をつまびらかにする助けになる。たとえば、気候リスクから地球を守るために炭素税をとりいれることへの賛成を主張する場合の理屈は、ボヤール〔大貴族階級〕からロシアを守るために髭税をとりいれたピョートル大帝のやり方への賛成を主張する場合の理屈と変わるところがない。

この本でとりあげるエピソードには、信じがたいとか、ばかばかしいなどと思えるものがいくつもある。とんでもない失敗やむごたらしい事件もある。また、教訓にすることはできないが、常識からかけ離れた面白おかしいものも。だが、愚行ばかりではなく、驚くほど賢い行ないもとりあげる。税を立案し、導入するときに取り組むべき問題は、基本的に昔もいまも変わらないというのが本書のテーマだからである。昔の人も現代人と同じく創意工夫をもって新税の——また、脱税方法の——考案をした。現代の税制のありようを思えば、昔の人よりも現代人のほうがずっと優秀だなどと考えるべきではない。煙突に税金をかけるアイデアは、われわれから見れば風変わりかもしれない。だが、現代の税制にしても、われわれの子孫から見れば少々奇妙ではないだろうか。たとえば、多国籍企業に対する課税では、まったく異なる企業をひとくくりにし、それらがすべて同じ環境にあるというありそうもない（おそらくあり得ない）状況を想定し、それらの業績を算出しようとする。考えてみれば、たしかに奇妙である。

この本の目的は税金によってすべてを解明できると主張することではない。だがわれわれは、たいていの人が意外に思うほど多くのものごとを、税金によって解明できると考えている。ローマ教会との決別の理由について、ヘンリー八世は何としてもアン・ブーリンと結婚したかったという説はたいへん面白いが、教皇に納めることになっていた教会税をわが国のものにし、それで財政を立て直したかったという側面もある。またこの本は、現代のペット税のすばらしさを売りこもうとするわけではないが、今日の税制をめぐる論争に役立てるべく、積極的に過去の例を引きあわせ、関連性を論じる。結局、それこそが肝心な点なのである。

今日の税制は、古代ギリシャ、植民地時代のシエラレオネ、江戸時代の日本、あるいは大恐慌時代のアメリカのそれとは大きく異なっている。とはいえ、遠い昔になされた決断によって形づくられている。たとえばアメリカでは、建国ののちに奴隷制と税制をめぐる議論が行なわれた結果、今日に至っても富裕税の導入が困難となっている。しかし、この本の核心をなす基本的なポイントは、税制のよしあしを定める原則の多くがどの時代にも見てとれることである。それらの原則に目を向ければ、過去を知り、テクノロジーの発展とともに変わりゆく未来のために賢い選択を行なうのに役に立つ。また、これまでにそれらの原則がどう作用してきたかを知れば、わくわくするような面白味を感じられる。

この本は、税金の誕生からの物語全体に通じるテーマを明示するため、時系列順ではなく論点ごとに歴史をとらえている。だから、時代や場所があちこちに飛ぶ。本文は五つに分かれている。第Ⅰ部では、概要を伝えるために全体像を描きだす。まず、税金の歴史上のエピソード――身の毛もよだつような恐ろしいものから、興味をそそる風変わりなものまで――をいくつか紹介し、この本で論じることになる、税金の不変の真実をかいつまんで伝える。それから、納税を促すために行なわれた古今の政府のさまざまな取り組みについて、幅広い観点から述べる。第Ⅱ部では、税制によって生まれる勝者と敗者に目を向け、課税の公平性について論じる。統治者ならば、どれほど腹黒い人間であっても、生き延びるためにはこの部分に配慮しなければならない。うまくやろうとした彼らの数多くの失敗例と少しばかりの見事な成功例をとりあげる。実際のところ、課税によって誰が勝者になり、誰が敗者になったのかを正しく見きわめるのは容易なことではない。真の税負担者は誰かという問題は、少なくともイギリス中世以降の施政者たちの頭を悩ませてきたほか、今日の政治制度づくりに役立てられてもいる。第Ⅲ部では、古代のエジプト人から現代の多国籍企業までを例に、税金の支払いを回避するために発揮される、人類の途方もない独創性について説明する。また、そういった不埒な行為への対策、あるいは対策の欠如、あるいは対策の導入について考察する。第Ⅳ部では、税金を集める苦労（ときには命を落とすこともあった）に着目する。さまざまな事例から、人間性の最悪の部分と最善の部分の両方が明らかになっている。また、納税義務の履行を促すために人びとを脅したり丸めこんだりする政府の手立て——古代中国の美しい青銅の装置から、アルゼンチンのブエノスアイレス上空に飛ばされるドローンまで——をとりあげる。そして最後に、第V部では、税政策づくりの複雑な現実について論じる。目を見張るような成功例と失敗例を挙げ、そこから今後に生かすべき教訓を引きだす。税制は、なくなることはないだろうが、われわれになじみのある現在の形とは大きく異なるものになる可能性は十分にある。終盤では、今日の税制のうち、未来の人びとから苦笑されてしまいそうな、おかしな制度をとりあげる。

われわれは経済学者であって、歴史学者ではない。だから、本物の歴史学者のみなさんには、われわれがそちらの領域にずかずかと踏みこむことをお許しいただきたい。そして、従来的かつ形式的な（おそらく、退屈でもある）税の教科書よりも面白味のある副教材としてこの本を使いたいと思ってくださる経済学者のみなさんにお伝えしたい。この本の五つの部は財政について学ぶうえでの基礎に対応している。つまり、概要以降、公平性（垂直的公平と水平的公平）への配慮、帰着分析、効率性と最適な課税の問題、税務管理、実際の政策形成、そして税のおもな課題と今後の可能性に焦点をあてているのである。

そんなわけで、この本の内容は論理的に進行する。だが、いわば「つまみ食い」をしたければひとつの章を選択的に読んでもいい。われわれの目的は読者を楽しませることである。税金は非常に重要であると同時に興味深いものでもあることを懐疑的な人びとに納得してもらいたい。これからも、これまでと同じく反乱は起こり、税金関連の不正は絶えず、愚行はやまないだろう。この本がこれからの税制の向上に少しでも役立つことを願ってやまない。

謝辞

われわれには感謝するべき人が大勢いる。ミシガン大学で研究にいそしむ学生（および非学生）ギャレット・アンストライカー、キャサリン・コックス、ソフィア・デイヴィス＝ロダク、ベン・エルキンズ、アデレード・ナイツ、ジェニファー・メイヨー、ペイジ・オピエラ、ケンドラ・ロビンズ、アンビカ・シンハ、テイラー・スローン、マイケル・スターンバック、リディア・ワンは、丹念にデータを探しだし、資料にあたり、あり得ないように思える主張を証明してくれた（また、論破してくれもした）。クローディア・カポスは執筆を始めたころに編集上の指針を示してくれた。ルーヴェン・アヴィ＝ヨナ教授、ジェイムズ・R・ハインズ・ジュニア教授、ジェフリー・フープス教授は初期草稿に多くの意見をくださった。それから、プリンストン大学新聞のレビュアーのみなさんにも感謝を捧げる。

意外に思えるかもしれないが、われわれと同じく税金の物語に大きな関心を持つ奇特な人びとからなる小さなコミュニティがある。一風変わったこの興味の対象を共有する人、われわれがそれを追求するのを助けてくれた人、あるいは全般的に協力してくれた人は大勢いる。たとえば、アネッテ・アルスタッドセーター、マット・ベンジ、サイモン・ブラック、ジャン＝ポール・ボダン、デイヴィッド・ブラッドベリ、ジェラール・シャンバ、シーブレン・クノッセン、イスラエル・フェインボイム、ヴィトール・ガスパール、クリスティアン・ギリッツァー、ピーター・ハリス、シャフィク・ヘブス、コーリー・ヒラー、グレアム・ホランド、エドマンド・キーン、アレグザンダー・クレム、リー・リュー、マリオ・マンスール、シャリニ・マター、アドナン・マザレイ、ホルヘ・マルティネス、キヨシ・ナカヤマ、ヨーン・ノルガード、カズキ・オンジ、イアン・パリー、ヴィクトリア・ペリー、パトリック・ペティート、サティア・ポッダー、フェデリコ・サラザール、ジェラルディーヌ・シモネ＝キーン、ジャネット・ストツキー、リカルド・ヴァルサノ、クリストフ・ワエルツェガース、シャシン・ワン、シーイン・ウーである。だが、ここに名前を挙げたみなさんのほかにも、たくさんの方にお世話になった。

ジョエルから、2014年後半、この本の企画が立ちあがったころに研究員としてお世話になったオックスフォード大学企業課税センターに御礼申しあげる。マイケルから、この本の執筆という長旅にこころよくつきあってくれたジェラルディーヌに感謝を捧げる。それから、なかなか会えない両親、それにケイトからの温かい気遣いもありがたかった。国際通貨基金時代の元同僚たちは、税制をよりよいものにすることの面白さや重要性について日々教えてくれた（とはいえ、もちろん文責はわれわれにあり、この本に記した見解に批判するべき点があるとしても、IMFの一般職員、管理職員、幹部職員にはいっさい関係ない）。

われわれふたりから、プリンストン大学出版の担当チームに心より感謝申しあげる。当初からこの企画を後押ししてくれた編集者のジョー・ジャクソンは、この本の構成や文体について有益な助言をしてくれた。その他のおもな貢献者には、リサ・ブラック、ジャクリーン・デラニー、ケイト・ファークワー＝トムソン、コートニー・キング、アンジェラ・パイリアウラス、ジェイムズ・シュナイダー、カール・シュプルゼム、シド・ウェストモーランドがいる。

書籍の執筆において、真の負担者になるのは著者の周囲の人びとである。この本の場合もそうだった。彼らの忍耐と励ましに対し、われわれはただ心からの感謝を捧げるばかりである。

第I部　強奪と権力

もともとは強奪といったが、やがてもっと穏便に、徴税と呼ぶようになった。

——トマス・ペイン[1]

国民の精神、文化水準、社会構造、そしてその国の政策によって行なわれ得るものごと——このすべてに加え、さらに多くのことまでも、その国の財政の歴史に赤裸々にあらわれている。

——ヨーゼフ・シュンペーター[2]

1　すべての公共のことがら

国家の歳入は国家そのものである。

――エドマンド・バーク(1)

よく知られている話だが、1799年にナポレオンの部下の兵士たちによって発見されたロゼッタ・ストーンは、古代エジプトの象形文字ヒエログリフの解読に重要な役割を果たした。要点は、同じ内容の文章が3種類の文字で刻まれていたことだった。そのうちの2種類はすでに解読済みだったため、残りのひとつ、ヒエログリフも徐々に理解できるようになった。だが、わざわざ3種類の文字で記すとは、いったいどんな重要文書なのだろう？　じつは、あなたもすでに察しているかもしれないが、ロゼッタ・ストーンには税金に関することが記されていた。古代エジプトの神官に対する税の減免である。かつてあった税制優遇措置を復活させるというのだった（また、ここにひとつ学べることがある。税制優遇措置は税制と同じくらい古くからあるのだ）。税制自体はロゼッタ・ストーンに文字が刻まれるずっと前から存在した。人類史の初期に記された文書には、当時の税制について伝えるものが少なくない。シュメール遺跡で見つかった紀元前2500年ご

シュメールの納税記録。

プトレマイオス朝エジプトの免税記録。

ろの粘土板には納税証明書が含まれている。[2]

こういった遺物から見てとれることがある。力のある支配者は、自らの持つ強制力の行使によって資源を奪い、好きなように使うということだ（実際の定義をさておいていえば、「税」とは「政府に強制的かつ一方的に支払う金」である）。[3] エドマンド・バークの見解のとおり、概して、だからこそ支配者はそれとして定義されるのである。強制的に税金をとる権限の行使をめぐる衝突は、折に触れて歴史のページをいろどってきた。そして、現行のさまざまな制度の形成にたいへん重要な役割を担ってきた。それよりも日常的だが、考えもおよばないほど深い、直接的な影響をおよぼすのが課税権の行使で、遠い昔から一般市民の日常生活や努力に強い影響力を発揮してきた。それは、江戸時代の日本で、収穫したコメの一部を年貢として領主に納めていた農民でも、現代のナイジェリアのラゴスで、付加価値税（VAT）の納付に頭を悩ませる商店主でも同じことである。昔から、課税は一般大衆の生活にじかに影響をおよぼす政府の手段である。支配者および政体は課税権の行使方法をどう選ぶかによってその特徴が――また、その存続と発展が――大まかに定まってくる。アレクシ・ド・トクヴィルが記したとおり、「公共の事柄は、ほとんどが税金から生じるか、税金に帰する」のである。[4]

遠い昔から、国家事業の運営あるいは自身の気まぐれのために資金を調達しようとする支配者は、時代を経てもほとんど変わらない根本的な課題に直面してきた。この本は、そういった課税の問題をとりあげ、税にまつわるさまざまなエピソード――ドラマチックなものや退屈なもの、ぞっとするものやくすっと笑えるもの、愚かなものや賢いもの――を引き合いに出しつつ、厄介な事態を招くことのない、もしかすると世のためになりもする税制を形づくる最善の方法について考える。

まずは、この本のおもなテーマが鮮明にあらわれている四つのエピソードを紹介する。それらは税金に関する話にも楽しめるものがあることを教えてくれる（とはいえ、為政者はそれを意図していたわけではなかったはずである）。

ベンガルからボストンへ

税金の歴史上、「よく知られている」といえる出来事はあまり多くない。そのなかに、課税権の問題をはじめとする、王権をめぐる論争のなかで起こった衝突がいくつかある。それらはたいへん有名で、起源神話と同じくらい広く知られている。ジョン王（在位1199－1216年）[5]が貴族らに強いられて大憲章《マグナ・カルタ》を承認したことや[6]、ジョン・ハムデンがチャールズ一世への建船税納付を拒否したこともそうである。しかし、国家的神話は実状どおりではないことが多い。誤って記憶されている場合もある。「マグナ・カルタのことはどうでもいいとおっしゃるんですか？」とイギリスのコメディアンのトニー・ハンコック。「マグナの死は無駄だったんでしょうか？」また、真実であっても重要な部分が欠けている場合もある。

最初にとりあげるのは、アメリカ独立戦争につながるエピソードである。「自由の息子たち」と称する愛国派集団がボストン湾に茶を投棄した――従来、その発端についてはイギリスから押しつけられた過酷な税であるといわれてきた。納税者の反乱として、この事件は世界史上もっとも有名なものだろう。だが、その実際のところは後世の人びとが抱いているイメージとは異なっている。この本で伝えたい教訓のひとつは、税に関しては、事実よりも誤った通念のほうが広く知られている場合が多いことである。ボストン茶会事件の発端は増税ではなく、じつは減税だった。その背景には、徐々になりふり構わなくなっていった為政者側と、力のある利害関係集団側との複雑なやりとりがあった。双方がたんなる私利私欲であるものを高潔に見せかけることに長けていた。そして、この件でイギリスから重税を押しつけられ圧迫を受けたのはアメリカの植民地ではなかった。インドだったのだ。

始まりは七年戦争の終結後の1763年だった。イギリスの領土は大幅に拡大していたが、債務もまたそうだった。アメリカでは、境界線上からフランス軍に圧力をかけられていたイギリス植民地が解放されていた。インドでは、一民間企業でありながらイギリス政府からの後援を得ていた東インド会社が貿易の主導権を握り、巨額の利益を上げていた。だが、カナダと西インド諸島から収益を得られるようになったとはいえ、そこまで来るには莫大な金をかけなければならなかった。イギリスは戦費調達のために莫大な借金をしていた。政府の負債総額は何と国内総生産（GDP）の約120パーセントにのぼり[7]、財政支出の3分の2までが利息の支払いにあてられていた。イギリスは財政の立て直しを急務としていた――そこで、植民地に対して相応の貢献を求めることにした。

１７６５年、イギリスにとって先行きはそう悪くないように思われた。たしかに、アメリカの入植者たちは１７６４年の砂糖税導入をそれほど歓迎しなかった。だが、法律文書などを課税対象とする印紙税のほうはもっとすなおに受容すると思われた――ともあれ、印紙税はイギリス本国ですでに導入されており、問題らしい問題は発生していなかった。これらの税について、ジョージ・グレンヴィル首相は「公平で、広範囲で、負担が軽く、税収がかなりの金額にのぼると思われ、徴収にそれほど多くの職員を必要としない」はずだと考えていた。(8) これらの税の収入は植民地の防衛費にあてることになっていた。また、１人当たりの平均税額は、イギリス本国人が25シリングだった一方、入植者はたった６ペンス（もしくは半シリング）だったから、公平性の観点からいえば、入植者にもっと払わせてしかるべきだった。(9) さらに、インドから喜ばしいニュースが伝えられていた。この年、東インド会社はベンガル、ビハール、オリッサでの「ディワニ」――徴税権――をムガル帝国から授けられた。これは豪華賞品を獲得したようなものだった。『ジェントルマンズ・マガジン』誌によれば、「新たに獲得したものには桁外れの価値がある。……この国に富の鉱脈が開かれる。……数年のうちに……国の借金の返済、土地税の減税、貧困者の税負担の軽減が可能になるかもしれない」。(10) １７６７年には、その第一歩がいよいよ踏みだされたかに思われた。東インド会社は、インドで特権を享受するのと引き換えに、イギリス政府に対して年40万ポンドを支払うことに同意した。

ところが、やがて雲行きが怪しくなった。アメリカで激しい抵抗運動が起こったため、イギリスは印紙税をただちに廃止せざるを得なかった。そのかわり、大ピット（間違いなく、そのころには「深刻な心の病」(11) のために仕事に支障をきたすようになっていた）の政権は１７６７年にタウンゼント諸法を制定し、茶などを対象にする輸入関税を植民地に導入した。それによって得られる税収は「ディワニ」の約10分の１に過ぎなかった。だが、重要なことがその法令の序文に明記されていた。それによれば、この諸税は「アメリカのイギリス自

1767年、イギリス、ベンガルで課税ベースと課税権を得る。

治領から税収を獲得するための手段である」のだった。[12] 現地では抵抗運動やボイコット運動がいっそうさかんになり、１７７０年、茶を対象にする3分の1ポンド法を除いたすべての輸入関税が廃止された。3分の1ポンド法が残されたのは、「[課税の]権限の維持のため、つねにひとつは税を課す」という国王の主張どおりのことだった。[13] 抵抗運動やボイコット運動はやまず、１７７０年3月、パニックにおちいったイギリス軍はボストンの路上で植民地人７人を殺害した。

しかし、インドの状況はもっと悪かった。「ディワニ」は期待したほど喜ばしい結果をもたらさなかった。１７６９年にベンガルが飢饉に見舞われたせいである。東インド会社の税収は、１７６６年から１７６７年には１８０万ポンドだったが、１７７０年から１７７１年には大幅に減り、１３０万ポンドだった。[14] 飢饉の規模から考えれば、予想よりはましだったのかもしれない。このときの飢饉により、ベンガルの人口の約20パーセントが死亡したと考えら

読者カード

みすず書房の本をご購入いただき，まことにありがとうございます．

書　名

書店名

・「みすず書房図書目録」最新版をご希望の方にお送りいたします．

（希望する／希望しない）

★ご希望の方は下の「ご住所」欄も必ず記入してください．

・新刊・イベントなどをご案内する「みすず書房ニュースレター」（Eメール）をご希望の方にお送りいたします．

（配信を希望する／希望しない）

★ご希望の方は下の「Eメール」欄も必ず記入してください．

(ふりがな) お名前　　様		〒
ご住所	都・道・府・県	市・郡
		区
電話	（　　　）	
Eメール		

ご記入いただいた個人情報は正当な目的のためにのみ使用いたします．

ありがとうございました．みすず書房ウェブサイト https://www.msz.co.jp では刊行書の詳細な書誌とともに，新刊，近刊，復刊，イベントなどさまざまなご案内を掲載しています．ぜひご利用ください．

郵便はがき

料金受取人払郵便

本郷局承認

6392

差出有効期間
2025年11月
30日まで

113-8790

東京都文京区
本郷2丁目20番7号

みすず書房営業部 行

通信欄

（ご意見・ご感想などお寄せください．小社ウェブサイトでご紹介させていただく場合がございます．あらかじめご了承ください．）

れるのだ。だが、それ以上の税収減を食いとめたのは東インド会社のきわめて冷酷な徴収方法だった。「インド人は金品を差しだすまで痛めつけられた」と、旧体制の役人が報告している。「都市、町、村で家々があさられ、知行地《ジャーギール》、州で金品が勝手に持ち去られた」[15]。しかし、税金をそうやって無理やりとりたてても、やはり税収が大きく減ることは免れなかった。飢饉以外にも、東インド会社には頭の痛い問題がいくつもあった。過剰なほどの企業家精神に満ちた現地の社員たちは、過剰なほどの借入を好き勝手に行なっていた。防衛費は嵩んでいた。それに、アメリカでのボイコット運動のこともあって、茶が大量に売れ残っていた。植民地から得られた東インド会社の１７７０年の売上は、１７６８年から90パーセント近く減っていた[16]。１７７２年、東インド会社はすでに深刻な経営難におちいっていた[17]。ロンドンの倉庫には約１８００万ポンド〔約８１６０トン〕もの茶が売れ残っていた[18]。会社はイギリスに輸入した茶の関税を事実上滞納していた。政府にきちんと税金を支払うどころか、逆に政府から大金を借りなければならない状況だった[19]。それでも、イギリス政府の財政（また、多くのエリートの富[20]）の核をなしていた東インド会社は巨大になりすぎ、容易に倒産させることはできなかった。「莫大な利益を生みだす貿易独占権と帝国の徴税権を得たことで、落ちぶれ、破綻寸前となった」と、のちにエドマンド・バークが議会に対して述べている[21]。

　ノース卿が１７６８年に宣言したとおり、「重大な国家的問題がふたつある。東インド会社の状態とアメリカ問題である」[22]。これらの課題はしだいに関連するようになったため、それぞれの解決策を見いだすにはもう一方の解決策が手がかりになると思われた。東インド会社の財政の安定には茶の売上を増やすことが重要であり、市場としてもっとも期待できそうなのはアメリカだった。アメリカの茶市場に拡大の余地があるのは明らかだったが、実現に障害があることもたしかだった。アメリカの植民地で消費されていた茶のうちの４分の３までが密輸品だったのだ[23]。一部の人びとは、この貿易上の問題をうまく盾にとれば、タウンゼント諸法に定められた輸入関税を廃止に持ちこめるのではないかと考えた。だが、当時のイギリス首相のノース卿は原則の維持を主張しつづけた。それは実際の税ではなく、税の「前兆」である、とエドマンド・バークは意地悪く指摘している(24)。

そんななか、切羽詰まった官僚と政治家が狡猾な計画を思いついた。大まかにいえば、イギリス側の茶税を廃止することでアメリカにおける茶の価格を引き下げつつ、アメリカ側の茶税を継続することで法令前文の原則を維持するというものだった。もう少し詳しくいえば、それまで東インド会社はアメリカ向けの茶をまずイギリスに持ちこむことを義務づけられており、そこで約24パーセントの輸入関税を支払ってから積荷の茶を競りにかけていた。だが1773年7月以降、アメリカ向けの茶をイギリスに持っていっても輸入関税がかからなくなった。すると、もっとも安価な茶の場合、アメリカにおける1ポンド当たりの価格がおよそ6ドル下がった(25)。それだけならば、タウンゼント諸法に定められた税金を支払わない密輸業者のほうがまだ優位にあった。だが、東インド会社はアメリカに直接輸出することを許されたのだった。密輸業者は真の競争の場に立たされた。もちろん、アメリカの人びとは正規の輸入品を大量に買うようになった。それにより、東インド会社とその背後の有力な利害関係者の財政再建に貢献しただけでなく、アメリカの植民地に対するイギリス政府の課税権を暗に受容することにもなった。賢い策である。

ところが、これは少々賢すぎた。アメリカで、ごく安価になった茶の販売を東インド会社から委託された現地業者は、当然ながらイギリス支持派になった。すると、イギリス側——1765年の印紙税導入によって、法律家、居酒屋経営者(26)、新聞社、記者などの、頭の切れる、影響力のある人びとを憤慨させていた——は、もう一方の有力な利害関係者をじかに攻撃するようになった。つまり、茶の密輸で大儲けできなくなり、アメリカ独立派の主張にだんだんと同調するようになった、海千山千のうさんくさい大商人のことである。

1773年、イギリス、ボストンで課税ベースと課税権を失う。

たとえばジョン・ハンコックだ。「かなり大規模に密輸業をいとなみ[27]」、ボストンでも指折りの豪商になっていた彼は、独立派の旗振り役サミュエル・アダムズとのつながりを深めていった（ハンコックはのちに独立宣言の署名者になった。署名の文字はもっとも大きく、華麗である）。密輸品の茶を販売できなくなったアメリカの商人は、イギリス政府のもくろみは、正規輸入品を販売することも望めなかった。イギリス政府のもくろみは、彼らのような有力者の商業的利益ばかりではなく、影響力まで削いでしまうことだった。ところが、当てが外れてしまった。1773年12月16日にオールド・サウス集会場で会合が開かれた。ハンコックが議長を務め、アダムズが人びとを煽り、しまいには自由の息子たちのメンバーが、値下げされていた茶およそ3万5000ポンドをボストン湾に投げ捨てた。フィラデルフィアとチャールストンでは茶の輸送船が入港を拒否された。ボストンとニューヨークではまたもや「茶会」が行なわれた。その後、暴動は「代表なくして課税なし」を旗印に革命へと発展していった。

この件には皮肉な点がある。今日のアメリカのティーパーティ運動は必要最低限を除いたあらゆる税金にうるさく反対しているが、その名称は事実上の減税に対する暴力的な反対運動に由来しているのである。また、この件はいくつかの教訓を教えてくれる。「じつは、［自由の息子たちは］代表なき課税に反対していたわけではなく、税制そのものに反対していた」と結論するのは行き過ぎかもしれない。[28]だが明らかに、ボストン茶会事件のきっかけは税率の問題にとどまらなかった。

ボストン茶会事件、それにアメリカ独立戦争は、突き詰めれば王権の問題を要因としていた。茶に税金をかけるという、あからさまに自らを利する権限の行使が人びとの反感を買い、具体的な行動を引き起こしたのだ。だが、これらの事件の要因には、アメリカの植民地の密輸業者のような利害関係集団の、利害がまったく異なるように見える集団――たとえば、茶を愛好するボストンの一般市民――からさえも巧みに支援を得る力もあった。さらに、その他の税にまつわる悲惨なエピソードの数々の場合と同様に、税が導入された経緯の問題も要因だった。あるいは、「税が導入されたこと自体の問題」といったほうがもっと的を射ているかもしれない。密輸は入植者にとって（また、イギリス本国の人びとにとっても）日常の一部であり、イギリス政府による密輸取り締まりの試みは現地の人びとによく思われていなかった。1772年には、密輸業者の捕獲を任務とするイギリス海軍の「ガスピー号」が現地の人びとに焼き討ちされた。[29]また、政府の税収の使いみちにほとんど支持を得られず、不興を買っていたことも一因だったかもしれない。タウンゼント諸法に定められた諸税による収入は、植民地に派遣されたイギリス官吏の経費と、陪審なしで決議を行なえるアメリカ関税局委員会の設立費にあてることになっていたため、入植者からは不評であったはずで、事態はいっそう悪くなるばかりだった。

イギリスからの独立後、アメリカの新政府はそれ自体の課した税をめぐって発生した暴動に向きあうことになった。[30]1791年、国家の必要を満たすには税収が足りないと気づいた財務長官アレグザンダー・ハミルトンは、ウイスキー（当時は罪深いぜいたく品と考えられていた）への課税を決めた。[31] 偶然とはいいきれなかったが、この決断によって有力なロビー集団であった大手醸造所に利益がもたらされた。[32] 一方、それに憤慨した人びともいた。アパラチア地方西部のウィスキー醸造農家である。地方で小規模に醸造業をいとなむ人びとは納税を拒否した。やってきた徴税人にタールと羽を塗りつけ、さらし者にした。しかも、武器をとって立ちあがり、流血沙汰を引き起こした。アメリカ政府は武力で対応しようとした。その点はかつてのイギリスと同じだったが、結果は異なった。1794年、ジョージ・ワシントン大統領の軍隊はあっさりと暴徒を制圧した。[33]

イギリス政府はアメリカ独立戦争からいくつかの教訓を得た。1931年、マハトマ・ガンジーはイギリスによるインド支配に抗議するため、塩を含んだ土をスプーンですくい、海水で煮立て、違法とされていた塩の生成を行なった。ボストン茶会事件のとき自由の息子たちがしたことと重なる行動である。しかし、茶会事件後のボストンは1774年の「耐えがたき諸法」を押しつけられたが、インドの場合はイギリスから罰せられることがなかった。ガンジーでさえ、イギリスが自制力を大いに発揮したことを記している。[34] 一方、これから紹介するエピソードにおけるイギリスは、自制力をほとんど発揮しなかった。

かつてなかったほどの不名誉

これはぞっとするほど過酷な税金の物語である。立場の弱い、虐げられた人びとをターゲットにしたこの税は、金額のみならず、徴収方法まで横暴きわまりなかった。また、ソーシャル・エンジニアリングの手段としての課税を実現するものでもあった。

1896年、シエラレオネを保護領にしたイギリスは各地に弁務官を送りこみ、首長たちによる間接統治の監督にあたらせた。フレデリック・カーデュー総督は、そのための経費と計画されていた鉄道敷設の費用を調達するため、すべての家屋を課税対象にする小屋税の導入を1898年1月1日に発表した。そういった税はアフリカの植民地で広く採用されていた。導入の動機のひとつは先住民の現金経済参加を促そうとしたことだった。税金を納めるためにそうするようになるだろうという考えである。資金調達のみならず、人びとの行動を変えることをも目的とする税はいくつもあって、これもそのひとつである。首長たちはヴィクトリア女王に対する忠誠を宣言していたが、丁寧に抗議した。それに対し、カーデューは税額を引き下げ、免税対象者（たとえば、福音宣教師など）を設けた。しかし、小屋税の導入を中止することはなかった。

まもなく徴税業務に問題が生じた。首長たちは徴税の任務を拒んで牢に入れられ、岩石掘削の強制労働を科された。彼らにとって、これはたいへんな屈辱だった。ある首長はこう述べている。「首長がこのような囚人服を着せられるなどという不名誉はかつてなかったことである」[35]。まず、北部で戦闘が勃発した。その発端は、首長であり地域の指導者だったバイ・ブレーがイギリス側に逮捕されたことだった。おそらく誤解だったと思われるが[36]、反乱の扇動者と見なされたのである。ともあれ、不屈の戦士として人びとの尊敬を集めていたバイは、かつてイギリス軍とともに戦った経験があり、彼らのやり方をよくわかっていた（カーデューがバイ・ブレーの首に100ポンドの賞金をかけると、バイはカーデューの首に500ポンドの賞金をかけた）[37]。まもなくゲリラ戦が始まった。イギリス兵は隊を組んでジャングルの小道に潜み、1日に何度も戦闘を行なった[38]。また、組織的に町や村を焼き討ちした[39]。そうして課税ベースを自ら壊したわけである。南部でも反乱が起こったが、その残酷さは北部でのそれを上回った。ヨーロッパ人とヨーロッパ人の服装をしたアフリカ人あわせて数百人が虐殺された[40]。

しかし、反乱の勢いは11月にはすでに衰えていた。バイ・ブレーは裏切られ、捕縛され、黄金海岸（現在のガーナ）に国外追放された。また、彼の仲間96人が絞首刑に処された[41]。その後、植民地大臣ジョゼフ・チェンバレン（もっとあとでとりあげる）から「白人支配一般に対する反乱[42]」と呼ばれた暴動はだんだんと鎮まった。痛みは大きかった。カーデューでさえ頭から離れなかった。「命を落とした勇敢な将兵、犠牲になった熱心な伝道者、虐殺されたシエラレオネの住民、それに」――あとから思いついたのだろうが、言及がないよりはましだった――「殺害された大勢の先住民のことが[43]」。

後日、この事件は小屋税戦争と呼ばれるようになった。だが、その原因は小屋税の問題のみではなかった。反乱はイギリス排除を目的とするものではなく、むしろ現地の慣習や名誉を侮辱されたことに反発した結果であるといえた。小屋に税金をかけることが所有権の侵害と見なされたのだ。ある首長がこう説明している。「われわれの国では、何かのために金を払えば、その何かに対する権利を持っていないことになる[44]」。また小屋税は、首長に帰する司法権などの権限（おそらく偶然ではないと思われるが、これには罰金の取り立てによって収入を得ることも含まれた）が弁務官によって剝奪されることでもあった[45]。「どれほどの小国であっても、些細なものごとを自ら決めることができない国王ならば、もはや国王であるとはいえない[46]」。また、フロンティア警察隊が小屋税を強引にとりたてたこと[47]――元奴隷が元主人に仕返しをした例もあった――も、現地の人びとの敵愾心を煽った。この衝突事件は、税金に直接関連していた一方で、もっと根深い緊張関係にも影響されていた。税の実施において下手なやり方をすれば、その税自体と同じくらいに人びとの怒りを買うことがあるのだ。

事態を調査するために派遣された王立委員は、この戦争の背景に、からみあう複数の深刻な問題が存在していることを知った。この王立委員によれば、反乱は「小屋税の執行において、違法であると同時に屈辱的なほど過酷な手段が用いられたことによって生じた、不当かつ不公平であるという個人的意識」から起こった。また、小屋税自体も「現地住民の慣習および感情を害する」ものだった。[48] 王立委員は、小屋税の廃止、警察組織の監視、それに首長の権限の拡大を進言した。だが、小屋税は廃止されなかった。ただ3シリングに減額されただけだった。一方、バイ・ブレーはシエラレオネで長く語り継がれる国民的英雄になった。この国には彼の名前を冠した病院とサッカークラブがある。2010年には彼の肖像が印刷された1000レオン紙幣が登場した。

植民地で、小屋税課税をきっかけに発生した反乱はこれだけではない。ドイツ領東アフリカでは、納税拒否によって処刑された者が2000人にのぼったといわれる。だが、植民地における、税金をめぐるいざこざのなかでもっとも奇妙だと思われるものは、犬にかかわるある騒動だろう。ちなみに、この本で紹介する税金関連のエピソードには、どういうわけかたびたび犬が登場する。その騒動というのは、ニュージーランドのホキアンガ・カウンティのマオリによる武装蜂起である。地区内の犬を対象にする税（と、車両のタイヤの幅を基準にする「ホイール税」）への抗議運動だった。犬に税金をかけることは先住民の自治権の侵害と見なされてもいた。だが（人間の）流血沙汰にはならず、事態は穏やかに解決された。しかしその前に、反乱の指導者ホーネ・トイアが税金の歴史上でもきわめて印象的な発言をしている。「犬に税金をかけられれば、つぎは人間の番だ[49]」

一方、もうひとつの犬税のエピソードは穏やかとはいいがたい結末になった。1922年、ドイツ領南西アフリカ（現在のナミビア）の遊牧民族ボンデルスワート族が、1917年に導入されていた犬税の増税に反対し、蜂起した。[50] 狩猟にも、野生動物から家畜を守ることにも役に立つ犬は牧畜生活に欠かせなかったから、それはけっして小さな問題ではなかった。第一次世界大戦後に国際連盟委任統治領になったこの地域は南ア

税に抵抗した人びと。バイ・ブレーとホーネ・トイア。

フリカの統治下にあった。南アフリカ政府が鎮圧のために空爆を行ない――意図的に民間人を標的にする空爆の最初期の例である――ボンデルスワート族１００人以上が命を落とした。国際連盟は、いわば眉をひそめただけで、実際に何らかの行動を起こすことはなかった[51]。

シエラレオネの小屋税やニュージーランドの犬税の例でもそうだったが、納税者の反乱とその永続的な結果においては、搾りとられる税額の大きさ以外に、政府による納税者の扱いや、強制力行使の前提となる主権の正当性の問題が、ことによると重大な要因になる。暴動にはならないとしても、たんなる立ち入った行為が問題視されることはしばしばある。これは税金のエピソードに何度もあらわれるテーマである。もっとあとでも触れるが、たとえばスチュアート朝後期のイギリスでは、税吏は暖炉の数をかぞえるために民家に立ち入る権限を有し、国民はそれに憤っていた。この件には現代人の懸念に通じるところがある。つまり、このデジタル時代の政府が、課税などの目的で、われわれが知られたくない個人情報まで取得するようになるかもしれないという恐れである。

ボリビアが内陸国である理由

2019年12月、トランプ政権はフランスからの輸入品の一部（シャンパン、チーズ、ハンドバッグなど）に、非常に高い関税をかけることを提案した。フランスの「デジタルサービス税」導入計画への対抗措置である。アメリカにしてみれば、そのデジタル課税はグーグルやフェイスブックのようなアメリカ企業の収益を横取りする試みだった。一方、フランスにしてみれば、国内で莫大な収益を上げている企業にそれなりの納税義務を負わせる試みだった。多国籍企業に対する課税をどの国が、どの方法で行なうべきかをめぐっては、近年メディアで議論が、路上で抗議デモが行なわれている。だが、この問題はつい最近持ちあがったわけではない（じつは、デジタル時代がまだ到来していなかった1934年、アメリカとフランスのあいだで似たようないざこざがあった[52]）。アメリカとフランスは論戦をくりひろげ（まもなく、同じような税の導入を考えていたその他の国々も加わった）、いまにも貿易戦争になるかと思われた。ラテンアメリカでは、19世紀、課税権をめぐる論争が実際の戦争に発展している。それによってわれわれの世界は、比喩ではなく実際に形づくられることになった。

1879年から1884年まで続いたその「10センタボ戦争[53]」は、チリとボリビア＝ペルー連合の戦いだった。チリと、当時の自国領アタカマ州を太平洋に通じる出口にしていたボリビアは、国境線をめぐって長年揉めていたが、ついに戦争を始めたのである。1840年代まで、ほとんどが砂漠であるアタカマ州の領有権は大きな問題にならなかった。ところが、グアノや硝石などの天然資源が豊富であることがわかった。この地域に大勢のチリ人が移り住むようになった。また、その北のペルー領タラパカ県にも入りこんだ。硝石埋蔵量はアタカマが世界第1位で、タラパカはそれに次いで多く、3位以下を大きく引き離していた。国境問題は1874年の条約締結によって一定の解決に至った。チリが領有権の主張を放棄するかわり、ボリビアはつぎのように譲歩した。

［譲渡された］領土で採掘された鉱物の輸出関税は……現行の輸出関税を上回ることはない。また、チリの国民、企業および資本は、現行の税を除く、いかなる税の課税対象にもならない。本条の規定は25年間効力を有する。(54)

ボリビアは、現在「財政安定化条項」と呼ばれるこの条項により、国内で活動するチリ企業に対する増税を行なわないことを保証した。当然ながら、企業は将来にわたる税制優遇の保証を大いに重視する。とくに、下手をすれば取り返しがつかなくなるほどの巨額の先行投資を行なわなければならない鉱業などの企業の場合、なおさらそうである。しかし、税源を手放した政府はいつか資金不足におちいったときに後悔するかもしれない。ともあれ、ボリビア政府の場合はそうなった。

1878年2月、ボリビアは鉱物の輸出に100キログラム当たり10センタボの関税を課すことを決めた。(55)チリはそれを1874年の条約への違反であると考えた。ボリビアは引き下がらず、1879年2月14日、関税を支払わずにいた主要なチリ企業、サリトレス・イ・フェロカリル社の滞納分の埋め合わせとして、同社の資産の清算手続きをとると発表した。同日、チリ海軍の装甲艦2隻がボリビア領のアタカマ州アントファガスタ港を占拠し、戦争が始まった。ペルーは、ボリビアとの密約により、一方がチリと戦争になった場合はもう一方が支援することになっていたため、その翌月に参戦した。

この戦争はボリビアとペルーに不利な結果となった。(56)戦後、ボリビアはアタカマ州をチリに割譲し、海の

財政の安定のための戦い。

ない内陸国になった。ペルーはタラパカ県を失った。チリは領土を得るとともに、世界全体の産出量のほとんどを占める硝石鉱と、産出量において世界有数である銅鉱の支配権を手に入れた。チリは太平洋に臨むボリビア領の港までの商用アクセスを無料にすることを保証した。だが、ボリビアは港まで伸びる回廊地帯の設置を要求した。この件をめぐってはいまだに外交上の緊張が存在する。長年の論争は膠着状態におちいっていたが、2018年に国際司法裁判所からボリビア敗訴の判決が言いわたされた[57]。それに対し、ボリビア大統領は「ボリビアはけっして諦めない」と宣言した。チリに割譲された地域からは、いまだにボリビアの国会議員やミス・ボリビアの候補者が選出されている[58]。

天界の光に税金をかける

最後にとりあげるのは、流血の惨事には関係ないが、税設計の問題の核心に迫るようなエピソードである。それは、イギリスで1697年から1851年まで徴収されていた窓税にまつわる物語だ。窓に税金をかけることについては、時代錯誤だとか、ばかばかしいなどと思えるかもしれない。だがじつは、窓税はなかなか賢い制度だった。[59]

当時の政府は問題に直面していた。彼らは新しい課税ベースを求めていた。富の大きさに応じて課税額が大きくなるもの（公平性のため）。確認しやすいもの（異議申し立てを防ぐため）。そして――その少し前に王位を追われていたスチュアート朝の国王によって導入され、新しい税と入れ替わりで廃止される予定だった炉税（つまり、火をたく炉に課される税）が、査定のときに役人が家のなかに立ち入って暖炉の数をかぞえたことで、納税者からひどく嫌われていたため――外から観察できるもの。出てきた答えは「窓」だった。

当時、住宅に設けられている窓の数をかぞえれば、居住者の社会的地位や財産をおおむね正しく知ることができた。だから、居住者が裕福であればあるほど、それだけ窓税の額が大きくなるといってよかった。また、税額の算出は「窓目視人」が家の外から行なえばよかった。[60] 物件のおおよその価値を見積もれる大規模なオンライン不動産データベースなどのなかった時代のことで、窓税はそう悪くないアイデアだった。それどころか、基本的には、コンピュータによる大量評価システムを（極度に）単純化した制度であるといってよかった。今日の発展途上国のなかにはこういったシステムを用いて財産税の評価を行なうところもある。比較的容易に観察できる特徴（立地や大きさなど）を数式に当てはめ、一軒一軒の家屋の価値を割りだすのである。[61]

窓税はたしかに賢いアイデアだったが、その他のさまざまな税に共通する限界を有してもいた。たとえば、指標として正確であるとはいえなかった。そのために不公平を生みだしていた。アダム・スミスがつぎのように憤慨している。

田舎町の家賃10ポンドの一軒家に、ロンドンの家賃500ポンドの一軒家よりも多くの窓がついている場合もあるだろう。そして、たいてい前者の居住者は後者の居住者よりもずっと貧しい。ところが、税額は窓の数によって決められるため、貧しい人びとが国家の支援により多くの貢献をすることになる。[62]

また、貧困世帯の負担を軽減するため、窓税の課税対象は一定数を超える窓のついた家屋にかぎられていたが、貧困者がひしめきあう都市部の集合住宅は、窓税の課税においては一軒家と見なされ、通常は税金の支払いを免れなかった。

さらに、窓税は人びとの行動に変化をもたらし、厄介な問題を引き起こした。税負担を減らすための行動によって、かつてなかった被害が生じたのである。窓税の導入は窓の数を減らすことへの誘因になった。必要とあれば、人びとは窓をレンガで塞いでしまった。今日も、風格のある古い屋敷（それに一部の風格のない屋敷）にその名残を見ることができる。日当たりも換気も悪くなった。フランスの経済学者で実業家のジャン＝バティスト・セイ（1767－1832年）は実際にこの窓税対策を行なった。税額を減らすため、レンガ職人に窓を塞がせたのだ。セイによれば、この行動で「享受できるものは減少したJouissance de Moins」が、国庫には何も与えなかった。これは「超過負担」の定義そのものである。[63]税の考察には非常に重要だが、非常に把握しにくい概念であるこの超過負担とは、課税によって、その金額以上の損失が納税者にもたらされることをいう。いわば課税による巻き添え被害である。この問題については第9章で詳しくとりあげる。

窓がなくなったことによる被害はけっして小さくなかった。換気が悪くなったため、伝染病が蔓延した。日当たりが悪くなったため、ビタミンDが欠乏し、発育阻害が発生した――フランス人はこれを「イギリス病」と呼んだ。窓税について、「天界の光」に課税しているといって非難する人びとがいた。医学誌は「健康税」であるといって抗議した。[64] 慈善団体は貧困者向けの宿泊施設の設計を建築家に依頼するとき窓税負担が少なくなるようにしてほしいと注文した。[65] また、当時の偉人たちが窓税を厳しく批判している。1784年、フランス駐在大使だったベンジャミン・フランクリンは『ジュルナル・ド・パリ』紙に自然光の有益な影響に関する論考を寄稿したが、執筆の際に窓税の問題を意識していたと考えられる。そこに記された（おそらく皮肉のこもった）さまざまな提案のなかに、朝人びとの目を覚まさせるため、日の出とともに教会の鐘を鳴らすか、大砲を撃つか、その両方を行なえばいいなどというものがある（この本のテーマからすれば、もっと注目に値することも書かれている。事実上の窓税の逆の税、すなわち「日光を遮るよろい戸のついた窓」に対する課税が提案されているのだ[66]）。チャールズ・ディケンズは憤りを率直に表現している。

「空気同様に無料」という言い回しは議会法のせいで廃れてしまった。窓税の導入以来、空気も日光も無料ではなくなった。……そして、窓税を納められない貧乏人は、生きるために差し迫って必要なこれらを、ごくわずかしか得られないのだ。[67]

イギリスに倣い、フランスも1798年に窓税（それに、窓税同様に嫌われることになる玄関税）をとりいれた。小説『レ・ミゼラブル』のなかで、ディーニュの司教がつぎのように嘆いている。「このあたりのあばら家に暮らし、熱病などの病に苦しむ貧しい家族、老女、それに幼い子供たち！　神は人に空気を与え給い、法律はそれを金で売る」[68]

一方、スーパーリッチは屋敷の窓の数をひけらかしたと思われる。ジェーン・オースティンの小説『高慢と偏見』で、愛想のいいコリンズ氏は自分のパトロンの豪邸をエリザベス・ベネットに誇らしそうに見せてやる。エリザベスは「それを見ても、コリンズ氏が期待したほどうっとりとすることはなく、屋敷の正面の窓をかぞえあげられても、そもそもサー・ルイス・バーグがその屋敷の窓ガラスにいくらかけたのかを教えられても、たいして心を動かされなかった(69)」。窓の数を減らさずに税負担を減らせるならばそれに越したことはなかった。窓税への対応として、人びとはその他の税の場合と同じことをした。大まかにいえば、脱税、租税回避、異議申し立て、さらには課税の対象および対象外を明確に規定する法改正である。今日、ケンブリッジのカム川に観光に出かけ、パント船で川下りをすれば、川辺にある一軒の家をガイドが指さし、建物の角に窓がついていることを教えてくれる。これは、窓税の課税のことを考えて、隣りあうふたつの部屋の採光をひとつの窓で間にあわせるよう設計されたものだ。ところが、政府はそのからくりを看破し、1747年に新たな法律を制定した。複数の部屋の採光に使われている窓は、その部屋数と同数として課税されることが定められたのだ(70)。もっと露骨な手口もあった。窓をかぞえる役人の目をごまかすため、一時的に隠したのである。「レンガ、あるいは板」でそうすることもあった。「接着されておらず、自在にとりはずせた。泥、牛糞、モルタル、アシの茎などで外側から塞がれることもあった。これらは雨ですぐに落ちた。また、内側から紙とプレートボードが張りつけられることもあった(71)」。こういった工夫に対し、同じ1747年の新法によって、塞いでいた窓をふたたび開ける場合には査定人に申告することと、これに違反した者は高額の罰金を科されることが定められた。

論争、えこひいき、混乱が相次いだ。たとえば、窓とは正確にはどういうものだろう？　答えは明白であるように思える問いであっても、大金（税金）がかかわれば曖昧になることもある。当時の法令の文言によれば、たとえレンガが外れてできた穴であっても、外壁に開口部があればことごとく窓であり、課税の対象

光減れ。

になった[72]。じつは、窓の規定は時間の経過とともに明確になった（少なくとも複雑になった）。たとえば、１７４７年に法改正が行なわれ、ひとつの窓枠にふたつ以上の窓額縁が組みあわせられている場合、その幅が12インチ〔約30センチメートル〕を超えていれば、窓額縁をひとつの窓としてかぞえることと定められた。ともあれ、窓税の徴収業務は各地方のジェントルマンが請け負ったが、彼らには納税者の税額を好きなように決めてしまう傾向があった。そのため、えこひいきが行なわれることはしょっちゅうだった。メソジスト派の創始者ジョン・ウェスリーは、窓の数が１００個あるのに納税しているのは20個分のみであった知人について苦情を申し立てている[73]。

窓税はひどく不十分な制度だった。だが愚かな制度ではなかった。また、窓税は税設計における核心的な難問を明らかにするものだった。つまり、ある程度の公平性の追求、課税によって引き起こされる無益な行動的反応、課税コストの効率的かつ非侵害的な管理への希求である。これらに関してはもっとあとのページでひとつひとつ俎上に載せる。おいおい論じるとおり、窓税よりもずっとひどい税を設定していた国や地域はこれまでにいくつもあった。

何もかもが税金のせいではない。しかし……

トクヴィルの指摘は大げさなのかもしれない。あらゆる反乱、戦争、政治闘争が（少なくとも、おもに）税金の問題から発生するとはかぎらない。「税」を表看板にするいざこざも、たいていはそれ以上の要素を抱えている。ことによると、高い税金のことを大げさに言い立て、どちらかといえば卑近な動機を隠しておくほうが便利な場合もあるのかもしれない。税の問題がいい口実にされている雰囲気は、ボストンの愛国的な事件のみならず、アメリカ独立戦争にも感じられる。ときおり聞かれる主張によれば、アメリカ独立戦争の根底にあったのは、奴隷制の問題ではなく、南北間の関税政策をめぐる論争であった[74]。

一方、税の問題を名目にするのは、表向きの口実として便利だからではなく、動機の主要な部分だからである場合もあるだろう。少しばかり行き過ぎた考えかもしれないが、たとえば、ヘンリー八世がローマ・カトリック教会と決裂したきっかけについては、アン・ブーリンに夢中になったヘンリーがキャサリン・オヴ・アラゴンとの離婚を望むようになったが、ローマ教皇から特免を与えられなかったからではなく、イギリス国内の教会から教皇に納められる教会税をわがものにしたかったからだということもできる[75]。教会税をせしめられるならば、それは財政上非常に大きな副次的メリットだった。その少し前に増税を試み、反乱を起こされた国王にしてみれば、見逃せない好機だったに違いない。いずれにせよヘンリーは、聖職者からローマに納められていた教会税を奪うといって脅し、教皇を意のままに動かそうとした。そして、ローマ・カトリック教会との決別後、ただちに行動を起こした[76]。その結果、国庫に入る金を2倍以上に増やすことができたのである[77]（しかし、イングランド史上まれに見るほど多額の戦費を要した戦争のため、国庫の金はあっという間に減ってしまった[78]）。反乱、暴動、さらには改革すらも、本質的には政府の強制力の行使がおもな原因であるため、税の問題にまったく関係ない例はめったにないのだ。

税はすべてを解き明かしてはくれない。一部の識者は、ケネディ暗殺の理由は石油・ガス産業のために税制上の優遇措置を講じようとしたことだといっているが、われわれはそう考えていない[79]。だが、税の誤りによって悲惨な結果がもたらされ得るのと同様に、優れた税設計および税務によって莫大な利益が生じ得ることを、われわれは信じている。そして、税をめぐる先人たちの愚かな行ないや賢い行ないに目を向ければ、そこに至るための正しい進路をたどることができるはずなのだ。

そこで、まずは古代から現代までの概観を描きだすことにする。課税において、政府が強制力を行使する手段はさまざまに変化してきた一方、その際に直面し得る問題の多くは変化していない。

2　われわれが来た道

何よりもまず、どの国民の財政史も、その国民の歴史一般の本質的な部分である。
――ヨーゼフ・シュンペーター(1)

イーヴリン・ウォーは、彼自身が1930年代にエチオピアで体験したことをもとに著した小説『スクープ』で、架空の国イシュメイリアの徴税方法をつぎのように記した。

国防と税務の機能をひとつにまとめ、有能なゴランツ・ジャクソン将軍に委ねることが得策であるということになった。将軍の兵士たちは大きくふたつの部隊に分けられた。野良ラバ税徴収隊、それに収税ライフル隊である。後者には相続税徴収砲兵団が組みこまれ、大貴族の相続人に立ち向かった……。会計年度の終わりが近づくと、将軍の遊撃隊は逃亡者を追って周辺国にくりだし、「予算の日」までに戻ってくる。それほど機敏ではない者たちからとりあげた、コーヒー、皮革、銀貨、奴隷、家畜、火器などの戦利品をどっさり抱えて。(2)

今日の税制は、その多くがわけがわからなくなるほど複雑だが、もとはといえばこういった略奪だった。それらの目的には共通性がある。支配者の強制力による資源収奪である。そのため今日の税制は、われわれの祖先から見てもその時代の事情に照らしてすぐにそれとわかる、数少ないものごとのひとつだと思われる。過去は古めかしい衣装を身にまとった現在に過ぎないなどとはいえない。[3] だが、支配者が突きあたる税の問題は昔もいまも変わらない。この第2章では、過去数千年に起こったことをざっと見わたし、くりかえし浮かびあがる厄介な問題をとらえ、支配者たちがとった対処方法の移り変わりについて説明する。それから、この章以降でとりあげるものごとの文脈をより明確にするため、さまざまな時代の政府がどうにかかき集めた税金はどの程度だったかを示しつつ――ささやかな額がさりげなく徴収される「税の黄金時代」は過去に存在しなかった――（あらゆる時代の）戦争と（比較的最近の）参政権拡大というふたつの強力な追い風によって税制が形づくられてきた経緯を解き明かす。そして最後に、国家が資金調達のために行なう借入と造幣が実質的な課税であることについて論じる。

駆け足でたどる税金の長い歴史

課税として認められる最古の例は、ジャクソン将軍の所業と同じような、たんなる略奪だったと考えられる。それはプトレマイオス朝エジプトや古代シュメールよりも古い時代に始まった。[4] それから数百年たっても略奪の要素はずっと維持されていた。ローマ帝国では、戦争にみごと勝利した年にすべての税金が免除されることがあった。[5] イングランドでは、１０８７年にドゥームズデイ・ブックと呼ばれる台帳がつくられた。

征服者であるノルマン人が新たに獲得した資産について調査し、記録したのである。資源の豊かな南アフリカが征服されたときにも略奪は行なわれた。ときには略奪者自身が略奪の被害にあうこともあった。フランシス・ドレイクは、植民地からの貴重品を積んだスペイン帝国の船団「スペイン財宝艦隊」をとらえ（1577年から1580年にかけて、スペイン船をねらって海賊行為をくりかえしていた）、イングランド女王エリザベス一世に歳入に相当する収入をもたらした。[6] 今日では、アフリカや中東における石油などの鉱物資源の管理権をめぐる紛争で、あいかわらず略奪が行なわれている。

一方、略奪者のなかには洗練された者もおり、『スクープ』のジャクソン将軍よりもさりげない手口を用いた。それは、映画『荒野の七人』のイーライ・ウォラック演じる盗賊のようなやり方で、[7] ねらった相手の資本的資源（および人的資源）を奪いつつ、生産能力の再構築に足りるだけの分を、いつかまた来たときのために残しておくのである。ヘロドトスによれば、ギリシャの都市ミレトスに攻め入ったリュディア王アリュアッテスは、「そこにあった家々を壊さずにおいた。ミレトス人が自分の家から畑に出かけ、種をまき、作物をつくることができるように。そうしてできた作物をまた奪いとろうというわけだった」。[8] こういったやり方がつぎの段階に移るのはあっという間だった。略奪におよぶとき、わざわざ自分で汗かき仕事をしなくとも、脅すのみで十分だと考えるようになったのだ。武力で脅し、貢ぎ物――たとえば、襲撃にやってきたバイキングがイングランド人とフランク人からとった退去料「デーンゲルド」――をとりたてれば、それほどの苦労をせずに同じ成果を得ることができた。

外国人から――もっと広くいえば、何らかの理由で部外者と見なされた者から――金品を奪ったり貢物をとったりすることは、時代を問わずよく行なわれてきた徴税の一種である。支配者は、資金を調達するならば、自分の支持者にならなくても構わない相手からのほうがいいと考える。都市国家アテナイは在留外国人に人頭税を課した[9]。エリザベス一世時代のイングランドは在留外国人への課税額を2倍にした[10]。マキアヴェッリは君主にこうアドバイスしている。「ご自身、あるいはご自身の臣下のものでないならば、気前よく使えるというものです。キュロス、カエサル、アレクサンドロスもそうしていました。それというのも、よそ者の金を湯水のように使っても、民からの信望がなくなるどころか、むしろいっそう厚くなるからです[11]」。多国籍企業への課税方法を模索する各国の政府は、今日までずっとこのアドバイスを守りつづけている。一方、第1章のボリビアの件からもわかるとおり、外国人への課税はリスクをともなう。また、支配者が満足するほどの金額を集められることはめったにない。スペイン帝国にしても、毎年植民地から貴重品を運んでくる財宝艦隊によって巨万の富を築いていたにもかかわらず、厳しい財政難におちいっていた。だからこそ、内国人――支配者から共同体の一員と見なされた者――から税金をとることも必要だった。

社会が定まると、税の形もまた定まっていった。産業化以前の時代のおもな課税対象は、供給量がまずまず多かった農地および労働であった。

たとえば古代中国の西周王朝（前1046‐前771年）は、3×3の9区画に分割した土地を共同で耕作させ、中央の区画の収穫を税として納付させていた[12]。儒学者の孟子から大いに称賛されたこの方式は、彼の時代にはほぼ破綻していた（しかし、「tax」を意味する漢字の「税」はずっと変わらず、「穀物」と「交換」をあらわす部分からできている[13]）。政府は土地に関連する税金の徴収に大きな資源を割いてきた[14]。皇帝ディオクレティアヌス（在位284‐305年）時代のローマでは、「田畑はつぶさに調査され、蔓や木がかぞえられ、あらゆる種類の動物が記録された[15]」。江戸時代の日本では、幕府は年貢米をおもな収入源とし、コメの（実際の、もしくは見込みの）生産高の一部をとりたてていた。ムガル帝国では、土地税収入は国庫に納められる金額の約90パーセントを占め、役人たちが田畑の面積、生産高、価格の情報を丹念に集めてまわっていた。イギリスの統治下にあったこの帝国で、役人たちはあちこちに足を運び、「井戸および用水路の状態、土地の測量と登録、家畜の健康状態、境界線の正確さの……調査と検査」を行なった。[16] こういった手法――合理的な評価基準を設定するために物理的な尺度を重視すること――の多くは今日の低所得国によく見られる。

労働は、人頭税（古代中国では「口賦」）の制度を通じて明示的に課税されることもあった。[17] あるいは、強制労働の形で黙示的に課税されることもあった。強制労働はたいてい重労働で、場合によっては命の危険を伴った。中世ヨーロッパの封建制では、比較的華やかな労働を義務づけられる人びともいた。騎士階級は、奪った領地の分け前にあずかるかわり、領主に対する軍事的奉仕の義務を負っていた。騎士自身とその従者が軍役につくことになっていたのだ。

そのほかにも、産業化以前の社会にはいろいろな税があった。古代のアテナイでは、事実上、金持ちはレイトゥルギアと呼ばれる公共奉仕を義務づけられていた。初期には祭典の費用を引き受けていたが、やがてもっと広範な公共事業の費用を出すようになった。[18] 紀元前462年、ペリクレスはレイトゥルギアとしてアイスキュロスの『ペルサイ』を上演した。古代ローマにおいて税として認められる制度のひとつに売上税があった。紀元444年の時点でその税率は4パーセントに引き上げられていた。[19] その他、相続税や奴隷税（奴隷を購入したときと解放したときに課税された）もあった。ローマ皇帝ウェスパシアヌス（在位69－79年）は尿に課税した〔当時は洗濯に使われており、公衆便所にたまった尿が集められ、販売されていた〕が、その際に自分の息子に「金はにおわない Pecunia non olet」と教えてやった。都市国家アテナイは輸出入に際して1パーセントの関税を課した。[20] だが、近代以前の支配者のおもな税源は土地と労働であった。

税制に、明らかに近代的な要素があらわれはじめたのは中世の西ヨーロッパでのことだった。当時の支配者は、突発的かつ恒久的に資金が入用になったとき、まず人民から一定の同意を得なければならないことを受け入れるようになった。従来、支配者は「所有するものによって生きる」ものとされていた[21]。戦費などの資金を調達するときは、自身の所有になる資源を用いるのが当然と見なされていたのだ。そのため、領地、諸侯からの奉仕、その他の封建制度上の義務から収入を得ていたほか、状況に応じて多岐にわたる手立てを用いていた。ヘンリー八世の時代に男子修道会が解散させられたこともそのひとつだった。これらのみでは賄いきれない異常事態（つまり、戦争）が発生した場合、臨時税を徴収した。臨時税の呼び名には、合意のもと自主的に支払いが行なわれると思わせるようなものが多かった。たとえば、イングランドの「補助金subsidy」「助成金grant」あるいは「援助金aid」、スペインの「献金servicio」などである。だが、15世紀末ごろから戦争にいっそうの費用がかかるようになった（その理由のひとつに、オスマン帝国からもたらされる実存的脅威があった[22]）。最新鋭の武器（および最新鋭の防御設備）と、よく訓練された歩兵大部隊が必要になった。イングランドの場合、従来の封建制による収入では明らかに足りなかった。たとえばジェイムズ一世（在位1603−1625年）の時代には、その場しのぎに専売権の譲渡などの手立てが講じられたが、それでもまだ不十分だった。戦費調達のための特別税の徴収は平時にさえたびたび行なわれるようになった。支配者は、もっと継続的に収入を得られる確実な財源を探し求め、商業活動などの非農業活動や都市中心部に目をつけた[23]。だが、広範かつ恒久的な収入源を確立するにはその代償を払わなければならなかった。つまり、自身の政治力を弱めることになったのである。

古くから恒久的な収入源として確立されていた制度のひとつ――伝統的に、支配者のみが使用権限を有すると見なされてきた唯一の収入源だと思われる――に貿易税がある。昔もいまも、国境は税金をとるのに都合のいい場所である。その理由には、前述のとおり、税金をとるならば外国人からのほうが望ましいという考えもあるだろう（税の帰着――真の税負担者は誰であるかの問題――については、この章では軽く触れるにとどめ、

第7章で詳しくとりあげる）。中世ヨーロッパでは、貿易税はおもな歳入源だった。イングランドでは、ジョン王が幅広い物品の輸出入に際して約7パーセントの関税を課していた。[24] 中世には、羊毛の関税収入が歳入のほとんどを占めた。ヨーロッパ大陸では、通行料の支払いを要する境界線がそこかしこに設けられていた。1567年にロワール川沿いの都市ロアンヌからナントまで移動した通行者は、120カ所もの通行料徴収所を通過することになった。[25] 貿易税はビザンツ帝国の都コンスタンティノポリスの栄華を支えてもいた。2本の主要な交易路の交差点に税関が設けられ、関税の徴収が行なわれていたのだ。今日の先進国では、収入のためというよりもむしろ国内企業の保護のために関税が用いられている。一方、発展途上国では、関税収入はいまも総税収の20パーセント以上を占め、歳入を支える柱となっている。

支配者がより大規模かつ確実な収入源を求めた結果のひとつとして、物品税（特定の物品の国産品、および輸入品に課される税金）が恒久化され、その課税対象が拡大された。それを可能にしたのは、貨幣化と、管理可能な数の企業および都市への、生産活動および消費活動の集中だった。スペインでは、1342年に幅広い物品を課税対象にする「売上税 alcabala」が導入された。[26] フランスでは、1340年代に国民から不評を買っていた塩税（gabelle）が恒久化された。メディチ家が支配するフィレンツェ共和国では、1427年に売上税が導入され、フィレンツェ領内における消費支出のうち平均して約6パーセント以上が徴収された。[27] この売上税のほとんどはワインおよび塩に課された税金だった。しばらくすると、物品税はもっと幅広い商品に適用された。スペインでは、1590年導入の「消費税 milliones」によって基本的な食料品まで課税の対象になった。その点は、ネーデルラント諸州でも（物品税を意味する英語の「excise」は中世オランダ語の「excijs」に由来すると考えられる[28]）、1649年から1660年にかけての空位時代（その背景に議会派の雄ジョン・ピムの活躍があった）のイングランドでも同じだった。[29] 課税ベース拡大の試みは、成功するとはかぎらなかった。

スペインでは、あらゆる商品を対象にする税率10パーセントの「10分の1税」の導入が、1568年から1648年にかけて戦われたオランダ独立戦争の勢いを煽ることになった。イングランド国民は、コモンウェルスと呼ばれる共和政期の体験をきっかけに、幅広い商品を対象にする税に抵抗を感じるようになった。今日もそういった税は政治的タブーになっている。それでも物品税は、貨幣化と産業発展の後押しもあって、政府の収入源として確立されていった。

一方、この時代にはほとんどの税において納税者の状況に応じた差別化が図られていた。富裕層のポケット――つまり、田畑、工場、鉱山――は金がある場所で、おそらく金が生まれる場所でもあった。しかし、支配者にとって人民の裕福さの程度を判断することは困難だった。何といっても、納税者は豊かであればあるほどそれだけ多くの税金をとられたから、本当のところを正直に教えないほうが得になった。この点に関しては、昔もいまも、あらゆる税において重要な――おそらくもっとも重要な――課題となっている。

遠い昔、ギリシャ人はこの問題へのうまい対処方法を思いついた。古代、レイトゥルギアに指名された金持ちは、ある条件を満たせばそれを免除されることになっていた。その条件というのは、肩代わりしてくれる者との全財産の交換だった[30]。そうなると、両者はともに自分の資産が減るのを恐れるため、過少申告しないインセンティブが生まれるわけだった。以降、正しい申告を促す目的でときおりこの方式が用いられている。一方、富裕層をターゲットにする課税方法としてもっと広く採用されていた（されている）ものがある。生活水準の指標を用いてそれぞれの納税額を決めるやり方だ。たとえば、社会階層がはっきりと存在する国の場合は社会的地位がその指標になった。あるいは、住まいの窓の数から納税額が算出されることもあった（第1章を参照）。また、地元の事情に明るい田舎のエリートや、何らかの理由で支配者から友好関係の維持を望まれている者がそういった差別化を委任される場合もあった。そういった裁量制は、税が個人ではなく地域に割り当てられる場合にしばしば用いられた。必然的に、えこひいきやでたらめが横行した。サー・ウォルター・ローリーはエリザベス一世につぎのように述べている。「私有地については、陛下の土地台帳には30ポンドとか40ポンドと記載されても、それは実際の価値の100分の1にもなりません」[31]。それに引き換え、商品を課税対象にする物品税や関税ならば課税ベースを目で見て確認しやすかった。羊毛ならば一梱ずつかぞえられた。だから、そういった税の施行は異なる方法で行なうことができた。つまり、富裕層側の事情（および人間関係）に依存せず、徴税業務を公務員自身が行なうことも、徴税権料を支払った営利企業に任せることも可能だった。

16世紀末ごろまでに、支配者はいっそうの収入を必要とするようになり、戦時に大金を調達する手段として用いられていた税は、すでに恒久的なものになっていた。激しい争いがくりひろげられた。税金をとられる人びとは、その額や徴収方法について、もっと自分たちに管理させてほしいと訴えた。やがて、中世前期にヨーロッパ各地で納税者の反乱が発生したのを皮切りに、フェリペ二世（スペイン国王、在位1556－1598年）と「コルテス」（スペインの身分制議会）の衝突、イングランド内戦、アメリカ独立戦争、さらにはフランス革命が起こっている。いくつもの事件がさまざまな速度で進み、さまざまな結果をもたらすなかで、1798年から1914年の「長い19世紀」と呼ばれる時期に、西ヨーロッパに、幅広い合意にもとづく、十分かつ安定した税をもたらす税構造がようやく誕生することになった。

まずはイングランドだった。1688年の名誉革命後、対フランス戦争中のイングランドでは政治的安定の度合いが増していた。課税割当方式の土地税、関税、幅広い課税対象の物品税も、（当然ながら）税務を専門に行なう税務機関を基盤にする課税力および借入力も、当時イングランドの国力を高めるためのカギと考えられていた。ジョージ・ワシントンはつぎのような懸念を示している。「このごろの戦争ではおもに資力によって勝敗が決まる」「［イングランド］政府は巨額の負債を抱えているが……国家信用の制度のおかげでどの国よりも大きな力をふるうことができる」[32]それらすべては一定の民意があってのことだった。ロバート・ウォルポール首相[33]は1733年にそのことを思い知らされた。物品税の拡大を少し考えただけでも、その構想は民衆の怒りによってたちまち叩きつぶされてしまった。

商業などの活動が発展するにつれ、土地税の重要性はだんだんと低くなった[34]。だが、土地税収入はまだ大きかった。新しい税源は魅力的だったが、目で見て確かめることが困難なものだった。たとえば、イングランドの1697年の土地税は、当初は地代のほか個人財産（金融資産を含む）や（軍を除く）就労による給与所得をも課税対象にしていた。だが1730年代には地代以外を対象からほぼ除外していた。ロバート・ウォルポールの認識では「この税の納税者は不動産所有者にかぎられる」のだった[35]。

18世紀には、くりかえされる戦争のために歳入を大幅に増やすことが必要になった。プロイセンのフリードリヒ・ヴィルヘルム一世は、軍務と財務に関連性があると考え、その両方をつかさどる政府機関を設けた[36]。各国政府はそれぞれ苦労して資金調達に動いたが、うまくいった国（イギリスなど）もあればそうでない国（フランスなど）もあった。だがそのイギリスにしても、フランスおよびナポレオンとの戦争ではかつてなかったほど巨額の戦費がかかったため、金が足りなかった。そこで、1799年、小ピット首相は初めて所得税をとりいれた[37]。個人の経済状況に応じた金額の納税を目指すものである。それ以降、ヨーロッパと北米では明らかに近代的な構造を持つ税制への移行が進んでいった。その後押しをしたのは市場の拡大、農業の重要度の低下、大企業への雇用集中、それに識字率の向上だった。ある程度の公平性と効率性をもって課税するための行政機関が設置された。こういった経済および社会の変化によって、政府は資金を調達しやすくなり、さらに多くの金を徴収した。

第一次世界大戦の直前には、ほとんどの産業国で、安定的で、悪くないといえる税構造が打ちだされ、まっとうといえる税務機関が設けられていた。だが、イギリスに倣って個人所得税をとりいれた国はわずかだった。しかし、各国の税制に重圧がかかっていることは少しずつ明らかになっていた。ドイツとイギリスは、社会的緊張の高まりに押されて福祉国家への第一歩を踏みだし、その資金を集める必要に迫られる一方、課税方式をもっと累進的にすることを余儀なくされていた。このため、ドイツは1891年から1912年まで所得税を導入している。イギリスは社会的緊張によって憲政危機にさらされもした。その発端は1909年にロイド・ジョージ大蔵大臣が「人民予算」案を提出したことだった（この件についてはあとでとりあげる）[38]。アメリカでは、貧困層に不公平であると広く信じられていた関税に代わるものとして、所得税の導入は国民から大きな支持を得るようになった。まず法人所得がほどほどに課税され、その後1913年の憲法修正条項の批准によって連邦個人所得税が導入された。

しかし、第一次世界大戦が始まってから行なわれた戦時の大増税にくらべれば、こういった圧力の影響など何でもなかった。大戦開戦後、それまで導入していなかった国々が所得税を初めてとりいれた――フランスは開戦の数日後、ロシアは1916年のことである。一方、すでに導入していた国々はその税率を引き上げ、免除を受けられる所得金額の上限を引き下げた。イギリスでは、標準税率が過去最高の30パーセントにまで引き上げられ、納税者が2倍以上に増えた。アメリカでは、所得税の最高税率が、導入時の1913年には7パーセントだったが、1918年にはなんと77パーセントにまで上がっていた。このころ一時的な措置としてすべての大国で導入され、その後長らく忘れられていたが、最近になってふたたび注目を集めているイノベーションが、戦時の超過利得をとりたてることを目的とする法人レベルの税である。

第二次世界大戦はさらなる変革をもたらした。所得税は大半の市民に適用されるようになった。たとえば、アメリカでは所得税の納税申告書の件数が激増し、1939年から1945年に770万件から4990万件になった。カギになったのは、税務における大きな進化、すなわち源泉徴収方式が広く採用されたことだった。所得税は、被雇用者が直接納付するのではなく、雇用者が源泉徴収したのち納付するようになった。その後の数十年、政府の用いる課税の手段にたいした進化はなかったが、重要な例外がふたつあった。ひとつは法人税の所得税からの独立。もうひとつはもっと根本的な進化である付加価値税（VAT）の導入である。

1920年代にドイツ人実業家のヴィルヘルム・フォン・ジーメンスによって初めて提案されたVAT[39]は、当時の人びとから突拍子もないアイデアだと思われたに違いない。要点をいえば、すべての事業の売上に対して課税されるが、その支払いは、自らの仕入について支払われた税額分（サプライヤーが支払った分）だけ減額される。これがマイナスになった場合、還付金が支払われる。つまり、脱税行為などの複雑な要素をわきに置けば、VATは最終消費者への売上に課せられる税金である。回りくどい、不合理なやり方に思えるかもしれない。もっと単純に、最終的な（つまり、小売の）売上に税金を課すことにすれば、控除や還付の手間がなくなるではないか？（たとえばイギリスでは、VATとして納税された金額の40パーセントが企業に還付される[40]）VATで肝心なところは、小売業者（なかなか納税したがらないことで知られる）だけではなく、すべての事業者に支払責任を負わせる制度である点にある。ともあれ、1960年代半ば以降、VATは世界を席巻するようになった。いまや、世界のさまざまな国で税制の柱となっている。ただし、アメリカはまぎれもない例外で、この件についてはあとで解説を試みることにする[41]。

ここまで駆け足で振り返った税金の歴史は、ヨーロッパおよび北米の事情に偏っている。そのほかにも、古くからの伝統はいろいろある。たとえば、かつてオスマン帝国の一部だった国はその当時からの複雑な税制にいまだに頼っている。また、資源の豊かな国はVATや所得税がなくともどうにかやっていけている。そういった国の状況に注目すれば、ヨーロッパおよび北米とは大きく違う事情が見えてくるが、その国々も――よかれあしかれ――現在支配的な税モデルの影響を受けている。第二次世界大戦後に独立を果たした発展途上国の多くは、かつての宗主国のそれを基本にする税制をそのまま継承した（また、維持した）。こういった国々がこれまでに受けてきた助言の多くは、先進国で実践されていることに大きく影響されてきた。国際通貨基金における「税務の父」はつぎのように嘆いている。「専門家は無批判に自国の制度を移植するよう勧めることがしばしばである。かつて自国の政府から却下された自分の案を修正して勧めることも多い(42)」。そのせいで、多くの途上国が苦労したと思われる。たとえば、複雑な所得税を広く適用しようとしても、途上国のほうに効率よく実施する能力がまだないといったケースもある。世界の国や地域の多く――おそらく、ほとんど――は、悪くないといえる制度をつくることと、まっとうといえる税務機関を設けることを目的とする旅のなかばにある。

いくら？

どの国のどの世代の人びとも、自分たちほどの重税は前例がないなどと考えがちである。もちろん、古代エジプトの税収と、現代の、たとえばデンマークのそれとを有意義に比較することは困難だし、近代以前の税負担の現存する証拠は、よくいっても断片的だ。しかし、たとえ長く豊かな人生を送れなかったとしても、税負担はたいして重くなかっただろうから、昔の人は恵まれていた、などと決めつけてはいけない。

たとえば1193年、イングランドの貴族と聖職者はそうは考えていなかった。この年、戦場での活躍で知られる獅子心王リチャード（在位1189‐1199年）の身代金として莫大な金額を要求されたからである。第3回十字軍からの帰途に船が難破してしまったリチャードは、変装して先を急いだが、正体を見破られ、とある敵につかまった。そして、さらなる強敵の神聖ローマ皇帝ハインリヒ六世に、ただちに（金銭と引き換えに）身柄を引き渡された。当時、高貴な身分の人物が捕虜になり、身代金を要求されることは珍しくなかったが、このときの要求額はきわめて大きかった。ハインリヒから提示された金額は、なんと銀15万マルクだった。これは純銀35トン分に相当し、[43] 当時のイギリスの歳入の10倍を優に超えていた。ディチェトのラルフが年代記に記したところでは、この身代金の工面のため、「大司教、司教、大修道院長、小修道院長、伯爵、男爵は年収の4分の1［を拠出した］」。また、「比較的大きな教会は長いあいだ秘蔵していた宝を、教区民は銀の杯を差しだした。……シトー会士とプレモントレ会士は1年分の羊毛を」。[44] これが泣く泣くだったのは明白だ。とはいえ（リチャードの弟にあたる、野心家でたいして忠実でなかったジョンが、リチャードを幽閉しつづけてくれれば身代金と同額を支払うことをハインリヒ六世に申し入れたにもかかわらず）、リチャードの母親の豪傑アリエノール・ダキテーヌが身代金として十分な金額をかき集めたおかげで――足りない分の担保として人質が送りこまれたので、リチャードは恥をしのんで自分の王冠をいったん差しだし、皇帝の臣下となってこれをとりもどした――1194年の初頭に帰国を果たした。

これは極端な例であるが、前近代にも今日とまったく同じ、もしくは現代以上に税が高くなる状況はあった。国民総生産に占める税収の割合は、ペリクレス時代のアテナイではおそらく10分の1だった。[45] アッバース朝初期のイスラム帝国では3分の1、[46] 16世紀末のオスマン帝国領エジプトでは3分の1かそれ以上であったと考えられる。[47] 江戸時代（1603‐1867年）の日本では、18世紀から19世紀にかけて、収穫されたコメの30パーセント以上が年貢として徴収されていた。[48] 初期のムガル帝国では、国民総生産に占める税収の割合はおよそ4分の1だった。[49] 1688年のネーデルラント連邦共和国でも、それと同程度にのぼった。[50] 今日の先進国のGDPに占める税収が平均約3分の1なので、それほどの差はない。もちろん、もっと多くの税金が集められることもあった。1710年、ロシアでは収穫された穀物の約3分の2が税として徴収された。「これほどの規模の財源調達は、スターリン時代になるまで二度となかった」。[51] また、一説によれば、ローマ帝国の衰退の原因（のひとつ）は過酷な税金であったという。古来、人は耐えがたい税負担に苦しめられ、どうにか耐えてきたといえるのだ。

近代に入ったころのイングランドでは、税負担はそれほど重くなかった。1688年には、国民総生産に占める税収の割合はたった3パーセント前後だった。[52] だが、つねにそうだったわけではない。「デーンゲルド」はささやかな負担とはいえなかった。当時のアングロ＝サクソン人の貨幣は、この税金を支払う側だったイングランドよりも、受けとる側だったデンマークのほうで数多く見つかっている。[53] さらに、リチャード一世の身代金を工面しなければならなくなるわずか5年前にヘンリー二世（在位1154－1189年）は、1187年にサラディンに征服されたエルサレムの奪回を目的とする十字軍遠征の資金をつくるため、「サラディン税」を課した。それは収入および動産の10分の1を徴収するものだった。導入にあたっては賢明にもアメとムチが用意された。納付しなければ破門にされることと、十字軍遠征に参加すれば免税を受けられることを定めたのである。[54]

さらに、昔の人たちが耐え忍ぶしかなかった強制的な徴税の例は、今日との類似が認められるものばかりではなかった。イングランドでは、17世紀前半になっても、国王の収入（王領からの収入を除く）の半分以上は封建領主からの貢納だった。[55] しかも、政府という世俗権力とは別に、宗教権力もまた強制的に税を徴収していた。キリスト教国では10分の1税、イスラム教国では喜捨《ザカート》といったが、これらは通常農業生産物の10分の1を納めることと定められていた（これはわれわれが想像するよりも厳しい税だった。農業生産にかかるコストが控除されなかったのだ）。こういった制度は、形はさまざまに異なっても、長いあいだ存続している。北欧のいくつかの国では、いまでも政府によって教会「税」が徴収されている（とはいえ、公式の歳入統計では税として扱われていない）[56]。一方、「ザカート」の現在の実施状況については、なかなか情報が見つからない。そのほか、地域ごとの税もたくさんあって、記録にはあまり残っていないが、貧民救済の資金づくりに重要なものだった。

それから、賄賂のきく権力者への「非公式の」納付金もある。たとえば、アメリカで長いあいだ続いている慣習では、政治家から何らかの役職に指名された者は、その返礼として、政治家本人もしくは所属政党に献金をする。ヒューイ・ロング知事時代のルイジアナ州では[57]、州職員は給与の5パーセントから10パーセントをロングの集票組織に献金することを求められていた[58]。さらに、支配者は「課税」と呼ばれない方法でうまく資金調達を行なってきた。そのいくつかの実例を第3章でとりあげる。

税について、あやふやなところがありつつも、比較的鮮明な全体像をとらえられるようになるのは近代以降である。イギリスでは18世紀に税収がぐんと増え、フランス革命直前の１７８８年に対ＧＤＰ比約10パーセントに達した[59]。一方、同じ時期のフランスでは、税収の対ＧＤＰ比は約7パーセントに過ぎず、財政破綻の危機が迫っていた――これは、歴史上、税率があまりにも低すぎたと認められる数少ない例のひとつである。19世紀に入ると、税収比率（つまり対ＧＤＰ比）はもっと確実に評価できるようになる。イギリスでは、中央政府の税収のみを考慮した場合、ナポレオン戦争の時期から１９００年代までの対ＧＤＰ比は10パーセントを下回っていた。アメリカでは、南北戦争中の一時的な急上昇を除き、税収の対ＧＤＰ比は（連邦税のみを考慮した場合には）ずっと5パーセント未満だった[60]。しかし、これらの数値は第一次世界大戦以降に大きく上昇し、第二次世界大戦まで、イギリスでは20パーセント台前半、アメリカでは5パーセントから10パーセントを維持した。その後もこれらの数値はぐんぐん上昇し、戦後になってもなかなか減少しなかった。1947年にはイギリスで約36パーセントに達した——これは今日の数値よりも少し高い[61]。同年のアメリカでは、連邦税収の対GDP比は約16パーセントで、現在のそれとほぼ同じだった。これに州税と地方税を加えれば、対GDP比約26パーセントとなる[62]。

もちろん、国によって事情は異なる。経済協力開発機構（OECD）のその他の加盟国では、1965年以降に税収の対GDP比が大幅に上がり、平均して10パーセント近く上昇した[63]。各国の税収には大きな差がある。OECD加盟国の税収の対GDP比は、平均では約3分の1だが、最低値のメキシコの16パーセントから最高値のフランスの46パーセントまで、国によってさまざまに異なる[64]。多くのアメリカ人にとっては意外だろうが、アメリカの税収の対GDP比は、OECDの基準からいえば、間違いなく低いほうである。

しかし、税収の対GDP比を有意義に比較するのは、予算管理の慣習が違うため、まったく容易ではない。「租税支出」とは矛盾のある用語だが、これは補助金給付のような性質を持つ税制優遇措置のことをいう[65]。たとえば、児童扶養者に対し、ある国は税額控除を適用するが、別の国は同じ額を直接支給するとする。どちらも同じことをしているのだが、それぞれの税収の対GDP比を割りだした場合、後者のほうが高くなる。あるいは、慈善寄付の税務上の扱いを考えてみよう。現在、アメリカでは寄付をすれば所得控除を受けられるが、イギリスではそうではなく、登録された慈善団体に寄付をすれば、寄付金額に比例した金額が、政府から慈善団体に支払われる。どちらのケース——税額控除の形の租税支出と、補助金の直接支給——でも、慈善団体は個人からの寄付金額よりも多くを得るし、政府はその差額を補うことになる。だが、アメリカのやり方では、算出される税収の金額がより小さくなる。

きわめて重要かつ悲劇的に変わらないのは、税収の対GDP比は発展途上国で低いということだ。低所得国のおよそ半数で15パーセント未満となっている。所得の高い国の政治家たちは増税か減税かで頭を悩ませているかもしれない。だが、世界の国々の大半では、そんなことで悩まなくてもいい。疑いなく、低所得国の税収の対GDP比はもっと上げなければならない。開発のニーズのため、大幅に引き上げる必要がある国も少なくない。ある試算によれば、低所得の発展途上国は、持続可能な開発目標（SDGs）を達成するため、税収の対GDP比を15パーセント引き上げる必要がある。2015年の国連総会で、世界のリーダーたちによって採択された持続可能な開発目標は、2030年までに達成するべきとされている。[66]だが、それは（非常に）難しい注文だと思われる。

戦争と福祉

歴史をざっと振り返っただけでも、税が暴力から生まれること、そして暴力を生みだすことは明らかである。略奪によって資金が得られれば、その資金によってさらなる略奪が可能になる。

軍事力が課税力に支えられていることは、遠い昔から自明の理であった。軍資金は無限である、とキケロはいった。紀元前428年、アテナイではペロポネソス戦争の資金をつくるために財産税が導入された。2世紀から3世紀にかけてのローマでは、兵士の給料がもっとも大きな支出であり、おそらく国民所得の6パーセントを占めていた。[67]その後、過去の戦争の経験と未来の戦争の展望がこの上なく強力な後押しとなり、収税能力を高めるための資金が投じられると、課税テクノロジーが発展を促され、少しずつ進歩していった。小ピット政権時代の所得税も、第一次世界大戦時の超過利得税も、第二次世界大戦時の源泉徴収方式もその結果で、これらについてはもっとあとの章で詳しくとりあげる。こういった高度な課税テクノロジーは、直接の資金源を提供しただけではなかった。やはり戦争のありふれた結果である、巨額にのぼる国の借金を清算するための機械が備えつけられたことを、資金を投じた人びとに請けあいもしたのだ。その典型的な例——当時ジョージ・ワシントンが気づいたとされ、広く引用されるようになった例[68]——が、イギリスが課税を拡大して借入能力を高め、戦争がひんぱんに発生した18世紀に大国として台頭したことだ。莫大な金額を徴収できるようになった政府は、統制力と指導力をもっと存分に発揮できるようになり、「戦争が国家をつくり、国家が戦争をつくった[69]」。

この100年ほどの全体的な流れをざっと見わたすと、戦争の担った役割はきわだっている。アメリカとイギリスで、税収の対GDP比は二度の世界大戦のときピークに達した。また、イギリスではアメリカ独立戦争のとき、アメリカでは南北戦争のときに大きく高まっている。二度の世界大戦ではラチェット効果が生じた。つまり、戦時に税金が上がり、その後ずっともとに戻らなかったのだ。そのことがこの時期に税収の対GDP比が上昇したわけ[70]を説明するカギになると考えた人びとの主張によれば、戦争になると、政府は税率を引き上げ、課税ベースを広げ、税の執行を厳しくすることで防衛支出に必要な資金をつくる。そして戦後も、たいていは戦時に採用した税率や税構造をそのまま使用しつづける。というのも、国民がすでにそれらに適応しているし、その施行のための機関がすでにできているからだ。そういったラチェット効果はかならず発生するとはかぎらない。イギリスは、19世紀のほとんどの期間、アメリカ独立戦争とナポレオン戦争のときに上げた税金をもとに戻すこと——ワーテルローの戦いのわずか1年後の所得税廃止はその象徴である[71]——と、かさみにかさんだ借金を返すことを財務方針の中心的課題としていた。アメリカは、南北戦争のとき新設していた政府の税務機関を戦後まもなく解体した。また、1872年に所得税を廃止した。

第一次世界大戦後、そしてとりわけ第二次世界大戦後のイギリスとアメリカでは、戦時中に拡大していた政府の規模がもとに戻らなかった。それ以降、防衛費の確保と戦費調達の借金の返済をおもな課税目的とする戦争国家から、貧困者、傷病者、高齢者などの弱者への福祉手当に税収の大半を費やす福祉国家への移行が始まった。政府は、戦争や道路建設などとは異なる種類のさまざまな事業への支出を期待されるようになった。また、最低でも、基本的な保健医療、教育、社会的支援の提供を要求されるようになった。OECD加盟国では、社会的支出の平均対GDP比がいまや20パーセントにのぼっている。[72] この件に関しては、戦争との類似点があるということもできる。1909年に人民予算を提出したロイド・ジョージは、新たな社会福祉プログラムの費用をつくるために富裕層への課税率を引き上げることを提案し、つぎのように宣言した。「これは戦争予算である。貧困および不衛生に対する容赦ない戦いのための資金調達なのだ」[73]

くりかえすが、恵まれない人びとのために税金を活用するという考えは、それまで存在しなかったわけではない。古代ローマでは、公共支出の10パーセント前後が割かれ、市民への小麦の配給が行なわれていた。ときにはオリーブオイルの配給もあった。[74] そして、今日では概して忘れられているが、昔から地方政府は困窮者支援を主要機能としてきた。とりわけイギリスで、そしてのちにはドイツでそうなっている。[75] 中央政府が指導的役割を担い、福祉供給機能が強化される傾向にあったことは、19世紀末ごろに税収の対GDP比が緩やかに上昇しているところからも明白である。[76] ヨーゼフ・シュンペーターはこのころ「社会的共感の領域の拡大」を見てとり、「戦争によってではなく、戦争にもかかわらず」そのようになったと考え、将来のさらなる拡大を予見した。[77] 政府は教育支出に責任を負うようになった。ビスマルク時代のドイツでは、1880年代に災害および疾病保険制度が世界に先駆けてつくられた。これは、地主貴族《ユンカー》のようなパターナリズムと、社会主義運動を弱体化させる意図とが混じりあった制度だったが、ついには1889年に、すべての労働者を対象にする老齢および障害保険制度が設けられた。重要な点であるが、この老齢および障害保険制度は、雇用者および被雇用者が保険料を拠出し、国がこれを補完したうえで年金を支給する形になっていた。また、デンマーク（1891年）、ニュージーランド（1898年）、イギリス（1910年）では、拠出を必要としない年金受給資格の付与が行なわれるようになった。

1890年、ドイツの経済学者アドルフ・ワーグナーはある仮説を立てた。国家が産業化すれば、都市化が進み、「社会的進歩を求める圧力」が強まることで、国民所得に対する公共事業支出の比率が高まるというのである。今日、この現象は（予想はつくだろうが）「ワーグナーの法則」と呼ばれる。もっともらしい説だが、圧倒的な根拠があるわけではない[78]。たとえば、19世紀のイギリスにこういった現象があったという証拠を見つけることは困難である。それに、もちろんそれ以外にも重要な要素がある。たとえば、税収の対GDP比は小国のほうが高くなる傾向にある。ともあれ、税収の対GDP比は二度の世界大戦中にぐんと上がり、戦後になっても下がらなかった。問題は、上がったあとそのままほとんど下がらなかった理由である。

この理由の大半は大量動員だったと考えられる。それによって二枚の刃がつくられ、組みあわされて鋏ができあがった。二枚の刃のうちの一枚は国家の資源抽出力の大幅な向上である。これは戦場にいる大規模な軍隊を支えるために必要不可欠だった。もう一枚は、平時に戻れば戦場からの帰還者――動員兵――に恩給を与えなければならないという政治的および社会的責務である。イギリスで1942年にとりまとめられたベヴァリッジ報告書にそういった制度についてははっきりと示されている。戦後の積極的国家のビジョンが描きだされたこの報告書はイギリス国民の心を引きつけた。そのため、保守党は戦争に勝利した直後の総選挙で労働党に敗北し、チャーチルは退陣を余儀なくされた。大量動員と、戦争および戦後復興の資金を調達するべく、勾配の急な累進課税方式がとりいれられた。1920年の所得税の最高税率は、イギリスとドイツ

（戦後に導入された連邦所得税の場合）では60パーセント、アメリカでは73パーセントだった（ピークだった1918年の77パーセントからは下がっていた）[79]。これらの国の最高税率は、大量動員を行なわなかった国のそれにくらべれば、平均約34ポイント高かった[80]。二度の世界大戦――とりわけ二度目――によって、福祉国家の誕生を可能にする仕組みが生まれるとともに、その実現を確実にする政治環境がもたらされたのである。

バベッジの悪夢

古代からの税制および政府の発展について記してきたが、ここには読者が意外に思うようなあるものが欠けている。選挙権の拡大である。なかには、当時の多くの人と同じように考える人がいるかもしれない。つまり、富裕層以外にも参政権が与えられれば、たいへん数の多い非富裕層は投票によって、それほど多くない富裕層から自分たちに資源が流れるよう税制を変えようとしたのではないか、と。非富裕層にとっての「代表あって課税なし」というわけである[81]（ともあれ、それほど多くない富裕層は、たいへん数の多い非富裕層がほぼ負担することになる「塩税《ガベル》」のような間接税を、ほとんど何の躊躇もなく課してきた）。歴史上、普通選挙に反対した人びとはおもにその点を問題視していた。すでにルネサンス期のイタリアで政治理論学者がつぎのような懸念を述べている。

課税方式に関していえば、庶民の選択はたいてい、非常にまずい、不当なものになる。というのも彼らは、その生まれのせいで、裕福な人に過度の負担を課そうとする。そして、裕福でない人は数が多いため、そうすることが難しくない[82]。

この件は1647年のパトニー討論でも重要な議題になっていた。チャールズ一世の軍隊に（初めて）勝利したクロムウェル率いるニューモデル軍は、彼らがもたらした新しい世の中をどう形づくるかについて話しあった。ヘンリー・アイアトンは[83]、「生きている人誰にでも」投票権を与えれば、「あらゆる所有権に対して反対票を投じる可能性がある」と息巻いた[84]。それからおよそ200年たった1852年、チャールズ・バベッジは――計算機の開発のあいまに――自ら計算してみた結果にぎょっとした。イギリスの有権者100万人のうち85万人が、非課税限度額に満たない所得額だった。「今世紀の政治の誤りのなかでも、これは私の知るかぎり、まさに革命的である。……一見しただけでは金持ちのみに致命的なようだが、実際にはすべての産業にいっそう致命的だ[85]」。イギリスの財政健全化の主導者になったウィリアム・グラッドストンは[86]、「きわめて望ましいのは……選挙権を納税に関連づけることだ」と考えていた[87]。実際、納税義務を負う人のみに選挙権が与えられるケースは多かった。プロイセンでは他のどこよりも巧みにそれが行なわれていた。プロイセンでは、連邦レベルでは普通選挙が行なわれていたが、選挙人は直接税納税総額を三等分する形で高額納税者から順に三つの階級に分けられ、プロイセン議会（ラントターク）の議員をそれぞれの階級が同数ずつ選び出した[88]。

しかし実際は、低所得層への選挙権の拡大によってもたらされた結果は、アイアトンやバベッジを始めとする多くの人びとが恐れていたほどのものではなかった――もしくは、ずっとあとになってから検出できない程度の影響があらわれたにすぎないようだ。たとえば、1900年の時点の所得税の最高税率は、民主主義国のほうがその他よりも平均してやや低かった[89]。たしかに、選挙の影響と思われるものはいくつか見てとれた。イギリスで所得税が再度導入されたのが、1832年の選挙法改正で選挙権が拡大されたすぐあとだったことは示唆的である。また、直接税収入の総税収に占める割合は、1867年（第2次改正の年）から1913年までで4倍に増えている。だが、これらは革命的と呼ぶには程遠かった。イギリスの所得税の最高税率は、1842年の（再）導入時には2・9パーセントだったが、1884年の選挙法改正で成人男性の約3分の2に選挙権が付与されてから20年以上たっていた1908年の時点でも5パーセントにとどまっていた。[90] 1909年の人民予算の提出後でさえ8・3パーセントに過ぎなかったのだ。[91] ディズレーリは、労働者階級は元来保守的なものであるという考えを持っていた。1867年の選挙法改正は、彼にいわせれば「暗闇での飛躍」だったが、[92] その考えは的を射ていたといえるのかもしれない。[93]

もちろん、数の多かった貧困者たちが、節度ある略奪者だったアリュアッテス王と同じような見通しを持っていたと考えることもできる。たとえどこまでも利己的であったとしても、金持ちにはできるだけ高い税率を押しつければいいなどと単純に考えてはいなかった。それよりも、金持ちからできるだけ多くの金額を引きだし、自分たちで分かちあおうと考えた。[94] バベッジの、産業への致命的な打撃に関する警告を心に留め、富裕層の、もっと稼いで投資をしたいというインセンティブを削ぐリスクに気をつけるならば、必要なのはそれほど高くない税率と、それほど急勾配ではない累進性だろう。また、所得税への過度な依存は必要ないかもしれない。金持ちも物品税をいくばくかは負担するからだ。現代のわれわれには不可解かもしれないが、選挙権の拡大の影響がそれほど目立たないことについては、意外に思うべきではないだろう。これまでに判明しているところでは、人びとは、驚くべきことだが、自己利益に反する票を投じ得るようなのである。

ここまでは、あきらかに「税」である制度、少なくとも現代において税と呼ばれる制度について論じてきた。だが、政府は歴史上、さまざまな方法で資金調達してきた。たとえば、事実上の税だが、税とは呼ばない制度である――それについては第3章でとりあげる。一方、金を借りることも、たんにつくることもある。

税金をテーマにする本ならばこういったことにも注目する価値がある。というのもそれらは、見た目はどうあれ、突きつめれば税金の一形態であるからだ。

債務、債務不履行、そして君主たち

ペロポネソス戦争中の苦しい時期に、アテナイ人はアクロポリスの丘の上に立つ勝利の女神ニケの像を溶かし、金貨をつくった[95]。ウィリアム・グラッドストンならばいいことだと考えたに違いない。１８５４年、彼はクリミア戦争の財政コストについて熟考し、つぎのように思い至った。「戦費とは……道徳的規制であり、全能なる神が、多くの国民にもともと備わっている野心や征服欲に進んで課されたものなのである[96]」しかし、この規制は非常に効果的であるとはかぎらない。古代の戦費はおもに税などの直接の財源によって賄われた。だが中世に入ると、ヨーロッパでは好戦的な王や君主が、それだけでなく、すぐに入手できる資金を求めたため、金融ネットワークが発展した。ところが、効率的な税制がつくられた結果、以前ほど直接の財源に頼らなくともよくなった。間違いなく返済することを相手に納得してもらいやすくなり、借金しやすくなったからである。長期にわたる辛く苦しい戦争の末に独立を勝ちとったネーデルラント連邦共和国は、17世紀末にはすでに課税と借入をつかさどる機関を設けており、債務残高の国民所得に対する比率が１００パーセントを超えても耐えられた[97]。この時代にも、増税はあいかわらず戦費を賄うひとつの――多くの場合、唯一の――方法と見なされていた。イギリスでは、平時に10パーセントだった土地税率が戦時に20パーセントに上がっても当たり前のことと受けとめられた。だが、公的債務も大事な役割を担うようになっており、イギリスの支出に対する借入の比率は、アメリカ独立戦争の期間（１７７６－１７８３年）に約40パーセントにのぼり、ナポレオン戦争の期間（1793－1815年）に30パーセントに迫った[98]。アメリカの場合、2001年から極端な様相を呈している。9・11同時多発テロ事件から2013年末までの期間、アフガニスタン戦争、イラク戦争、対テロ作戦にかかった費用はおよそ1・6兆ドルだったが[99]、大規模増税あるいは戦費調達増税なしに賄われた。これらの戦費の総額は2013年の政府債務の約10パーセントに相当した[100]。

大きな戦争に勝った国々はたいへんな借金を負った——イギリスでは、1822年に債務残高の対GDP比が275パーセントと、最高水準に達した[101]——ため、税金と債務の適切なバランスや、債務残高の安全といえる範囲をめぐり、しばらくのあいだ論争が続いた。その後、2007年からの世界金融危機と2020年からの新型コロナウイルス感染症大流行をきっかけにこの議論が再燃した。これらの時期に、戦時以外には見られないほど多額の債務を抱えることになった先進国は少なくなかった。

見方によっては、税金をとるのも金を借りるのも実質的な違いはない。政府は、たとえば100ポンドを借り入れた場合、返すときには借入時の価値を返済時の価値に換算して渡すことになるため、事実上、将来のどこかの時点での増税を約束したようなものである。だから、いますぐ課税によって100ポンドを集めても同じことになる。そして、（虫の良い考えかもしれないが）思慮深い人びとはそこのところを承知しているから、政府がいますぐ100ポンドを借り入れても、同額を税金として集めても、反応がまったく変わらないと考えられる。つまり、税金をとるかとらないかではなく、税金をいまとるか、あとでとるかの二者択一というわけである。この考え方（提唱者のデイヴィッド・リカードにちなんでリカードの等価定理と呼ばれる。彼についてはは第7章でもう少しとりあげる）は、明解ではあっても説得力に欠けており、リカード自身でさえ心底納得してはいなかった。その理由のひとつは、簡単にいえば、借金の返済に使われるのが自分自身やその配偶者が納めた税金ではなく、たとえば近所の通りで騒いでいる子供たちが将来納める税金であることだ。そのほかにも問題はある。課税によって生じる、税額そのものを超過するコストが考慮されていないのだ。つまり、第1章でとりあげた窓税において、経済的な意思決定に対する干渉の結果生じた、課税にともなう超過負担などのことである。

この超過負担（このテーマについては、第9章で読者に納得してもらえるように説明したい）に備わったある重要な性質には、たとえば戦争関連の費用などのために支出が一時的に増加したとき、資金をどう調達すればいいかについての重要な含意がある。超過負担は、税率が上昇すればそれ以上に大きく増大する。つまり、税率が2倍になれば、超過負担が2倍以上にふくれあがる。この点から、税率はしょっちゅう変更しないほうがいいという仮説が成り立つ。というのは、増税にともなう超過負担の増大幅は、減税にともなう超過負担の減少幅よりも大きいからである。[102] こういった「課税平滑化」を考慮すると、戦費調達の最善の方法は、借入を増やすと同時に税率を引き上げるが、税率の引き上げ幅を、長期的に持続した場合に、債務残高の増加を抑制できる程度とすることである。

しかし、こういった論争は政府がきちんと債務を履行することを前提にしている。ところが、支配者による借入の歴史は、概して債務不履行――金を借りておきながら、定められた条件で返済しないこと――の歴史に等しい。債務不履行によって政府は、事実上、将来誰かから集める税金によって借金を返すという約束を、債務保有者にいま課す税金に変えるのである。

債務不履行をくりかえした支配者のひとりにスペインのフェリペ二世がいる。彼は在位中に4回、借金を踏みたおしている――スペインの黄金時代にだ。[103] 当時のスペインが窮乏におちいった原因は、広大な帝国領をまたにかけての戦争だった。戦争は、財政能力の拡大を促すこともあった一方、たんに債務不履行を引き起こすこともあった。ナポレオン戦争はその好例で、債務不履行まみれであった。そのほかに、たんに経済が悪化したことによる債務不履行の例もある。キャピタルフローと経済成長が突然停止したために、債務負担に対処できなくなったのである。アルゼンチンは1816年の独立以来、8回も債務不履行を起こした（最近では2014年）。とはいえ、ほぼすべての国がいずれかの時点で債務不履行におちいっている。多くの見解によれば、アメリカでさえ1933年にそうなった。[104] そして、債務不履行の状態はしばらく継続する。1946年から2008年までの期間に、国家の債務不履行の事例は169件あって、その継続期間の中央値は3年となっている。[105]

政府は、借金をするまでもなく、強制借入で違約する場合もある。この強制の要素ゆえに、貸し手が別の用途に回したかったという意味で、この借入は税のような性質を持っている。しかも、政府のほうに、期日どおりに償還するつもりがないことも少なくない。この財政上の奥の手は、スチュアート朝初期にたびたび用いられた。国王は議会からの承認を必要としない資金を求めていた。1627年、チャールズ一世（在位1625－1649年）は強制借入の要求に応じなかった70人以上を投獄している。

政府の債務不履行により、貸し手と借り手（およびその他の人びと）の両方が困った事態におちいることもある。貸し手はじかに損害を被る（この貸し手に対する貸し手も、そのまた貸し手も同じである）。そして、被害はそれだけにとどまらないかもしれない。中世ヨーロッパでは、ユダヤ人の虐殺、あるいは追放、あるいはその両方を行なうことでユダヤ人への借金を踏みたおすケースがたびたびあった。国王は、ユダヤ人コミュニティから金を借りていなかったとしても、ユダヤ人迫害によって恩恵を受けることがあった。イングランド王エドワード一世（在位1272－1307年）は、ユダヤ人に金を借りていたわけではなかったが、1290年にユダヤ人追放令を発した。当時、議会制度によって得た力を誇示しはじめていた貴族たちはユダヤ人に借金があり、エドワードへの感謝のしるしに11万6000ポンドを貢納した。[106] これは中世イングランドにおいて国王が受けとった金額としては最高だった。[107] それから数百年後の現代、個人の貸し手にとって喜ばしいのは、クレジット・デフォルト・スワップを買っておけば、政府の債務不履行のリスクに備え、事実上の保険をかけられるということだ。だが、たとえばアメリカ政府などが債務不履行におちいった場合に契約者がどういった形で支払いを受けられるのかについては、完全には明確になっていない。

借り手のほうも、債務不履行におちいれば苦痛や屈辱を受けることが少なくない。1902年12月、対外債務の履行、すなわち外国に対する内戦中の被害の賠償を拒否したベネズエラは、イギリスとドイツとイタリアの艦隊に港を封鎖されてしまった。ちなみに、当時イギリスとドイツは敵国同士で、この件で手を組むことになったときには双方が驚き、少しばかり衝撃を受けもした。結局、ベネズエラは関税収入の30パーセントを債務履行にあてることを決めた。

ところで、債務不履行のもっとも重大な制裁は、貸し手になり得る者からの信頼を失うことと、将来の借入における利率を引き上げられることである。18世紀後半にいくつかの革命戦争で戦ったイギリス政府は、少なくともイングランド内戦以降には債務不履行におちいったことがなく、50年以上もの記録的長期にわたり、まもなく敵国となるフランス——すでに何度か債務不履行を起こしていた——よりも2・5ポイント低い利率で金を借りることができていた。[108] 近年、民間から融資を受けられない債務不履行国は、国際通貨基金（IMF）からの融資に頼った場合、政治的なコストと緊張を生みだすことにもなりかねない。

政府の借金によってリスクが生じるならば、その限度はどの程度にするべきだろう？　世界金融危機以前には、債務の限度の大まかな指針として、先進国ならば対GDP比60パーセント（EUのマーストリヒト条約に記載がある）、発展途上国ならば対GDP比40パーセント程度といわれていた。現在、債務残高がそれを上回る国はいくつもある。そのため、少なくとも自国通貨での借入が可能な国々にとっては、債務というのは問題なのだろうかと首をひねる人びともいる。しかし、政府の借入能力は究極的には政府の課税能力に支えられている、という正統派的見解から大きく逸脱する意見を述べる人はほとんどいない。国の借金は、じつは課税繰り延べの約束にほかならないのである。

お金をつくる

政府のみが有する権限のひとつに、何らかの財やサービスの対価として、政府のみが製造できるもの、すなわち通貨の使用を強制することがある。(109)「シニョレッジ」――封建領主 seigneur が持つ貨幣鋳造の権限を意味する古フランス語に由来する――と呼ばれるこの権限は、民間セクターから資金を吸いあげる手段のひとつを政府にもたらす。通貨を製造することで、そのコストよりもずっと価値の高いものを獲得できるのである。この権限を、政府はためらいなく利用してきた。

紙幣がつくられるようになる前には、貨幣の質を下げること――少なくともしばらくは誰にも気づかれないよう、貨幣に含まれる貴金属の比率をひそかに下げ、貨幣の物質としての価値をより低くすること――は、封建領主のよく知られたずるい手口だった。ローマ帝国では、1世紀半ばに鋳造された銀貨の銀含有率は97パーセントだった。だが3世紀には40パーセントにまで下がっており、その約20年後にはたった4パーセントになっていた。(110)不換紙幣――その物質的な価値ではなく、政府からの何らかの保証のみを裏づけとする――の登場とともに、通貨はより安価に製造できるようになった。現在、100ドル札1枚をつくる費用は15セントくらいである。(111)通貨を発行することを英語で「紙幣を印刷する printing money」というが、これは通貨をつくる唯一の方法ではなく、近年では主要な方法でもなくなっている。中央銀行は商業銀行が持つ口座に電子信用をつくりだせばよい。中央銀行が得た資産よりも、商業銀行の口座に支払う金利のほうが小さければ、これも政府の資金源になる（中央銀行は政府が所有しているため）。

シニョレッジは、政府のさまざまな資金調達手段のなかでも、手放しで称賛できる手段に位置づけるべきではない、とする理由は、原則的にはない[112]。だが、その他の手段と同じく、利用をためらわせるような問題を引き起こすことがある。とくに、シニョレッジは「インフレ税」に（等しいわけではないが）密接に関係している。それは、政府にとってはそのほかの資金を使い尽くしたときに自力で資金を絞り出す唯一の手段だが、その他の人びとが購入できる財やサービスを減少させる。それを引き起こすのは、市場において財やサービスの価格が高くなること――つまり、物価水準が上昇することだ。言い換えれば、お金の量が増えれば、消費者の需要量も増え、物価がそれだけ高くなるのである。この物価水準の上昇は税のように作用し、はっきりとした勝者と敗者をつくりだす。敗者になるのは、価値が下落した通貨で資産を持っている人、あるいは所得を得ている人である。イギリスの経済学者ジョン・メイナード・ケインズによれば、「インフレの継続過程によって、政府は自国の市民の富の重要な部分をひそかに、気づかれることなく没収できる[113]」。一方、勝者もいる。債務が名目で固定されている人だ。政府は没収によって利益を得るので、民間の貸し手および名目で所得が固定されている人の損失は、民間の借り手の利益よりも大きくならなければならない。また政府は、それ自体が抱えている債務の規模に応じて、さらに得をすることになる。借入はインフレに連動していないからだ。

シニョレッジは、ほどほどに行使された場合はほとんどわからない。だが度を超すこともあって、その場合はインフレによってたいへんな悪影響が生じる。歴史上のさまざまな事例がその警告となっている。アメリカでは、1779年11月に月間インフレ率が47パーセントにのぼった。また南北戦争中、北部が戦費調達命のさなかに起こった。

のためにグリーンバック紙幣を発行すると、1864年3月に月間インフレ率が40パーセントの水準に達した[114]。最初に記録されているハイパーインフレ（月間インフレ率が50パーセントを超えるインフレ）[115]はフランス革命のさなかに起こった。

フランス革命は、おもに旧体制《アンシャン・レジーム》の財政難に起因していた。だが、まもなく革命政府はもっと大きな財政の落とし穴にはまることになった。1789年6月17日、国民議会が（国民の代表からなる議会であることを宣言してから）最初に行なったのが、現行のすべての税を違法と宣言することだった（その一方で、それらの徴収の継続を布告した――これでは、人びとがすなおに応じるはずはなかった）[116]。その後、7月13日に、議会はかなりの額にのぼる国家債務を支払った。さらに、暴動が広がりつつあった8月4日の夜、税制の核心であった特権や官職売買を含む、大衆から嫌悪されていた封建制の名残の多くを廃止し、同時にそれによって生じる損失を完全補償することを請けあった。これらの決定によって財政赤字は拡大し、任意の「愛国税」を導入してもまだ不十分だった。莫大な支出をどうやって賄えばいいだろう？　解決策として打ち出されたのは、教会財産の没収によって得た国家財産を使うことだった（その後、政府は王室や亡命貴族の財産も没収した）。そしてアシニャが登場した。アシニャはもともと債券のようなもので、額面金額が非常に高く、利子がつき、公開競売での国有財産の購入に使えることを保証されていた（交換後のアシニャは廃棄される決まりだった）。だから、紙幣ではなく、そういった資産の実質的な価値に裏づけられたものとして提示された。このうえなく安全なものに思えるではないか？

しかし、政府は紙幣発行による資金で運営を賄いたいという誘惑に抗えなくなっていった。その後、アシニャは額面金額がだんだんと小さくなり、利子がつかなくなり、通貨として機能するようになった。インフレは初めのうち緩やかに進んだ。土地の売買は活発になった（マリー・アントワネットですら有利な投資として推奨していた[117]。ところが1792年4月、国家の存亡にかかわる革命戦争が始まると、アシニャが濫発された[118]。恐怖政治時代には価格統制が行なわれ、インフレはある程度落ち着いた。だが、ジャコバン派が倒れると、まもなくフランスはハイパーインフレに見舞われた[119]。1795年10月にはインフレ率が約140パーセントに達し、アシニャの通貨価値は額面のたった2パーセントになっていた。1795年末、アシニャは最後にもう一度だけ大量に発行され、それ以上は印刷しないことを示すため、衆目のなかで印刷機が破壊された[120]。まもなくアシニャは価値を失い、やがてたんなるコレクターズアイテムとなった[121]。

アシニャの物語には多くの問題点がある。たとえば、アシニャは不当に没収された教会財産を担保にしていたため、当初から一部の人びとに忌み嫌われ、受けいれられなかった。もう革命政府には財産権に手出ししてほしくない、と彼らは考えていた。エドマンド・バークは革命政府についてつぎのように述べている。「彼らは奪いとる、ただいかさまをするために[122]」。アシニャを使用することは罪である、と司祭たちは会衆に説いた。一方、アシニャを使用することは愛国者の義務であると訴える人びともいた。ミラボーによれば、「アシニャの価値を疑うことは革命を疑うことに等しい――それは犯罪なのだ[123]」。ダヴィッドの有名な絵画〈マラーの死〉には、偉大な（あるいは卑劣な、あるいはその両方の）扇動家マラーがアシニャを握った姿で描かれている。

しかし、この件の教訓は明快である。税収では賄いきれないほどの莫大な支出を支えるために通貨を（もしくは、今日のデジタル通貨を）濫造すれば、激しいインフレを引き起こしかねない。革命家のなかには[124]そのリスクを最初から承知していた者もいた。ダントンとマラーもそうだった。腹黒い外交家のタレーランは司教職にあった1789年につぎのように予言していた。「アシニャ1枚を1000フラン分の貨幣に交換しろといっても、相手はけっしてうんといわないだろう。……だからこそ、この制度は失敗に終わる[125]」（フランスと戦争状態にあったイギリスは、フランスのこのリスクを好機ととらえた。印刷機を用意し、偽のアシニャを大量に印刷してフランスに流通させたのだ。後日、ナポレオンがイギリスに対して同じことを行なっている)[126]。本当にたいへんなのは、国家が通貨製造しか打つ手のない状況に追いこまれた場合である。１７９２年、革命政府はたいへんな苦境におちいっていた。

国庫は空、税金はほとんど納付されず、税務機関は強制徴収もままならないほど無秩序で、旧体制の遺物は未整理、対外戦争に5個軍の運用を要するうえ、現在内戦の真っただ中である。[127]

それ以外に何ができただろう？　じつのところ、課税によって収入を得る、確たる能力のない国家は、マクロ経済的にも政治的にも、脆弱性を高めることになる。

しかし、ハイパーインフレのもっとも有名な例といえば、やはり１９２０年代のワイマール共和制時代のドイツだろう。フランスのアシニャの例と同様、ハイパーインフレによって政府機関に対する信頼がだんだんと失われ、独裁政治への道がつくられた。問題の根源は、第一次世界大戦のあと戦勝国から課された巨額の賠償金だった。１９２０年、ドイツはその支払いに苦心していた。借入の可能性はほぼなく、政府はマルク紙幣を大量発行したが、そのせいでマルクが下落し、物価が高騰した。１９２３年には、造幣局の印刷所および１３０以上の印刷業者によって真新しい紙幣がつぎつぎとつくられていた。[128]人びとはマルク札をカゴいっぱいに詰めてパン屋に出かけたが、やがてカゴではなく手押し車を使うようになった。子供たちは輪ゴムでまとめた分厚い札束を積み木がわりにして遊んだ。道路掃除人は落ちている紙幣をほうきで掃き、側溝に落とした。紙幣を壁紙にする人もいた。１９２３年11月2日、ドイツ帝国銀行は1兆マルク札を発行した。

約2週間後の11月15日にはマルクに替えてレンテンマルクを発行し、1兆マルクを1レンテンマルクと同等とした。そして――ここが重要な点だが――レンテンマルクの発行量を厳しく制限した。インフレはほどほどのレベルに落ち着いた。

それ以外にも、ハイパーインフレの事例はたくさんある。オーストリア、ハンガリー、ロシア、ポーランドでも第一次世界大戦の余波でハイパーインフレが発生した（ウィーンで酒を飲むときは初めから2杯注文しておけといわれていた。2杯目を頼むころにはすでに値段が上がっていたからである）。[129]ハンガリーでは、第二次世界大戦後、月間インフレ率が4・19×10・16乗パーセント（そう、ゼロが16個である）に達し、15時間ごとに物価が2倍するのと同じこととなった。ジンバブエでは、2008年11月に年間インフレ率が8970000000000000000000パーセントとなった。[130]ある時点では、パン1本の市場価格が5億5000万ジンバブエドルにのぼった。日常生活もままならないほどの困難が生じていたことから、ジンバブエの中央銀行総裁は、2009年のイグ・ノーベル賞（「人びとを笑わせ、考えさせた功績」を称える賞）に輝くことになった。受賞理由は、1セント（0・01ジンバブエドル）から100兆ドル（100000000000000ジンバブエドル）までの額面の銀行券を揃え、幅広い数字への対処を可能にしたことだった。

平時でも、政府はまとまった資金を調達するために通貨を発行する――ときには大量に。90カ国を対象に、1971年から1990年までの期間について調査した結果によれば、通貨発行益（シニョレッジ）は最先進国ではそれほど大きくなかった。対GDP比でいえば、アメリカで約0・4パーセント、イギリスで約0・5パーセント、そしてドイツで約0・7パーセントだった。[131]しかし、全体平均では約2・5パーセントで、政府支出に占める割合が10・5パーセントにのぼった。シニョレッジは、近年ではあまり話題にならないが、なくなったわけではない。2005年から2015年までの期間では、イギリスでは対GDP比約0・2パ

マルク紙幣の束を積み木のようにして遊ぶドイツの子供たち。

ーセントで、以前よりも減っていた。スウェーデンではマイナスだった。一方、アメリカでは相変わらず約0・4パーセント、ユーロ圏では約0・55パーセントであった。[132] シニョレッジは今後減少していくと考えられる。その理由のひとつは、決済テクノロジーの進歩とともに現金需要が低下することである（ただし、中央銀行がデジタル通貨――今日の現金の電子的類似物――を発行するようになるかもしれない）。もうひとつは、中央銀行の独立性をより高める動きが幅広い範囲にあらわれていることだ。そのおもな目的は、マネーサプライ管理の業務を政府から中央銀行に移すことにある。政府に任せておいた場合、国債の発行によって支出を賄ったあと、通貨の発行によって中央銀行にその国債を引き受けさせることも可能だからである。高い独立性を持つようになった中央銀行は、法令によってそういった政治的干渉から保護される。また、たいてい緩やかなインフレを目指すことを明確に義務づけられる。政府がこうやってそれ自体の活動を制約している国では、一般にインフレ率が低いようである。だが、シニョレッジはまだなくなっていない。文字どおりの紙幣の印刷や国債の取得によってだけでなく、中央銀行――政府の所有だ――が貨幣の創造によって得るさまざまな利益として存在するのだ。

じつは、ほとんど認識されてはいないが、このところ一種のシニョレッジがふたたび出現しつつある。世界金融危機以降、アメリカ、日本、イギリスおよびユーロ圏は非伝統的な金融政策である「量的緩和」を採用している。この政策は、中央銀行に預け入れられている民間銀行の準備預金残高を増やすことで、幅広い種類の金融資産を取得する形をとっている。アメリカでは、2014年に連邦準備銀行が財務省に差し引きで969億ドルを支払い、記録的な高額となった。[133] これは通常の3倍で、たとえば連邦法人所得税収入と比較すれば、およそ3分の1であった。このやり方は、インフレを生じさせなかった――また、おそらくデフレを防いだ――こともあって、資金調達のうまい手段であることが明らかになっている。

じつのところ、近年の先進国ではインフレ率が過剰に高いことよりも過剰に低いことのほうが大きな問題になっている。低インフレがいつまでも続くうえに物価が下がる現象は、1990年代前半から日本が苦しんでいる症状で、低需要と低成長のあらわれでもある。現在、その他の先進国でも同じことが起こるのではないかと一部で懸念されている。なかには、明快だが議論を呼びそうな解決策を提案する人びともいる。つまり、通貨を製造してインフレを促進すればいいというのである。新型コロナウイルス感染症のパンデミックによって、この問題はいっそう顕著になった。「あらゆる手段を講じて」危機を乗りきらなければならないこの局面に、前例がないほど莫大な公金が注ぎこまれ、その支出による穴をどうやって埋めるのかが課題となった。1792年にフランス革命政府が直面した「財政支配」の状態になるのではないかと懸念する人びともいる。収入額が支出に要する金額を大きく下回り、通貨発行でしか穴埋めできない事態になるのではないか、と。たしかに時代は変化しており、少なくとも一部の先進国では、中央銀行の国債保有の規模が大きくなることはタブー視されなくなっている。アメリカでは、2020年にコロナウイルス支援・救済・経済安全保障法が可決されたが、その資金調達方法が検討されるなかで、ある提案がなされた。財務省に額面1兆ドルの貨幣を2枚製造させ、連邦準備銀行に預金させるというものである。途方もない方法のようだが、政府が国債を発行し、連邦準備銀行が通貨を発行してそれを購入するという、透明性のより低いやり方とたいして変わらない。一部では、中央銀行の独立性と物価安定への関与に対し、厳しい試練が待ち受けているのではないかと懸念されている。しかし、低インフレが続く日本の状況を見て危機感を抱く人びとは、通貨を製造してインフレを促進した場合のダメージのリスクは、先進国ではほとんどないと考えている——とはいえ、その可能性を考慮に入れていないわけではない[134]。

ここまで見てきたように、政府の資金調達方法には、今日、税として認識されている方式のほか、シニョレッジや借入という方式も利用され、政府としての強制力が発揮される。しかし、名目は違っても実質は税そのものの資金調達方法は、それ以外にもいくつもある。金集めのためにさまざまな方法を考案してきた人類の創造性は、1章を割いて解説するにふさわしい。

3 別の名前で

国王に関していえることがあるとすれば……どうやら歴史書から読みとれるところでは、たいてい金欠状態にある。

——ジョン・ヒックス(1)

紀元193年、プラエトリアニと呼ばれる皇帝親衛隊がペルティナクス帝を殺し、皇帝の位を競売にかけた。裕福なディディウス・ユリアヌスはいてもたってもいられず、大金でこれを競り落とし、即位の運びとなった。だが、その「不届きにも軍としての分をわきまえない、恥ずべき所業(2)」を、民衆はこころよく思わなかった。反乱が起こった。66日後、孤立したユリアヌス帝は痛ましい最期を迎えることとなった。プラエトリアニに斬首されたのである。

このように、いわば卸売りされることはめったになかった（少なくとも、露骨にそうされることはなかった）が、政府の重要な権限や権利の一部が売却されることはずっと昔からあった。もっと広くいえば、ずっと昔から支配者は、「税」とはいわずに金をとる方法をいろいろと編みだしてきた。それも、人びとに重い負担をかけるばかりではない、じつにタチの悪い方法を。ほぼ歴史の始まりからそうして考案されてきたさまざまな資金調達の手段は、税と認識されている制度、あるいは税と名づけられている制度と同程度に重要だった——そして、いまだに意外なほど重要である。

エリザベス一世から周波数オークションまで

政府のみが有する権限のひとつに、特定の権利の行使を特定の人びとに限定して許可できるというものがある。政府はこれをうまく利用して資金を調達してきた。専売制を実施したのである。つまり、特定の公共あるいは民間の団体に対し、特定の財あるいはサービスを独占的に提供する権利を与えるということだ。この制度では、法律によって自由競争が禁じられるので、価格設定においては十分な利益をコストに上乗せできる。代理店が公共団体であれば、利益はそのまま政府に納められるため、名目は異なっても税と何ら変わりがない。民間団体であれば、利益はその団体のものになるが、ふつう政府がいくらかの分け前（つまり、税金）をとるか、あらかじめその利益に対する権利を売り、代金を受けとる。

専売制として最古かつ最長の例であり、歴史上もっとも多くの議論を引き起こしてきたと考えられるのは、塩の専売制である。塩はいまやどこにでもあって、英語で食塩は common salt などと呼ばれるほどだが、かつてはたいへんな貴重品だった。健康の維持にも保存食の製造にも必要不可欠であることから、少量でも珍重された。たとえば、ローマ兵にとって重要だったことは明らかである。彼らの給料には塩を購入するための手当が含まれていたのだ（英語の「給料 salary」はラテン語の「salarium」に由来する。[3] その語源は sal、すなわち「塩」である。給料に見合った働きをすることを「worth one's salt」というが、この表現はそれに由来する）。このため、塩の統制は資金調達のきわめて強力な手段だった。

そんなわけで、中国では塩の専売制が２０００年以上継続している（廃止されたのはわずかな期間だけ）。その始まりは紀元前１１９年、漢の武帝の時代だった。[4] 漢の中央政府は、初めのうちは塩の生産と販売をじかに管理し、専売利益をそのまま獲得していた。だがその後、塩に関する権利を売ることで間接的に利益を得るようになった。権利を買った商人は小売市場で塩を売ることができた。唐王朝の末期（８００‐９００年ごろ）、塩税収入は歳入に占める割合が50パーセントを超え、万里の長城の増設費用に注ぎこまれていた。そして現在、中国大陸における家庭用の食塩の販売は中国塩業総公司が手がけており、それ以外の者が行なえば違法になる。[5]

しかし、課税される物品はしばしば密輸される。帝政期の中国では、役人がそのことを警戒したおかげで素晴らしい副産物がもたらされた。１７８０年につくられたみごとな地図である。清王朝時代の雲南では、峠の向こうの四川からひそかに塩が持ちこまれるせいで、塩税収入が損なわれていた。そこで、２人の役人が地図を作成して皇帝に献上し、窮状を訴えた。アンシャン・レジーム期のフランスでは、人びとから忌み嫌われていた「ガベル」すなわち塩税の制度が地方によってさまざまに異なった。そのため、塩の密輸はさかんに行なわれた――そして、密輸業者はむごい罰を与えられた。

塩以外の物品でも、支配者が資金調達のために専売制を設けることは、西欧では中世からあった。農民は、収穫した小麦を挽くために水車小屋に持っていくと、荘園領主から使用料を求められる場合があった。また、パンを焼くには領主のかまどを使わざるを得ず、その際にも使用料を払うことになっていた。[6] だが、本格的な専売制が行なわれるようになったのは17世紀初めのことである。このころ、大規模な貿易会社――世界初の多国籍企業――に特許が与えられた。

脱税者たちは山野を切り開いた。清朝の塩の密輸ルートの図。

17世紀、世界史上屈指の巨大会社がいくつも登場した。それらの影響は大きく、その余韻がいまだに感じられるほどである。たとえば東インド会社だ。イギリス東インド会社——やがて、東インド会社といえばイギリスのそれを指すようになる——は１６００年に特許状を受け、喜望峰の東およびマゼラン海峡の西の領域にあるすべての国との貿易を独占的に行なった。オランダ東インド会社は１６０２年に特許状を受けた。フランス東インド会社（ルイ十四世の東インド会社）は１６６4年に結成された。そのうちもっとも大きな成功を収めたのは——現在も連綿と営業を続けている——ハドソン湾会社ではないだろうか。チャールズ二世から特許状を受け、カナダのハドソン湾に流れこむすべての河川の流域で独占的に取引を行なうようになった。その後、現在のカナダおよびアメリカの一部にあたる広大な地域に支配権を広げていった。それほど有名ではない（が悪名高い）同種の企業はアフリカ、西インド諸島などについても存在した。

これらの会社の多くは企業というよりも政府のようにふるまった。広大な領域を支配し、独自の貨幣を発行したこれらの企業同士が衝突することによって、植民地史の行方の多くの部分が決定づけられたのだ。これらの会社の財政貢献よりも、こうしたことが大きな遺産となった。たとえば１７５７年、インドのベンガル地方のプラッシーで、イギリス東インド会社の軍隊がベンガル太守とフランスの連合軍を打ち負かした。このプラッシーの戦いを契機に、イギリスはインド全土に対する植民地支配へと向かうことになった。

ハドソン湾会社の特許状に示されていた財務条件はじつに変わっていた。チャールズ二世からの要求は、王自身および王位継承者が立ち寄った際にはヘラジカ2頭と黒ビーバー2匹を献上してほしいということだけだった。もちろん、彼らが実際に立ち寄ることはめったになかったが、１９７０年にエリザベス二世が現地を訪れている。

女王は身をかがめ、象徴的地代であるビーバー2匹を受けとろうとした。宮廷の作法に疎いビーバーたちは緊張を解いた……交尾を始めたのである。「2匹は何をしているのです?」と、女王はハドソン湾会社の総督に説明を求めた。……「女王陛下、私にお尋ねになりませんように。……私は独り身ですので」。女王はいつものように虚空を見つめ、「よくわかりました」とつぶやいた。(7)

イギリスの君主は、今日のわれわれが認識しているのと同じ意味での「特許」――新規の技術や活動の期限つきの独占権――を売る権限を、エリザベス一世（在位1558－1603年）よりも前の時代から所有していた。だが、エリザベス一世の治世の後半になって、独占権の付与の対象がありふれた物資にまで広げられた。塩（すでにおなじみである）のほか、酢、魚の塩干、皮革、石炭、イワシの燻製も対象になった。(8) 特許の付与によって国庫に大金が入るわけではなかったが、売却額は割安で、購入を許された寵臣たちは大儲けできた。サー・ウォルター・ローリーもパブ経営の認可証発行の特許によって大きな利益を得ていたのだ。その一方、こういった事業に投資していた人びとは事実上投資を没収される形になったため、専売特許の購入者を困らせ、ひどく恨んだ（さらに、その後の活動を手控えるようにもなった）。

こういった独占制はひどく嫌われるようになった。ある議員などは、「国民にたかって搾取するもの」であり、「公共の利益を個人の手に」握らせる制度であると述べている。(9) それでも、独占制はしぶとく存続した。1601年、エリザベス一世は特許制度の廃止（新規のアイデア以外）を決断した。だが、その後継者のジェイムズ一世は特許制度を再開し、1624年に廃止した。その息子チャールズ一世はまたも専売制度を復活させた。議会に頼ることなく資金をつくろうとしたチャールズは、この制度を大いに活用し、国民を憤慨させた。1630年代後半、国王の特許付与による収入は総収入の10分の1を超えていた。(10) 明示的な免許税、消費税の制度が発達してはじめて、日常的な物資の独占権は販売されなくなっていった。

日常生活に重要なものの製造や販売を政府自体が独占することは、ひっそりとくりかえされてきた。イギリスでは、1890年から第一次世界大戦前夜まで、郵便事業の収入が歳入の約10パーセントを占めていた。国の専売品だった期間がもっとも長いのは塩だが、おそらくそれに迫るのがタバコだろう。そして、タバコの専売制をめぐるトラブルもあった。1848年の動乱のなか、イタリアの国家主義者はオーストリアのハプスブルク帝国の圧政に憤っていた。ミラノでは「タバコ蜂起」が発生し、約60人が死傷した。これは、ロンバルディアに置かれたオーストリア政府機関がタバコを専売制にし、重税をかけていることに対して抗議したものだった。ミラノ市民が拒否することを互いに誓約していたタバコを、オーストリア兵のあるグループがこれ見よがしに吸って見せたとき、とうとう爆発してしまったのだ[11]。

20世紀のほとんどの期間を通じてさまざまな事業が公共セクターに組みこまれたが、その目的は資金の調達ではなく、その逆のことだった――効率性および社会的配慮、あるいはそのいずれかひとつから考えれば、そういった事業は割に合わないはずだと思われるからであった。たとえば橋だ（われわれと同じ経済学者である偉大なジュール・デュピュイも橋を例に挙げている[12]）。橋は建設にコストがかかるが、竣工にこぎつけたあとは、一般に、橋を渡る人がひとり増えたときの資源コストはゼロになる。だから、通行料をとることは望ましくない。通行料をとれば、渡りたいと思っている人の一部が渡らずにすませることを選ぶのみである。また、彼らが橋を渡っても社会的コストは生じない。だから問題は、橋を建築しても通行料をとらない選択をする民間企業がないことである。明らかな解決策は、橋の建設を政府が自ら行なうこと、もしくは民間に委託することだ。その他の「自然独占」の例についても同じことがいえる。何らかの活動において、産出が増えれば増えるほど、それだけ平均生産コストが下がる（通行人が増えれば増えるほど、通行人ひとり当たりの橋のコストが下がる）とき、生産をひとつの会社に集約し、価格を、コストを賄うのに最低限必要な金額より低くしても利益になるといえる。このため、国有化することが解決策になると思われる。

しかし、国有化が進められるうち、その効率性について疑義が生じた。イギリスでは、1979年にマーガレット・サッチャーが首相に就任すると、この問題がさかんに取り沙汰されるようになった。国有企業については、競争がないために、コストが無意味にふくらんでいるのではないかという批判があった。また、（たとえば）橋の建設コストは何らかの方法で賄わなければならないが、一般的な課税によってそうするよりも、提供するサービスの料金をとることにし、その事業を民間に委託するほうが、害がより少ないのではないかという意見もあった。それから、ともあれ国営事業の多く――郵便事業など――は自然独占の条件を満たしているかどうかが不明瞭であるという主張もあった。その結果、イギリスでは大規模な民営化プログラムが進められた。国有化されていた資産はふたたび民有化された[13]。

とはいえ、世界の多くの国や地域で、政府の独占事業は重要な財源としての役割を担いつづけている。たとえば、フィンランド、アイスランド、ノルウェー、スウェーデン、カナダのオンタリオ州とケベック州、それにアメリカの数州で、アルコール飲料の販売が政府の独占事業とされている。歳入面からいえばもっとも重要な例だと思われるが、石油などの天然資源に恵まれている国々は、たいていその採掘事業を国有企業の事業、もしくは国有企業と民間企業の共同の事業としている。

時間の逆行であるように思えなくもない、私営企業への信頼を新たにするということには、かつて国民から嫌われていた所業を復活させる側面もある。つまり、政府による独占認可の販売だ。これは、供給量が一定で、民間所有ではなく公的所有の資源についての権利を配分するときにしばしば採用されるやり方である。そういった資源には、たとえば石油などの鉱物をはじめとする天然資源（たいてい国家が所有権を持つ）や、電気通信（周波数スペクトルの特定の帯域を利用して信号を送受信する）などが挙げられる。昔と大きく異なるところは、そういった事業の割り当てが、ジャコバン派の時代（および近年のほとんどの期間）にあった「美人コンテスト」方式――つまり、権力者による選択（エリザベス一世ならば文字どおりの意味で実施したかもしれない）――ではなく、オークション方式で行なわれる点だ。その事業が生み出すと考えられる最大限の価値を買い手から引きだすことがその狙いである。

オークション方式はつい最近考案されたわけではない。古代ギリシャでは採掘権がオークションにかけられていた。古代ローマのプラエトリアニがオークションについて熟知していたのは明らかである。アメリカでは、海底油田の権利がオークション方式で売却されていた時期があり、政府はそれによって1954年から1990年までの期間に約2800億ドルの資金を調達した。[14] だが、オークション方式はこの数年に広く採用されるようになっており、落札額が目もくらむほどの高額になることもある。イギリスで携帯電話の事業者ライセンスがオークションにかけられたときの落札額は、当時の人口ひとり当たり約375ポンドにのぼった。[15] ジェイムズ一世やルイ十四世は、こういったやり方に心当たりがあったはずである。また、妻をめとるためのオークションが行なわれていたといわれる古代のバビロニアの人びとや、剣闘士の命をオークションにかけていたローマ皇帝カリグラも。[16]

主権の売却

ここで、必然的にエルヴィス・プレスリーをとりあげることになる。もっと正確にいえば、プレスリーの肖像つきの切手がブルキナファソで発行された理由である。同様に、アメリカにおける最初のイギリス植民

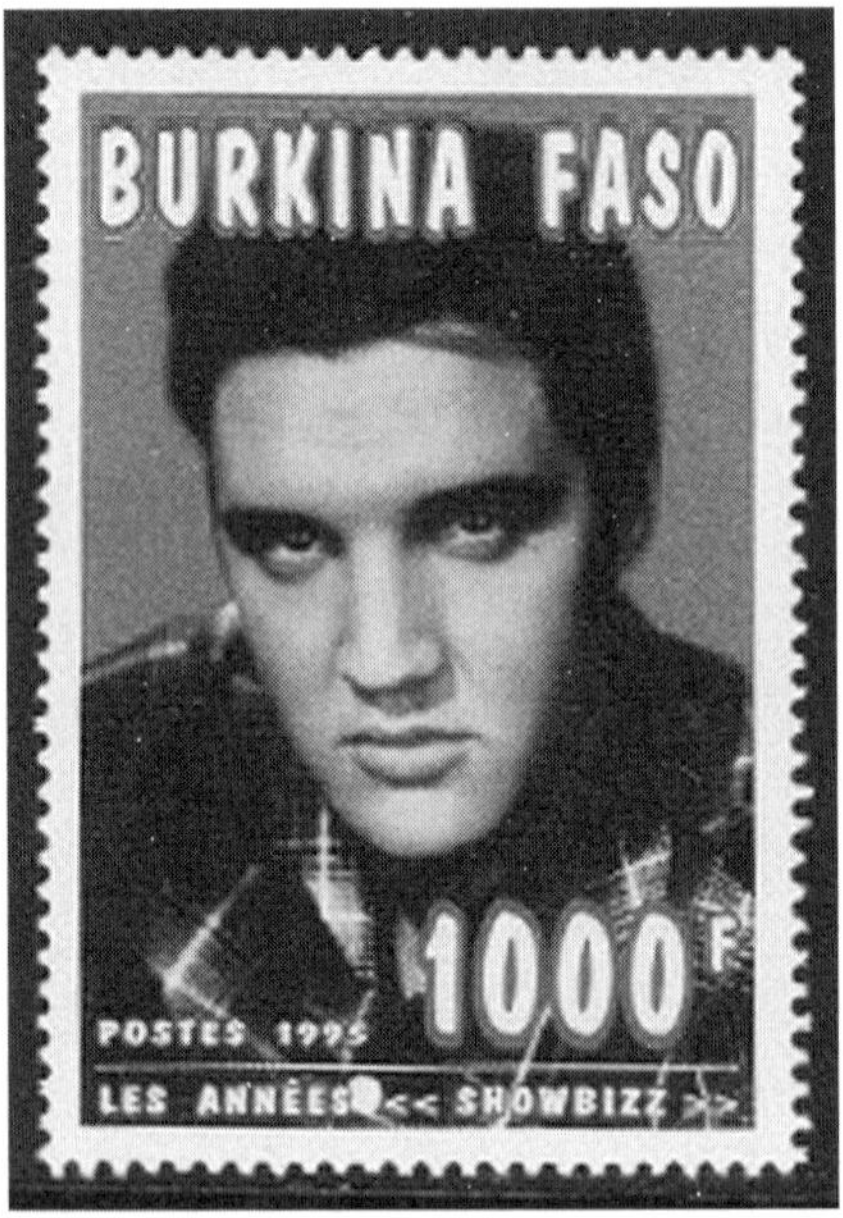

「心の届かぬラヴ・レター」

地、ジェイムズタウンの創立４００周年の記念切手がマン島で発行された理由は何なのか。それに——枚挙にいとまがないのだが——チャドのマリリン・モンロー切手、チェチェンのグルーチョ・マルクス切手、モンゴルの三ばか大将切手にXメン切手。グレイトフル・デッドのギタリストの故ジェリー・ガルシアが描かれたモントセラトの切手。これらの切手は発行国の海岸に到着することもなく、海外の代理店によってデザインされ、印刷され、世界中のコレクターに販売される。そして、発行国にはその権利の代金が支払われる。

これらは「主権の商品化」の例である。[17] プレスリーやディズニーキャラクターの肖像をあしらった切手を印刷し、販売することは誰にでもできる。だが、それらを購入する人は（おそらく）いない。政府のお墨付きによって付加される重要性と正当性がないからだ。これは、「国家権力は、少なくともその一部は、国家としての位置づけそのものから生じる」[18]という見識の具体例のひとつである。そして、政府はこの権力を資金調達に利用することがある。

国家権力のこういった側面の重要なところは、その国の資産、課税ベース、規模にほぼ依存していない点である。カリブ海に浮かぶ小さな島国は、国家である点ではG20構成国と同じであって、海外の切手コレクターを引きつける切手を発行する権限を――あるいは、海外の多国籍企業を引きつける税制を導入する権限を――それらと同じように有している。しかし、資源に乏しい小国では、主権の商品化はもっと大っぴらに行なわれ、政府の重要な事業になっている。[19] おそらく、売れるものがそれ以外にほとんどないのである。南太平洋の非常に小さな島国ツバル――辺境にあり、資源に恵まれているわけでもない――は妙案を思いついた。ツバルの国識別アドレスを「.tv」とし、その使用権を5000万ドルで売却したのである。すると、何とGDPが50パーセントも上昇した。[20] そのほか、国家に付帯する価値および市場性の高いものに市民権がある。市民権もしくは市民権の取得手段を売る国は二十数カ国ある。ある推定によれば、セントクリストファー・ネイヴィスでは市民権の売却によって調達した資金が2014年に史上最高額となった。対GDP比で14・2パーセントである。[21] カリブ海地域の島国には同じことをしているところがほかにもある。[22] また、もっと大きな高所得国には、大型投資家を対象に、いろいろな種類の市民権を販売しているところがある。

低賃金労働

昔から、支配者は人民の労働を――ときには生命を――手近な資金源にすることがあった。

無賃金労働

労働の強制はずっと昔から行なわれていた。丘をつくるための強制労働もあった。墳丘墓――人の手で土あるいは石を積みあげ、丘の形につくられた塚。その多くは王の墓として築かれた――は世界各地にたくさん残っている。それらの構築には途方もない労働量を要した。たとえば、イングランドのシルベリー・ヒルもそうだった。紀元前2400年ごろにつくられたヨーロッパ最大の墳丘墓で（不思議なことに、内部には何もない）、その構築のために費やされた労働量は約1800万人時にのぼった。[23]

古代の大帝国もひんぱんに強制労働を課していた。伝えられるところによれば、エジプト第4王朝（前2551－前2528年）のクフ王（またの名をケオプス）は、毎年3カ月ずつ労働者10万人を苦役に駆りだし、20年かけてギザの大ピラミッドをつくらせた。[24] じつは、古代エジプト語で「労働」を意味する語は「租税」と同義であった。帝政時代の中国でも労働の強制はしばしば行なわれた。初代皇帝である秦の始皇帝（在位前220－前210年）も強制労働によって大がかりな公共事業計画を実施している。万里の長城、霊渠などの運河、道路網もそうやってつくられた。

強制労働は中世ヨーロッパの封建制においても重要だった。騎士階級は封建的な奉仕として軍務につくことを義務とした。彼らはたいてい、敵にしかるべき衝撃と畏怖を与えるため、つねに十分に従者を揃え、装備を整えていた。征服王と称されたウィリアム一世の封臣のなかには、ひとり当たり50人前後の騎士を抱えていたものもいた。[25] 農民にとっての封建的な奉仕は農作業や道路補修のような賦役労働だった。やがて、こういった義務は税に似た支払いの形に移行した。いつ、どうやって移行したかは国によって異なる。イングランドでは比較的早い時期にそうなった。フランスでは、原則として軍務につくことを義務としていた貴族階級が、それをおもな根拠として免税特権を要求した。農民はあいかわらず強制賦役──「コルヴェ corvée」──を課され、不満を募らせていた。オーストリア領では、強制労働奉仕──「ロボト robot」──が1848年まで行なわれていた。[26]

こういった労働奉仕の例はいまも存在する。ルワンダには、数百年続いている「ウムガンダ umuganda」すなわち共同体労働というものがある。[27] これは毎月最終土曜日に行なわれる地域の奉仕活動である。最近行なわれたある調査では、調査対象の発展途上国10カ国すべてにおいて、労働による支払いが一般的に行なわれていることがわかっている。[28]

金持ちの戦争を貧乏人が戦う

表題の問題をくっきりと浮かびあがらせ、それ以外のさまざまな問題をも引き起こし、税制の発展に多大な影響をおよぼしてきた一種の強制労働がある。徴兵制だ。[29]

近代、フランスでは革命が起こった1793年に「国民皆兵」と呼ばれる制度が始まり、1798年に恒久的な徴兵制が正式に導入された。まもなく、補充兵の徴集によって生じるコストを賄うための保険プログラムが立ち上げられた。息子が抽選によって徴兵された場合のため、その親が加入するものだった[30]（ちなみに、当時のイギリスは徴兵制を採用していなかったが、経済力にものをいわせ、大陸での戦争のほとんどを、金を払って同盟国に任せていた）。アメリカでは、徴兵制は南北戦争中に始まった。1862年5月に南部連合国が徴兵法を制定し、翌年3月には北部合衆国もそれに続いた。イギリスでは1916年に導入された。正規軍の兵員を大量に失っており、志願兵のみでは欠員を補えなかったからである。一方、ヨーロッパ大陸の多くの国では、19世紀までに平時の兵役義務――期間は2、3年程度で、基本的には訓練を受けた――が定められていた。場合によっては徴兵を免除された。アメリカでは、南部は、初めは徴兵された者が代理を立てること（代わりに兵士になる者を雇うこと）を認めていたが、のちにその制度をなくした。北部は、初めは300ドルを支払えば代理を立てることが可能としていた。これはかなりの大金（今日の5000ドル相当）だったが、若き日のジョン・D・ロックフェラーも、のちの大統領グローヴァー・クリーヴランド[31]もどうにかこれを工面した。

徴兵制反対者のなかには、社会の「もっとも優秀な者」を入隊させるには志願制でなければならないと主張する者もいた。その根底には、志願兵のほうが強い愛国心を持っており、だからこそ優秀な兵士になれるという考えがあった。徴兵制は、それとは別の角度から是非を論じられることもある。志願制のほうが効率よく動員できるという意見があるのだ。社会に対する経済的貢献度（兵士にならなかった場合に得られる所得で計測される）が比較的低い者のほうが入隊に魅力を感じやすいからというわけである。だが、志願兵頼みになることには大きな問題がある。戦勝による利益（あるいは、敗戦による損失）には「公共財」としての性質が数多くあり、その意味で、勝利にまったく貢献しなかった者を勝利の恩恵から排除することは困難である。しかし、戦いによって生じるコストは兵士ひとりひとりの肩にのしかかり、その重みはとてつもなく大きくなる可能性がある。だから、志願兵からなる軍隊は組織としてごく小規模になりがちである。原理上、この問題には給料を増やすことで対処できると考えられるが、それには金がかかり、ことによると時間もかかるかもしれない。1916年に敗北寸前に追いこまれ、混乱のきわみにあったときのイギリスも、そうする余裕がなかったのである。

とはいえ、効率がすべてではない。経済力にものをいわせて代わりの誰かを兵役に就かせることは、根本的に不公平で、「水平的公平」（第6章でとりあげる）の原則に反すると見なされるようになった。この原則というのは、置かれた状況が相対的に同一である人びとに対しては、政府からの待遇を同一にするべきだという考え方である。この観点からいえば、兵役に対する適性に両親が金持ちかどうかは無関係である（フランス第三共和国の初代大統領アドルフ・ティエール［任期1871-1873年］は異なる立場をとり、金持ちよりも貧乏人のほうが野営の環境によく耐えられるし、職業上の犠牲が少ないと考えていた。この主張は票の獲得につながらなかった）。第一次世界大戦以降、アメリカやイギリスなどの主要な戦争遂行国は被徴兵者が代理を立てることを禁じた。年齢や配偶者の有無などの条件によって兵役を免除されることはあった（水平的公平のもうひとつの側面を反映した措置である。既婚男性と未婚男性とでは相対的に同一と見なされなかった）。また、戦争遂行の努力に欠かせない技能労働者も兵役免除の対象だった。イギリスの場合、第二次世界大戦中の「ベヴィン・ボーイズ」（炭鉱労働者）がその好例である。アメリカ南北戦争ではさまざまな条件によって兵役を免除してもらえた。当時、徴兵資格のある男性の41パーセントが免除を受けた。身体あるいは精神の機能に障害のある者、寡婦の一人息子、親を介護する者、児童を扶養する寡夫は、申し出れば兵役を免れたのである。[32]

しかし、金持ちが高額納税を回避する手段を見つけるように、多くの若者が徴兵を回避する手段を見つけだした。アメリカでは、1917年にヘンリー・フォードの息子[33]と新聞王E・W・スクリップスの息子の徴兵猶予が認められると、マスコミが騒ぎ立てた。実家が裕福ならば徴兵されても楽な部署に配属されると考える人もいるかもしれないが、そうとはかぎらない。第一次世界大戦時のイギリス軍の戦死者は、兵卒は12パーセント、士官は17パーセントだった。[34]それでも、第2章で述べたとおり、20世紀の大戦における大量動員の経験から根の深い公平性の問題が浮き彫りになったことで、第二次世界大戦後には累進課税方式の導入を支持する意見が増え、さまざまなキャピタルゲイン課税という新しい考え方が生み出され、政府の規模と役割は長期的に変化した。[35]

徴兵制が始まれば、どんな税務機関でも予測するように、回避や忌避の問題が生じる。徴兵逃れ（違法）が公然と行なわれることもあった。アメリカでは、南北戦争中、北軍の徴兵適格者の19パーセントは身体検査に出頭しなかった。第一次世界大戦中には、徴兵された者の12パーセントが徴兵逃れを行なった。[36]また、徴兵回避（合法）もあった。国によっては、結婚していれば兵役免除を受けられた。徴兵通知をもらった若者のなかには、偽の妻や他人の赤ん坊を連れて徴兵委員会に出頭する者もいた。税務機関ではあまり見られないケースだが、過剰な熱意によって問題が生じることもあった。たとえば、夫を入隊させてほしいといって徴兵委員会に無理やり連れてくる妻がいた。そうすれば定収入を確保できるというわけだった（もちろん、夫がどこか遠い、危険な場所に行ってくれれば嬉しいという理由でそうする者もいただろう）[37]。

これまでに行なわれてきた徴兵逃れ対策は、今日の税務機関が用いる方法によく似ている（第13章のテーマである）。兵役を免れる手段には、あとで看破され、無効にされたものもある。アメリカ南北戦争では、先天性の停留精巣症〔陰嚢の中に精巣がない〕の者は兵役免除を受けられた。だが、但し書きがあった。「故意による停留の場合は免除されない」[38]。もちろん、罰則には顕著な抑止効果があった。だが、徴兵に応じやすくする手立ても講じられた。たとえば、第一次世界大戦時のアメリカでは徴兵のやり方に工夫が凝らされ、少なくとも手続きの最初の段階では志願入隊に見えるようになっていた。あるいは、選挙権の行使にさえ見えた。徴兵適格者である若い男性の徴兵登録は、地域の市民ボランティアによって、有権者登録と同じような手順で行なわれ、各選挙区の投票所が登録所として使われることもあった[39]。それから、多少なりとも社会的圧力で法令を順守させるために納税額を公表している今日の一部の国々と同じように、第一次世界大戦時のアメリカは徴兵登録者を公表し、暗に未登録者を暴露していた。社会的制裁も圧力になった。とりわけ悪名高いのがイギリスの「白い羽根」運動である。これは、未登録者を非難する女性たちによる運動で、未登録者に臆病者の象徴である白い羽根を送りつけたり、人目のあるところで手渡したりした[40]。

自分の役割を果たす

政府から贈与を求められることがあれば、それは政府が困窮しているときである。革命熱に浮かされてい

フランスで、愛国的な寄付を行なう高名な女性たち。

た1789年のフランスで、発足したばかりの国民議会は、前述のとおり、旧体制時代からの深刻な財政難をさらに悪化させたあげく、愛国者に対して贈与を求めるようになった。しばらくはそれが奏功したようだった。高名な婦人たちが議会にあらわれ、宝飾品を寄付した。また、「パリやヴェルサイユの娼婦たちでさえ……稼ぎの一部を差しだした」[41]。その9年後、革命政府をいただくフランスと戦争状態にあったイギリスでは、小ピット政権が大幅な税収増をもくろみ、富裕層の税負担が事実上5倍になる「トリプル・アセスメント」を導入した。その成果に不安を持っていた小ピットは、納税額があいかわらず所得の10パーセント未満である納税者を対象に、任意の追加納税の制度をとりいれた――それによって集まった金額は、多くの富裕層が回避の手段を講じたトリプル・アセスメントの収入と同程度だった。彼はあきれると同時にほっと胸をなでおろした[42]。

戦争は、じつは政府への贈与の推進力となる。1642年から1651年まで続いたイングランド内戦で

「国防のために金を差しだし、名誉のために鉄を受けとる」

は、初めのうち国王軍も議会軍も贈与によって軍資金をつくった。議会軍などは「指ぬきと穴あけ針の軍隊」と呼ばれるようになったのである〔金や宝石のない女性たちが贈与したものにちなむ名。当時は銀製であった〕(43)。プロイセンでは、１８１３年から１８１５年まで続いた解放戦争のとき、ナポレオンに対抗する資金をつくるため、王室があらゆる市民に対して金銀の装飾品の拠出を呼びかけた。拠出した人には鉄製の装飾品が贈られた。その多くに「防衛のために金を寄付した Gold gab ich für Wehr」と「祖国繁栄のために Für das Wohl des Vaterlands」の文字が刻まれていた。そのほか、背面にフリードリヒ・ヴィルヘルム三世の肖像が刻まれているものもあった。第一次世界大戦のときにも同じ呼びかけが行なわれ、質の高い金の装飾品を差しだした愛国的な市民には、卑金属製の結婚指輪、ブローチ、鉄十字の描かれた装飾品が贈られた。イタリアでも、１９３５年にムッソリーニが同じことをした。市民に金の装飾品の寄付を呼びかけ、返礼に「祖国のための金」と刻まれた鋼鉄製の腕輪を与えたのである。ムッソリーニの妻ラケーレも結婚指輪を拠出したといわれている。イギリスでは、第二次世界大戦の開戦後、前首相のスタンリー・ボールドウィンが世間の批判を浴びることになった。開戦を阻止できなかったことと、戦費調達のために自宅の鉄製の門を拠出しなかったことを咎められたのである(44)。

しかし、国家への贈与が行なわれるのは戦時ばかりではない。古代アテナイの一部の市民にとって、レイトゥルギアを行なうことは喜ばしい名誉であり、自分の富をひけらかすいい機会でもあった。その他の市民にとっては――それほどのことではなかった。だが、現在も――少なくともアメリカには――喜んで政府に献金する人びとがいる。1990年代後半、財政難に苦しんでいたカリフォルニア州では、地元の学校および学区に対する生徒ひとり当たりの寄付金がつねに100ドルを超え、1000ドルに達したこともあった。(45)学校および学区という観点から、これはつぎのように説明できるかもしれない。つまり、地域住民のつながりが密である小規模な共同体には集団としてのアイデンティティがあるため、寄付金についての集団決定が非公式に行なわれる。また、一部の人が他人の寄付にタダ乗りしようとするインセンティブを克服させる社会規範もつくりだす。この見方に矛盾しない事実もある。同じ時期、そういった社会規範を保つのがより困難である大規模な共同体では、学校に対する平均の寄付金がより少なかったのだ。

一部のアメリカ人の連邦政府に対する贈与については、学校に対する寄付金の件よりも説明が難しい。1961年、連邦議会の承認のもと、アメリカ国民は政府の債務残高の引き下げに貢献できるようになった。そして1982年、内国歳入庁（IRS）から発行される所得税の手引きにその方法が記載された。(46)だが、国民がそれにしたがって寄付しても、財政赤字の問題がたちまち解消するわけではない。2017年、国民の政府に対する寄付金の総額は約270万ドルで、連邦税収の約0・0001パーセントだった。それでも、ときおりとんでもない大金を寄付する人物が出現する――2014年には匿名で220万ドルを寄付した人物がいた。

もちろん、自発的とはいいきれない贈与もある。古代ローマの皇帝や中世ヨーロッパの国王に息子が誕生したときに贈り物をすることは、強制ではなかったとしても、賢明な行為であった。イギリスでは、チューダー朝からスチュアート朝初期にかけてたびたび「徳税」――君主から求められる贈与――が納められていた。少なくとも、エリザベス一世はこころよく受けとっていた。豪華な財布に100ポンドを入れて女王に手渡したコヴェントリー市長は、この財布に添えてもっと貴重なものを陛下に差しあげる、それは陛下の忠実な臣下たちの心である、といった口上を慇懃に述べた。すると女王は「まことに、そちらのほうがずっと貴重である」と答えた[47]。チャールズ一世はそれほど慕われていなかった。1622年、チャールズは80歳という高齢のチーズ商人に対し、朕に大金を贈れ、さもなければ戦場の兵士たちにチーズをふるまえと迫ったという[48]。

（封建的な）税を納める

封建制の最盛期において、封建的食物連鎖の上位にある人びとに対する上納を強いられるケースはとんでもなく多かった。そのひとつは身代金負担の義務で、1215年のマグナ・カルタにも同意なしに徴収されることがはっきりと記載されている[49]。そして、リチャード獅子心王が捕虜になったときもそうだったように、身代金はたいへんな高額にのぼることがあった。しかし、計画どおりにことが運ぶとはかぎらなかった。

1356年9月19日、善良王と呼ばれたフランス国王ジャン二世はポワティエの戦いで敗北を喫し、黒太子と呼ばれたイングランド王太子エドワードにとらえられた。ジャンは価値ある戦利品としてロンドンに連行され、身代金としてエキュ金貨400万枚（それにジャンの扶養費）が要求された。ところが、ジャンの息子が支払いを拒み、事態が行き詰まった。交渉が重ねられた結果、1360年、フランス側は身代金のエキュ金貨300万枚（値下げされた）を支払ってジャンをとりもどし、その息子ふたりと弟ひとりを人質としてイングランドに送ることになった。ところが、息子のひとりがフランスに逃げ帰ったため、またもや事態が行き詰まった。すると、ジャンはすばらしい騎士道精神を発揮し、自ら捕虜になるためにロンドンに戻り、1364年に客死したのである。

その後、こういった封建税は、課税の強制力を行使するのは誰であるべきかをめぐる論争の中心的なテーマとなった。イギリスの場合、財政難に苦しんでいたうえ議会と対立していたスチュアート朝の時代に危機的状況におちいった。政府はさまざまな封建的手段を用いたが、その多くは当時でさえ時代遅れになっていた。このころは「中世的でも近代的でもなければ合法でも違法でもない、理論上は正当化できないが、実際上は不可欠であった疑似的税収」の時代だった[50]。たとえば1631年[51]、無議会政治を試みていたチャールズ一世は、「騎士身分の差し押さえ」（1278年の法令に基づく制度[52]）に改めて注目し、これを利用した。40ポンドを超える価値のある土地の所有者について、1628年——その3年前——に催されたチャールズの戴冠式ですでに騎士の位を授けたものと見なし、その代金の支払いを義務づけたのである。支払いを怠った者からは罰金をとったが、チャールズの在位におけるその総額はおよそ18万ポンドにのぼった[53]。またチャールズは、相続人による資産専有に対して税金をかける権限を有してもいた。これは相続税あるいは遺産税の一種と見ることができる。

こういった金をとりたてる国王の権限に対して異議を唱える者はいなかった。また、「船舶税」をとる権限に対しても同じであった。船舶税というのは、非常時に、沿岸の町やカウンティから一定の規模の船舶および乗組員を徴用する制度だった[54]。チャールズ一世が1634年にこれを復活させたとき、反対の声はほとんど上がらなかった。国民にしてみれば、船舶の徴用には慣れていた（直近では1619年に行なわれていた）し、当時は近海でバルバリア海賊が暴れていたから、筋が通っていると思えたのだろう。だがその翌年、内陸の町やカウンティも船舶税の対象になった。さらに1636年、国王は現在が非常時であると定める「唯が議会の承認なしにできるようになった。こうして、課税によってまとまった金額を永続的に集めることが「議会なしの統治を可能にする手段の考案において発揮された、国王側近の創意工夫の才の最たるもの」であった。[55] 事態はしだいに悪化し、その勢いは加速していった。[56] 1638年、ジョン・ハムデンは船舶税（2ポンド17シリング）の納付を拒んだために裁判にかけられ、わずかな票差で有罪判決を受けた。未納者は多く、毎年船舶税の督促令状が発せられていた。たとえば、1639年に発布された督促令状で、期日までに納付された件数は全体の20パーセントのみだった。[57] スコットランドとの戦争の資金を調達する必要に迫られた国王により、1640年に議会が再招集されると――ふたたび解散させられるまでの短い期間に――船舶税と騎士身分の差し押さえの制度はただちに廃止され、1628年の権利の請願に定められていた国王の課税などに関する権限について制限を設けることが要求された。[58] そして1642年にイングランド内戦となった。

イギリスでは、この内戦によって封建税は終わった。だが、興味深い名残が今日に見られる。多くのイギリス企業――フォートナム・アンド・メイソンや（かつての）ハロッズなど――の商品や看板に、誇らしそうに「王室御用達」と表示されているのである。これは中世の王室の徴発権を思い起こさせる。イギリスの歴代の国王と女王エリザベス一世――熱心な行使者だった――は、この徴発権によって商品を市場価格よりも安く手に入れることができた。実際、彼らはこの特権を存分に活用した。君主は、いまでこそ顧客として歓迎されるが、時代によってはそうとはかぎらなかったのだ。

一線を超える

法に背いた者に罰金などの罰則を科すことは、確実に税金を納めさせるために政府が打つ手のひとつである。もっと広くいえば、どの時代の支配者も、違法行為の取り締まりを儲かる商売としていた。

バビロニアのハンムラビ王（在位　前1792－前1750年）の法典には、家畜を盗んだ者はその価値の30倍の賠償を行なわなければならないと記されている。[59]古代ローマでは、許可なく水道設備に手を加えた者は10万セステルスという高額の罰金を科された。[60]また、あらゆる時代の支配者にとって、背信行為の発生にも好ましい要素がないわけではなかった。たとえば、背信者への処罰が、気が晴れるほど残酷であったうえ、利益をもたらしたこともそうだった。その好例に、（1870年までイギリスで行なわれていた）全財産の没収などがある。ローマのティベリウス帝（在位14－37年）などは背信罪をでっちあげることで資金を調達していた。フランス革命のさなか、革命政府は斬首刑に処された者の財産を没収していた。斬首刑の執行について、人びとは婉曲に「革命広場での荒稼ぎ」などといっていた（革命広場に処刑場が設けられていた）。[61]似たような考えで、ヘンリー八世は1531年、ローマ・カトリック教会との決別に乗じて資金調達を行なうことにし、国内の聖職者たちから王権蔑視――ローマ教皇の権威を申し立てたこと――の罪で罰金をとりたて、総額11万8000ポンドを集めた。[62]それはローマとの決別前の年次収入よりも30パーセント多い金額だった。

罰金をとることで収入を得られるために、法執行機関がたいへん熱心に任務にあたるケースもある。アメリカ南部の一部では、市の境界線を越えようとする人がそういった事例に遭遇することもある。ジョージア州ドラヴィルは、面積4平方マイル〔約10平方キロメートルと少し〕、人口1万人あまりの小さな町だが、2013年に徴収した罰金額が220万ドルで、年間収入の4分の1近くにのぼった。[63]罰金を科すことで儲ける町の多くはI－75高速道路沿いに位置する。この道路を利用するのはおもにディズニーワールドに向かう観光客だから、これは何世紀も前からある「よそ者」への課税の一例といえそうである。伝えられるところでは、1960年代、これもジョージア州の町であるルドウィシで、繁華街の床屋に地元警察の警官がひそかに隠れ、外の信号が変わるタイミングを手元で操作していた。町外からやってきた車が突然の赤信号で停まりきれないと、そのドライバーをつかまえていたという。この職権乱用対策として、当時のジョージア州知事レスター・マドックスは思いがけない手段を選んだ。ルドウィシへの進入を避けるようドライバーに警告する大看板を設置したのである。今日のジョージア州では、スピード違反の罰金について、各警察署の予算の40パーセントを超えて徴収してはならないと規定されている（ただし、甚だしい違反があった場合を除く）[64]。だが、無謀運転はありとあらゆる場所で行なわれ、なくなることはないようである。テキサス州の人口２０２３人の町パーマーでも、２０１５年のある月に１０８０枚もの違反切符が切られている[65]。

違反切符にはイライラさせられる。だが、罰金やそれに類するものが目を見張るほどの金額になることもある。２億６００万ドルにのぼった例もある。１９９８年、アメリカの大手タバコ会社４社[66]と、タバコを原因とする病気にかかった患者の医療費について損害賠償を求めていた46州の司法長官[67]とのあいだで和解が成立した。タバコ会社側のせめてもの慰めは、喫煙による健康被害については不法行為責任を問われないと判断されたことだった。だが、この「一括和解合意」は罰金というわけではなかった。たとえば、賠償金額はそれまでのタバコ売上に関係がなかった。また、事実上、大手４社以外のタバコ会社もタバコ事業に新規参入する会社も、合意にしたがって賠償責任を負うことになった。それから、すべての関係者に明白になっていたことだが、この合意によって生じる負担のほとんどを実際に引き受けるのは、罰せられる側と見なされていたタバコ会社でもなければ、その株主や幹部でもなく、将来の喫煙者であった。実際、この賠償金の構造をよくよく見れば、将来のタバコの売上に対する課税と同じことである。和解合意事項によれば、大手４社は25年のあいだ一定の金額を支払うことになっている（インフレや売上の増減に合わせて調整される）。４社の

「ネズミ捕り」か、それとも税控除か。ジョージア州、1970年。

負担分はそれぞれの市場シェアに応じて決められる。だから各社は、売上が多ければ多いほど、それだけ支払いが増えることになる[68]――つまり、税金なのだ。しかし、誰もがこれを税金と呼びたがらなかった。

各州政府は、増税ではなく、「タバコ会社大手」に対する勝利ということにしたかった。……成功報酬制を採用する弁護士は、増税分ではなく「損害賠償支払い」に対する歩合を受けとった。そして企業は、この譲歩には痛みがともなったと言いたがった。実際には、訴訟からの保護を得るかわりにタバコ税増税を受け入れ、顧客を裏切ったわけだが、それを認めようとはしなかった[69]。

さらにもう少し

最後に、課税といわずに課税する方法を編みだす人類の尽きせぬ工夫の才について、実例をふたつ紹介する。

ツテを頼る

売官制——官職を売買し、一種の個人資産にすること——は非常に古くからあって、プラトンやアリストテレスからは非難されていた[70]。それでも、16世紀初めごろからはヨーロッパ各地に広まっていった。イギリスではほどほどに[71]、スペインでは大々的に、フランスではいたるところで実施された。フランスの場合は日常的だった。「触手を伸ばし、無秩序に広がりゆく国家機構」というわけである[22]。1630年代、王室の売官制による収入は歳入の4分の1を超えていた[73]。その後、収入面での重要性はだんだんと低くなったが[74]、アンシャン・レジーム期終盤の1789年の時点では、売官制はあいかわらずさかんだった。当時、成人男性の約1パーセントが売官制によって官職を得ていたと考えられる[75]。

売買される官職の価格は、パリの港湾労働者から高級官僚まで、じつにさまざまだった。もっとも高価な官職——1771年の時点で、その価格はすべての官職価格を足しあわせた金額の約4分の1で、保有者は官職保有者全体の約18パーセントを占めた[76]——では、官職保有者に対して定期的に支払い（ガージュ gages）が行なわれることになっていた。その金額はふつう官職価格の一定の割合とされたので、年金の形をとった政府の借入のようなものだった。政府の借入とのさらなる類似点として、売買される官職のほとんどに税制上の特権がついていた。たとえば、塩税《ガベル》や、もっとも重要な直接税である人頭税《タイユ》の課税を免除されたことである。これは貴重きわまりない特権であり、ステータスシンボルでもあった。[77]

この制度は、実際のところは大規模かつ黙示的な借入活動であった。ジャック・ネッケル――1777年から1781年までと1788年から1790年7月上旬まで事実上の財務大臣を務めた[78]――によれば、王室の債務返済率は20パーセント前後にとどまっていた。[79]

資金調達こそがこの制度の目的であることは、隠されていたわけではなかった。1637年の布告にははっきりと記されている。「この制度が創設されたのは、それによってもたらされる資金を用いるためであり……役人を増やす必要があるためではない[80]」。しかし、政治的なコストは大きかった。売官制が司法官職や徴税官職にも広く適用されると、力のある立場を手に入れた債権者たちは、それとわかりにくい形をとった借入の構造を改正すること（つまり、彼らの権利を縮小すること）、あるいは免税措置を撤廃することに抵抗した。慣例上、改革は「高等法院《パルルマン》」による正式な登記を経なければならなかったが、高等法院の司法官は金でその官職を買った者がほとんどだった。1648年に改革の試みがあったが、これはフロンドの乱（17世紀半ばにフランスで起こった内乱）につながった。そして1787年11月、司法官のほとんどが売官制を利用していたパリ高等法院は、ブリエンヌの税制改革法案を承認しなかった。それを契機に、最終的には全国三部会が招集され、これがフランス革命の前兆となった。アンシャン・レジーム期に税制改革を妨げたのは、腰の重い絶対君主ではなく、むしろ債権者たちに――すでに証明されているとおり、近視眼的であったが――それを阻む能力があったことだった。

フランスの売官制は、1789年8月4日の深夜に国民議会で大激論がくりひろげられたのち、廃止されることが決まった。売官制に対する評価が地に落ちていた証でもあったが、驚いたことに、躊躇なく廃止の決定を下した議員の約半数は、彼ら自身がその官職を金で買っていた。[81] じつは、たいへん高潔なこの行ないにより、彼らは補償金を与えられることになった。ただし言いにくいことだが、廃止のプロセスが完了する1794年まで、補償金はアシニャ紙幣で支払われた。[82]

売官制をこれほど幅広くとりいれた国は、アンシャン・レジーム期のフランスのほかにはほぼなかった。だが、売官制によく似た称号売買の制度はイギリスにもあった。[83] 称号は現物払いの一種として利用されてきた。そのため、イギリスの何世代にもわたる官吏たちは、何らかの称号を得られるという確信のもと、主人たる人物への軽蔑心を隠しつつ、別の職業に就いていればもらえたはずの金額よりも安い給料で働いてきたのだ。しかし、称号は売買されることもあった。そして、それが国家の利益のために行なわれるとはかぎらなかった。イギリス元首相のロイド・ジョージとトニー・ブレアはそのことで窮地に立たされた。前者は私利私欲のために称号を金で売ったこと、[84] 後者は労働党に大金を貸していた人びとを一代貴族に推薦したことを咎められたのだ。また、世間には忘れられがちだが、売るための称号がつくられたこともあった。ジェイムズ一世は、すでにナイト爵をかつてなかったほど大量に売りさばいていたが、1611年に準男爵の称号を新たに設け、1095ポンドと引き換えに授けるようになった。当初、数をかぎって授与すると約束していたジェイムズは（多くの君主と同じく誘惑に負け）それを反故にした。準男爵位は1622年には暴落しており、220ポンドで購入できた。[85]

愚行税

これはわれわれの言葉ではなく、ヴォルテールが口にしたと伝えられるものである。宝くじは「愚行税」であると彼はいった。宝くじの歴史は古く、中国では漢王朝（前205-前187年）の時代に政府の資金調達の手段になっていた。ヴォルテールの言葉の要点はつぎのとおりである。宝くじの主催者が得をするのは、参加者が平均して損をしている場合にかぎられる――人びとは喜んで参加するが、それは、当選する可能性を高く見積もりすぎているか、たんに参加すること自体が楽しいからだろう(86)（面白いことに、ヴォルテール自身は宝くじで大金を獲得したことがあった――発行されたくじをすべて購入したのである。数学が得意な友人と計算したところ、その購入代金よりも当選金額のほうが大きかった(87)）。愚かかそうでないかはさておき、政府はずっと昔から、幅広い人びとを引きつける宝くじに目をつけ、宝くじ事業に乗りだしてきた。それによって得られる利益は税金によく似ている。それも、逆進税にたいへん近いものである(88)。

1607年にジェイムズタウン植民地――北米初のイギリス植民地――が設立されたとき、その費用の一部はジェイムズ一世の宝くじ事業によって賄われた。ウィリアム三世（在位1689－1702年）もアン女王（在位1702－1714年）も資金調達に宝くじ事業を利用している。フランスでも同じことが行なわれた。フランス初の国営宝くじ事業はジャコモ・カサノヴァによって運営された――おそらく、当時はほかにすることがなかったのだろう。アメリカの各植民地も時流に乗って宝くじ事業を手がけ、その利益を橋、図書館、道路、灯台などの公共施設の建設費用にあてた。1775年にアメリカ独立戦争が勃発するころ、植民地ではすでに約160もの公営宝くじが行なわれ、くじがさかんに売られていた(89)。だが、やがて役人への贈賄などの不正が横行するようになり、宝くじは1894年に禁止されたが、1964年にニューハンプシャー州で住民投票が実施され、宝くじの販売が再開された。2019年の時点で、アメリカで宝くじを主催する州は44州にのぼっている。ちなみに、2015年の宝くじ事業の売上は7390億ドル、収益は2090億ドルだった(90)。愚行といえども、大きな利益をもたらす資金源になることもあるのだ。

その他にも、課税といわずに課税する方法はいくつも考案されている。じつは、政府が手がけることのなかには、実際に資金が調達されるわけではなくとも、税の一種と見なしたほうが理解しやすいものがいくつもある。たとえば、1351年の労働者制定法により、名目賃金は1348年から1349年にかけての黒死病の大流行期以前の水準を超えてはならないと定められ、労働者はそれ以上を要求することを、雇用者はそれ以上を支払うことを禁じられた。事実上、これは労働者に対する課税であって、当時の賃金相場と黒死病大流行以前の賃金水準との差額を徴収するのと同じことだった。その利益にあずかるのは雇用者だった。概念上、賃金の上限規制は課税とほぼ同じなのである。

＊＊＊

ここまで見てきたとおり、政府はずっと昔から、きわめて巧みに、また創造性豊かに資金調達方法を編みだしてきた。そして、強制的課税権の行使にあたって政府が使用する手法そのものは変化している一方、政府が直面する基本的な問題は変化していない。その問題とは、税金――名実ともに――をかける適切な方法のことである。必要な資金を集めるだけではなく、少なくとも政権維持に十分なだけの公平性があると認められる方法、幅広い経済に対して大きな副次的損害を与えない（できれば、利益を与える）方法、そして、現実的に実行可能な方法。つぎからの三つの章では、これらの基本的な課題を順番にとりあげる。まずは、そのなかでも最重要と思われるものから始める。「公平」な課税方法について、数千年の税金の歴史から学びとれることは何だろう？　この課題からは、ある微妙な疑問がみちびきだされる。それは、ともあれ、真の税負担者は誰なのかということだ。

第Ⅱ部　勝者と敗者

大英帝国に暮らす数百万の無名の人びとは、君主の残酷さよりも強欲さをよほど恐れている。彼らのささやかな幸せをむしばむものは、おもに法外な税金への怒りである。富裕層に対してはそっと押さえる程度だが、下へ行くほど重みを増し、社会階層の低い、貧しい人びとに対してはずっしりとのしかかる。

——エドワード・ギボン(1)

4 まずまずの公平性

人は、負担そのものよりもむしろ負担の不公平さを嘆くものである。
——トマス・ホッブス(1)

紀元60年、ケルト人のイケニ族の女王ブーディカは、ブリタンニアを占領するローマ軍への反抗のために徴集した兵士たちに向かい——槍を手にし、「世にも恐ろしい形相で……激しく睨みつけ(2)」——檄を飛ばした。

われわれは持っているものの大半を……強奪されたというのに……手元に残されたものに税金を課されているではないか。……われわれのこの体に年貢を課されているではないか。……人頭税をとられつづけて生きるよりも、殺され、滅びるほうがどれほどましだろう(3)!

これは、およそ100年あとで歴史家のカッシウス・ディオが記した女王の言葉である。じつは、実際に女王が何か述べていたとしても、ディオはその内容を知らなかっただろう。このスピーチは歴史的事実というよりも修辞的効果をねらった表現で、反乱発生時のローマ皇帝ネロに対するディオ自身の嫌悪感をあらわしていると思われる。反乱の発端として比較的よく知られているのは、ローマ人が王の死に乗じて女王ブーディカから王位継承権を奪ったうえ、彼女を鞭打ち、王女たちをレイプしたことである。だが、この言葉はディオが想像をたくましくした結果であるにせよ、人びとの恨みを買っていたエリートが税のような手段によって圧制を行なったことは、たしかに現地の各部族を激しく憤らせる原因のひとつだった。ブーディカのもとに集った彼らはカムロドゥヌム（コルチェスター）とロンドニウム（ロンドン）を焼き討ちし、ローマ人とその協力者をつかまえ、有無をいわさず殺していった。ローマはかろうじてブリタンニア支配を継続できた。兵数からいえば圧倒的に不利だったが、巧みな戦術と優れた装備を有していたローマの軍団兵は、内陸部のどこかでブーディカ軍を打ち破った。だが、ローマはこの事件を戒めとした。反乱を情け容赦なく鎮圧したあと、ブリタンニアに新たな総督を送りこみ、統治にあたって現地の人びととの調和をはかるよう命じたのである。

この反乱にはもっと広範な真実があらわれている。つまり、公平性に関する根源的な問題のことはさておくとしても、政府は、政権の存続や選挙の勝利を気にかけるならば、国民から圧政的だとか、不公平だなどと思われていないかどうか注意しなければならない。言い換えれば、政府は十分に公平でなければならない。課税方法は政府の公平さを判断する材料のひとつにすぎない。だが、それが日常生活に直接もたらす影響のことを思えば、もっとも強力な材料であるといえる。

課税の公平性にはいくつもの側面があって、それらは一部重複している。一般に、経済学ではそれらの側面をふたつに分類している。ひとつは、金持ちか貧乏かを相対的に評価して待遇に差をつけるもの(4)――「垂直的公平」。もうひとつは、物質的な豊かさ以外の部分を考慮して待遇に差をつけるもの――「水平的公平」である。この章とつぎの第5章では垂直的公平に焦点を当て、水平的公平については第6章でとりあげる。まずは、どうしようもなく不公平な課税の実例と、そこから得られる教訓をいくつか紹介し、垂直的公平とは実際にどういうものかについて考察する。さらに、近代的な所得税の制度が生まれるずっと前に、少なくともまずまず公平であるといえる税制をつくる努力がなされてきた事実にも注目する。それは、たとえば、コルチェスターのローマ人入植者と同じ運命をたどらなくてもすむ程度には公平な税制ということである。

串刺し刑

垂直的公平の基本概念に背き、政権の維持を危うくするような施策を、政府（とりわけイングランド政府）はさまざまに講じてきた。そのひとつは、物的環境の差をまったく考慮せず、どの人からも同じ額の税金をとることだ。つまり「人頭税」である。一部の政府（とりわけフランス政府）はもっと非情なやり方をしたことがある。金も特権もある富裕層に対し、貧困層よりも税金を安くしてやったのだ。

人頭税とイングランド人

「ヘーゲルはどこかでこう語った」と、カール・マルクスは述べた。「歴史に残るほどの大事件が起これば……かならず二度目がある、と。だが、彼はその続きをいうのを忘れていた。つまり、一度目は悲劇、二度目は茶番になるということだ」[5]。イングランドはこの言葉のとおりであることを具体的に示してみせた。いわば至上の楽しみを提供しようとするかのように、じつにみごとな実例になってくれたのだ。政府は１３８

0年と1990年の二度にわたって税に関する選択を誤り、破滅的な事態を招いてしまった。おもな相違点は、「コミュニティ税」と呼ばれた後者が事実上の人頭税だったのに対し、歴史上は人頭税といわれる前者が事実上のコミュニティ税だったことである。

悲劇的なそのエピソードは1380年末の議論から始まった。厳寒のノーサンプトンで議会が開催され、議員たちはピリピリした雰囲気のなかで議論を行なった。政府はひどい財政難におちいっていた。大法官に就任したばかりのカンタベリー大司教サイモン・サドベリーは16万ポンドの資金調達が必要であることを宣言した――前例を見ないほどの大金だった。王冠にちりばめられた宝石さえも質入れされていた。国中が重苦しい空気に包まれていた。最初のうちは戦いを優勢に進めており、1356年のポワティエの戦いでフランス国王ジャン二世を捕虜にすることもできた。だが、やがて潮目が変わり、果てしなく続くかのような対フランス戦争で、イングランドは劣勢を強いられた。侵攻の恐れが現実になりつつあった。スコットランドとの国境では小競り合いが起こっていた。下層階級の人びとはずうずうしくなりつつあった。人口の約3分の1の命を奪った1348年から1349年の黒死病大流行で、平民の賃金の引き上げと地代の引き下げへの圧力が大きく高まっていたが、政府は抵抗を続けていた。1351年の労働者制定法もその一環だった。そのために、かえって負担が生じていた。「この者［土地を所有していない労働者］は、高い賃金をもらっていないとなれば、この者を悲嘆させる法律をつくった国王とすべての司法官に対して悪態をつく」と、ウィリアム・ラングランドの詩『農夫ピアズの幻想』にある。[6] 農奴――封建領主の土地を耕作し、地代を納付する隷属農民[7]――はさまざまな上納金を支払わなければならないことに憤慨しきりだった。しかも、フランドル地方の毛織物工業の中心地で反乱が起こり、毛織物の取引（およびそこから得られていた巨額の収入）に打撃が生じていた。議会がノーサンプトンで開催されたのは、ロンドンではあまりにも危険で開催できないからだった。唯一の明るい材料は、少年王リチャード二世がついこのあいだ即位したことだった。

戦争ともなれば莫大な資金が必要になることがしばしばだったが、その際にはたいてい「15分の1および10分の1税」が実施された。これは動産――種用穀物、農具、家畜など[8]――の価値に対して課税されるもので、その税率は都市部および王領（王室の領地）で10分の1、農村部で15分の1だった。[9]この税は、1334年以降、個人ではなくコミュニティに対して一定額を課税する形をとるようになった。その金額は1334年の納付額と同額とされ、徴収方法は各コミュニティの裁量に任された。[10]この方式には問題があった。黒死病大流行の影響はコミュニティによってばらつきがあったので、1380年の時点で、各コミュニティの相対的な繁栄度は1334年のそれとは大きく異なっていた。[11]

やり方は時代遅れ、資金は不足するばかりとあって、どうにもならなくなった政府は、1370年代後半に斬新な方法をいくつかとりいれた。そのひとつは社会階級に関連づけられた課税方法で、1379年に採用された。だが、その前に試験的に実施されたことがあった。1377年、年代記作家のウォルシンガムによれば「前代未聞の税」が導入されたのである。[12]「タリッジ・オヴ・グロート」という仰々しい名前のその税は、一般に、最初の人頭税として知られるようになった。これは、14歳を超える成人ひとりにつき1グロート――4ペンス――を納めさせるものだった。[13]結果はそう悪くなかった。納税者数は多く、135万5201人だった[14]（当時の人口は200万人から300万人だった）。課税対象者がこれほどの数にのぼることは20世紀になるまで二度となかった。また、この課税に対する抵抗はほぼなかった（ただし、初めて課税対象になった聖職者たちからは反対の声が上がった）。そこで、ノーサンプトンを開催地とした議会ではふたたび同じ道を行くことが定められた――ただし、税額は大きく引き上げられた。15歳を超える成人――「物乞い」を除く――ひとりにつき1シリングである。これは1377年の税額の3倍増で、農業労働者の数日分の平均収入に等しかった。また、収穫前の、食糧の乏しい時期に納付しなければならなかった。伝えられるところでは、1381年に発生した農民一揆の直接の原因はこの人頭税だった。

ただし、実際のところこの税は人頭税ではなかった。すべての課税対象者がひとり当たり1シリングを納税するものではなく、コミュニティごとに課税対象者ひとり当たり1シリングの合計額を納税するものと理解されていた。法令によれば「強者が弱者を援助する」ことが明確に想定されていた。[15] 最貧困層は1世帯当たり4ペンス[16]――1379年当時に支払い可能とされていた金額――以上を納めればよく、富裕層は貧困層に対する援助のため、1世帯当たり最大1ポンドを納めることになっていた。意外なことに、金持ちが貧乏人を援助するという考えはそれ以前からすでにあった。共同体の負う義務の分担は、1334年から経常税になった15分の1および10分の1税において、部分的に確立されていた。そして、それは理念上のみのことではなかった。たとえば、サフォーク州のブロックリー村では、郷士1人と裕福な地主数人がそれ以外の人びとよりも多くの金額を進んで負担したため、貧困者はわずか4ペンスの支払いすら免除された。[17] 1380年の人頭税は、「コミュニティ税」と呼ぶほうが、中身がわかりやすくなる。のちにサッチャー首相がこの呼び名を用いている。

ともあれ、まもなくこの税制はたいへん厄介な状況におちいった。初期の納税申告の件数から、イングランドの人口の多くが消滅しているとわかった。消えてしまった住人たちを捜すため、各地に調査官が送りこまれたが、彼らの厳格なやり方が住民の反発を招いた。たしかに、うら若い女性たちの年齢が15歳を超えているかどうかを調査官にいちいち確認させるのは、好ましいことではない。まもなく、憤った村人たちは武器をとって立ちあがった。役人の首をはね、記録文書を破り捨てながらロンドン目指して行進したのだ。反乱の指導者は、正体不明のワット・タイラー――おそらく、対フランス戦争から戻った元兵士[18]――だった。

言い伝えによれば、ワットは自分の娘に対する扱いを見て激怒した。「娘も、その母親も悲鳴を上げた。タイル職人《タイラー》のワットは……徴税人をひと撃ちで殴り殺した」[19]。1381年6月13日の日没時、すでにロンドンは反乱者たちに掌握されていた。翌日、年若い国王リチャード二世――当時14歳――はマイル・エンド地区で彼らに会い、すべての要求を受け入れた。つまるところ、それは彼らに自由を認めるということだった。その後、事務官たちは書類仕事に追われた。一方、大司教でもあった大法官サドベリーは礼拝中に表に引きずりだされ、首をはねられた――その際には、斧が8回振りおろされた（切断にその回数を要したかどうかはともかくとして）。その首は棒杭に刺され、ロンドン橋に晒された。だがその翌日、イングランド史に残る大事件が起こる。

何らかの理由で――おそらく、マイル・エンドでの会見の際にワット・タイラーが不在だったために――反乱軍は改めて会見を求めた。少年王とタイラーはそれぞれの軍を背後に待機させ、スミスフィールドで対面した。タイラーは国王に対して不敬な態度を示したようだ。短剣をもてあそんだとか、ビールをひと息に飲み干してみせたなどといわれている。すると、乱闘が始まった。タイラーはロンドン市長に刺され、別の誰かに切りつけられたのち、自軍のほうに退こうとしたが、馬上で絶命し、地面に落下した。反乱軍は弓をとった。だが、そのとき少年王が反乱軍のほうに馬を進めた。「諸君は国王に矢を射かけようというのか？朕はこれより諸君の指導者であり、指揮官である。要求には応じよう。ついてくるがよい」[20]。それまで国王への忠誠心を口にしつづけていた彼らはその言葉にしたがった。事実上、反乱はその日の夕方には終わっていた[21]。

ところが、その後すぐに約束は破られ、反乱軍は罰せられた。ワット・タイラーの首はサドベリーのそれに替えてロンドン橋に晒され、自由を与える旨記載された令状は破棄された。国王は、反乱軍の要求の一部

納税者の反乱の失敗——ワット・タイラーの壮絶な最期。

をくりかえすばかりであった愚かな代表団に対し、「諸君はやはり農奴であり、それは今後も変わることがない」と告げた(22)。

しかし、一歩間違えば大事になっていたのであって、議会はそのことをよくわかっていた。人頭税はひっそりと廃止され、15分の1および10分の1税が再導入された。だが今回は地主たちがその負担をすべて引き受けることになった。それについては、イングランド人がよくやる控えめな表現で、「近年いっそう弱々しく、貧しくなった哀れな平民の支援、援助、救援のため」であると説明された(23)。

1380年の人頭税はこの反乱の根本的な原因ではなかった。マイル・エンドあるいはスミスフィールドで提示された要求事項のなかに、人頭税に関するものは含まれていなかったのだ。問題は、黒死病大流行のあと経済の状況が大きく変化したことで下層階級に好機がもたらされたが、それを阻むような試みがあった点にあった。ともあれ、これは課税の誤りによって生じた最悪の事態だった。このときに導入された人頭税は、負担が重く、不公平であると見なされていた。また、税務にあたる組織はあきれるほど侵害的で、不快であると思われていた。人頭税はかねてからの経済的苦境をいっそう深刻にし、社会的緊張をいっそう高めていた。そして、それを押しつける政府は人びとの信頼と尊敬を失っていた。

歴史から学ぶことを怠れば、それは愚行を重ねる原因になるかもしれない。1990年にマーガレット・サッチャー保守党政権が導入した人頭税は、まさにその好例である。

1381年の悲劇をなぞるかのように、このときも時代遅れの価値評価にもとづく従来の課税方法の欠陥がすべての発端になった。今回、かつての15分の1および10分の1税の役回りを演じたのは「レイト」と呼ばれる地方税だった。それは住宅用と事業用の固定資産の賃貸価値に対して課される税で、何十年ものあいだイギリスの地方自治体のおもな財源になっていた。だが、改めて価値評価が行なわれることは稀だった。そして、サッチャー率いる保守党の考えでは、住宅用レイトの制度によって、表面的には地方自治体の支出を賄っていた地主たちと、その恩恵にあずかっていた（また、投票によってその可否を決めていた）借地人たちとのあいだに断絶が生じていた。その結果、保守党の主張では、地方自治体は手に負えないほど肥大化する傾向にあった。もちろん、レイトの真の負担者が誰なのかについては問題がある。たとえば、地主は賃料を上げればレイトの負担の一部を別の誰かに移すことができた。納税に責任をまったく負わないとしても、事実上、借地人が負担の一部を引き受けることになったのだ[24]。だが、実際にその金を納める必要のない人は、レイトの目につきやすい部分——つまり、じかに把握できる負担の程度——だけを見て、たいしたことはないと考えた。ともあれ、サッチャー政権はそのように見ていた。

1970年代後半には、地方税改革の必要性は広く認識されるようになっていた。保守党は解決策として

「コミュニティ税」を思いついた。これは年税で、各人の所得などの条件にかかわらず一定額を徴収するものだった[25](ただし、支出額や中央政府から受けとる補助金額に差があるため、地方自治体によって税額が異なった)。サッチャーのいう「すべての国民は何らかの貢献をするべきで、それだからこそ、無駄遣いをするような地方議会を選挙で選べば何かを失うことになる」という基本原則に沿い[26]、この税を100パーセント免除されるのは囚人のみだった。そして、強者が弱者を助ける1380年方式の仕組みはなかった。これは事実上の人頭税だった。

こういった改革は「イギリスの税の歴史上珍しい例だった。……その全体に統一的かつ明快な原則が行きわたっていたからだ。……つまりアカウンタビリティのことである」[27]。目に見える地方税によって地方自治体のサービスのコストを賄うことは、一般にはいいアイデアだと考えられている。地方自治体の、有益な支出への欲求と徴税への抵抗感とのバランスを、政治的プロセスによって調整できるからである。また、最近の税財政社会学の研究では、政府のアカウンタビリティの維持に市民を関与させるために重要なのは、大勢の人からの納税であるということが強調されている[28]。知的な側面からいえば、これはイギリス政府が行なってきた税制改革のなかでも飛び抜けて愚かであるわけではなかった。しかし、飛び抜けて破滅的ではあったのだ。

1990年4月からこの税が施行されたイングランドとウェールズでは[29]、成人ひとり当たりの平均税額がおよそ360ポンドで、政府予想を30パーセント上回った[30]。この人頭税の税額は自治体によってさまざまだったが、設定の際にその自治体の収入に関連づけられることはほとんどなかった。ロンドンのなかでも貧困度が高かったハックニー地区では499ポンド、富裕エリアのケンジントン・アンド・チェルシー王室特別区では375ポンドだった[31]。税負担が金持ちから貧乏人に移転し、人びとはその不公平さを痛感した。「へアウッド伯爵は……4000エーカー〔約16平方キロメートル〕の土地と豪華な邸宅を所有しているが、納税額は年間700ポンド程度である。一方、2部屋の住宅に暮らす者はその2倍を納めなければならない」[32]

トラファルガー広場で大規模な暴動が発生した。納税義務の不履行が相つぎ、覚えやすいスローガンが世間に広まった。「払えない、払わない」。初年度の税収は期待された金額の約3分の2にとどまり、ロンドンの一部の自治区では、出頭を命じられてようやく納税する者が5人にひとりにのぼった[33]。もちろん、人頭税額も失業率も高い自治体では納税義務の不履行がぐんと増えた[34]。1381年の状況とのもうひとつの共通点は女性への影響だった。女性の場合、たいていは世帯の主要な稼ぎ手ではなかったが、男性と同じように一定額を納めなければならず、不公平さを痛感していたために、コミュニティ税に反対する人が男性にくらべて多かった[35]。また、1380年の人頭税導入は、人びとが長年抱きつづけていた抑圧感を要因とする血なまぐさい暴動のきっかけになったが、1990年の人頭税導入も、裕福ではない人びとに対する体系的かつ計画的な迫害と見なされていた過去10年の政策——所得税重視から物品税重視への急転換、労働組合との対立、民営化の促進——の集大成としてとらえられた。いずれにせよ、人頭税導入をきっかけに放たれた弾丸は、そのずっと前から準備されていたのである。

1990年11月にはコミュニティ税もサッチャー政権も風前の灯になっていた。1993年、コミュニティ税が廃止され、「カウンシル税」——かつてのレイトの制度によく似ていた（いまも似ている）——が導入された[36]。だが、保守党にとっては選挙戦を戦ううえでの好材料もあった。納税義務の不履行者が有権者登録を自らとりさげたのだ[37]。彼らの多くは裕福ではなかったため、それは保守党にとって好都合だった。サッチャーは、伝えられるところでは、人頭税の導入で「多くの労働党支持者が選挙人登録を控えた。……その結果、キノック氏［労働党党首］は多くの票を失った」と考えていた。「彼女はその票数を100万と見積もった」[38]。これは当たらずとも遠からずといったところだった。ある見積もりによれば、人頭税のために選挙人登録を回避する人がいなかったとしても、保守党は1992年4月の選挙戦で勝利していたと考えられるが、票差はわずかで、その後の補欠選挙では敗北し、過半数を確保できなかったという[39]。

崇高な目的

人頭税の件にくらべてあまり話題にならないが、12世紀、イングランドの財政史に——また、政治と憲法の発展に——たいへん重要になる転換点が訪れた。貴族は国王（または封建社会の食物連鎖の上位者）に対して軍役を奉仕する義務を負っていたが、「軍役代納金」の納付によってそれを免除される制度がつくられたのだ。これは双方に都合がよかった。貴族は、直接の利益を得られなくなりつつあったフランス遠征のために領地を留守にする必要がなくなったし、国王は、戦闘力の高い外国人傭兵をもっと大勢雇えるようになった。変化は段階的であったが[40]、軍役代納金の制度は１１５９年（トゥールーズの周囲でフランスと衝突した年）にはすでに確立されていた。そのことには深い意味合いがあった。貴族は、軍役代納金の制度を受け入れたことにより、王室に対する直接の財政支援をある程度の義務と認めるようになった。また、その金額について、ある程度の合意にもとづいて決定することを王室に対して強く求めるようにもなった。１２１５年のマグナ・カルタでとりわけ強調された条項のひとつは、「軍役代納金および御用金は、わが王国の協議によるのでなければ、わが王国では課せられてはならない」だった[41]。これにより、貴族は王室に対して財政支援を行なうが、その過程で話し合いの機会を持つことが認められたのだ。

しかし、ヨーロッパ大陸の多くの国では事情が異なった。徐々に無意味なものになりつつあった封建的義務が、貴族の免税特権へと形を変えたのである。プロイセン[42]とハプスブルク帝国（とりわけハンガリー）[43]ではこういった特権が18世紀まで残っていた。だが、貴族の免税特権でもっとも悲惨な状況におちいった国はフランスだった。[44]

その根本にはルイ十四世によって突きつけられた悪魔の取引があった。ルイは、貴族と聖職者から政治能力を奪うかわり、彼らにタイユ税——フランスにおいては、富の多寡に関連づけられた税にもっとも近いものだった——の免税特権を与えた。タイユ税の免税を認められた人びとはほかにもいた。大都市（パリなど）および小都市の全体が免除される例もあった。[45]だが、勢力を伸ばしていたブルジョワと改革をこころざしていた聖職者をもっとも苛立たせたものは貴族への待遇だった。こういった免税（およびその他の）特権については、ときおり——ルイ十四世の治世にも[46]——廃止の動きもあったが、貴族やその支配下にあった高等法院（各地方に設立されていた司法機関）に反対されたり、ことあるごとに妨害されたりした。１７７０年代半ばになっても、貴族は軍役の義務と引き換えに与えられる免税特権の制度にしっかりとしがみつき、改革に取り組んでいた財務総監（および元収税官）のテュルゴーは、その「知性ある人びとが捨て去った時代遅れの権利主張」に悩まされた。[47]

タイユ税の免除特権があっても、あらゆる直接税の免税を受けられるわけではなかった。「カピタシオン」〔人頭税〕[48]（比較的早くから導入された）、「ディズィエム」〔10分の1税〕、そしてもっとあとの時代の「ヴァンティエム」〔20分の1税〕はすべての国民に課されていた。聖職者は、国家に対する納税義務を負うことはなかったが、自主的に（あるいは自主的に見える方法で）いくらかを納めていた。これらの税は徐々に引き下げられていったが、一部の貴族はかなりの金額をとりたてられた。しかし、これらの税は特権のない人びとにも課されており、課税の不公平性は緩和されなかった。アンシャン・レジーム期のフランス国民の税負担は、同じ時期のイギリス国民のそれにくらべ、とくに重いわけではなかった。だが、非常に不公平であった点からいえば、イギリスの場合と同じようなものだった。ピエール・サミュエル・デュ・ポン・ド・ヌムール——フランス革命で重要な役割を果たし、のちにアメリカに亡命した。息子のひとりがデュポン社の創業者である——はつぎのように述べている。「納税を免れる方法はただひとつ、金持ちになることだ[49]」。ジョークではあったが、この言葉にはアンシャン・レジーム期の現実がよくあらわれていた。

こういった税の不公平性にどれほどの重みがあったかについては、激動の１７８９年春、三部会選挙で三身分がそれぞれに陳情をまとめた文書「カイエ・ド・ドレアンス〔陳情書〕」にも明白にあらわれている。第三身分——大まかにいえば、資産のある平民——は貴族と聖職者の財政上の特権を大いに不満に思っていた。第三ドゥルドン地区の第三身分は、あらゆる種類の個人所得税の廃止を求めたが、土地などの資産に対して課される税は例外で、「身分、所有する資産、封建的特権および臨時的特権がどうあれ、すべての市民が」負担するべきであるとした[50]。パリ市民は１７８９年７月12日夜から13日にかけて彼らの思いをぶちまけた。パリやその周辺の税務署に押し入り、記録文書を燃やし、市内に持ちこまれる商品の関税をとる目的で築かれていた壁を打ち壊したのだ[51]。こうして、課税への怒りを爆発させた暴徒は、その翌日にバスチーユを襲撃した。貴族はとうとう免税特権の代償を支払うことになった。

公平性の追求

これらのエピソードから、税金はどういった場合に甚だしく不公平だと見なされるのかが大まかにわかってくる。これには、税の設計だけではなく、税の実施方法や、その時代の人びととの意識がかかわっている。しかし、「公平」な税金がどういったものなのかに関しては、これらのエピソードからは知ることができない。ある見方によれば、課税における公平とは、獲得したものに対して税金をかけられ、それを納めることである。だが別の見方によれば、納められるだけの税金を納めることである。

払っただけの見返りを得られる？

アメリカの大衆迎合主義の政治家ウィリアム・ジェニングス・ブライアンはこういった[52]。「海軍をもっとも必要とするのは誰だろう？　犂をもって土を耕す農民だろうか？　……［あるいは］敵の砲撃にさらされ得る大規模な港湾に資産を持つ者だろうか？[53]」。これは、農民が海軍のために金を出さなければならないわけを暗に問うたのである。第3章でスチュアート朝イングランドの船舶税をとりあげたが、彼の言葉はそのもともとの意図につながる。船舶税は、沿岸の町やカウンティのみから徴収されていた時期にはわりあいにうまく機能していた。おそらく、海賊船や私掠船に襲われる危険を減じてくれる海軍のために使われるのならば、支払うことに納得できたからだろう。これは「受益者負担原則」にもとづく課税の一例であった。つまり、税負担は政府から受けとる利益に見合っていなければならないという考え方に一致していた。

しかし、この論法では行き詰まってしまう。利益に応じた金額を納めるとなれば、税と見なすことができなくなる。というのも、定義上、納税の見返りはないことになっている。また、実際問題として、政府がすることのほとんどは、特定の個人に対する財やサービスの提供ではなく、われわれ全員に影響をおよぼす事業である。たとえば、法と秩序の確保とか、共同防衛の準備などといったことだ。

オリヴァー・ウェンデル・ホームズのいうとおり、税は「文明社会の対価[54]」なのかもしれない——現在、アメリカ内国歳入庁の本部ビルの入口に彼のこの言葉が刻まれている。だが、実際にそうであるとして、受益者負担原則を適用するには、文明という利益がわれわれのあいだでどう共有されているかを把握しなければばならない。それに関する見解はさまざまである。ウィリアム・ゲイツ・シニア（マイクロソフト社の共同創業者ビル・ゲイツの父）は、アメリカにおける累進課税方式の採用を支持する運動に乗りだした。政府から提供される、法制度などの制度や、物的インフラや、科学的調査がなかったとすれば、金持ちは金持ちになれなかったはずであるという理由からのことだ。その逆に、前述のとおり参政権の拡大について懸念していたチャールズ・バベッジは、小規模の資本家の保護には大規模の資本家の保護よりもコストがかかると主張した。道ばたの屋台のリンゴ売りは商品を盗難から守るために警察を必要とするが、ベアリングス銀行のような大企業は資本を外国に移すことで盗難のリスクを避けられるというのだ。[55] ゲートつきの高級住宅地に家を持ち、私立学校に通う子供たちの送り迎えをするいまどきの裕福なミドルクラスも同じように感じているかもしれない。これは、貧乏人よりも金持ちの納税額を少なくするべきだと暗に主張しているわけである。多くの人には受け入れがたい考えではないだろうか。だが、そこまでのことを主張していないとしても、そもそも受益者負担原則は、ある人から資金を調達し、別の人の利益になる目的のために使用する税の制度とは相いれないものである。無理やりとりこめば、道徳に歪みを生じさせることになる。厳密に適用しようとすれば、政府にできることがごくかぎられてしまう。

受益者負担の形をとっているように見える税もある。それはイヤーマークと呼ばれる方式で、特定の税収が特定の使途のためにとりおかれる。[56] たとえば、18世紀のイギリスでは、特定の税収が特定の債務の返済にあてられていた。[57] イヤーマーク方式は今日も用いられている。社会保障費の制度はその代表例だが、たいてい給付金の受給資格と関連づけられるため、税であってもそうとは思われていないことがある。そのほかの例もある。今日のアメリカでは、連邦ガソリン税収入が高速道路整備の財源に指定されている。ガーナでは、VATの税率が10パーセントから15パーセントに引き上げられたとき、その税収の増分を医療サービス改善の支出に用いることが約束された。一部の国や地域では、イヤーマーク方式がさかんに用いられている。韓国では、2003年、総税収のうち特定の使途のためにとりおかれた分の割合は約17パーセントにのぼった。[58] 金額にしてアメリカ50州の平均税収のほぼ4分の1である。[59]

イヤーマーク方式をとりいれることで、増税を、どちらかといえば好ましい施策として受け入れてもらえる場合もある。評判のいいプロジェクトの費用にあてること——あるいは少なくとも、わけのわからない使途に注ぎこまないこと——について言質を与えるのである。しかし、このやり方にはいくつかマイナス面もある。ひとつは、何らかの事業に関連する支出として妥当な金額と、特定の税によって調達される資金とを関連づける根拠がはっきりしないことだ。この点については、ウィンストン・チャーチル（1920年代に大蔵大臣を務めた）が自動車税について語った言葉によくあらわれている。

そんなことを誰がいったのだ。これらの税金の収入がどれだけ多くとも、国がどれだけ貧しくとも、その金を使って道路の建設を、いや道路の建設のみを行なうつもりだなどとは？　わが国は、通商には打撃になるとしても所得税増税を行なう必要があるかもしれない。教育を犠牲にしても経済を優先する必要があるかもしれない。艦船の維持費すら賄えないかもしれない。だが、構わない。何があろうと、自動車税収入はことごとく道路整備に使うのだ！……こんな議論は馬鹿げているし、議会主権とコモンセンスに対する侮辱である。[60]

もっと退屈な表現に置きかえよう。政府は、「強い」イヤーマーキング（つまり、特定の項目の公的支出を特定の収入源にしっかりと結びつけること）を行なった場合、調達した資金をきわめて妥当な使途に支出することが困難になる場合もある。だが、「弱い」イヤーマーキングならば、支出はそこまで制限されないかもしれない。結局のところ、資金は流用することができる。ガーナ政府が——たとえばの話だが——VAT税収の増税分をすべて医療費にあてつつ、その他の税収の医療費にあてる分を減らし、医療支出の上乗せ分をVAT税収の増分よりも小さくすることもあり得る。ことによると、医療支出そのものが減ることになるかもしれない。だからイヤーマーキングは、うまくすれば、変更不可能な予算割当を行なうのと同じことになる。そうでなければ、「民主主義の拡大どころか、むしろ納税者を誤解させることになる」[61]。このため、特定の税収を特定の使途に指定するイヤーマーキングの提案に対し、財政に携わる人びとはひどく神経質になる。

納められるだけの額を納める？

税の公平性に関するもうひとつの原則は、現在実践されていることと考えられていることの本質をもう少し詳しく教えてくれる。それは「応能原則」といって、ひとりひとりがそれぞれの経済レベルに応じて税を負担するという考え方である。歴史上、この発想はかなり昔から存在した。アメリカの植民地における最初の税法——ヴァージニア植民地で1634年に施行されたもの——には、「所有地の価値に応じ、その他あらゆる能力を考慮に入れ」、ひとりひとりの査定を行なうことが記されている[62]。つまり税額は、納税者ひとりひとりの物質的な豊かさをどこまで犠牲にできるかを見きわめ、その人の支払い能力に応じて定める必要がある。支払い能力については、貧乏人よりも金持ちのほうが高い傾向にある。同じ1ドルを税金として納めるならば、家計のやりくりに苦労しているひとり親よりも億万長者のほうが痛みは少ないだろう。どの税制においても、公平を期すには支払い能力が重要であることについては、ほとんどの人が——ノーサンプトンで人頭税導入を決定した議会でさえ——異論を持たないのではないだろうか。だが、この原則を実践するにはふたつの厄介な手順を経なければならない。

ひとつは、ひとりひとりの支払い能力を正しく見きわめることだ。それぞれの物質的な環境によってもたらされる満足度をじかに査定するのは不可能なので、妥当な課税レベルを判断するには、ふつうは物質的な豊かさをはかる外的指標を使用する。所有する土地の面積、自宅の窓の数、収入などがそれにあたる。このやり方の問題のひとつとして、そういった外的指標には人それぞれの認識や意思があらわれやすい。納める税金に対する考えが影響する場合があるのだ。そのため、税負担を具体的にとらえるには、生来の、変更不可能な潜在的支払い能力といったものが重要になると考えられる。しかし、潜在的支払い能力は顕在的支払い能力よりも観察しにくい。

ひとりひとりの（顕在的あるいは潜在的）支払い能力を正しく見きわめられたと仮定して、そのつぎに踏むべき手順は、それぞれに異なる支払い能力に応じ、税負担を正しく割り振ることである。これは、税金を集めたあとの福利の配分を、社会的にできるだけ正しく行なうにはどうするべきかという問題に、密接にかかわっている[63]。この問題に解答することは経済学者ではなく哲学者の仕事である。たとえば、政府はこの福利の総和を最大にすることを目標にするべきだとする、昔ながらの功利主義的な見解（ジェレミー・ベンサムに連なる）がある。また、政策目標はもっとも貧しい人びとの福利を最大にすることであるべきだとする見解（ジョン・ロールズの著作による）[64]もある（それが福利の総和を減じるとしても）。それから、これらの中間に位置づけられる見解もある。もっとも貧しい人びとの福祉を最重視する一方、豊かな人びとを軽視しないという立場である。いずれにせよ、支払い能力の差を考慮に入れつつ正しい方針を定めるとき有用になる英知を、経済学者は何も持っていない。結局のところ応能原則は、税負担額はそれぞれの物質的な豊かさの尺度に照らして定めるべきであるという、直感的に好ましく思える考え方を、大げさに表現したものにすぎない。そして、そういった尺度からどうやって税負担額を定めるかについては、しかるべき人びとがしかるべくして合意に至らずにいる。

サインを示せ

その用語がつくられるずっと前から、思慮深い支配者は――社会正義の追求のため、そうでなかったとしても私欲のため――税負担額につながる支払い能力の外的指標を探し求めていた。今日の所得税はそのプロセスがたまたま行き着いた通過点に過ぎない。

階級別の課税

1513年、若きヘンリー八世は――当時はまだ肥満しておらず、1人目の妻と結婚していた。ヴェネツィアからの大使によれば、「私がこの目で見たなかでもっともハンサムな支配者」だった[65]――代々のイングランド国王がたどってきた栄光への道を自らたどることになった。つまり、英仏海峡を渡ってフランスに攻め入ったのだ。そして、「スパーズの戦い」にかぎっては勝利を収めることができた。この名称はフランス軍が慌てて逃げる胸のすくような光景に由来していた。だが、戦争には金がかかるものである。戦費の足しにしようと、ヘンリーは身分に応じて人びとから税金をとった。公爵から6ポンド13シリング4ペンス、伯爵から4ポンド、男爵から2ポンド。40シリング未満の賃金をもらっている15歳以上の男性からは、もっとも少額である4ペンスを徴収した。[66]

階級別の課税はそれ以前にも行なわれたことがあった。イングランドで、さんざんな結果になった人頭税の導入に先立つ1379年、画期的な課税方式として採用された。[67]また、もっとあとにも導入されている。

1689年から1698年にかけて、イングランドおよびウェールズでは、社会的な地位や身分に応じ、さまざまな名目の税が課されていた[68]。フランスでは、貴族の租税回避を防止する試みとして、1695年に前述の「カピタシオン」が導入され、階級ごとに異なる税額が徴収された（フランス革命まで継続された）。フランス社会の人びとが22のカテゴリーに分けられたのだが、税額の最高は王太子のそれで、最低である日雇い労働者の2000倍だった。プロイセンでは、1821年に階級別の税（クラッセンシュトイヤー）が（都市部以外で）導入され、農村社会の人びとが四つの社会階級に分類された。それぞれの階級内においてひとりひとりが負担する税額は、当人の境遇に応じて差別化された[69]。この制度は1873年まで続いた[70]。

現代のわれわれには風変わりに思えるが、この方法には明らかな利点があった。階級がはっきりした社会では、社会階級をそのまま潜在的支払い能力ととらえるのが妥当であった。また、社会階級は観察しやすく、自尊心や自負心という強大な力により、強制なしでも正しく納税されると考えられた――たしかに、公爵はたんなる伯爵に間違われるのは嫌だっただろう（一方、農民は高い税金をとられる公爵のようにはふるまえず、そうすることを望みもしなかっただろう）。こういった状況下では、どういった形であれ、納税回避は起こらなかったと思われる。これは（明らかな脱税はさておき）、今日の経済用語でいえば、ある種の「定額」課税だった――つまり、支払う税額が納税者本人の行動に左右されない税である。この方式についてはもっとあとで詳しくとりあげる。人頭税もこの定額税の一種で、誰でもみな同一の金額を徴収される点がその重大かつ顕著な特徴となっている（たとえば、社会階級ごとに税額が定められている制度などとは異なる）。

しかし、階級ごとに負担額が定められている税には、これらの理想的な特徴から考えれば意外に思えるほどたくさんの問題があった。伯爵のなかには公爵より裕福な者もいたはずだが、それでも納税額は公爵よりも安かった。また、自尊心や虚栄心がそれほど強くなく、強制なしで正しく納税されるというわけにはいかないこともあった。サミュエル・ピープスは、1660年12月10日付の本人の日記によれば、納税のために10ポンド——郷士に課される税額——をとりわけていたが、査定により納税額がたった10シリングと定められ、少しばかり気が咎めたものの、自分にこういいきかせた。「私のほうから真実を打ち明ける義務はないだろう」[71]。また、「プロイセンの臣民は、税金を払うとなると、より高い社会的地位がいいとは思わないらしかった」[72]。そんなわけで、事実上このやり方は定額方式とはいえなかった。そして、時代が進み、社会が複雑になると、社会的地位がはっきりしていても、支払い能力の指標としては十分ではなくなった。[73]

コミュニティ別の課税

ヘロドトスによれば、アケメネス朝ペルシャのダレイオス一世（在位前522－前486年）は帝国を20州に分け、各州に太守《サトラップ》を置き、税として金や銀を納めさせていた。[74] 代々の君主（あるいは諸王の王）は、納められた税の正確な額をほとんど気にかけなかった。似たような制度は近代まで残っていた。中世イングランドの15分の1および10分の1税などもそうだが、税はしばしば割当制とされてきた。中央の支配者が地方あるいは地域ごとに一定の税額を割り当てたのち、事実上、現地の課税方法の決定を現地の有力者に委ねたのだが、その際には中央からの指導にある程度したがわせていた。

イギリスでは、数百年のあいだ直接課税はすべて割当制であった。15分の1および10分の1税と同じように、テューダー朝後期に導入された「補助税 subsidy」の制度は、本人をとりまく環境をもとにひとりひとりを評価するという考え方を土台にしていた。だがその考え方が、地方ごとに一定の税額を割り当てる方式の採用につながった。各住民の税負担額の評価は各地方の有力者に委ねられた。たいていは地主で、評価にあたっては何らかの基本的なルールにしたがったが、本人の裁量で決めてしまうことも多かった。そのやり方について、「人びとは合法的な権利であるかのように考えるようになった[75]」。1693年に土地税が導入されたとき[76]、ふたたび個人レベルの評価が試みられた。税率を一定とし、それによって生じる税額を徴収したのである。しかし、税収が大きく減ってしまい[77]、1698年に割当方式に戻された[78]。1799年に小ピット政権によって導入された所得税は、つぎの章で詳しくとりあげるが、所得に対して課税した点だけではなく、割当方式による直接課税（先に徴税総額を定めておくやり方）から、各納税者の状況に応じた税額の設定（課税のルールを定めておき、それにしたがって税金をとるやり方）に切り替えた点でも画期的だった。

割当方式はイギリスのみが採用していたわけではなかった。ルネサンス期のピエモンテ王国では、共同体ごとに、地代収入に応じて税額を固定され、それぞれの裁量で住民から徴収されていた[79]。江戸時代の日本[80]と帝政ロシア[81]では、納税は村ごとの集団責任とされていた。アッバース朝イスラム帝国でも同様だったが、村を出ていった者の分まで集団責任を負うことになっていた[82]。アンシャン・レジーム期のフランスの一部では、タイユ税の課税に割当方式が採用されていた。また、植民地時代のヴェトナムでは、共同体ごとに、推定人口に応じて税額を固定されていた――イングランドの1380年の人頭税に似た制度である。納付されなかった場合、中央政府の税務機関が手あたりしだいに財を差し押さえ、競売にかけて同額を集めた。こういった仕組みがあるために、村の名士たちは納税に意欲的だった。差し押さえの対象になり得る高級品をたくさん持っていたため、税金がきちんと納められるよう気を配ったのだ[83]。

割当方式は、もっと粗雑な上納の制度に似ており、支配者にとっては明らかに魅力的である。この方式では、大規模な官僚制組織の維持や管理を行なわなくても、資金を調達し、権威を確立することができた。地方ごとの住民の税の評価と徴収を現地の有力者に委ねたため、すでに確立されている力関係を尊重し、地域の安定に貢献することにもなった。また、私利私欲の追求という観点から少し離れれば、地元の事情をよく知る現地の有力者たちが、やみくもに共通ルールにしたがうのではなく、その知識を活かし、もっとずっと公平で効率のいい手立てを講じることができた。そのため、人に関連づけられた課税には長いあいだそういった方式が用いられる傾向にあった一方、第13章でも論じるが、関税や物品税のような取引税の課税には、たいていもっと人間味のない方法がとられ、現地の裁量に任されることはそれほどなかった。

しかし、地元の裁量に任せるにしても、それがえこひいきとたいして変わらないと見なされれば、安定が損なわれることにもなった。たとえば、18世紀前半のイギリスで、土地税の導入が重大な政治的争点になった。熾烈な法廷争いもあった。土地検査官の任命にしても、採決をとる庶民院にとっては十分に頭の痛い問題だった。「党派心と土地税は厄介な友であった」(84)。また、割当方式の課税では、共同体の相対的な繁栄度が急速に変わりはじめた時期に、柔軟な調整がだんだんと難しくなった。課税単位である地方の内部で、ある地区が要求されている額を納付できないとなれば、別の地区がその分だけ余計に負担するしかなかった。課税を目的とする土地の再評価は手間がかかるため十分に行なわれず、課税単位である地方に存する資産の価値が変わっていったことで、この方式ではもはや対応しきれなくなった。もちろん、人びとの視野が広がり、国民意識が強まったことで、異なる地方の住民のあいだの待遇差に鋭い目が向けられるようにもなった。また、中央政府の支配力が強まったことで、伝統的に地方あるいは地域を支配してきたエリートを宥めたり頼りにしたりする必要がそれほどなくなった。課税方式の焦点は割当制から税率制へと――多くの場合、ごくゆっくりと――移っていった。そして――たいていの国や地域では比較的最近に――徴税業務はもっぱら中央政府に対して責任を負う公務員によって行なわれるようになった。

割当方式は、その内在する魅力――現地の制度、慣行、知識を尊重できることに加え、新しい機関の設置を回避できる――のため、超国家機関においてしばしば加盟国からの資金調達に用いられている。たとえば、欧州連合では、加盟各国の国民所得とVAT課税ベースに応じてそれぞれの拠出金額が決定され、国ごとに調達方法を自由に選択できる。17世紀後半のネーデルラント連邦共和国で行なわれていた資金調達方法はそれに似ている。各州は、中央政府が必要とする金額の一部を割り当てられ、それぞれが選んだ手段で調達を行なった[85]。また、アメリカ合衆国憲法の本文部分のある条項（つぎの章のおもなテーマである）には、直接税は各州の人口に比例して各州間に配分されると記されている。これに関しては、連邦政府によって算出された税収の総額がどれほどであれ、各地方に黙示的に割り当てられる金額が人口に応じて「公平に」定められることを保証するものだったということもできる。

ぜいたく品に対する課税

18世紀のイギリスでは、税政策の立案にあたる政策担当者にとって、帽子はふたつの利点を持っていた。ひとつは、金持ちの多くは高価なトライコーン帽をたくさん持っていたが、貧乏人は安価な帽子をひとつだけ持っていたこと。そしてもうひとつは、人がかぶっている帽子は目で見てわかりやすかったことだ。そこで、イギリス政府は1784年に国民に対してあることを要求した。それは、すべての帽子の裏地にその価格に応じた額面の収入印紙を貼りつけることだった。これは帽子税で、納付を怠れば高額の罰金を科された。帽子税用の収入印紙の偽造におよんだ者は死刑に処されることもあった。1798年、不運なジョン・コリンズという人物が実際にそうなった[86]。帽子製造業者はこの税を回避するため、自分がつくるものを「帽子」と呼ばなくなった。そこで、政府は1804年に法律を改め、頭にかぶる衣類の製造に用いるあらゆる素材を課税対象にした[87]。これもまた見てわかりやすく（課税対象である帽子の下にかぶっていればそうではなかったが）、ある程度までは裕福さを測るものさしになったウィッグも、税務機関から（また、さまざまな害虫から）目をつけられた。1795年、イギリスでは、男性用と女性用のウィッグにふりかける消臭用のアロマパウダーの使用権に対し、年間1ギニーの税金が課されるようになった。長髪を束ねたピッグテールと呼ばれる髪型が一般的なころのことで、当時この税を納める者は「ギニーピッグ」と呼ばれた。(88)

18世紀から19世紀のイギリスでは、富裕層に好まれる消耗品を課税対象にする税がいくつも導入された。それは1769年にノース首相が定めた原則にのっとったことだった。「ぜいたく品には課税するべきだ。……まずはぜいたくできる金持ちが重荷を背負うべきだからである」。(89) つまり、特定の物品を消費すること、もしくは所有することは、税の支払い能力を伝えるサインのようなものだった。そして、そういった税にぜいたく規制の要素が含まれていたことは疑いなかった。下層階級の人びとに身分をわきまえさせようというわけである。アメリカの高名な経済学者ヘンリー・サイモンズは、ぜいたく品について「貧乏人が、なしで済ませるべきであるが、なしで済ませたがらない商品」と暗に定義したテキストブック(90)に言及し、批判している。置き時計および懐中時計、四輪馬車、競走馬、紋章使用権はすべて課税対象だった。1709年から1831年まで、自宅で使うろうそくをつくる人はほぼいなくなった。この期間、ろうそくをつくる場合は認可を得たうえで税金を納めなければならなかったのだ。こういった税の多くは、とりわけ富裕層に重い負担をかける仕組みになっていた。たとえば、ロウでできたろうそくは獣脂でできたそれよりも税金が高かった。(91) そして、貧困層のなかでも極貧にあえぐ人びとは課税対象ではないイグサに火をともして明かりをとった。また、男性使用人にも税金がかかり（1777－1882年）、税額は雇っている人数に応じて決まった。雇用主は、男性使用人が10人までならばひとり当たり25シリング、11人以上ならばひとり当たり3ポンドを毎年支払うことになっていた。(92)

裕福さを測るものさしになる品目への課税はジョージ王朝時代のイギリスにかぎったことではなく、いまだに行なわれている。たいてい、ぜいたく品と見なされる商品の輸入関税を高くする形がとられている。おおよそ無作為に、いくつか例を挙げてみよう。中国では、２０１６年に「超高級車」すなわち価格が１３０万元（約19万ドル）を超える自動車の輸入関税が10パーセントに引き上げられた。ナイジェリアでは、高級クルーザーと高級車の輸入関税が70パーセントと定められている。それでも、数多くの品目に、選択的に課税していたことでは、ジョージ王朝時代のイギリスを超えるところはないだろう。しかも、対象品目はぜいたく品にかぎらなかった。よい面に目を向ければ、数かぎりない品目に物品税が課されたことは、その後の数十年、著述家のいいネタになったといえる。１７４３年には、おもしろおかしくこんな愚痴をこぼす者もいた。「収税吏はわれわれのつねに離れぬ伴侶であり、われわれの頭のてっぺんから足の先にまで目を配っている。われわれが髪を整えれば、彼奴は髪粉をじっくりと調べる。……彼奴はわれわれの靴をはいてあちこち出歩き、われわれの食卓で、われわれの肉に調味料をふりかける。……日中はどうしているか？　われわれの家のなかを窓からこっそり覗きみる。夜間は？　われわれのろうそくの光に照らされる」(93)。１８２０年には、ウィットに富むシドニー・スミス（聖職者、批評家、哲学者）がこんな不平を述べている。

更紗をかけた税率22パーセントのベッドの上に起きあがり、税率15パーセントのスプーンに税率7パーセントの薬を注ぎ入れた瀕死のイギリス人は、ふたたび倒れこみ、薬剤師の腕のなかで息絶える。薬剤師は、彼を亡き者にする特権のため、１００ポンド支払って免許状を手に入れていた。このイギリス人の死とともに、その全財産に2パーセントから10パーセントの税が課される。……先祖代々の墓に葬られてしまえば、もう税金をとられる心配はない(94)。

こういったことはひどく馬鹿げているように思えるかもしれない。ある程度の裕福さを測る尺度になる品目を課税対象にする税がどんどん増えていくのである。人びとにとってはたしかに不愉快だっただろうが、その意図は明白だった——それは、少なくとも表向きには、より高い支払い能力を有する人びとに、より多くの税金を納めさせることだった。ところが、金持ちに対して有意義に課税するためにぜいたく品をターゲットにするという発想は、結果的にもっと根深い難問をつくりだした。

思いがけない結果を招くリスクはどの税にもある。金持ちを対象にするターゲット課税の試みは、少なくとも一度は失敗している。伝えられるところでは、その原因は誇りだった。１９３４年まで、オランダのキュラソーにある美しいクイーン・エマ橋は通行料を払わなければ渡れなかった。だが、靴をはいていない者は無料とされていた。貧しい人びとの負担を軽減するためのことだった。通説によれば、この措置は裏目に出た。貧困者の多くは誇り高く、貧乏人と思われることを嫌がったため、人から借りた靴をはいて橋を渡った。一方、裕福な人びとの多くは出費を惜しみ、裸足で渡った。[95] もうひとつ、それほど面白味はないが、よりシステマチックな問題がある。ぜいたく品を課税対象にしたからといって、ぜいたくを享受する人びとがその税の真の負担者になるとはかぎらないのである。たとえば、１７８５年にイギリスで、小ピット政権によって（女性使用人はぜいたく品ではなく「主要必需品」であるという『タイムズ』紙の主張をよそに）導入された、メイドなどの女性使用人を課税対象にする税である。[96] この税はとりわけ議論を呼んだ。この税のせいで売春に走らざるを得なくなる女性もあらわれるのではないかという懸念の声もあった。メイド税導入の結果、納税のために自分の懐を痛めるよりもメイドの給料を削ったほうがいいと考える雇用主が出てくれば、そういうことにもなりかねなかった。この問題はもっと広い範囲にかかわる疑問——税の真の負担者はいったい誰なのか？——につながるが、その件については第７章でとりあげる。

小ピット、貧乏、売春。メイドと小売店主を追い立てるピットたち。

しかし、何らかのぜいたく品が課税対象になったとき、ぜいたくを享受する人びとが実際にその真の負担者になると仮定しても、金持ちをターゲットにするぜいたく税には欠点があとふたつある。ひとつは、そういった品目の購入費に支出される金額がそれほど多くないため、課税によって集められる金額もそれほど多くないことだ。イギリスのノース首相は、裕福な人びとが真っ先に負担を引き受けるべきであることを認めつつも、数学上の残念な事実をよくわかっていた。「大金を借用しようとすれば、国民のほぼ全員に負担をかけることになる」[97]（この「借用」は「調達」の婉曲表現だった）。だから、第2章ですでに述べたとおり、ジョージ王朝時代のイギリスでは、いくつかの必需品までもが課税対象になっていた[98]。ぜいたく税のもうひとつの欠点は、消費パターンを左右する要素には、裕福さのみならず、嗜好も含まれることである。ジョージ王朝時代の金持ちの紳士は、たとえば競走馬などのぜいたく品をかならずしも所有しなかった。今日のナイジェリアの大富豪にしても、高級クルーザーをかならずしも購入しないと思われる。それに、ジョージ王朝時代のイギリスの比較的貧しい人びとのなかにも帽子やウィッグを好む者はいたのではないだろうか。

経済状況の推定

ここまで見てきたとおり、税制をそれなりに公平にする試みはこれまでにいくつもあったが、そのいずれにおいても、ある程度の可観測性のある要素——社会階級、地方の繁栄度、特定の品目の消費など——が用いられていた。それらは、大まかにではあるが、支払い能力を測る尺度と見なすことができた。この数百年、政府は新しい、よりよい方法を見つけるために努力を傾け、工夫を凝らしてきた。富裕層によって消費されるものをつぎつぎと課税対象にしていったイギリス政府は、土地税や、炉税の後継としての窓税をもとりいれた——これも金持ちの負担がより大きくなるという推論から導かれた結果だったが、ことによるとこちらのほうがより多くの税収を得られた。さまざまな国や地域の政府がこれまでに用いた推定的アプローチ——支払い能力につながる何らかの物品に課税するが、正確性を追求しないやり方——はいろいろあって、枚挙にいとまがないほどである。

特定の職業に就いている人に一定の税額を納めさせる課税方法は、推定的な課税のよくある形である。アメリカ各地の植民地では「職能」税が採用され、職業別の推定収入に対して課税されていた。(99) 現在でも、ペンシルヴェニア州の郡、市、区、第1級郡区、都市自治体、校区は州法によってそういった税を課すことを認められている。その税率がもっとも高いのは医師で、もっとも低いのは工場労働者である。ウルグアイには、2007年まで、建築士、エンジニア、弁護士などの「自由業」を対象にする職業税があった——おそらく、自由業では本当の所得の証明が困難だったからだろう。また、革命期のフランスで革命政府によって導入され、長期にわたって継続されたために「レ・カトル・ヴィエイユ（4人の老女）」と呼ばれた四つの税のうちのひとつに「営業税 patente」があって[100]、その最重要の要素が職業によって異なる定額税だった。営業税は、何度かの改正を経て1976年まで継続された。アフリカのフランス語圏の一部では今日も続いている。

このところ、正確な記録を残すこと（あるいは、税務調査官に正確な記録を示すこと）が難しいと思われる小規模事業について、しばしばこういった推定的な方式が用いられている。なかには、1954年から1975年までは公式に、それ以降もしばらくは非公式に採用されていたイスラエルの「タクシヴ tachshiv」のように、業種別の一連の指標が用いられることもある。レストランならば、立地、面積、卓数、それにもしかするとメニューに記載されている料理の平均価格などを指標にして評価されるかもしれない。収益が比較的少ない事業の場合、この方法はきわめて複雑になり得た。現在小規模事業への課税でもっと一般的なのは、売上を基準にすることである。税率は、業種別の利幅の差を考慮して設定される場合が多いようだ[101]。

現在、こういった近代的で明らかに推定的である課税方式の仕組みは、垂直的公平性を追求するための主要なツールである所得税の制度において、おおよその税額を割りだすことに用いられている。そして、かつて導入されていた社会階級や窓などに対する課税方式については、われわれの祖先が近代的な所得税に行き着くまでに通り過ぎてきた、奇妙なランドマークだと考えるのが自然である。実際、この章でとりあげてきたさまざまな努力の集大成が所得税なのだ。トマス・ペインのように、これを予見していた人びともいた。18世紀のイギリスの物品税に関する評論に、ペインはこんなことを記している。「真のぜいたくの存するところは、物品ではなく、物品を調達する手段である[102]」。たしかに、裕福さを測る尺度としては、所有する時計や競走馬の数よりも所得のほうが適している。だが、所得税には推定の要素もある。たとえば、1年間の所得——1年間にその人が下した決断、出会った機会、それに人生の段階が反映される——はその人の裕福さや潜在的な支払い能力についてほとんど何も教えてくれないかもしれない。所得税の登場によって、税金の歴史にピリオドが打たれたわけではない。だが、われわれに教訓が——それに、戦争や殺人の物語が——もたらされたことはたしかである。

5
財政の強大な動力源

経済状況により、そこかしこで担税能力の尺度に変化が生じており、民主主義の原則からすでに明確にされているところでは、概して、もっともよい尺度は所得である。われわれが好むと好まざるとにかかわらず、この流れは止めることができない。いつの日か担税能力の新たな尺度が民主主義の原則によって承認されるまで、所得税は現行のままとなる。

——エドウィン・セリグマン(1)

わずらわしく思う人もいるかもしれないが、いまや所得税は、それなりの水準にある税制の中心をなし、その垂直的公平性の形成に——たいていは「唯一」の——重要な役割を担っていると受けとめられている。つまり、豊かな人と貧しい人のあいだで税をどう分担するべきかを考察するときのカギになっている。政治家はVATの廃止や遺産税の撤廃に言及するかもしれない。だが、所得税率の引き下げを約束することはあっても、所得税そのものの廃止を主張することはめったにない（少なくとも、アメリカ以外の国ではそうである）。そして発展途上国は、現行の所得税をもっと効率的にすることを目指し、それを促されもするが、所得税に代えて別の税をとりいれることは考えない。

とはいえ、例外はある。この章では、イギリス、アメリカ、フランスの近代的な所得税の導入に至るまでの苦難についてとりあげる。これらの3カ国を選んだのは代表的な例だからではない。それどころか、所得税導入のいきさつ（たいてい山あり谷ありだった）は国ごとに異なる。また、これらの3カ国がたどってきた道は重要な点で大きく異なっている。三つの国――導入当時、政治力と知力によって世界を先導する大国だった――それぞれの物語は、物語として面白いうえ、たいへん重要である。というのも、これらの国が経験したことは概してその他の国の発展を形づくることになったからであり、これらの国を形づくった力はのちにその他の国を苦闘させることになったからでもある。それにこれらの国の経験からは、所得税のもっとも適切な役割と構造に関する根本的な疑問が提起されている。だが、それらの疑問自体が昔からだいたい同じであり、所得税がとっくに世を去った為政者によってつくられたころから目に見えて変わっていないとしても、分析ツールや社会的価値観が進化するにつれ、解決策はつねに変化しつづけている。それについてはこの章の終盤で詳しくとりあげる。

巨人の仕事――イギリスの所得税

18世紀末、所得に税金をかけるという発想はすでに目新しいものではなかった。イギリスでは、所得税は1689年に導入されたことがあったが、やがて土地によって得た利益のみを対象とするようになった。フランスの場合、所得税といえる最初の税は前章でとりあげた1710年の「カピタシオン」だが、やがてその課税を免除される条件がどんどん増えていった。その前世紀にまずまず信頼でき、ほどほどに効力を有する政府機関がひっそりと形づくられていたイギリスでは、それを土台にして効率的な所得税がようやく誕生することになった。追い詰められていた政府にとって、これは最後の頼みの綱だった。

1797年末、イギリスの対フランス戦争は5年目に突入しようとしていた。戦局は思わしくなかった。北海沿岸低地帯——侵攻の出発点——はフランスの手中にあった。自軍の艦隊は夏に反乱が発生したことで混乱していた。快進撃を続けていたナポレオン軍は北イタリアを手に入れ、まだ残っていたイギリスの同盟国のなかでも最重要のオーストリアを戦場から退かせた。それは、さらに長く続くことになる金のかかる戦争だった。国債金利は上昇していた。これは、イギリスが勝利に足るだけ十分な金を集められるという信任が低下していることを示していた。小ピット——当時、首相と大蔵大臣を兼任していた——の政権は、開戦以来、第4章でとりあげた新税の導入や増税を行なっていたが、税収が増えても焼け石に水だった。支出は平時の2倍以上に増えていた。[2]もっと思いきった手を打つ必要があった。

1798年、小ピットはまずトリプル・アセスメントを導入した。[3]これは、「査定税」と呼ばれる税をそれまでの3倍（一部の富裕層ではそれ以上）に引き上げるものだった。査定税とは、たとえば、住宅、窓、馬車、使用人、馬、時計、犬などを課税対象にする税のことをいった[4]（所有に対して課税される年税で、購入時に課税される物品税ではなかった）。[5]重要な特徴として、トリプル・アセスメントでは納税者の所得に応じて決まる税率に上限があった。たとえば、年間所得が60ポンド未満であれば免除を受けられ、200ポンドを超えていれば所得の10パーセント以上の税金を課されることはなかった。そのため、トリプル・アセスメントは「支出に対してかかる税と、所得に対してかかる直接税の中間」にあたるといえた。[6]この制度は、成功とはいかなかった。税収は期待の半分にも満たなかった。60ポンドをやや下回る所得を得ている人びとが驚くほど多かったのである。この件に関しては、「あきれた言い逃れ、あるいはむしろ……けしからぬ不正行為」

という小ピットの言葉がすべてだった。(7)

中途半端なやり方ではうまくいかず、1799年に本格的な所得税が導入された。今回はイギリスのすべての国民と住民が納税義務を負い、すべての収入源とすべての国からの所得が課税対象になった。また、イギリス国内の不動産からの所得があれば、外国人であっても納税する必要があった。網を大きく広げたわけである。人びとはたんに自分の総所得金額を申告し、納税した。年間所得が60ポンド未満であれば免除され、200ポンドを超えていれば最高税率の10パーセントを課税された。(8)

新しい所得税はよい結果をもたらしたが、それだけひどく嫌われることにもなった。以前にはなかった——やがて、おなじみのものとなる——不満の種は、所得税の複雑さだった。法令は152ページにおよび、税率は0・8パーセントから10パーセントまでの28段階に区分されていた。(9) 法令の題名にも明示されていたが、この税は臨時税だったので、納税者はそれほど気がかりに思わなかったかもしれない。この年の所得税は「戦争遂行のための献金および寄付」だった。そのため、1802年に戦争が終わると廃止された。人びとは浮かれ騒ぎ、そこかしこで大量の税務書類が燃やされた。

ところが、アミアンの和約はまもなく破棄された。戦争が再開され、所得税が再導入された。小ピットはすでに辞任しており、当時政権を掌握していたのはヘンリー・アディントンだった。かつての所得税とくらべ、1803年の所得税には重要な違いがふたつあった。ひとつは「スケジュール」方式だった。つまり、あらゆる所得の総額に対して課税したのではなく、所得を五つのカテゴリーに区分し、別々に課税した（たとえば、土地からの所得はスケジュールA、就労からの所得はスケジュールEに区分された）。(10) その目的は、所得の種類ごとに異なる税率を適用することではなく——後述するが、それは論争を引き起こしかねない措置だった——プライバシーを保護することだった。つまり、このやり方ならば、ジェントルマンと呼ばれる支配階級

小ピットの所得税導入に当惑するジョン・ブル〔擬人化された典型的イギリス人〕。

の総所得金額を知る税務署の役人はいなくなる。もうひとつは源泉徴収方式（withholding. 当時は「源泉課税stoppage at source」と呼ばれていた）の広範な適用を試みたことで、こちらのほうがより重要だった。この方式では、支払われる前の所得から所得税分があらかじめ差し引かれ、政府に納められた。賃貸人、雇用者、企業などは、支払いを行なうときに税金分をとりわけておき、あとで政府に納めることを義務づけられた。こういう税の仕組みもかつてないわけではなかったが、体系的に実施されるようになったのはこのときからだった。

今回の所得税は前回のよりもずっと大きな成功を収めた。納税者数は3倍になり[11]、最大税率はずっと小さい5パーセントだったが、税収はやや少ないだけだった。戦時の特別税として導入されたが、設計を改められたこの所得税は実効性がたいへん高かった——終戦時には総税収に占める割合が20パーセントに達していた[12]——ため、1815年にナポレオンを敗北させたあと、戦時中に嵩んだ借金の返済に向かわなければならなかった政府の内部に、これを経常税にしたいと考える者が少なくなかった。だが、そうはいかなかった[13]。

その後、所得税は1842年にようやく再導入された。この年、ロバート・ピールの手によって「巨人は眠りから呼び覚まされた。戦時にわれわれの盾になり、平時にわれわれの骨折り仕事の支えになってくれたあの巨人である」[14]。ピールは、当時のそれ以外の重要課題——カトリック解放と穀物法（第7章のテーマである）——について意をひるがえしたのと同じように、所得税についても当初反対していたのが[15]賛成するようになった。財政上の最優先課題だった関税引き下げの穴埋めには、所得税導入こそ唯一の現実的な道だと考えるようになったのだ。ほどほどといえる税率2・9パーセントで再導入された所得税は、やはり「期間のかぎられた臨時税」だった。1853年、ピール派のグラッドストンは、大蔵大臣として初めて提出した予算案のなかで、所得税を「財政の強大な動力源」と称賛した一方、「所得税をいつまでもわが国の財政の一部分とし、永遠に課税しつづけることには断固反対」した。[16] グラッドストンは所得税を7年で廃止するつもりだった。[17] ところが、1853年から1856年まで続いたクリミア戦争のために思いどおりにはならず、所得税の恒久性はだんだんと、またひっそりと受け入れられていった。最後の抵抗として、1874年の選挙では二大政党の双方が所得税廃止を公約とした。[18] だが実際には何のこともなく、廃止の件は二度と話題にのぼらなかった。所得税はそのまま継続されたのである。[19]

この間、しばしば所得税の性質と構造をめぐって激しい議論がくりひろげられ、ときおり驚くほど高尚な意見のやりとりが生まれもした。偶然ではないが、同じころに公共財政は学問分野として注目されはじめた。議論の多くは公平性の見解について論じあうもので、おもにふたつの問題が俎上に載せられた。

ひとつは「段階」、現代の用語では「累進性」の問題だった。つまり――段階を採用するならば――高所得の人びとに対し、どの程度の高税率を適用すればいいかということである。所得税の導入前にトマス・ペインが著した『人間の権利』に、所得税はたんなる資金調達の手段ではなく、税収の公平な分配の手段にするべきだと書かれていた。金持ちから金をとって貧乏人に与えよう（あるいは少なくとも、貧乏人からは比較的少ない金をとろう）というのである。この画期的な考え方は伝統として生き残るのだが、所得税を再分配の手段にするべきであるという提案はたいへん強い抵抗を受けた。論点になったのは、低所得者により低い割合を負担させるかどうか――つまり、彼らにより低い平均税率を適用するかどうか――ではなく、高所得者により高い割合を負担させるかどうかであった。数学的に見ればこれらはまったく同じことなので、当時大騒ぎになった理由はわかりにくいかもしれない。だが、これらは異なる問題と見なされていた。貧しい人びとの税負担を軽減するという考え方はその数世紀前から（1380年の人頭税導入時にも）受け入れられていた。この原則を反映し、所得が一定額に満たなければ免税措置を受けられたり（対応しなければならない納税者を減らすという役所側の狙いもあった）、最低所得者の税負担を減らす「軽減」税率制度が設けられたりした（だが、そのことでいっそう複雑な状況が生まれもした）。問題は、最高レベルの所得に対して割増税率を適用するべきかどうかということだった。

ヴィクトリア朝時代のイギリスで、この問題に関する論文がいくつも書かれている。そこには、所得税課税の結果としてもたらされる納税者の犠牲と、納税者の支払い能力に関する見解がより正確に定式化されていた。やがて、驚愕するほど社会主義的な結論がみちびきだされた。「風変わりで、内気で」[20]、非常に聡明なオックスフォード大学の教授フランシス・イシドロ・エッジワースが１８９７年に発表した論文につぎのようなことが記されていた。すべての人が任意の一定の所得から等しい幸福を得るとする。そして、（それより現実にありそうなことだが）所得金額がそれよりも多くなればなるほど、得られる幸福がそれだけ小さくなるものとする。すると、最大多数の最大幸福という功利主義の目的を達成しようとするならば、結局、すべての人の税引後所得が等しくなるような税制をつくらなければならない。つまり、限界税率――所得の増分１（ポンドでも、ドルでも、円でもよい）に対する税率――を所得のあらゆるレベルで１００パーセントにし、金持ちの所得を貧乏人に明示的に移転することが必要になる。これは、このうえなく再分配的な制度である。だが、エッジワースが計算に入れていなかったことがある。彼のいう前提条件のもとでは、どれだけたくさん稼いでも税引後所得が変わらないため、人びとの金を稼ごうとする意欲が失われるのである。そのことは当時から認識されていた。だが、経済学者がこの問題に本格的に向きあうようになったのは１００年近くあとのことだった。

しかし、政治はエッジワースの計算の先を行った。ウィリアム・ハーコート大蔵大臣[21]は１８９４年の予算案で相続税に段階税率を導入することを提案し、自由党が所得税率の段階化にも賛成していることを明確にした。反対派は、論戦における敗北のきざしが見えてきたなか、実際の運用の難しさを強く主張するようになった。[22] その後、王立委員会を経て、[23] 所得税率の段階化はロイド・ジョージの重要な功績となる1909年の人民予算に組みこまれ、高所得者を対象に、税率2・5パーセントの「超過所得税 super-tax」が設けられる運びとなった。[24] だが、そのために憲政危機が生じることにもなった。というのも、再分配のために税制を利用してはならないという原則に、人民予算の内容が違反していると見なされたからである。

人民予算に盛りこまれた項目の多くは、[25] 所得税の最高税率を8・3パーセントに引き上げることや、相続税を多少引き上げることなど、現代のわれわれにとっては穏当なものである。そのなかで、土地の自然増価分および未開発地を課税対象にする提案は、特筆すべきといえるかもしれない（それはヘンリー・ジョージの考えに一致するやり方で、第10章でとりあげる）。だが、人民予算において真に人びとの感情を揺さぶったものは、ロイド・ジョージが巧みな弁論術をもって臨んだ予算演説と、見事なライムハウス演説だった（「完全装備の公爵ひとりは戦艦ドレッドノート2隻と同じくらいの金がかかる——だが戦艦は脅威になるばかりでなく、長持ちする」[26]）。彼は明らかに再分配を目的にしていた。貴族院は200年ぶりに予算案を拒否した。だが、最終的には屈することになった。超過所得税は生き残った（一方、土地税に関する提案は取り下げられた）。また、1909年の予算審議中にロイド・ジョージは、所得税は臨時税に留めるべきであるという意見を、きっぱりと、冷笑するかのような態度で退けた。「生活必需品への課税は恒常的で、高所得への課税は臨時的に行なおうとは、いったいどういうわけだ？」[27] こういわれてしまえば、誰からもぐうの音も出なかった。

所得税の設計に関するもうひとつの長年の懸案は、差別化だった。所得の種類に応じて異なる税率を適用するべきかどうかの問題である。とりわけ「自然発生」所得または「恒常」所得（土地からの所得や公債の利息などのことで、大まかには今日の資本所得に当たる）について、「不安定」所得（労働所得、事業および専門職による所得など）よりも高い税率を適用するべきかどうかが焦点になった。というのも、後者よりも前者のほうが安定しているため、一定の税額の負担による犠牲がより少ないと考えられたからである。労働所得の税率をより低くすることに賛成する人びとは、物的資本とは異なり、人的資本（技能、知識、経験）の価値下落には税控除[28]がまったくないことにも言及した。当時の大蔵大臣ハーバート・アスキスは、ふたりの架空の人物を使ってその要点を簡潔に説明した。ひとりは「まったく安全な［公債への］投資によって年間１０００ポンドを得ている。父親がこつこつ蓄えていた金を遺産相続したのかもしれない」。もうひとりは「労働によってまったく同じ金額を得ている。骨の折れる仕事、おそらくは不安定な仕事をしている。……このふたりに……同じように課税するのは、私の考えでは、正義と良識をないがしろにすることである[29]」。

議論は19世紀終盤まで続いた[30]。初めのうちは原理原則から反対されたが、やがて運用の難しさが議題になった。たとえば、小規模事業から生じた所得のうち、恒常所得と不安定所得をどう見分ければいいだろうか（その後、これらは「不労」所得と「勤労」所得と呼ばれるようになる）。それでも、前述のアスキスの言葉にも後押しされ、１９０７年の自由党予算により、とうとう課税の差別化がとりいれられる運びとなった。比較的低い「勤労」所得の税率が３・７５パーセントに引き下げられる一方、「不労」所得の税率は５パーセントに据え置かれた[31]。

不労所得には勤労所得よりも重い税金をかけるべきだという考えは定着した。イギリスでは１９７９年の時点でも不労所得に対して15パーセントの加算税が課されており、所得のもっとも高い層では、すべてを合計した税率が98パーセントに達していた。「あなたに20分の1、私に20分の19」と、ビートルズの楽曲「タックスマン」の歌詞にはある（正確に計算されたデータより、この歌詞のほうが暗澹たる気持ちにさせられる）。ところがその後、労働所得と資本所得の課税の差別化に関し、世間の論調が大きく変わった。それについてはあとで述べる。

ドレッド・スコット判決

アメリカが所得税を採用したのはイギリスよりもずっとあとのことだった。第一次世界大戦の戦費調達にはぎりぎり間に合った。導入が遅れたのは、概して、合衆国憲法の「人頭税条項」（第1章第9条）がもたらした予期せぬ結果であるといえた。この条項は、呼称からは退屈なもののような印象を受けるが、そうではなかった──そして、近年ふたたび注目を集めている。

アメリカでは、1815年に初めて連邦所得税の導入が提案された。だが、イギリスとの戦争が終わってしまうと、それが実際に形になることはなかった。[32] 実現のきっかけになったのは別の戦争だった。南北戦争──それに、その莫大な戦費──である。北部政府は戦争初年の1861年に所得税の導入を試みた（南部政府はそうしなかった）。[33] それを熱心に推し進めたのは、奇しくもウィリアム・ピット・フェッセンデンという名前の議員だった。[34] 施行前に連邦議会がふたたび開催され、新たな所得税法案が作成された。税率は、この法案では一律5パーセントだったが、1864年に10パーセントに引き上げられた。

戦争は続き、所得税はまずまず好評であるといえた。初代内国歳入長官（無関心な傍観者ではなかった）の言葉によれば、「人民は、緊急事態への一時的な対応として、喜んでこれを受け入れており、深刻な不満は生じていない」。[35] この税は大衆税ではなかった。1866年の時点で、課税対象者は45万人ほどに過ぎなかった。[36] それでも税収は、初めのうちはほどほどだったが、やがてかなりの金額にのぼるようになり、政府の総収入に占める割合がおよそ4分の1に達した。[37] しかし、戦争が終わってしまえば──その他の税源からの収入が増え、債務残高が減ったため――継続を求める声は上がらず、所得税は1872年に廃止された。

だがまもなく、所得税の導入がふたたび政治課題になった。それは、関税と内国税を資金調達の拠り所にする政権への不満から生じた事態だった。[38] とりわけ地方からの不満の声は大きかった。1870年から1897年まで農産物価格が下落しつづけていた。さらに、州税および地方税は農業従事者に対して差別的であると見なされていた。[39] 関税は、少しずつ力をつけ、豊かになりつつあった北東部の工業利害関係者に都合がいいようにできていると考えられていた。『ニューヨーク・タイムズ』紙の論評によれば、関税は「衣料品、寝具、住居、道具および多くの日用品にかかる費用を人為的に、情け容赦なく引き上げている」のだった。[40] 力を有するトラスト、銀行家、鉄道会社に対する人びとの怒りの高まりとともに、1870年代から1880年代にはポピュリズム運動がさかんになった。やがてポピュリズム運動は、明らかに逆進的な関税と物品税を廃止し、かわりに所得税を導入するという考えに引きつけられた。1893年、民主党のグローヴァー・クリーヴランドが大統領に就任すると、議会は所得税問題をめぐって激論した。クリーヴランドは、選挙の際の政治綱領で保護関税の撤廃をうたっていたから、何もしないわけにいかなかった。1894年の関税法案には、個人と法人に対して2パーセントの所得税を課税することと、個人には4000ドルの控除を適用することが盛りこまれた。賛成派の一部の期待は大きかった。ある人物などは、所得税について――皮肉なしに(とはいえ、飲酒なしだったかどうかは記録にない)――「むしろ、太陽の光や鳥のさえずりのようなものだ」と述べている。[41]

しかし、その鳥がどれほど陽気にさえずったかは不明である。というのも、1894年の所得税は実施に至らなかったのだ。そのことには合衆国憲法の人頭税条項がからんでいた。そこにこんな一節があった。「キャピテーションおよびその他の直接税は、本憲法に規定した人口調査または全数調査にもとづく割合によらなければ、これを賦課してはならない」[42]

「キャピテーション」は人頭税のことだった。納税者ひとりひとりに一定額を課する税である。[43] だが、「直接」税の意味するところはどこにも記されていなかった。マサチューセッツ州の代議員ルーファス・キングは1787年の憲法制定会議でそのことを質問していた。ところが、ジェイムズ・マディソンの記述によれば、それに回答する者はひとりもいなかった。[44] アレグザンダー・ハミルトンもこの問題に気づいた。「残念ながら合衆国憲法は、非常に重要なある点において、表現が非常に不明確かつ不明瞭である」。[45] だが、憲法に記載されている「直接」税は、土地税や奴隷税を指していると同時に、ある意味では人頭税を指しているともいえた。そのため、広く間接税と見なされていた南北戦争のときの所得税は、[46] 成文法を含む文献では「所得賦課金 income duty」と記されることが多かった。[47] 現在「直接税」という用語がどう使われているかを考慮すれば、これはたいへん奇妙な解釈である。ふつう「直接税」といえば納税者の属性によって変わる税のことだ。その意味で、所得税は明らかに直接税である。[48] ともあれ、合衆国憲法の人頭税条項から示唆されるところでは、「直接税」と認められる税においては、各州におけるひとり当たりの税額を等しくすることが必要になった。

現代の視点からは馬鹿げているようにも思えるこの奇妙な規定には、奴隷制にまつわる悲しいルーツがある。合衆国憲法のとある条項に、つぎのように記されていた。

下院議員および直接税は……各州の人口に比例して配分される。各州の人口は……納税義務のないインディアンを除いた自由人の総数に、自由人以外のすべての者の数の5分の3を加えたものとする。[49]

この件では、北部と南部のあいだで重要な取引が行なわれた。下院議員の配分に関して、南部側は各州の人口に奴隷の総数を加えたいと考えていた。一方、北部側はそれを望んでいなかった。南北は、直接税制と代議制とを結びつけ、奴隷ひとりを5分の3人として扱うことで折り合いをつけた（ファウスト的取引ではなかった）。南部側にとっては、当初の希望よりも南部州の代議員数が減るかわりに、いくらかの税負担を軽減された。北部側にとっては、当初の希望より奴隷所有者の代表を多く受け入れるかわりに、いくらかの税負担を奴隷所有者に転嫁できた。この規定を「直接」税のみに適用するという限定は、便益をはかったに過ぎなかったようである。というのも、連邦政府の財政に重要な、輸入関税、消費税などの税に対しては適用不可能だったからだ。

人頭税条項があることで、所得税については長いあいだ違憲性の可能性がささやかれていた。しかし、一般の感情は南北戦争中の討論である下院議員が述べたとおりだった。「条項の件でぐずぐずする必要はないのでは？」(50) だが1894年――プルマン車両会社でストライキが発生し、その影響が全米に波及したが、連邦軍によって鎮圧された年――には階級闘争の気配が色濃く漂いはじめていた。所得税反対派は戦闘態勢を整えた。彼らが争点に選んだのは例の人頭税条項だった。

ファーマーズ・ローン&トラスト社の株主のチャールズ・ポロックは同社を訴えた。所得税が違憲であることを根拠に、同社の所得税納付を阻もうとしたのだ。下級裁判所では敗訴したが、そのあと上訴した。最終的には1895年、連邦最高裁判所で賛成5人、反対4人の結果となり、訴えを認められた。つまり、連邦所得税は、各州における税収がそれぞれの人口に比例していなければ、これを賦課することはできないと決まった。そして、ひとり当たりの税収を等しくしようとしても、現実的には困難であるだけでなく、人びとの反感を買うと考えられた。というのも、裕福ではない州で、税率がより高くなることになったからである。

最高裁のポロック対ファーマーズ・ローン&トラスト社裁判の判決は、現代のわれわれが「司法積極主義」と呼ぶものの典型例である。このとき賛成した裁判官たちは、原告側の主任弁護士の主張に賛同していることを隠さなかった。その主張とは、この「共産主義への前進」をただちに食い止めなければ、いつか連邦議会は「税率を2パーセントから10パーセントに、あるいは20パーセントに[51]」引き上げるというものだった。事実そのとおりだったが、法律上の争点はそこではなかった。この判決の政治性は誰の目にも明らかだった。反対意見を述べたハウエル・エドマンズ・ジャクソン判事は、「国家の課税権が富裕層に屈した」といってこの判決を非難し、「憲法に定められた連邦議会の権限に対する、かつてないほどに破滅的な大打撃」であると主張した[52]。

激しい怒りが広がった。所得税に賛成する人びとは激高した。その判決と1857年のドレッド・スコット判決が対比された[53]。論争はその後も続いた。1895年5月、『ニューヨーク・ワールド』紙につぎのような記事が載った。「所得税は死んだが、その土台の原則は生きており、今後何らかの形で広く行きわたるだろう[54]」。その兆候ははっきりと見えていた。1896年、ウィリアム・ジェニングス・ブライアンは、かの有名な「金の十字架」演説で、所得税導入に賛成していると述べた。

しかし、それから10年ほどのあいだポピュリズム運動は、税金よりも、反トラスト法、銀本位制、米西戦争に焦点を置いていた。だが、例の条項はなくなったわけではなく、進歩主義の共和党政治家たちに議題としてとりあげられた。事態がふたたび動きだしたのは1906年のことだった。共和党のセオドア・ローズヴェルト大統領は、連邦議会に向けて行なった演説のなかで、大富豪の蓄財を制限するために段階的な所得税と相続税を導入することに前向きな考えを示した。しかし、憲法問題を乗り越えるのが困難であることに

徴税人の一番の親友。大衆の非難と連邦裁判決にもかかわらず所得税推しの雑種犬。

も触れ、「時間をかけ、慎重に検討する」必要があるとし、[55] 具体的な行動をとらなかった。

それでも、気運は高まりつつあった。初期の酒類禁止論者もこの論争に関心を持った。彼らならば、所得税の導入が飲酒欲の歯止めになるアルコール税の減税につながれば不都合だろうから、所得税に反対だったのではないか。そう考える人もいるかもしれない。[56] しかし、彼らの多くは、アルコール税の制度があるからこそアルコール関連事業が正当化されていると見なしていた。また、アルコール税によって収入――1910年の時点では、政府の総収入の約30パーセントを占めた[57]――を得る政府は、不道徳な事業の見えざるパートナーであり、そういった事業の衰退を喜ばないだろうと考えてもいた。

1908年、民主党は政策綱領に所得税導入の推進を掲げ、憲法改正を唱えた。[58] 一方、共和党はこの件について綱領に記さなかった。しかし、所得税に反対することはなかった。じつはこのころ、所得税をめぐる政治戦線は、民主党対共和党というよりも、共和党のアメリカ北東部に利害を有する人びと対その他という構図になっていた。実業家は所得税のみを恐れていたわけではなかった（とはいえ、南北戦争のときの所得税収入がニューヨーク州で総税収の約3分の1、ペンシルヴェニア州で11パーセント余りだったことを確実に憶えていた[59]）。所得税導入がうまく運んだ場合、高い関税の保護機能に頼れなくなるのではないかと考え、そのことも気にかけていた。1907年の選挙では、民主党およびそのリーダーで大統領候補のウィリアム・ジェニングス・ブライアンは敗北を喫した。共和党のウィリアム・ハワード・タフトが大統領に選出されると、実業家たちは安堵のため息をついた。だが結局、所得税導入の道をつけたのはタフトだった――残念ながら、いまではタフトといえば腹回りの大きさばかりが話題にのぼるが。[60]

1909年は重要な年となった。この年、タフト政権はふたつのことを行なった。ひとつは、たいていの法人の所得に対して2パーセントの「免許 excise」税を課税したことである。これを免許税（法人格を得て事業を行なう特権を課税対象にした）と呼んだのは、所得税に分類される税の導入を妨げる憲法上の落とし穴を避けるためだった。この年の8月、連邦議会はその税率を半分にして法案を可決させ、企業の5000ドルを超過する所得に対して1パーセントの税を課税することとした。[61] タフト政権のもうひとつの行動は、1909年6月16日、連邦議会に対して憲法改正を勧告したことである。所得税の課税にかかわる、各州の人口に比例して配分するという規定の修正を提案したのだ。

その後に開かれた下院歳入委員会で、共和党所属のセリーノ・ペイン委員長は、所得税は「嘘つきだらけの国」をつくり、「正直者の所得ならば課税、悪党の所得ならば多かれ少なかれ免税ということになる」と強く主張した。[62] 手厳しい言いようである。だが、こんなことをいっておきながら、ペインはじつは所得税賛成派だった。戦争になった場合、所得税を実施することで資金を調達しなければならないと考えていたのだ。コーデル・ハル下院議員も同じような意見を持っており、「所得の形をとる国家の富」に課税しなければ、「大規模な戦争の遂行はままならない」と述べている。[63] どうやら、所得税の賛成派も反対派も小ピットの教訓をしっかりと肝に銘じ、大規模な紛争が起こるずっと前から戦費調達のことを念頭に置いていたようだ。

その後、合衆国憲法修正第16条が批准された。その内容は明快だった。「連邦議会は、各州に比例配分することなく、また人口調査あるいは計数によることなく、あらゆる源泉から生じる所得に対して課税し、徴収する権限を有する」。あらかじめ批准の見通しが立っていたわけではなかった。北東部州から強い反対意見が出ていたからである。だが、民主党が1912年の選挙で圧勝すると、疑念はすっかり払拭された。1913年2月3日、デラウェア州が批准したことで必要数に達したため、修正第16条は成立した。それから2週間もたたないうちにウッドロー・ウィルソンが大統領に就任し、民主党が上下院の多数派となった。そして、修正第16条の成立からわずか8カ月後の1913年10月3日、ウィルソンの歳入法署名により所得税が成立した。

負担はそれほど重いわけではなく、純所得に対する1パーセントの基本税と、所得金額に応じた1パーセントから6パーセントの付加税が課税された（つまり、最高税率は合計7パーセントだった）。最高税率6パーセントの付加税を課税されるのは、所得金額が50万ドルを超える場合だった。納税者は一律3000ドルの控除を受けられた。1913年と1914年の納税申告件数は、当時の人口1億人弱に対し、わずか35万件余りだった。(64) 共和党議員のアイラ・C・コプリーは、所得税についての討論で、100万ドルを超える所得に最高税率68パーセントを適用する段階化を——警告として——提案し、つぎのように予言した。「今後10年以内に、アメリカ議会はこのような法令をわが国の法令集に書き加えるだろう」(65)（コプリーは慎重すぎた——実際には10年どころか4年でそのとおりになった）。法人所得の場合、税率は一律1パーセントで、控除はなかった。新しい所得税の申告書式は4ページもある長いもので（記入の手引きを含む）、今日の内国歳入庁（IRS）の前身である内国歳入局 Bureau of Internal Revenue が定めた通し番号制度にしたがい、番号が割り振られた。1040というその番号は、やがてアメリカ人にとってなじみ深いものになった。

そのすべては第一次世界大戦の開戦前に済んでいた。ウィルソン大統領が1917年の戦時歳入法に署名したのは10月3日で、アメリカ初の所得税法案に署名してからちょうど4年後のことだった。控除額が半分に引き下げられたため、納税者数は300万人増え、以前の8倍になった。(66) 所得税を本格的に活用するべきときが来たのだった。そのことに関しては、著名な研究者たち（イェール大学の手ごわい論客アーヴィング・フィッシャー教授ら）が説得力のある賛成論を主張し、徴兵という、一見それとわかりにくい課税との結びつきを明示している。つまり、徴兵は徴兵対象者の世帯からその所得をとりあげる事実上の課税であるから、徴兵対象者ではないアメリカ国民の所得に課税するのは経済的に理にかなっているというわけだった。191

8年には、所得税の最高税率が何と77パーセントに達していた。そして1920年には、所得税収入が政府の総収入の3分の2を占めていた。当時、所得税はまだ大衆税ではなかった。1920年の時点で納税申告を行なっていた者は労働人口の約13パーセントに過ぎなかった。だが、所得税がすぐに廃止されることはなさそうだった。

イギリスは「不労」所得の課税率を労働所得のそれよりも高く設定していたが、アメリカはこれに追随しなかった。財務省のアンドリュー・メロン長官は1920年代初めにこのやり方の採用を提案し、かつてイギリスで行なわれた演説と同じような言葉で訴えかけたが、結局は法制化に至らなかった(67)。だが後日、少なくともしばらくのあいだ、税法の一部に組みこまれている。1969年の税制改革法案に盛りこまれた規定において、当時所得税の最高税率が70パーセントだったところ、1972年度以降、労働所得（賃金や給料などの従業員報酬）の最高税率のみ50パーセントに引き下げられることになった。この規定は1981年度以降無効とされた。今日の状況はこれとは逆である。配当所得とキャピタルゲインの課税率が労働所得のそれよりも低いのだ(68)——これは注目すべき方向転換であり、もっとあとで詳述する。

一方、人頭税条項はまったく変更されておらず、今日も有効である。また、この条項における「直接税」の定義は曖昧なままであり、憲法修正第16条でも明らかにされていない。だから、「直接」税ではあるが、所得にかかる税（修正第16条で明確に認められている）ではないと見なされる税は、人口に比例して配分されなければならないと考えられる。つまり、各州におけるひとり当たりの税額を等しくする必要がある。そして、その点もまた重大な問題になっている。この規定を根拠にすれば、富裕税——2020年の民主党大統領候補選でおもな立候補が導入を提案したもの——を違憲と見なすことができるのである。ともあれ、この問題については長年法廷で議論されている。

激情犯罪とフランスの所得税

１９１４年３月16日の午後遅く、フランスの大蔵大臣夫人アンリエット・カイヨーは、当時フランスを代表する日刊紙だった『ル・フィガロ』の編集部を訪れた[69]。編集長のガストン・カルメットに会いたいと告げたところ、あいにく外出中で、１時間ほどで戻るという返事だった。夫人はそこに座ってじっと待った。戻ってきたカルメットはカイヨー夫人がいるのを見て驚き、まごついたが、彼女を自分のオフィスに礼儀正しく招きいれた。すると、夫人は小型のリボルバーをとりだし、カルメットを狙って４発撃った。しばらくあと、カルメットはすでに息を引き取り、夫人は警察本部にいた。新聞社の前に待たせていた運転手つきの車で自らやってきたのだ。

アンリエット・カイヨーを殺人に駆り立てたものは恐れだった。かつてジョゼフ・カイヨーから書き送られたラブレターを『ル・フィガロ』が紙面に載せようとしていた。当時ジョゼフは別の女性と結婚していたため、それは不都合なことだった。その数週間というもの、『ル・フィガロ』などのメディアは反カイヨー運動を展開しており、暴露記事もその一環だった。この騒動の引き金はふたつあった。ひとつはカイヨーがドイツとの融和を支持したこと、もうひとつは彼が近代的な所得税の導入を主唱したことだった。

フランスでは１８４８年の革命のころから所得税の導入について取り沙汰されていた[70]。所得税の概念自体、多くの人に忌み嫌われていた。政治家で歴史家のアドルフ・ティエールにいわせれば、「法に記された不道徳」であった[71]。ある人物は、「何と恐ろしい尋問だ。……謎にしておきたいはずの資産について、金持ちに無理やり打ち明けさせるのだから」と評している[72]。彼らの資産が謎になっている原因に、フランス革命をき

Le Petit Journal

ADMINISTRATION

Les manuscrits ne sont pas rendus

5 CENT. SUPPLÉMENT ILLUSTRÉ 5 CENT.

25me Année — Numéro 1.219

DIMANCHE 29 MARS 1914

ABONNEMENTS

Tragique épilogue d'une querelle politique

Mme CAILLAUX, FEMME DU MINISTRE DES FINANCES, TUE A COUPS DE REVOLVER M. GASTON CALMETTE DIRECTEUR DU " FIGARO "

カイヨー夫人の報復。

っかけに誕生したカトル・ヴィエイユ（4人の老女）と呼ばれる諸税への依存があった。この諸税は事実上の推定課税方式をとり、その仕組みはいっそう複雑になっていた。カイヨーらはその方式から離れることが必要だと考えていた。

あなたがたは気がすむまで知恵を絞る。ありとあらゆる外見的徴表をでっちあげる。そしてそれらをくっつけ、よりあわせ――200、300のパラグラフからなる法律文を何とか捻りだしたら、その明くる日に……もたらされる唯一の結果は何かといえば、自分たちがこの上ない不正を行なったという発見なのだ。(73)

あからさまに推定的な方式から離れるにあたっては、所得の種類ごとに一律の税率を課すイギリス型のスケジュール方式を勧める人びとと、のちにプロイセン型と呼ばれるようになる、所得に対して累進的に課税する方式を勧める人びととのあいだで争いが起こった。イギリス型推進派は、詮索好きで威圧的なお役人から身を守るためにはそれが最善であると考えていた。プロイセン型推進派は、再分配の効果に重きを置いていた。カイヨー自身はそのふたつを組みあわせた方法を考えだした。まずスケジュール方式で課税したのち、税引後所得に対し、累進的な「補完」税を課すというものだ。これは「カイヨー案」として知られるようになる。

議論がくりかえされ、法案がいくつもつくられたが、何の成果も得られなかった。カイヨー自身にしても、夫人が事件を起こしたあとただちに辞任した。だが、夫人が――それに、多くのパリ市民が――裁判を待つあいだに（彼女が留置されていた室の鉄格子にはカーテンがとりつけられた）、サラエヴォでオーストリア大公フランツ・フェルディナントが暗殺された。戦争の可能性が高まると、戦費調達の必要性も高まった。こうして、1914年7月15日、ついに元老院が所得税導入を決定したのである。

その5日後、アンリエット・カイヨーの裁判が始まった。スキャンダラスなこの事件は、殺人、情事、政治的陰謀、さらには世間に物議を醸していたドイツとの交渉の件がからみあうものだったうえ、フランス上流社会ともかかわっており——大統領自らその証拠を示した——数週間というものフランス国民の関心の的になっていた。7月28日、カイヨー夫人はなんと無罪を宣告され、世間は大騒ぎになった[74]。陪審の結論によれば、これは一時の激しい感情によって理性を失ったために引き起こされた激情犯罪だった。この判決は新聞各紙で大きく報じられたが、同じ日にオーストリア＝ハンガリー帝国がセルビアに対して宣戦布告し、最終的に第一次世界大戦につながるドミノ倒しが始まった。

結局、フランスの所得税は戦費調達に大きく貢献したわけではなかった。施行されたのは1916年であり、最高税率は1918年の時点で20パーセントに過ぎなかった。このころ、各国政府の総収入に占める所得税収入の割合は、アメリカでは40パーセントに迫り、イギリスでは60パーセント前後にのぼった——一方、フランスではたった6・5パーセントだった。実際のところ個人所得税の制度は、フランスであれその他のどの国であれ、1920年代の一時期を除けば、大金がごっそり集まるといったことにはなっていない。今日に至っても、フランスの個人所得税収の総税収に占める割合は、その他のOECD加盟国にくらべてずっと低い[75]。家族手当などの各種手当によって課税ベースが浸食されているせいもあるが、理由はそのほかにもある。フランスが——その他のほぼすべての国とは異なって——所得税源泉徴収制度を導入していなかったことだ（2019年まで）。つまり、雇用者ではなく被雇用者が所得税を納付することになっていた。そのため、意外ではないが、徴収はすんなりとはいかなかった。おもにこの問題を回避するための手段として、フランスは1991年、所得を課税対象にする「一般社会拠出金」の制度を創設した。その課税ベースは幅広く、税額は一律であり、納付は源泉徴収方式によって行なわれる。事実上、この制度は個人所得税の代用として機能している[76]。

フランスの所得税導入の物語にはもうひとつの側面がある。かつての大国は、もっと貧しい国や地域にも適しているかどうかが不明であっても、自国の税制をそのまま植民地に持ちこみ、後日その植民地が独立を果たすまでのあいだ、ずっと困難を押しつけつづけるということがあった。フランスにしても、国内では「カイヨー案」にもとづく独自の所得税の制度が採用されていたが、1959年に廃止され、その後単一の、累進課税方式の所得税が導入された。[77] ところが、アフリカのフランス語圏の多くの国では、古い制度がそのまま数十年存続した。所得税収入はスケジュール方式のもと源泉徴収されたが、補完税からの分はなきに等しかった。[78] カイヨー案式の制度がようやく改められたのは、たとえばカメルーンでは2004年、セネガルでは2012年のことだった。

古い恐怖と新しい方向

所得税の始祖たち――小ピット、アディントン、タフト、[79] カイヨーなど――は、彼ら自身が生みだしたものの現代版を見てどう思うだろう？　彼らは、その大部分を理解するだろう――たとえば、現代の付加価値税について教えられた場合よりも多くを。所得税は、税制を支払い能力に応じた課税の概念に沿ったものにするための主要な手立てとして、いまだに彼らの作品でありつづけている。微調整を経ていっそう複雑になってはいるものの、所得税が複雑であることについては、1799年の時点ですでに批判の声が上がっていた。

しかし、所得税のおかげで政府の規模がぐんと拡大したのを見れば、所得税の始祖たちは啞然とすることだろう。それは、彼らの多くが、またその同時代の人びとが、自ら解き放ってしまった可能性を恐れていたモンスターなのである。今日では当たり前になっている累進課税の仕組みは、グラッドストンには、累進化を「コミュニズムの傾向そのもの」[80]とした彼自身の懸念が当たったように見えるだろう。それから、最高限界税率がたいへん高い――OECD加盟国では、2019年の法定個人所得税の平均最高税率は43パーセントだった[81]――のに、産業や努力が失われていないのを見れば、彼らは戸惑うことだろう。所得税の始祖の多くは、「フラット・タックス」を課税している今日の国々に対して少なからずシンパシーを抱くと考えられる。それはロシアの2001年の税制改革[82]に影響された国々のことである。この年、ロシアは（課税標準を超えた所得について）単一かつ低い、13%に過ぎない限界税率を定めた。

もっと根本的なところに目を向ければ、累進化の考え方は、始祖たちが抱いていたと思われる構想よりも先に進んでいる（また、さらに進みつづけている）が、彼らならばその仕組みをすんなりと理解できるだろう。所得を支払い能力を測る優れた指標と見るならば、そこから一歩前進し、給付金受給が必要かどうかを測る優れた指標と見ることも容易だろうからだ。この点に関しては、じつはエッジワースの計算にもひそかに示されていた（多くの人びとを困惑させるものだった）。所得に応じた福祉手当の制度は、第二次世界大戦後、重要な社会的支援策として誕生した。そして――たとえばイギリスの場合、ゆりかごから墓場までの社会保険プログラムを提案した1942年のベヴァリッジ報告に示されていた希望および期待とはうらはらに――福祉国家の社会福祉制度の中心に位置づけられるようになった。所得税の制度にこういったツールを組みこむことは、たしかに理にかなっている。ミルトン・フリードマンの「負の所得税」案（所得水準が低い人びとに対し、政府に金を納めさせるのではなく、政府から金を与える制度）や、アメリカが先鞭をつけ、世界各国に広がっていった稼得所得税額控除〔勤労を前提に所得に応じた給付を行なう〕の制度にもそういった考え方があらわれている。税務機関は、一方の人びとから金を集めるばかりではなく、もう一方の人びとに金を配るようにもなりつつある。例を挙げれば、ニュージーランドの税務機関は福祉給付金の業務にも携わっている。これは税務機関にとって喜ばしい状況であるとはかぎらない。給付金の業務によって新たな困難を抱えることになるからだ。たとえば、所得税額は1年間の所得にもとづいて算出されるが、困窮者にはいますぐ金が必要なのである。それでも、今後もこの傾向は続くと思われる。

所得税の始祖たちから構造的革新の最たるものだと思われそうな施策といえば、個人所得税と併せて法人所得税をとりいれたことだろう。基本的に、これは源泉徴収方式の考え方の応用だった。19世紀、法人は利益に対して課税されていた。それは、株主に支払う配当にかかる税金の事実上の前払いだった。すべての配当金に対して一定の税率が適用されたことから、この方法はまずまずうまくいった。だが、不労所得の一種である配当金の税率が引き上げられ、やがて累進課税方式が用いられるようになると、前払いという方法ではうまくいかなくなった。企業自体が最高税率を課される場合を除けば、配当を出さず、利益を社内に留め置いていれば税は回避できた。そのため、別個に法人レベルの税が導入された（これは、アメリカ以外の国では意外なほど最近のことだった。イギリスの場合は1965年である）。それは、「法人は応分の税金を納付しなければならない」という（後述するように、馬鹿げた）理由からではなく[83]、法人に対する課税を源泉徴収方式で実施するためだった。

もちろん所得税の始祖たちは、いまだに続く、不安定所得と恒常所得のしかるべき扱いをめぐる論争のこともよく理解できるはずである。これらは、今日では資本所得と労働所得として対比される。だが、彼らをびっくり仰天させると思われることがある。彼らの時代には、何であれ「不労（資本）」所得ならば勤労（労働）所得よりも重い税金をかけてしかるべきだと仮定されていたが、現在では——少なくともたいていの経済学者の見解では——税金をより軽くしてしかるべきだとされている。多くの人が称賛するように、この原則は二元的所得税をとりいれている北欧諸国で税制構造の中心に据えられている。その結果、労働所得には累進税率が適用され、資本所得には労働所得の最高限界税率よりも低い定率税率が適用される。この方式には大きな難点がある——それもまた税金の世界においては目新しいものではなく、19世紀末、差別化に反対していた人びとが指摘していたのと同じ問題である。つまり、比較的規模の小さい事業者の所得を資本と労働に割り振る何らかの方法が必要になるということだ。

資本所得と、その源泉である貯蓄や投資金の適切な扱いは、昔もいまも所得税につきものの重要課題となっている。貯蓄は課税対象から除外するべきであるという意見はトマス・ホッブスにさかのぼる。一方、ジョン・スチュアート・ミルも19世紀半ばにこう主張している。「所得の一部が貯蓄され、資本に転換された場合には、これに課税するべきではない(84)」。この考え方を突き詰めれば、要するに、所得ではなく消費に対して課税するということになる。

消費に対する課税といっても、税率が一律であるVATや小売売上税のような税にかぎらない。そのほか、個人が消費したすべてのコモディティの価値を足しあわせた総消費額に対し、累進方式で課税することもひとつの方法である。もっと実際的な方法として、貯蓄からの利益である資本所得を免税にしても、結果的には同じことになる。あるいは、所得税額の計算に際して貯蓄額を控除できるようにし、その後、引き出した預金の総額(元本および利息)に課税してもいい(85)。

消費(人びとが経済から引き出すもの)に対する課税については、所得(人びとが経済に投入するものの尺度)に対する課税よりも公平だと考える人びともいる。だが、投資活動や経済成長にその影響があらわれる超過負担や、まったくの実用性の問題がある。いくつかの権威ある委員会が一種の累進的な消費税制への移行に賛意を表明しているし、きわめて優秀な経済学者の多くが、通常の資本所得に対する課税を完全に免除すれば集団的利益が最大化されることについて、理論を深化させてきた。予想どおり、答えは「場合による」である。だが最近の経済学者には、注目すべき例外もあるとはいえ、[86]資本所得の税率を最高の労働所得に対する税率と同じほど高くするべきだと主張する人はほとんどいない。そして、たいていの国や地域の政府は、貯蓄のなかでもきわめて重要な種類のものの多くを対象に、税制上の優遇措置を講じている。たとえば、個人年金の拠出金はたいてい（限度額までは）控除の対象になるが、年金給付金は全額が課税の対象になる。

資本所得の税率をより低くするほうがいいことについては、実際的な論証もある。どこの国であれ、資産所得に高税率の税金をかければ、国内の資産が国外に出ていくだけなのだ。意外ではないだろうが、これもまた昔からあることである。この問題には所得税の始祖たちでさえ頭を悩ませていた。アディントンの所得税では、外国人は保有する国債の利子にかかる税金を免除されていた。おそらく、自国民よりも外国人のほうが、投資先の選択肢がたくさんあったからだろう。[87]また、1920年の王立委員会では、段階化の導入が原因と思われる外国資本の逃避をめぐり、議論が紛糾した。[88]当時も今もこういった問題は大げさにとりあげられることが少なくない。1990年代に入ると「資本税／法人税は生き残れるか？」などの見出しのついた記事をしょっちゅう目にするようになった。[89]とはいえ、税率はずっと低くなっており、国際的には所得税の未来が考察の中心課題になりつつある。これについては第11章でとりあげる。

所得税については、どの程度まで累進的にするべきか、また異なる種類の所得にどう課税すべきかに関して、意見がさまざまに分かれている。だが、所得に税金をかけることが公平だという点については、概して広く受け入れられている。所得は支払い能力を測る尺度として妥当だと考えられているし、人によって支払い能力に差があることから、税負担にも差があってしかるべきだと見なされているからである。だが、人によって異なる要素は所得以外にもいろいろあって、時代時代の支配者たちはそういった差異を、ときには横暴に、ときには善意をもって、躊躇することなく課税目的に利用してきた。これはつぎの章のテーマ、すなわち公平性の「水平的」な側面である。

6 誰でも平等に扱われるわけではない

税金とは鼻の頭のおできのようなものである。こんなところにおできができたとさんざん文句をいっていた人が、友人から「鼻以外のどこにあったって嫌だろう?」と尋ねられた。しばらく考えてから、その人はこう答えた。「そうだな……他人の背中にある分にはうれしいね」

——ローガン・ホルト・ルーツ(1)

17世紀にコンゴを治めていたある国王のもとで生きるのは大変だったろう。頭にかぶっているベレー帽が落ちるたび、国民から税金をとったと伝えられているのだ。(2)気まぐれに税金をとられることは、納税者にとってはたいへん苛立たしい。気まぐれが度を越すこともある。１０８６年の財務府公文書には、少しばかり飲酒の影響もありそうな事件の報告がいくつかある。「ネヴィル村のヒューゴの妻、夫との同衾の許可をもらうために雌鶏２００羽を国王に献上する」「ウィンチェスター司教、アルベマール伯爵夫人の頼みでガードルの件を国王に思いださせるはずが果たせず、上等のワインひと樽を献上することになる(3)」。現代人には何のことかさっぱりわからない――だからこそ、気まぐれな課税の実例となっている。恣意的な課税は政府の正統性を脅かしかねない。アレグザンダー・ハミルトンによれば、「自由の精神は、課税における恣意性あるいは裁量性を拒絶する」(4)。とはいえ昔から税金は、たんなる気まぐれにとどまらず、人民に対する圧迫や褒賞の手段として使われてきた。

税金の歴史は、大まかには、自分のおできを他人の背中に移そうとする人びとの歴史であるともいえる。そういった歴史のひとつの側面が、金持ちと貧乏人の相対的な税負担である。だが、公平であるということは、所得や富のレベルがだいたい同じで、その他の要素もほぼ同じである人びとが、同じように扱われるということでもある。これは水平的公平性の原則である。課税において、関連要素が同一である人びとは、待遇も同一にしなければならない。つまり、人それぞれ異なる要素のなかには、税負担の決定の際に評価基準として採用されないものもあるということでもある。

すべて理にかなっているように思える。だがじつは、課税措置の差別化の基準としてどのような要素が排除されるかは、現実の政治力が決める。税政策の決定には、あからさまにではないとしても、たいていつぎのような心情が作用している。「税金をとるならば、あなたや私からではなく、あの木のうしろにいる人からにしろ!」(5)しかし、木のうしろにいる人はあなたや私のような人間とは異なる人であることが多い。むしろ、だからこそ陰にいるのかもしれない。ここで背中のおできのたとえ話に戻ろう。われわれは自分とは異なる誰かにおできを押しつけたがることが多い。評価基準から除外されるべきと見なされる要素は、権力の交代によって影響を受けることもあれば、ときには権力の交代を促すこともあって、時間の経過とともに変わるものである。今日でも国ごとに異なるし、同じ国内でも地域ごとに別ということもある。そして、何らかの要素を重視するべきではないと心底から思える場合でも、それを本当に無視していいかどうか、あるいは無視できるかどうか、自明であるとはいえない。

女性らしさに対する課税

19世紀初頭のインドの君主たちは、下位カーストに対する支配を強固なものにする目的で、彼らに重税を課していた。農民は宝石を身につける権利や口ひげをたくわえる権利のために税金を納めた。一部の地域では、下位カーストの女性が乳房を衣類で覆って外に出かければ税金をとられた。慎み深くあることは上位カーストの女性の特権と見なされていた。さまざまな点から、この乳房税（ムラカラム）は下位カーストの女性を辱める意図で設けられたと考えられる。

伝えられるところでは、1840年、現在の南インドにあったトラヴァンコール王国の町チェルタラに住むナンゲリという女性が「ムラカラム」の支払いを拒んだ。[6] そして、抗議のために両方の乳房を削ぎ落とし、バナナの葉に載せて徴税人に差しだした。その日の深夜、彼女は

ナンゲリの抗議行動。

「代表なくして課税なし」の婦人参政権運動版「参政権なくして課税なし」。

出血多量で亡くなった。彼女の火葬の際、その夫は燃えさかる火のなかに身を投じた。その翌日、政府は乳房税を廃止した。その後、チェルタラはムラチパランブと呼ばれた（現在はそう呼ばれていない）。「乳房を持つ女性の土地」という意味である。

時をほぼ同じくして、女性の権利を訴える近代的な女性運動組織が女性の参政権（がないこと）と税負担（があること）のちぐはぐさに目をつけ、納税拒否を女性参政権運動のツールとして用いるようになった[7]。1852年、第3回全米女性権利大会がニューヨーク州シラキュースで開催され、女性権利論者として名を知られたスーザン・B・アンソニーは、同じくらいの有名人のエリザベス・キャディ・スタントンの声明文を読みあげた。それは、資産のある女性たちに対し、代表を議会に送りこむことを認められていないのだから、納税拒否を責務とこころえてほしいと呼びかける内容だった。イギリスでは、女性納税抵抗同盟という団体が「参政権なくして課税なし」をスローガンに活動した。この団体の委員だったクレメンス・ハウスマンは、あまりにも長期にわたって納税拒否を継続したため、滞納罪で投獄されることになり、ホロウェイ刑務所で1週間過ごした[8]。そんななか、奇妙な出来事があった。当時、既婚女性の所得にかかる税金はその夫が納める決まりになっていた。1910年、女性納税抵抗同盟の会計係だったエリザベス・ウィルクスの夫マークは、妻の所得にかかる税金を滞納したかどでブリ

クレメンス・ハウスマン。一時刑務所に送られた。

クストンの刑務所に収監されてしまった。エリザベスが所得額を教えようとしなかったためだった[9]。

近年、性別によって制度の異なる税はほとんどないが、例外はある。モロッコでは、既婚男性は自分で生計を立てられない配偶者と6人までの子供について控除を受けられるが、既婚女性の場合、配偶者と子供たちを扶養していることを証明しなければ控除を受けられない[10]。だが、そういった例はわずかになりつつあり、近年問題になっているのは、そういった明示的な性差別ではなく、黙示的なそれである[11]。

その象徴的な例にタンポンがある。2016年、カリフォルニア州議会でクリスティーナ・ガルシア議員からある議案が提出された。州の売上税の対象品目からタンポンを除外するよう求めるもので、それが「ジェンダー不平等を……是正するための正しいステップ」であると記されていた。シカゴ市では2016年に市の売上税の対象品目からタンポンとサニタリーナプキンが外され、イリノイ州とニューヨーク州でも州の売上税で同様の措置が講じられた[12]。その他のいくつかの州でも同様の法案が検討されている。タンポンを物品税の課税対象から除外するよう促す圧力は世界各国に広がっている。カナダでは、7万5000人分の署名とともに請願書が提出され、2015年に生理用品がVATの対象品目から除外された。フランスでは、関連品目のVAT税率が20パーセントから5・5パーセントに引き下げられた。EU離脱の結果、2021年から最低税率に関するEUの規則に縛られなくなったイギリスでは、タンポンに対するVATの課税が早々にとりやめられた。

黙示的な性差別はもっと広い範囲にあらわれている。たとえば、女性は男性にくらべて労働人口への参入と退出をくりかえす傾向が強いため、税の構造のなかにそういった行動を手間のかかるものにする要素があれば、男性よりも大きな影響を受けることになる。(13) しかし、税の構造によって男性が不利になることもある。男性は女性にくらべて喫煙の頻度が高く、(14) スポーツ観戦の頻度も高いため、これらに消費税が課されている場合、女性よりも大きな税負担を引き受けることになる。医療サービスに課される税金の税率を引き下げることも同じ結果をもたらす。男性のほうが、医療サービスの平均利用回数が少ないからだ。多くの発展途上国では、女性労働者は男性労働者にくらべて非正規雇用者が多いため、そういった働き方によって得た所得が非課税になる場合、女性のほうが得をするといえる。

だがこの問題は、男女それぞれの税額を計算し、比較すればそれで済むわけではない。目指すべきことはそのほかにもある。たとえば、タンポンとスポーツの観戦チケットは異なると主張する人がいるかもしれない。前者のほうが生活必需品により近く、低所得者にとっては支出全体に占める購入費の割合がより大きくなる、と。だから、垂直的公平性も考慮しなければならない。すると、この懸案事項への対処として、所得税や福祉給付金の制度の調整よりも、売上税の課税対象からのタンポン除外を選択する根拠について疑問が浮かびあがる。たとえば、金持ちの女性には優遇措置を受ける資格があって、チェルシーFCを応援する貧乏な男性にはそれがない、などとはいえないのである。もうひとつ、タンポンは、需要が物価の変動に影響されにくく、課税によって生じる超過負担が比較的小さいと考えられる——第10章でその理由を明らかにする——ため、課税対象として好都合である。水平的公平性を、明示的な差別と黙示的な差別の両方で考慮するなら、税制面で望ましいその他の目標を達成するため、妥協することが必要になることがある。

ジェンダー問題を別の角度から見れば、もうひとつ疑問が浮かびあがる。既婚の男女の納税義務に何らかの変更があった場合、彼ら自身とその子供それぞれの幸福に影響はあるのだろうか。その答えは家計の資源の管理に影響があるかどうかで変わってくる。実証的研究によれば、答えはイエスである。女性の場合、自ら管理する所得からの支出においては、子供のためになるもの、たとえば食料品、教育、ヘルスケアなどにかかる費用の占める割合がより大きい。そのため、ジェンダーの視点に立って税制を変えることには大きな重要性があるといえる。(15)

特殊な制度

人種を理由にする不当な扱いは、税制上の不公平によって生じ得る影響の領域をはるかに超える大問題である。しかし、人種と税は密接にからみあうことがある。とりわけアメリカではそうだ。

人種と税の相互作用の歴史は奴隷制の時代にさかのぼる。当時の植民地政府は奴隷の輸入関税と人頭税でかなりの収入を得ていた。独立戦争後、一部の州で、投票権の確立のために行なっていた財産評価をとりやめるかわり、人頭税をとりいれることが検討された。19世紀初頭には、多くの州で、選挙人名簿への登録資格として納税の義務を果たすことが求められていた。ところが、南北戦争によって奴隷制という「特殊な制度」が廃止されたあと、人頭税は、それと明示されることはなかった——見え透いてはいた——が、一種の人種差別の手段になった。南部再建政策はうまくいかず、現地の連邦軍は１８９０年までに撤退していた。南部諸州では、かつて支配的な立場にあった白人やその子孫にかわり、カーペットバガー〔渡り者。北部から乗りこんだ白人のこと〕、スキャラワグ〔火事場泥棒。共和党にすり寄った南部白人のこと〕、そして一部のアフリカ系アメリカ人が力を持つようになった。そんななか、おもに１８９０年ごろから１９０８年ごろまでに南部のほとんどの州で人頭税が導入された。それは黒人に投票資格を与えないためのことだった。人頭税賛成派のほとんどはその意図を隠そうともしなかった。１８９８年、ルイジアナ州憲法制定会議で閉会の辞を述べた議長は、人頭税導入に賛同する意をつぎのように示した。「それによって白人は投票を許され、黒人は投票を禁じられる。そのことこそ、われわれがここに集った目的ではないか[16]？」

一部の州では累積人頭税が導入され、毎年、一定の年数分の累積額を納付済みにすることが義務づけられた。アラバマ州では、１９５３年まで、24年分の人頭税が定められ、過去24年分の納税義務を果たしていなければ投票資格を得られなかった。多くの州で選挙の９か月前がその期限とされた。人頭税の突然の出現は、かつての連合国すなわち南部諸州にかぎらなかった。たとえば、カリフォルニア州は１９１４年まで人頭税を徴収していたが、住民投票の結果これを廃止した。

人頭税の運営にあたっていた税務機関は、しばしばその意図をあらわにした。たいていの場合、法定条項は人頭税の徴収を促すどころか、妨げるものだった。アラバマ州では税金滞納の罰則が設けられていなかった。「納付書が送付されることはなく、大半の地域で、納税者に対して納付時期が通知されることもなかった」。ミシシッピ州では、刑事手続によって強制的に取り立てることはないと州憲法で定められていた。一部の州では、納税はかならず現金で行なうことと定められていた。当時、南部の黒人はわずかな現金収入しかなく、物々交換をしたり、商人や地主からツケ払いで必要なものを買ったりしてしのいでいた。[17]

当然ながら、この人頭税の制度は明示的な差別ではなく、黙示的な（とはいえ、見え透いた）差別だった。また、貧しい白人も人頭税のせいで投票権を行使することができずにいた。南部の支配層の一部はそれを余得と見なしていた。このころに結成された、党員の大多数を白人が占めるポピュリスト党の勢いを、彼らは懸念していたのである。しかし、ポピュリズムを奉じる政治家のヒューイ・ロングは、貧しい白人農民の票を得るため、彼らの人頭税1ドルを肩代わりしてやった。ある支持者の回想によれば、「人頭税の支払いのため、どの政治家もつねに金欠であった」。[18] 南部の女性活動家の多くはこの人頭税をジェンダー問題と見なし、女性の参政権を保障する合衆国憲法修正第19条（1920年施行）に対する違反であると訴えるようになった。彼らは、白人の世帯所得が全体的に低いことや、社会に浸透している男女の役割のことを考えれば、人頭税を肩代わりして投票権を確保してやる相手に選ぶのは男性がいいか、女性がいいかとなったときには、ほぼ男性のほうが選ばれるに違いないと主張した。[19]

1964年に憲法修正第24条が可決されると、連邦選挙における投票権は、人頭税（あるいはその他の税）の未納を理由に制限されることがなくなった。[20] だが、アメリカでは論争が続いている。目下の議論のひとつは、アメリカ市民が投票権を行使するには州発行のIDカードを購入しなければならないが、それはマイノリティの共同体に偏在する貧困者に対して投票を禁止することに等しく、かつての人頭税の場合と同じではないかという懸念である。また、「重罪犯の選挙権剝奪」が広く行なわれている。重大犯罪によって有罪判決を受けた者の投票権を制限する法律があるため、およそ600万人のアメリカ市民が投票を禁止されている。2016年の時点で、アラバマ州では重大犯罪による受刑者28万5000人以上が投票権を剝奪されていた。その半分以上が黒人だったが、州人口に対するアフリカ系アメリカ人の割合はおよそ25パーセントに過ぎなかった。[21]（アラバマ州の）グレーター・バーミンガム・ミニストリーの事務局長スコット・ダグラスは、この制度を「極端な人頭税」と呼んでいる。[22]

改宗

宗教と税は、混ぜあわせれば燃えあがる危険をはらんだ組み合わせである。17世紀の日本はその好例だ。宗教と税の組み合わせによって侍の時代最後の大戦《おおいくさ》が引き起こされた。[23]

この場合の宗教の要素はキリシタン迫害だった。[24] それに、悲惨な殉教事件があった。迫害は16世紀後半に始まり、1600年の関ヶ原の戦いののちに徳川家康が征夷大将軍として江戸幕府を開いてからは、いっそう激しさを増していった。とりわけ島原半島を含めた長崎では取り締まりが厳しかった。島原一帯にはおよそ30万人ものキリスト教改宗者がいた。幕府はキリシタンに不信感を抱いていた。彼らの思想に対してというよりも、彼らが日本侵略をもくろむ外国人の手先になりかねないことに対して警戒心を持っていた。これにはそれなりの理由があった。

島原を治める大名、松倉氏はここに新しい城をつくると決めた――いうまでもなく、領内の農民はそのために過重な負担を強いられた。従来の2倍の税をとりたてられることになり、天候不順により不作であったにもかかわらず、収穫の60パーセント以上を納めなければならなかった。[25] あるオランダ人商人の報告によれば、「彼らは限界を超える税をとりたてられ、飢えのために痩せ衰えている」。取り立てはじつに過酷であり、悪くすれば命をとられた。「支払えない者は……稲わらを粗く編んだ蓑を着せられ……首もとと腰にひもを結ばれたうえ、両手をうしろできつく縛られたのち、蓑に火をつけられた」

江戸時代の火罪。藤田新太郎『徳川幕府刑事図譜』より「火刑之図」。

女性への虐待はイギリスで1381年に発生した農民一揆のきっかけのひとつだったが、島原でも重大な事件があった。伝えられるところでは、税吏がやってきて、ある農民の息子の嫁をとらえ、「水牢」――映画『ディアハンター』に登場するもののような、水浸しの牢――に入れてしまった。年貢を納めれば出してやるというのである。この女性は6日後に亡くなった。そして1637年12月に反乱が始まった。

反乱の指揮をとったのは、少なくとも名目上は、天草四郎という少年だった[26]。まだ若年ではあったがカリスマ性を備えており、キリシタンのあいだで信望を得ていた。反乱軍は、初めのうちは勝利を重ねた。彼らのなかには、武士身分の者たちからは相手にする価値もないと侮られていた農民のほか、浪人――主家を失った武士身分の者――も含まれていた。将軍の命により、20万人を超える兵からなる幕府軍が送りこまれた。その翌年の春には、反乱軍およそ3万人は原城に立てこもり、籠城戦を強いられていた。原城がついに落とされると、籠城していた者のほとんどは無残に殺されたり、自ら火中に身を投じたりした。天草四郎および反乱の参加者1万7000人が斬首され、晒し首とされた。

この事件は戒めとなった。悪政を敷いたことにより、松倉家の当主は――名誉ある「切腹」ではなく――打首の刑に処された。江戸時代、死罪を言いわたされた大名はふつう切腹をすることになっており、打首になったのはこの松倉勝家くらいだった。島原の乱から10年後、この地方の人びとに課される税はそれまでの半分になった[27]。賢明な支配者ならば――ちなみに、徳川幕府はそれから約200年続き、その時代はおおむね平和だった――人びとの忠誠心を削ぐようなことをしてはならないし、人びとから納めてもらう税額については、交渉の余地を残しておかなければならない。

宗教は、他宗教の信者の扱いに――穏やかな表現でいえば――苦労することがしばしばである。たんなる差別税ならば、1万7000人が斬首になることほど恐ろしいわけではない。だが、税制が形づくられる際には、差別税もまた顕著な役割を果たしてきた。

差別税のなかでもひときわ卑劣なやり方には、ユダヤ人迫害にかかわるものが多い。紀元70年、ローマ帝国によるエルサレム神殿の破壊ののち、ウェスパシアヌス帝は帝国領内のユダヤ人に対して特別な人頭税、ユダヤ税を課した。女性、子供、高齢者を含め、すべてのユダヤ人が課税対象になった[28]。中世のヨーロッパでは、ユダヤ人に対して特別に税を課すことはよくあった。その背景には、反ユダヤ主義の考えがあったほか、金融業を手がける羽振りのいいユダヤ人（キリスト教会は高利貸しを禁止していたが、ユダヤ人はその対象ではなかった）から高額の税金をとれれば好都合だという期待がからんでいた[29]。イングランドでは、1190年代後半に財務府内にユダヤ人局が設けられ、ユダヤ人に対する課税の記録と規制を行なった。一部の歴史学者によれば、ヘンリー三世は1240年代から1250年代にかけてユダヤ人コミュニティの富の半分を税金として召しあげた（ウェストミンスター寺院の再建などに使った[30]）。また、前述のとおり、エドワード一世は1290年にユダヤ人を追放した。その後、情勢が変化した。1630年代、ユダヤ人はふたたびイギリスに定住するようになった。1689年、ユダヤ人の国外流出を懸念した議会は、ユダヤ人に対する特別な課税の廃止を決定した。(31)

ヨーロッパ大陸では、フランス国王のルイ十二世が1498年にプロヴァンス地方のユダヤ人を追放したが、収入の減少を補うため、キリスト教への改宗を受け入れてプロヴァンスに留まっていた人びとに対し、1512年に税金――「改宗者税(32)」――を課した。ハンガリーでは、ユダヤ人を対象にする「寛容税」が1747年に導入された。それは、ユダヤ人は「寛容に扱われる」ために税金を支払わなければならないというドイツの法律を根拠にする措置だった。ユダヤ人に対しては、物品税の税率がその他の人びとよりも高く設定されることがあった。たとえば橋の通行料なども、キリスト教徒よりも高い金額を支払わなければならなかった（ドイツではこれを「身体税 leibzoll」と呼んだ(33)）。そのほか、ユダヤ人に関連する税には、コーシャ認証を受けた肉にかかる税、結婚税、シナゴーグおよび墓地にかかる税などがあった。(34)

こういった差別的扱いを受けたのはユダヤ人だけではなかった。キリスト教徒がキリスト教徒を差別した例もある。宗教改革後のイギリスでは、正当な理由もなく礼拝を欠席する者――つまり、カトリックと思われる者――は、1回につき12ペンスの罰金をとられた。(35) かなり大きな金額だったが、実際のところこの規定は、(36) 迫害というよりも嫌がらせの一種として採用されたと思われる。(37) ロバート・ウォルポール政権時代の1722年には、カトリックを対象にする特別な税、カトリック税 papist tax が導入された。(38) また、1794年まで、カトリックに適用される土地税率はその他の人びとの2倍だった。(39)

ムスリムも――歴史的に見れば、他宗教に対して比較的寛容だったが――非ムスリムに対して差別税を課していた。「ズィンミー」（「啓典の民」）は「ジズヤ」と呼ばれる税を課された。ズィンミーの範疇には、ユダヤ人とキリスト教徒のみならず、ヒンドゥー教徒、仏教徒、シク教徒、それにインドのムガル帝国のジャイナ教徒までも含まれるようになった。正確な負担の内容は時代と場所によって異なったが、課税対象になるのはたいてい自由民として生まれた徴兵適齢の壮健な男性で、多少の富にも恵まれた人物だった。貧困者、奴隷、女性、子供、高齢者、病人、修道士、隠者（ともあれ、納税が困難と思われる者）は免税を認められた。

「ジズヤ」はわれわれが考えるほど悪いものではなかったと思われる。たとえば、637年にビザンツ帝国の領土だったエルサレムをムスリムが占領してから、住民のキリスト教徒とユダヤ人の税負担は小さくなったと考えられる。(40) ジズヤの支払いは、（兵役に服することのできない）非ムスリムに保護を与える代償と見なされることが多かった。責任をまっとうできない場合、いさぎよく返還したこともあった。12世紀にエジプトとシリアのスルタンだったサラディンは、十字軍に攻めこまれて自軍を退かせたとき、シリアのキリスト教徒に「ジズヤ」を返還したと伝えられている。(41) さらに、非ムスリムは「ザカート」と呼ばれる喜捨税を免除されていた。ザカートの制度はイスラムの五柱と呼ばれる義務のひとつで、初めは保有財産を課税対象にする2・5パーセントの税であったが、やがて所得を課税対象にするようになり、多くのイスラム国家において徐々に税率を引き上げられている。(42) さまざまな事例からうかがえるのは、信仰を保つために支払う対価は、それほど高くはない（また、信仰を奪われるよりもいい）と見なされていたことである。

ともあれ、「ジズヤ」が強い抵抗にあうことはなかったようだ。1679年、ムガル帝国のアウラングゼーブ帝は、前世紀に寛容なアクバル帝によって廃止されていたジズヤを復活させた（ヒンドゥー教徒弾圧の一環だったが、同じころに帝国の財政が悪化してもいた）。(43) 深刻な事態になりかねないと忠告する人びともいた。勅令の発布からほどなくして大地震が起こったため、彼らは懸念をいっそう募らせた。たしかに不吉なことだった。だが、アウラングゼーブは頑として考えを変えず、「地面が揺れたことはたしかだが、あれは朕のこの選択を見て喜びに打ち震えたのだ」とつぶやくばかりだった。[44] モスクに火が放たれ、断食が行なわれても（一般に、免除の取り消しには困難がともなうのだ）、ジズヤが廃止されることはなかった。

ジズヤは近代まで継続した。１８３４年まで、エルサレムを訪れる巡礼者は、その約１０００年前にこの都市のすべてのキリスト教徒の代理としてシャルルマーニュがジズヤを納めたのと同様に、この税を納める義務を負っていた。[45] オスマン帝国では１８５６年にジズヤが廃止されたが、その後非ムスリムは兵役免除のかわりに課税されることになった。[46] だが、20世紀に入るころには、事実上、非ムスリムに対する差別税はすでになくなっていた。

しかし、しばらく前にジズヤのことがニュースになった。報道によれば、２０１３年、エジプトのムスリム同胞団を支持母体とする政権がコプトと呼ばれるキリスト教徒に対してジズヤを課した。[47] また、過激派組織イスラミック・ステートは、イラク北部の数を減らしつつあるキリスト教徒系住民に対し、イスラム教に改宗するか、税金を納めるか、死を受け入れるかを選ぶよう迫った。イラクの一部およびシリアの一部で２０１４年７月にこんな声明を発表したのである。「われわれは［非ムスリムに対して］三つの選択肢を与える。イスラムか。ジズヤの支払いを含めたズィンマの契約か。これを拒むならば、その者どもは剣を向けられるのみである」[48]

これまでにとりあげてきた差別はいずれも憎悪に満ちているが、宗教差別とジェンダーおよび人種差別では異なるところがひとつある。宗教は改宗したり改宗を偽装したりできるが、それ以外のふたつは（まれに例外はあるが）変更できないという点である。差別税によって、特権的な宗教に改宗する動機をつくりだせる――さまざまな事例のなかには、まさにそのことが目的（あるいは付加的な利益）になったものもある。その一方で、すでに改宗した者に対して差別税が課された事例もある。宗教を対象にする課税には、たしかに改宗を促す効果があったようだ。エジプトでは、714年、修道院による新参者の受け入れが禁じられた――修道士は免税を受けられたため、税金逃れのために信仰生活という手段に飛びつく者がいたからである[49]。また、非ムスリムを対象にする人頭税（641年から1856年まで実施）の取り立てが厳しかった地区では、イスラム教に改宗する貧しいコプトがその他の地区よりも多かった[50]。

もちろん、改宗の決意が心からのものであるかどうかは判断しがたいと思われる。古代の中国や日本では、僧に対してしばしば免税措置が設けられたため、やはり同じような問題が持ちあがった。中国では、早くも486年、「信仰生活に入る」ことが租税回避の一種として認識されていた。どうやら堪忍袋の緒が切れたらしく、唐の太宗は629年に勅令を発し、免税目的での出家を禁じ、そういう僧がいれば死刑に処すとした[51]。830年に発覚したところでは、偽造された出家証明書を持っている僧が男女あわせて30万人近くいた。また、本物の証明書を持っていても、金で買ったケースが少なくなかった[52]。845年、唐の武宗は27万人の出家者を還俗させた。ローマ帝国のコンスタンティヌス一世（在位306－337年）も、キリスト教に傾倒したことで同じような問題に悩まされた。聖職者は免税を受けられたため、有力な市民はこぞって司祭職を求めたが、裕福な平民ともども、免税待遇のために聖職者になることを皇帝によって禁じられた。だが、他人の動機をうかがい知ることはいつの世も困難であった。後日、聖職者をこころざす市民は、その動機を明確にするため、財産の全部または一部を手放すことを義務づけられるようになった[53]。

免税のために形ばかりの聖職をこころざす例はいまだにある。アメリカでは、キリスト教やユダヤ教などの宗教団体に寄付をすれば所得控除が受けられる。ときには租税回避のために偽のキリスト教会が設立されることもある。その実例として最高とも最悪ともいえそうなものがアリゾナ州フェニックスの売春宿「教会」だろう。2011年、この教会では「寄付」をしてくれた教区民の男性にシスターが愛を授けていた[54]。

この上ない不敬のランキングがあれば僅差で2位となりそうなのが、ニューヨーク州ハーデンバーグで起こった事件である。1970年代末、住民の不動産所有者236人のうちの200人までが、それぞれの所有物件をユニヴァーサル・ライフ教会という新興宗教団体の支部に偽装することで税金を免除されていたのだ。(55) 対象がジェンダーや人種であれ、宗教であれ、差別的な課税は明示的にというよりもむしろ——意図が見え見えであるとしても——黙示的に行なわれる。前述の、コーシャ認証を受けた肉の件もその一例である。(56) マレーシアのマラッカを本拠としたオランダ東インド会社は豚の解体に税金をかけた。ムスリムは豚肉を食べないので、それは中国系住民とキリスト教徒が大半を占める非ムスリムに対する課税に等しかった。(57) 税法の規定の文言で人種や宗教に言及しなくても、特定の宗教の信者を優遇することはできる。構成人員の多い世帯に対し、たとえば人的控除などの控除を認める所得税制上の優遇措置は、大家族をつくることを奨励する、あるいは義務とする宗教の信者を優遇するものである。

部外者

「われわれ」と「彼ら」というカテゴリーが存在するところでは、差別税が課されていることが多いものである。

見知らぬ土地の見知らぬ人

在留外国人は明らかに「彼ら」である。在留外国人を対象にする特別な税は、レイシズムや外国人嫌悪の色を帯びていることがしばしばだ。君主ならば収入を得るために臣民以外にも目を向けるべきであるとマキアヴェッリは述べているが、そういった課税はそのずっと前から行なわれていた。

古代ギリシャのアテナイでは、前述のとおり、在留外国人に対して人頭税が課されていた。1440年、イギリスで、在留外国人に対して人頭税を課すことが法律で定められた。1885年、カナダで、ほとんどが鉄道の建設労働者だった中国系移民に対して入国税が課されるようになった（1923年には彼らの入国自体が禁じられた）。そして近年、外国人が買いあさるために不動産価格が高騰し、自国民の手が出なくなることが懸念されるなか、外国人の不動産購入に特別な税を課すようになった国や地域がいくつかある。そのひとつはカナダのブリティッシュコロンビア州政府で、ヴァンクーヴァー地区の住宅購入者の外国人に対し、購入金額の15パーセントの税金を課している。じつは、そういった外国人の大半は中国人であるため、約100年前の場合と同様に、レイシズムの問題をめぐって緊張が高まってきている。[58]

しかし、許容できる差別とは何か――外国人とは誰を指しているのか――についての見解は時代とともに明らかに変化している。アイデンティティに関する社会通念の進歩をもっとも目に見える形で示している――そして強化してもいる――のが、差別的な課税の禁止だ。たとえば、アメリカ合衆国憲法の「礼譲条項」[59]には、各州の住民は他州において等しい待遇を受けられることが定められている。また、ヨーロッパ連合の主要原則には、加盟国の国民は他の加盟国において、内国民と同等の待遇を受けられることが示されている（近年、税金に関連する問題にもこの原則が大いに適用されている）。そして、国家間で共通の税制措置の基本指針を定めるために取り結ぶ国際条約の標準的な要素には、外国企業の待遇を国内企業のそれに等しくするというものがある。じつは、最近では多くの国において、外国人の税負担を自国民のそれよりも軽減する方向に向かわざるを得なくなりつつある。それによって外国の課税ベースや事業を呼びこむ一方、移動性の低い国内の課税ベースからいっそう多くを搾りとるのである。この流れについては第11章でとりあげる。

懲罰としての課税

ジョン・ハリントンの警句によれば、反逆はけっして成功しない[60]——成功した場合には反逆とは呼ばれないからである。いずれにせよ反逆は、かならずしも処刑をともなわないとしても、多額の税収につながることが少なくない。前述のとおり、フランス革命ではギロチンにかけられた人びとの資産が没収された。同じような例はたくさんある。たとえば、古代ローマでは、少なくともスッラが執政官を務めていた時期（紀元前90年ごろ）には、[61]反逆者の財産を没収することが資金調達の手段に利用されていた。場合によっては、実際に反逆行為があったかどうかの確認すら行なわれなかった。

イングランドでは、ほぼ軍政に近かったイングランド内戦から王政復古までの期間に、政治的敗北に対する罰としての課税が行なわれた。1655年、護国卿のオリヴァー・クロムウェルは「10分の1税」を導入し、[62]所有する地所からの所得が年間100ポンドを超える王党派の所得に対し、10パーセントの課税を行なうことにした。[63]つまり、前国王チャールズ一世（1649年に処刑されていた）やその息子チャールズ・スチュアート〔のちのチャールズ二世〕のために武装して戦った者や、彼らに「忠実だった者、彼らを支援した者、あるいは扇動した者」のみがその負担者になった。転向すれば免除を受けることができた。クロムウェルは、王党派がその忠誠心を彼に向けるようになれば、「政府はその改心を尊重し、彼らの不利益や困窮を切望することはなくなる」と請けあった。[64]

しかし、課税を実施するにあたっては厄介な問題があった。たとえば、「支援する」「扇動する」とは、具体的にはどういった行動を指しているのだろう？　金持ちは租税回避の方策——今日もよくある、信託の制度を利用する方法など——を講じたため、この税は「まるでクモの網だった。小さいハエは引っかかるが、大きいハエは「避ける」のである」[65]。もうひとつ、この税の構造に起因する問題もあった。所得が99ポンドからたった1ポンド増え、100ポンドになっただけで税額が10ポンドも増えてしまった。そのために予想どおりの結果となった。「人びとは所有する地所からの年間収入が100ポンド未満になるようさまざまに工夫を凝らすようになった」[66]。この税率表の特徴、つまり課税ベースのわずかな変化によって課税額に不連続かつ不相応に大きな変化が生じ得るという特徴を「ノッチ」(離断)という。税金の歴史において(今日も)、一般の人びとが思うよりも広範囲に存在していたこのノッチは、納税者にとっては不愉快なものだが、第9章でも説明するとおり、学者にとっては非常に好ましいものである。

懲罰としての課税という発想はいまだに廃れていない。2007年の世界金融危機のあと、金融セクター全般――とりわけ銀行家――に対してもっと重い税を課すことが広く求められたが、この要求は少なからず報復の色合いを帯びていた。しかし、概して課税はよい報復手段であるとはいえない。その理由のひとつは、実際に課税が行なわれるころには、罪ありとされた張本人がすでに現場から離れていると思われることだ。クロムウェルが共和政を実現させたころ、王党派の多くはすでに死亡していたか国外逃亡していた。それと同様に、世界金融危機の原因の一端となった、リスクの高い取引を行なってきた金融機関は、すでに経営破綻していたのではないだろうか。破綻を免れていたとしても、おそらく当時の株主たちはすでに持ち分を手放していただろう。

難しい選択

条件がおおむね等しい人びとに対する税制措置を差別化するとき、完全に合理的と考えられてきた個人的特徴がいくつかある。たとえば、喫煙者は非喫煙者からのけ者扱いされ、税を負担させられることに慣れっこである。だがわれわれは、ほかでもない実用性を根拠に、水平的不公平といえそうなものを容認することがある。暖房の燃料としておもに暖房油を使用するニューイングランドの住民は、ニューメキシコの住民よりも暖房油税の負担が大きくなる。だが、使用地域ごとに異なる税率を適用すれば、税務のコストがぐんと増大する（それに、密売が誘発されるかもしれない）。さらに、税制措置の差別化の理にかなった基準――たとえば必要性など――はあるという広い合意はありそうだが、適切なのがどの程度なのか関しては、そうではないのではないだろうか。たとえば、子供がいる人の場合、一定の所得にかかる税金を子供がいない人よりも少なくするべきだろう――だが、この一定の所得をいくらにすればいいだろう?

もっと厄介な問題もある。黙示的な税バイアスを排除するのがほぼ不可能なことである。所得税（あるいは一般的な売上税）にさえ黙示的な水平的不公平の要素がある。その理由は、経済学者のいう「消費財を選好するか、余暇を選好するか」が人によって異なるところにある。つまり、経済学者以外のいう「物欲か、怠惰か」ということだ。労働によって得られる市場賃金がまったく等しいとき、金で買えるものを欲しいと思い、そのために働くことをいとわない人は、ものを買うよりもテレビのメロドラマを観るほうが好きな人にくらべ、買い物をするために得た所得（あるいは、買い物をしたときの消費行為）に課される税金の負担がより大きくなる。一部の学者は、この水平的不公平を回避するため、ひとりひとりの実際の賃金所得ではなく、潜在的な時間賃金率に対して課税することを推奨している（前者には、それぞれの人の、労働に費やす労力の程度の選択が反映される）。そうすれば、支払うべき税額に労働の多寡が影響することはない。結果としてこれは、第4章で述べたことにもつながるが（また、第10章でその方式の利点について述べるが）、事実上、潜在的な支払い能力に応じて決まる定額税である。このやり方にはかなり大きな難点がある。いうまでもないが、誰かの潜在的な賃金を測定することが——また、概念化することすら——困難なのである。

税政策には水平的公平の達成がほぼ不可能である重要な領域が少なくともひとつある。それは個人と夫婦の税制上の相対的な扱いである。所得税の導入が始まったころ、ほとんどの国では夫婦がその課税単位だった。夫婦の所得の合計額に対して課税されていたのだ。だが、それが少しずつ変わっていった。今日の所得税の課税単位は、アメリカでは夫婦（「合算申告」[67]）が一般的である一方、その他のほとんどの国では個人で、配偶者の所得額にかかわらず、各自が自分の所得に対する税金を支払うことになっている。

だがそのどちらの方法も、累進的な税制を望むかぎり、水平的公平性のふたつの原則を同時に満たすことはできない。その原則とは、課税単位を夫婦にしても個人にしても税額は変わらないことがひとつ（つまり、「マリッジ・ペナルティ」や「マリッジ・ボーナス」がない〔ペナルティは夫婦合算申告の税率が高いこと、ボーナスはその逆〕）。そして、夫婦の所得がふたりのあいだでどう分割されようと、ふたりの合計税額は変わらないことがもうひとつである。第2の原則を達成するためには、夫婦の税額が、夫と妻の所得の合計額のみによって決定されるのでなければならない。だが、累進的に課税される場合、夫と妻のそれぞれに課税されたときの税額の合計は、ふたりの所得の合計額だけではなく、所得の合計額の分割方法にも左右される。だから、第1の原則を達成することはできない。結論として、累進所得税においては、結婚することでふたり分の税額が大きく変わる。

黙示的な差別を防ぐのは困難である（また、おそらく不可能である）こと、黙示的な差別によって超過負担の軽減という望ましい目標に達し得ること、そこに論理的な困難があることからわかるのは——税制上無視するべき特性について、われわれのあいだで合意があるとしても——一見したところでは容易に思える水平的公平の達成が、そうすんなりとはいかないという現実である。

第4章から第6章では、公平性の観点から、さまざまな税が重層的に働いていることについて述べた。だが、こういった問題に関する公開議論ではたいていそうであるように、そこにはミッシングリンクがある。税は公平な制度になるよう設計されるかもしれない——たとえば、支払い能力という代理指標に結びつけられるかもしれない。しかし、だからといってそれがそのとおりに機能するとはかぎらない。この問題についてはいくつかのヒントを示してきた。ジョージ王朝時代のイングランドでは女性使用人に課税されたが、そのことは雇用者に負担をかけただけではなく、一部において、女性を雇用するのは好ましくないという考えにつながりもした。これは重要な知見をもたらす例のひとつに過ぎない。税は、その負担者に見える人物が真の負担者になるとはかぎらない。また、負担者に見える人物に、実際に負担させる意図にもとづくものであるともかぎらない。この問題についてはつぎの章で詳しくとりあげる。

7 留まるか、移り変わるか

私の教え子のなかに、そのことを調査研究のテーマにした者がいた。とりかかったのは1908年ごろのことだ。だが、なかなか完成させられず、そのうち戦争になって、彼は消息を絶ってしまった。

——エドウィン・キャナン(1)

この不運な（また、賢明とはいえない）学生が選んだテーマは税の帰着だった。つまり、税の真の負担者は誰なのかという問題である。政府によって新税が導入されるとき、たいていは特定の集団に影響をおよぼす意図があるように見える。ところが税は、設計者が意図した場所に留まりつづけるとはかぎらない。市場の力により、実際の負担はほかの誰かに移っていくと考えられる。キャナン教授の教え子が思い知ったように、最終的な負担者を突きとめるのは容易なことではない。また、意図せざる結果が生じる余地もたっぷりとある。そして、この意図せざる結果にしても、税の帰着全般の理解から得られる知見にしても、非常に深遠で、難解なものである。

たとえば、羊毛の輸出関税である。1275年から導入され、イングランド国王の莫大な収入源になっていた。[2] この関税を納めるのは羊毛商人だったが、羊毛生産を手がけていたフランスのモー大修道院院長をはじめとする地主たちは、真の負担者が自分たちであることにすぐ気づいた。「国王にこの税を支払うのは商人ではなく、羊毛の所有者である。……というのも、羊毛が低価格で商人に売られるほど、国王に支払える税額は大きくなる」[3]。この輸入関税について、議員の大半が羊毛生産者である議会は激しく反対した。廃止に持ちこむことはかなわなかったが、国制の危機がじりじりと迫りつつあった。結果的に、議会優位の確立への一歩が踏みだされることになった。1362年、そういった税の導入について国王に承認を与える権限を有するのは、商人ではなく議会であるとする原則が定められた。[4]

中世イングランドの国王たちは、羊毛の輸出関税を真に負担する者について、（少なくとも当初は）たいして気にしなかったと思われる。だが、税の帰着の作用により、政策目標と見なされているものごとが損なわれてしまう場合もある。1990年、アメリカ合衆国議会は、たとえば価格が10万ドルを超える高級クルーザーなどのぜいたく品に対して10パーセントの課税を行なうことを決議した。それは、富裕層の所得税率を引きあげずに税負担を引き上げる妥協的な措置だった。ところが、意図したようにはいかなかった。『ニューヨーク・タイムズ』紙の記事によれば、この税は「［プレジャーボートの］製造業の心臓に杭を打ちこむもの」[5]であった。また、『サン＝センチネル』紙によれば、「アメリカにおける1990年から1992年のクルーザーの販売数は7500隻から3500隻に激減した。全米では3万人、フロリダ州南部のみでも8000人が職を失った。フロリダ州南部におけるクルーザー製造数は全米の約4分の1を占める」（また、この地域は『サン＝センチネル』紙の本拠である）[6]。「高級クルーザーのチーク材のデッキを紙やすりでせっせと磨いていた労働者たちが、クルーザーの販売数も所有者も激減したことで仕事を失った」[7]。ぜいたく品税は、導入の意図のとおりに金持ちが負担したのではなく、金持ち以外の人びとが、少なくとも負担の一部を転嫁されていた――これは、小ピット政権時代に女性使用人を対象にする税が導入されたとき、女性使用人が売春婦に転身せざるを得なくなるという意外な結果になったのと同じことである。

教訓として、最終的な負担の行方を考えに入れておかなければ、理にかなった税政策づくりは難しくなる。だが、負担の行方を正しく知ることもまた難しい。とはいえ、それを知るための努力すらしないのはもっと悪い――だが、よくあることでもある。税の帰着はかならずしも簡単に見通せるものではないが、探求の手引きとして使える、確たる原則と、おちいりやすい過ちの実例がいくつかある。

誤ったスタート

税の帰着について考察する場合、いわばそこかしこに罠があって、不注意な者はすぐに引っ掛かる――一方、無節操な者はそこにチャンスを見つける。

罠のひとつは、税の名称には最終的な負担者が示されているという思い込みである。税は、ものごとあるいは人「に対して」課税されることがその名称の由来になっていても、そこに帰着するわけではない。たとえば、たいていの社会保障制度では、雇用者の拠出金と被雇用者のそれとが区別される。だが、それらはいずれも賃金所得への税として徴収されることが多い。そのため――帰着の実際のところがどうあれ――少なくとも長期的には、それらによって現実に生じる影響に違いが生まれるのがなぜなのかは、非常にわかりにくい。はっきりしているとか、議論の余地はないなどと考える人もいるかもしれない。だが、世界銀行から発行され、各国の事業環境を解説して幅広い層から注目されていた年次報告書『ドゥーイング・ビジネス』

はこの区別をたいへん重視しており、国ごとの税政策の評価において、雇用者の拠出金を――被雇用者の拠出金についてはそうではないが――企業に優しくない要素のひとつにかぞえている。しかし、拠出金の総額をそのまま変えず、負担者を雇用者から被雇用者に切り替えれば、税政策において企業に優しいかどうかの得点を、簡単に、また無意味に増やすことができる。各国の政府はそのことに抜け目なく気づいている。

ここにはもっと一般的な要点がある。見たり聞いたりするかぎりでは異なるように思えるが、措置のうえでは実質的に等しい税制ならば、その帰着もまた等しくなる。たとえば、どちらの場合も完璧に執行されていると仮定した場合、8パーセントの小売売上税によって生じる税負担のパターンは、(この負担がどういった種類のものであれ)8パーセントのVATによって生じるそれに等しくなる。十分に明快であるように思えるし、多くの分析からもそのことがわかっている。だが、税務上の等しさがそれほど明快ではない例に出くわしたとき、多くの人びとがつまずいてしまう。たとえば、賃金に対するフラットな税率は、消費に対するフラットな税率(VATなど)に本質的に等しい。これを理解するには、あなたが給与のみを収入源にし、財産を遺そうとは考えていないと仮定してみよう。その場合、つぎのふたつのうちのどちらがいいだろう? 1、稼いだ金の全額に25パーセントの税金がかかる。2、使った金の全額に25パーセントの税金がかかる。たぶん、どちらでも構わないと思うのではないだろうか。いずれにせよ、生涯の消費可能性の25パーセントが失われることになる。(8) このふたつは等しい税である。しかし、帰着の分析においては、異なる(論理的に矛盾すらする)方式を用いて、恣意的で、(同値な要素があるので)いくらか無意味な分類(消費に対する「間接」税や所得に対する「直接」税など)にもとづき、税の負担パターンを評価することが多い。

第二の罠は、納税について法的責任のある者を過度に重視してしまうことである。つまり、政府に対して小切手を切る者のことだ。ローマのネロ帝は、あるとき奴隷に対して4パーセントの税金をかけ、買い手ではなく売り手がその支払いを行なうよう命じた。だが、ローマの歴史家のタキトゥスはつぎのように記している。「商品価格の25分の1の税金をとることには、名目どおりの効果がない。というのも、支払いを命じられたのは売り手であっても、価格にその分が上乗せされるため、結局は買い手が支払うことになるからだ」(9)。実際に税を納める者が誰であれ、それは重要ではないのである。

われわれの全員がタキトゥスほど聡明なわけではないが、彼の論点は常識におおむね一致している。VAT税率が引き上げられた場合、法律上の納税義務を負うのが（事業者であって）自分たちではないからといって、買い物客がまったく気にしないということはない。もっと一般的にいえば、また租税回避や脱税の可能性をわきへ置けば、税を課されるのが売り手であれ買い手であれ、最終的な結果は変わらない。この論点は、この論点を把握しそこねる例と同様に、しばしば目につくものである。典型的な例がある。2018年、スペインで、不動産担保ローン契約の印紙税の納税義務を負うのは銀行か、消費者（債務者）かについて論争が起こった。スペインの最高裁判所の判断では、当初は貸し手のほうが納税に法的責任を負うとされたが、のちにそれが覆った。この論争において、考え深く、疑い深いひとりの論者がいた。ネイノール・ホームズ不動産会社の財務担当重役である。彼は、貸し手が納付したとしても、「いずれにせよ顧客が負担することになる」(10)ことに気づいた。われわれの論点の重要なキーワードは「いずれにせよ」である（実際に納税した者はそれほど重要ではない）。この本では、納税者の問題と真の負担者の問題とを混同しないよう、人びとが税を「支払う」という言い方をなるべく避けている（そのため、ときおり奇妙なところも出てくる）。

しかし、租税回避や脱税に留意するのは重要なことである。誰が納税責任を負うかによって税金逃れの機会に差異が生じるとすれば、責任の所在はたいへん重要になる。たとえば、1980年代半ばから2000年代半ばにかけて、アメリカの多くの州で法律が改正され、州税であるディーゼル燃料税の納税責任のありかが変更になった。証拠によって裏づけられているところでは、納税義務の発生ポイントを、小売店から、より監視しやすいサプライチェーンのヒエラルキーの上層に変更したところ、ディーゼル燃料税の分が上乗せされたために小売価格がぐんと上昇し、租税回避行為の減少が示唆された(11)。

第三の罠は、「企業には公正な税負担が求められる」などと主張する人びとがおちいりがちなものである。2012年にアメリカ大統領選挙に出馬したミット・ロムニーは「企業は人(12)」という言葉で知られる。法律上はそのとおりだ。たいていの法治国家において、企業は「法人」である。会社はその設立者とは区別される人びとの集合体であるという考え方は古代ローマにさかのぼる(13)。しかし、税の帰着の観点からいえば、これはナンセンスである。ちなみに、ロムニーもその点の説明を試みている。企業は生きている実在の人ではないため、課税によって生じる有意義な負担に苦しめられることがない。企業のオーナーや、そこで働く労働者や、そこでつくられる製品の購入者――いずれも実在の人である――は負担を引き受けることになるが、事業そのものはそうではないのだ。もちろん、多くの場合、この言葉がくりかえし唱えられている背景には、企業あるいは会社に対して課される税は裕福なオーナーが負担するものだという思い込みがある。しかし、これまでに述べてきたとおり、名目には用心しなければならない。これから説明するとおり、法人税の帰着は、原理的に解明されているとはいえないし、現実的に定着しているともいえない。だが、最終的にどこに行き着くのであれ、その負担を引き受けることになるのは実在の人である。

最後の罠は、税の帰着は政府からの布告によって簡単にコントロールできるはずだという思い込みである。アメリカで、1930年代に初めて小売売上税が導入されたとき、一部の州では――利益への影響を心配した小売業者からの強い要求で――小売売上税の価格転嫁を「義務」とすることが定められた(14)。著名な税の研究者がいうように、「長期にわたって作用する非人間的な力という観点から考えることに慣れている経済学者にいわせれば、価格固定を行なわずに税の帰着をコントロールするというのは、一見しただけでは考えが甘いように思える」[15]。付け加えさせてもらえるならば、二見しても三見してもそのとおりである。小売業者（また、売り手全般）が価格を自由に設定できるかぎり、そういった取り決めには実効性がない。

また小売業者は、価格の引き上げによって顧客の怒りを買うことを嫌がり、政府に責めを負わせたがる。1936年のアメリカ大統領選挙にはそのことが影響した。民主党の現職候補フランクリン・デラノ・ローズヴェルトが対抗馬だったために苦戦を強いられていた共和党は、物品税の影響によって消費者物価が高騰していることの責任をローズヴェルト政権になすりつけようとした。選挙キャンペーンでは、店内の黒板に、肉の切り身ひとつひとつの税抜価格、税額、税込価格を書きだし、「肉屋を責めないで――肉は安い、税金が高い」と付け加えるよう精肉店に働きかけた。すると司法長官は、こういった掲示を行なった店の店主に対して訴訟をちらつかせ、めったに話題にのぼらない連邦法を引き合いに出した。その内容は、製品コストの増加を税に帰因すると偽った場合、罰金または禁錮またはその両方を科すというものだった[16]。

すべての責任を政府に押しつけようとする小売業者の戦略のひとつに、税負担を引き受けているのは小売業者であるという印象をふりまくというものがある。政府はこういった策略をも嫌う傾向にある。おそらく、納税義務を免除されたかのような印象を与える表現が宣伝文句によく使われるからだろう。ワシントン州は、売上税を納めていると宣伝することを小売業者に許可している。ただし、「税込」の文字を宣伝文句と同じくらい目立つように表示すること、あるいは、それ以外の文言の、少なくとも半分以上の大きさの字で表示すること、そしてレシートに税額を別途記載することが条件である。その他のいくつかの州は[17]、「免税セール」「あなたのかわりに売上税を納めます」といった宣伝文句の使用を禁止している[18]。

イングランドのクヌート王の伝説のように、いわば税の帰着という潮汐を止めるためにむなしい努力をしたのは、何もアメリカ人ばかりではない。フランス人も2009年に似たようなことを試みている。2009年、飲食店での食事にかかるVATの税率が19・6パーセントから5・5パーセントに引き下げられたとき、飲食店主たちは、それを実行できるのは短い期間だったが、すでに受けとっている税金が減税のおかげで余るため、そのほとんどを料理の値下げによって還元すると請けあった[19]。

税の帰着を法制化しようとしても、それは価格統制に等しいことになる。価格統制が行なわれていない場合、何らかの税を課税されたとき、事業者は税引前の価格を好きなように調整できる。そして消費者物価は、この税そのものやそういった価格調整の影響によって変動することになる。そのため、税負担が最終的に行き着くところは、政府の願望ではなく、事業者の価格決定を抑制する市場力によって決まる。つまり、税の帰着を理解するには、市場にもたらされる結果がそれによってどう変化するか、じっくりと考えるしかない。退屈そうに思えるかもしれない。だが、税の帰着の問題は実際の衝突を引き起こしてきた。そして、それは中世イギリスにかぎったことではない。

他人の知見を盗みとる

1846年に穀物法――小麦などの穀物の輸入関税に関する複雑な法律[20]――が撤廃されたことは、イギリス政治史上のランドマークになった。それは、製造業や貿易業に携わる人びとが、農業に経済的基盤を持つ支配階級を上回るほど勢力を伸ばすきっかけになった。それに、イギリスが自由貿易に傾倒していることの象徴にもなった。そして、税の帰着の考察に今でも用いられているある重要な概念が形づくられたのは、このころ行なわれた討論によるものだった。

懸案になっていた事柄は多くの人びとの日常生活に重要なもので、その討論にはふたりの偉大な経済学者（親友同士でもあった）も引きこまれた。ひとりはデイヴィッド・リカード（１７７２‐１８２３年）である。証券取引所で財を築いたあと（伝えられるところでは、ワーテルローの戦いの結果予想が当たり、何と１００万ポンドもの大金を稼いだという）、リカードは、史上まれに見る偉大な経済学者に――そして、おそらく史上最高の租税経済学者に（こちらはずいぶんハードルが低いのではないかと読者は思うかもしれない）――なった。もうひとりはトマス・マルサス（１７６６‐１８３４年）である。[21] 一説によれば、経済学は「陰気な科学」であるというトマス・カーライルの決めつけにはマルサスの人口論が関係していたという（別の説によれば、そうと決めつけるきっかけになったわけではなかった[22]）。

デイヴィッド・リカード。盗んでもほしい知性。

討論の核心は、穀物法の輸入関税法によって地主、労働者、資本家という三つの社会階級の利害にもたらされる影響の分析だった。[23] 地主が勝者であることについては、誰もが同意していた。

彼らがどうやって勝者になるのかを解明するなかで、リカードとマルサスは「レント」の理論を構築していった。[24] この理論の中心をなす概念は、良質な農地はかぎられており、供給量が変化しないということである。これを「完全に非弾力的である」という。このため、輸入関税の影響によって食料品の価格が上がれば、農地の需要が高まるため、良質な農地の価格が上がると考えられる（その一方で、それほど良質ではない土地が農地化される）。良質な農地の所有者は、わざわざ資金を投じたり、骨を折ったりしなくともその農地の付加価値を高められる。[25] これが経済学でいう「レント」である（家賃《レント》とは異なる）。何らかの活動（この場合は農業）に従事する人びとが、その活動に要する最低限のコストを上回る報酬を得たとき、その超過分のことをレントという。この概念は税の分析に重要なカギとなる。

討論において、産業労働者にメリットがあると考える者はひとりもいなかった。穀物法は食料品の価格を上昇させる圧力になっており、産業労働者には大問題だった。工場労働者は所得のおよそ5分の3を食料品の購入にあてていた。[26] 問題は、輸入関税は本当に彼らに損害を与えているのかということだった。リカードとマルサス（後日、公共財政研究における大スターといえる学者、ジョン・スチュアート・ミルからも支持された[27]）は、損害を与えていないと考えた。マルサスが打ちだした有名な見解はつぎのようなものだった。労働者は――たとえば、飢えなどのために――数が調整され、食料品価格の上昇によって引き起こされる実質所得の減少とともに減っていき、最終的には生活するのがやっとの金額しか稼げなくなる。労働力の供給は、少なくとも長期的に見るかぎり、生存できるぎりぎりの賃金において、現代でいうところの「完全に弾力的」だと見なされていた。つまり、何であれ必要な労働力は、最終的には、生活に最低限必要な額に等しい固定実質賃金[28]によって供給されるようになる、というわけだ。食料品価格の高騰は、短期的には、労働者の実質賃金を減らしてしまう。だが、結果として人びとが短命になり、出生率が低くなり、子供の生存率も低くなれば、ゆくゆくは労働供給が減ることになるため、彼らの貨幣賃金は食料品価格の上昇を打ち消すだけ増え、実質賃金は最低生活水準まで上がる。マルサスのこの理論は「陰気」といわれるのも当然の内容だった。もちろん、長期的には損失はないなどといっても、慰めにならない慰めだ――それを思えば、後世のケインズの名言「長期的には、われわれはみな死んでいる[29]」に対して別の見方もできる。

資本家が敗者であることは疑いもなかった。もっとも明らかな原因は貨幣賃金の上昇だった。食料品価格の上昇に直面した労働者の実質賃金の一部あるいは全部がそれによって回復した。資本家はこの賃金コストを製品の買い手に転嫁することができなかった。というのも、彼らの中核事業は輸出業で（当時のおもな輸出品は織物だった）、価格を上げれば、外国の買い手が取引先を変えてしまうと思われたからだ。

当時、こういった問題をめぐって喧々囂々の議論がくりひろげられた。論争をさかんに煽り立てていたのが反穀物法同盟という圧力団体だった。この団体のおもな活動家のひとりは、「パンフレット、ビラ、演説、書簡、声明を通じ、イギリス全土に自分の主張を行きわたらせた。……そのため、彼の工房の職人たちでさえ、哲学および政治経済学の真理に触れることができるようになった」といわれる[30]。また、今日までぶれることなく自由貿易を支持しつづける『エコノミスト』がこの時期に創刊されたのは偶然ではない。当時の議論の質の高さ（および、それに対する世間の人びとの関心の高さ）には脱帽せずにいられない。最近は税の問題がそこまでじっくりと検討されることや広く注目されることはめったになく、物足りないところである。一方、同時期のアメリカの状況が対照的なものだったことには驚きを禁じ得ない。当時のアメリカは、税の問題においても政治においても、イギリスとは正反対だった（ついには、1832年から1833年にかけて無効化の危機を招くことになった）。農業をおもな産業にする南部州は、北部州の製造業を保護するための関税法に反対していた。アメリカでは、気のきいた題名のついたパンフレットではなく、暴力の脅しの言葉がやりとりされていた。

穀物法の問題はロバート・ピール首相によって決着がついた。彼は、自分の考えを簡潔にまとめて説得にあたるといった人物ではなく、自らの主張によれば、「政治経済学界の重鎮たちの著書をすべて読み、レント、賃金、租税、10分の1税のテーマを学んだ[31]」。ピールにいわせれば、要点はつぎのとおりだった。「［も しも］穀物法の影響によって労働者の状況が悪くなっている」ならば、「穀物法は実質的に終わっている[32]」。小麦価格の高騰も暴落もあった１８４０年代前半を念頭に置き、彼はつぎのような答えにたどり着いた。「人は、政治経済学の専門書に書いてあるとおり、結局のところ賃金は食料品価格の変動に応じて増減する傾向にあるというだろう。だが、私はそうとは考えていないといわねばならない[33]」

そのためピールは、アイルランドで二度目となるジャガイモ疫病による不作が見こまれていたこともあり、穀物法廃止のためならば野党との協調も辞さなかった。その結果、保守党内で爪はじきにされるようになった。野心家のベンジャミン・ディズレーリからは「他人の知見を盗みとる泥棒」などといわれ、冷笑された[34]。穀物法廃止がようやく決定した2時間後、支配階級に属する地主で、ピールの長年の盟友だった保守党議員たちは、無関係な法案の採決でピールを打ち負かし、仕返しをした。イギリス首相として庶民院から拒絶されるのはめったにないことだったが、辞任を余儀なくされたピールが議場のわきの扉から出ていくと、路上の群衆からは温かい声援を送られた[35]。

忘れてはならないこと

リカードとマルサスの論文以来、税の帰着をテーマにする論文はいくつも書かれている。１８９９年、公共財政学を専門にする偉大な経済学者であるエドウィン・R・A・セリグマンは、税の帰着について、論文にした者がすでに146人いたほか、「匿名の著者」や「アメリカ人の著者」にもとりあげられたと述べている。[36] その勢いはいまだに衰えていない。あのピールでさえ、これまでに発表されたすべての文献に目を通すのは難しいことだろう。だが、税の帰着の問題に関する今日の理論の多くは、穀物法の是非を問う議論から生まれたあるアイデアを中心に組み立てられている。

そのアイデアとは、税の最終的な負担者になる集団は、課税対象である活動の代替になるものを容易に見つけられるかどうかによって決まるというものだ。たとえば、賃金はマルサスが唱えた生存の鉄則によって決まるという見解は、現在では否定されている。しかし、労働者が少なくとも最低限の税引後賃金を受けとり、労働供給が無限であれば、労働者が税を負担することはないという重要な教訓のほうは、いまもわれわれに理解できるものである。マルサスは、労働者がより低い賃金を提示されたときに選択できるもうひとつの道は死に絶えることであると考えた。うれしくない選択肢ではあるが、こうなれば税引後賃金がそれ以上低くなることはない。

その対極にある、供給量がかぎられているものの好例は、やはり土地だろう。経済学者はずっと昔から土地というテーマに引きつけられてきた。アンシャン・レジーム期のフランスで活躍した啓蒙主義時代の経済学者の学派、重農主義者は、土地供給の非弾力性を論理的に突き詰めて、すべての税は究極的には土地税であり、その負担者は地主であると主張した。ジョン・ロックも、もっと慎重ではあったが、似たような見解を述べた。「税は、どうやって考案されていようと、また、実際に納付するのが誰であろうと……ほとんどの場合は土地に行き着いて終わる」。[37] どうしてだろう？　たとえば、かつらにふりかけている髪粉にかかる税金について考えてみよう。この髪粉税のため、買い手はより高い金額を支払うことになる。すると、立派なかつらをかぶっていても、それ以外のことに使える金はより少なくなる。住まいにかける金も減ってしまう。そのせいで家賃が下がれば、結果的には地主が最終的な負担者になる。かつらの持ち主は、歩くときにつく杖にも金を使わなくなるかもしれない。すると、杖の製造業者は住まいにかける金を減らすことになり、同じ結果がもたらされる。税が価格の低下という形で髪粉の製造業者の手に戻っても、ほぼ同じ議論が成り立つ。

リカードとマルサスによる土地の分析はもっと巧妙かつ一般的だ。彼らによれば、供給の非弾力性は、土地の提供者が土地を使えるようにするのに必要な最低限以上のものを受け取っているかもしれない、ということを示している。つまり、地主はレントを得ているかもしれない、というわけだ。穀物法は小麦価格を押し上げ、それによってすでに用いられている土地の使用料を引き上げ、さらなる土地（それほど良質ではないもの）の農地化を後押しした。そのため、穀物法は地主にとって都合のいいものだった。

こういったことは供給側の事情である。だが、需要側についても似たような考察ができる。買い手側は、何であれ課税対象になっているものの代替になる選択肢を見つけるのが容易であればあるほど（つまり、需要の弾力性が大きければ大きいほど）――たとえば、税金の高い高級クルーザーではなく、豪華な別荘を購入するといったこと――それだけ負担が小さくなる。税込価格がより高くなる傾向は、消費者がその代替となる非課税の選択肢に切り替えやすければ、どんな場合でも弱まっていく。需要の弾力性がゼロのものは、供給の弾力性がゼロのものにくらべ、なかなか思いあたらない。結局、何らかの製品の価格がどこまでも引き上げられていけば、やがてそれを買える者がいなくなってしまう。だが、ここにも基本原則が当てはまる。需要が比較的、非弾力的なもの――たとえば、香水――の場合、税負担のほとんどの部分を引き受けるのは買い手であると考えられるのだ。

税負担がどこに行き着くかは需要と供給の弾力性のバランスによって決まる。簡単にいえば、最終的に税を負担するのは、課税対象になっているが、その代替になるいい選択肢がほとんどない経済活動の消費者あるいは生産者である。代替になる選択肢には、消費対象の変更（女性使用人ではなく男性使用人を雇うことなど）や、異なる生産手段を使うこと（人を雇って機械を使わない、など）、法律の異なる場所への移住なども含まれる。選択肢がほとんどない人びとは税の重みのほとんどを背負わされる傾向にある。それに至るまでの経緯は、選択肢が現実として変わり得るため、期間が短い場合と長い場合とで異なると思われる。たとえば、マルサスの理論のとおりに労働者が死に絶えたり、彼らのもとに生まれる子供が減ったりするにしても、それに至るまでにはしばらく時間がかかる。だが、大事な事実――税の帰着は需要と供給の相対的反応性によって決まることと、レントにつねに目を光らせるべきであること――を肝に銘じておけば、それが大いに役立つはずである。それらを手がかりに、効果がはっきりしない税政策について考察すれば、税を額面どおりにとらえる習慣を手放し、その帰着に思いを馳せる習慣を身につけることができる。ここからは近年の実際の例をとりあげ、これらの発想の持つ力を具体的に示す。さらに、幅広い社会問題の実際について真剣に考えるとき、これらの発想をいかす必要があることを明らかにする。だが、まずは税金の歴史をいろどる興味深い出来事をいくつか紹介しよう。

君、10セントの20分の1を都合してくれないか？

１９３０年代前半、大恐慌のさなかにどうしても資金が必要だったアメリカの13の州は、売上税を導入することにした。税率はだいたい2パーセントから3パーセントだった。だが、当時小売店で扱われていた商

1セントの10分の1。あなたのご意見は？

品は、石鹸や菓子など、値段が10セント以下のものばかりだった。このため、興味深いジレンマが生まれた。たとえば、小売店主がシリアルひと箱に10セントの値段をつけたとしよう。税率が2パーセントなので、ひと箱につき0・2セントになった。だが、貨幣の最低額面は1セントなので、ひと箱を買った客から10・2セントをもらうことはできなかった。ひとつの解決策として売上税トークンの制度が導入された。まず1933年にイリノイ州が、そのあとその他の多くの州と、10を超える地方自治体が続いた。一般に、州や地方自治体の政府が額面1ミル（10分の1セント）あるいは4分の1セントのトークンを用意し、小売店がそれらを購入した。さて、ここで前述のたとえ話に戻ろう。シリアルひと箱を買いたい客はレジで11セントを手渡し、お釣りとして1ミルのトークン8枚、つまり0・8セントをもらうことになった。トークンはあとで買い物に使えた。別の店で使っても構わなかった。

ところが、連邦政府がこれに気づいた。通貨発行の権能は連邦政府のみに属しており、トークンの流通はそのことと相いれなかった。ローズヴェルト政権は2種類の新硬貨、2分の1セント硬貨と10分の1セント硬貨の発行に関する法案の検討を連邦議会に申し入れた。だが、その法案は委員会で却下された。結局、12の州が細かい金額のやりとりのために売上税トークンもしくは代用紙幣を発行するようになったが、価格が上がり、1セントに満たない金額の相対的な重要性が小さくなると、この制度は徐々に姿を消していった。最後までトークンを発行しつづけたのはミズーリ州で、この制度を廃止したのは1961年のことだった。

ものごとは見た目どおりとはかぎらない

税の帰着について考慮していなければ、主要な税政策の真の効果を誤解しかねない。また、実際に誤解している例もしばしばある。

ワーキングプア（あるいは、彼らの雇用者）に助けの手を差しのべる

稼得所得税額控除（EITC）は、貧困を緩和し、労働意欲を促進するためにアメリカで採用されている主要な政策ツールで、その他のいくつかの国にも同じような制度がある。それは低所得者のための補助金制度で、所得税に税額控除を適用し、控除額が税額を上回れば超過分を現金で支給する（所得水準が上がれば控除額が減額になる）。たとえば、2020年には、子供が3人いる世帯における控除額は最高6660ドルだった。

EITCは、その意図のとおりに、低所得労働者にメリットをもたらしているだろうか？　そうとはいいきれないかもしれない。EITCは、労働のメリットを高めることによって低所得者からの労働供給を促す

仕組みになっている。彼らの労働への需要が完全に非弾力的（つまり、現実にはあり得ないが、雇用者が、いくら賃金を払わなくてはならないかに無関係に、同じ量の労働を雇用するということ）ならば話は別だが、そうやって労働供給が増えれば、賃金は下がる。賃金が下がった分、ＥＩＴＣの、意図された受益者――所得が低く、多くは技能も低い労働者――が受ける恩恵は小さくなり、彼らに渡るはずの補助金の一部が雇用者に渡ることになる。それに、ＥＩＴＣを受給していない低技能労働者はいっそう大きな不利益を被る。それは――受給している労働者と競合するため――賃金が下がっても税額控除を受けないからである。

こういった移転は意図された効果を完全に損なうわけではなさそうである。だが、些細な問題でもない。ある試算によれば、シングルマザーはＥＩＴＣから受け取る1ドルにつき、賃金の低下によって結局は０・３０ドルを失っている。低技能労働者の雇用者は何と1ドルあたり０・７３ドルを得る。０・３０ドルは、ＥＩＴＣの受給資格のあるひとり親の労働者が失う分、残りの０・４３ドルは、ＥＩＴＣの受給資格はないが賃金が下がった労働者が失う分である(38)。同じ調査によれば、すべての低所得労働者への純移転は、ＥＩＴＣの受給者と非受給者の両方を考慮に入れた場合、ＥＩＴＣの制度によって支給される補助金1ドルあたりたった27セント（つまり、１００セントから73セントを引いた額）である(39)。

あまたいる貧困者の生活改善のために考案された手立てが、結局は富裕者のメリットになってしまう例は、ずっと昔からあった。仮定として語られたことだが、わかりやすい例がある。かのウィンストン・チャーチルは、（第一次世界大戦前の）ある時期に（少々説得力がないが）急進的自由主義者だったことがあり、意外にも税の帰着について誰よりも詳しかった(40)。彼はつぎのように述べた。ある教会が近所の貧困世帯に無料で食事をふるまうとする。貧困者が続々と引っ越してくる。すると、家賃が上がる。家賃の上昇が無料の食事の価値を帳消しにした時点で、貧困者の流入は止まる。最終的に、貧困者は利益を得られなくなる。利益を得るのは、以前よりも高い家賃をとれるようになった地主である。

非課税の地方債は抜け目のないリッチへの贈呈品か？

税の転嫁によって、水平的不公平のように見えるものが帳消しになることがある。アメリカでは、州政府および地方政府によって（多くの場合、地域の空港、学校、排水設備などの建設費用の調達のために）発行された公債の利子に連邦所得税はかからない[41]。投資家のなかには、利子非課税の地方債を購入する人もいれば、利子課税の債券を購入する人もいる。両者をくらべれば、水平的不公平のように思えるかもしれない。種類の異なる債券を保有している両者が、まったく異なる待遇を受けるのである――一方は税を負担し、もう一方は負担しない。表面的には、利子非課税の地方債を保有する抜け目のない投資家のほうが大勝利者のように見える。

しかし、『ウォール・ストリート・ジャーナル』紙に掲載された利回りを見てみよう[42]。（利子課税の）米国10年国債の利回りは２・０２パーセントである一方、（利子非課税の）地方10年債ＡＡＡ格のそれは１・５５パーセントに過ぎない。だから、限界税率が23・３パーセントであるとすれば[43]、米国債に投資しても地方債に投資しても、税引き後のリターンはまったく同じである。突き詰めていえば、投資家にとって地方債を保有しているからこそ生じる利益はない。むしろ、非課税のメリットを享受するのは州政府および地方政府（ひいては、その州および地方の住民も）である。というのも、利子非課税の債券を発行すれば、リスクは同等である利子課税の債券を発行する債務者――たとえば、企業など――にくらべ、より低い金利で金を借りられるからだ。段階的な税率表などで個々の限界税率が異なる場合、話はもっと複雑になるが、基本的なところは変わらない。地方債は利子非課税であるために利回りが低く、概して、抜け目のない投資家ではなく、州政府および地方政府とその州および地方の住民に利益をもたらすのである。

法人税の帰着は闇のなか

税の帰着の分析において――また、きわめて激しい討論において――テーマになっている問題のひとつに、法人所得税にかかわるものがある。この税の賛成派は当初から、つまりアメリカで１９０９年の法人免許税法が制定されたときから、企業に課税すれば企業の利害関係者がその税を負担するという考えを持っていた。おそらく、スタンダード・オイル社や、当時毛嫌いされていたトラストの裕福な株主たちを念頭に置いていたのだろう。そして現在、多くの人が当時と同じように法人税をとらえている。スタンダード・オイルは、いまでいえば、たとえばフェイスブックだ。だが、法人税の最終的な帰着については昔から疑問が持たれていた。１９０９年、アイダホ州選出の有力な上院議員ウィリアム・ボーラがこう述べている。「わが国の巨大産業を支配している巨大企業は、足並みを揃え……［個人］所得税よりも、むしろこちら［法人税案］を支持している。……というのも、この税は転嫁できるからである」(44)

さて、前述の基本原則を法人税に当てはめた場合、その帰着はどうとらえられるだろう？　まず、一般的な法人税について考えよう。事業にかかった費用を収入から差し引いた利益に対して税金がかかり、この費用には投資支出の減価償却引当金や利息支払も含まれる。課税ベースを構成する要素はふたつある。ひとつは、株主がその事業への投資を継続するのに必要なだけの、株主資本から生じる利益。もうひとつは、こうした投資家が要求する最低利益を超えた金額、すなわちレントである。

レントについては第10章でとりあげる。株主資本から生じる利益に対する課税については、投資家にとっての代替的な投資機会だ。この機会が多ければ、課税される企業セクターへの資本供給は弾力的になり、資本の供給者にのしかかる負担は少なくなる。企業セクターにおいて獲得した利益が、課税によって最低限必要な水準を下回った場合、投資家は投資先を変える。たとえば——この可能性は重要性が高く、第11章で詳しくとりあげる——資金を海外に投じることも考えられる。この場合、法人税課税を行なう国においては資本ストックが減ることになり、そのために労働生産性が下がり、やがて賃金率も下がる。いずれにせよ、法人税の負担を引き受けるのは富豪ではなく、彼らに雇用されている勤勉な労働者である。[45] あるいは、株主は投資先を法人税非課税の事業に切り替えるかもしれない。たとえば、最近のパートナーシップと呼ばれる事業体や、アメリカの「S法人」と呼ばれる小規模法人などである。すると、法人税負担の行き先を決める要素のひとつは、労働力をより集中的に使用しているのが法人企業か個人企業かという問題になる。それが個人企業部門ならば、労働者の税負担は消えてなくなる。生産活動が企業部門の外に移れば、実際に労働力重要が高まるからである。

穀物法議論と同様に、法人税を変更したときの影響も、期間が短い場合と長い場合で異なってくる。セクター間や国家間の資本移動について解き明かすにはしばらく時間がかかりそうである。だが、法人所得税が思いがけないときに増税されれば、ほぼ直後に株価が下がるので、増税の影響下にある企業の株式を持つ人びとが負担を引き受けることになる。また、短期的には（実際の税負担を軽減するために）、企業は租税回避の手段を探し求める。よく用いられるのが、資本ではなく負債を増やして資金を調達する方法である。借入金に対して支払う利息を損金に算入できるので、税率が引き上げられた場合にも好都合なのだ。[46]

法人税の負担のうち、最終的に労働者にのしかかるのはどれほどだろうか。この問題は知的に手ごわいばかりではない。これに取り組むにはあえて公衆に訴える不屈の精神も必要になる。アメリカでは激しい論戦がくりひろげられたが、やがて個人攻撃の応酬のようになっていった。２０１７年末、連邦法人税率を35パーセントから21パーセントまで大幅に引き下げる法案に対し、それによって誰がメリットを得るのかが問われた。このころトランプ政権で大統領経済諮問委員会（CEA）委員長を務めていたケヴィン・ハセットは、それによって平均世帯年収が4000ドルから9000ドル増えると主張した。民主党員の著名な経済学者たちは彼をこき下ろさずにはいられなかった。ハセットの前にオバマ政権でCEA委員長を務めていたジェイソン・ファーマンは、ハセットの分析について「ひどく現実離れ」しており、「馬鹿げている」と述べた。[47]対してハセットは、ある批判について「科学的に説明不可能」で「でっち上げ」と決めつけた。元財務長官のローレンス・サマーズはハセットの主張について「いい加減で、役立たずで、馬鹿げている」と述べ、博士課程の学生がそれと同じ内容の期末レポートを提出したとすれば、「合格点をもらうのは難しい」とした。[48]傍観者にとっては面白くもあったが、経済学者にとってこういった個人攻撃は何の得にもならなかった。そこで、改めて過去を振り返ってみよう。証拠からは何がわかるだろう？

いくつもの研究において、その証拠についての検討が行なわれている。ある調査では、複数の研究論文が「深刻な不備がある、推計のつじつまが合わない、ロバストでない……あるいは、理論と矛盾する」ものの、証拠にもとづけば、労働者の法人税負担割合は16パーセントから40パーセントと結論づけられるという。[49]2013年、連邦議会の両院合同租税委員会――連邦税に関する法案の分配面への影響を評価する組織――は、法人所得税の負担割合について、長期的には資本家が全体の75パーセントを、労働者が残りのほとんどを引き受けるとした。議会予算局は両院合同租税委員会と似た手法を用い、2010年の法人所得税の負担割合について、長期的には労働者が全体の25パーセントを担うとした。一方、財務省は、その割合を18パーセントと見積もっている。[50]

このように、主要な関連組織はアメリカにおける法人税のおよそ4分の1を労働者が負担していることでおおむね意見が一致しているが、だからといってその見解が正しいと決まったわけではない。まして、法人税の最終的な負担者はそのほかに誰がいるのかがわかるわけでもない。たとえば、資本移動が容易な経済であればあるほど、それだけ労働者に法人税の負担がかかりやすくなる（資本にとっては、国外移動という容易な代替手段があるからである）。また、法人税がひとつの国のみで引き上げられる場合、すべての国で引きあげられる（資本にとっては、増税回避の手段のひとつが断ちきられる）場合とはまったく異なる結果があらわれると考えられる。さらに、正しい答えは法人税の設計しだいで変わってくる。とくに、レントのみを課税対象にする構造になっている場合、株主のみが税負担を引き受けることは確実だと思われる。法人税改正によって生じる負担を最終的に負うのが誰であるかは、法人税の設計と運営環境によって決まるのである。

真実がどうあれ、法人税や、資本および事業所得全般に課される税の引き下げに賛成する人びとは、減税をすればだいたいにおいて労働者にメリットがあると主張するだろう。彼らにとって幸いにも、「法人税の帰着の真相がはっきりしていないため、［ゼネラル・エレクトリック社の］ロビイストたちは、やましく感じることもなく、同社に認められている税控除の継続を求めて圧力をかけられる」(51)。だがそれと同時に、労働者の福祉にかかわる人びとが、会社のオーナーのみが法人税を負担すると思いこめば、彼らの大義が害をおよぼしかねない。

全体像をとらえる

ここまでは、特定の税の帰着について述べてきた。しかし、もっと大きな問題がある。税制全体の負担者はいったい誰なのかということだ。

それは昔から問われていたことだった。1920年代、イギリス政府は、とりわけこの問題に関する助言[52]を得るため、新たに王立委員会を設けた。それはたいへんな難問で、エドウィン・キャナンの教え子を挫折させたうえ、高名な大学教授だったキャナン自身を憤慨させた。王立委員会に呼ばれて証言をするとき、彼は苛立ちを隠せなかった。「ご質問の内容はつかみどころのない鬼火のようなものです。あなたがたは庶民院から命令されたのでしょうが、私にはどうにもできない[53]」。だが、この問いの答えを探し求める人びとはいまもいる。イギリスでは、国家統計局がこの問題に関する調査報告を毎年発行している[54]。アメリカでは、近年この問題をめぐって学者たちが激しく議論をたたかわせている[55]。

たいていの場合のアプローチは、ある時点の世帯所得と世帯消費の水準の詳細をとりまとめ、何らかの帰着の仮定にもとづき、世帯間に税と金銭移転を割り当てるというやり方になる[56]。キャナンが憤慨せずにいられなかった状況は、当時から約100年たったいまも変わっていない。前述の不確実性もそのままである。たとえば、給付金が賃金率にどう影響するかという問題にしてもそうだ。しかし、幅広い研究が行なわれてきたことで、かえって問題がいっそう深まっている。たとえば、現行の税制の評価にあたっては、どのような反事実との対比が考えられるだろう？　税のない世界は、防衛や法廷のない世界と同様に想像しがたいし、その世界で人びとがいまと同じ所得を得ている状況はなおさら思い描きにくい。こういった研究では対象範囲が不完全である場合もある。穀物法の話題のときに触れたとおり、関税の導入が税の帰着に大きな問題を引き起こすこともある[57]。ところが、分析においては関税が無視されることもしばしばある――これは、対象が発展途上国であれば大問題となる。というのも、おそらく総税収の約4分の1を関税収入が占めているからだ。それから、法人税が無視されることもある[58]。さらに、内部矛盾を抱えた根拠のもとに仮定が変えられることも多い[59]。結局、分析結果はほぼ証明されていない仮定に大きく左右されることになる。カナダの税制を分析した古典的な研究――キャナンは誇らしく思うだろう――に、今日に生かせる有益な教訓が含まれている。つまり、もっともらしい仮定（たとえば、法人所得税の帰着についての見解など）を用いれば、税制は所得に対しておおむね比例的にも、非常に累進的にも見せかけることが可能であるという。[60]

これらの研究論文が役に立たないといいたいわけではない。ただ、うのみにしないほうがいい。少なくとも、慎重に取り扱わなければならない。たとえば、イギリスで実施されている研究の内容については、つぎのように見ることもできる――税－福祉制度に対する国民の純拠出額について述べているのみで、それ自体は興味深いが、国民の負担についてまったく触れていない。[61] いま必要なのは、キャナンのような気難しさではなく、むしろ堅実さや明晰さなのかもしれない。

こういったことから、帰着の問題に関する実証的な理解は、多くの意味でかぎられている――これは、経済学者としてきまりの悪い告白である。公共財政という学問分野において、税制の帰着はたいへん重要なテーマだからだ。ともあれ、税の帰着（とりわけ黙示的なそれ）に関する主張に出会ったら、用心してかかる必要がある。このことは、税－福祉制度の全体の帰着に関する大規模な研究のみならず、もっと小規模な調査にも当てはまる。たとえば、近年の、所得税やＶＡＴに関する改正法案の影響をテーマにする、シンクタンクなどによる調査である。こういった調査も、帰着に関する強い仮定にもとづくものが少なくない。それでも、進展は見られる。税制の変更の影響を特定するよりよい方法が見つかっているのだ。とはいえ、この進展はごく限られた出来事――たとえば、フランスにおける、自動車修理に対するＶＡＴの引き上げ――に適用できるものである場合が多く、もっと広い範囲に適用できるかどうかはほぼわからない。たとえば、ＶＡＴの標準税率の変更によって生じる負担はその１００パーセントを消費者が負うとよくいわれるが、この仮定を裏づける証拠はなきに等しい。[62] 比較的賢明な研究者たちは、比較的豊富なデータと比較的良質な手法を用い、税の帰着に関するわれわれの理解不足を少しずつ補ってくれている。しかし、実証的な答えを追い求めることも大事だが、帰着の分析から基本的な教訓を引きだすことはもっと重要である。税制の考察において、ものごとは見た目どおりとはかぎらない――つまり、一部の人びとがあなたにそう思いこませようとしてきても、実際にそうであるとはかぎらないのである。

＊＊＊

この第Ⅱ部では、課税の公平性にさまざまな側面があることについて論じてきた。通説は時とともに変わり、解決のつかない判断の相違はそのまま残る。また第Ⅱ部では、公平性の実現も、人びとの幸福に対する課税の影響も、個人および企業が税にどう向きあい、どう応じるかによって決まることも伝えてきた。つぎの第Ⅲ部では、課税に対して生じる反応と、そこに含まれる意味合いについて詳しく述べる。たいていの場合、課税に対して生じる反応は、事前の意図とは異なるものであるか、少なくとも、歓迎しかねるものである。その一方、われわれの行動を変えることこそ課税の目的である場合もある。

第Ⅲ部　行動を変える

ノミにたかられて我慢できなくなった犬が会計士に相談をした。

「このノミたちの分だけ税額控除を認めてもらえるでしょうか？」

会計士はにっこり笑い、首を振った。「特定の条件下において、ダニは血縁者と見なされます。しかしながら、ノミの場合はぜいたく品と見なされ、控除は認めてもらえません。課税対象になりますよ」。その翌日、ノミはいなくなった。あるいは、犬がノミの存在を申告しなくなった。いずれも同じことである。

——J・B・ハンデルスマン[1]

8 悪い行ないを改める

税には無限の力があって、そこには必然的に破壊の力が含まれる。
――ダニエル・ウェブスター(1)

1698年、ピョートル一世はロシアの近代化を目指し、若いころに外遊で訪れていたヨーロッパ諸国を手本に、一連の改革に乗りだした。もっとも大規模な事業はサンクトペテルブルクの建設だった。一方、それほど壮大ではないものの、広範囲に影響をおよぼす改革のひとつに、ひげに対する課税があった。

ターゲットはロシアの伝統的な支配階級、ボヤールだった。ピョートルにしてみれば、彼らは腹立たしいほど旧弊だった。ひげをたっぷりとたくわえていた彼らは、ひげをきれいに剃っていたヨーロッパの貴族階級の洗練さとは、明らかにかけ離れていた。髭税は彼らにひげをたくわえるのをやめさせる手立てのひとつだった。(2)法令を何としても守らせるため、また、ひげ剃りよりも納税を選んだ者に不名誉を感じさせるため、ひげをたくわえたままでいるボヤールには「ひげトークン」を買わせ、持ち歩かせた。トークンは銅もしくは銀でできており、片面にロシア帝国の紋章の鷲、もう片面にあごひげと口ひげのついた鼻と口の意匠が刻

ピョートル１世の斬新な税政策。ひげに税金をかけ、納税者にひげ税トークンを持ち歩かせた。

まれ、「税金を払った」ことの証明になっていた。

税金には、資金を集めるというよりも、人びとの行動を変えることを目的とするものがあって、髭税はその一例である。目的は、よくない行動を抑えることであったり、よい行動を促すことであったりする。この章ではそういった税金の役割に注目する。専門用語でいえば「補正的」役割である。呼び名からは想像しにくいが、この役割には価値観が反映されている。一種のソーシャル・エンジニアリングなのだ。

正しいことをせよ

支配者は、人びとの行動を思いどおりの方向に誘導するために税金を利用してきた。その歴史は、少なくとも古代のぜいたく品規制税にさかのぼる。ぜいたく品に対する課税の背景には、裕福な人びとにもっと税金という重荷を背負わせたいという欲望ではなく、下層の人びとを底辺に留めおきたいという欲望があった。1928年、スイスのウリ州で、同じような理由から新たな税が導入された。ボブスタイルが大流行中だった当時、この髪型の女性に対して税金が課されることになったのだ。望ましい行動とそうでない行動は、時代や場所によって、さらには人によってさまざまであるが、悪弊を正すために税を利用するという傾向は昔からずっと変わらない。

家族の問題

課税によるソーシャル・エンジニアリングは、結婚と、それにつきものである出産に関して広く行なわれてきた。第6章では、既婚者と未婚者のあいだの水平的公平性を達成することがどれほど難しいかについて述べた。だが、それはごく最近の問題で、歴史上のほとんどの期間において、結婚は、概して遠まわしに出産を奨励する手段として、積極的に奨励するべきものと見なされていた。

独身税はその一環として実施されていた。古代ギリシャと古代ローマでは、結婚の適齢に達している独身男性は「アエス・ウクソリウム aes uxorium」（妻税）という税金を徴収された[3]。オスマン帝国でも独身者に年税を課していたし、イングランドでも1695年から1706年まではそうだった[4]。アメリカの場合、独身税は植民地時代に始まり、20世紀まで続いた。ジョージア州、メリーランド州、モンタナ州、テキサス州のいずれにおいても、一時期独身税を徴収していた。独身税に賛成する人びとはさまざまな言い分を主張した。「金持ちの独身者には重税を課すべきだ」とオスカー・ワイルドも公言した。「男性のなかに、その他よりも幸福な者がいるのは不公平だ[5]」。もっと一般的な（とはいえ、影響は同じ）主張は、一定の所得および富のある独身男性は、扶養家族がいない分、既婚男性よりも経済的に恵まれており、支払い能力が大きいというものだった。

歴史上、出産の奨励はたびたび行なわれてきた。多くの場合、人口増強によって軍事上の敵国を上回ろうとするためだった。ファシスト党政権下のイタリアとナチ党政権下のドイツには独身税があった（また、結婚と出産に対して手厚い支援策があった[6]）。優遇される人種の特権を守るため、その人口の増加をはかる例もあった。[7] 南アフリカのトランスヴァール州には1917年から1920年までそういった税が施行されていた。黒人人口の急増に合わせ、白人の出産を促すためだったといわれている。[8]

心優しい施政者が恋愛運のない人びとを気遣うこともあった。税務署の役人に好かれ、女性にそっぽを向かれるのでは泣きっ面に蜂ではないか？　そんなわけで、女性から結婚を断られたことを証明できる独身男性を対象に、免税措置が設けられた。[9] 賢い男性は、片方のポケットに指輪、もう片方のポケットに免税の証明書類を入れてプロポーズに臨んだ。これはアルゼンチンの事例であるが、1900年ごろには史上まれに見るほど奇妙な租税回避が行なわれるようになった。「プロのお断り屋の女性」にささやかな料金を支払い、プロポーズされて断ったことを証明してもらい、免税資格を得るというものである。[10]

独身税は結婚を促進するが、出産を促進するとはかぎらない。出産の奨励を目的とするならば、出産に対して手当を支給するのがいちばんである。間接的な方法を選べば、不幸せな夫婦、子供のいない夫婦、あるいは不幸せかつ子供のいない夫婦をつくりだす結果になるかもしれない。この論法は税の設計の一般的な原則をあらわす一例である。つまり、何かを奨励（あるいは抑制）したければ、税（あるいは給付金）を用い、その対象に直接働きかけることが最善の道なのだ。

この対象絞り込みの原則は、1940年代以降、スターリンのソヴィエト連邦およびその他の共産国で採用されていた。これらの国々では、出生率の上昇と戦時の人口減少からの回復を目的に、子供のいない人びとに対して税金がかけられた。ソ連では、子供のいない25歳から50歳までの男性および20歳から45歳までの既婚女性は、所得税額に対して税率6パーセントの付加税を課された。[11] ルーマニアでは、子供のいない25歳以上の成人は「禁欲税」と呼ばれる税金――セックス奨励の含意があった――を課された。[12]

毛沢東時代の中国でも同じ原則が採用されていたが、その目的は奨励ではなかった。1970年代後半および1980年代前半以降（2016年まで）、各世帯の子供の人数を1人までに制限するため、税のような方策がとられていた[13]。財政上の方策として、対象絞り込みはうまく行なわれていたが、思いがけない結果がもたらされた――課税においてはしばしばそういうことがある。伝統的に男の子の誕生のほうが喜ばれたことで、生まれた子供の男女比が大きく偏ってしまったのだ。2014年に中国で生まれた子供は、女の子よりも男の子のほうが3200万人も多かった。

財政的インセンティブを用いて出生数の増加をはかるのは古いやり方のように思えるかもしれない。国家の軍事力の大半が人口の多寡で決まっていた時代の名残ではないか、と。しかし、そういった手法は復活しつつある。というのも、多くの国で高齢者人口が増加しており、老齢年金と医療を提供するための資金調達が困難になっているからだ。子育て費用の支援として通常行なわれる税控除、あるいは現金給付以外では、オーストラリア、カナダ、チェコ、リトアニア、シンガポールで赤ちゃんボーナスが支給されている。ハンガリーでは、2019年、4人以上の子供がいる女性は生涯にわたり所得税免除が受けられることになった[14]。実際、こういった政策のなかには、出生数に――あるいは少なくとも、新生児の出生のタイミングに――影響をおよぼしているものもある。オーストラリアでは、2004年、この年の7月1日以降に生まれた新生児の親に対し、1回かぎりの扶養者控除3000ドルが認められると決まった。案の定、7月1日の直前に生まれた赤ちゃんの数は少なく、7月1日に生まれた赤ちゃんの数は、オーストラリアにおける1日の出生数として過去30年で最多となった。誘導分娩や帝王切開分娩の予定をこの日に変更した妊婦がたいへん多かったのである[15]。

出生数にまつわるこの事例からは、好ましくない事柄（たとえば、ルーマニアにおける、子供がいないこと）に対して税金を課すことと、それとは逆の好ましい事柄（オーストラリアにおける、子供がいること）に対して給付金を出すことは類似しているとわかる。ピョートル一世は、ひげを剃ったボヤールに給付金を与えていたとしても、髭税をとったときと同じ効果を得られていただろう。既婚者に対して税控除を認めることも、独身者に対して課税することと同じく結婚への意欲向上の手段になる。好ましくない事柄に対する課税には、好ましい事柄に対する給付にはない重要なアドバンテージがある。それはもちろん、政府にとって金が出ていくのではなく、入ってくる点である。収入は、こういった政策の主要目的ではないとしても、完全に無視することはできないのだ。

知識に対する課税

1712年、イギリスで新聞（および新聞用紙）への課税が実施されるようになったが、これは税収増をねらって導入された数多くの物品税のひとつに過ぎなかった。新聞の需要が高まるにつれ、この新聞税を回避するための巧妙な手法が編みだされるようになった。新聞は、時間単位で貸しだされたり、郵便局から郵便局へと送られ、居酒屋やコーヒーハウスの店内で回し読みされたりした(16)。だが、19世紀に入るころ、新聞税が税収のみを目的としていないことは明らかだった。政府は一部のメディアをあからさまに抑圧していた。1819年、ある検閲官は、パンフレットや新聞が「政府に対する憎悪と軽蔑を煽っている」と述べている(17)。「まともな」地方紙2紙を発行する新聞社主は、新聞税をなくせば、下層階級の人びとが出版業に入りこみ、「わが国の国民性に変革が生じる」と主張した。さらに、新聞税が廃止されれば、質の悪い、安っぽい定期刊行物が巷にあふれ、良質な新聞から広告収入を奪うと強調した(18)。

社会改革論者は異なる意見を持っていた。新聞税のせいで勤労者世帯はニュースや情報に触れることができない、というのが彼らの主張だった。彼らは、いい（後世に残る）スローガンづくりのセンスがあるところを見せ、これを「知識税」と呼んだ。大蔵大臣のウィリアム・グラッドストンも彼らと同じ考えで、パーマストン首相の反対を押しきり、1861年に新聞税撤廃を決めた。パーマストンは、むしろメディアを抑制するほうがいいと考えていた。ヴィクトリア女王も同意見で、貴族院などは、慣例上は税に関する法案を否決することができなかったにもかかわらず、新聞税廃止法案をあえて否決してみせた(19)。

ある歴史家は、メディアが課税から解放されたことこそ、19世紀に新聞づくりの変化を後押ししたもっとも重要な要素だったと主張する(20)。だが、世界のどの国のメディアも課税から解放されていたわけではない。オーストリア政府は19世紀末の時点でもパーマストン卿と同じ考えを持っていた。1897年、ニューヨークを拠点にする『ネーション』誌の特派員記者がオーストリアの新聞税について、「現代の政治、社会、産業に関し、下層階級の人びとが極端に無知であること」の原因であると書いている。「実際、それこそがこういった税の目的なのである(21)」

アメリカの場合、通常は新聞および定期刊行物一般に対しては税金をかけないが、これは、かつてイギリスに押しつけられ、国民にたいへん嫌われていた1765年の印紙税法のことがあるからだと思われる。この印紙税法では、法律文書と、新聞を含む印刷物全般が課税対象になっていた。しかし、導入を試みた地域もあった。1934年、ヒューイ・ロング知事時代のルイジアナ州で、発行部数が2万部を超える新聞（反ロングの立場をとる都市部の新聞がそれに当てはまった）について、広告売上に対する課税が実施されることになった。ロングはそれを「虚偽に対する課税」と呼んだ。これはフェイクニュースの昔風の表現ではないだろうか(22)。だが1936年、この税は報道の自由の侵害に当たるとされ、アメリカ最高裁判所で、満場一致で違憲とされた。

近年では、税制においてメディア（デジタルを含む）を冷遇するよりも、むしろできるだけ厚遇しようとする国が多くなっている。2カ国を除くすべてのEU加盟国で、書籍の購入に対するVATの課税に優遇措置が講じられている。残りの2カ国であるイギリスとアイルランドでは、ゼロ税率が適用されている。イギリスでは、反対派から「読書税」と揶揄された[23]電子書籍や電子定期刊行物などの購入に対するVATの課税が、2020年12月に撤廃された。アメリカでは、1983年、新聞および新聞に使用されるインクを課税対象とするミネソタ州法が最高裁によって無効と判断された。こういった部分を含め、現代の税政策の多くにグラッドストンの考えが生きている。

よい事柄よりも、よくない事柄に課税せよ

税の設計に関するキャッチフレーズの大半は信用に値しないが、この見出しには異議を唱えがたい。しかし、よくない事柄を見分けることは容易でも、それがどの程度よくないことなのか、また、どれほど税金をかけるべきなのかを数値であらわすことは、もっとずっと困難である。だが、ともあれ経済学者は、こういった問題について考察する明確な方法をすでに発見している。

そのアプローチの核心に「外部性」という概念がある。何らかの取引あるいは行動が、その実行の決定に対して発言権のない人びと——ひいては、発言権のある人びとから、自分たちの利害を考慮されていない人びと——にもたらす損害（あるいは利益）のことである。何かが有害な外部性（たとえば環境汚染）を生み出すというのは、つまり、それを生じさせた人びとが環境汚染によって得る利益（たとえば、環境に優しいテクノロジーを用いない分、経費を低く抑えられることなどが考えられる）よりも、環境汚染によって苦しむ人びとが被る損害のほうが大きくなる場合、外部性が過剰であるということになる。基本的に、この汚染する側と汚染

される側のあいだには、双方に利益になるよう交渉を行なう余地がある。双方に得になるのは、汚染される側が、汚染物質の排出量をもう少し減らすための費用よりは大きいが、汚染物質の排出によって彼ら自身が被る損害よりは小さい金額を汚染者に支払うことにより、汚染の程度をもう少し抑えるよう仕向ける場合である。[24] そうすれば満足のいく結果になる。というのも、環境汚染は、双方の側の正味の利益を減らさなければその程度を変えることができなくなった時点で、最終的に「効率」水準に行きつくからだ。外部性へはこの時点で十分に対応されたことになる。

これはなかなかいい解決方法だが[25]、実際には、外部性はふつう非常に多くの人びとに影響をおよぼすため、こうして汚染者と被汚染者がじかに交渉するのは不可能である。しかし、課税によって同じ成果を挙げることができる。およそ100年前に初めてそのことを発見したのがケンブリッジ大学（イギリス）の経済学者アーサー・セシル・ピグーである。[26] つまり、損害をもたらす経済活動に対して課税すればいいのだ。税額については、その経済活動が、効率水準を超えて、追加で他者に与えた損害の金銭価値と等しくする。そうすれば、汚染者がどれほど利己的であろうと、他者に与える損害はコストとして織りこむべきものとなる。この主張はあまりに説得的であり、ピグーの時代以降、外部性の修正（内部化）のために税の適用を推奨することは、いわば経済学者の道具箱につねに用意されている道具のひとつとなっている（経済学者のあいだで唯一意見が分かれているのは、そういった税を指していう「ピグー税」の綴りを「Pigouvian」にするか、あるいは「Pigovian」にするかという点である）。[27]

環境汚染をもたらす経済活動は「負の外部性」の典型例である——たとえば、河川に汚水を流す洗濯屋は下流で事業をいとなむ人や泳ぐ人に害をもたらす。ピグー税方式では、他者が被る害の金銭的価値に等しくなるよう、汚水1リットル当たりの税額を定めて課税することになる（この考え方は「汚染者負担原則」と呼ばれる場合がある。だが、これは信用に値しないキャッチフレーズの一例である。われわれがこの呼び名から覚える違和感については巻末の注で述べる。それは心底からの思いだが、偏執的でもある）[28]。一方、「正の外部性」もある。たとえば、基礎科学の進歩は、世のなかの研究者のさらなる前進を可能にするため、正の外部性をもたらすといえる。こういったケースにはピグー補助金が必要になる。

昔から学生たちは、ピグー税の概念をつかむため、退屈な講義におとなしく耳を傾け、上記の洗濯屋の話のような[29]外部性の陳腐な例を聞かされてきた。だが、いま、まさにわれわれは、この概念にぴったりと当てはまる、非常に大規模で、非常に有害な外部性に直面している。気候変動である。

地球を救う

科学者たちがおおむね同意するところでは、大気中に蓄積された温室効果ガス――その65パーセントが化石燃料（石油、ガス、石炭）の燃焼によって排出された二酸化炭素に由来する――が地表面から放射される熱を吸収するため、地上の平均気温が上昇する。結果として気候パターンが変化し、経済に対してかなり大きな、概して悪い影響がもたらされる。大災害を引き起こす異常気象現象、多くの低所得国における生産活動の減少[30]、映画『デイ・アフター・トゥモロー』のような、破滅的な事態が生じるリスクの上昇である。この破滅的な事態というのは、メキシコ湾流が逆流するとか、南極西部の氷床が崩壊するなどといったことである。

この「とてつもない外部性[31]」に対するピグー税の対応は明快である。温室効果ガス全般、とりわけ化石燃料の燃焼によって生じるそれの排出に対し、地球環境に与える損害のレベルに応じて税金を課すのである。よく知られているとおり、化石燃料の燃焼によって生成される二酸化炭素の場合、排出量が炭素含有量に比例するため、[32] こういった税を実施することは難しくない。どれだけの二酸化炭素が余分に排出されれば、どれだけの損害が発生するかを算定し、燃焼によって生成される二酸化炭素量に応じて化石燃料に課税するのである（その他の温室効果ガス――あとでとりあげるが、牛のおならなども含まれる――の場合もこれに似た方法を用いるが、これほど明快ではないかもしれない）[33]。生産のときに炭素系燃料が使用される商品の消費者はこの税の一部あるいは全部を負担することになるため、そういった商品の需要は減っていく。化石燃料の販売者もこの税の一部を負担することになるため、化石燃料の供給は減っていく[34]。このように、個人および事業者は、二酸化炭素の排出量を、排出によってもたらされる損害の程度に応じて削減するよう誘導される。そして、かならずしも排出を完全に止めるわけではないとしても、そういった損害と、排出量削減のコストとの釣合いをとるようになる。その一方、この税の回避のため、低炭素エネルギー技術の研究および開発と、それらに対する投資がさかんになる。

　難しいのは炭素税課税の基準をどこに設定するかである。ピグー税の理論では、それは二酸化炭素排出量全体によって生じた社会的損害ということになる。限界損害の大きさについては見解が分かれており、炭素税の支持者でさえ、「魔法の計算式も完全な数値も存在しない」と認めている[35]。だが、現時点で合理的といえる概算値によれば、二酸化炭素1トン当たり35ドルの課税といったところである[36]。石油の場合、1ガロン〔約3・785リットル〕当たり約31セントになる。たいした額ではないと思えるかもしれない。実際、われわれがふだん経験しているガソリンの価格変動から考えればささやかなものだろう。しかし、最大の問題はガソリンではなく石炭である。石炭は、汚染源になり得（つまり、石炭によるエネルギー生産では大量の二酸化炭素が排出される）、広く使用されており、大量に入手できる。こう考えると、炭素税をとりいれるのは過去に立ち戻るようなものである。イギリスで初めて石炭税が導入されたのは1368年のことだった。ロンドン市内に持ちこまれる石炭に対する課税は1889年まで続いた（その収入は1666年のロンドン大火で焼失したセント・ポール大聖堂の再建資金にもなった）[37]。石炭の場合、炭素税を課税されるとなれば一大事である。右記のとおり、二酸化炭素1トン当たり35ドルを課税されるのであれば、石炭価格のおよそ2倍にのぼる金額を徴収されることになる。また、意図した効果を上げるため、炭素の燃焼に対する課税額は物価上昇の速度よりも速く引き上げられる。平均気温の上昇が2015年パリ協定で定められた目標内に抑えられていた場合、2030年までに1トン当たり75ドル程度の課税が必要になると考えられる[38]。

じつは、炭素税と同じ効果を上げられる方法はもうひとつある。それは、税とそれ以外の政策手段との境界がときおり曖昧になることを説明してくれるいい例である。まず、課税額が二酸化炭素1トン当たり50ドル、排出量が300億トンであると仮定しよう。逆に考えれば、300億トンを排出する権利を1トン当たり50ドルで購入できるということである。したがって、もうひとつの方法とはこうである。二酸化炭素300億トン分の排出権を設け、企業に売り、企業間での売買を許可する。価格は変わらず、1トン当たり50ドルと定める。こういった排出量の取引制度――「キャップ・アンド・トレード」とも呼ばれる（排出量に上限＝キャップが設けられることと、権利が売買＝トレードされることに由来する）――を用いれば、原則として、炭素税と同じ効果を上げられるし、排出権をオークションで売ることで、政府は炭素税と同じ収入を得られる[39]。

炭素排出量削減の必要性はほとんどの国で認識されており、画期的な2015年パリ協定は約190カ国およびEUによって批准されている。また、そのほぼすべての国が独自に削減目標を立て、具体的な数値を示している[40]。そして、排出量削減の義務を果たすために（さらには、その後もっと多くの貢献をするために）もっとも効率的かつ効果的な方法であるカーボンプライシングの重要性については、あらゆる政治的立場の経済学者たちが同意するところとなっている。しかし、世界がこの考えを心底から受け入れているとはいいがたい。現在、世界の約60の国や地域で炭素税あるいは排出権取引制度が実施されている——たとえば、高く評価されているカナダのブリティッシュコロンビア州の炭素税や、EU域内の排出量取引制度など——が、世界全体での排出二酸化炭素の平均価格は1トン当たり2ドルほどに過ぎない。不都合な事実として、カーボンプライシングの具体的な仕組みを打ち立てようとすれば、たいていは強い抵抗にあう。政府は一方的な行動をとることを嫌がる。国内企業の国際的な競争力を弱めることを恐れるからだ。豊かな化石燃料の鉱床を抱える国や企業は、二酸化炭素排出に対する課税によって保有する資産が価値を失うのではないかと懸念する。消費者はエネルギーの値上げを喜ばない。低所得国は、リッチな国々が引き起こした問題を解決するために自国内の貧困者に対してエネルギー利用を制限しなければならないのはどうしてなのか、疑問に思っている。

これらの問題（少なくとも、その大半）に対処する方法はいくつかある。移転支出の実施によって貧困者を燃料価格上昇から、化石燃料生産にかかわるコミュニティを強制退去から保護できる。また、排出量に対する効果は同じだが、生産用燃料の価格にそれほど影響を与えないカーボンプライシングのやり方もある。(41)ピグー税の経済分析法を用いれば、気候変動問題は人類史上最大の知的パズルにはなり得ない。問題は、パズルの答えの重要な部分をなかなか受け入れてもらえないことである。

牛のおなら、怖い犬、かわいい猫

動物もまた外部性をもたらす。たとえば、牛のげっぷやおならは気候変動のおもな直接的原因のひとつであるといえる。牛の消化のプロセスで、「消化管内発酵」によって生じるメタンは、温室効果ガスの総量の約6パーセントを占めるのである(42)——航空機と船舶の排気ガスの総量よりも多いのだから、軽んじることはできない。これに、牛の飼料、放牧による森林破壊、牛肉や乳製品から生じる影響を合わせれば、温室効果ガスの総量のおよそ9パーセントを占めることになる。世界の牛肉需要は拡大していくと考えられるため、これは深刻な問題である。ピグー方式の解決策はすでに提示されている。2010年、国連は家畜の温室効果ガス排出に対する国際的課税を提案した。当然ながら、農業従事者は賛成しなかった。2003年、ニュージーランドで、温室効果ガスを排出する家畜を課税対象にする新税が導入されることになったが、農業従事者たちがこれを拒否し、肥料を詰めた小包を各省庁の大臣に送りつけることで不満を表明した。[43]だが、それで問題が終わったわけではなく、家畜に対する課税（これもずっと昔からあった。家畜税は古代から農業社会に影響をおよぼしてきた）は近いうち政策メニューに載ると思われる。

いうまでもなく、飼い犬にはしばしば税金がかけられてきた。ドイツには「犬税《フンデシュトイアー》」がある。税額は飼い主の居住地によって異なり、犬が「危険」であると判断された場合（ドーベルマン・ピンシャーやロットワイラーのような犬種である場合）、他人におよぼし得る危害の程度がより大きいと考えられるため、より高くなる。一方、かわいい猫に税金をかけたがる者はいるだろうか？　まあ、マックス・プランク鳥類学研究所の鳥類学者ペーター・ベルトルトはそうしたいに違いない。彼は、猫による鳥の個体数へのダメージを軽減するため、「環境保全税」の導入を要求している。もしいれば、ネズミを保護したい人もこれに賛同していることだろう。[44]

罪の報い

偉大なサッカー選手であったジョージ・ベストは、現役引退後、ひどく貧しい生活を送っていた時期に、稼いだ金をどうしたのかと質問され、こう告白した。「酒や、鳥や、スピードの出る車にずいぶん使った――その残りも無駄遣いしてしまった」[45]。金を払ってでも罪深い行ないにおよびたがる人は少なくないのかもしれない。罪の報いは、かならずしも死であるとはかぎらないかもしれないが、重税であることはわりあいに多い。

悪習

ヨーロッパにタバコが入りはじめたころ、喫煙者はタバコに火をつけるやいなや苦情を浴びせられた。1604年、イギリス国王ジェイムズ一世は『タバコ排撃論 *A Counterblaste to Tobacco*』と題する著作[46]を発表し、当時顕著になっていたさまざまな問題について解説した。依存症（「なんであれやめられぬものを習慣とすることは、いかなる国家の人民にもきわめて有害である」）、健康への悪影響（「煙は……人の腹のなかを台所のようにしてしまう。油じみてべたべたする煤で汚し、害を与える」）、感化されやすい人びとへの影響（「猿のように他人のすることをまね、自らを滅ぼす」）、それに受動喫煙の問題。

夫は……恥じてしかるべきである。優美で、健康で、清らかな顔をした妻を、自分の行ないによって窮地に追いやるのだから。つまり、彼女のかぐわしい息を腐らせる。さもなければ、絶え間のない悪臭によって彼女を悩ませるのだ。

現代人の感覚とは一致しないが、この痛烈な批判には強い人種差別意識が付随していた。『タバコ排撃論』では、喫煙について「粗野、不道徳、卑屈な「インディアンども」の、野蛮でけだものじみた風習」の模倣であるなどと表現されている。あとで述べるが、こういった中傷に対しては一種のしっぺ返しがあった。いずれにせよ、ジェイムズ一世は一般の人びととは異なった。つまり、この「ひどく不快で、悪臭を放つ」習慣に対する嫌悪を政策に盛りこむことができた。だから、タバコの流行を抑制する目的で、重いタバコ関税を導入することにした。喫煙について、まさにピグーの考えのとおり、「それなりの税金をかけてやれば、その大部分を抑えられるのではないか」と考えたのである。[47]

人びとは、喫煙者がそれ以外の人びとに健康障害や不快感という外部性を押しつけることをおもな理由に、喫煙に対する重税課税を正当化できると考えがちである。しかし、喫煙によってもたらされる外部性は、かならずしも負であるとはかぎらない。[48] 喫煙者が早期に亡くなれば、もらうはずだった年金をもらわずじまいとなる。すると、それ以外の人びとの公的年金や介護保険の財政にとってはプラスとなる。その一方、広くコンセンサスが得られているところでは、母親の喫煙は乳幼児の健康に対してかなり大きな負の影響をもたらす。[49] 全体からいえば、外部性が正負のいずれに傾くかは完全には明らかになっておらず、国によって異なるといえるかもしれない。[50] だが、はっきりしていることがひとつある。今日のヨーロッパの多くの国およびアメリカで実施されているタバコ税率が非常に高いことについて、外部性によって正当化できると主張するのは非常に難しいのである。

喫煙者はそれほど驚くことはないかもしれないが、喫煙に対して重税を課すべきであるという主張において、外部性は決定的な根拠にならないという認識が広がりつつあるなか、それとは異なる理論的解釈がなされるようになっている。それは、つまりこういうことである。喫煙者は自制心に問題を抱えている。これからタバコを吸いはじめ、このくらいの時間がたったらやめようと理性的に決意することはできても、いざそのときになるともっと吸いつづけたくなっている。つまり、自制の能力に欠けており、本来の意図のとおりに行動できない。この場合の問題は、依存症ではなく、「時間的非整合性」と呼ばれるケースである。今日の時点で合理的に計画を立てていても、実行のタイミングになったときには、計画どおりの行動をとらないほうが合理的であるという状況だ。高い税金をかけることは、そもそも喫煙しようと思わせないという点で、自制心の問題（喫煙者自身に対してもたらされる損害であるため、これを「内部性」と呼ぶ）を乗り越える助けになるといえる。喫煙者は比較的貧しい傾向にあるために、[51]タバコ税は逆進課税になるのではないかという懸念は、この内部性の理論によって覆される。貧困者は、自制心の問題に悩まされる度合いが大きければ、その問題を乗り越える助けになる税制から得られる利益もまた大きくなる。[52]この論法にはパターナリズムのにおいがあるという声もある。だがそれは、タバコに非常に高い税金をかける根拠としてもっとも合理的と思われる理論からみちびかれる、筋のとおった推論である。

2002年前後に実施され、広く引用されている評価によれば、この内部性に対処するための課税額として適切なのは、ひと箱当たり9・37ドル（あるいはそれ以上）である。[53]当時はたいへん高いように思えた。現在ではそうでもなくなっている。ニューヨーク市では、タバコひと箱の平均価格は何と13ドル前後だが、これにはひと箱当たりの州税4・35ドル、市税1・50ドル、連邦税1・01ドルが含まれている。それに、税として明示されるものではないが、1998年のアメリカ各州とタバコ企業のあいだの合意（第3章で述べた件）もひとつの役割を担っている。2000年以降、アメリカの48州およびコロンビア特別区は145のタバコ州税増税法案を可決させてきた。[54]タバコ税の大幅な引き上げはアメリカにかぎったことではない。たとえば、タバコひと箱の価格は、フランスでは2000年から2015年に2倍、イギリスでは2005年から2017年に2倍となっている。[55]

そんなわけで、タバコに対する課税を正当化する行動的根拠を説明するならば、外部性および内部性を混ぜ合わせて土台にし、そこに、ちょっとぼんやりした「罪との戦い」（罪化 sinternality と呼んでいいかもしれない）の要素を振りかけることになる。だが、こういった税の目的は人びとの行動を変化させることばかりではない。税収面もまた明らかに重要である。年間のタバコ税収入は、アメリカでは300億ドル以上、EUでは700億ユーロ以上、日本では2兆円以上で、いずれの国でも総税収の約1パーセントに達している。(56) 総税収に占める割合はだんだん小さくなっているが、タバコ税は、この章でとりあげるその他のさまざまな税と同様に、有名な銀行強盗ウィリー・サットン(57)の鉄則、「確実に金があるところからとる」を反映しているといえる。

ここにトレードオフの関係があるのは明白である。つまり、タバコ税が上がれば、タバコ需要が下がる――結局、それこそが矯正手段としての課税の論拠となる――が、それによって税収が減ると考えられる。だが歴史上、タバコの需要はずっと、わりあいに非弾力的だった。あるいは、そのように考えられてきた（念のために説明するが、非弾力的な需要とは、価格が上がっても需要があまり減らないということである）。これは、政府にとってたいへん好都合である。税率を引き上げれば、税収を増やしつつ、国民の好ましくない行動をいくらか減らすことができる。だが、タバコなどの罪深い商品の需要はとりわけ非弾力的であるという考えを過度に信じるべきではない。若い喫煙者の数はタバコ価格の変動によって大きく増減すると思われる。また、じつはタバコの全体の需要は思うほど非弾力的ではない。(58) そのため、少なくとも多くの先進国で、税収を増やしたければ健康目標を下げざるを得ないというトレードオフの関係がだんだんと現実のものになりつつある。

一部の国の政府は、課税ベースに対する課税率の引き上げによって意図したのとは逆の影響があらわれたことに苛立ち、新しい法律によってそれを解消しようとした。2009年、中国の湖北省で、喫煙しなければば罰金を科すことが通達された。税収のさらなる増大のため、湖北省政府はタバコのノルマの設定を決定していた。『テレグラフ』紙によれば、現地の教師たちは喫煙ノルマを割り当てられた。また「各村は、村役場の職員に支給する分としてタバコを年間400カートン購入するよう命じられた」[59]。偶然にも、同じようなことがアンシャン・レジーム期のフランスでも起こっていた。地域によっては、すべての住民（乳幼児を除く）に対し、課税対象である塩を一定量以上購入することが求められていた（当時でさえ、政策担当者はどうにかして税収を増やしたがった。ある地域では、塩税は自主税と呼ばれた。強制された額をいつでも好きなときに納められたからである[60]）。

税率の引き上げは、近隣の、税率のより低い国や地域からタバコを買う――合法に越境購入するか、違法に密輸する――動機をつくりだすため、税収に対していっそう大きな影響をおよぼすことになる。ここで、ジェイムズ一世に手ひどく罵られたネイティブ・アメリカンに再登場してもらう。

カナダおよびアメリカには、ネイティブ・アメリカンの各部族の領有地として、自治権のある居留地が設けられている。タバコなどにかかる物品税などの州税は、居留地内における対部族への販売には適用されない[61]。対非部族への販売には適用されるが、実際に物品税を徴収するのは困難である[62]。こういった領域での税務執行には慎重にならざるを得ないことに加え、法律上の障害に阻まれることもある[63]。そのため、居留地内では非課税の販売が多くなりがちで、未徴収の税が多額にのぼる可能性がある。ニューメキシコ州では、2010年から2011年までのデータによれば、部族の小売業者からタバコを購入したことがある者は喫煙者全体の4分の1にのぼっている[64]。

カナダとアメリカの国境をまたぐ居留地ではドラマチックな問題が生じている。1999年前半、カナダ側から輸出されるタバコの件が問題になった。合法に免税を受けて輸出されたのちカナダに密輸入されるという事例だった。じつは、これには少なからず大手メーカーからの協力があった。R・J・レイノルズ・タバコ社は密輸の幇助および教唆により罰金として3億2500万カナダドルを科された。重役のなかには刑事告訴された者もいて、そのうちのひとりはアメリカで刑期を務めている。[65] 1993年の時点で、カナダで消費されたタバコのうち、税金を徴収されていないものは全体の約3分の1を占めていた。[66] 事実上、そのことが後押しになって連邦物品税が大幅に引き下げられ、1カートン当たりの税額が10・36カナダドルから5・36カナダドルになった。[67] その後規制措置が強化され、税率が引き上げられた。だが、カナダとアメリカの国境における問題はいまだ解決に至っておらず、今日では居留地内でタバコ（偽物を含む）の製造が行なわれ、儲けが大きいために組織犯罪集団がかかわるようになっている。[68] 2017年の時点で、オンタリオ州で販売されたタバコのうち、密輸品は全体の3分の1以上を占めていると考えられる。[69]

しかし、広範におよぶ問題はそのほかにもある。イギリスでは、歳入関税庁（HMRC）の見積もりによれば、2016年から2017年までの期間、タバコ製品の関税として支払われるべきだった金額のなんと18パーセントが支払われずじまいだった。[70] 世界全体では、タバコの販売総数の約10パーセントが違法取引あるいは違法製造されたものであり、税収の損失は年間400億ドルから500億ドルにのぼることになる。[71]

しかし、税収についてはもっと厄介な問題が持ちあがっている。電子タバコの件である。[72] 電子タバコの場合、タバコの葉を燃焼させるのではなく加熱し、気体化したニコチンを吸入するため、命とりになりかねないほど有害なタールは生じない。それに、受動喫煙がもたらす害も比較的大きくない。そのため、電子タバコの有害性が普通のタバコよりもかなり小さいことは、幅広く一致した意見となっている。たとえば、アメリカ公衆衛生総監代理、アメリカがん協会、イングランド公衆衛生庁も同意見である。[73] それでも、電子タバコに対する課税について、多くの国や地域の政府が条件反射のような反応を示している。[74] 電子タバコはアメリカの十数州で課税されており、もういくつかの州でもそうなると思われる。[75] また世界の20カ国以上でも課税されている。[76] だが、課税の水準や方式はさまざまだ。[77] 電子タバコの扱いをどうするべきか、各政府はいまだ模索中なのである。電子タバコはタバコの葉を燃やすよりも有害性が低く（おそらく10分の1程度）、禁煙の入口になり得るため、普通タバコよりも税金を軽くするべきであるといえる。[78] しかし、正確にどの程度まで軽くするべきかについては不明である。今後、電子タバコに課される税（資金調達の必要とは異なる理由から設定されるもの）のなかには、とりわけ普通タバコの喫煙への入口になるという観点から正当化されるものも出てくるだろう。だが、普通タバコへの入口と出口の相対的な有効性の大きさについてはほとんどわかっておらず、電子タバコの税額を普通タバコよりもどの程度低くするべきか、落としどころが決まっていない。今後この税額が、政府の――資金調達に対する――執着のせいで過重になる恐れがあると考えても、悲観的にすぎるとはいえないのではないだろうか。[79]

飲酒階級にとって忌まわしいもの

飲酒は昔から課税のターゲットだった。19世紀末、イギリスの茶税収入は総税収の約5パーセントを占めた。[80] 世間には茶を飲むことを罪悪と見なす人びともいた。1759年、食料雑貨店をいとなむトマス・ターナーがつぎのように嘆いている。「茶を飲むというとんでもない習慣のせいで、ほぼあらゆる階級の者が堕落してしまった[81]」

現在、そういった懸念を掻き立てる習慣といえば飲酒である――ちなみに、ターナー氏は茶を飲むのも酒を飲むのも同じことだと考えていた。過度の飲酒はぞっとするような事態を引き起こす。「胎児損傷、児童虐待、配偶者虐待、交通事故、犯罪および暴力、死亡率上昇、そして約60種類のアルコール関連の疾病[82]」。

こういった外部費用を正確に見積もるのは困難だが、莫大であることは疑いもない。EUの場合、おそらく対GDP比平均0・7パーセントになる。(83)

アルコール摂取に対する課税は古代から実施されていた税のひとつである。通説によれば、初めてビールに税金をかけたのはクレオパトラであった。マルクス・アントニウスと連合し、オクタウィアヌスと対決するための資金調達だったが、結局はこの戦争に敗れ、悲劇的な運命をたどった。(84) 彼女は、あまり知られてはいないがピグー税的な考えを持っており、ビール税導入の根拠として飲酒の抑制に言及し、後世の政策担当者たちの方向性を決定づけた。それ以降、アルコール税は労働者階級の規律を引き締める役に立つと見なされている。この税により、彼らを田畑や工場にきちんと出勤させることができる、と（オスカー・ワイルドにいわせれば、飲酒階級にとって労働は忌まわしいものであった）。(85) もっと一般的なところでは、この税により、酒の勢いで反乱を起こしたり、狼藉を働いたりするのを抑えることもできる。(86) しかも、税収を大きく増やせる。ヴィクトリア朝時代のイギリスでは、総税収に占めるアルコール税収入の割合は約3分の1にのぼった（一時期はもっと大きかった）。(87) 帝政ロシアでは、第一次世界大戦の勃発時、国庫に入る収入の30パーセント近くがウォトカに由来した。(88)

アルコールへの課税によって生じる問題の多くは喫煙への課税によって生じるそれによく似ている。たとえば、若者からの需要は価格の変動にかなり敏感に反応するが、ヘビーユーザーからの需要はそれほどでもない。増税によって密輸および越境購入が促される。タバコ税でもアルコール税でも、大幅な増税によって違法性のある商品の消費が誘発される。たとえばインドでは、タバコ市場の大部分を「ビディ」――刻んだタバコの葉を「テンドゥ」という植物の葉で巻いたもの――が占めている。つい最近まで、ビディは普通タバコよりも税金が安かったのである。(89) ロシアでは、2012年にウォトカの物品税がぐんと引き上げられ、

双方に得になる提案。「ビールを取り戻し、税金を減らそう」

まもなく市場の半分以上が違法な商品で占められるようになった。この点に関して、喫煙と飲酒には重要な相違点がある。違法なタバコは概して死をもたらさない。あるいは少なくとも、合法の製品よりも早期に死をもたらすことはない。ところが、密造酒のおもな原料であるメタノールは死をもたらすこともあれば失明を引き起こすこともある。実際、そういった事例はたびたび発生している。2015年、ムンバイで、密造酒によって一度に100人以上が亡くなったこともあった。(90)

禁酒法時代のアメリカでは税金の問題がクローズアップされた。禁酒法時代（1920年から1933年まで）以前、蒸留酒の売上税を頼りにする州は少なくなかった。ニューヨーク州の場合、蒸留酒税収入は総税収の約75パーセントを占めていた。アルコールの販売が違法化されると、それがなくなったのだ。前述のとおり、禁酒法賛成派はアルコール税収入への依存度を減らすために所得税の導入を積極的に推し進めていた。そのため、禁酒法の導入後、酒を飲みたい人びと――たとえば、ミルウォーキーのビール醸造所の前に看板を立てた人びと――は、所得税負担の軽減のために禁酒法の廃止を訴えるようになった。

セックス

モンティ・パイソンのコントには「例のアレ」税の導入について気まずそうに議論する役人たちが登場するが、知られているかぎり、どの政府もそこまではしたことがない。[91] しかし、例のアレやその派生物から税収を得る可能性について、政府はまったく考えていないわけでもない。

390年以降、ローマ帝国ではキリスト教徒の皇帝によって同性愛の性行為が禁止された（違反者は火あぶりの刑に処された）が、男娼税の徴収は引き続き実施された。[92] 古代アテナイでは、娼婦は「売春税 pornikon telos」を課された。カリグラ帝時代のローマでも、娼婦はやはり税金を課され、1日当たりの税額は性行為1回分の料金に等しい金額と定められていた。これは、推定課税として考えれば（行為自体を観察することが困難であるため）それほど悪くなかったのかもしれないが、カリグラ帝はしばしば狂気じみた（あるいは、不機嫌から来る）奇行に走ることで知られ、このときもどういうわけか元娼婦にまで課税した。2009年、アメリカのネヴァダ州（全米で唯一、一部のカウンティで売春が合法である州）で、カリグラ帝のやり方にならい、1回につき5ドルの税金を徴収する法案が提出された――州政府の予算を拡充するための奇策であった。しかし、成立には至らなかった。[93]

セックス・ショーもときおりターゲットになる。2007年、テキサス州議会は、店内でヌードショー開催とアルコール販売を行なう施設について、顧客ひとり当たり5ドルの税金を徴収することを決定した。これは「ポール税 pole tax」と呼ばれるようになった。ユタ州は、「全裸あるいは半裸の従業員が何らかのサービスに従事する」施設について、入場料と、物品、食料品、飲料品およびサービスの売上の10パーセントを税金として徴収している(94)。

ポルノグラフィもセックスおよび罪悪に関連する経済活動なのだから、やはり重税の対象になる条件を備えているのではないか。そのように考える人もいるかもしれない。いくつかの実例がある。2005年、イタリアでハードコア・ポルノグラフィに25パーセントの課税が実施されるようになった（VATは別途課税）。フランスでは、ポルノグラフィではない映画作品のみをVAT税の軽減税率の対象とし、税率5・5パーセントとした。この本のふたりいる著者のひとりの同僚は、ポルノグラフィとそれ以外の作品との税の差別化の強制業務に携わっていたことがある。たしかに厄介な仕事だろうが、第9章でとりあげる、ケーキとビスケットとを徹底的に分類する仕事にくらべれば面白いのではないだろうか。アメリカでは、2005年に、アダルト系ウェブサイトの収入に対して25パーセントの税金を課すことが、民主党の上院議員9人から法案として提出された。しかし、実現には至らなかった(95)。

ドラッグ

中国史上、アヘン税はとりわけ重要な意味を持っている。イギリス（東インド会社）はインドでアヘンを独占的に生産しており、それを何としても中国に上陸させようと考え、第二次アヘン戦争後の1858年、中国におけるアヘン合法化にこぎつけた。その「不平等条約」が中国におよぼした影響の名残はいまだに感じとれる（グラッドストンは「私は、中国に対して行なった非道をご覧になった神がイギリスをどう裁かれるかを恐れている」と述べた)[96]。清朝は、アヘン吸引によって引き起こされる社会的災害を受け入れたがらず、アヘンに8パーセントの関税をかけた[97](戦後、イギリスとその同盟国のフランスから請求されていた莫大な賠償金を支払うためにも都合がよかった)。悲劇の時代だった1930年代、中華民国政府と地方自治体、中国共産党、イギリス領香港政府はアヘン税に大きく依存していた。日中戦争の時期には日本軍占領地域の政府もまたそうだった。もっと最近の例では、アフガニスタンのタリバンも、コロンビアのコロンビア革命軍(FARC)も資金調達のため麻薬の売買に税金をかけている。しかも、やがて生産に乗りだし、アヘン輸送時の護衛や、管理区域でのヘロイン工場の運営にも携わっている[98]。

このところ、マリファナの合法化および課税について議論になっている。オランダでは1976年に中毒性の低いマリファナの所持が許可されており、2008年までに、国内に700店以上ある「コーヒーショップ」からの法人税収入が約4億ユーロにのぼっていた[99]。アメリカの場合、かつてはもっと中毒性の高い薬物も合法で、課税対象だった。1914年のハリソン麻薬税法により、アヘンおよびコカ製品の製造、輸入、販売が規制され、課税されることになった。麻薬の製造者と販売者は、IRSに登録し、売上を記録し、連邦税を納付することが義務づけられた。現在のアメリカはマリファナ合法化に向かっているようである。おそらく、少なくともその理由の一部には、莫大な税収を得られるという認識があるだろう。2014年には、コロラド州で、全米で初めて娯楽用マリファナの販売が許可された。同時に、娯楽用マリファナに対して15パーセントの物品税、10パーセントの特別売上税、2・9パーセントの売上税が課されたほか、栽培者は申請料を、販売者は免許料を支払うと定められた。その結果、マリファナ販売から得られる税収はアルコールの場合の2倍近くにのぼった[100]。カリフォルニア州では、2018年1月に娯楽用マリファナが合法化され、15パーセントの税金を課税されるようになった。その税収は2020年3月の時点で約10億ドルだった[101]。しかし、マリファナを商う事業主にしてみれば「チルする」どころではない。アメリカでは、マリファナはスケジュール1の薬物に分類されている。そのため、通常ならば控除される営業経費が控除されない。したがって、所得税は売上税に等しくなる。[102]

だがロックンロールは別

あいにくと、ロックあるいはその他の音楽ジャンルをターゲットにする税金は例がないのだが、ロックスターは税金の物語に二通りの貢献をしている。ひとつは、楽曲を逆再生しなくともすぐにわかることだが、税金への不満を訴えている。前述のビートルズの「タックスマン」のみならず、ザ・フー[103]（「役人が6、バンドが1をとる」）も、キンクス（「俺の船を海に出せない、「役人に」全部持っていかれた」）も文句たらたらである。もうひとつの貢献は租税回避だ。これについては第12章でとりあげる。

不健康な生活

こってりした食べ物や砂糖たっぷりの飲み物は、いまやタバコ同然の扱いを受けているようである。為政者たちは、深刻さを増しつつある肥満、心疾患、脳卒中の問題——有害な外部性というよりも自制心の問題——の原因になり得ることから、動脈血栓の原因になる油脂入りの食品に対する課税と、砂糖入りのソフトドリンクに対する物品税課税に意識を向けつつある。

「油脂税」は強い抵抗にあってきた。導入したことがある国はデンマークのみである。それは2011年のことだった。その後、小さい箱入りのバターの価格が約30パーセントも上昇したため、ジャム入りの甘いデニッシュやプレッツェルに似たクリングルという菓子の製造販売には大きな打撃になった。だが、油脂税が徴収されたのはたった1年だった。廃止の理由はいくつか挙げられているが、そのひとつに、特定の製品の増税をきっかけに生じるおなじみの問題があった。つまり、人びとが外国でその製品を買うようになった。多くのデンマーク人――おそらく、半数近く[104]――が車に乗ってドイツやスウェーデンに出かけ、お気に入りのこってりした食べ物を買い求めた。これらの国では油脂入りの食品は非課税だった。

油脂税は（いまのところは）なかなか前に進まないが、砂糖入り飲料への課税は広く受け入れられている。こういった発想もまた昔からある。1914年、アメリカ大統領ウッドロー・ウィルソンは、第一次世界大戦の戦費を補塡するため、下院歳入委員会（税に関するすべての法案を提案する組織）に対し、ソフトドリンク（それに加え、ビールと売薬）を対象にする税の導入を検討するよう要請した。この案は実現に至らなかったが、ソフトドリンクに課税する発展途上国はわりあいに多い――かならずしも健康への配慮のためではないが、市販のソフトドリンクは最貧者にはそれほど消費されないため、理にかなった税収源と認識されている。今日、いわゆるソーダ税――正確にいえば、砂糖入り飲料を課税対象にする税――はもっと広い範囲で実施されている。2014年、カリフォルニア州バークリーの有権者は全米で初めてこの税の導入を承認した。現在、アメリカでは少なくとも八つの地方自治体がソーダ税を採用している。ヨーロッパのフランス、アイルランド、ノルウェー、イギリスを含む先進国も同様である[105]。

ソフトドリンクの消費量が抜きんでており、肥満がたいへん多いメキシコでは、2014年、砂糖入りの非アルコール飲料に対して10パーセントの税金が課されるようになった[106]。これはある程度成功したようである。その翌年、砂糖入り飲料の購入数が10パーセント減少したのだ[107]。だが、その原因には別の要素もあった。たとえば、経済成長の鈍化や、消費者の嗜好の変化なども関係したと思われる。いずれにせよ、ソフトドリンクの消費が減っても、体重が減ったり健康になったりするとはかぎらない。メキシコの人びとは、非課税の、健康に悪影響のある飲料に乗り換えるかもしれない。たとえば、ビールの売上はソーダ税実施後に増加している。一般論としていえば、この点こそがこういった税の重要な未解決問題である。異なる飲料への乗り換えが発生しかねないのだから、こういった税の導入が健康増進につながると断言できるだけの証拠は存在しない（読者はこう考えるかもしれない。比較的裕福な国で、国民が基本的にたくさん食べすぎているとすれば、食料品を軽減税率の対象から除外すれば簡単ではないか、と）。

そのほかにも、健康促進を理由に支持される税がある。たとえば、赤身肉税は牛肉によってもたらされる気候問題への取り組みとして用いられている。[108] それに、日焼けサロンへの課税もある。国際がん研究機関の発がん性リスクの一覧で、アスベスト、砒素、タバコとともにもっともリスクの高いグループに分類されてから、２０１０年の医療費負担適正化法の施行により、日焼けサロンに10パーセントの物品税が課されるようになった。

こういった罪悪税のほとんどは、貧困者の、健全であるとはいえないかもしれない娯楽を圧迫しているように思われる。だが、金持ちが好んでする罪深い行ないは存在しないのだろうか？　考えてみれば、デザイナードラッグと呼ばれる合成麻薬は一部の高収入世帯に広まっているが、事実上課税対象に（まだ）なっていない。金持ちが依存の対象として選ぶことが多いのは労働なのかもしれない。内部性の考え方からいえば、所得税率を引き上げることは、仕事中毒などになる嘆かわしい人びとの労働欲を抑える助けになると思われる。[109]

ノーというだけ？

やってはいけないことをやめさせるための方法は課税のみではない。自分の行動がどんな結果をもたらすかについて詳しい情報を与えることもそのひとつである。また、課税か、あるいは規制かの二者択一が行なわれることもしばしばある。この場合の規制には、完全な禁止だけではなく、それほど極端ではない非価格制御も含まれる。たとえば、ピョートル一世は税金をかけることで臣民にひげを剃らせたが、17世紀、清朝時代の中国では、望ましい髪型を行き渡らせるため、それとは異なる手段が講じられた。1912年に滅亡するまで、清朝は、この満洲人の王朝に対する服従のしるしとして、頭髪を剃り、後頭部の髪だけを長く伸ばして編む髪型を強い、従わない者は死刑に処した。ロシアでは、ウォトカを飲むことが戦争努力の妨げになると考えたニコライ二世により、1914年にウォトカの販売が禁止された——そして最大の税収源が失われた。

規制に対する課税のアドバンテージは、税収を別にすれば、効率的な資源配分を促す価格メカニズムのパワーを抑えこめるところである。しかるべく設計された課税のアプローチは、完全な禁止にくらべ、課税対象になっている活動を心から楽しむ人びとがそれを楽しみ続けることを可能にするというアドバンテージを有する。総排出量を削減するには、それぞれの事業者に排出量の上限を設け、車両や建物などに排出量の基準を定めることもひとつの方法だろう。そういった規制を行なう場合の難点は——目標を設定し、実行する際に生じるコストを別にすれば——総排出量の削減を、可能なかぎり小さい社会的費用で達成できるかどうかが定かではないところである。

課税のアプローチならばそれができる。規制を行なう場合の問題として、特定の企業の排出量削減のコストがどれほどになるかを観察することが可能でないかぎり（これは不可能である）、排出量に上限を設けても、二酸化炭素排出量を1トン削減するためのコストが、たとえば製鉄会社とバス会社で等しくなるという保証はない。だが、等しくならない場合には、総排出量からの一定量の削減の達成をより小さいコストでできるほうに多めに削減させ、もう一方に少なめに削減させることもできる。そうすれば、同じ総削減量を達成するのでも――気候におよぼす影響に関して重要なことである――総コストをもっと縮小できる。炭素燃焼に価格をつける方法の賢い点は、排出削減量をもっと増やすコストがすべての企業で最終的に等しくなる状況が、おのずと実現されるところである。それは、各企業が、排出量を削減する場合のコストと、しない場合の対価――炭素価格――とが等しくなるまで排出量を削減するためだ。すべての企業に対して設定されている炭素価格が同一であるかぎり、排出削減量をもっと増やすコストがすべての企業で最終的に等しくなる。政策担当者にはそのコストが何であるかを観察できなくても、排出量は社会にのしかかるコストが最小限になるような方法で削減される。政府からの少しの働きかけにより、アダム・スミスの見えざる手がことをうまく収めてくれるのである。

しかし、課税のアプローチには不利な点もある。有害な活動がどれだけ残存するかが不確かなのである[110]。たとえば、一定の炭素税課税によってどれだけの排出量削減につながるのかが確実にはわからない。この点は、外部性を生じさせる活動のレベルがほんの少し変わるだけで社会に多大な影響を与えてしまう場合、たいへん深刻な問題になり得る。第一次世界大戦中にロイド・ジョージは、軍需工場の労働者たちには酔っ払った状態で、あるいは二日酔いの状態で出勤させてはならないと考えた。小さなミスをきっかけに工場が吹き飛びかねなかったからだ。そこで、彼はパブの営業時間を制限することにした。ともあれ、だからこそ世界各国は――めずらしくも団結し、地球全体に作用する外部性に対処するべく国際協定を締結した――オゾン層破壊物質であるフロン類の生産および使用を段階的に廃止したのだ。

課税の限界については、つい最近発生した大規模な外部性、すなわち新型コロナウイルス感染症の大流行を例にとれば理解しやすい。この件では、外部性はさまざまな対人接触によって発生するウイルス感染である。この件において対人接触を抑えるためにピグー方式の課税を用いることは、厳密には実行不可能だった。可能だったとしても、そうすることは適切な反応ではなかっただろう。さまざまに異なる環境における感染のリスクに関しては不確実性がきわめて大きく、適切な税率の設定が不可能だったに違いないからだ。税率を低くしすぎ、結果として対人接触が増えてしまった場合（あるいは、税率を高くしすぎ、経済的痛みが不必要に目立つようになった場合）の損害は、取り返しがつかないほど大規模なものになる。ソーシャルディスタンスの形をとる規制は、理論上、比較的よいアプローチだったし、実践上、唯一の利用可能な方法でもあった。気候変動の文脈においては事情が異なる。ゆっくりと増える累積排出量によって損害の程度が決まってくるため、炭素税の課税水準を経時的に調整すれば、年間のフローに影響を与えることができる。しかし、コロナウイルス感染症の場合はそれほど悠長ではない。

そのほか、課税と規制がそれぞれはっきりとした役割を担うケースもある。結局のところ、何らかのコモディティの購入に対して課税することは、その使用に対して課税することと同じではない。使用されるときの状況しだいで、問題になっている外部性が大きく変わることも考えられる。それは、たとえばアルコールに課税することで酔っ払いをなくそうといった発想の根本にある問題である。ひと晩にビール7パイントを飲むことによる影響は、1週間毎日1パイントを飲みつづけることによる影響とはまったく異なるが、ビールのひと晩の消費量当たりの課税率を変えるのは困難である（将来、テクノロジーの進歩によって事情が変わるかもしれないが）。実際、ほどよい飲酒は、冠動脈性心疾患のリスクを下げ、ストレスを軽減するほか、社交性の向上にも効果があるため、他の人びとに正の外部性をもたらすことになる（退屈なしらふの人よりもおもしろい酔っ払いのほうが一緒にいて楽しい）。すべてのアルコール購入に対して同一の税率を用いるのは、ピグー的な手段をおおざっぱに用いることに等しい。それは規制の持つある役割にもいえる。たとえば、飲酒運転に関するルールやアルコール・インターロック装置などはその一例である。タバコの文脈においては、公共の場での喫煙の制限は、非喫煙者が被る損害の軽減に重要な役割を担うと考えられる。

あらゆる公共政策と同様に、こういった制限は思いがけない結果を引き起こすことがある。アメリカの各州は飲酒運転を減らすために飲酒に年齢制限を設けている。実際、それによって若者による交通死亡事故の件数は減ったようである。ただし、飲酒可能年齢が比較的低い州の州境から25マイル〔約40キロメートル〕以内のエリアではそうではない。若者たちが合法に飲酒できる州に車で出かけるからである。実際、18、19歳のドライバーによる交通死亡事故の件数は増加している[111]。

同様に――課税ターゲットの原則をまた持ちだすが――課税のアプローチは、課税のターゲットが損害の発生場所に近ければ近いほど、それだけ効果的になる。たとえば、燃料税導入の根拠のひとつに渋滞緩和がある。各ドライバーがその他のドライバーに押しつけるコスト、すなわち座っているだけの無駄な時間である渋滞がより長引くというコストは、燃料税の導入によって削減できる。だが、テクノロジーの進歩により、明示的に渋滞に課金する方法がより広く、より精緻に行なわれるようになっている。この分野で世界をリードするシンガポールでは、予測された交通速度に応じてリアルタイムに調整できる（交通速度が遅ければ、課金される金額が上がる）、車種別および大まかな時間帯別の渋滞課金制度の導入が計画されている。その交通情報は、駐車場の空き情報とともに、これから自動車で出かけようとしている人も利用できる[112]。こういった進歩は、ドライバーにとって朗報になるかもしれない。渋滞課金がもっと広く行なわれるようになれば、渋滞緩和のために燃料税が必要であるという主張は消えていく。すると、自動車燃料にかかる税金は——少なくとも、理論上は——下がるのである。[113]

しかし、おそらく課税と規制のもっとも明白な（また、政府にとってはかなり重要な）違いは、制限や禁止とは異なって、課税には資金を調達できる魅力がある点だろう。そして、それだからこそ常習性がある。ジョン・ピムの物品税もそうだが、臨時税というものは他に例を見ないほど長く生き残るのである。

この章でとりあげた事例の多くには当てはまらないが、ほとんどの税は資金調達を唯一かつ本来の目的にしている。そのことがさまざまな行動的反応を引き起こす。なかには意図しないものもある。望ましくないものも少なくない。また、どう考えても奇妙なものもときどきある。

9　巻き添え被害

英国内国歳入庁は、納税者のポケットの中身をごっそり奪う目的のため、税法にしたがい、あらゆる強みを速やかに――そして、まずまず正しく――利用する。納税者のほうでも、歳入庁によって財産が減るのをできるかぎり防ぐため、抜け目なく立ち回る権利を有する。

――クライド卿(1)

19世紀、ブリタニア〔イギリスを擬人化した女神〕は七つの海を支配していたかもしれないが、彼女の商船はしょっちゅう沈没していた。イギリス商船は「ヨーロッパでもっとも見苦しく、もっとも扱いにくい船」であるといわれていた(2)。もちろん、理由は税金だった。1773年から100年近くのあいだ、商船は港と灯台の使用料を払わなければならなかった。その金額を決めるのは船体の長さと幅で、深さは関係なかった(3)。積荷を最大にしつつ税額を最少にするための方策として、幅が小さく、深さが大きい船舶がつくられた。これでは不安定になるに決まっていた。商船の建造では、1830年に書かれた『海事指南 *Marine Directory*』によれば、「トン数に応じて徴収される税金の回避に気をつかい、風向きの変化にかかわらず無事に航行できるかどうかは二の次である」[4]。イギリス商船は、航海に適しているとはいいきれなかったが、少なくとも節税効果は大きかった。

何かが課税対象になれば、たいていその消費量や生産量が減少することになる。窓税の導入後に家々の窓の数が減ったことはその一例である。ヨーロッパで誇られたイギリス商船の例からもわかるとおり、課税はわれわれが消費するものや生産するものの性質に変化を生じさせる。課税に対する二種類の反応――金額に対するものと課税対象に対するもの――は、納税という資源移転に関連するもの以上の損害を人びとにもたらすと考えられる。この章では、その「超過負担」の性質を詳しくとりあげる。

創意工夫の後押し

伝えられるところでは、ジョン・メイナード・ケインズはこう語ったという。「租税回避は、あまたある知的探求のうち唯一、いまだに何らかの報酬をともなうものである」[5]。われわれは、租税回避といわれれば、豪華なオフィスを構える羽振りのいい法律家が編みだす奇策のことだと考えがちである。たしかにそういう例はいくつもある。それらについては国際課税をテーマにする第11章でとりあげる。だが租税回避は、われわれに馴染み深いものごとをゆがめ、見るからに奇妙な形に変えることがある。そして、その奇妙な形こそ超過負担のあらわれである。ものごとが本来の姿とは明らかに異なるものになってしまう。この奇妙さの原因は、いまどきの洗練された弁護士の場合も19世紀の造船技師の場合も同じである。政府は、何かを課税対象にすると決定すれば、その対象に含まれるものと含まれないものを定義する。すると納税者は、課税対象に含まれるものに似ているが、定義上は非課税であるものを見つけるか、新たにつくりだす。[6] そのために厄介な問題がいくつも持ちあがる。

奇妙なもの

必要は発明の母といわれるが、必要のひとつの形であることから、税金もまた発明の母であるといえるだろう。租税回避の試みは優れた創造性を生みだしてきたが、その――ものごとをゆがめ、その本来の形を変えてしまうことの――大半は、社会的な面では無意味であるどころか、害悪である場合もある。重税の対象になったものごとに多大な影響がもたらされ、たいていの場合、それが見た目にも明らかとなる。この数百年間に観察された代表的な例には、住宅、タバコ、アルコール飲料、自動車などがある。

とりわけ建物――ずっと昔からしばしば課税ベースにされてきた。所有者の富と利益が見た目にあらわれる、持ち運びできない資産だからである――は、課税のせいで奇妙な形にされがちである。たとえば、妙に細長くつくられたこともある。約400年前、ポーランドの家主は持ち家の間口（および正面の窓数）を課税基準にする資産税を徴収されていた。それらが基準になったのは、通りを歩きながら目視しやすいからだったと思われる。果たして、簡単に予想できることが起こった。細長い住宅がいくつもつくられたのだ。これならば、床面積当たりの税額がずっと安くなった。16世紀のオランダでも、住宅の間口を課税基準にして税金が課されていた。この制度はカリブ海地域のオランダ領にも持ちこまれた。現在のキュラソーの首都ウィレムスタットの臨海地域には、その名残として、ひどく細長い（しかし、たいへんカラフルな）建物がずらりと並んでいる。江戸時代の日本にも、住宅あるいは店舗の間口を課税基準にする制度があった。そのため、日本の古い家屋には間口が狭く、奥行きが長いものがたくさんある。また、店舗の多くは正面部分の造りが

節税対策のロケットハウス。

小ぢんまりとしていたため、建物全体の実際の大きさがわかりにくかった。[7] さらに、商店主がとても小さい出入口を設けることすらあった。建物を小さく見せ、税額を少なく見積もらせるための工夫だったといわれている。ヴェトナムでは、間口を基準にする税の節税のために住宅や店舗が細長くつくられ、「ロケットハウス」と呼ばれた。[8]

そのほか、租税回避のために建物の形が変えられた例はいくつもある。ギリシャでは、未完成の建物に対して60パーセントの税額控除が適用されるため、案の定の結果として造りかけの建物がうんざりするほど増えている。アメリカでは、1962年内国歳入法に定められた投資税額控除制度が施行されてから、移動できるオフィス用パーティションが多用されるようになった。構造物は控除の対象にならなかったが、移動できるパーティションは対象になったからである。だが、建物税の節税策としてもっとも感動的な例はイタリア南東部の町アルベロベッロの趣ある建物群だろう。石造りの家々はトゥルッリと呼ばれ、モルタルを使わず、石のみを積みあげてつくられている。インターネット上の多くの観光案内サイト[9]でこの家々と税金の関係について言及されている。税務調査官がやってくる時期にすばやくとりこわせるようにこういう構造にしたという。

見つけにくい家。

タバコも、一般的なものとは形の異なるさまざまな商品が売りだされてきた。EU加盟国の多くで、タバコよりも葉巻のほうが低税率であるため、葉巻のように見えるタバコの開発がさかんに進められた（税対策のため）。そうして誕生したのがフィルターつきの葉巻、シガリロである。しばらくはそれでよかったが、やがて（葉巻の）最低重量の規則が設けられた。それに対して企業側は、長い1本をカットして（つまり、もっと重量を軽くして）吸うことができる紙巻タバコを売りだした。するとEUは、タバコ製品の定義をいっそう厳しくした。1990年にはドイツで「タバコロール」が発売された。細かく刻んだタ

トゥルッリ。税金逃れのため？

バコの葉を透過性のある紙で巻いたもので、別売りのホルダーに差しこんで吸うようになっていた。これはEUの「そのまま喫煙することが可能」という定義に当てはまらなかったため、「タバコ」ではなく、もっと低税率の「刻みタバコ」のカテゴリーに分類された。さらには「パーティ葉巻」もあらわれた。EU加盟国の多くでは、葉巻とシガリロの物品税率は重量ではなく製品単位を基準にしている。そのことが特大サイズの製品をつくる動機になった。たとえばポーランドでは、長さ35センチのパーティ葉巻が市場に出回るようになった。それは、さまざまな種類のタバコの葉をタバコの葉で巻いたもので、葉巻およびシガリロの定義に当てはまった——ただし、そのまま吸うのではなく、ばらして紙巻タバコにしてから吸うようになっており、1本から紙巻タバコ20本をつくることができた。[10]

飲料においても、租税回避を目的とするイノベーションがあった。1786年、スコットランドで蒸留酒税が導入された。各蒸留所から、使用している蒸留器の容量に比例する金額がライセンス料として徴収されるようになった。蒸留器の容量ならば蒸留酒の生産量のものさしに適しているという考えからのことだった。ところが、少しの工夫がなされた結果、そうとはかぎらなくなった。ライセンス料の導入後、より浅く、より径の大きい蒸留タンクが用いられるようになった。すると、このほうが、蒸留時間がずっと短くすむとわかった。税金の歴史上しばしば見られるいたちごっこで、それに対応した政府がライセンス料を引き上げると、蒸留所はさらに工夫を凝らした。ライセンス制度が廃止されるころには、ライセンス料は1ガロン当たり1・50ポンドから54ポンドに上昇していた。そして、蒸留酒40ガロンの製造にかかる時間は2880分の1に縮まっていた[11]。第12章でとりあげるが、ジン・クレイズと呼ばれる、ジンの消費が急増した時期のイギリスでも同じような創意工夫があった。ジンにかかる税金は1ガロン当たりの定額税だったが、蒸留所は生産するジンのアルコール含有量を増やし、価格を上げた。当時の小売業者について、ジョンソン博士がつぎのように語っている。「蒸留酒はアルコール分が規定量の3倍になっている。この工夫により、1パイント分の税金のみを支払えば、3パイント分を売ることになる。3倍に薄めても、そのアルコール分は不道徳な用途に使うのに十分であるからだ[12]」

自動車にしても、課税をきっかけに奇妙なものがつくられてきた。チリでは、一般的な自動車に対し、パネルでできた箱型の荷室を搭載したパネルバンよりもずっと高い税率が適用されるようになると、荷室に窓とシートを設けたパネルバンが売りだされた[13]。インドネシアでは、オートバイに対して税制上の優遇措置があることで、後部座席に向かい合わせのロングシートを設けた8人乗りの三輪オートバイがつくられた。自動車に似ていたが、自動車として課税されるほどには似ていないものだった。アメリカでは、2009年以降、乗用のバンの輸入に2・5パーセント、貨物用のバンの輸入に25パーセントの関税がかかるようになっ

じつに洒落た租税回避。

た。するとフォード社は、〔外国で製造される〕トランジット・コネクトを関税率の低い5人乗りの乗用バンとしてアメリカに輸入し、あとで後部座席、床材、リアウィンドウをとりはずしたうえ、床張りを行なうことにした。こうして乗用自動車から貨物自動車に改造するのにかかる時間は11分であったという[14]。

課税によって引き起こされたイノベーションの例はそのほかにもたくさんあって、いずれも称賛に値するものである。ジョージ王朝時代のイギリスでは、政府が優れた創造力を発揮して多種多様な物品税を導入すると、納税者がそれに匹敵する創意工夫力をもって回避方法を考案した。1712年の税法によってプリント壁紙が課税対象になると[15]、建築業者はこれを回避するため、無地の壁紙を貼ったあとで模様を描き入れた。1745年にはガラス税[16]が導入され、最終製品の重量に応じて課税された。それに関して、医学誌『ザ・ランセット』は「光に課税するという馬鹿げた制度」といいあらわしている[17]。だが、ガラス税導入をきっかけに、より小さい、凝ったデザインのグラスが大量につくられるようになった。なかにはステムが空洞のものもあって、「物品税グラス」と呼ばれた[18]——現在で

壁のレンガ（種類が異なる）。

はコレクターズアイテムになっている。1784年にはレンガおよびタイル税が導入され、レンガ1個当たりの税額が設定された。建築業者は、大きなレンガを使えば（個数を少なくできるため）税額を抑えられると考えた。政府はそれを見てとり、通常よりも大きなレンガに対し、通常よりも高い税率を適用した。この写真の、大きさの異なるレンガでつくられた壁は、税率の異なる時期に築かれたと考えられる[19]。ほぼ同じ時期の1795年、デンマーク＝ノルウェー連合王国で、鏡に対して輸入関税が課されることになった。それは大きさを課税基準にする累進課税で、大きさが2倍になれば、税額は2倍よりも大きくなった。すると、伝えられるところでは、小さな鏡がたくさん輸入され、国内でつなぎあわされ、大きな鏡がつくられるようになった。

　意外なことに、犬は税金にまつわる物語にしばしば登場し、この章のテーマにも関係してい

断尾で租税回避は、たぶんホラ話。

る。伝えられるところでは、数百年前のイングランドで、国王は犬に税金をかけることにしたが、断尾された（尾を切断された）使役犬をその対象から外した。それは、人間のために働くことはできるが、支配階級の狩猟の獲物を勝手にとることはできない犬を、貧しい人びとが飼えるようにするための措置だった。当時、断尾によって犬のバランス能力や運動能力が損なわれ、狩猟能力が減じてしまうと考えられていた。金銭的に余裕がない平民たちは税負担を軽くするために断尾を行なった。断尾は、犬税が撤廃されるころにはすでに慣習になっており、税制上の優遇措置がなくなって久しい今日にも相変わらず行なわれている。とはいえ、この伝説にはひとつ問題がある。犬税について真面目に研究する学者（何人か存在する）[20]によれば、事実ではないと考えられるのである。

これらの例に共通しているのは、課税の基準が、船舶の幅と長さ、壁紙の模様、蒸留器の幅などの物理的特徴に置かれている点である。所得税との関連でとりあげた推定課税の例と同様に、課税対象になるこれらの特徴は、そのものごとの本質をあらわす指標と見なされている。だが、多くのコモディティはさまざまな特徴を有しており、そのなかから容易に観察できるひとつかふたつくらいを基準にして税額が決まるとなれば、租税回避をしたい人びとは、そのコモディティの本質を保ちつつ、課税基準になっている特徴をそうではないものに置き換える。[21]何らかの特徴を課税基準にすることでもたらされる結果はたいてい意図しなかったものであり、それに対する政府の反応は、レンガの例と同様に、課税基準の再設定になりがちである。租税回避が行なわれる場合には、さまざまな策を講じる納税者と、その策をつぶしていく政府とのいたちごっこになることが多い。

物理的な特徴を課税基準にすることでこういった問題——はっとするほど創造性に満ちているかもしれないが、納税上の利益はあっても、製品の質は下がってしまうイノベーションの創出——が生じるのであれば、特徴ではなく価格を課税基準にすればいい。これを「従価税」という。VATや小売売上税などがそうで、いまや一般的になっている。おもな例外は、人びとを矯正する目的のため、何らかの属性、たとえば酒に含まれるアルコールなどが課税対象になる場合である。[22]

線を引く

何らかの特徴を基準にする課税と同様に、従価税課税も創造性を生みだしている。それは、製品ごとに異なる税率が適用される場合のことである。それぞれの税率を定めるには何らかの属性を選ばなければならない。つまり、製品を区分するための線引きを行なう必要がある。このことから、馬鹿げた訴訟が行なわれ、世間の物議を醸してきたが、それについてはもう少しあとで述べる。課税措置での差別化は新製品開発の動機になるほか、自社の製品あるいは経済活動をもっと都合のいいカテゴリーに入れようとする動機にもなる。そのため、課税対象のものごとの再構築や、敏腕弁護士の雇用などの動きが生まれる。このように、異なる状態について個々に異なる税率を適用することを政府が選んだ場合には、かならずといっていいほど租税回避の動きが生じる。

差別化の根拠がよくわからないものもある。オランダでは、モルモットのえさは21パーセント、ウサギのえさは9パーセントの課税となっている。また、軽率だが、少なくとも理由はわかる差別化もある。イギリスで、貧困者の税負担の軽減のため、食料品がVATの課税対象から除外されたこともその一例である（第14章でもとりあげるが、これは効果的な方法ではない）。しかし、そういった措置から利益を得られるような食料品を、弁護士たちがこぞって考えだすかもしれない。経済成長の原動力となったことで知られる「ジャッファ・ケーキ」というビスケットのようなケーキ（あるいは、ケーキのようなビスケット）はその好例だ。ちなみに、この名称はジャッファ・オレンジという柑橘類に由来する。1991年の時点で、ジャッファ・ケーキは、ケーキと見なされればVAT税率は0パーセント、チョコレートをかけたビスケットと見なされれば通常どおりの17・5パーセントだった。イギリスの租税審判所がこの問題に介入し、さまざまな要素について検討した。原材料、大きさ、食感、包装、マーケティング、物理的性質。ジャッファ・ケーキは傷むとどうなるのか。素手で食べるものか、フォークで食べるものか。結局、ジャッファ・ケーキはケーキに分類してしかるべき製品であり、VAT税率0パーセントが適用されると裁定された（そもそもケーキとビスケットで税率が異なるのはどうしてかという疑問もあるが、それはわきに置くこととする）。

ジャッファ・ケーキというお菓子はイギリスのみでよく知られる名物かもしれないが、複雑きわまりない税の差別化はそうではない。アメリカのウィスコンシン州でアイスクリームケーキ（あるいはそれをカットしたもの）の販売に乗りだす場合、州の税務署から1435語におよぶ長文の説明書を渡される。それには、その商品が課税対象になるかどうかが10件の実例とともに解説されている。(23)

課税区分については、買い手側の考える用途に応じて分類されることもある。そのことで問題が生じてもいる。たとえば、カボチャは、アイオワ州、ペンシルヴェニア州、ニュージャージー州では売上税の対象から除外されている。だが、それは食用に購入された場合のみのことで、彫刻用に購入された場合は除外され

ケーキ、それともビスケット？　弁護士に聞いてみよう。

ない。それならば、正しい税額を徴収する義務のある売り手側は、カボチャの購入者がそれを食用にするか、彫刻用にするかをどうやって知ればいいのだろう？　金額はもっと大きくなるが、アメリカの連邦税、ディーゼル税でもそれに似た問題が生じている。ディーゼル税は輸送システム用の燃料に適用されるが、農業用、オフハイウェイ商用車用、航空機用の燃料には適用されない。この問題を解決するため、非課税の燃料に、試験的に色づけされたことがあった。路肩でトラックを調べ、ガソリンタンクに着色された燃料が入っていれば、脱税行為がすぐにわかるというわけだった（「試験的に」の経緯については第13章で明らかにする）。２０１０年以降、ニューヨーク市である規則が設けられている。ベーグル店で、イートインには売上税がかかり、テイクアウトにはかからない。そのため、店内でベーグルがスライスされれば、その取引は課税対象になると定められている。ベーグルを店内で食べるかどうかを区別するには、このうえなく安上がりでさりげないやり方である。カナダのマニトバ州では、２０１４年の時点で焼き菓子はＶＡＴを課税されなかったが、販売前の１包装当たりの個数が６個未満であれば課税された[24]。おそらく使用目的に関連する措置なのだろうが、率直にいって、われわれにはどういう理由からのことなのか見当もつかない。

　課税によって製品のイノベーションなどの反応がはっきりとあらわれる例には、税制に「ノッチ」がある場合が少なくない。ノッチというのは、第3章でとりあげた10分の1税の制度に見られるもののような、ある一線を越えたときの税負担の急激な変化のことをいう。たとえば、日本では、アルコール麦芽飲料の税率は麦芽の使用比率によって変わる。1996年までは、25パーセント以上67パーセント未満ならば1リットル当たり152・7円で、それを上回ればもっと高く、それを下回ればもっと低くなった。この課税によって製品のイノベーションが生じた。1994年、サントリーから「発泡酒」が発売された。その麦芽使用比率は65パーセントで、税率がもっと高くなるノッチの少し手前であった。2003年、ビール類市場における発泡酒のシェアは40パーセントに達していた。すると、案の定、おそらく税収減への懸念から、2003年に発泡酒の税率が引き上げられた。すると、案の定、2004年にサッポロビールとサントリーが麦芽不使用の「第3のビール」を売りだした。これはビール類のなかでももっとも低い税率を適用される製品となった。2008年までに、この新ジャンルのアルコール飲料の売上数は、麦芽使用比率が中間に区分される発泡酒に並ぶほどになっていた。[25] 似たような話で、イギリスで2018年に砂糖税が施行されると、人気のある清涼飲料アイアン・ブルーを製造するスコットランドのメーカーは、砂糖税額をごく低く抑えるため、すべての製品の砂糖使用量を減らすと発表した。すると、課税によって誘発されたこの（反）イノベーションの撤回を要求し、5万人以上が嘆願書に署名した。[26]

実体ではなく概念に線引きが行なわれる場合には、もっと大きな問題が生じるかもしれない——そして、もっと厳しい経済的影響がもたらされるかもしれない。たとえば、会社員（所得税は雇用者によって源泉徴収され、国に納付される）と個人事業主（源泉徴収制度を適用されない）のあいだには重要な一線が引かれている。アメリカの税法には、労働者がその一線のどちら側に属するかを判断するための、20項目からなる診断テストが含まれている。ピアツーピアのサービスを提供する、たとえばウーバーやリフトのような企業の増加とともに、雇用者と被雇用者の区別が曖昧になりつつある現在、こういった線引きの重要性はいっそう高まっている。２０１６年、集団訴訟の被告となったウーバーは、それまでどおりカリフォルニア州とマサチューセッツ州のドライバーを個人事業主として扱うことを条件に、１億ドルを支払って原告側と和解することに同意した。２０１６年８月、この和解案は、和解金額が不十分であるとされ、連邦判事によって却下された。２０２０年の時点でも、この件に関して訴訟が起こされている。カリフォルニア州は、ドライバーを個人事業主ではなく被雇用者として扱うことを求め、ウーバーとリフトを相手どって裁判を起こした。だが、これら2社をはじめとするギグ・エコノミー企業によってドライバーが個人事業主として扱われつづけることについては、この年の11月にカリフォルニア州で有権者による住民投票が実施され、圧倒的多数で承認されている。

税法上の線引きでは、事業者の資金繰りに関するそれもまた重要である。事業者が借入による資金調達――デットファイナンスという――を行なった場合、債権者に支払う利子は、通常、事業コストの一部として課税所得から差し引くことができる。一方、企業が株式発行による資金調達を行なった場合、株主に支払うリターン――配当とキャピタルゲイン――は法人税の課税ベースから差し引くことができない。つまり、ふたつある基本的な資金調達方式のうちの一方を用いれば、もう一方を用いた場合とはまったく異なる状況になる。税法上ではデットファイナンス方式のほうが優遇されるのだ。そのため、株主資本のような特徴（たとえば、返済義務がないことなど）を有しつつも負債のように見える（たとえば、定期的に一定の金額を支払う義務があることなど）資金調達の方法について検討されている。

先頭に立ってそういった「ハイブリッド方式」の探求を行なっているのは、規制を受けている金融機関である。彼らにしてみれば、支払った利子の控除を認めてもらえるが、株主資本として扱うことのできる資金調達方法は、資本要件を満たすために都合がいい。世界金融危機以降、それを見つけることがいっそうの急務となった。各銀行がレバレッジのメリット、とりわけ税制上のそれを手放すことなく資本バッファーを再構築しようとしたからだ。そうして生まれた重要なイノベーションが偶発転換社債（ＣｏＣｏ債）という商品である。これは利子付き債務であり、あらかじめ定められた偶発的事象（銀行の自己資本が規制の水準を下回ることなど）が発生したとき、損失吸収力を有する株主資本に転換される。ＣｏＣｏ債は２００９年から２０１５年までの期間に３５００億ドル分が発行されている。[27] 資本要件達成のためにＣｏＣｏ債を発行する場合、税法上のメリットは明らかに重要だが、それだけが理由になるわけではない。たとえば、ドイツではＣｏＣｏ債はずっと発行されていなかったが、２０１４年５月に利払いが経費として認められることが明確になった翌月、ドイツ銀行から４７０億ドル相当のＣｏＣｏ債が発行された。[28]

それから、時間の経過の「ノッチ」もある。課税のルールに変更があったとき、旧ルールが適用されるのは課税年度の末日までで、その翌日から新ルールが適用される場合などだ。新ルールの施行後に実効税率が下がる場合には課税所得の受取日を遅らせるインセンティブが、上がる場合には受取日を早めるインセンティブが生じる。印象深い例として、アメリカにおける１９８６年の税制改革法がある。この法律の施行日の１９８７年1月1日以降、多くの人びとにとって、株式の現金化によるキャピタルゲインにかかる税金がぐんと増えることになった。キャピタルゲインが生じる有価証券を持つ人びとはそのことを気にかけた。１９８６年12月の時点のロングターム・キャピタルゲイン〔株式を1年以上保有したのちに得た売却益〕は、１９８５年の水準の7倍近くであり、１９８６年末までの平均の6倍だった。[29] そのほか、第12章で詳しくとりあげるが、誕生日が年度末である場合のみならず、[30] 命日が年度末である場合にも、税負担に微妙な影響があることは、多くの実例によって示されている。ときには、ノッチをつくりだし、経済活動のタイミングを変えることを目的に一時的な変更が行なわれることもある。たとえばドイツでは、新型コロナウイルスの世界的大流行からの復興期における消費刺激策として、２０２０年7月からの6カ月間、ＶＡＴ税率が通常の19パーセントから16パーセントに引き下げられた――あとではなく、いますぐ（とりわけ耐久消費財を）買うことを促すために、意図的にその動機がつくられたのである。イギリスでは、２００８年、世界金融危機の余波のなか、ＶＡＴ税率が期間限定で通常の17・5パーセントから15パーセントに引き下げられた。アメリカでは、投資の前倒しを促すため、一時的に「ボーナス」減価償却が認められた。[31]

課税年度というテーマに関して、税金の奇妙なところを研究する学者ならば見逃すはずのないおかしな例がある。アメリカを含むほとんどの国で、個人所得の課税年度は1月1日から12月31日までである。ところが、イギリスでは4月6日からとなっている。イギリス独特のこの決まりは、イングランドとアイルランドではかつてキリスト教の四つの主要な祝日（クリスマスなど）が借金と勘定の清算日で、家賃の支払日だったことに由来する。たとえば、少しあとでとりあげる、イングランド王政復古時代の炉税は、年に2回、聖母マリアの受胎告知の祝日（3月25日）とミカエル祭（9月29日）に納めることになっていた。新年の初日として祝われていた3月25日は、イギリスの課税年度の初日として――祝われはしなかったとしても――認識されるようになった。ところが１７５2年、イギリスではそれまで使用していたユリウス暦に替えてグレゴリオ暦を採用することが決まった。このとき、すでにグレゴリオ暦を使用していたヨーロッパ大陸の国々とは11日のずれが生じていた。そこで、１７５2年9月2日の水曜日の翌日を１７５2年9月14日の木曜日と定めることになった。このために問題が生じた。つぎの納税日が11日早く来ることになったのである。それを解決するために調整を行なったが、少し奇妙なことに、それは（暦の移行をめぐる騒動がすでに収まっていた）数年後のことだった。つまり、3月25日に11日を足し、4月6日を課税年度の初日としたのである。[32]

ところで、課税期間が1年なのはどうしてだろう？　たとえば、2年ではいけないのだろうか？　2年にすれば、事務作業や法令順守のコストを減らせるるし、ことによると、ある年に通常とは大きく異なる状況が生じる可能性もあるため、もっと視野を広げたほうが、もっと個人の経済状況を正確にとらえられる。コストを抑えられるという根拠から、課税期間を2年に延ばすことに賛成するある学者の論文には、その主張がそれほど支持を得ていない事実が示唆されている。その論文でエピグラフとして引用されている、ある「友人」の見解はつぎのとおりである。「君の論文のテーマは、生まれてこのかた聞いたこともないほどひどい考えを支持するものだ」[33]。われわれはこの意見にまったく賛成できない（ちなみに、古代エジプトでは課税期間は2年だった[34]）。

物笑いの種にするのは容易いことだが、奇妙な形をした自動車も滑稽な法廷争いも、何らかの属性を課税ベースに定め、定義上の線引きをした結果である。たしかに、なかには馬鹿げていると思われて当然の例もいくつかある。だが、こうした差別化は、少なくとも善意にもとづく何らかの目標を追求するための、実際上の必要からのことである。たとえば、ほとんどのVATは、乏しい行政資源をその他の活動に割り振り、小規模業者の法令順守のコストを減じるために、売上高が一定の水準を上回った場合のみ納税義務があると定められている。善意から設けられたノッチではあるが、結果的に、自社の（少なくとも、見かけ上の）規模や成長を人為的に抑え、その水準を超えないようはからう企業があらわれた[35]。政府が食料品などの製品により低い税率を適用しようとするとき、必然的にジャッファ・ケーキの件のような騒動が発生してしまうことは、払う価値のある代償なのかもしれない。問題は、租税回避を目的とする創意工夫によって生じる副次的な影響が、その目的にともなうコストとして過大かどうか、そして、そのコストが制限可能かどうかである。創意工夫の実行にともなうコストを別にすれば、副次的な影響としてもっとも顕著なものは、行動の変化の結果としてもたらされる、税金よりもよほど手痛い損害である。これを税の超過負担といい、このあと詳しく説明する。

超過負担

一般に、税は実際の課税額よりも大きな損失を納税者にもたらす。その点は、課税によって誘発されるイノベーションの例からすでに明らかである。税額を抑えるためだとしても、未完成の家や、出入口がごく小さい家に住みたがる者がいるだろうか？　これらすべては「歪《ひず》み」と呼ばれる。つまり、税制によって生じたインセンティブのみにもとづいて行なわれるものごとである。歪みの重要なところは、民間セクターが政府への資源移転によって最終的にこうむるよりもはるかに多い損害が、課税によって生み出される点である。課税による「追加的」損失という概念――「超過負担」――は、税の考察にかかわるさまざまな概念のなかでも基本的で、大きな影響力を有するものだが、公の議論の題材になることはめったにない。おそらく、マニアックに過ぎると思われるのだろう。だが、これは文字面ほど不可思議なものではない。それに、非常に大事なことである。

煙のないところに火はない

1660年、王政復古によってイングランド国王となったチャールズ二世は、かつて斬首された前国王の父親同様、金に困っていた。だが、おかしな封建義務の復活はもはや望めなかった。議会の決定により、新税の導入には議会の承認が必要になったのである。そして1662年5月、その議会によってイングランドに炉税が導入された（当時調理や暖房に使用されていた炉に対する課税）。[36] 炉ひとつに対して年間2シリングを徴収するもので（貧困者は免税を認められた）、平時に定期的に徴収される税としては、関税および物品税を別にすれば、これがイングランド史上初の例となった。炉税の記録のほとんどは今日に残っており、系図学者の貴重な資料になっている。これらの記録を、少しばかりの想像力を働かせながら眺めれば、課税のもたらす影響について多くを知ることができる。

炉に税金をかけるという発想には一理あった。住宅にある炉の数は支払い能力の指標として合理的であるように思われた。それに、実際的でもあった。「炉は、人のように移動することがなく、数を把握するのが容易である」からだった。[37] だが、税としての設計上の利点はどうあれ、炉税は導入当初からひどく嫌われた。初めて炉の数の確認が行なわれた翌月のサミュエル・ピープスの日記によれば、人びとは「あの煙突税にやかましく反対し、力ずくでとられるのでなければ、払うつもりなどないといっていた」。[38] 彼らが感情を害した原因は、炉税そのものだけではなかった（また、炉税はもっとも大きな原因でもなかった）。それよりも、炉の数が申請どおりかどうかを確認するために家のなかに立ち入ることを許されていた、徴税人の権限（実際のところは、義務）をもっと不快に思ったのだ。抵抗する人びともいた。1668年のことである。「ブリッドポートで、炉税の徴税人たちは老若男女から追いまわされ、石を投げられた。……ナイト氏は頭に二度石をぶつけられ、亡くなった」[39]

炉税は1689年に撤廃された。[40] それは、その前年に起こった名誉革命ののち、新国王ウィリアム三世が最初に行なった改革のひとつだった。事実上抵抗されることなく征服を成し遂げたウィリアムは、容易に人心をつかんだと思われる。事前に、炉税に反対していることをイングランドの人びとに注意深く知らしめていたのだ。[41]「ウィリアムは、トーベイからロンドンへと行進するあいだ、炉税という耐えがたい重荷から解放してほしいと平民から口々に懇願された」[42]。撤廃法案に記されていたとおり、炉税は「全国民におされていた奴隷の烙印である。見知らぬ者が自宅に上がりこみ、好き勝手に調べることを許すものだ」ということになった[43]。炉税の撤廃は1689年制定の権利章典に明記された。短命に終わった炉税だが、当時のある納税者の目を通して眺めれば、超過負担の本質や作用について知ることができる。

1662年に炉税が導入されたとき、ジョン・ウィンドーヴァーはサウサンプトン郊外の南沿岸部ホーリー・ルード教区に住んでいた[44]。暮らし向きはよかった。自宅には五つの炉があった。その教区における炉税支払い義務のある住民の平均がそれくらいだった[45]。だがその8年後、ウィンドーヴァー氏の自宅の炉は四つになっていた。ひとつ減らした理由が炉税かどうかは不明だが、そのように推察される。残った四つの炉に対し、ウィンドーヴァー氏は合計8シリングを納税していた。だが、炉税の制度によって生じる実際のコストはそれ以上だった。さまざまな用途に使うはずの金が減ったことに加え、室内は寒くなり、疑いなく居心地が悪くなっていた。税金を納付したうえにそういった追加的コストを負担させられたこと――指先がかじかんで動かなかったり、耳が冷え、ナイトキャップを深くかぶって温めなければならなかったり――が、ウィンドーヴァー氏が炉税によって被った超過負担だった。

ウィンドーヴァー氏が徴税人に手渡した8シリングとは異なり、こういった損失は実体として手で触れることはできないが、間違いなく現実であった。そして、そういった損失には金銭的価値を付与することもできる。ウィンドーヴァー氏が被った追加的損失は、1670年の時点ですでに撤去していた炉ひとつと同等の価値を有していた。すると、彼にとってその（炉自体のコストを除いた）価値はいくらだったのだろう？炉がまだあれば納めるはずだった税額の2シリングよりも小さかったことは確実である。それよりも大きければ、ウィンドーヴァー氏は炉をそのまま残し、その分の税金を納めていたはずだからだ。またその価値は、ゼロではなかったこともたしかである。ゼロならば、初めからその炉を設けることがなかったに違いないからだ。つまり、1670年の時点ですでに撤去していた炉の彼にとっての価値は、2シリングとゼロのあいだである。推定値として妥当なところは、その中間にあたる1シリングだろう。つまり、彼が炉税によって被る損失の総額は約9シリングである。そのうちの8シリングは納税した金額というわかりやすい損失であり、少なくとも、財政支出の資金の一部として社会に利益をもたらすことになった。残りの1シリングは超過負担で、わかりにくい損失であったうえ、誰にも利益をもたらさなかった。ジョン・ウィンドーヴァー本人にも、王政復古期のイングランド全体にも、無駄そのものだったのである。

この章ですでにとりあげた、何らかの属性にもとづく課税とノッチも、やはりさまざまな形の超過負担を生じさせる。なかには、すでに撤去した炉よりも容易に目視できるものもある。19世紀のイギリスで、所有する船舶の形を変えた船主たちは、港湾使用料などの料金――変えなかった場合よりも少額だったが――を払わなければならなかったほか、船舶の建造コストが上がったうえ、転覆の恐れが増したと考えられる。彼らが負担した、たとえばバラストを余分に積みこむことや、高い保険料を払いこむことなどの付加的コストにしても、超過負担の一種だった。また、たとえばVATの課税対象になる水準を超えないようはからう企業は、VATを納めずにすむとしても、非課税になるよう人為的に成長を抑えたり、わざわざ事業を切り離し、非課税扱いになる小規模な企業にしたりすることで、やはり負担を抱えることになる。

今日、炉税によって生じる超過負担は差し迫った政策課題ではない。また、船舶に対する課税には、もっと危険の少ない方法が見つかっている。だが、これらの税の場合と同じ課題――納税すること自体の損失に加え、納税する者の（場合によっては、納税しない者の）幸福に損失が生じること――は、ほぼすべての税にも当てはまる。超過負担は、経済活動や幸福を左右するような、比較的重大なものごとに影響をもたらす税から発生する。投資行動、企業成長、労働市場への参加、貯蓄、職業選択、借入および貸付の決断。これらに影響をもたらす税には超過負担を生じさせる可能性が潜んでいる。超過負担をいっさい生じさせないのは、租税回避や脱税が不可能な税だけである。第4章でとりあげた定額税がそうで、これについては次章でも述べる。それ以外のすべての税は、人びとの資源を徴収して政府に移動させることに内在するコストに加えて、ある実質的なコストを人びとに負担させるのである。

この法則にはひとつ例外があるかもしれない。何らかの属性を対象にする課税によって生まれたイノベーションが、結果的にかなり便利であった場合のことである。おそらく、インドネシアのロングシートつき三輪車は当てはまらない。だが「フリュート」はその好例なのではないだろうか。フリュートというのは16世紀末ごろにオランダで開発された商船の一種である。当時、北海とバルト海を結ぶエーレスンド海峡の通行には税金を払わなければならず、この船舶はその対策として設計された。伝えられるところでは、この通行税はデッキの面積に比例して高くなった。そこで、デッキが狭く、喫水線から下が張りだした船舶がさかんに建造されるようになった(46)。実際にこれを使用してみると、大量の貨物を搭載して浅瀬を航行するのに非常に適していた(47)。17世紀、フリュートは海洋帝国オランダを支える重要な柱になった。このケースでは、デッキの面積を基準にする税は、負の超過負担を生じさせる可能性もあった。もちろん、このイノベーションが税の導入のみに起因すると考えるのは問題である。いずれにせよ同じ改良がなされた可能性はあるのだ。とはいえ、これは——それに、おそらくあの華やかな物品税グラスの件も——課税によって誘発されたイノベーションが有益なものになり得る例といっていいと思われる。一方、課税によって誘発されたイノベーションによって便利なものの創出が妨げられることもある。たとえば、イギリスは、この国に特有の総トン数規制がなければ、快速帆船（喫水が浅い）をもっと早期に開発していたと思われる(48)。

税効率船フリュート。奇抜な発想。

課税がイノベーションを誘発する一方、イノベーションが課税を誘発することもある。イギリスの科学者マイケル・ファラデーは、電気にはどんな実用的価値があるのかとウィリアム・グラッドストンから問われ、つぎのように答えたと伝えられている。「閣下、あなたがこれに税金をかけるようになることは、ほぼ確実でしょう」。ファラデーが実際にそういったかどうかはともかくとして、実際にそのようになった。

超過負担の概念は昔から経済学者にとっての必需品だった。200年近く前、ジョン・スチュアート・ミルがそれについて論文に書いている(49)。実際、この概念は税そのものの始まりから存在した。西ローマ帝国の滅亡に重税が寄与したと考える人びとの多くは、税の全体的なレベルよりも、むしろそこから生じた超過負担、たとえば耕地の放棄や産業の空洞化が影響したと考えている(50)。

しかし、超過負担の概念は、政策の立案や議論に持ちこむことがきわめて難しい。問題は、超過負担がたいへん不明瞭なことである。超過負担はどの予算案にも登場しない。また超過負担は、すでに存在しなくなったもの（ウィンドーヴァー氏が撤去した炉や、ボヤールが剃り落としたひげや、投資が行なわれなかったために得られなかった利益および賃金など）、あるいは実現しなかった行動（行なわれなかった時間外労働や、選ばれなかった起業の道）の形をとる。

超過負担は、存在するけれど、本来存在するべきではないものの形をとることもある。それは、税あるいは補助金が、それによって直接影響を受ける人びとにもたらす便益よりも、その他の人びとにもたらすコストのほうが大きくなるような行動を誘発するためである。チャールズ二世が炉に税金をかけるのではなく補助金を出していれば、ウィンドーヴァー氏は自宅に六つめの炉を設け、その分暖かく過ごせていただろう。だが前述のとおり、彼はその価値を、設置のコストよりも低いと考えていた。そうでなければ、補助金が出なくとも、金を出して炉を設けていたはずなのだ。同様に、たとえば自動車関税の導入により、低コストの輸入自動車は高コストの国産自動車にとってかわられる。すると、国内の自動車メーカーは利益を得るし、政府は税収を得るが、消費者は、市場の自動車の数が減り、価格が上がることにより、メーカーや政府が手にする利益よりもよほど大きな損失を被ってしまう。

超過負担の概念は漠然としてつかみどころがない。そのため、現実の政策立案においては、もっと具体的な問題ほどの関心が集まらない。たとえば、税の徴収によって納税者や政府にもたらされるコストならば、概してもっとずっと明白で、容易く理解できる。税の簡易化を主張すれば聴衆は喜ぶだろうが、超過負担の削減を主張しても、聴衆は拍手喝采してくれたり、投票してくれたりすることはまずないと思われる。

超過負担について、公の議論でなかなかとりあげられないことが真に重要かどうかは、当然ながら、超過負担そのものが重要かどうかによって決まる。さて、超過負担はどの程度重要なのだろう？　ここで大事になってくるのは課税に対する行動的反応である。それを理解するために、ホーリー・ルード教区の住人だったコーネリアス・フォックス氏の例について考えてみよう。1662年の時点でフォックス氏は、隣人のジョン・ウィンドーヴァー氏と同様に、自宅に五つの炉を持っていた。だが1670年、炉ひとつにつき2シリングを課税されることになると、ひとつどころか三つを撤去してしまった。すると、納税額はウィンドーヴァー氏よりも少なくなった――たった4シリングである。だが、おそらく以前よりも指先が冷えてかじかみ、寒い夜のつらさが増したことだろう。つまり、超過負担がより大きくなったわけである。前述の論理に当てはめれば、すでに存在しない炉の価値はひとつ1シリングなので、フォックス氏の超過負担の価値は3シリングと推定できる。彼にとっては、総損失（納税額の4シリングと超過負担の3シリングを足して7シリング）のほぼ半分を超過負担によるものが占めることになる。ここに一般的な真理がある。フォックス氏は課税に対してウィンドーヴァー氏よりも強く反応した――彼の需要の弾力性のほうがずっと高かった――ため、納税額をウィンドーヴァー氏よりも大きく減らすことができた。だがそのために、金銭面でも、実際に徴収された税額に対する割合の面でも、より大きな超過負担に悩まされることにもなった。

だから、課税に対する行動的反応が強ければ強いほど、それだけ政府の収入が減るうえに、納税者の超過負担が大きくなるわけである。課税に対する行動的反応の度合いを測定することは、現代の実証経済学の基本になっている。さまざまな課税に対する反応の強さを正確にはかるため、自然実験やランダム化フィールド実験を利用した複雑な統計的手法や巧みな調査方法がいくつも考案されている。たとえば、すでに労働に従事している人びとの労働所得に対する課税によって生じる超過負担は、じつは税額1ドル当たりの金額にすればわりあいに小さい。だが、課税による労働供給量への影響がまったくないというわけではなく、この人びとからの税金の徴収によって生じる不可避の結果以外にはほぼ影響がないということだ。とはいえ、人びとの労働参加の決断は、この不可避の結果にはもちろんのこと（とりわけ女性の場合）、課税そのものにも大いに左右される。すると、労働参加への意欲をくじかせるような課税によって生じる超過負担は、税額1ドル当たりの金額がかなり大きくなると考えられる。[51]

こういった状況での行動的反応について考察する場合、たとえば炉の数や労働の時間のような実際的なもののごとのみならず、租税回避や脱税が行なわれることで生じるコストも重要になる。これを説明するため、ジョン・ウィンドーヴァー氏にふたたび登場してもらおう。彼が、五つあった炉のうちのひとつを、たとえばレンガで塞ぐなどしてつぶしたのではなく、「チムニー・マン」の来訪時のみ何らかの方法で隠したとする。あるいは、袖の下を使って見て見ぬふりしてもらったとする。するとウィンドーヴァー氏は、課税の結果として指先がいっそうひどくかじかむことはなかった。だが、炉ひとつ分の税金を払わずにすませるため、やはりいくらかのコストを負うことになった。つまり、炉ひとつを隠すための支出、あるいは徴税人への賄賂である。そのコストの大きさはどの程度だろう？　2シリングの税金を払わずにすませるためにウィンドーヴァー氏が手渡してもいいと思える賄賂（彼がそういう種類の人物であったとすれば）は、ゼロ以上2シリング未満である。これは、仮に1シリングとするのが妥当なところだろう。だがそれは、前述のとおり、実際に炉をなくした場合の超過負担に等しくなる。炉税の回避や脱税が行なわれるときのコストにも同じ理論が当てはまる。教訓として、課税に対する反応が、たとえば炉の数（あるいは労働供給、投資など）を減らすことのような実際的な経済活動であれ、脱税や租税回避の形のものであれ、納税者にかかる超過負担[52]は変わらないといえる。経済学者がその真実に気づいたのはつい最近のことだが、[53]第Ⅲ部の冒頭に引用したJ・B・ハンデルスマンの物語にはそのことがすでに示されていた。犬がノミを1匹残らず追い払っても、何らかの方法で隠しても、超過負担の観点からいえば、いずれも同じことなのである。

この見解にはたいへん便利な意味合いが含まれている。超過負担を生み出す重要な要素を見つけるには、課税ベース（たとえば、申告されている課税所得）が課税に対してどう反応するかを見きわめさえすればよく、その際には、その反応のうち実際的な活動（たとえば、労働供給を減らすことなど）がどの程度かであるとか、その他の租税回避（課税の対象にならない付加給付に切り替えるなど）あるいは脱税（所得の一部を申告しないことなど）がどの程度かなどといったことを把握する必要はないのだ。これらの反応はいずれも課税ベースを減じるものであって、重要なのは全体としての影響なのである。この気づきから、ひと握りの経済学者がこういった課税ベースの反応度合いの計測に乗りだしている。なかにはたいへん巧みな方法が用いられているケースもある。所得税については、「課税所得の弾力性」の推定の試みをテーマにする論文が大量に書かれている。膨大な数にのぼるそれらの論文[54]に関する最近の調査においては、課税所得の弾力性の標準値は0・2から0・3までと結論づけられた。それが意味するところを説明しよう。所得税率が、たとえば30パーセントから37パーセントに引き上げられたとする。すると、「税抜き率」（稼いだ人の手元に残る稼ぎの百分率）は70パーセントから63パーセントに下がる。つまり10パーセントの下落となる。課税所得の弾力性が0・2から0・3までであるため、申告課税所得は税率引き上げに反応して2パーセントから3パーセント下がることになる。

超過負担を知るために

イギリスでは、炉税撤廃のあと窓税が導入された。窓もまた家に金がかかっているかどうかを示す指標だったが、その数を確かめるには、炉の場合ほど立ち入ったことをしなくてもよかった。前述のとおり、イギリスの窓税に対する家主の反応のひとつは、いくつかの窓をレンガで塞ぐことだった。1848年、ロンドンの大工協会の会長が議会で証言したところによれば、ソーホー地区のコンプトン街に立つほぼすべての家から頼まれ、窓の数を減らしたという。[55] 窓税の特徴として、窓が一定の数を超えると、税額が大きく跳ねあがった――「ノッチ」である。数百年後、このノッチから、超過負担の大きさをはかる巧妙な方法が得られるとわかった。[56]

説明のため、1747年を振り返ってみよう。当時、窓の数が10に満たなければ窓税を徴収されることはなかった。だが、10以上14以下であれば窓ひとつにつき6ペンスの税金がかかった――10を超える分の窓ではなく、すべての窓に6ペンスである。だから、窓が9つまでならば払わずにすんだが、9つからひとつ増えただけで5シリング（つまり、6ペンスの10倍）になった。納税額が急激に増えるため、10窓目を設けることは非常に高くついた。この窓税の導入に対して人びとがまったく反応しなかった場合には、たんに9窓の家よりも10窓の家のほうがやや少なく（10窓の家を持つ経済的余裕のある人のほうがやや少ないため）、8窓の家よりも9窓の家のほうがやや少ない状況になったと考えられる。逆に、人びとが強く反応した場合、ノッチである9窓の家（と申告されている）はどういうわけかぐんと増え（おそらく、8窓の家よりも多くなる）、10窓の家はぐんと減ったと考えられる。そして、この集積現象が顕著であればあるほど、つまり窓税に対する反応が強ければ強いほど、生じる超過負担がそれだけ大きくなったと結論できる。

ある優れた研究論文で、この知見はとある地方の窓税の記録に当てはめられている。それは、おもにシュロップシャー州ラドローに住居を構えていた496世帯に関する、1747年から1757年までの窓税の記録である。[57] これらの記録からわかるのは、9窓の家のみ目立って多かったことだ。8窓の家や10窓の家の4倍以上にのぼっていた。また、ノッチである15窓と20窓の手前の14窓と19窓でも、家の数は大きく増えていた。たんなる偶然にしては多すぎる集積現象だ。このパターンを説明できる反応性を前提に、超過負担を推定すると、平均的な不動産の場合、窓税収入の約13パーセントだった。しかし、ノッチのいずれかひとつ——たとえば14——まで窓数を減らした人びとのみを考慮に入れて計算した場合、超過負担はもっとずっと大きくなり、窓税収入の約62パーセントにのぼった。なかでも、窓数を9つに減らし、納税額をゼロにした人びとのみの場合、超過負担は窓税収入に等しくなった。彼らから得られた税収はなかったが、彼らの行動には歪みが生じていた。

こうした税制上のノッチは概してよいものではない。著しい反応を引き起こすからである。だが、研究者はこういったノッチを好ましく思うようになっている。それによって行動的反応の強さ（あるいは弱さ）が明確になるからだ。たとえば、パキスタン（現在とは異なり、かつては税制上のノッチが数多く存在した）の所得税から生じる歪みコストや、イギリスのVATの閾値から生じる歪みコストの大きさを推定する場合にも、この考え方が適用されている。(58)

税額の急激な上昇が生じない場合でも、限界税率（増分に適用される税率）の変化——税率表の「キンク」（屈曲）——も同様に使える。たとえば、税率20パーセントならばもっと稼ぎたいと思っても、税率50パーセントならばそうとは思わない人はいるだろう。すると、不自然なほど多くの納税者の所得金額が、税率が上がる水準あるいはその周辺になると想定できる。(59) キンクに対する納税者の反応については、アメリカにおける稼得所得税額控除に焦点を置いた重要な論文がある。第7章で述べたとおり、稼得所得税額控除というのは稼得した所得がある水準までであれば補助金が支給される制度であり、その水準のとき補助金額が最大になる。高所得の水準では、控除は、所得が上がるにつれて補助金の額が「クローバック」（減額）される。つまり、税率表には三つのキンクがある。まず、負の限界税率（補助金）から、控除が最大になる限界税率ゼロまで。つぎに、限界税率ゼロから、クローバックが開始される正の限界税率まで。最後に、正の限界税率から、控除が完全に消失する所得レベルまでである。前述の論文には、自営業者の場合のみ第一の領域で集積が発生する明らかな証拠が示されている。この論文の解釈では、これは、自営業者は（申告）所得に関するフレキシビリティがより大きく、控除をもっと増やす目的で、税回避として所得額を水増しして申告したことのあらわれだとしている。[60]

窓税の話題はそろそろ終わりにするが、読者には、日光が課税対象になったのは昔の話だなどと思わないようにしていただきたい。北イタリアの、プロセッコというスパークリングワインで有名な歴史町コネリアーノを訪れてみるといい。この町では、店の外に設置された看板が公共の歩道に影をつくる場合、店主に税金を支払う義務が生じるのである。[61]

税制の設計においては、超過負担をできるだけ小さく保つこと――専門用語でいえば、税制をできるだけ「効率的」にし、「歪み」をできるだけ小さくすること――が得策となる。もちろん、この本の第Ｉ部で述べたように、制度を公平なものにすることも大切である。これまでに、これらそれぞれの望ましい性質を得るためには何が必要かについて考察してきた。効率性のうえでは、課税に対する反応をほとんど生じさせないものごとに比較的重い税を課すことが必要であり、垂直的公平性のうえでは、税を支払い能力に関連づけることが必要である。これまでは、それぞれの要素――効率性と公平性――を別々にとらえてきた。しかし、その両方に心を配る必要が生じたとき――つまり、つねにだが――われわれを導いてくれる原則がなければならない。

10

ガチョウの羽根のむしり方

課税の本質は、ガチョウの悲鳴をできるだけ少なく抑えつつ、羽根をできるだけ多くむしることにある。

——ジャン＝バティスト・コルベール(1)

第一次世界大戦勃発の知らせは、炭鉱所有者や兵器製造業者には朗報だったはずである——少なくとも、彼らの収入面には。価格上昇は、事業継続のために最低限必要な金額を上回る利益、すなわち（リカードの理論でいえば）レントを得る機会をもたらした。このことが気づかれないわけはなかった——塹壕で死にかけている兵士の親にも、嵩むばかりの支出をどうにかして賄いたい政府にも。その反応として、おもな戦争当時国（オーストリア＝ハンガリー帝国、イギリス、フランス、ドイツ、イタリア、ロシア、アメリカ）ほか多数の国々で採用されたのが、このレントを標的にした「超過利得税」だった。(2)そして、これはうまく機能した。終戦時までに、そういった税の収入は、アメリカでは政府の歳入の4分の1、(3)イギリスでは3分の1以上を占めるほどになっていた。(4)

こういった税の魅力は、あるふたつの特徴を備えている点にあった。ひとつは、レントを課税対象にしていたため、(原則として)歪みを生みださなかったことだ。この税がないときに武器生産によって利益を得られるならば、この税があっても利益を得られるはずだった。つまりこういった税は、第4章でとりあげた、超過負担を生みださない「定額税」の一種だった。定額税の重要なところは、人びとの行動に影響しない点ではない。実際のところ、間違いなく影響する。あらゆる税は、民間セクターの資源をその外に移すことで一部の人びとの暮らし向きを悪くし、結果的に彼らの行動に変化を引き起こす。たとえば朝目覚めたとき、枕元に政府からのメッセージが置いてあり、あなたの財布から税金として100ドルをいただきました、お礼申し上げますなどと書かれていたらどうだろう。出費を減らす、貯金を減らす、あるいは仕事量を増やすしかなくなる。それ以外には、憤慨することくらいしかできない。それこそが定額税の本質である。

小説家のP・G・ウッドハウスは、高額な税金を請求されたとき、何とか前向きに考えようとした。「さまざまな意味で、この所得税の件についてはそれほど嘆いていない。これまでは何でも容易にできたが、そろそろ飽きてきていた。ここらで気合を入れ直し、もう一度額に汗して働こう。少しばかりの金を稼ぐのに重要なのはそういうことなのだ」[5]。思いがけず高額な税金を請求されたウッドハウスだったが、この一件には定額税の決定的特徴があらわれている。請求された額については、彼が何をどうしても変更不可能だった。もちろん、彼は(精神的にはそうでなかったとしても、経済的に)いっそう困窮したし、「所得効果」によって行動を変え、労働時間をもっと増やすことにもなった。だがこの所得効果は、彼から資源を奪ったことによる不可避の結果であって、あらゆる種類の税にあるものだ。定額税には所得効果「のみ」がある。なんらかの税において超過負担が生じるのは、その税に「付加的」効果があるためである。たとえば、ウッドハウスが過去の税金の納付を求められたのではなく、将来の収入に対する税率を引き上げられたとする。それに対し、彼は執筆活動による稼ぎをもっと減らそうと考えたかもしれない。すると、一種の超過負担が生じることになる。つまり、バーティ・ウースターとジーヴスとその友人たちがくりひろげるどたばた騒ぎの物語は、以前ほど小説に書かれなくなるのである。このことが超過負担になる理由は、それが、ウッドハウスから税金をとる場合に必然的に生じる所得効果とは別の、彼の行動変化であるからだ。こういった「代替効果」――納税者に突きつけられる価格変化あるいは税引後賃金率の変化を反映している――の存在こそが超過負担を生じさせるのであって、この税を非定額税にするのである。

レント、すなわち超過利得に対する課税のもうひとつの魅力は、公平性および支払い能力に関する、広く支持されている考えに一致するところである。すべての定額税がそうとはかぎらない。たとえば、人頭税も定額税であるが、よく知られるとおり不公平である。しかし、戦時利得に対する課税については、それが生産の妨げにさえならなければ、愛国者から反対される理由はなかったのではないだろうか。

定額税でありつつ公平性を有する税の制度が強く求められていたことは、第4章でとりあげた、社会階級にもとづく課税の提案からもうかがえる。それは、行動変化を引き起こすリスクがほとんどなく、支払い能力に合理的に結びついている税だった。すでに述べたとおり、そういった税には欠点があった。貴族のなかにはたしかに（多少）貧しい者もいたし、超過利得税は租税回避を行ないやすい税だったのだ。だが、人びとに切望されたこれらの税の特徴は、さまざまな点において理想的な税制とはどんなものかについて、われわれに手がかりを与えてくれる。それは、社会に広く支持されている公平性の概念に一致する、ひとりひとりの支払い能力に応じた定額税である。これならば、コルベールのガチョウのたとえを用いていえば、悲鳴（超過負担、あるいは不公平を訴える声）をできるだけ抑えつつ羽根（税金）をむしりとることができる。

しかし、そういった制度を打ち立てるには大きな障害を乗り越えなければならない。つまり、ひとりひとりの支払い能力を測るための観察可能な指標が必要になる。それも、課税に対する反応としての変更あるいは変更の選択が不可能な指標である。納税者にとって――たとえば労働量の増減、移住、あるいは（第9章のウィンドーヴァー氏のように）炉をレンガで塞ぐことなどによって――変更を選択することが可能であるものごとに対して課税すれば、納税者はそれを変更し（あるいは、変更したように見せかけ）、超過負担を発生させることになる。そして、ひとりひとりの支払い能力を測る完璧な指標は（少なくとも、いまのところは）存在しない――たぶん、そういうものは存在し得ないのだ。この章では、そういった不完全な世界で、せめて税の分析における聖杯に近いものになるよう形づくられた税制と、そう形づくられたと考えられる税制について論じる。この場合の聖杯とは、歪みを生じさせない、公平な税制のことである。

まず、定額税でありつつ公平性を有する税を見つける試みに注目する。また、その試みをきっかけに生まれた政治運動やボードゲームにも言及する。しかし、そういった税によって政府のすべての費用を賄えるわけではない。超過負担が生じることは避けられないのである。そこで、課税によって誘発される好ましくない事柄を抑えるために講じられる手立てについて、事実および通説に目を向けるとともに、結果的に効率性と公平性のあいだに生じ得る葛藤について考える。

聖杯を探して

超過負担をごくわずかしか生じさせない公平な課税ベースの探求は、宗教的といっていいほどの熱気を生みだし、さらには革命の恐れをももたらした。

戦時利得者と法人税を再考する

1920年、戦争によって税制のイノベーションが生まれるという考えはすでに広く浸透しており、超過利得税は「戦時、財務の分野において結果的に生まれた唯一の発明」として称賛されていた。[6] この言葉は、正しくはなかった（南北戦争中にアメリカのジョージア州でこういった税が導入されていた）[7] が、未来を予見していたということはできた。この考えの発展性が十分に認識されはじめたのは、つい数年前のことなのである。

第一次世界大戦のとき導入された超過利得税は、国ごとに形がやや異なった。だが、アメリカで採用された手法には実用上の優位性があって、イギリスでさえそれを認めるようになった。[8] その手法とは、投下資本利益率8パーセントを超過した分の利益に課税するというもので、投資による最低限の利益として妥当な水準は8パーセントであるという考えにもとづいていた。この場合、課税ベースはリカードとマルサスのレントの概念に近いものだった。

アメリカでもイギリスでも最高税率が80パーセントだった超過利得税[9]の税収は、前述のとおり、かなりの金額にのぼった。よい結果が得られていたことで、終戦後の継続を求める声も上がっていた。だが、この税は廃止されることになった。臨時税と明確に定められていたし、企業にとって、「この税を不法に免れるのは国家に対する反逆も同然」[10] といわれた戦時よりも平時のほうが、抗うことが容易になったからである。1939年前半、超過利得税はフランス、ドイツ、イギリスで再導入された。それは宣戦布告よりも前のことだった。[11] しかし、その目的である資金調達がかなえられたのち、超過利得税はだんだんと忘れられ、[12] 従来的な法人税が企業に対する課税の柱とされるようになった。だが、1970年代半ば以降、その法人税によって歪みが生じるという認識が広がりはじめた。そういった歪みは、レントに対してだけではなく、株式投資家から求められる、投資による最低限の利益に対しても法人税を課税されることから引き起こされ、資金調達およびび投資の決断にさまざまな歪みが生じることになる。やがて、そういった歪みを取り除くことができるのではないかという考えが生まれた。法人税をレント税に切り替えれば、定額方式に近い方法で税収を上げられるのではないか（株主が得る、配当およびキャピタルゲインの形をとった株式投資利益に対する課税については可能性を残しておく）。

事業によって生じるレントを課税対象にする税の場合、事業にかかるすべてのコストの控除が認められなければならない。だがそれは、結局のところ不可能である。というのも、一部のコスト（たとえば、働き者のオーナー兼マネジャーのサービス残業など）は目で見て確認することが困難だからだ。だが、そのために役に立つものがある――超過利得税の理屈が有効な手引きになるのである。

実際、一般的な法人税をレント税に切り替えるには、第一次世界大戦中の超過利得税によく似たものにすることもひとつの方法である。企業への株式投資から生じたみなし上の利益の控除を、支払利息の控除とともに認めることで、法人税の課税ベースから通常の株主資本利益を除くのである。そういった種類の税――「みなし利息控除」の形をとった法人税――は１９９０年代からベルギー、ブラジル、イタリアなどの国々でとりいれられ、多くの人びとから成功と見なされている。[13]

それとは別の選択肢に、投資を「キャッシュフロー」として処理する方法がある。つまり、投資コストの全額の（減価償却という形での経時的な控除ではなく）即時的な控除を可能にする一方、利息の控除を不可能にするものだ（両方を可能にすれば、1回の投資に対して二重の控除が行なわれることになるからである）。こうすることで政府は、事実上、投資家の物言わぬ共同経営者《サイレントパートナー》になる。たとえば、税率が20パーセントだとする。すると政府は、キャッシュフロー課税のもとでは、事実上、投資コストの20パーセントを即時控除の形で（それにより、企業の税額は減る）前もって出資することになる。[14] だが政府はその後、その投資によって将来得られる利益の20パーセントを徴収することにもなる。コストおよび利益の取り分の割合は同じなので、政府がサイレントパートナーであっても、それが投資の魅力に影響することはない。それは税率が20パーセントであっても80パーセントであっても、それ以外でも変わらない。税率が決めるのは、レントのうちの政府の取り分だけである。こういった「キャッシュフロー」税はすでに実施されている。メキシコで導入されているほか、アメリカでも、2017年税制改革法により、国内企業への投資がキャッシュフローにきわめて近い扱いを受けるようになった（とはいえ、利息の控除が可能であるため、レント税の制度とは異なる）。投資を呼びこむために税制上魅力のある優遇措置をとりいれたいその他の国々も、同様の改革に前向きになっている。2018年にはカナダがさっそくこれを実行している。[15]

レント税は昔からさまざまな種類のものが提言され、天然資源、とりわけ石油と天然ガスに関連し、ある程度までは実施されている。[16] 明らかになっているところでは、石油・天然ガスセクターでは物価高の時期にかなりのレントが生じる――そして、昔から政府はどうにかその分け前にあずかろうとしてきた。このところ効率的なレント税の課税方法への関心が高まっているが、その理由のひとつは、疑いもなく、フェイスブックやグーグルなどの企業が莫大な利益を上げていることである。

しかし、ある重要な観点から見れば、石油や天然ガスに関連するレントは、デジタル時代の巨大多国籍企業に関連するそれよりも課税しやすいと思われる。油田やガス田はどこか別の場所に移動するのが困難で、それらから発生するレントは、これは重要なところだが、特定の場所に特有のものである。そのため、企業にとっては、税率がもっとも低いどこかの国や地域でそのレントが発生したかのように偽装することは困難になる（不可能にはならない）。だがそういった「利益移転」は、特定の場所の地下の石油に関連するレントよりも、たとえば知的財産――今日莫大な利益を上げている強大な多国籍企業のビジネスモデルの核――に関連するレントのほうが、実行するのがずっと容易である。知的財産の所有権は、税制上都合のいい場所にあるかのように見せかけることが容易いのだ。多国籍企業に対する課税においてそういった利益移転が引き起こす問題については第11章で詳しくとりあげる。だが、特定の場所に結びついたレントの発生に関してはもうひとつ重要なものがある。土地である。

土地をくれ、広い土地を[17]

土地税は、税金の歴史をざっと振り返ったときに述べたとおり、時代を通じて政府の収入の柱でありつづけている。しかし、土地に対する課税の重要な点はそれだけではない。

土地は、供給が（ほぼ）完全に非弾力的であり[18]、リカードとマルサスは相当なレントを発生させる見込みのあるものの典型例に挙げている。リカード以降、「未改良」土地の価値——つまり、現在「その土地にもともと存在する不滅の力[19]」に置かれている価値——に対する課税に賛成する人びとが数多くあらわれた。所有者がコントロールできるものではないため、土地に対する課税は超過負担をいっさい生じさせない。さらに、おそらく所有者は裕福であるため（大地主ならばなおさらである）、土地は課税ベースにうってつけであると見なされるようになった。ジョン・スチュアート・ミルは、土地の価値の「将来的な不労増価」に税金をかけることを提唱した。彼によれば、この増価の大部分は「所有者の努力も出費もなしに、人口および富の増加によって継続的に発生する[20]」。今日の固定資産税では、土地の賃貸あるいは売買の際の価値評価に応じて税額が決定されるが、それとは異なって、未改良土地の価値に対する課税の場合、たとえば敷地に農家屋を新築するとか、ホテルを建設するなどして土地の価値を高める努力を妨げることがない。だから、未改良土地の価値に対する課税——「土地価値税[21]」——に魅力を感じる熱心な信者のような人びとは増えていった。

なかでも、いわば預言者となったのがアメリカの経済学者で活動家のヘンリー・ジョージ（1829－1897年）である。彼は、他人の努力――たとえば、近くの土地での線路敷設など――や政府の投資による土地の増価のおかげで儲けている土地所有者への道徳的反感について訴えた。さらに、土地価値税さえあればその他のあらゆる税は必要なくなると主張し、「単一税」運動に乗りだした。1879年に出版された彼のベストセラー『進歩と貧困』は、鋭い経済理論を救世主のような熱意をもって世に伝える内容だった。単一税は「キリスト教信仰の全盛」をもたらすというのがその主張だった。「地上に神の都が築かれる。壁には碧玉、門には真珠がちりばめられる！」[22]『エコノミスト』の記事によれば、ジョージは「自分の信念に狂信的といえるほどの信仰を集めた、史上唯一の租税理論家」だった。[23]

土地税は神の都を地上にもたらす。「単一税は社会の解放者」

ジョージは大衆に受け入れられたが、それは選挙戦の勝利にはつながらなかった。[24]だが、ニューヨーク市で執り行なわれた彼の葬儀には、同市の歴史上、エイブラハム・リンカーンの葬儀のつぎに多くの参列者が集まった。また、彼の支持者のなかには著名人が何人もいた。ジョージ・バーナード・ショー、レフ・トルストイ、それに孫文（伝えられるところでは、「あるアメリカ人伝道師に出会った。……片手に聖書を、片手に『進歩と貧困』を持っていた」[25]ことがきっかけで彼の信者になったという)。どの税も高く評価してはいなかったと思われるミルトン・フリードマンでさえ彼を支持せずにはいられず、「税として一番ましなのは、未改良土地の価値に課する財産税である」と述べている。[26]

やはり支持者のひとりだったエリザベス・マギー・フィリップスは、著名人ではなかったが、世間により大きな影響を与えたといえるかもしれない。彼女は1906年にボードゲームを開発し、発売した。自分の土地から不労所得を得ている人びとが悪役に据えられた、「地主ゲーム」と名づけられたそのゲームは(物議を醸したが)[27]、「モノポリー」の前身である(ちなみに、ボードゲーム愛好家には朗報だと思われるが、現在「IRSを騙せ　脱税ゲーム Stick the IRS: The Tax Shelter Game」というゲームがイーベイで販売されている。納めた税金がもっとも少なかったプレイヤーが勝者となる)。

ジョージ理論は、早い段階である程度の成功を収めた。1878年、ニュージーランドで未改良土地を課税対象にする税が導入された(だが、わずか1年後に廃止された)[28]。ヘンリー・ジョージはオーストラリア各地で講演を行なっており、その影響はかなり大きかったのかもしれない。1890年代、オーストラリアの複数の地方(のちの州)でそういった税が導入されている。また、1909年と1910年にロイド・ジョージが提出した予算案に、将来の土地の不労増価に対して課税する案が盛りこまれていたが、これは実現に至らなかった。[29] それから、アメリカの複数の州で、土地と建物に異なる課税率を適用する「二元税率」方式がとりいれられた。[30] 孫文はジョージの影響力ある支持者で、「単一税の唱道者ヘンリー・ジョージの教えをわれわれの改革計画の基盤に据える」という彼の約束は、その後継者たちによって台湾で実現している。[31]

孫文はジョージ理論に彼なりの工夫を加えさえした。めったに売買されない土地の価値を課税目的で評価するうまい方法を考案したのである。古代ギリシャのレイトゥルギアを思い起こさせるその方法はつぎのようなものだった。納税のため、土地所有者は所有地の資産価値を自己申告する。政府はそれにもとづいて税

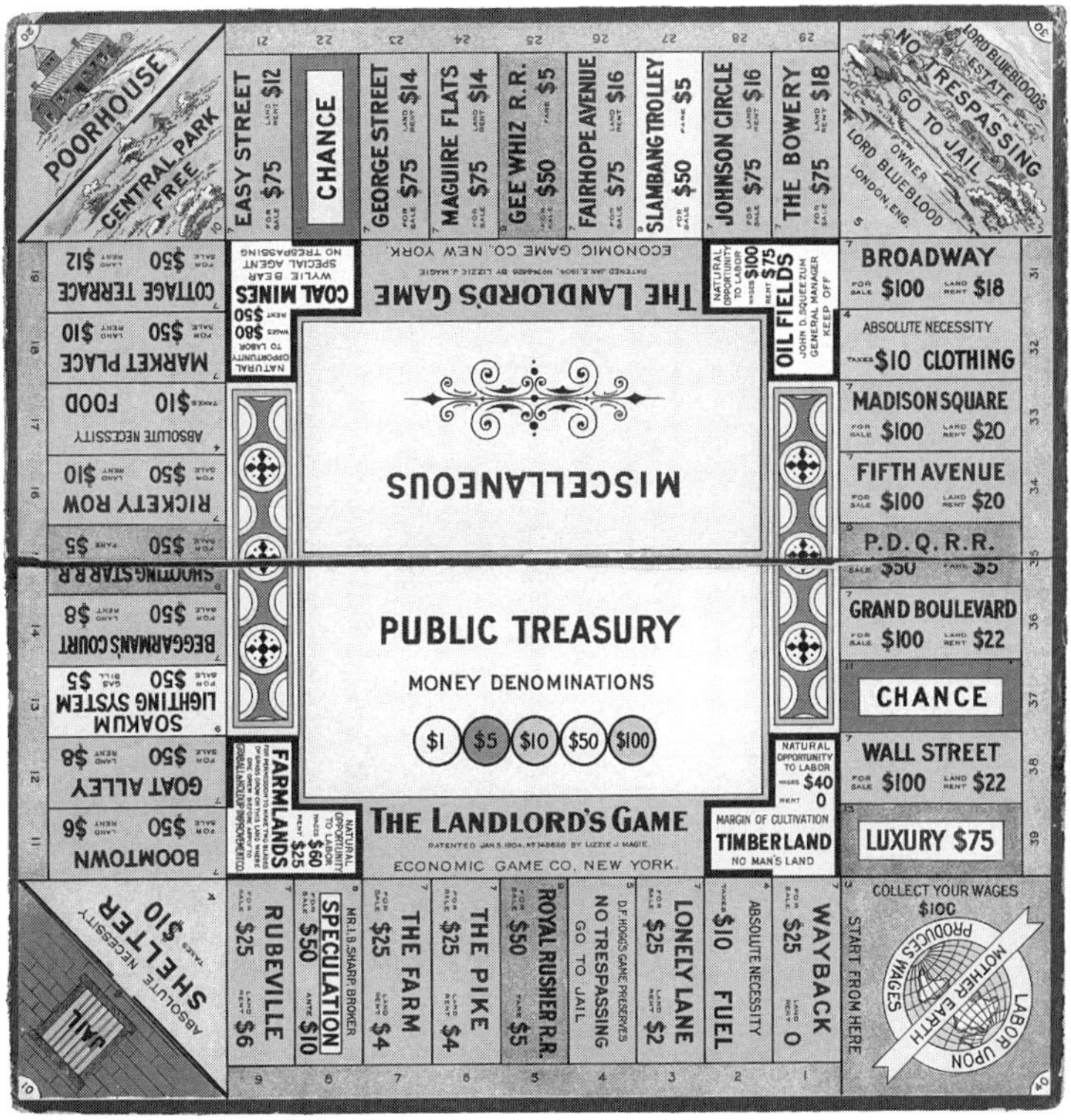

経済理論のボードゲーム「地主ゲーム」。

金を徴収してもいいし、申告された価格でその土地を買収してもいい(32)。これならば、本当の市場価値を申告することへのインセンティブを与えることができた。申告額が大きすぎれば、必要以上に税金を支払うことになった。小さすぎれば、実際の価値よりも安い金額で手放さざるを得なくなるリスクが生じた。実際、ニュージーランドでは1891年にそういった案が実行されていた。ニュージーランド政府には、どのような土地であれ、申告された価値の1割増の金額で購入する法的権利があった(33)。以降、孫文の案はさまざまな国や地域で採用されてきた。1993年、コロンビアのボゴダ市は――土地台帳に登録されていない不動産の申告を促進するのを主な目的に――不動産の評価をその所有者に義務づける計画を実行し、申告された額の25パーセント増の金額で強制収用する場合があることを通達した。すると、1994年には申告済みの不動産の件数が前年の倍以上になった。

しかし、土地税革命は起こらなかった。2000年代前半の時点で、地価に個別に課税する国はおよそ25カ国に過ぎなかった。[34] このやり方をとりやめた場所もあった。アメリカのハワイ州では、2002年に二元税率方式が廃止された。これは、ホテルや観光施設の開発促進がうまくいきすぎたためだったと思われる。「楽園は舗装され、駐車場がつくられた」というジョニ・ミッチェルの歌詞は、彼女がワイキキで休暇を過ごしているときに書かれたといわれている。[35]

とはいえ、発想そのものは完全に消滅したわけではない。[36] 困難な部分はやはり評価のところで、実際問題として、未改良土地（たとえば、ニューヨーク市の中心部など）が売買されることはめったにないため、概して相場がわからず、その土地に「もともと存在する不滅の」価値をじかに見積もるときの拠り所が存在しない。また、概念の問題もある。ニュージーランドの初期の入植者たちは未改良土地を目で見て確認できただろうが、やがて伐採、排水、整地などの基本的な土地開発が実施されると、それを差し引いた価値を概念的にとらえるのが不可能になる。だが、土地の合理的な評価につながる道はいろいろあると思われる。[37] アメリカの場合、資産評価を担当する、事実上すべての組織において、土地自体の価値と土地改良の価値を別々に評価することになっているようだ。これらに同じ税率が適用される場所であっても、その点は変わらない。[38]

ヘンリー・ジョージがいま生きていれば、土地の価値を課税対象にする税があらゆる税にとってかわると主張することは難しかっただろう。たとえばイギリスでは、固定資産税 property tax ――課税ベースは、改良によって生じた価値を含むため、地価税のそれよりも幅広くなる――がその他のあらゆる税にとってかわるには、固定資産税収入が現状の10倍でなければならない。[39] とはいえ、収入がもっと増える見込みは小さくない。それに、この税にはもうひとつ魅力がある。さまざまな税の課税ベースの国際移動がもっと増えてくれば（第11章のテーマである）、土地という、特定の位置から動かすことのできないものから生じるレントに対する課税の魅力がもっと明確になってくるだろう。そのときには、ヘンリー・ジョージの案に新たな生命が吹きこまれるかもしれない。

富の強制徴収

第一次世界大戦終結後、超過利得税によって大金を調達していたにもかかわらず、ヨーロッパ各国の政府は借金まみれになっていた。戦勝国は戦費調達のための借入、敗戦国は賠償のためであった。イギリスの場合、1922年から1923年までの公的債務は国民所得の約186パーセントにのぼった。[40] この「ぞっとするような戦争記念碑」[41] に対処するべく、あることが提案された。資本課徴金 capital levy として、現有資産に対して1回かぎりの課税を行なうというものだ。これは課税対象をレントに限定する税ではなかった（資産は必要最小限の利益を生むだけの場合でも正の価値を有するからだ）。とはいえこれは、事実上の定額税だった。[42] というのも、資本はすでに行なわれた決定の数々を反映しており、課税に対する反応によって変化させることができなかったからだ。過去ほど変えがたいものはないのである。そんなわけで、資本課徴金の収入によって政府の債務を削減すれば、おもに裕福な人びとが引き受ける、超過負担を生じさせない定額税を徴収することにより、将来その債務の清算のために（非効率な）課税を行なわなくともよくなるのだった。

たしかに、この案を共産主義的だと考える人は多かった。それでも、資本課徴金は1920年代における重要な政治的手段であった。イギリスでは意外な取り合わせの人びとから支持された。労働党、財務省（当初のみ）、それにウィンストン・チャーチルでさえ賛成した[43]。学術界の支持者には著名人が名を連ねた。ピグー（外部性の理論で知られた）、シュンペーター、それに（当初のみ）ケインズもこの税に好意的だった。彼らは、税の帰着に関する知識を豊富に持っていたリカードに（ナポレオン戦争中の累積債務との関連で）言及することもあった。だが結局、イギリスで資本課徴金は実施されなかった。一方、ヨーロッパのいくつかの国でこういった税に近いものが導入された。第二次世界大戦後には日本でもとりいれられ、もっと成果を挙げた。だが、これらのどの国においても、完全に満足できる結果になったとはいえなかった[44]。

　資本課徴金は、ほとんどの国や地域で導入されていない。しかも、導入されている場所で期待ほどの成果を挙げていない。その理由のひとつは、そういった税の導入の可能性について話し合いが行なわれただけで、資本家たちが警戒し、租税回避のために自分の資産を海外に移転したり解体したりして守ろうとすることである。租税回避の可能な税であるために、資本課徴金は定額のひとつの塊ではなくなった。突然に発表され、ただちに施行されるのでないかぎり――民主主義と呼べる制度のもとではあり得ないことだが（だからこそ、戦後の日本ではうまくいったのかもしれない）――資本課徴金は真の定額税になり得ないのである。

　資本課徴金のもたらす影響を懸念するべき理由はもうひとつあった。そこにはもっと一般的な教訓が含まれている。政府は、現在そういった税の導入に前向きな態度を示しているとすれば、将来また同じことをするのではないだろうか？「何らかの税について、賛成者はその導入が緊急に必要であることを強く述べる」と、資本課徴金の賛成者のひとりが結論している。「反対者はくりかえされることへの懸念を訴える」[45]。問題は、けっしてくりかえさないと政府が何度請けあっても（また、心底からそう思っていても）、その税に魅力がある点はいつになっても変わらないはずなので、その魅力にけっして屈しないという約束を信用しきれないことである。すると、将来の資本課徴金導入への懸念が今日の行動に影響をおよぼし、超過負担が生じてしまう。政府が自らを律して、将来の課税を行なわないことが可能ならば、世界はより良くなるかもしれないが、現政権がつぎの政権を律するのは不可能だ。可能なのは、残念ながら、将来の課税への誘惑に屈しないという約束を、今日の誘惑に屈して反古にしていくことだけなのだ。

この「時間整合性」の問題――将来の時点で実際に望ましくなる事柄を、そのときになっても行なわないと請けあうのは、望ましいと考えられる一方、本質的に困難であること――は、税政策に幅広い影響をおよぼす。これは、第8章でとりあげた矯正的課税による内部化の議論を裏づける、例の自制の問題と同じである。ただし、この場合は政府レベルではなく個人レベルのそれであった。またこの問題は、遡及的な課税が納税者からひどく嫌われる理由でもある。納税者の意思決定の時点では予定になかった税を、政府がその魅力に屈して採用するならば、将来同じことがないとはかぎらないではないか？　この点はタックス・アムネスティ（税金特赦）が危険な理由のひとつでもある。タックス・アムネスティとは、一定の期日までに納付を済ませれば、納税者の過去の申告漏れが一度かぎりの条件で不問に付されるという好条件の取引だ。現時点で政府がこういった特赦を行なえば、納税者は、税金を未納のままにしておき、将来の特赦のときに納付するほうが得策だと考えるかもしれない。解決策はひとつしかない。だが、簡単なことではない。つまり、政府のほうで、税金に関する約束はかならず守られるという評判を確立するのである。

ダメージの制限

政府が必要とする歳入のため、レント税や、もっと広範な定額税、もしくは悪行税を、許容できる程度の累進課税で行なえばそれでよかったとすれば、税金の歴史は短い（また、つまらない）ものになっていただろう。だが、そんなことは不可能である。だから、ある程度の超過負担――ウィンドーヴァー氏の、塞がれた炉（第9章を参照）など――が生じることは避けられない。問題は、それをできるだけ抑える方法である。独裁者でさえ、そこのところには配慮するべきだ。超過負担は一種の浪費で、誰の得にもならず、結局は一部の人びと――危険な行動を起こしかねないほど不満を募らせている市民かもしれない――を困窮させるからである。幸いなことに、ウィンドーヴァー氏のような人びとの負担を抑える方法については簡単なガイドラインがある。その一方、信用してはならない通説もある。

イギリス一の才人

ケンブリッジ大学のキングス・カレッジのフェローだったフランク・ラムジーは才気煥発なイギリス人研究者の典型で、あまりにも聡明だったため、カントを読むために一週間でドイツ語を習得したという噂が事実かどうかについて真剣に議論されるほどだった。残念ながら、それは事実ではなかった[46]（とはいえ、まだ学部生だったころにウィトゲンシュタインを英訳しており、その際に「重大な誤り」を訂正したことで、のちに本人から礼をいわれている）。ラムジーは1930年、26歳のときに黄疸で亡くなったが、生前に哲学および数学の理論――彼のおもな興味の対象――の構築に多大な貢献をした。そのかたわら書きあげた2本の経済学論文は、現在も経済学者に日々参照される文献だが、本人いわく「時間の無駄」だった（彼の基準からいえばそうだったのだろう）。そのうちの1本は1947年に発表され[47]、税制の最善の設計について綿密に考察するための基礎になった。

何をしたかといえば、ラムジーはピグーの問いに答えを示したのだった。ピグーは、問題の解決には彼自身は持っていない数学的ツールが必要だと考えていた。問いというのはつぎのようなものだった。脱税および税務の実行可能性を無視するとして、政府に必要な歳入を獲得するため、さまざまな財およびサービスの消費に対し、さまざまな税率を適用するなどして課税し（差しあたって所得税は考慮しない）、しかも超過負担を最小限にするには、いったいどうすればいいいだろうか？

答えの一端はこの本の第9章に示されている。炉税によって生じた超過負担について、ウィンドーヴァー氏とフォックス氏の事情を比較してわかったとおり、課税対象であるものごとの課税に対する反応が強ければ強いほど、それだけ超過負担は大きくなる。この点はフランク・ラムジーの分析によって厳密に裏づけられ、そこから「逆弾力性ルール」が導きだされている。このルールによれば、超過負担を最小限にするには、税率の変化に対する反応がより弱い課税対象により高い税率を適用することが必要である。もっと具体的にいえば、需要あるいは供給の弾力性がよりゼロに近い課税対象ということである。そして——半世紀

識者フランク・ラムジー、1925年、湖水地方にて。

たってからようやく得られた知見だが[48]――われわれにもそのことはわかっている。この本の第9章で述べたとおり、課税に対する反応が実か（炉の数を減らす）虚か（徴税人が来たときだけ炉を隠す）は重要ではない。超過負担を最小限にする――専門用語では、「効率性」を追求する、あるいは「歪み」を最小化する――ために必要なのは、税率に対する反応がより弱い課税ベースにより高い税率を適用することだ。しばしばその候補に挙がるのは、タバコ製品、アルコール飲料、燃料などである――第8章ですでに論じた、好ましくない行動を抑制するためにこういった商品に重税を課すことの正当性は、このルールによっていっそう強められる（とはいえ、前述のとおり、これらの商品の需要の弾力性はよくイメージされるほど低いわけではない）。

この逆弾力性ルールによって暗に示されるとおり、いい代替物があるものに重税をかけることは賢明とはいえないようだ（ただし、その代替物に対して同じ税率が適用される場合は話が別である）。というのも、いい代替物があるものならば、価格の変化に対して非常に敏感に反応すると考えられるからだ[49]。つまり、人びとにとっては租税回避の手配がしやすくなる。すると、課税ベースが減少することになり、その対応として税率の引き上げが必要になる。似たようなものに対しては同じ税率を適用しなければならないのである。

フランク・ラムジーの代数学からはもうひとつ教訓が引きだされた。賃金労働が行なわれれば行なわれるほど、それだけ消費量が増える傾向にあるものに対しては、概してより低い税率を適用することが得策なのである。逆にいえば、「余暇の補完財 complements with leisure」という野暮ったい呼び名をつけられているものにより高い税率を適用するということだ[50]。理由は単純で、労働の結果によってどれだけのものが購入できるかという観点から見れば、物品税は労働の報酬を減らすものであるため、概して人びとの労働意欲を削いでしまうからである[51]。（理論上）こういった影響を弱める方法のひとつに、税率を、課税対象の物品ごとに賢く設定し、適用することがある。その際には、人びとが労働を行なえば行なうほど高い価値を置くようになるものごとに低税率を、労働を行なっていないときに高い価値を置くものごとに高税率を割りあてる[52]。たとえば、児童ケアサービスには低税率を、スポーツ観戦には高税率を適用するといったことが考えられる。

これによってわかることがひとつある。税制改革に賛成する人びとは、あらゆる消費行動（および所得あるいはそのいずれか）に対して一律課税とすることをしばしば主張するが、基本的に、それではほぼ解決策にならない。効率性の観点からいえば、一部のコモディティを選択し、とりわけ高い（あるいは低い）税率を適用することが妥当であると思われる。問題は、具体的に何を選択するかを判断するのが非常に困難なことである。それは需要応答しだいで決まるが、実際のところわれわれは、その需要応答をしっかりと見きわめることができておらず、何らかの具体案を示すに至っていない[53]。

そのため、少なくともわれわれの経験的理解がもっと進むまで、真の根本的問題は――実行性をわきに置けば――需要応答の知識が完全ではない場合、財およびサービスへの課税にどう取り組むかということになる。たとえば、資金調達のために課税するコモディティの需要弾力性がまったくわかっていないと仮定する。その場合、すべてのコモディティにまずまず低い同じ税率を適用することと、あてずっぽうにいくつかを選択して高い税率を適用し、残りを非課税にすることのどちらが適切だろう？　たしかに、一律の税率を適用するほうがいい実務上の理由はいくつかある。これまでにさまざまな例を挙げて論じてきたとおり、複数の税率を用いるにはきちんと線引きを行なうことが必要になる。また、ひとつ優遇的な低税率を認めてしまえば、それが呼び水になって利己的な主張がつぎつぎと飛びだし、方針がぶれることも考えられる。さらに、超過負担に内在するある特徴には、税率を一律にすることが超過負担抑制の試みの合理的なベンチマークになり得る、説得力ある理由が示されている。

課税ベースを広げ、税率を下げよ（まあ、そうしなくてもいい）

第9章に登場したウィンドードーヴァー氏は、炉ひとつ当たり2シリングの課税に対する反応として、自宅の炉をひとつ減らした。そして、われわれは彼の超過負担を1シリングと見積もった（彼自身、減らした炉ひとつの価値をゼロ以上2シリング未満と見なしていたことが確実だったため、われわれは1シリングが妥当だと判断した）。そこで、炉税が炉ひとつ当たり4シリングに引き上げられ、それに対する反応としてウィンドードーヴァー氏がもうひとつ炉を減らしたと仮定する。同じ道理から、彼はすでに減らした炉ふたつの価値を4シリング（それらに対する課税額）に満たないと考えていただろう。それ以上だと思っていたならば減らさなかったはずだからだ。また、ゼロよりは大きいと思っていただろう。ゼロ以下だと考えていたならば、そもそも炉を設けていなかったはずだからだ。すると、炉ひとつの価値は2シリングだったと考えるのが妥当なところだろう。炉をふたつ減らしたのだから、彼の超過負担は4シリングだったことになる。

驚いたことに、税率は2倍になったが超過負担は2倍以上に――具体的には、4倍に――ふくれあがった。これは一般的見地からいって重要な点である。超過負担は税率の上昇に比例するのではなく、比例以上に増大する。[54] そのため、大まかにはつぎのように推測できる。逆弾力性ルール、あるいは余暇の補完財ルールが当てはまると確実にいえるケースを別にすれば、数の少ないものに高い税金をかけるよりも、数の多いものに低い税金をかけるほうが、超過負担の発生を抑えられるのである。

この見解は、税の設計にあたってよく持ちだされるモットーの源泉である。アメリカで、退陣するある政権がつぎの政権のために石に刻みつけた――あるいは少なくとも、黒板に書きつけ、上からワックスを塗った――そのモットーとは、「課税ベースを大きく、税率を低く」というものだ。[55] たしかに、一理ある。また、有益性もある（たとえば、この本の第2章で課税の平準化を望ましいことであると主張したが、それはこの原則によって説明される)。とはいえ、この課税のモットーは他のモットーと同様、場合によってはやや浅薄にすぎる。

課税ベースを狭める改革が良案になりそうな例は、すでにこの本でとりあげている。みなし上の資本利益の控除を認めることにより、一般的な法人税をレント税に切り替える手法のことである。そういった税ならば課税による歪みは生じない。課税ベースは狭くなるが、税率を十分に引き上げることでより多くの資金が集まるようになる(税率を引き上げても、基本活動を妨げないからである)。だが、この例からはひとつの警告が読みとれる。つまり、課税ベースが非常に広いから税率をごく低くできるのだから、この税は効率的に違いないという主張は非常に疑わしいのだ。

たとえば、最終消費のみを課税対象にする小売売上税あるいはVATに替え、企業間取引を含むすべての売上を課税対象にする売上高税を採用しても、調達できる資金の額は変わらない。だが、事業のための投入資源に対する課税は、特別な理由(化石燃料使用などの外部性への対応など)がないかぎり、概して悪手である。そういった課税が誤りであるわけは、消費する最終財の選択に歪みを生じさせるのみならず、最終財の生産に無駄が生じるためである。そういった課税によって企業は、税がある場合には商業的に成り立つが、ない場合には成り立たない方法で生産するようになる。企業は、課税対象の投入資源のかわりに非課税の投入資源を用いたり(たとえば、住宅の内装に課税対象のプリント壁紙ではなく非課税の無地の壁紙を張り、あとで模様を描き入れるといったこと)、さらなる課税から逃れるために合併に踏みきったりするかもしれない[56]。生産者側のこういった反応から暗に示されるのは、課税されなければ選択されていなかったはずのものごとが実行されるせいで、最終的な生産物の価値が小さくなる(美しい内装を施される壁が少なくなる)ということだ。これは「生産非効率」と呼ばれる。生産を差し控えられた生産物で有益なことができていたとすれば、それは賢明なことではありえない。

事業用に購入したものに対する課税が望ましくないことは、1970年代になってようやく正式に明文化された[57]。しかし、分別のある政策担当者はもっと前からそのことを肝に銘じていた。窓税法の法令文はこの点をきちんと踏まえ、最適課税の証拠に頼ることなく、産業施設、商業施設、それに、たとえば搾乳場や食料貯蔵室のような非居住用の部屋の窓を課税対象から除外していた。ただし、この措置そのものも問題を引き起こした。税務調査官が来るときだけ、ふつうの居室を空室や事務所のように見せかける人びとがいたからだ[58]。事業用の投入資源に課税しないことを原則にすれば、個人用か事業用かを見きわめるという厄介な問題に立ち向かわなければならない。だが、これはいまある税の原則のなかでもきわめて影響力の強いもののひとつである。

残念ながら、政策担当者の全員がこの要点を把握していたわけではなかった。オーストリアでは、1923年の売上税法により、コモディティは生産の特定の段階で一度だけ税金を徴収されることになったが、税率は「そのコモディティの累積税負担の代表値が反映されるよう設定された。生産の各段階で税金を徴収されていれば、最後の徴収額がその対象になった」。言い換えれば、この税は、取引高税課税によって生じる非効率的な歪みを意図的に模倣しようとするものだった。それに関して、ふだん真面目そのものであった売上税研究者のジョン・F・デューが、「この制度の基本的な難点は、それが完全に不合理な原則にもとづくところである」という考えを示している。さらに、「おかしな税の殿堂があれば、これは最有力の受賞候補だ」とも述べている――その数十年後に出版されたこの本こそ、その殿堂であるとわれわれは考えている[59]。

事業のための投入資源に対する課税によって生じる全体的な非効率性のことを考えれば、金融取引税――すべての金融取引を対象にする、税率がごく低い税――も、イメージされるほどの良策ではないのかもしれないと思いたくなってくる。金融取引はたいへん広い範囲で行なわれるため、この税の賛成者たちが喜んで指摘するとおり、税率がごく低くても収入は莫大となる。(60)だが、幅広い中継取引に対して課す税であるため、税率がごく低いとしても、きわめて非効率かもしれない。たとえば、提案されている税率は、一部の取引のごくわずかな利ざやにくらべ、それほど低くないものが多い。具体的な提案がなされれば、ごく低い税率にさえ敏感に反応する取引を除外しようということになる。レポ取引（短期間での買い戻しを条件にする債券の取引）もそのひとつだ。たとえば、EUで近年なされた提案もそのような経過をたどった。そして何よりも、金融取引税は「ロビン・フッド税」の呼び名で賛成者たちから愛されているが、その最終的な負担者が引退後のために資産を構築し運用する人びとではなく、金融セクターで働く高給取りであると断言できる理由はどこにもないのである。(61)

税制の形成

超過負担を最低限にすることのみが重要であるとすれば、税政策を講じるのは簡単だろう。ラムジーのルールでさえ気にすることはない。万人に等しく課税する人頭税をとりいれればうまくいく。それから、不公平の解消のみが重要である場合も簡単である。第5章でとりあげたエッジワースの解決策は、ありとあらゆるものに課税し、その収入を均等に分配するというもので、考え得るもっとも公平な結果をもたらすと思われる。しかし、効率性も公平性も無視することはできず、だからこそ税の設計は難問になっている。ラムジーのルールを実践しようとすれば、それらをうまく両立させる必要に迫られることになる。需要の弾力性が比較的低いものは、食料品や住居など、人並みの生活に不可欠なものであることが多い。そういったものに比較的高い税率を適用するラムジーのルールは、効率性の面で優れているが、公平性の面で劣っている。

しかし、税の設計の議論において、効率性と公平性を両立させるための喫緊の課題といえば、所得税率の段階の設定である。累進性をどの程度強くすればいいだろう？　そもそも、所得税に累進性を持たせるべきであることは（「累進性」とは――のちのちのために正確なところを示せば――所得金額に比例して税率が上昇することをいう）明確にされているのだろうか？　実際に用いられている税率の区分は時代や国によってさまざまだ。小ピットが導入した所得税の場合、税率は28段階に区分されていた。だが、最高税率はそれほど高くなく、10パーセントだった。第一次世界大戦終結時のアメリカでは、課税所得に応じた税率が最低6パーセント、最高77パーセントだった。同時期のイギリスでは、最低11・3パーセント、最高52・5パーセントだった。[62]　1979年のイギリスでは、稼得所得に対する最高税率が83パーセントだった。現在はそれが45パーセントになっている。所得税の累進度は国によって大きく異なる。[63]　ロシアやルーマニアなどの「フラット・タックス」国の場合、限界税率は一種類のみで（たいてい非常に低い）、（ふつうは）基礎控除額を超えた分の所得に対して一律の税率が用いられる。所得に比例して平均税率が、大きくはないながらも上昇するという意味では、累進的であるといえなくもない。

所得税の累進度がこのようにさまざまなのは、概して、その代替になる課税方式の公平性に関する倫理的価値観の差異や変化のあらわれである――そして、すでに述べたとおり、経済学者はその代替方式の倫理的な位置づけの正当性に関する特別な専門知識を持っていない。彼らが提供できるのは、どの程度の累進性であれば、任意の分配的利得に対してどの程度の超過負担がかかるのか――つまり、どれくらい働き、金を稼ぎ、金を貯めるべきか、またそもそもそうするべきなのかについての選択に歪みが生じるか――に関する見解である。長い年月をかけて経済学者は、キンクを用いたり、政策担当者が過去数世紀にわたって税制のなかにちりばめてきた奇妙なノッチを使ったりし、この問題への理解を少しずつ深めてきた（前述の、18世紀の窓税で見たのと同じ方法だ）。そういった歪みが優れた税設計に対してどういった意味合いを持っているか、今日の経済学者はよく理解するようになりつつある。

この理解の第一段階は、「個人所得」税と呼ばれる税のみに目を注ぐのでは不十分であると認識することだ。税制の形成には、稼得所得に関連づけられた、たとえば稼得所得税額控除のような社会保障負担・給付の構造および効果と、消費税として支払われた金額を（所得金額に応じてかなり変わるため）考慮に入れる必要がある。これらすべての要素を含めてよく考えれば、稼得所得に対する限界実効税率――稼得所得の増分1ドルに対してかかる税率――は驚くほど高くなると考えられる。たとえば、個人所得税の限界税率が30パーセント、社会保障税が15パーセント、VATが20パーセントの場合、稼得所得をすべて使いきる人の限界実効税率は50パーセントを超えることになる。

（これらの影響を考慮に入れて）超過負担と公平性の両方に配慮した場合、所得税率表をどのような形にするべきかは、きわめて難しい数学的問題である。フランク・ラムジーが解いた問題よりも厄介だろう。その問題では、超過負担の面のみを考慮すればよかったため、所得への課税から生じる複雑な要素を無視できた。1971年になってようやく、同じくケンブリッジ大学（イギリス）の経済学者であるジェイムズ・マーリーズがエッジワースの分析を掘りさげ、課税によって稼得意欲に悪影響がもたらされる可能性を明らかにした。マーリーズはさらに研究を続け、25年後にノーベル経済学賞を受賞している。しかし、こういった問題を解き明かすことよりも難しいのは、その説明方法をあれこれ考えることである。ここからはわれわれの精一杯の努力を披露しようと思う（要点をすぐに知りたい読者は四つの段落を飛ばして読んでほしい）。

所得税率表――もっと正確にいえば、稼得所得のレベルに応じた税率表――の設計の問題について考察するには、つぎのような方法がある。[64] 想定した所得レベルのひとつひとつについて、そのレベルの限界税率を引き上げ、その他のレベルの税率を変えなかったときにもたらされるふたつの影響の程度を天秤にかける。ふたつの影響とは、ひとつ（悪い影響）は、もともとその金額を稼いでいた人びとの労働意欲を削いでしまうこと。もうひとつ（よい影響。資金調達の必要のため）は、より高い所得を得ている人びとからの所得税収入が増えることだ。彼らの所得に用いられる限界税率が変わらないとしても、より低い所得の限界税率が上がった場合には、平均税率は上昇し、所得効果は生じるが、それによって超過負担が生じることはない。

限界税率を上げたときの後者の影響は、所得分布の低いほうに向かうにつれて顕著になる傾向にある。所得分布において、そのレベルよりも上には人が多く、潜在的な課税ベースも大きいからだ。そのため、よい効果が非常に強くあらわれる。だがこれは、もっとも貧しい人びとが多くの税金を負担するという意味ではない。それどころか、彼らは多くの補助金を受給する。限界税率が上がれば、所得の増加に応じて補助金額が急速に減少するので、その給付の対象は所得のごく少ない人びとということになる。

所得分布の上位の人びとの場合、状況はもう少し複雑になる。まず、所得がもっとも多いひとりを特定できると仮定する。所得分布上にはその人よりも多く納税する高所得者がいないため、ここで限界税率を引き上げても、よい影響はもたらされず、悪い影響のみがもたらされる。だから、この人の所得に適用する限界税率はゼロでなければならない。これはかなり衝撃的な結論であるうえに、(65) 注目に値する意味合いを含んでいる。つまり、この場合、税制はその全体が累進的（この用語の定義はすでに述べた）であってはならないことになる。その根拠になる理論は非の打ち所がないものである。とはいえ、この結果の実際的な意義はそれほど重要ではない。というのも、所得がもっとも多いひとりを特定し、その人物の所得金額を把握できたとしても、所得が2番目に多い人物の税率がどのくらいであるべきかについては何もわからないからだ。もっと実際的なのは、所得がもっとも多い人物はいないと仮定するアプローチである。つまり、稼得所得の上限はないと考える。すると、限界税率引き上げによるよい影響がもたらされ、何がしかの効力を発揮する。また、意欲を削いでしまう悪い影響は、税収の増分を投じること、すなわち所得分布の上位の人びとから集めた税金を下位の人びとの税負担軽減のために使うことで達成される公平性によって抑制されると考えられる。逆インセンティブ効果がもっとも大きく広がりそうなのが、大半の勤労者が属する中位所得のレベルだ（この効果の影響を受ける納税者の数が多いため）。だから、限界税率引き下げがとくに効くのが、このレベルにおいてである。

これらの所見を総合すれば、ひとつの制度のイメージが浮かびあがる。まず、全員にまとまった額のベーシックインカムを給付し、所得分布の下位レベルの限界税率を引き上げ、その一部は給付の低減などによって行ない、さらに中位レベルの限界税率をほどほどに抑える。所得上位レベルへの対応は、行動的反応のパターンと所得分布の形しだいで変わってくる。ここでの限界税率として最適なのは、一般に、われわれが当然視しているように、所得の増加に応じて上昇する形かもしれないし、そうではないかもしれない。おそらく、限界税率は上昇してしかるべきだというのがごく一般的な見方だろう(66)。その場合、限界税率の最善のパターンはU字形になる（ちなみに、この場合でも以下のようになる可能性は残されている。つまり、常識すべてが合理的であるわけではなく──考え得る最善の所得税は、全段階で累進的ではないかもしれないというものだ。この場合、一部の所得レベルにおいては所得の増加に応じて平均税率が下がる）。

これらの考察にもとづき、所得税の制度を形づくる具体的な数値を割りだすには、税制上の優遇措置に対する人びとの反応の程度や、稼得能力の分布状況や、その社会における貧乏人と金持ちの所得の相対的価値や、政府の再分配以外の政策に必要な収入のことを考慮に入れなければならない。こういった部分に関しては経済学者が実用的な助言を行なえるようになりつつある(67)。だが、所得税の累進度をどう設定するべきかという問題の答えにたどり着くには、いまだにわかっていない部分の多い、さまざまな検討事項にも目を向けなければならない。たとえば、所得税と組みあわせたときの物品税の潜在的役割も考慮に入れる必要がある。さらに、たとえば労働の代替に対する課税を比較的低くすることなどといったラムジーの重要な教訓を、引き続き当てはめていく必要もある。[68] そのほかに考え得る厄介な問題には、税制の税引前所得に対する影響や（たとえば、前述のとおり、稼得所得税額控除は結果的に税引前所得の減少につながることもある）、観測可能な稼ぎのうちのどのくらいが実際に、超過負担が発生しないレント（たとえば高給取りの重役などの）を反映しているかなどがある。[69]

最適課税の理論――これまでに論じてきたこと――は単純な答えを与えない。だが、本当に重要なもののごとを指し示してくれる。また、もっともらしいけれど、じつは誤っている考えからわれわれを守ってくれる。さらに、税政策作りに携わる人びとが設定した目標がどういったものであれ、特定の環境において達成する方法を教えることができるようになりつつある。

どれだけの羽根を？

コルベールの比喩にあったもうひとつの要素のこともよく考えてみなければならない。ラムジーとマーリーズは所定の金額を調達するための最善の方法を追究したが、その金額がいくらであるべきかを考察しなかった。だが、政府はどの程度の資金を調達するべきなのだろう？　つまり、ガチョウの羽根をむしる者はどの程度の羽根を手に入れる必要があるのだろう？

どういうわけか、歴史的には10パーセントとされることが多かった。これは税率であって、一国の経済に占める政府の取り分であるとはかぎらない。孔子は、10分の1が適切な税率であると語った。チンギス・ハンは、ロシアに侵攻したのちに10分の1の税金を徴収した。[70] 10分の1税 tithe と呼ばれる税には、スペイン10分の1税、ヴェネツィア10分の1税、クロムウェル時代の10分の1税、18世紀フランスの10分の1税などがあった。小ピット政権時代に成立した1799年の所得税法では最高税率が10パーセントだった。

そうはいっても、経済学者ならばもう少し根拠のある提案ができるのではないか。読者はそう考えるかもしれない。実際の状況は多岐にわたり、先進経済国のあいだでもさまざまである。デンマークとスウェーデンでは、税収は対GDP比50パーセント前後かそれ以上である。アメリカでは、対GDP比がこれほど高くなれば、本質的には共産主義と変わらないと見なされることが多い（とはいえ、所得税の最高税率が13パーセントだといわれれば、アメリカの人びとは喜んで受け入れるに違いないが、1943年にスターリンが導入し、ソ連時代のほとんどの期間実施されていた所得税の制度では、最高税率が13パーセントだった。現在のロシアでも同じ制度が再導入されている）。[71]

どの国の政府であれ、たんなる楽しみのために税金をとるわけではない。重要なのは——第8章でとりあげた、悪い習慣の矯正を目的とする税を別にすれば——公的支出を賄うことである。だから、調達する必要のある金額は支出する必要のある金額に左右される（少なくとも長期的にはそうである。また、低所得国が外国政府から援助を受ける可能性については考慮しないこととする）。だが、逆のこともいえる。支出によって実現できること——また、実現するべきこと——は税制の不完全さによって制限される。第9章の例で、ウィンドーヴァー氏の炉に対する課税によって8シリングが調達されたが、そのことで生じた真の社会的コストは、超過負担の発生のために8シリングではなく9シリングとなった。だから、この炉税の制度を真に価値あるものにするためには、調達された8シリングを支出するときに、その社会的価値（あるいは少なくとも、チャールズ一世の政府にとっての価値）を9シリング以上にする必要がある。奇妙なことのように思えるかもしれない。だが政府は、税金として集めた1ドルに、納税者の手に残った1ドル以上の価値を見いだすからこそ税を課すのである。政府は、その他の条件は変わらないものとして、利用できる税手段が効率的であればあるほど（また、その税手段が分配上の目標にもたらす損害が小さければ小さいほど）、それだけ規模が大きくなると考えられる。

徴税方法が効率的になれば、実際に政府の規模が大きくなるかどうかを実証するのは、なかなか難しいことである。たとえば、近いうち戦争になると思われるなどの理由から、今後の支出の増大が見こまれる国は、資金調達のために前もってキャパシティ・ビルディング〔能力構築〕を行なうかもしれない。税務調査官の増員、情報申告の要請、高性能のコンピュータの導入。すると、まず課税力の効率性が高められ、それから増税が行なわれることになる。しかし、前者によって後者が引き起こされたと結論するのは誤りなのである。

それでも、VAT実施の経験からいくつかの手がかりを引きだすことができる。VATの制度は根本的なイノベーションで、理論上の賢明なアイデアが半世紀をかけて事実上の主要な歳入源へと発展していったものである。とりわけヨーロッパでは多くの国で導入されているが、それらの国の政府の規模はこの半世紀にぐんと大きくなった。その相関関係についてはふたつの見方がある。ひとつは、これらの国でVATという新たな税が発見されたこと、つまり以前よりも効率のいい資金調達方法が採用されたことが、政府の規模拡大につながったという解釈だ（アメリカのVAT導入反対派の多くが危惧しているのはこの点である）。そうであれば、VATの収入増に応じてその他の税の収入は減り、それらの税への依存度は低くなると考えられる。そしてもうひとつは、支出の増大が強く望まれ、それを賄う方法が探し求められた結果、VATの制度がつくられたという解釈である。この場合、その他の税の収入もまた増えると考えられる。OECD加盟国では、これらの両方の作用があることが証拠によって確認されている。だが、前者を裏づける事実のほうが少しばかり多い。実際に政府の規模拡大を引き起こしている点から見れば、ＶＡＴは「マネー・マシン」として機能してきたといえる。(72)

これほど微妙ではないものの、同じかそれ以上に核心を突いている問題がある。つまり、税収の規模と、望ましい政府の規模の判断材料になり得る経済成長とのあいだに何らかの関連はあるのだろうかと考える人がいるかもしれない。だが、それらのあいだに単純な、あるいは普遍的な関連がないことはすでにわかっている。たとえば、比較的裕福な国では、19世紀後半以降に政府規模がかなり拡大しているにもかかわらず、長期成長率はそれほど変化していない。また、アメリカの長期成長率と、ヨーロッパのベルギー、デンマーク、フィンランドのような国々のそれはだいたい同じくらいである。ちなみに、後者の国々のひとり当たりの国民所得と税収は、１９６０年代前半にはだいたい同程度だったが、その後は税収の対ＧＤＰ比が10パーセントから15パーセントあるいはそれ以上上昇している。税収規模と経済成長のあいだに機械的関係といえるものが存在しないことはそれほど意外ではない。というのも、税制は、ある面では民間のさまざまな活動を妨げるものであるため、経済成長に悪影響をおよぼすように見えるかもしれないが、それによって賄われる公的支出は、ある面――教育やインフラなどへの支出の面――では経済成長の利益になり得ることが明らかだからである。しかし、いくつかの証拠から閾値効果の存在が示されている。とりわけ今日の発展途上国に当てはまることだが、税収の対ＧＤＰ比が15パーセント前後に達するまでは持続的成長が始まらない。(73)十分によく運営されているといえる国家の基本的機能を賄うために最低限必要な資金がこれくらいなのだ。

こうして、税の設計にきわめて重要ないくつかの原則は、長い年月をかけて形づくられてきた。そのなかには、直感的に把握されたこともあれば、比較的最近に形式的分析によって判明したこともある。だがそれらは、ずっと昔から税務機関の重要任務である税法の施行にともなう問題を、基本的に度外視している。第Ⅳ部ではそこのところに焦点を当てる。これまでとりあげてきた原則のなかには、課税の影響が外国にまでおよんだ場合に生じる問題から引きだされたものもある。つぎの章ではそういった問題――現在議論されている課題の多くの核心をなしているが、実際の例にはばかばかしいものがいくつもある――をとりあげる。

11
世界市民

資財の所有者はまさに世界市民である。……往々にして、煩わしい調査を受けさせる自国に背を向け……資財をどこか別の国に移し、そこで事業を続けるか、もっと気楽な生活を送るようになる。

――アダム・スミス[1]

1962年10月、核戦争の深淵に世界の目が注がれていたキューバ危機のさなかに、ヨーロッパでも国際危機が生じていた。ここでも、緊張が高まるとともに、国境が封鎖された。だが、封鎖作戦を実行したのはアメリカの海軍ではなくフランスの税関職員6人だった。小さな独立国モナコとの国境に、雨に濡れるのもいとわずに立ちつづけたのだ[2]。フランスは、とりわけシャルル・ド・ゴール大統領はそれほどまでに激怒していた。モナコに立ち並ぶ豪邸や高級アパートメントに弾道ミサイルが隠されていたからではなく、この国に所得税がなかったからである。

フランスの個人や企業にとって、所得税のないモナコを居住地にすること――あるいはそのように見せかけること――には魅力があった。この小国と国境を接するのはフランスと地中海のみで、国境検問所が設けられていなかったため、それは比較的容易なことだった。嘘のような話だが、当時フランスの財務大臣だった(のちに大統領になった)ヴァレリー・ジスカールは、本人の談話によれば、ある夜モナコの電話帳に載っている名前を無作為に選び、順番に電話をかけていった。すると、そのうちの4分の3は、実際にはパリに住んでいたという。1962年にはただごとでない事態となった。フランス領アルジェリアが独立すると、フランス人入植者「ピエ・ノワール」は大挙して国外に脱出したが、そのなかでも裕福な人びとは、自分の財産をモナコに移すほうがいいと判断した。ド・ゴールにとっては腹立たしいことだった。彼は「ピエ・ノワール」をよく思っていなかった。一部の過激派によって暗殺されかけたことがあったため、なおのことであった。グレース・ケリーとレーニエ大公の結婚をきっかけにアメリカとモナコがいっそう親密になっていたことも、彼にとってはおもしろくなかった。

そして10月12日、国境封鎖のために税関職員がモナコとの国境に送りこまれた。この封鎖はわずか数時間で中止されたが、計画的な通関遅延は継続された。ともあれ、フランス側の主張は明らかだった。キューバ危機の解決に要した時間よりも長くかかったが、この問題もまた解決に至った。1963年5月、両国の合意のもと、モナコを居住国とするフランス市民はフランスの所得税の納付を義務づけられ(1962年10月の時点で居住期間が5年を超える市民は免除された)、モナコに拠点を置き、それ以外の国からの収入が総収入の4分の1を超えるフランス企業もフランスの法人所得税を納付することになった。その点は今日も変わっていない。

フランスとモナコのあいだで起こった少しばかり滑稽なこの対立には、その250年前にアダム・スミスによって確認された力が作用していた。つまり、国境を越える移動が可能である課税ベース(この場合はフ

どちらかといえばおかしなコメディ。「止まれ／税関」

ランスの個人および企業の所得）の、もっとも低い税率の国に移動する傾向のことである。そして1962年、スミスによって予見されていなかったあることが証明された。課税ベースの移動によって、スピルオーバー効果――第8章でとりあげた外部性によく似たもの――が国境を越えて生じたり、政治的緊張の原因になり得る明らかな不公平がもたらされたりするということである。

今日、そういった問題はメディアに大きくとりあげられている。裕福な巨大多国籍企業は、国同士の税制の違いをうまく利用し、税負担を――合法に、あるいは非合法に――軽減できる。そのことは幅広い関心を集め、重要な政治課題にもなっている。近年、税関連の情報のリーク――パナマ文書やルクセンブルク・リークスなど――が相ついでおり、そのすべてを追うのが困難なほどである。それらはそれぞれ独自の特徴を備えているが、国境をまたぐ節税策に世間の批判を集めたところは共通している。資産隠しが発覚した政治家たちは辞任に追いこまれている。アイスランド首相もそのひとりである。一部の企業はとりわけ激しい非難にさらされた（誰でも知っている有名企業が不当に標的にされたとも考えられる）。明らかに儲かっているのに、租税回避のためにイギリスで10年以上も赤字を申告してきたスターバックスに対しては、人びとが反感を募らせ、抗議運動を行なった。先進諸国の政府は、国民の圧力と資金調達の必要に押され、この数年は国際課税の問題に目を注いでいる。G20参加国は、封鎖作戦を実行するつもりはないだろうが、新たな国際租税のスタンダードを確立する動きに同調しない国および地域[3]に対する「防衛策」の導入にくりかえし言及している。しかし、G20参加国同士でも税の問題をめぐる対立が起こっている。第1章でも述べたとおり、その悪役に位置づけられているのは（とりわけ）フランスだ。デジタルサービス課税を提案したことで、アメリカから報復措置の導入が表明されている。

本章では、個人および企業が利用してきた、国境を越えた節税策をとりあげる。また、それに対する政府の反応や、巧みな対抗策や、最近の取り組みについて論じる。

ライスプディングをつかまえる

利口な人びとが外国の税のルールを都合よく利用するというのは、最近よく話題になるが、いまに始まったことではない。今日用いられている基本的な手段の多くは、およそ1世紀前にある大富豪一族によって編みだされた。税金をほとんど払っていないことを自慢するようになったその一族はヴェスティ家といった。

第一次世界大戦前、ウィリアムとエドマンドのヴェスティ兄弟は近代的な巨大多国籍企業の初期の例になる組織をつくりあげた。彼らは冷蔵保存技術のパイオニアとしてアルゼンチン、中国、ロシアに事業所を構え、安価な食肉を世界規模の大量消費市場に持ちこんだ。第一次世界大戦が始まるころには億万長者になっており、開戦後にはイギリス陸軍に1日当たり100万ポンド〔約45万360 0キログラム〕の食肉を供給する契約を結び、大いに儲けた。また、開戦をきっかけに租税回避の手段をつぎつぎと考案し、それから数十年ものあいだ内国歳入庁（現在の歳入税関庁、HMRC）を困惑させたり激怒させたりした。ある役人は「税金の件でヴェスティ兄弟をとっちめようとしても、ライスプディングをつかまえようとするのと同じで、まるで手ごたえがない」とぼやいた。(4)

ゲームは1915年11月に始まった。血なまぐさい戦争が膠着状態におちいったことで（また、おそらく偶然とはいいきれないが、第10章でとりあげたとおり超過利得税が課されるようになったことで）、ヴェスティ兄弟はイギリスから出ていった。それまでは「課税繰延」の恩恵を受けていた。つまり、イギリスの制度上、海外で得た利益はイギリスに送還した場合にのみ課税の対象になったため、送還さえしなければその分の税金を支払わずにすんだ。ところが、第一次世界大戦が始まると、イギリス政府はただちにこの制度を変更し、送還されていない利益を課税対象に含めた（また、所得税と相続税の税率を引き上げた）。このためヴェスティ兄弟は――いまでいう「インバージョン」（企業が本社を外国に移転すること）である――会社をアルゼンチン（彼らの事業の中核をなす国で、当時所得税を導入していなかった）に移し、兄弟のうちのひとりが現地に住むようになった。この会社の利益については、彼らがアメリカに所有していた会社の利益として計上されるよう計らった。当時のアメリカにはまだ課税繰延の制度があった。

しかし、第一次世界大戦後、ヴェスティ兄弟はイギリスに帰国したいと考えた。ロイド・ジョージ首相に優遇措置を認めてほしいとじかに訴えたが、聞き入れてはもらえなかった。だが、首相はウィリアムから金をもらって爵位を与えた。そして、そのことがジョージ五世らの不評を買った。「戦時中、租税回避のために自分の会社を外国に移転した者ならば、爵位を授与する正当な理由などないのではないか」というのが国王の考えだった。[5] 一方、ヴェスティ兄弟があっさり引き下がることはなかった。彼らは別の租税回避の方法を模索し、信託を利用することを思いついた。

ヴェスティ兄弟。肉の価格も税額も低く。

信託の制度は十字軍の時代に始まった。騎士たちは、帰還したときに財産が消えていては困るので、そうならないような手立てをいろいろと考えた。利益はかならず守るといわれても、他人の約束を信じれば痛い目にあうことになった。その数百年後に書かれたP・G・ウッドハウスの小説に、彼らと同じような状況にある人物が登場している。

> しばらく前のことだが、あのパイクのやつときたら、所得税をとりにくる役人をごまかすために、とんでもない大金を「ロディの」口座に移してしまった。しかるべきときに返してもらう手はずだった。「男らしくないぞ」と私は「ロディに」いった。「その金をごっそり持って、お別れの電報をいくつか打って、さっさと外国へ逃げればいい[6]」

信託制度は、十字軍兵士やパイクのような、自分の財産を他人の手に委ねる人びとを守るためにつくられた。信託の本質とは、財産の所有権が（「委託者」によって）受託者に移され、受託者は委託者が指定した方法でその財産をつかう義務を負う、というところにある。１９２１年にヴェスティ兄弟が取り決めた信託では、兄弟はイギリスのある会社に事業の運営を委託した。相手の会社は、毎年一定の金額（所得から控除できた）を、ヴェスティ兄弟ではなく、ある基金に支払った。すると、その基金の受託者はその金をヴェスティ兄弟所有の持株会社に送金した。受託者はヴェスティ兄弟から認められた条件で融資や貸付を行なう権限を持っていた。複雑なように思えるかもしれないが、実際にこの仕組みは複雑なものだった。

　第二次世界大戦が始まってから、内国歳入庁はようやく十分なだけの情報と法的権限を得たように思い、こういった手立てに対して異議を唱えた。ところが、貴族院はそれを支持しなかった。その根拠のひとつ――これには敬服するほかなかった――は、関連する法令は権限を持つひとりの「個人」について言及していたが、その信託における権限は兄弟両名から与えられたものだったからだ。

　そんななか、ヴェスティ兄弟は高度に組織化された事業運営を行なっていた。彼らが所有するさまざまな会社の活動――牧場経営、食品包装工場経営、冷蔵船運航事業、卸売業、精肉小売業――は密接に関連していた。そのことが、多国籍企業に対する課税における、今日も継続している核心的問題の源になった。ヴェスティ・グループのような多国籍企業を構成する各企業は、今日もその当時と同様に、それぞれが独立企業として課税されるため、利益をグループ会社のある低税率国で得たもののように見せかけること（また、高税率国から外に移すこと）が可能である。それには、「移転価格」すなわち関連企業同士での取引価格を操作すればいいのだ。牧場経営者の税負担が軽い？　それならば、グループ会社への卸売価格を高くすればいい。グループ内のある企業から別の企業への支払いであれば、価格の大小にはたいした意味がない。ただし、その税金面における意味合いはたいへん大きい。

　その対策として用いられるようになったのが「独立企業間〔アームズレングス〕」原則である。この原則では、多国籍企業グループの構成会社間の取引を税務上の理由で評価する場合、非構成会社間の取引において成立する価格を使用する。ところが、「言うは易く行なうは難し」である。1919年、ウィリアム・ヴェスティは所得税委員会に対して辛抱強く説明した。

こういった事業では、国ごとの利益がいくらになるかを明確にできません。家畜をつぶし、食肉として……50カ国以上に売るのです。イギリスでいくら、海外でいくらとはいえません。(7)

移転価格に、法的にグレーな部分があるのはたしかである。しかし、ヴェスティ兄弟はその範囲からはみだすこともあったようだ。1934年、アルゼンチン（現在では所得税を導入している）の税務機関は、ヴェスティ兄弟の精肉包装事業で生じる実際のコストについて知りたいと考え（そうすれば実際の利益の手がかりを得られた）、ロンドン行きの船の貨物を調査したところ、「コーンビーフ」の印のついた木箱に給与支払い名簿や賃借対照表などの書類があるのを発見した。それらはグアノという肥料用糞の下に隠されていた。

ヴェスティ家はそうやって築いた基礎の上に財産を積みあげ、租税回避の長い物語をつむいでいった。1978年、ヴェスティ家が所有する、食肉小売販売店をチェーン展開するデューハースト社は、230万ポンドを超える利益に対し、税金をたった10ポンドしか支払わなかったといわれている。1993年、エリザベス女王自ら所得税を納めることが発表されたとき、当時のヴェスティ家当主は「では、私が最後のひとりだ」と語ったという(8)

税金という嵐からの避難

昔から、ヴェスティ兄弟のような人びとは国家間の税制の違いに乗じて租税回避のさまざまな手段を講じてきた。それに並行し、一部の国および地域は彼らの助けになるさまざまな方法を編みだしてきた。そういった国や地域はタックス・ヘイブンと呼ばれる。

この名称から、青い海、ヤシの木とビーチ、夕陽とマティーニなどを連想する人はたくさんいるだろう。だが、それほど青くはない北海に臨む先進国に、税制上のおいしい条件を提示しているところがある。「タックス・ヘイブン」は広く用いられている言葉だが、決まった定義はない。(9) この名称については軽蔑的であるという意見もある。「ヘイブン」を使うことには慎重になる必要があるというわけで、この本では「タックス・サンクチュアリ」をかわりに用いることにする。われわれが想定するそれは、税率が低いかゼロで、おそらくその他の国や地域で課税される税金の回避あるいは脱税の助けになる方法を提供するところである。

タックス・サンクチュアリの国や地域は19世紀後半にはすでに存在していた。(10) 1862年、スイスのヴォー州は、裕福な外国人にこの州で引退生活を送ってもらおうと、税制上の優遇措置を設けた。また、1880年代前半、アメリカのニュージャージー州とデラウェア州は「簡易な法人設立」という新たな手法を打ちだした。定款を提出するだけで誰でも法人を設立できる制度である。他州よりも低額のフランチャイズ税（法人設立税）を納めればよく、州議会による特別法の制定もいらなかった。第一次世界大戦後、サンクチュアリは増えていった。当時、かつてなかったほどの増税が行なわれ、前章で述べたとおり、資本課徴金導入の可能性が高まりつつあるという見方が広がっていた。たとえば、1934年にはスイス銀行法が施行され、銀行秘密の保護が強化された。違反した場合、民事のみならず刑事でも罪になった。(11) 法人税に関しては、1

929年にルクセンブルクで持株会社制度が導入された。[12] この制度は、たとえばイギリスやアメリカで会社の所有権を持つことよりも魅力的だった。1937年には、アメリカのモーゲンソー財務長官がローズヴェルト大統領に対し、税金の安い国や地域を利用し、ひそかに法人を所有することで租税を回避する方法があると忠告している。[13]

しかし、世界経済のなかでこういったサンクチュアリが影響力を持つようになったのは第二次世界大戦以降——また、1970年代後半に先進諸国が為替管理を撤廃してから——のことだった。各サンクチュアリにはそれぞれのやり方があって、それらの制度にはさまざまな特徴がある。たとえば、バハマ諸島はキューバ革命後にアメリカのマフィアの財務顧問マイヤー・ランスキーを引きつけた。[14] またモーリシャスは、インドへの投資において、中国への投資における香港のように魅力的であることが知られるようになった。とりわけ外国の富豪たちを引きつけていたスイスは、1953年にこの国に移住したチャーリー・チャップリンにちなんで「チャップリン法」と呼ばれる規則のおかげで、いっそう多くの金持ちを呼びこめるようになった。この法律によって、スイスでは、就労していない外国人は毎年の生活費（たいてい支払った家賃に限定される）に対して定額税を課税されるが、一般的な所得税を課税されることはない。

タックス・サンクチュアリといっても、風光明媚なビーチや、スキーのあとでグルメを楽しめるリゾートや、にぎやかな歓楽街のようなところばかりではない。たとえばワイオミング州、デラウェア州、サウスダコタ州では、本当のオーナーを公表せずに会社を設立することが可能である。連邦政府でさえ、その会社がフロント企業であるとか、詐欺を働いているなどといったことを証明できないかぎり、オーナーの正体を突きとめることができない。ケイマン諸島には1万2000を超える企業が入居しているユグランドハウスという建物があって、バラク・オバマはこれについて、「史上最大の建物か、そうでなければ史上最大の税金

ヤシの木があるとはかぎらない。ケイマン諸島のユグランド・ハウスとアメリカ・デラウェア州のノースオレンジ通り 1209 番地。

詐欺だ」と述べたことがあった[15]。すると、ケイマン諸島の金融庁長官から、デラウェア州ウィルミントンの

ノースオレンジ通り1209番地の建物に28万5000もの企業が入居していることを指摘されてしまった。

オランダも南国の楽園とは程遠いところだが、昔から税制上の優遇措置があって、外国に資金を移転する際の中継地になっている。北海沿岸のもっと北にはノルダーフリードリヒスコークという耳に心地よい響きを持つ名前のドイツの小村がある。この村は長いあいだ地方法人税を導入していなかった[16]。そのため、ドイツ銀行やルフトハンザをはじめとする企業のサンクチュアリになった。地方法人税を払わずに済ませるには、企業は登記上の所在地、連絡先、主要な事業活動の拠点をノルダーフリードリヒスコーク村に置く必要があった。現地の農場経営者は、屋根裏部屋、納屋、牛舎などを企業に貸すようになった。村人たちは事業所長として雇われた。村内ではファクス送受信機の設置数が大きく増加し、ドイツテレコム社は対応のために通信ケーブルを増設した。これらすべてによる税収面における損失は10年あまりのあいだに約3億ユーロにのぼった。だが、それは長くは続かなかった。2004年、ドイツの市町村は9・1パーセント以上の地方法人税の課税を義務づけられた。

タックス・サンクチュアリに共通するものといえば、ヤシの木ではなく、規模だろう。概して、タックス・サンクチュアリは非常に小さい[17]。モナコなどはニューヨーク市のセントラルパークにすっぽり入るくらいである。理由は簡単だ。小国にはほぼ自動的に、国際的に移動性の高い活動への税率を低くするインセンティブがある。というのも、減税を実施した場合、国内の経済活動から得られる税収はたいして減らない――もともと少ないからである――が、世界各国から課税ベースが大量に入ってくるため、税収が大きく増加するからだ。外国からの企業の流入により、税率のごく低い法人税のみならず、法人登録料などでも収入を得られる。また、観光業の発展、金融サービスセクターの拡大、あるいは納屋などの不動産の賃貸といっ

た副産物がもたらされることもある。これは、もともと経済上の強みを持っていないため、実際に持っているもの、すなわちアイデンティティによって収入を得ようとする国や地域にとって、たいへん魅力的なことである。タックス・サンクチュアリとして存在することは、第3章でとりあげた「国家主権の商品化[18]」の一例でもある。

しかし、それだけではない。成功しているタックス・サンクチュアリの特徴には、ガバナンス指標において高いスコアを得ているという点もある。[19] たとえば、その多くはイギリスの王室属領と海外領土からなる「英国のクモの網[20]」の一部で、突き詰めていえば、イギリス政府の監督下に置かれていることで信用を得ている。投資家は、投資を回収するため、税金の安さだけではなく、契約履行の保証をも求める。だからサンクチュアリのほうは、法の支配に服する強い決意があるという評判を打ち立てる必要がある――これは、美しい切手の発行にくらべればずっと難しいが、結局はずっと大きな利益になる。

タックス・サンクチュアリは、概して規模こそ小さいが、世界経済に対する影響は大きい。たとえば、2018年の対外直接投資のランキングでは、ルクセンブルクが3位、オランダが1位だった。[21] もちろん税金以外にも理由はあるだろうが、低税率の小規模な国や地域がとんでもなく大規模な影響をおよぼしてきたことは疑いもない。とはいえ、状況は変わりつつある。力のある国々のイニシアチブのもと――額面どおりに受けとれば――タックス・サンクチュアリの駆逐に向けた取り組みが進められている。その件についてはもう少しあとで述べる。

金持ちはわれわれとは違う[22]

ヴェスティ兄弟の件からわかるとおり、昔から納税者は、少しの工夫とかなりの厚かましさをもって国家間の課税の仕組みの弱点に乗じてきた。また、タックス・サンクチュアリの隆盛からわかるとおり、彼らに進んで手を差し伸べる国や地域がいくつもある。そのことに人びとが激怒するのも当然である。だが、根本的な問題に対処するならば、激怒するばかりではなく、納税者が国境をまたいでどのようなゲームを行なっているかを理解しなければならない。ヴェスティ兄弟の件によって明らかになったもの以外にもさまざまな手法がある。

実際、国境をまたぐ租税回避の手段は枚挙にいとまがない。無生物——たとえば航空機など——でさえ、低税率の国や地域を求めてあちこち動きまわる。航空機はアメリカの一部の州で、査定日に格納されていた場所に基づき、人的財産として課税される。そのため、査定日の直前になると、課税州における航空機の離陸数がそれ以外の州よりも不自然に多くなる。[23]

この章では、国家間の税制の違いに乗じる人びとが用いる策のなかでも、この問題の核心をなす、ふたつの大がかりな手口に焦点をあてる。そして、将来政府がとり得る、あるいは現在とっている——感心させられる——政策対応にも目を向ける。

すでに転居済み

昔ながらの合法的な租税回避のひとつに、税金の安いところに引っ越すというやり方がある。そこに快適に生活できる環境があれば、なおさらいい。生前、ほとんどずっと税金に苦しめられていたP・G・ウッドハウス——あるいは少なくとも、彼に雇われていた会計係——もそれに気づいた。「いまだにわからないのは、彼があの件をどう片づけたかである。……彼は、われわれが長いあいだ非居住者であることを証明してくれた。ところが、われわれがイングランドを留守にした期間は——そう話すべきだったが——3日ほどだった」[24]。1934年までに、ウッドハウスは（本当に）フランスに移り住んでいた。当時のフランスでは、めったにないことだが、国外で発生した所得（たとえば、書籍のロイヤルティなど）は非課税とされた。税金逃れのために国外に移住した金持ちや有名人は多く、ウッドハウスはその代表例であるといえる。

富裕層の税負担をなかなか引き上げられない理由としてよく挙げられるのが、国外移住の促進につながりかねないことである。税金逃れのための国外脱出については、おもしろおかしい小話がいくつもある。だが、分別をもって政策づくりに取り組むならば、一般的な金持ち（そういった人びとが実在するとすれば）の、居住地をどこに定めるかの決断に対して課税することがどれほど慎重を要するかについて、もっと体系的な証拠が必要になる。目立つ事例はいくつかあるが、かならずしも重要問題を示唆しているわけではない。たとえば、アメリカでは、州ごとに異なる税制に乗じた税金対策が目につく——それを行なう人のほとんどは退職者である——が、規模はそれほど大きくない。フランスでも、大局的観点から見れば、大きな影響をおよぼすほどの事例はなかなか見当たらない（とはいえ、フランスの億万長者の約3分の1は、ベルギーもしくはスイスに住んでいるか、まとまった資産を置いている）[25]。だが、一部の人びとは一般人よりも国外移住の機会に恵まれている。そのことを念頭に、とりわけよく移動する労働者のグループ、すなわちヨーロッパのプロサッカー選手の就業決定について調査が行なわれた。その結果、プロサッカー選手、とりわけ高い年俸をもらう選手の就業決定が税制に大きく左右されることが明らかになった[26]。こういったプロ選手は、非常に高い能力を有し、その技能を容易に移動させられる専門職の代表例であると考えられるため、その調査結果はたいへん重要である。彼らのような世界市民が居住地を選ぶときには、現地の税制に大きな影響を受けると考えられる。

国外移住を防止するには、減税のほか、国外に住んでも国内と同じように納税義務が生じることを法制化する方法もある。古代ギリシャ・ローマでは、富裕者は、居住する都市のみならず出生した都市のためにもレイトゥルギアの費用を負担することになっていた[27]。ディオクレティアヌス帝の時代には、ほとんど利益の出ない辺境の耕作地を引き払い、その分の税金を納めずにすませる小農がたくさんいた。それに気づいた皇帝は、土地所有者に対し、移住したあとにも所有地にかかる税金の納税義務はなくならないことを通達した[28]。アメリカでは、ほぼ独自の制度として、国民はどこに住んでいてもすべての所得に対して税金を課されるが、アメリカ以外の国や地域に納めた税金の分だけ控除を受けられる。人の移動がさかんになっているため、この方式は今後もっと注目を集めるかもしれない。たとえば、現役のあいだは税金の高い国や地域で働きながら年金拠出金の控除を受け、引退後は税金の安い国や地域に移り住んで年金生活を楽しむ人びとがいるが、アメリカのやり方はそれを防ぐ手立てにもなる。市民権に対して課税されるとなれば、アメリカ人が国外に移り住んで税金を払わずにすませることは難しくなる。だが、市民権は放棄することもできる[29]。実際に放棄した人びとのなかに、フェイスブックの共同創設者エドゥアルド・サヴェリンがいる。彼はキャピタルゲインが非課税になるシンガポールの永住権を取得している。おそらく偶然ではないだろうが、２０１４年のアメリカ市民権放棄の件数はその2年前の3倍に増えている。この２０１４年というのは、外国に設けられている隠し口座の発見を目的とする法律、外国口座税務コンプライアンス法（ＦＡＴＣＡ）が施行された年なのである[30]。

あからさまな脱税方法のなかでもごく単純な（また、長いあいだ非常に安全でありつづけている）もののひとつに、銀行預金などの金融資産を「オフショア」――「外国」という意味だが、税負担が軽く、資産隠しが容易な国や地域を指すことが多い――に置き、その資産から生じる所得を居住地の税務機関に申告しないというやり方がある。物議を醸しつつもしばしば引き合いに出されるある推定によれば、世界の全世帯の資産の約8パーセント（約6兆ドル）がオフショアに置かれ、おそらくその多くが未申告である。[31]また、湾岸諸国および一部のラテンアメリカ諸国では、そのような所有が対GDP比で60パーセント前後であり、ヨーロッパ大陸諸国でも15パーセントにのぼるという。[32]それに、オフショアに資産を所有する人びとはやはり金持ちである。スカンディナヴィア諸国の場合、上位0・01パーセントの富裕世帯がオフショア口座を用い、払うべき税額の約4分の1を払わずにすませていると推定されるが、無作為抽出による税務調査ではそういった行動は把握されていない。[33]北欧は税務コンプライアンスが良好であることで知られる地域だが、そうであってもこの推定値である。脱税に関して信頼できるデータを得るのは困難であることを考えれば、話半分に聞いておくべきなのかもしれないが、こういった例はやはりたいへん多いのだ。

この問題に対しては、各国の税務機関が、国内居住者の国外所得および国外資産の情報を提供しあうことが間違いなく解決策になる。だがそれでは、多くの有力者にも、外国の金融資産を呼びこみたい国および地域（および企業）にも間違いなく利益にならない。そのため、最近まで、国内居住者の国外所得を税務機関が把握しようとしても、たいていは困難をきわめた。国家間でしかるべき条約を結んでいれば、脱税が疑われるもっともな理由を示したうえで相手国に情報提供を求めることができた。だが、相手国の税務機関がその要求に応じたくても、銀行秘密の法規定があるために応じられない可能性もあった。

しかし、世界金融危機以降、情勢は急速に変化してきた。オフショアを利用した脱税と世界金融危機との関連は、控えめな言い方をすれば、不明である。だが、各国政府は収入を必要としており、オフショア脱税は政治的に魅力あるターゲットであるため、G20はそういった脱税行為に歯止めをかけることに非常に熱心である。いまや「自動的情報交換」（AEOI）は国際基準になっている。これは非居住者の銀行預金や投資信託などに関する情報——それらの価値とそれらから生じる所得——が、本人の居住地の税務機関に、自動的に報告される仕組みである。その狙いは資産隠しや所得隠しの余地をなくすことだ。

先鞭をつけたのはアメリカのFATCAである。[34] これは、ほとんどの非アメリカ系銀行およびその他の金融機関に対し、アメリカの納税者の保有口座の残高が5万ドルを超える場合、その詳細な情報を内国歳入庁（IRS）に提供することを義務づける税法だ。それに並行し、「グローバル・フォーラム」という壮大な名称の取り組みがG20主導によって進められている。[35] そのすべての参加国および地域——現時点で150を超えている——は、AEOIの導入に同意することを期待されている。[36] 自動的に情報を交換する制度は、すでに100カ国以上で開始されている。[37] ここまでのことは、強制の要素がなければできなかっただろう。[38] FATCAでは、非協力的な顧客はアメリカの金融機関によって行なわれる支払いの30パーセントを源泉徴収される恐れがある。また、グローバル・フォーラムの基準を満たさなかった国や地域に対しては「防衛策」（その正確な内容はまだ規定されていない）が講じられる可能性がある。[39]

これらのイニシアチブは効果を上げているらしく、情報交換に応じている国や地域では銀行預金が減りつつある。しかし、減った分の多くが情報交換に応じていない国や地域に移されていることは明らかである。[40] ここに厄介な問題がある。ある法域に対して情報提供を行なうよう説得すると、別の法域に情報秘匿のインセンティブを与えてしまうのである。[41] また、そのプロセスは最初から最後まで円滑に進むわけではない。外国の税務機関から大量の情報をもらうことと、それを自国の納税者に結びつけることとは別の話なのだ。(42)それに、発展途上国のなかには、他国への情報提供は可能だが、守秘義務の履行の保証を十分に提示できないため、相手国から情報が提供されない国もある。これらのイニシアチブが税収の持続的増加につながるかどうかについて判断するのは時期尚早だし、(43)金融資産の国外流出を恐れずにキャピタルゲインの税率アップに踏みきる（あるいは、その方向を目指す）政府が出てきそうな兆候はほとんどない。だが、取り組みはまだ始まったばかりである。ここまでの進歩は、ほんの10年前には――政治的にも、技術的にも――想像もつかないことだった。

虚偽の利益

ヴェスティ兄弟の移転価格を用いたごまかしは、後世の多国籍企業の租税回避のそれとない前兆であった。今日、イギリスのスターバックスの一部の顧客以外にも、そういった多国籍企業に憤慨する人びとは大勢いる。多国籍企業の所業について内部告発がなされると、人びとはいっそう不満を募らせ、政治家に対処を求め、圧力をかけた。たとえば、２０１４年のルクセンブルク・リークスでは、人材サービス業のＰｗＣ社に対して「産業規模で租税回避を促進する」企業であるという評価が下された。(44)世間の非難にさらされた多国籍企業は対応を余儀なくされた。不買運動の対象になったスターバックス社は、イギリス政府に税金２００0万ポンドを2年かけて納めると発表するに至った。政策担当者たちも何らかの手を打つ必要があると感じている。広く認識されているところでは、国際法人税の制度はいまや破綻しているのである。

「私があなたなら、ここはやめておく」

現在の国際法人税の制度――また、その改善方法――を理解するには、まず「国際法人税の制度」などというものは存在しないことを認識する必要がある。いま存在するのは、国際的な税金問題に対処するための国内法と、2カ国の税制を（とくに、同一対象への二重課税を避けるために）すりあわせて制定された、およそ3000の二国間租税条約である。これらの法律および条約の基盤にあるのは、シュメール人の時代までさかのぼらないものの、遠い昔から時間をかけて構築されてきた規範である。

ランドマークとなった出来事のひとつに、1872年の、世界初となる国際租税条約の成立がある[45]（イギリスとスイスのヴォー州とのあいだで締結された。ヴォー州でイギリス人が客死した場合に、その全財産に対しイギリスとヴォー州の両方で相続税が課税されていた問題に対処したものだ[46]）。所得税関連の国際条約では、1899年にドイツ帝国とオーストリア＝ハンガリー帝国とのあいだで締結されたものが初となった。また、1920年代には国際連盟が、それらの経験から得た知識を土台にして租税条約の規範を作成するべく、4人の著名な経済学者の報告をもとに草案を起草した[47]。以降、国際連合、とりわけOECDは国際租税の基準の後見人の役割を担うことになった。しかし、現行の租税条約に記されている国際税務の規定には、かつてドイツ帝国とオーストリア＝ハンガリー帝国とのあいだで結ばれた条約の設計者たちが驚きそうなものはそれほどない。

とんでもなく長い話を短くまとめれば、現行の取り決めはふたつの規範を核にしている。ひとつは「独立企業間価格」の原則である。前述のとおり、ヴェスティ兄弟のほうが一枚上手であったところのこの原則は、多国籍企業に対する課税において、その所得を、独立した第三者の場合と同等の条件のもとに子会社に割り振り、その後それぞれに課税するというものだ。子会社は、「能動的」所得（つまり、事業から得られた所得）に対し、まず所在する法域で課税される。そしてそのあと、親会社が所在する法域で課税されるかもしれないし、されないかもしれないが、課税される場合、すでに納めている税額のいくらかを控除される。

もうひとつの規範は、ある法域が事業体の所得に対して課税できるのは、大まかにいえば、その事業体が現地で法人格を有するか、現地で経営されているか、現地に実体を有するかのいずれかの場合であることだ。たとえば、ドイツに実体がない事業体による、アメリカからドイツへの単純な輸出については、ドイツはその売上利益に課税できない。

ドイツ皇帝ヴィルヘルム一世とオーストリア皇帝フランツ・ヨーゼフの時代、あるいは国際連盟の時代には、これらの規範もうまく機能したのかもしれない。たとえば、国内企業が、同じことをする多国籍企業にくらべて税制上有利になったり不利になったりしないようはからうには、独立企業間原則は理にかなっている――第10章で、概して望ましいものとしてとりあげた生産の効率性のひとつの形であるからだ。また、現地に実体を有することを条件にするのも、海外投資があまり行なわれず、行なわれたとしても、たとえばイギリスの企業がナイジェリアにおける鉄道経営権を所有するといった形の投資ばかりである場合には、当然のことだったのかもしれない。だが今日、これらの規範はそれほどうまく機能していない。

まず、ひとつめの規範――独立企業間価格――に関していえば、前述のとおり、ヴェスティ兄弟は移転価格の操作に着目し、高税率国にある子会社の利益を低税率国にある別の子会社に移転した。そして、グループ内で牛肉価格を操作してできることは、それ以外の方法でもできる。しばしば用いられるのが見せかけの借金をする方法である。低税率の法域にある子会社でエクイティファイナンスを実施し（「金を生む牝牛 cash cow〔ドル箱〕」という慣用句はこのためにつくられたのかもしれない）、調達した資金を高税率の国や地域にある子会社に貸し付けるのである。前者は受けとる利息にかかる税金を支払わなければならないが、適用される税率は低い。後者は、適用される税率は高いものの、控除を受けることが可能である。だから、全体として多国籍企業は、税負担を減らし、税引後利益を増やすことができる。[48] 借金を利用した小細工にうんざりしたとしても、管理費を利用して同じことができる。あるいは──無形資産が事業活動の中核をなすようになった（また、移転しやすくなった）現状においてますます重要になっていることだが──特許、商標、商号、営業権などの使用料を利用してもいい。スターバックス社は──一例に過ぎないが──この手を用い、イギリスの事業に関しては税金をほとんど納めていなかった。商標などの使用料をオランダの関連会社に支払い、コーヒー豆の購入および焙煎の代金をオランダとスイスの子会社に支払いつつ、本体自体は借金によって資金調達を行なっていた。[49]

多国籍企業グループ内の各社に利益を割りあてることは、場合によってはひどく難しくなる。想像してみてほしい。ある国に研究所があって、そこで開発された新薬によって得た所得がどの国で生じたものかを明確にしなければならない。特許は別の国で取得されている。資金調達はさらに別の国で実施されている。新薬自体の生産と販売は世界中で行なわれている。一部には、慎重な分析と少しの創意工夫によって、こういった状況にも独立企業間価格を適用できるという意見もある。一方、この原則はそもそも理にかなっていないと考える人びともいる。彼らにいわせれば、多国籍企業は独立企業よりもよい方法を用い、よい成果を挙げられることに存在意義があるのだから、独立企業が同意する価格を探しあてるというのは、たんなる虚構どころか、夢物語なのだ。

第2の規範に関する問題──現地に何らかの形で実在していなければ、その法域において課税対象にならないこと──は、近年いっそう注目を集め、物議を醸している。それというのも、現地に、物理的な拠点をほぼ（あるいはまったく）置かずに事業を行なえる可能性が広がっているからだ。グーグルとフェイスブックはその典型例である。これらの企業が検索サービス利用料、あるいはソーシャルメディア利用料をとることで利益を得たとしても、現地に拠点を置いていなければ、その法域では課税されない。これらの企業が日常生活の一部になっている一般の人びとは、「それはちょっとおかしいんじゃありませんか」と思いたくなるだろう。だが、現行の規則では間違っていない。今後もこのままでいいかどうかについてはもう少しあとで考察する。ここでの要点は、どこかの国で実体のある拠点の設置を回避すれば、それはその国での納税義務を回避するのに等しいということと、テクノロジーの変化によってそういった回避がいっそう容易になり、いっそう由々しい問題を引き起こしているということである。

ここまでは、多国籍企業による租税回避のほんの初歩である。前述のふたつの規範などをうまく利用して税負担を軽減する方法を、多国籍企業はそれ以外にいくつも考案している。アメリカに本社を置く多国籍企業はヴェスティ兄弟のように課税繰延の制度を用いてきたが、それは2017年の税制改革までのことだった。2017年以前には、多国籍企業は外国子会社に2・8兆ドル以上を留保していた。アップル社1社のみでも2800億ドルに対する課税を回避――少なくとも繰延――していた。それとは別に、複雑に絡みあういくつもの租税条約を利用し、課税額がもっとも少なくなるよう、各グループ会社の支払いの順番を操作するというやり方もある（「条約あさり」である）。さらに、企業のなかには、国内法のなかに存在するズレを利用し、どの国においても税法上の居住者にならないよう按排するところもある。[50] いずれにせよ、これはとんでもなく複雑な手法である。次頁の図版はかの（悪い意味で）有名な――とりわけグーグル社に関する――「ダブルアイリッシュ・ダッチサンドウィッチ」作戦[51]の図解である。ヒース・ロビンソンの奇想天外な物語の挿絵にも劣らないほど滑稽に見えるが、実際に滑稽なものなのだ。[52]

こういった企てはどの程度の規模におよぶのだろう？　低税率の法域への利益移転が広く行なわれている兆候はいくつもある。たとえば、2012年にアメリカの企業によって行なわれた申告では、税金の安いバミューダで生じた利益のほうが、中国、フランス、ドイツ、日本で生じた利益をすべて足しあわせた金額よりも多かったという。[53] ひとつの租税裁判のみで莫大な金額が扱われる場合もある。

たとえば、インドでは問題になった税額が26億ドルにのぼった例がある。[54] この数年、複数の国や地域がかかわる租税回避の手法によって失われた税収額をより体系的に算出しようとする研究が、少数ながら出てきている。ある調査によれば、全世界の損失は、先進国および新興国およそ50カ国の法人税収入のおよそ4パーセントから10パーセント、すなわち年間1000億ドルから2400億ドルにのぼる。[55] もっと多くの国を対象にした別の

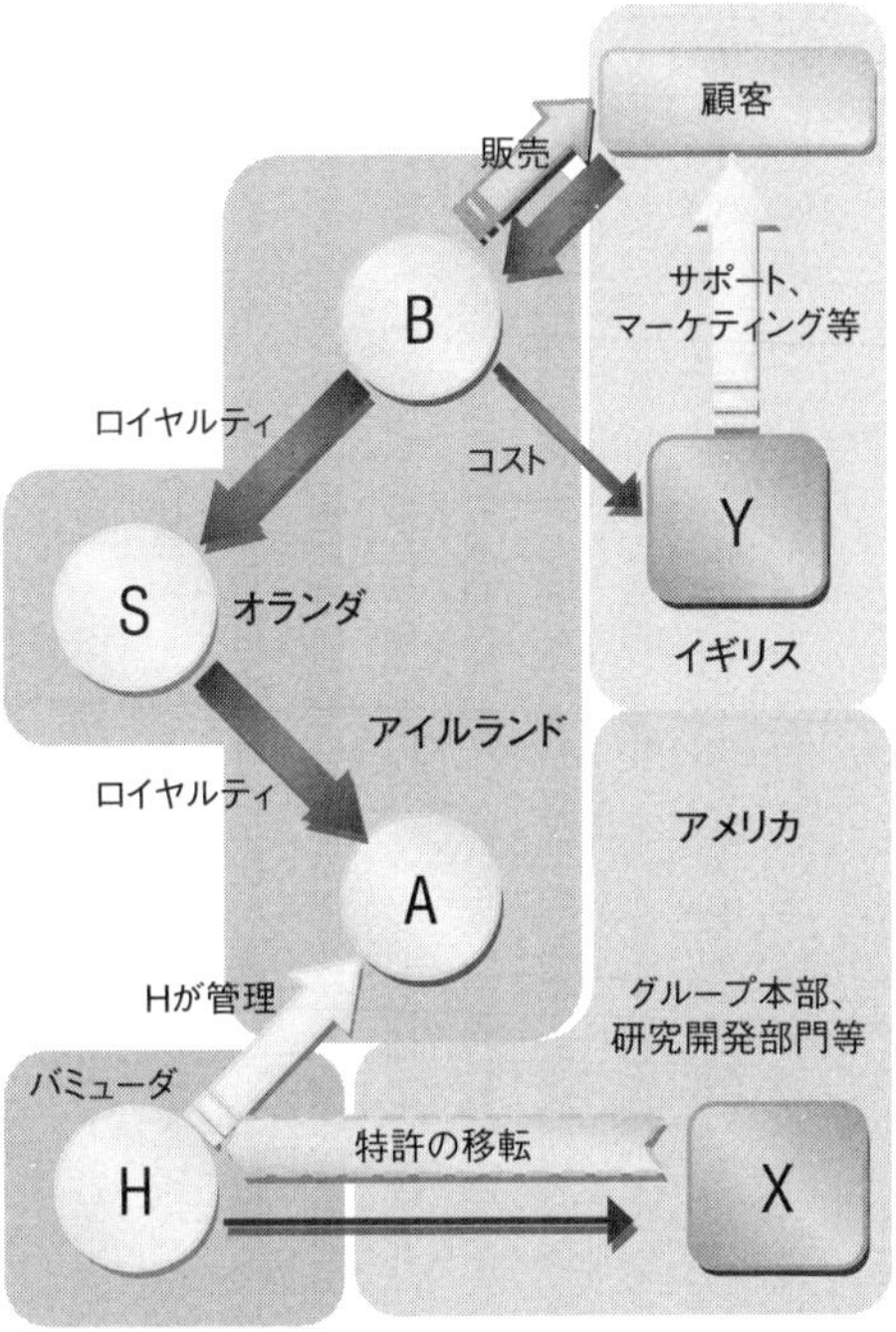

「ダブルアイリッシュ・ダッチサンドウィッチ」(上)と「グリュイエール方式によるダブルグロスターチーズ」(右)

調査によれば、税収の損失は、OECD加盟国では年間約4000億ドル、その他の国では年間約2000億ドルである。[56] これらの推定値は議論を引き起こしている。特定の国にもたらされる影響を数値化するのはもっと難しいが、アメリカ――ひんぱんに調査の対象になっており、損失が比較的多いと思われる――に関しては、実際の法人税収入の15パーセントから25パーセントくらいであると考えられる。[57]

先進国に関していえば、これらの数値がどの程度重要といえるのかに関してさまざまな見方があるだろう。アメリカの場合、先進国のなかでは高いが、対GDP比0・6パーセント程度にすぎない。だが発展途上国の場合、おそらく対GDP比で1パーセントを超える。1パーセントを超えるとなれば、総税収の対GDP比が15パーセントに満たない国や、緊急に資金調達を必要としている国や、法人税依存度が先進国よりも高い傾向にある国や[58]、未開発の収入源がほとんどない国にとって、たしかにかなり大きいだろう。

1961年、ケネディ大統領は嘆いていた。

アメリカ企業によって外国に設立された会社には、親会社と子会社のあいだで結ばれる人為的な取り決めにより、企業構造をつくりかえるところがますます増えている。取り決めというのは、タックス・ヘイブンに蓄積される利益を最大化し、国内外における税負担を大幅に減らす、あるいは完全になくす方法にかかわるものである。たとえば、企業間取引価格の設定、特許使用権の移転、経営指導料のやりとりなどといったことだ。(59)

武器《アームズ》(レングス)よさらば?

しかし、多国籍企業による租税回避に有意義な対策が講じられたのはその半世紀後のことだった。このところの政策活動の核心は、G20およびOECDの主導による税源浸食 Base Erosion と利益移転 Profit Shifting への取り組み、略してBEPSプロジェクトである。これが実を結び、2015年に各種基準と共通目標が策定され、それによって、たとえば「条約あさり」への対処や、厳しい利子控除制限制度の導入などの促進が勧告された。これらのBEPS防止措置は、少し前にとりあげた国際課税の規範を変えたわけではないし、そうすることをけっして意図していなかった。BEPS防止措置については、この取り組みを熱心に支持する人びとでさえ対症療法にすぎないと考えている。目標が実際にどの程度達成されたか――上記の数値はBEPSプロジェクト以前のものである――については、まだわかっていない。だがいずれにせよ、火はまだくすぶりつづけており、いま(ようやく、と思っている人は多いに違いない)従来の規範をがらりと変えることに注目が集まっている。

BEPSプロジェクトのスローガンは「価値が創出されているところ」に対して課税することだった。これはたいへん立派な原則で、同意するほかない。そして、価値が創出されていないところがどこなのかに関しては、おそらく容易に同意を得られるのではないだろうか。しかし、1923年に国際連盟に報告を行なった4人の経済学者たちにいわせれば、価値創出を配分するのは容易なことではない。

カリフォルニア州の木になったオレンジは、収穫され、梱包されるまで富にはならず、すでに梱包されている段階にあっても、需要のある場所に輸送され、消費者に購入してもらえる場所に配置されるまで、富にはならない[60]。

収穫から消費者の口に入るまでのプロセスのなかにいくつかの段階があって、各段階はサプライチェーンの基本要素である。こういったケースでは、全体としての価値創出を各段階に配分する唯一の正しい方法は存在しない。そして、現実のお金の問題となると、政策実務担当者は、原則そのものには思慮深く賛同する一方、価値が創出される正確な場所についてはまったく意見が合わない。残念ながら、例のスローガンは基本的に無意味なのである。

そのことを痛感させられるのは、フェイスブックやグーグルのような巨大企業に対する課税について考えたときである。これらの企業は、世界各国で大規模に事業を行なうが、現地にほとんど実体を置かない企業の典型だ。それに関して、前述の第2の規範を捨てる必要はないと考える人びともいる。これらの企業が創出する価値は、これらの企業が提供するサービスを可能にするアルゴリズムの設計者によって提供されているというのが彼らの意見である。一方、前述の「ちょっとおかしい」という反応の背景に原則の弱点を見てとる人びともいる。彼らによれば、グーグルで検索したりフェイスブックに投稿したりする人びとはたんなる顧客ではない。これらの企業に情報を提供することで「ユーザー貢献」を行なっている。企業側はそうして吸いあげた情報をターゲティング広告の配信に利用する。そのため、クリック操作をしたユーザーの居住国の政府には、国内にこういった企業の情報抽出工場があるのも同様だから、それらの収入に対して課税する権利があってしかるべきだ。それとは別の論点からも同じような結論が導きだされている。情報は、『エコノミスト』による世界の価値ある資源のランキングで、石油にかわって1位になったことを考えても[61]、税制上、石油と同じように扱ったほうがいいのかもしれない。効率性の損失を最小限に抑えて課税できるレントの発生源になり得ることは、情報もまた同じだからである[62]。

この課税権をどのように行使し、課税所得をどのように算出するのが最善かは、いまのところ解明されていない。だが短期的に見れば、欧州委員会およびイギリスが、おもにこういった企業の広告収入に対して適用する「デジタルサービス税」を提案している——また、フランスがその早期導入を計画している。情報を石油に等しいものとして考えれば、このデジタルサービス税は多くの天然資源の売上高にかかるロイヤルティに類似したものと考えることができる。だが一般にデジタルサービス税は、現時点でまだ定義されていない、利益を課税ベースにする税への移行プロセスの一段階ととらえられている。アメリカ政府から見れば、あからさまな収益強奪を覆い隠すための指針づくりに思えることだろう。EUの提案にもとづけば、課税対象になると思われる企業の大半がアメリカに本社を構えているからだ[63]。だからこそ、現在、国際課税問題に関して緊張が高まっており、第1章でも触れたとおり、アメリカが報復をちらつかせている。

しかし、巨大IT企業をめぐる税の問題はよく目立つが、じつはもっと幅広い問題の象徴であるに過ぎず、問題自体の本質ではない。今日の活動および製品のほとんどには何らかのデジタル要素がある。たとえば、冷蔵庫は購入者の食事や調理の習慣を記録し、その情報をメーカーに送信している——つまり、ユーザー貢献によく似たことを行なっている。そして、その主要な課題の数々（たとえば、無形資産使用のロイヤルティの妥当な額を算出する方法など）は、非デジタル事業──たとえば、コーヒーの販売など──を手がける企業にも同じくらいには当てはまる。そのため、BEPS防止措置の実施以後にも未解決のままになっている問題の数々に対し、もう少し根本的な解決策を講じることが必要になっており、G20およびOECDは2021年半ばまでにもっとずっといい方法を提案するための取り組みに乗りだしている。現行の制度をがらりと変えるようないくつかのアイデアが、いまようやく本格的に関心を集めているのだ。(64)

アイデアのいくつかは現行の規範からそれほど外れていない。そのうちのひとつに、アメリカの2017年減税・雇用法が敷いた道を他国にもたどってもらおうとするものがある。2017年減税・雇用法では、その主要な要素である法人税改革により、連邦法人税率が35パーセントから21パーセントへと大幅に引き下げられるとともに、国際課税関連の条項が変更されたが、これは法人減税と同程度の重要性を持つものだった。その略称はなかなかよかった。「GILTI」条項〔有罪を意味するguiltyと発音が同じ〕である。(65)この条項によってアメリカ企業は、国外での利益がベンチマークを超過した場合、その超過分に対してアメリカで課税されることになった。繰延は認められず、税率は国内での利益の場合の半分である。アメリカにある親会社にとっては、国外で得た巨額の利益を税金が安い、あるいはない法域に移転することがそれほど魅力的ではなくなった。というのも、どちらの場合でも、少なくとも10・5パーセントを課税されることになったからだ。それと同時に国内での所得について設けられたのが「BEAT」条項(66)で、国外への利益移転に利用されることの多い種類の支出の控除が制限されるようになった。(67)これらは非常にうまく考えられた改革で、いくつかの国がその採用に関心を示している。

そのほか、前述のふたつの規範に杭を打ちこむような提案もある。そのひとつは、多国籍企業の子会社ひとつひとつに課税することを諦め、そのかわりに、その多国籍企業が全世界で得た利益を、何らかの機械的な計算式を用いて各法域に割り当てるというものだ。その基準となるのは、たとえば、全世界に占める売上高、資産、従業員数、雇用者数の割合などで、これらのひとつあるいはすべてを使用する。この方法ならば、多国籍企業がグループ内の子会社に利益を移転して得をすることはなくなる。というのも、税制上重要になるのは総利益のみだからである。アメリカとカナダでは、州と郡の地方法人税の制度でそういった方法が用いられている。高度に統合化された経済に独立企業間価格を持ちこむのは実用的ではない。世界の統合化がかつてなかったほど進んでいるいま、定式配賦法こそ――その支持者にいわせれば――これから目指すべき道である。[68] 実際、ＥＵではこれと同じような方法が正式に提案されている。[69] それは残余利益配分法といい、多国籍企業の資産および活動から発生する利益のうち一定の金額を超過する部分について、機械的ルールにもとづき配分する方法である。この残余利益は、大まかにはリカードのレントと同じものだといえる。[70]

そのほか、第2の規範――実体が存在すること――が不要になるような案も出ている。それは、ユーザー貢献が発生している法域、または顧客が居住している法域にいくらかの課税権を配分するというものである。後者は「仕向」国あるいは「市場」国に課税の要素を導入するやり方であり、現行の規範からいっそう逸脱することになる。多国籍企業は、そこに実体が存在しなくても、ある法域で販売さえすれば納税義務が生じる。この案はいま急速に支持を集めている。支持者の主張によれば、ユーザー貢献の概念はとらえにくいため、課税の根拠を最終的な販売地であるかどうかにすれば、租税回避を制限できる。というのも、たとえば、特許権が保有されている法域を変えるよりも、最終的な消費者が所在している法域を変えるほうが難しいからだ。この点を踏まえ、一部の人びとはＤＢＣＦＴ――不格好な略称だとわれわれは思う――を推奨している。つまり、仕向地主義キャッシュフロー法人税 destination-based cash flow tax である。

DBCFTはトランプ政権の初期に短期間だけ真剣に導入を検討されていた。この税の要点は、輸出取引は非課税、輸入取引は課税（事業目的ならば控除を受けられる）、投資はすべて即時控除されるというものだ。この方式は、たんにVAT（この場合も、輸入は課税ベースに含まれるが、輸出は含まれない）に賃金コストの控除を組み合わせたものと考えることもできる。世界で広く採用されれば、DBCFTにはさまざまな利点がある。まず、VATと同じく、利益移転を引き起こす心配がない。たとえば、どちらも輸出取引は非課税であり、事業者が輸入取引で支払う価格は税務上重要でないため、[71]移転価格を操作しても意味がない。またDBCFTでは、生産国を変えても税制面で有利になることはない。[72]しかも、すべてのコストの即時控除――第10章でとりあげたキャッシュフロー扱い――を認めれば、DBCFTはレント税と同じように機能する。[73]DBCFTは多くの経済学者から好ましいと思われているが、その出番はまだ来ていない。

しかし、技術面でも政治面でも、問題がない案はないものだ。たとえば、何らかの計算式にしたがって利益を各国に割りあてるのであれば、配分のルールについて関係国で合意しなければならないが、それには前例がない――EUにさえそこまでの取り決めはない。現地に実在するかどうかを課税の判断基準にしないということになれば、すべての租税条約を改正しなければならない。しかし、難しいとはいえ、われわれがこういった構想のひとつひとつを一段落にまとめることは可能だった。すると、現行の制度をもっとよく機能するものにすることだって不可能ではないはずである。

それに、希望の兆しと思われることもある。２０１９年、国際税務のルールづくりが遅々として進まなかった約１００年が経ってようやく、ＯＥＣＤ主導の「包括的枠組み」――１３５を超える国と地域が参加している――において突然に議論が開始され、従来の規範を打ち破るための話し合いが、前例がないほど速やかに進められ、率直なやりとりが行なわれている。ＯＥＣＤ自体から提案されているのは、巨大多国籍企業の利益の一部に対し、前述の残余利益分割法のような方法を採用し、その残余利益の一部を市場国に配分することである。[74] 前述のとおり、この方法は、金額的にはたいしたことはないのかもしれない。[75] また、現行の取り決めを代替するものではなく、それを補うものである。つまり、簡易化には逆行している。しかも、実現に至らない可能性もある——新型コロナウイルスの大流行のせいで、ただでさえ交渉が難しかったところ、交渉のための往来まで厳しくなってしまった。しかし、たいへん心強い事実がある。それは、国際課税のふたつの主要な規範を、ときおり耳障りに思えるほど支持しつづけてきたＯＥＣＤが、それらが時代に合わなくなっている可能性を事実上認めていることである。

税を転がす

タックス・サンクチュアリではない国々の政府は、だいたいにおいて、自ら——あるいは、少なくとも共謀によって——招いた問題に悩まされている。どこかの多国籍企業がほとんど納税していないことに対する怒りの矛先は、おもにその企業自体に向けられる。だが企業側に立って考えれば、法律上の許容範囲で株主に最大の富をもたらすことを義務とこころえ、その実践に努めているだけなのかもしれない。つまり、かつてクライド男爵が奨励したことを行なっているのである。結局のところ、租税のルールを定めるのは政府である。そして、昔から政府は他と張りあって——もちろん、得をしようとする者にそそのかされて——自らの法域を魅力的にしようとしてきた。そういった「税制競争」は、国境をまたいで移動するものに対する税率を一般に下げるだけではない。これまで議論してきたとおり、利益移転の機会を数多くつくりだしてきたのである。

タックス・サンクチュアリは極端な例に過ぎない。このゲームは数百年前から行なわれてきた。エカチェリーナ二世はロシアの産業の構築にいそしみ、1763年には、「ロシアに定住し、繊維工場あるいはその他の工場を設置し、ロシアでまだ製造されていない商品を製造する外国人」に対し、「10年の期限を設定し、内陸関税、港湾関税、国境関税の納付を免除し、上記商品の販売および輸出の」権利を付与した。[76] 蒸気機関を実用化したことで有名なジェイムズ・ワットは、この話にかなり乗り気になっていたといわれている。[77] アレグザンダー・ハミルトンは、有用製造業設立協会の設立を計画していた1791年、10年間の免税措置を意図していた。それは「旧世界のつらい重荷と制約」から逃れたい製造業者たちが「ヨーロッパからアメリカに押し寄せる」はずだという信念からのことだった。[78] 以降、多くの国の政府が同じような措置を講じてきた。なかには、控除を超え、補助金の制度を設けたところもあった。1750年代、プロイセンはシュレジエン地方のリネン産業に参加する移民に織機を無償提供していた。[79] 同様の例はもっと古い時代にもたくさんあった。中世のヴェネツィアでは、外国人のガラス職人やレース職人などの職人は2年間の免税措置を受けられた。[80]

このゲームは続いている。その点は、1980年代半ば以降、全世界で法人税の最高税率が大幅に下がっている事実からも明らかである。先進諸国の法人税率の中央値は1990年に38パーセントだったが、いまや20パーセントに満たない。1992年に欧州委員会に提出された報告は、利益移転の問題を認め、EU域内の最低税率を30パーセントに設定するよう助言している[81]——いま振り返れば、笑ってしまうほどの時代錯誤だ。アメリカの2017年税制改革の目玉だった連邦法人税の大幅減税は、遅ればせながら減税競争の現実を認識した結果だったといえるのではないだろうか。だが、税制競争は最高法人税率のことばかりではない。外国法人を引きつけるような特別待遇はさまざまなものが考案されている。ルクセンブルク・リークスが問題視していたのも、最高税率引き下げのことではなく、ベルギー、ルクセンブルクおよびオランダが、移転価格などについて、太っ腹なタックスルーリングを交付していることだった。

こういった法人税への下向き圧力は現実的な問題である。税収への直接の影響についていえば、法人税率のたった数ポイントの引き下げによる損失が、多国籍企業の租税回避による損失を大きく上回る。たしかに、法人税の縮小を歓迎する声もある。それが「野獣を飢えさせる」、つまり、無駄遣いをする政府から資金源をとりあげる手段になるというのだ。そういった考えを持つ人びとは、法人税が経済成長や投資活動にもたらす損失はその他の税の場合よりも大きいことを、(賛否のある)証拠をもって示すかもしれない。[82] だが、先のわからない税制競争が、明示的な財政ルールよりうまく政府支出を抑えられるかどうかは明らかではない。また、第10章で述べたとおり、法人税をうまく設計すれば、歪みを生じさせない徴税方法という究極の目標に近づくこともできる。さらに、法人税率の引き下げは個人税の最高税率引き下げへの圧力をつくりだしもする。事業のなかには、法人ではなく、たとえばパートナーシップなどとして設立されているものも多く、その場合は個人として課税されるからである。こうしたことは、格差をめぐる政治的緊張が高まり、グローバル化の恩恵が行き渡っていない時代には、好ましいとはいえない。

税制競争の核心には外部性の問題がある。第8章でとりあげた問題によく似たものだ。気前のいい税制上の優遇措置によって投資や課税ベースを呼びこもうとする国々は、それによって他国の資金や課税ベースが失われてしまうことを気にかけない。その結果、すべての国が不足におちいることになる。道理からいえば、何らかの手を打たなければならない。では、いったい何をすればいいのだろう?

明らかな解決策は――かなり前にヨーロッパで提案されていたとおり――すべての国の合意にもとづき、共通の法人税率とまではいかなくとも、せめてそれ以上は下げないという最低税率を実現することである。

重要なのは、そうすることで最低税率引き上げを余儀なくされる国でさえも得をするということだ。というのも、もともとの最低税率が合意した数値よりも高かった国は、他国との競争に拘泥する必要がなくなるため、税率を引き上げがちになる——すると、合意によって最低税率引き上げを義務づけられた国では、そのことによって国内の資金や課税ベースの縮小が相殺されるのである。実際、アフリカ大陸のふたつの地域ブロックが協定によって最低法人税率を25パーセントに定めている。[83] だが、長いあいだこの案はそれ以上前進しそうになかった。いま少し追い風が吹いてきたかもしれない。というのも、前述の包括的枠組みによって最低実効税率の導入が検討されているからだ。[84] これを実現するには、多国籍企業の所在地国が、外国での納税額に上乗せすることで最低総額が支払われるのを保障するか（アメリカのGILTIに少し似ている）、所得の源泉地国が同じことをするか（アメリカのBEATに少し似ている）だ。いうまでもなく、これらふたつのアプローチは金銭的に得をするのはどの国かという点で異なる——つまり、ふたつのうちのどちらを採用するかでまだ意見が割れやすい。それに、実用のうえで難しい点もある。最低税率を何パーセントに設定するかという大問題がまとまっていない。おそらく12パーセント前後に落ち着くと思われるが、それくらいならば多くの人が低税率だという印象を持つだろう。いずれにせよ、この提案がどうなるかはまだわからない。コロナ禍の余波でさらなる収入増が必要になるために、実現の機運はもっと高まるだろう。だが、いまや「素晴らしき新世界」が出現している。つまり、税率に関して多国間の協調にずっと不賛成だった国々でさえ、グローバルミニマムの確立に積極的な姿勢を見せているのである。

いずれにせよ、法人税制競争に歯止めをかける方法は、最低税率の共通化以外にもさまざまなものがある——ことによると、もっと優れたものも。ひとつは、DBCFTでも明らかだが、仕向地主義課税の要素を組みこむことだ。結局、VATの場合は税制競争がほとんど起こっておらず（最終消費者の所在地はだいたいにおいて固定されているからである)、労働者——彼らへの補助金給付はDBCFTの機能のひとつである——の大半はだいたいにおいて移動することがない。そして、同じ理由で最低税率は必要なくなる。事実上、各国はよその動向を気にせず、税率を好きな高さに設定できる。

税制競争は法人税でとりわけ顕著だが、それのみにとどまらない。世界各国がカーボンプライシングによる気候変動対策にあまり乗り気でないのは、すべての国が足並みを揃えなければ、自国だけが不利を被ってしまうと考えるからである。国際輸送用燃料に対する課税(85)にそういった事情がはっきりとあらわれている。国際輸送用燃料の二酸化炭素排出量は世界の総排出量の約3パーセントを占める(さらに増えつつある)。ところが、国際輸送用燃料は気候変動抑制に関する条約で規制対象から除外されているだけでなく、通常の燃料税も課税されない。どうしてだろう? それは、1991年に船舶用燃料に対して売上税を課税しはじめたカリフォルニア州政府が発見したとおり、燃料補給に課税する港があれば、大型船舶は航路を変え、別の港で簡単に給油できるからである。こうして税はその上手を行かれ、結局はゼロになった。自国の排出量を積極的に——海事部門のみならず、あらゆる部門で——削減したがらない全体的な傾向を克服するひとつの方法としては、各国の合意のもと、最低炭素価格を設定することも考えられる(86)。

人、モノ、カネの国境を越えた移動性に、今日の政策担当者はかつてなかったほど気をとられている。各国はそれぞれの課税権を何としても守ろうとする。モナコのレーニエ大公にとっては、所得税の導入は「国家主権の根幹への直接攻撃」だった(87)。しかし、現実の課税主権はすでに過去のものである——遠い昔の記憶であり、概して誤った記憶でもある。真の問題は、各国がいまでも保有している集団的主権をどう分かち合い、どう行使するかの選択なのだ。

＊＊＊

この第Ⅲ部では、おもに税制の設計と納税者に注目してきた。納税者は自らが直面したルールにどう影響され、どう反応するのか、そしてそうした反応がどのようにしてそうした法の外形を形成するのか。だが税金のルールは、どれほどうまく設計されているとしても、人びとに強制的に遵守させなければならない。そこで、つぎの第Ⅳ部では税務機関そのものに焦点をあてる。

第Ⅳ部　税金はひとりでに集まらない

内国歳入庁にいってやった。1ペニーも支払う義務はないとね。だって俺は内国じゃなく海岸沿いに住んでいたから。

——ケン・ドッド(1)

12

串刺しヴラドと穏便な徴税方法

私は税務署に出向いた。……姿勢を正し、嘘に嘘、偽りに偽り、ごまかしにごまかしを重ねると、そのうちわが魂は偽証にまみれ、わが自尊心はすっかり消え失せた。だが、それが何だろう？　アメリカ市民のなかでもきわめて誇り高く、世間で尊敬され、称賛され、もてはやされている何万という金持ちは、毎年同じことをやっているのだ。

――マーク・トウェイン(1)

1459年、ブラショヴ（現ルーマニアの都市）はワラキア公に税金を納めることを拒んだ。結果的にはよくない決断だった。このワラキア公とは、のちに串刺し公《ツェペシュ》として歴史にその名を刻むヴラド三世だったからである。(2)案の定、ヴラドはこの町に攻め入り、火を放ち、住民の多くを串刺し刑に処した。(3)税金を確実に集めたければ、たいていはアメとムチを使い分けることが重要だ。だが、なかにはムチのみが過剰になる例もあった。

税務機関にとっての基本的問題は、いうまでもなく、人びとが税金を払いたがらないことである。納税者のなかには、法律の範囲内で、行動の変化によって負担を減らそうとする人びともいる。つまり、第9章でとりあげた租税回避である。また、法律のうえで納付義務のある税金を納付しない人びともいる。つまり、脱税である。租税回避と脱税のあいだの境界線はかならずしも明確なわけではない。その境界線をあちこちに動かすことでぜいたくに暮らす羽振りのいい税務アドバイザーはたくさんいる。だが、その境界線はきわどくも重要な分かれ目である――じつは、その線は「刑務所の壁のように分厚い」[4]。だがなかには、租税回避も脱税も倫理上は同じことであるとし、それらを「税逃れ」とか「不正フロー」などと呼ぶ人びともいる。これは、合法か違法かという重要な部分を区別しないとらえ方である。ともあれ、この章では納税者の脱税と政府の脱税対策に注目する。

脱税は、太古から政府を悩ませてきた税政上の難題である。紀元前19世紀のシュメールでは、粘土板に楔形文字で刻まれた記録によれば、プシュケンという商人が密輸品を受けとった罪によって牢に入れられた。紀元前17世紀のエジプトでは、パピルスに記された記録によれば、財産を息子たちに譲ろうとしたある老人が、相続税を脱税する目的で、その価値を実際よりも低く申告した[5]。しかし、後世につくられた墓の壁画に鞭打たれる脱税者が描かれていることから考えて、この老人もまた同じ仕打ちを受けたかもしれない。人びとに納税義務をどう履行させるかという問題は、課税によって経済と社会にもたらされる影響のうえでも、国家そのものの成功と存続のうえでも、きわめて重要である。

脱税について考えるとき、アメとムチの比喩は有用である。脱税はギャンブルのようなもので、リスク資産への投資とか、洪水保険への加入（あるいは未加入）などと似ている[6]。この観点からいえば納税者は、リスクのある決断をするときと同じやり方で、脱税を行なうかどうか、行なうとすればその金額をいくらにするかを決断することになる。つまり、予想される利益（納税義務から逃れること）が予想される損失（見つかって

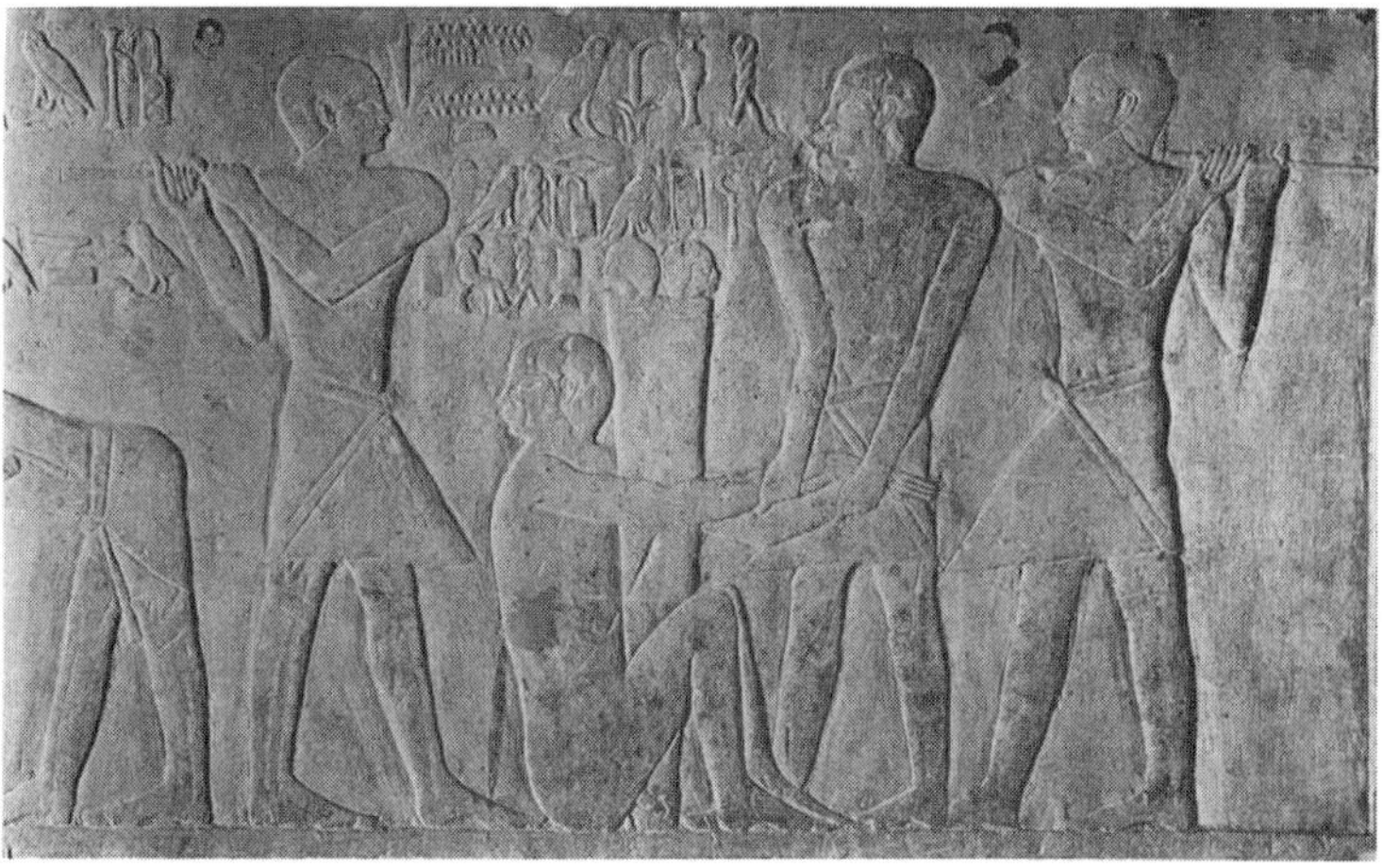

ファラオのために未納の税金を搾りとる。

処罰されること）を上回るかどうかを熟考しなければならない。[7] そうであれば、人びとに納税義務を履行させるには、脱税を選択したときに損をするような環境を、ムチと――いまのところそれほど一般的ではないが――アメを利用して創出すればいい。この章では、古来、政府によって編みだされてきたさまざまな対策について述べる。なかには滑稽な（また、馬鹿げた）手段もあるものの、それらの土台になっている理屈は、大きくは変わっていない。問題点をとらえるため、まずは有名な脱税常習犯たちについてとりあげる。さらに、脱税行為がどの程度深刻な問題なのかという基本的な疑問について考える。そして、ずっと昔から政府が脱税対策として講じてきたさまざまな手立てを明らかにする。

隙間に注意

脱税者には見破られる者もいる。厄介なのは見破られていない者の存在を突きとめることである。

いろいろな脱税犯

有名な脱税犯はつぎからつぎへとあらわれ、それぞれに歴史をいろどってきた。アメリカのマフィアのアル・カポネは最終的にアルカトラズ刑務所で服役したが、それは聖バレンタインデーの虐殺のような抗争を指揮したからではなく、不法行為によって獲得した利益にかかる所得税を脱税したからだった。法案作成を手がける賢い人びとは、違法な所得に対しても合法のそれと同様に課税できるよう、かならずや策を講じておく。マフィア側の弁護士も賢くはあったが、十分ではなかった。カポネを相手どった訴訟が可能になったのは、最高裁がカポネ側の、違法所得の申告を要求するのは憲法の自己負罪拒否特権〔自己に不利益な供述を強要されないとする権利〕に反するという主張を退けていたおかげだった。カポネ側は、違法所得に対する課税が可能ならば、違法経費の控除も可能でなければおかしいとも訴えていたが、ホームズ判事はつぎのような意見を述べた。「納税者が、厚かましくもそのような疑問を提起したときにこそ、それについて考察すればよろしい[8]」

マフィアにとって脱税は稼業のひとつである。だが、稼業でなくとも脱税を行なう人びとはいて、そのなかには有名人もいる。税法を制定し、税務を監督する立場にある政治家たちも租税回避を積極的に行なってきた。イギリス首相ロバート・ウォルポールは海軍大臣と共謀してオランダから商品を密輸した[9]。アメリカのリチャード・ニクソン政権の副大統領スピロ・アグニューは所得税の脱税によって告発され、不抗争の答弁ののち辞任した。ニクソン自身も税金に関してトラブルを抱え、その側近のひとりは、ニクソンの57万6０００ドルにのぼる税額控除の不正申請にかかわったかどで、禁錮4カ月の判決を受けている[10]。元イタリア首相シルヴィオ・ベルルスコーニは、２０１２年、脱税によって禁錮4年の刑を言いわたされた[11]。

実業家にとって脱税は、とりわけ困難な時期には、都合のいい資金源になり得る。イギリスの実業家で、若くしてヴァージン・グループを築いたリチャード・ブランソンは、国内で販売したレコード3万点を輸出したように偽装し（物品税の納付を逃れるため）、短期間だけ投獄された。[12] 一般に、不況の時期には税務コンプライアンス違反が起こりやすい（実際、それによって不況の影響の軽減にポジティブな作用があると考えられる）。だが、実業家が脱税を行なう理由は不況ばかりではない。ニューヨークを拠点に不動産業で成功した女性実業家レオナ・ヘルムズリーは、事業経費として260万ドルの支出があったと偽り、1992年に脱税によって有罪判決を受けた。彼女は（伝えられるところでは）「税金を払うのは庶民だけ」などと発言し、世間の不評を買ったのだ。[13]

スポーツ選手のなかにも脱税ゲームを熱心にプレーする人びとがいる。敗者になったひとりに、メジャーリーグの伝説的な選手で、のちに監督になったピート・ローズがいる。彼はイベント出演やサイン会からの収入の申告を怠ったために「アウト」をとられ、5万ドルの罰金と1000時間の社会奉仕を命じられた。かつて男子テニスの世界ランキング1位だったボリス・ベッカーは、ミュンヘン在住でありながら税金の安いモナコに居住していると主張して「ダブルフォールト（2回以上の失敗だった可能性もある）」を犯し、未納分および利息分として300万ドルを支払うことになった。エリザベス女王のお気に入りの競馬騎手で、ダービーで9勝したレスター・ピゴットは、ケンタウロス作戦というコードネームのもとに実施された調査によって300万ポンドを超える脱税行為が明らかになり、1987年に禁錮3年の刑を言いわたされた。それから、現役のプロサッカー選手たち――リオネル・メッシ、クリスティアーノ・ロナウド、ネイマールなど――も税務当局と揉めている。イギリスの、紳士のスポーツといわれるクリケットの選手でさえ非紳士的な所業におよんでいる。歳入関税庁から租税回避のスキームの疑いをかけられている合名会社に資金を投じているのである。[14]

それに、芸術に携わる人びともいる。ウィリアム・シェイクスピアは故郷のストラトフォード＝アポン＝

エイヴォンで地主として手がけた穀物取引に関連する脱税によりトラブルにおちいった。[15] さらに、ロックスターにも注目するべきである。彼らのなかには高額の税金の請求にうんざりして国外に逃れた人びとがいる。脱税ではなく、税負担回避の例である。デヴィッド・ボウイもそうしたひとりだった。彼については、何とその名を冠した租税回避の手口がある。[16] ウィリー・ネルソンの場合、タックス・シェルターを利用した租税回避行為により、税未納分および罰金として１６００万ドルの支払いを求められたのち、１９９０年に資産の大半を差し押さえられた。その際、多少の「憂鬱《ブルース》」を覚えたことはたしかだろう。ジュディ・ガーランドは、１９６４年にニューヨーク州から４００万ドルもの税金の支払いを求められたが、魔法の靴をはいてどこかへ逃げるわけにはいかなかった。中国の有名女優ファン・ビンビンは、２０１８年に税金滞納により罰金７０００万ドル近くを支払うことになった——そして、潔くも「自分のしたことを恥じ、責任を感じる」と語った。[17]

有名人ではないものの、独創的な脱税の手口を考案した人びとがいる。フランスのアルルで１９９７年に亡くなったジャンヌ・カルマンは世界史上もっとも長生きをした人物として広く報じられた。ところが、２０１８年にふたりの研究者によって主張されたところでは、じつは１９９７年に亡くなった人物はジャンヌの娘で、相続税を支払わずにすませるために１９３４年からジャンヌのふりをしていたという。[18] これは少しばかり極端な例かもしれない。ちなみにこの本の著者のひとりは、将来の相続税増税（あるいは減税）が決定している場合に死亡届の提出を前倒しする（あるいは先延ばしする）人が出ることをテーマにする研究でイグ・ノーベル賞を受賞している。[19] 気味の悪いエピソードのつぎは厚かましい騙しの手口を紹介しよう。ドイツのロストック在住のある男は、犬税を支払いたくないと考え、飼い犬のスパニッシュ・ウォーター・ドッグを（非課税の）羊だと言いはった。犬であることが獣医によって確認されたのち、飼い主の男は罰金を科され、おそらく訴訟を起こされた。[20]

これらのエピソードからわかるとおり、権力と金のある有名人——それに、独創性のある無名人——も嘘をついたりごまかしを行なったりすることがあり（これは意外ではない）、彼らがつかまればわれわれ一般人は正義が行なわれたといって喜ぶ。しかし、実際の脱税行為がどの程度の規模におよぶかについては、これらの話からはわからない。

既知の未知

これは厄介な問題である。脱税行為は、規模を測定するのが簡単にできるとすれば、発見し、処罰するのも簡単なはずで、そもそも発生することがないに違いない。

脱税の規模については、ほとんどの国がごく曖昧に認識しているのみである。脱税の規模と構造をもっともよく把握している国は、おそらくアメリカだろう。アメリカは「タックス・ギャップ」の推計に大金を投じている。タックス・ギャップとは、期限までに納付されるべき税額のうち、自発的に納付されなかった分のことである。[21] IRSによる推計では、2011年から2013年までの期間には、納付されるべき連邦税の約6分の1が未納だった[22]——これはかなりの金額である。現在、ますます多くの国がタックス・ギャップの推計に乗りだしている。2016年から2017年までの個人所得税ギャップは、イギリスでは4パーセントを少し超えるほどで、[23]デンマークでは約3パーセントだった。[24]発展途上国のタックス・ギャップは、意外なことではないが、たいていの先進国のそれよりもずっと大きい。たとえば、VATギャップの中央値は、EUでは10パーセント前後だが、ウガンダでは50パーセント前後である。[25]

これらの調査結果から、たんなる納税義務不履行の一歩先を行くコンプライアンス違反の形が浮かびあがっている。納税者が、その資格がないのに控除あるいは還付を受ける、あからさまな税金詐欺である。頭のいい犯罪者は（噂によれば、資金不足におちいった情報機関も）、とんでもなく巧妙な手口を編みだし、払ってもいない税金の還付金を受けとっている。EUでは、そういった手口――「ミッシング・トレーダー・イントラコミュニティ」（MTIC）詐欺[26]――によって加盟国全体にもたらされるコストが年間約600億ユーロにのぼると推定されている。[27] イギリスでは、一時期、VATギャップの約4分の1がこの詐欺によって生じたものと考えられた。これは大きな金額だが、その当時にVATギャップの比較的重要な源泉があったことのあらわれでもある。大規模な詐欺事件はよくある小規模な不正行為よりも世間の話題になりやすいが、少なくとも税収に関しては、より重大な問題であるとはかぎらない。

税収のことをさておくとしても、脱税は、公平性に対しても、税制の健全性への信頼に対しても非常に重大な問題である。人は、脱税している人は大勢いると思っている場合、自分もやろうという気持ちになりやすい。それは、脱税が、いわば社会規範のように思えるからだが、それ以上に、脱税が広く行なわれている点から考えて、発見の恐れが大きくないと思えるからでもある。だが、これが税収にもたらす影響のみを考えても（税制の公平性の認識に与える損失を考慮に入れないとしても）、脱税がそこかしこで行なわれているのは深刻な事態である。脱税行為を、損得を天秤にかけたうえでの賭けとしてとらえれば、その制限方法がおのずと明らかになってくる。摘発の確率を高め、刑罰を重くする（ムチ）と同時に、よりよい納税行動に何らかの見返りを設ける（アメ）のである。

ムチをたっぷり――アメをちょっぴり

納税を促すために残酷な手段を用いたのはヴラド三世だけではない。アンシャン・レジーム期のフランスでは、塩の密輸を行なった者は車裂きの刑に処された。1898年、キリマンジャロの近くに設置されていたドイツ植民地政府は、納税を拒否した2000人を処刑したかどで告発された。(28) 中国では、脱税は2011年までは死刑に値する罪だった。(29) 一風変わった刑罰もあった。ムガル帝国では、ベンガル総督の命令により、税金を支払いきれない者は「革製のズボン下をはかされ、そのなかに生きた猫を何匹も入れられた」。(30) 重税に抵抗したヴィルヘルム（ウィリアム）・テルが受けた罰もそれに劣らず奇妙であったが、こちらは史実ではない可能性が高い。(31) その伝説によれば、1273年、オーストリアのハプスブルク家は領有するシュヴィーツとウリの自治権を承認しなかった。すると、テルをはじめとする現地の人びとはハプスブルク家に対する納税を拒否した。その罰として、テルはわが息子の頭の上のリンゴを射抜くよう命じられた。

このごろの反抗的な納税者は、クロスボウの腕前の披露を強いられるのではなく、未納の税金、罰金、それに未納の税金から生じた利息を納めることを求められる。だが、金銭にかかわらない罰則もある。中世には、教会税の納付を怠った者は、悪くすれば破門された。(32) その現代版といえるのが、「二次的滞納制裁 collateral tax sanction」による運転免許証あるいはパスポートの無効化である。アメリカでは納税義務の「重大な不履行」にそういった罰を与えることが2015年から可能になっている。現在、租税犯罪に対するもっとも重い罰は禁錮刑だが、そこまでの罰を受ける者は意外に多くなく、アメリカで年間約2000人、イギリスで年間約200人である。(33) ときおり金持ちの有名人が刑務所行きになることもある。税務当局にとっては、油断なく警戒していることと、任務をしっかりと遂行していることを世間に知らしめるという利点がある。(34)

税制におけるアメ――法令遵守の報酬――はムチよりもずっと少ない。これまでに提案されたものには、法令を遵守する納税者に対して使用回線の速度をより速くすること、公共輸送機関の料金を割引すること、美術館および博物館や文化イベントの入場料を無料にすること、また、法令を遵守する事業者に対して表彰すること、[35] 模範的な法令遵守者に対して低税率を適用することなどがある。[36] そういった案を実践しているところもある。パキスタンでは、納税額に応じた四つのカテゴリーのうちの最高位の納税者に「納税者の特権と名誉カード」が贈られる。このカードを持つ人びとはパキスタン首相が主催する共和政記念日の公式晩餐会に招待してもらえる。それ以外にも、パスポート取得の手数料が無料になることなど、さまざまな特典がある。だが、こういったやり方には問題もある。納税額にもとづいて表彰する制度では、本人の税務コンプライアンスに少々の問題があったとしても、国内でも指折りの金持ちに栄誉のしるしを授与することになる。それよりも、納税額がそれほど多くないとしても、法令をきちんと遵守している納税者を表彰するほうがいい。この考えにもとづき、アルゼンチンのある地方自治体では、財産税を規定どおりに支払った住民から4００人を無作為に抽出して表彰し、ひとりひとりのために立派な歩道を敷設してやっている。１９５０年代の日本では、すべての納税者から期日どおりに税金を集められた地方自治体は表彰された。表彰式では、自治体の代表者たちが天皇に拝謁できることもあった。

古今東西の税務機関は、串刺し刑から褒賞まで、効率的な税務および税執行のためにさまざまな方針を打ちだしてきたのである。

まず金をとる

第4章で述べたとおり、ヘンリー八世は１５１２年に社会階級に対して税を課したが、それは当時に始まったことではなかった。とはいえ、歴史上の重大事といえるほどの画期的なところもあった。わずかな賃金をもらって働く住み込みの使用人までが納税義務を負うことになったのである。しかし、彼らは自分で納税するわけではなかった。使用人にかかる税金を納めるのは主人であって、賃金はその分を差し引いてから支払われた(37)。これは、古くから知られているある税務の基本原則の一例である。つまり、可能であれば、最終的な受領者がどこかに隠したり、使ったり、無駄にしたりする前に、もっと信頼できる源泉から金をとっておく。この「源泉徴収」は効率的な税制の基本要素であり、いまやさまざまな状況に導入されている。

われわれにとってなじみ深い源泉徴収といえば、稼得所得にかかる所得税のそれである。所得税について一般の人びとは、被雇用者「に対して」課税されるものであると口ではいうが、実際に納付するのは雇用者であることをよくわかっている。このやり方にはふたつの利点がある。まず、雇用者あるいは賃金を支払う事業者から税金をとるほうがずっと効率的である。雇用者や事業者ならば、賃金支払いのプロセスの一環として納税手続きを行なえるからだ。また、税務機関にしてみれば、納税を避ける被雇用者ひとりひとりを追うよりも、それよりは数の少ない、納税義務を果たそうとしない雇用者を追うほうが簡単なのである。

個人所得税が広く導入されるようになったことに関して、源泉徴収制はきわめて重要な要素だった。第5章でとりあげたとおり、イギリスでは小ピット政権時代の1799年の所得税よりも1803年の所得税のほうがずっとうまくいったが、その要因は、配当金、レント、政府発行の債券から生じる所得（1806年）について源泉徴収制を用いたことだった。雇用者によるシステマチックな源泉徴収が始まったのはもっと遅く、第二次世界大戦中のことである。イギリスでは、1939年までは被雇用者が年に2回、所得税をじかに納めていた。戦費のために政府に収入が必要になると、この方法では間にあわなくなり、1944年に源泉課税 Pay As You Earn と呼ばれる源泉徴収制のもとになる制度がとりいれられた。すると、これが非常にうまくいった。だが残念ながら、この制度のおもな支持者のひとり――チャーチル政権の大蔵大臣キングズリー・ウッド――はその施行を見ることがなかった。法案の議会提出の日にこの世を去ったのである。
アメリカでは、源泉徴収制は所得税が初めて導入されたときから採用された。1865年の時点で、所得税収に占める源泉徴収額はおよそ40パーセントにのぼった[38]。1913年に再導入されたときの所得税には、幅広い源泉徴収制の規定が盛りこまれていたが、多くの人びとの不評を買い、1917年に廃止された。しかし、アンクル・サムは挫折したままではいなかった。1930年代、保険料を給与から源泉徴収する仕組みの社会保障制度が導入された。イギリスと同様に、雇用者が従業員の賃金や給与からあらかじめ所得税分を差し引くやり方は第二次世界大戦中に始まった。それは1943年のことだった。それまでの制度では、課税年度の翌年3月15日（そう、4月ではなかった）を期日として納税することになっていた[39]。ちなみに、税関連の期日はときに深刻な事態を引き起こす。アメリカでは、所得税の申告期日に自動車死亡事故のリスクが上昇する[40]。その規模は、スーパーボウル開催日の日曜日に自動車事故が増えるのと同程度である。おそらく、期限までに間にあわせようと焦るためだろう[41]）。
源泉徴収制により、所得税は大衆税になった。アメリカにおける源泉徴収制のおもな設計者のひとりで、自ら作成にかかわった法案の施行を生きて見届けたミルトン・フリードマンにとって、そのことは後悔の種だった。ノーベル賞受賞者で、小さな政府の支持者でもあったフリードマンは、のちにこう嘆いている。「あとになってから私は、あまりにも規模が大きく、過干渉的で、自由を破壊するといって政府を厳しく批判するようになった。だが、じつはそういう政府をつくりだす機械の開発に手を貸していた。そんなことになるとは夢にも思わなかった[42]」
源泉徴収制――ひいては大衆所得税――が注目されるようになった要因は、近代的な大企業が登場したことだった。結局のところ、雇用者と被雇用者が示しあわせ、彼らのあいだで行なわれた金銭のやりとりを内

DAILY MIRROR, Wednesday, July 24, 1940.

Daily Mirror

JULY 24

No. 11,427 ✦ ✦ ✦ ✦ ONE PENNY

Registered at the G.P.O. as a Newspaper.

INCOME TAX 8/6: OFF BEFORE YOU GET WAGES

INCOME TAX WILL BE INCREASED FROM 7s. 6d. IN THE £ TO 8s. 6d. THIS YEAR — DEDUCTION OF TAX FROM SALARIES AND WAGES TO BE MADE COMPULSORY—ANNOUNCED THE CHANCELLOR OF THE EXCHEQUER, SIR KINGSLEY WOOD, IN PARLIAMENT YESTERDAY.

His Budget is planned to meet a war expenditure of £2,800,000,000 this year. This means the war is costing us £57,000,000 a week.

The total for all expenditure is £3,467,000,000—an excess of £2,200,000,000 over revenue. Here are the Chancellor's other proposals:—

The reduced rate of tax on the first £165 of taxable income less personal allowances to be increased to 5s.

Surtax on incomes over £2,000 increased from 1s. 3d. to 2s.

Peak rate of surtax—9s. 6d.—will come into force in respect of incomes of £20,000 a year instead of £30,000.

Estate duty on estates over £10,000 raised another 10 per cent.

Income tax to be graduated to a peak rate of 18s. in the £1 so that on incomes over £20,000 a year the State will take nine-tenths of every pound.

Up to £639,000,000

A married man with £3,000 a year would pay altogether £1,238 and a married man with £10,000 a year would pay £6,113.

These increases in income tax and surtax would raise the total yield in a full year to £639,000,000. He proposed to add a further ten per cent. to estate duty on estates exceeding £10,000, thus raising the graduation of estate duty to peak rate of 65 per cent.

This would produce £6,000,000 in a full year and £1,000,000 in the current year.

The full year contributions of the direct taxpayer under these proposals amounted to £101,000,000 made up of £84,000,000 from income tax, £11,000,000 from surtax, and £6,000,000 from estate duties.

Direct taxation had been estimated to produce £62,000,000, but since then the rate of excess profits had been raised to 100 per cent. and he expected the increase in the tax to yield a further £40,000,000 in a full year.

Beer, Tobacco

"The time has come to extend the principle of deduction at source over the whole range of salary and wage earners, from the manual wage earner paid weekly to the company director," said the Chancellor in announcing deduction of tax at source.

There would, he said, be a penny more on beer and 2s. a lb. on tobacco.

The duty on entertainments would be increased and adjusted to produce £4,000,000 in a full year.

The Purchase Tax Bill would be withdrawn, but he would continue with the Purchase Tax with certain fundamental changes, which, he hoped, would meet objections without impairing the main object.

Two Rates

Taking the national income as being £5,000,000,000, the taxable field would amount to £640,000,000.

There would be no tax on public services, gas, electricity, or water, children's clothing, or boots. Other exemptions would include certain medicines and appliances and farm machinery.

He would abolish the flat rate of charge in the Purchase Tax and have two rates sharply differentiated.

Under the new plan there would be a high rate on luxuries and goods whose purchase we could postpone.

That rate would be one-third of the wholesale value, representing twenty-four per cent. on retail prices, and it would apply to such things as furs.

The type of articles included in this rate of taxation would be articles made of real silk, lace, china and porcelain, cut glass, fancy goods, jewellery, toilet preparations, cosmetics, haberdashery and furniture.

There would be a further schedule of goods at the lower duty, representing twelve per cent. of retail prices.

Tax on Books

These would include clothing, boots and shoes other than children's, medicine and drugs other than those completely exempt from taxation, and also newspapers, periodicals, and books.

He had placed at the lower rate personal and household goods requiring fairly frequent replacement.

The tax would be applied when goods passed from wholesaler to retailer. It was impracticable to utilise a mass of stamps in shop.

The tax could not operate till registrations was completed, but that should no take more than a month or two.

It was expected to produce £110,000,000 in a full year. The yield in the current year would depend on the date of its coming into operation.

Continued on Back Page

CHATTERBUG SENTENCES TO BE REVIEWED

ALL sentences imposed by the Courts for loose and defeatist talk are to be carefully and immediately reviewed.

They will be reduced or remitted wherever it is clear there was no evil wish or systematic purpose to weaken the national effort.

This was announced yesterday by Mr. Churchill in the Commons.

Questioned about the silent columns, he said that when this idea was put down in black and white it did not look so attractive as it had seemed, and appeared to suggest that reasonable and intelligent discussion about the war by loyal and well-disposed people ought not to take place.

On the contrary the Government was glad that the war should be understood and discussed, provided there was no breach of official secrets, no disclosure of position of our forces, or talk about future operations.

This movement to maintain a silent column had passed into what was called in America "innocuous desuetude." (Laughter.)

The Government had no desire to make crimes out of silly vapourings which were best dealt with by verbal response by more robust elements of the community.

FLEET AIR ARM SINK WARSHIP

AN attack by British naval dive bombers on Bergen, Norway, is reported in a communique issued by the Admiralty in London yesterday.

This says:—

"Early yesterday (Monday) morning Skuas (dive bombers) of the Fleet Air Arm made an attack on Bergen.

"Owing to low visibility and unfavourable weather conditions, the main objectives were not in all cases attained.

"Bombs were dropped, however, on the seaplane base, and an enemy anti-aircraft ship was sunk."—British United Press.

£2,589 SENT TO YOUNG MEN ACCUSED OF PRETENCES

Since the arrest of two young men, accused of offering for sale stirrup pumps which they did not possess, letters addressed to them had been received at the Post Office containing orders, cheques and postal orders amounting to £2,589.

This was alleged at Newcastle-on-Tyne yesterday when Eli Spain, twenty, of Queen's-terrace, Newcastle, and Barry Bloch, twenty-three, of Osborne-road, Newcastle, were remanded in custody until Thursday for committal to the Quarter Sessions on a charge of conspiring to obtain money by false pretences from various persons.

An overseer at Newcastle Post Office said that the money received at the Post Office was being returned to the senders.

BULGARIANS FOR BERLIN

The Bulgarian Prime Minister, M. Filoff, and the Foreign Minister, M. Popoff, are expected in Berlin at the end of the week "for a short visit," says Reuter.

The German News Agency reminds its public at the same time that the Prime Minister of Rumania, M. Gigurtu, and his Foreign Minister, M. Manoilescu, will also be in Germany "for a short visit" in the course of this week.

From DAVID WALKER

BUKAREST, Tuesday.

THE Bulgarians' visit to Berlin can have but one meaning.

That is that Hungarian claims on Rumania are going to be at least partly satisfied.

Once again Rumania stands on the threshold of tragedy.

Territory which is rightly hers is likely to be wrenched from her grasp, and many thousands of Rumanian families brought under the foreign yoke.

Budapest this morning swung into action with a vicious and unjustifiable radio attack on Rumania, based on the alleged ill treatment of the Hungarian minority in Rumania, particularly of women.

"Rumania's fate is sealed" was the note of triumph on which this attack on a sister country ended.

The whole Hungarian Press also is shrieking triumph in advance.

Already an exodus inland has begun from the frontier towns of Transylvania. Trains are packed with people travelling towards Bukarest.

Meanwhile the Russian sphinx says nothing, but troops are massed along the Hungarian frontier.

Germany is confident that Russia will not move, but she, too, has massed troops in South-West Poland.

'TRAITOROUS' REMARK LED TO HIS DEATH

"GERMANY has beaten France, and we are going to beat you."

An Irish potman died after making that remark to John Jones, twenty-seven, dealer, of Hazel-road, Slades Green, Kent, who thought the remark "traitorous" to this country.

Jones was found not guilty at the Old Bailey yesterday of the manslaughter of the Irishman, Patrick O'Connell, aged twenty-eight.

A post-mortem examination disclosed that O'Connell had been drinking, and that he had abnormally thin blood vessels, one of which burst. He died from heart failure.

Jones, a man of good character, said he pushed O'Connell away and O'Connell fell down. He had no intention of injuring O'Connell.

Raid Berlin? Winston Won't Be Drawn

Asked by Mr. Oswald Lewis in the Commons yesterday if he would undertake that in the event of hostile air raids on London prompt reprisals would be made, not only on Berlin but on Rome, Mr. Churchill said there was not much to be gained by putting questions of this kind.

If the answer were in the negative it would remove a deterrent on the enemy. If it were in the affirmative it might spur him to increase his preparations, and add to the difficulties of our airmen. If it were non-committal it would not act to the enlightenment of Mr. Lewis.

"Although the enemy frequently volunteer statements of his intentions through various channels," said Mr. Churchill, "these are nearly always found to be untruthful and given for the purpose of misleading. I should be sorry if Mr. Lewis, by making inquiries about future military operations, were to tempt me into a course of that character."

ALL COUNCIL HOME GUARDS

TO give a lead to the citizens of Nottingham, all male members of Nottingham City Council shall join the Home Guard within seven days.

That suggestion is made in a resolution tabled by Mr. W. J. Cox, a Labour member of Nottingham City Council.

His resolution also urges that the Council shall instruct all officials of the Corporation, including the clerical staff, that as a condition of their continued employment with the Corporation they, too, should join the Home Guard within seven days.

STATES TAKE OVER LAND

All land in Latvia and Lithuania has become the property of the nation by decisions of their national assemblies. The peasants are to share in its use.

Latvia's Parliament has decided to nationalise all banks and big industrial enterprises, reports Reuter from Moscow.

給料袋が薄くなる。

密にして税金を納めず、浮いた分を分けあったりしないのは、税務調査官に見つかる危険があるからである。大企業が逃げ隠れできないことは、物理的な理由からだけでなく、たとえば宣伝資料などの面からも明らかだ。さらに、従業員が多ければ多いほど、法令を遵守していないことを通報される危険がそれだけ大きくなる。まじめで正直な者や、当局からの報酬目当ての者などが通報することを選ぶと考えられる(43)。

稼得所得にかかる所得税の源泉徴収は、いまや一般的に行なわれている。だが、そのやり方は国によって大きく異なる。OECD加盟国では、源泉徴収制を採用していないのはスイスのみである（だが、2019年まではフランスも採用していなかった）(44)。OECD加盟国のおよそ半数はイギリスと同じような制度を用いており、年末に年間の税額が再計算され、源泉徴収された金額と照合されるので、労働者の大半は確定申告をする必要がなくなる。アメリカのやり方はそれとは異なる。源泉徴収に関する規定により、労働者のほとんどは納税申告をして還付金を受けとることになる。この仕組みは、納税者にとっては納税申告のインセンティブになる。IRSにとっては、未納者を追跡するための（また、好ましいとはいえないIRSのイメージを向上させるための）一助になる。源泉徴収されていた額が過多だった場合、納税者から政府に無利子貸付を行なったのと同じことになる。だが、多くのアメリカ人は還付金を5月に受けとるこの方式のほうが好ましいと考えているようだ。ことによると、まとまった額を貯金することがなかなかできず、否応なく貯金させられるこの方式を魅力的に思うのかもしれない(45)。

源泉徴収の原理原則はコモディティ（財とサービス）に対する課税にも当てはめられる。源泉徴収方式はVATの核心をなす。VATの決定的な特徴として、事業者はすべての売上にかかる税額の納付義務を負い、その買い手——同じく事業者である場合もある——は支払ったVATの分だけ税額控除あるいは還付を受けられる。それは、買い手が購入の際に納めるはずの税額の一部を売り手が預かり、あとで政府に納めることに等しい。理想的には、その結果は小売売上税の場合とまったく同じとなる。つまり、取引のすべての段階での税額控除あるいは還付の適用後、最終消費者の購入の際にかかる税額のみが残るのである。だが、概してものごとは理想的に運ぶことがない。VATは「配分的」な性質を持っている——取引の各段階で徴収される——ため、実用面では小売売上税よりも優れている。たとえば、最終消費者に商品を販売する小売業者が、何らかの理由で納税義務を怠ったとする。小売売上税の制度では、政府はその売上にかかる税額を徴収できない——そして、実例にもとづけば、税率が10パーセント前後に上がると、脱税行為が深刻なほど増えてくる。一方、VATの制度では、少なくともこの小売業者の仕入の際に税が徴収される。そうでないとしても、小売業者の仕入先業者か、その業者の仕入先業者の仕入の際に徴収されることになる。VATの場合、商業網のどこかで法令遵守違反があっても税収は保護される。実際に違反があった場合には、課税は仕入に対して行なわれることになる。これは第10章でとりあげた生産効率性の原則に反するが、政府に必要な税収が守られるのならば、払う価値のある代償なのかもしれない。証拠から判明しているのは——アフリカのサブ・サハラ地域の事情はその他の場所にくらべてよくわかっていないが——VATがたいへん効率的な税であることだ(46)。しかし、効率的すぎるという意見もある。詳しくはあとで述べる。

源泉徴収制を用いれば徴税業務が楽になるため、税務機関は目を見張るような創造性を発揮し、その適用範囲を稼得所得以外の部分にも拡大している。すでに（いまのところは国内居住者だけの）金利や配当にかかる税も源泉徴収されるようになり(47)、一部では、株式の売却によって得られるキャピタルゲインに対する課税にもこの方式が用いられている。税務機関は、自発的に納税してくれるかどうかわかりかねる人びとからも確実に税金を徴収するため、しばしば特別な源泉徴収方式を用いる。たとえば、多くの発展途上国では輸入品に対して源泉課税を行なっている。また、携帯電話機などの物品さえも源泉課税の対象になっている(48)。

しかし、源泉徴収方式は本当に効果的なのだろうか。つまり、いくつかある政策の選択肢のなかで、収入増の実現に効果があるといえるのだろうか。長いあいだ、税務機関はこの方式が効果的であると信じてきた。政治家もそうだ。ミルトン・フリードマンの考えに同調するアメリカの保守派議員は、源泉徴収制を撤廃するかわり、納税者ひとりひとりに毎月所得税を納付させることをくりかえし提案してきた。共和党のディック・アーミーはこう述べている。「反乱を引き起こすことなくここまでの増税が可能になったのは、政府が国民の金を、彼らが目にする前にとりあげているからだ(49)」。だが、たいていの経済学者は、数百年かけて蓄積された経験と知恵ばかりに依存せず、源泉徴収制による影響をじかに証明するものを発見しようとしている。結局のところ、重要なのは「実際に納税するのが誰か」であるという見解は、第7章でとりあげた帰着分析の基本的な考え方のひとつである、課税の最終結果は納税責任を負うのが誰かによって決まるものではないという見解とは相いれない。

所得税を源泉徴収することによる総税収への影響を測るのは困難である。それは、イギリスとアメリカ（の連邦レベル）で源泉徴収制が採用されたのは戦争中なので、戦時のさまざまな事象の影響からそれを切り離して考えるのはほぼ不可能だからだ。しかし、アメリカの州レベルで所得税に源泉徴収制が導入された時期は州ごとに異なる。ある研究によれば、源泉徴収制の導入によって、各州で平均約25パーセントの税収増があったと推定される。だが、源泉徴収制は実際に税収増をもたらしたのだろうか。あるいは、税収を増やしたい政府によって打ちだされ、効果を上げた複数の方策のひとつに過ぎないのだろうか。じつは、源泉徴収制の導入以降、所得税以外の税の収入も増加している――このことから、源泉徴収制を導入したころの各州は税金をとれるところからとろうと考えていたと判断できる。つまり、源泉徴収制導入の動機になったのは政府支出の需要の高まりだったと推察できる。そのことを考慮に入れれば、この研究の調査期間における

宗教と納税の意義。

州所得税収の増加分のうちの源泉徴収税額は約10パーセントから12パーセントだったと思われる。それでも金額にすればかなり大きい[50]。

実際の影響はどうあれ、源泉徴収制は、税金を徴収されることへの人びとの見方に影響することはたしかだろう。19世紀初めごろのアイルランドには、プロテスタント教会に10分の1税を納付することを拒むカトリックの小作人が大勢いて、対立が暴力沙汰に発展した。10分の1戦争は1831年から1836年まで続き、1831年だけで200人が命を落とした[51]。これを解決したのは1838年の10分の1税金納化法で、これにより小作人ではなく地主が納税責任を負うことになった。最終的な税負担者にとってはたいした違いがなかった。地主が税負担分を埋めあわせるために地代を引き上げたからである[52]。ともあれ、その後アイルランドの情勢は（少なくとも、しばらくは）鎮静化した。

大企業は税務署の友……

源泉徴収制の重要な役割として、企業を徴税活動の中心に位置づけたことがある。先進国では、総税収の約85パーセントが企業からの納付分である（源泉徴収分を含む）。とある発展途上国でも同じような状況になっている。その国、インドに関しては、比較可能なデータの収集および詳細な研究が行なわれている。[53] 企業、とりわけ大規模なそれが税収に恩恵をもたらし得ることは、何百年も前にわれわれの先人が学んだ教訓である。

イギリス、とりわけロンドンでは、安価な蒸留酒、とりわけジンが1720年代に深刻な社会問題になり、やがて政治問題にもなった。当時のロンドンでは、ひとり当たりの平均の週間消費量が約2パイント〔約1・14リットル〕にのぼっていた。そのせいで、背筋の寒くなるような出来事がひんぱんに起こった。ジンは、いわばコカインのヴィクトリア朝版だった。むごい例のひとつだが、ジュディス・デュフォーという女性は、救貧院に預けていた2歳の娘を引きとると、首を絞めて殺し、遺体を側溝に捨て、救貧院からもらっていた子供用の新しいペチコートと服を売り払い、手に入れた1シリング4ペンスでジンを買った。[54] ジンについては、「わが国の下賤の者どもに困窮者や放蕩者が増えていることと、この町およびその周辺において重大犯罪やその他の不法行為が増えていることの主たる原因」と見なされるようになった。[55] 路上を歩けばたいてい不快な思いをすることになった。最近のイギリスの、土曜の夜の繁華街もそのころと似たようなものかもしれない。

国民のジンの暴飲をどうにかする必要に迫られたイギリス政府は、課税することをその手段に選んだ。だが、どうやって？　当時、蒸留酒の製造所は比較的少なく、ロンドンにはたった「二十数軒」しかなかった。このビジネスに参入するには大金がかかったのだ。[56] また、蒸留酒からジンをつくる「調合蒸留所」が数百軒あったほか、ジンを飲ませる酒場がもっとたくさんあった。多くの場合、酒場では果物やスパイスを加えたジンが提供された。

　政府は、まず１７２９年にジン規制法を制定した。ジンの小売業者に対し、１ガロン〔約４リットル〕当たりの定額税を納めることと、年間販売ライセンス料を支払うことを義務づけるものである。だがまもなく、ジンの販売店の数がミドルセックス州だけでも６１８７軒にのぼったことから、それを徹底させるのは不可能であるとわかった。[57] その後、１７４３年のジン規制法により、少なくともジンの消費量のとめどない増加は止まった。さらに、１７５１年のティップル〔酒類〕法というおかしな名前の法律により、ジンの消費量は目に見えて減っていった。[58] たしかに、それに貢献した要素はいくつもあった。だが、１７４３年以降の規制法にはそれ以前のものとは大きく異なるところがあった。それは、数千軒あった小規模な小売店ではなく、数が少なく監視しやすかった大規模な蒸留所をターゲットにしたことである。税率は１７２９年の卸売税と小売税を足しあわせたよりも低かったが、この税法はそれらよりも効果的だった。大手蒸留所に税金を負担させる方法は費用対効果が高く、脱税行為は減った。こうしてイギリスの人びとは酔いから（いくらかは）醒めたのである。

　比較的うまくいったこの徴税方法の土台になった考え方は、源泉徴収制の背景にあった考え方によく似ていた。それは、納税義務は比較的しっかりと組織立った事業者に負わせるべきであるということだ。だが、教訓はもうひとつある。潜在的な税収のかなりの部分は企業からじかに徴収できると考えられるばかりではなく、このかなりの部分のほとんどはほんのひと握りの超巨大企業から徴収する分であると思われるのだ。

　ごく少数しかない超巨大企業から集中的に税金をとれば税収を大幅に増やせる。このことは、イギリスではジョージ王朝時代以前から認識されていた。第３章で述べたとおり、テューダー朝時代とスチュアート朝時代には意図的に独占会社がつくられ、すぐに使える資金の源になっていた。そして今日、税務機関のもっとも重要な部署といえば、大企業の監視にあたる「大規模納税者部門」である。いまや、全体の90パーセント近くの税務機関が大規模納税者部門（あるいはそれに類する部署）を設けている。そして、全体のわずか2パーセントほどの企業から、主要税の収入の半分近くに相当する税額を徴収している。[59]

そんなわけで、すべての企業から納められる税金は総税収の約85パーセントにのぼるが、飛び抜けて大規模な企業のみから納められる税金でも驚くほど高い割合を占める。たとえばアメリカでは、2013年に企業規模上位0・055パーセントの巨大企業から納められた法人税額が、法人税収入全体の約70パーセントにのぼった。[60] 発展途上国でも、納税額の大企業への集中はそれに劣ることがない。あるいは、もっとずっと甚だしいかもしれない。上位1パーセントの大企業（その多くは銀行、通信企業、天然資源関連企業）から納められる税金は、総税収（法人税のみではない）の約70パーセントを占めると考えられるのである。潜在的な課税ベースがひと握りの企業に集中していることは、税務機関にとって計り知れないほどの天の恵みである。[61] つまり、ほんの数社――発展途上国の場合はたいてい2、3社――を緊密に監視していれば、効率的に税務を進めることができる。たんに大企業に脱税をさせないということではない。チップの申告を怠った数万人のウェイターをつかまえて税金を納めさせるよりも、一社の巨大多国籍企業に納税期限をしっかりと守らせるほうが、比較にならないほど莫大な金額を集められるのだ。

……そして、小規模事業者は税務署の悪夢である

大規模事業者が――少なくとも、第11章でとりあげた租税回避の問題をわきに置けば――税務機関の友であるとすれば、小規模事業者は彼らの悪夢である。

前述のタックス・ギャップの研究において何度も発見されていることがある。小規模事業者においてコンプライアンス違反がとりわけ顕著であることだ。アメリカでは小規模事業者の収益の50パーセント以上が未申告になっている。また、賃金および給与の約1パーセントが申告されないままである。金額にすれば莫大となる。アメリカの所得税ギャップの50パーセント近くは事業収益の過少申告に起因する。[62] 日本では、会社員よりも自営業者（および農業従事者）のほうが租税回避に成功しやすい現象を「クロヨン」と呼ぶ。これは数字の「9」「6」「4」を組みあわせた語で、税務署による課税所得の捕捉率が、給与労働者の場合は約90パーセント、自営業者は約60パーセント、農業従事者は約40パーセントであるという通念に由来している。[63] そこまで極端ではないものの、深刻な事態におちいっている場所はほかにもある。イギリスでは、小規模事業者による脱税額のタックス・ギャップ総額に占める割合が40パーセントを超えている。[64] 問題は、VATを納めていない地方の便利屋ではない。また、小規模なサービス会社や製造会社でもない。大まかには、弁護士、会計士、建築家などの専門職が、収入もしくは支出もしくはその両方について虚偽を申し立てていることなのだ。ギリシャでは、自営専門職の人びとが消費者ローンに支払う利子よりも少ない額を所得として申告していたことが最近になって発覚している。[65]

小規模事業者による納税義務のコンプライアンス違反はたいへん多いが、そのわけは簡単に説明できる。前述のとおり、支払いに際して源泉徴収を効率的に行なうための前提条件を事業者側が満たしていないこと。第三者からの情報が大きく欠けていること。事業用の購入か個人消費かを見分けるのが困難であること。さらに、記録管理が（おそらく意図的に）ずさんになされていることだ。政府がこれまでに講じた対策としては、第4章で論じたとおり、小規模事業者に対して一種の推定課税を行なうことがある。それから、小規模事業者に対する支払いに際して源泉徴収を行なうこともそうだ。[66] たとえばスウェーデンでは、住宅改修や家事サービスの買い手は資材分の税金を供給業者に支払うが、労働分の税金は半分だけ支払い、残りの半分は政府に納める。供給業者のほうは、受けとった半分について税務機関に申告することで、自社の営業実態と、課税所得の一部およびVATの課税ベースについて明示する。

小規模事業者のコンプライアンス違反の問題はいまに始まったことではない。後期ローマ帝国では、おもに租税回避を目的として、商人のほとんどが帳簿をつけなくなった。(67) 1870年のイギリスでは、内国歳入庁によれば、非法人事業者からの納税申告の約40パーセントが過少申告であった。(68) だが、小規模事業者に対する課税の問題は今後いっそう重要になるかもしれない。第9章でとりあげたとおり、デジタルプラットフォームを活用する新しいビジネスモデル——ウーバーはその典型例である——が構築されるとともに、自営業者がいっそう増加しているからである。産業構造の細分化を推進しつつあるデジタルメソッドに関しては、税務機関に把握しづらい小規模事業者および自営業者の所得情報を取得する目的に利用できるかどうかがきわめて重要になっている。

情報が支配する

ブラショヴの商人たちを苦しめた串刺し公のヴラド三世はイロナ・シラギを妻にした。その約500年後の1980年代初頭、ジョン・シラギという人物——ふたりが血縁関係にあれば、たしかに詩の趣がある——はIRSの調査官になっていた。彼は、納税者のなかに、控除を受けるために偽の扶養家族——たとえば、「モフモフ」というペットらしい名前の誰かなど——を申告している者がいるのではないかと考えた。そこで、そういった不正に対処するため、扶養家族の社会保障番号の提供を義務づけることを提案した。そうすれば確認することが可能になった。この案は1986年に法制化された。すると、700万人の扶養家族が消えてしまった。シラギは――推定によれば、彼の提案のおかげで税収が約140億ドル増えたという――報酬として額面2万5000ドルの小切手を受けとった。[69] この例から見ても、ちょっとした工夫で脱税を困難にすることは可能なようである。だが、その工夫を思いついたとしても、みんなから感謝してもらえるわけではない。

シラギの一件にはもうひとつ、より励みになるような教訓がある。それは、それのみで検証できる情報を用いれば、脱税をより困難にできるということだ。そういった情報を得るために、賢明な施政者たちはさまざまな手段を講じている。プロイセンのフリードリヒ二世は大嫌いなコーヒーを課税対象にしており、鼻のきく犬たちに町中を歩かせ、焙煎場所を見つけさせていた。[70] しかし、もっと組織的なやり方もある。

あらゆる手立てが失敗したら、本当のことをいう　もちろん、基本的な問題は、自分自身が納税義務を発生させる行動をとったことについて、正直にお上に申告したいと思わせる見返りがない点である。[71] 納税者から真実を引きだすため、政府はさまざまな方法を試してきた。厳罰に処すこともあれば、もっと穏当な、レイトゥルギア方式の自己査定制度を用いることもあった。今日では、（やや）新しいテクノロジーを用いて納税者自身から本当の情報を引きだすやり方がある。電子インボイスの義務化は、VAT課税のために取引履歴を検証可能にするひとつの方法である。これならば、たしかに効率的であると思える。[72] しかし――小規模小売店の売上に関する検証可能な情報を得るために――電子レジスターの使用を義務づけても、その効果は「ザッパー」の開発によって弱まっている。ザッパーとは、レジスターからランダムに、追跡不可能な方法で売上データを消去するソフトウェアのことである。[73] そういったソフトウェアは、たとえばセリーヌ・ディオンが創設したレストラン・チェーンのニッケルズでも見つかっている。[74] ザッパーへの対策として、ヨーロッパのいくつかの国では政府認証のレジスターの使用を小売店に義務づけている。このレジスターにはブラックボックスが設けられており、税務機関のみがアクセスできる。[75] 現在のトレンドは、ロシアが草分けとなったオンラインレジスター使用の義務化である。このレジスターは売上データを税務当局にただちに送信する仕組みになっている。[76] だが、これらの対策も、売上をレジスターに通さないという露骨な手口を使われれば意味がなくなる。小売業者は、電子帳簿をつけるよう命じられていても、実際にそうするとはかぎらない。また、情報が電子保存されるからといって、その内容がつねに正しいとはかぎらない。

そのほか、補完的な戦略もある。何が起こっているかを知っている第三者、それも、理想的には、そのことで嘘をつく動機を持たない第三者[77]——たいていは企業——からの情報を活かすのである。この第三者は、税を源泉徴収し、納付する立場にある者である場合もある。また、たんなる情報の伝達者である場合もある。この後者は、前者ほどではないものの、法令遵守に対して強い影響をおよぼし得る。[78]

そういった戦略の代表的な例は、雇用者に対し、従業者にいくら支払ったかを税務当局に申告させることである。その申告内容を従業者からの申告内容と照らしあわせる。この手法に穴がないわけではない。雇用者と従業者が双方の利益になるように示しあわせ、賃金を過少申告するかもしれない。だが、雇用者が誰でも知っている大企業であれば、源泉徴収制の場合と同様、リスクを負ってまでそんなことをする価値はないと考えられる。

情報申告を義務づける方法は世界各地でとりいれられ、義務者の範囲が雇用者以外にも拡がっている。OECD加盟国では、金利、配当、一部の事業所得、家賃の支払いの申告を義務化している国は全体の3分の2以上にのぼる。また、それと同じくらいの数の国が、株式の売却、不動産の売却、家賃——一般に、源泉徴収が行なわれない項目——の申告を義務化している。[79] 第三者情報の利用はますますさかんになっている。

第11章でとりあげた、国家間での自動的な情報交換の取り組みは、そのもっとも顕著な例である。

実際に体験してきたことを考えれば、ある程度の警戒はたしかに必要である。2011年以降、アメリカのクレジットカード会社（ビザなど）や決済代行会社（ペイパルなど）は総収入をIRSに申告することを義務づけられている。それによってIRSは、企業から申告された収入が、支払い機能つきのカードを通じて受けとった金額よりも低いかどうか、あるいは疑いを抱かせるほどそれに近いかどうかを確かめるのである（前提としているのは、クレジットカード会社にとって加盟店と共謀するリスクが非常に大きいということだ）。証拠から示唆されるところでは、自社の売上高を、少なくとも第三者から報告されている水準にまで増やして申告した企業はたくさんあった。だが、それには裏があった。それらの企業の多くは、当局には確認の困難な支出をも増やして申告していたため、その分余計に税負担を減らすことができていたのだ。[80]エクアドルでもそれに似た状況があった。第三者からの売上高情報の申告が義務づけられてから、収入を水増しして申告する企業があらわれた。だが、それらは第三者からの申告の対象ではない控除額も水増しして申告した。[81]真実は、一部だけでは誤りをもたらすのだ。

現金の失脚　遠い昔から、脱税者にとって現金は王様だった。現金ならばやりとりの情報が残らないので、税務機関（など）に嗅ぎつけられる心配がなかった。一部の国では、キャッシュレス決済促進のために税務上の「アメ」が用意されている。韓国では、所得がおよそ6万ドル以下であれば、クレジットカードで決済された金額の15パーセント（上限約2600ドル）が課税所得から控除される。[82]だが、コンプライアンスの向上によって増える税収の分と、減税によって減る分とをくらべたときに得になるのかどうか、現時点ではまだわからない。

単刀直入な対策に、現金、とりわけ高額紙幣の使用を禁止することがある。そして、その効果は脱税防止にとどまらない。一部の国では、取引に使用できる現金に限度額が設けられている。たとえば、イタリアでは1000ユーロが限度である。非常に大規模な例もある。2016年、インドは当時流通していた紙幣の約86パーセントを占める500ルピー札と1000ルピー札を法定通貨から除外すると決定し、国民に対し、2カ月以内にそれらを銀行に持っていき、預金するか両替するよう通達した。[83] その理論的根拠は、高額紙幣によって脱税やマネーロンダリングが容易になることだ。輸送するのであれ隠匿するのであれ、100ドル紙幣1万枚は1000ドル紙幣1000枚の10倍も手間がかかるのである。だが、現金の使用については誰もが同じ考えを持つわけではない。2019年、スイス政府は額面1000フラン（約1000米ドル）の新紙幣を発行した。当時のスイス国立銀行の副頭取は、これが「犯罪目的に使用されるリスク傾向」は高くないと考えていた。[84] また、フィラデルフィア市は2018年にキャッシュレス決済のみを受けつける商店の営業を禁止した。クレジットカードやデビットカードを持っていない人びとに対する差別にあたるという理由だった。[85] とはいえ、現金の消滅は避けられないという雰囲気は、新型コロナウイルス感染症の大流行の前からたしかにあって、いまやますます色濃くなってきている。

草、フェレット、密告者　ジンの大流行のさなか、イギリスの物品税庁はその権限を与えられて情報屋を使い、有罪判決につながれば1件につき5ポンドの報奨金を支払った。[86] 情報屋は草とも呼ばれ、[87] 意外なことではないが、殺害される者もいた。また、小さな事件がどっと増えたため、裁判所は大忙しとなった。[88] だが、こういった手法はそれ以降も用いられてきた。19世紀前半以降、アメリカの地方裁判所の多くはときおり民間の請負業者――「フェレット」――を雇っている。そうして資産の未申告や過少申告を特定し、未納の財産税をできるだけ回収するのである。[89] ギリシャ政府は、金融危機のさなかの2015年4月、観光客や学生などに協力してもらい、小売業者の税務コンプライアンスを調査することを提案した。「顧客を……装い［つつ］……隠しカメラで音声と映像をとる」よう依頼するというのだった。[90] この案は実現しなかったが、情報提供者の利用はあちこちでひっそりと行なわれている。たとえば、オーストラリア税務局は脱税の疑いのある人物をオンラインで通報できる仕組みを設けている。[91] 情報提供者に報酬を与えることはないようだ。だが、アメリカ政府は報奨金を出している。その金額は、提供された情報によって生じた追徴金や罰金などによる収入の30パーセントまでと定められている。

この制度のおかげでもっとも利益を得た人物といえば（少なくとも、世間に知られているところでは）、ブラッドリー・バーケンフェルドだろう。彼は、スイスの大手金融機関UBSを退社したあと、同社がアメリカ市民の脱税に便宜をはかっていたことについて、詳しい情報をIRSに提供した。最終的には2007年に和解が成立し、UBSはアメリカ政府に7億8000万ドルを（また、アメリカ証券取引委員会に2億ドルを）支払ったうえ、4000人を超えるアメリカ人顧客に関する情報を引き渡すことになった。アメリカ政府はおよそ40億ドルの税収を取り戻すことができた。[92] バーケンフェルド氏自身、脱税幇助によって禁錮3年の刑に処された――スイスではなく（こちらでは逮捕を免れた）、アメリカの刑務所で過ごすことになったのだ。その一方、いい思いもできた。IRSから受けとった報奨金は1億400万ドルにのぼった。[93]

入手した情報を税務当局に提供するのではなく世間に暴露する内部告発者もいる。パナマ文書、ルクセンブルク・リーク、アップルビー法律事務所のパラダイス文書などはその好例である。なかでもパナマ文書は、パナマの法律事務所モサック・フォンセカの内部文書が流出したもので、たいへん大きな騒動を引き起こした。そこには、およそ21万4000社のオフショア企業と、100人以上の政治家、それにリオネル・メッ

ブラッドリー・バーケンフェルド。ごきげんな告発者。

シ、ジャッキー・チェン、サイモン・コーウェルを含むセレブリティとの関係が詳細に記されていた。[94] 暴露された内容を調べれば、ほとんどは脱税ではなく租税回避であると思われた。とはいえ、世間体がよくないことに変わりはなかった。こういったリークは第11章でとりあげた国際課税ルール改革の推進において重要な役割を果たした。また、学術界にとっては金脈を掘り当ててくれたようなものだった。というのも、イギリスの銀行ＨＳＢＣから流出した情報とパナマ文書の情報は、本書の第11章で触れた、北欧3カ国の最裕福層には脱税者が意外なほど多いという推論に使用されることになったのだ。また、陰謀論者にとっての嬉しいボーナスもあった。パナマ文書の情報源の正体がいまだ不明であることに関して——流出情報のなかに著名なアメリカ人の名前がない点から考えて——ＣＩＡがその最有力候補に挙げられているのである。[95]

光を当てる

１８６１年、アメリカで初めて所得税が導入され、個人所得税の納税申告が公示されるようになった。[96] もっと前に引用したマーク・トウェインのエピソードの語り手はつぎのように語っている。「知り合いにたいへん羽振りのいい男がいて、王宮のような屋敷に住み、豪華なごちそうを食べ、惜しげもなく金を使うが……納税申告からしばしば見てとれるとおり、何の収入も得ていないのである」[97]（トウェインは、この友人から助言をたっぷりともらったことで、この本の冒頭の引用文からわかるとおり、いわば道徳的空白に至ったのだった）。しかし、納税申告の公示は人びとの不評を買い、１８７０年にはとりやめになった。[98] イタリアでも納税額の公示が行なわれたことはあったが、たった1日で中止になった[99]。

所得税の納税申告の情報が公示されれば、告発者になろうとする者は手がかりを得る。そして、脱税者は不正を行なったことが表沙汰になる（あるいは、不安に脅える）。古代ギリシャの都市国家アテナイでは、市民から納められた税金の額が石に刻まれ、公にされていた[100]。理由はどうあれ、証拠から判明したところでは、こういった公示制度によって各人の納税額は増加した。ノルウェーの場合、国民の納税額は１８６３年から公示されているが[101]、かつては、たとえば女優で映画監督のリヴ・ウルマンの納税額や、トナカイ飼育業をいとなむサーミ族の友人の納税額を知りたいなどと思えば、税務署に足を運ぶ必要があった。だが、２００１年からオンラインでの公示が始まった。すると、小規模事業者から申告される所得額が平均して約3パーセント増加した[102]。パキスタンでも、情報公開プログラム（２０１2年開始）により、自営業者から申告される納税額が10パーセント近く増加したようだ[103]。公示制度はアカウンタビリティの向上にもつながる。たとえば、ほんの数年前のパキスタンでは、所得税申告を行なっている国会議員は約30パーセント、閣僚は約40パーセントのみだった。その情報がきちんと公になっていれば、国民にとっては大いに有益だったはずである[104]。

そのほか、企業の納税額――それを把握するのは思うより困難である[105]――の公示を目指す動きもある。そのおもな動機となったのは、明らかに過少納付している多国籍企業が少なくないことだ。天然資源セクターの企業については、採取産業透明性イニシアティブ（ＥＩＴＩ）が納税額の公示を促進し、ＥＵがこれを義務化した。その意図は、企業が納めた金額と政府が受けとった金額の記録をとり、賄賂のやりとりを困難にすることにある[106]。さらに、第11章でとりあげたG20／ＯＥＣＤのＢＥＰＳプロジェクトによって得られた結果のひとつに、巨大多国籍企業の納税申告が「国別」に行なわれるようになったことがある。だが、現在この計画において取得される個別企業の情報は一般公開されておらず、閲覧できるのは税務当局のみである。

企業のほうでは概して公示に強く反対している。その根拠には、企業秘密の問題のほか、納税額が（前年度以前の損失分を差し引くなどの理由で）少なかった場合に誤解を招きかねないことも挙げられている。だが、企業のなかにはどこで、いくら税金を支払ったかを自主的に公表しているところもある。２０１５年、オーストラリアでは大規模な公開会社および個人会社の課税所得と納税額が公示されるようになった。メディアで大きく報じられたこの公示制度により、結果的にオーストラリアの個人会社の平均納税額は増加したが、公示を避けたい一部の企業は――かつて類似の制度のあった日本の場合と同じく(107)――開示義務が生じるレベルを下回るように申告所得額を調整しているようである(108)。

信頼せよ、しかし確認せよ

大衆税の制度は、納税者ひとりひとりの税負担額を決めるのに、本人と査定人が対面し、細かく検証するのではうまくいかない。このやり方は、賄賂のやりとりや脅迫の機会をつくりだすことを別にしても、単純にコストが大きすぎる。そのため、現代の税務――とあるＩＲＳの元長官によれば、「民主的な生活様式の土台そのもの(109)」――の要は自己査定である。納税者は、税額を自分で査定して申告し、納付する――だが、納税者自身も承知しているとおり、その申告内容は税務調査の対象になり得る。もっと広くいえば、現代の税務はリスクマネジメントの実践である。注意を要する、疑わしい納税者や取引を特定し、適切な方法によって対処することで、乏しい資源をできるだけ効率よく利用するのだ。

このリスクマネジメントの核心をなすのが選択的税務調査である。提出されたすべての申告書のなかからいくつか抜きだして詳細に調べることにより、特定の納税者の「誤り」を発見し訂正するだけではなく、虚偽の申告をすれば罪になることをすべての納税者に知らしめる。この目的のため、精査する申告書は無作為に選びだす。納税者のコンプライアンスの全体像をつかむにはこの方法がもっともよい。だが、税収にもっと直接的に影響する方法がある。疑わしい申告を絞りこみ、選びだすことである。その判断は税務調査官の経験と直感にかかっているが、そこには腐敗のリスクもある。近年では、事前審査などによって得た証拠を、アルゴリズムを用いて分析し、申告をひとつひとつ「採点」することで税務調査を要するかどうか判断するところも出てきている。IRSの場合、アルゴリズムによる採点結果を主要な基準のひとつとして用い、税務調査を行なう申告（および項目）を選びだしている。こういったシステマチックな方法を採用している税務機関は、世間の人びとが思うよりもまだ少ない。高所得国の税務機関でも全体の半数ほどにとどまっている。[110]そして、それらの税務機関は計算式の設定方法を非公開にしている。その理由ははっきりしない。たしかに、計算式が公開されれば、税務調査の対象になる確率を下げたい人びとの役に立つことになる。たとえば、税務機関の注意を引きやすいとわかっている種類の控除は申告数が減るかもしれない。だが、それはむしろ望ましいことである。

政府は、税務調査の頻度を公表することにも消極的である。OECD加盟国全体では、個人所得税の申告のうち税務調査が入るのは全体の約0・7パーセントに過ぎない。[111]アメリカでは、2010年代以降に税務調査率が大きく下がっている。2010年には1パーセントを超えていたが、2019年には0・45パーセントだった。そのおもな原因は、予算削減によりIRS職員が39パーセント減ったことにある。所得が1000万ドルを超える納税者のみでは、税務調査が入った申告の件数は3分の1以下になった。[112]このように、税務調査が行なわれる確率は非常に低く、その事実が世間に広まれば、コンプライアンス違反がもっと増えるかもしれない。

税務調査とリスクマネジメントを効率的に行なうには、「アメ」の要素をとりいれることもひとつの方法だ。一部の国では、法令を遵守してきた納税者に「ゴールドカード」待遇が与えられる。たとえば、通関手続きを早めてもらえたり、VATの還付を早めてもらえたりする。このやり方にはリスクもある。ゴーゴリの小説『死せる魂』の主人公チチコフは、何ごとかの企みをもって各地を遍歴するが、あるとき税関の役人として働きはじめると、慎重に立ち回り、誠実で正直な人物という評判を築く——ところが、そのすべては大がかりな詐欺のための下準備である。[113] 税金に関しては、絶対的な信頼はあり得ないのだ。

納税者も人である

これまでにとりあげてきた政府の脱税対策には「捕まえてやろう」の精神がある。つまり、いちかばちか納税義務をごまかした人びとがそのまま逃げきることをより困難にするやり方なのだ。だが、脱税の動機には、納税額をできるだけ少なくしたいという考え以外に、もっと複雑なものもある。なかには、主義主張のために税金を払わないケースもある。また、正直な申告がきわめて難しいケースもある。

主義のための（公然の）脱税

政府は公正にふるまい、国民の利益を守っている。そう信じていれば、人びとは払うべき税金をきちんと払いたがるようだ——目先の利益を追うならば、脱税を行なうほうがいいと思うとしても。[114] アルバニアのティラナ市長エディ・ラマ（のちにアルバニア首相になった）は、共産主義政権時代に建設された灰色の建物をカラフルに塗装しなおすプロジェクトを実施した。「われわれが塗装作業を始めると……［国民は］税金を支払うようになった」[115]。その逆に、政府への信頼や税金の使い道への支持をなくしてしまえば、人びとはコンプライアンスを軽んじるようになると考えられる。ワット・タイラーやジョン・ハンコックもそうだった。

一部には、コンプライアンス違反を信条にする人びともいる。少なくとも宗教改革以降、平和主義的な教義と納税義務の履行との板挟みになる宗教団体があらわれている。アメリカ独立戦争のさなかの１７７６年にフィラデルフィアで開かれたクエーカー教徒の会合で、つぎのような決議が下された。「軍事に用いられ得る太鼓、染料などの物品に課される税金に関しては、証《あかし》とは相いれないため、支払うことはできない[116]」。ヘンリー・デイヴィッド・ソローは、１８４６年米墨戦争と南西部州への奴隷制拡大に抗議して納税を拒否し、ひと晩留置された（伝えられるところでは、おばのマリアが翌朝に税金を支払ってやった）。１９６８年にはヴェトナム戦争の費用のために10パーセントの追加税が課され、作家および編集者およそ５００人が支払いを拒んだ[117]。また、すでに納めた税金を、軍事費に使えない「平和納税基金」の基金にする権利を熱心に支持する人びともいる[118]。こういった用途指定は、基金以外からの資金によって軍事費を賄えるかぎり、たいした影響をおよぼさない。それでも、世間に対するメッセージにはなる。

税金反対の主張からは詩や歌が生まれてもいる。１３３８年から１３３９年にイングランドで書かれた「国王の税に反対する歌 Song against the King's Taxes」は、対フランス戦争の費用のために10パーセントの税金をとられる民衆の不満の声だった。１６２６年のオーストリアで、抗議運動を行なっていた農民たちがふとした拍子に歌をうたいはじめ、55のスタンザ（1スタンザは14行）の「農民歌 Bauernlied」や「ファディンガーリート Fadingerlied」で要求を主張した。１６５３年スイス農民戦争では、農民軍の指導者がウィリアム・テルの伝説をほうふつとさせる歌をつくり、農民たちが行進しながらそれを口ずさんだ[119]。

非暴力的な反税金運動もあった。とりわけ奇妙だったのが「ジョンソン教団」によるものだ。１９６４年ごろ、パプアニューギニアのある島でその運動は始まった。リンドン・B・ジョンソン大統領を金で買い、自国の政治指導者にしようと考えた現地の信者たちは、パプア人頭税2ポンドの納付を拒み、実現しそうにない買い物のために蓄えたのだ。(120)

正直さを政策にする

われわれは、少なくともその一部は、正直でありたいと思っているようだ。(121) それならば、納税義務を履行しやすくすることは合理的な策だといえる。おそらく脱税者の撲滅には至らない。だが、一般に今日の税務機関は、納税者の大多数が、税務規則を何としても守ろうとする「内発的」動機（処罰への恐れから生じる「外発的」動機の反対のもの）を持っていると考えている。

法的義務——それにアカウンタビリティと民主主義的義務——を国民に果たしてもらいたい場合に最低限必要なのは、税法を明快にすることである。少なくとも、まずまずわかりやすくしたいところだが、現代の税制に真に単純明快なものは皆無なのではないだろうか。とはいえ、カリグラ帝の勅令よりはわかりやすいのかもしれない。あるとき、カリグラ帝は新税の導入について口頭のみで発表した。そして、不満そうにざわめく民衆に対し、いかにも彼らしい態度をもって応じた。「民からの執拗な要求に応じ、勅令を紙に書いて貼りだしたが、小さい文字がびっしりと書き連ねられており、書き写せる者はいなかった」(122)

ルールは知っていても、税務に関してすべてを正直に明かすことは難しい場合も多い。申告書類の様式を理解して必要事項を記入することも、必要な情報を記録しておくことも、専門家に助言を求めることも、手間がかかり、わずらわしいものである。納税者が負うこういったコンプライアンス・コストは計り知れない。また、たとえば税の設計しだいでそれがどう変わるかはあまりわかっていない。だが、確実なことがふたつある。まず、コンプライアンス・コストは非常に大きくなる場合があり、税務当局から負担させられる（はかりやすい）コストを大きく上回ることも少なくない。アメリカの所得税の場合、コンプライアンス・コストの所得税収入に占める割合は約10パーセントと考えられる。つまり、税務コストのおよそ20倍である。確実なことのもうひとつは、とりわけ小規模事業者にとって、コンプライアンス・コストが問題含みであることだ。というのも、こういったコスト——VATの申告を完全にやり遂げることなども含む——の多くは、企業規模の拡大に応じてほんの少しずつ増えるからである。[123] こういったコストは、もっといい使い道のある才能や資源を浪費することに等しい。コストを低く抑えられるかどうかは税の設計にもかかっている。だが税務機関は、法令遵守にともなうコストを減らすためのサービスの提供にも取り組むようになっている。たとえば、電子ファイリングの導入やコールセンターの設置などといったことだ。

人間の本質を観察し、操作してきた政府は、いま流行の行動経済学を知らず知らずのうちに実践してきた。脅したり促したりするだけではなく、正直に申告する意思の根幹をなす感情、すなわち道義心や羞恥心に働きかけてきたのだ。「税として納めるはずの羊30匹をまだバビロンに送っていないとは、どういうことだ？」と、古代バビロニアのハンムラビ王は一喝した。「そんなことで恥ずかしいとは思わぬのか？」[124] その4000年後にも、恥の感情はコンプライアンス向上のために用いられている。太平洋の小さな島で、あるアドバイザーが税の申告や納付を怠っている者の追跡方法について尋ねると——行政上の強制執行についての質問だったが——税務当局はこう答えた。「その者の父親に払わせます」。納税義務不履行者、あるいは脱税者の名前を定期的に公表する国はいくつもある。ニュージーランドで、ハウツー本だと思って『租税回避ガゼット』を手にとれば当てが外れることになる。じつは、これは税法違反者一覧が掲載される官報なのだ。[125] それから、パキスタンの税務機関は、第三の性「ヒジュラ」のコミュニティに属する人びとを雇い、税金滞納者の自宅あるいはオフィスに送りこむことがある。雇われた人びとは、滞納者から税金が支払われるまで、「手を叩き、叫び、概して大騒ぎをする」。伝えられるところでは、この方法によって滞納税金の回収率が約15パーセント上がったという。

さらに、政府は人びとの愛国心をうまく利用してもいる。それは戦時にかぎったことではない。[126] ドナルド・ダックでさえ、第二次世界大戦中にできるだけの貢献をした。忙しいスケジュールの合間を縫い、納税義務を「喜びと誇りをもって」果たすようアメリカ市民に呼びかけたのだ。また近年、コンプライアンスを促進するために（あるいは、うかつに抑制しないように）人間の本質に働きかける方法に、もっとシステマチックな考え方がとりいれられている。

ひとつは「ナッジ」――ハンムラビ王型の（つまり、さりげない）伝達――によって人びとの行動を大きく変えようとする考え方である。だが、無作為抽出による現場実験からは、2、3の例外はあるものの、ある事実がわかっている。それは、納税者の良心に働きかけることも、税金で賄われるプロジェクトの利点を訴えることも、ほとんどの納税者は法令にしたがっていると断言することも、市民には法令にしたがう責任があると強調することも、税務コンプライアンスの向上にほとんど影響しないのである。[127] そしてもうひとつは、懲罰的なやり方は裏目に出る可能性があるという考え方だ。人びとが、そうしたいからではなく、そうする必要があるから納税すると思うようになることで、コンプライアンス徹底への内発的動機は押しのけられる。[128] この現象に関しては、税の世界の外の分野にエビデンスが存在する。[129] だが、ドイツで行なわれたある研究で、地方教会税――納付を強制されないが、それでも一部の人びとは法令を遵守する――の制度において同様の現象が見られるかどうかが調査されたが、そういったエビデンスは発見されなかった。とはいえ、教会に通うプロテスタントのドイツ人は典型的な納税者というわけではなく、この結果を普遍的なものと見なすことはできない[130]。

納税者の生まれながらの正直さを当てにしすぎてはいけない。イギリスのコミュニティ・チャージの大失敗でわかったとおり、概して法律を守ると考えられている社会においてさえ、税務コンプライアンスに脆弱性が生じ得るのである。伝統や規範が急速に壊れてしまうかどうかは、概して、個々人の、税金を納めるかどうかの決断の相乗効果によって決まるようだ。コミュニティ・チャージの制度では、ある地域のコンプライアンス違反の頻度は、隣接する地域のそれに比例して高くなっていた[131]。周囲の人びとのコンプライアンス意識が低ければ、自ら違反しても罪悪感を覚えにくいのかもしれない。あるいはもっと単純に、周囲の人びとの違反を目にし、見つかって罰せられるリスクは低いと見なすのかもしれない。いずれにせよ、税務コンプライアンスに関しては、こういった相乗効果によってふたつの結果が生じると考えられる。（ほぼ）全員、他人が遵守しているから自分も遵守する「よい均衡」と、他人が遵守せず、自分も遵守しない「悪い均衡」である。

だから、税務の執行にはやはり強制の要素がカギになる。そして、税務機関のおもな仕事は、前述の「捕まえるgotcha」ツールを使って納税のインセンティブを具体化することである。この仕事をしっかりと行なうには、税務署員および税務機関そのものの職務のインセンティブや、利用可能なテクノロジーが重要になる。つぎの章ではそれについて論じる。

13 誰かがやらなければならない

いっておくが、徴税人や娼婦はあなたよりも先に神の国に入るであろう。
――マタイによる福音書　21章34節(1)

紀元前88年のある日、小アジアで勢力を強めつつあったポントスの王ミトリダテス六世(「大王」、在位前120－前63年)の臣民は、大王の命により、ローマ人を見つけしだい殺していった。どうやら、しつこく促されるまでもなかったようだ。犠牲者のなかでも目立って多かったのが徴税人だった。彼らの「高利貸しのような、恐喝じみた」ふるまいのせいで、人びとはローマ人への反感を募らせていた(2)。たしかに、徴税人は人びとに暴力をふるってきた。だが、暴力をふるわれる側になることもあった。比較的よく引き合いに出されるのは、1916年、中国の芭茅渓の塩税局事務所が放火によって全焼し、局長が死亡した事件である(3)。たいへんむごい例もある。18世紀のイギリスで、税関吏のウィリアム・ギャリーと情報屋の疑いをかけられたダニエル・チャターは密輸業者にとらえられ、生殖器を切り落とされ、吊るされ、井戸に投げこまれて生き埋めにされてしまった。国や地域によっては、今日に至っても、税務職員は日常的に暴力の気配にさらされている。その一方、宴会の席で人びとに警戒される程度の場所もある。

イエス・キリストは、愛と赦しをあまねく人びとに与えることを知らしめるひとつの方法として、徴税人を受け入れた（当時、ローマの協力者である徴税人はひどく軽蔑されていた）。ルカによる福音書には、イエスが徴税人のザアカイに思いやりを示すと、人びとは憤ったと記されている。だが、何よりも象徴的なエピソードといえば、イエスがガリラヤ出身の徴税人マタイを弟子のひとりに加えたことだろう(4)。

しかし、この章でのわれわれの関心ごとは、徴税人の来世の見通しではなく、現世のふるまいである。前の章では納税者のさまざまな脱税方法をとりあげた。本章では徴税人に目を向ける。

いろいろな徴税人

税吏として有名になった人はほとんどいないが、税務に携わる人びとのうち、それ以外の理由で有名になった人はかなりたくさんいる。前の章では犯罪者名簿のごとくに脱税者をずらりと並べたが、ここではいろいろな徴税人をとりあげる。

まず、アメリカ独立戦争の英雄だったふたりの徴税人である。ふたりとも、徴税業務における評価はそれほど高くなかった。ひとりはボストン茶会事件で名を上げたサミュエル・アダムズである（現在、その名を冠したクラフトビールのおかげでいっそう有名になっている(5)）。1756年にボストン市の徴税人に選ばれたが、その働きぶりについてはさまざまな意見があった。ある見方によれば、取り立てが手ぬるく、4000ポンド程度しか集められなかった（その意味では人気者だった）。ところがアダムズは、「道徳上はそうとはいえなくとも、法律上は横領犯(6)」となり、1766年に1463ポンドの返還を命じられた。だが、このころは社会が混乱しており、返還が完遂されることはなかった。[7] もうひとりは『コモン・センス』や『アメリカの危機』の著者トマス・ペインである。リンカンシャー州の収税吏だったが、未検査の商品を検査済みと偽ったことで１７６５年に解雇され、その後ふたたび雇用された。[8] やがて急進派の代弁者として力量を示し、１７７２年に税関職員の賃金引き上げを訴えるパンフレットを発行したのち、税関職員の利益を代弁するロビイストとして活動するようになった。

作家のなかには税務に携わっていた人びとがいる（なかには、そうでなかった可能性のある人びともいる）。ジェフリー・チョーサーは１３７４年から１３８６年までロンドン港の税関で監督官として働き、その合間に『カンタベリー物語』を書きあげた。ミゲル・デ・セルバンテスは収税吏だったころに公金を横領し、拘禁された。ハーマン・メルヴィルはもっと高潔だった。いまでは名作として有名な『白鯨』は発表当時それほど評価されず、メルヴィルはニューヨーク税関の検査官になり、腐敗で知られるその職場でたったひとりの誠実な職員として評判になった。[9] 彼の短編小説「バートルビー」は興味深い物語だが、当時の経験を生かした作品かどうかは不明である。ロバート・バーンズは18世紀のスコットランドを代表する詩人だが、税関職員でもあった。彼は、不朽の名文ではあるものの、たいへん難解な一節をしたためた。

あの大きな黒い悪魔のおかげで大騒ぎ、

（mony braw thanks to the meikle black deil,）

あいつは徴税人と一緒に踊り明かした。

（That danc'd awa wi' th' Exciseman.）[10]

雇用者とトラブルになったバーンズは、解雇されたくないがため、「床に這いつくばって」謝罪せざるを得なかった。少なくとも、彼はその職場での体験から作品の着想を得た。デイヴィッド・フォスター・ウォレスもそうだった。彼の（未完の）小説『青ざめた王 *Pale King*』――「文学界初の、税制をテーマにする傑作[11]」――は、1985年から1986年までイリノイ州ペオリア市のIRS支局に勤務した経験にもとづいている。「公務員だったころに学んだ」と、ウォレスは記している。「単調さ、報告、無駄な手間。平地、森林、果てしない荒地を行くときと同じように退屈さをやり過ごすこと[12]」

歴史上、徴税人として働いた人びとのなかには哲学者もいた。ジョン・ロックは1689年から1704年まで物品税庁の訴訟審査官を務めた。その後継者になったのは『スペクテイター』誌の共同創立者でエッセイストのジョゼフ・アディソンである。あとでとりあげるが、アンシャン・レジーム期のフランスで徴税人のふるまいに憤っていたヴォルテールは、のちに税務委員になったといわれている。[13]また、皮肉な偶然だったが、自由貿易の唱道者だったアダム・スミスは、『国富論』の出版後、関税委員と塩税委員に任じられている。[14]

政治家の場合、脱税には大いに関心があったとしても、収税にはそうでもなかったようだ。だが、比較的有名ではないアメリカ大統領のひとりチェスター・アーサーは重要な例外で、当時の基準からすれば称賛に値するといってよかった。思いがけず第21代アメリカ大統領（任期1881-1885年）に就任する前、アーサーはニューヨーク税関の職員だった（同時期にメルヴィルもそこで勤務していた）――当時、この税関における税収は政府の総税収の3分の1以上にのぼっていた。[15]アーサーの月給は1万2000ドルだったが、その職務によって手にする総所得は5万ドルを超えていた。[16]それは「歩合」制のおかげだった。当時の税関職員は、輸入業者から没収した貨物と徴収した罰金の一定割合を完全に合法に取得できた。[17]少々無理があるかもしれないが、このカテゴリーに分類できそうなのがルイ十五世の愛人ポンパドゥール夫人である。彼女の父親は徴税請負人の雇人で、夫は徴税請負人だった。また、彼女は別の徴税請負人から庇護を受けていたことがあり、間接的に徴税請負人を務めてもいた。

そのほかにも多彩な顔触れが揃っている。オランダ科学技術の黄金時代を代表する「微生物学の父」のアントニ・ファン・レーウェンフックは、1679年にデルフトで徴税請負事業に参加し、ワイン検査官として勤務した。正しい税額を算出できるよう、樽のワインが規定どおりの量かどうかを確認することが仕事だった。[18] そして、またしてもここで犬が登場する。伝えられるところでは、1800年代のドイツで、職務遂行中に無礼を働かれたり、襲われたりすることにうんざりしたある徴税人は、いくつかの犬種をかけあわせ、攻撃をしようとする者が一目見て縮みあがるような、見るからに恐ろしい闘犬を生みだした。[19] その徴税人は名前をカール・フリードリヒ・ルイス・ドーベルマンといい、犬はそれにちなんだ名称で呼ばれるようになった（当初その綴りは「Dobermann」だったが、いつの間にか「n」がひとつ抜け落ちた）。それがドーベルマン・ピンシャーである。ヒトラーの父親は、子供におよぼされる親の影響の好例だ。厳格で、実の子供たちから愛されなかったアロイス・ヒトラーは、オーストリアで役所勤めをしていたが、のちに正式な税関検査官になり、ドイツとの国境のブラウナウ・アム・イン税関に勤務した。おそらく偶然ではなかったが、ヒトラーは徴税人を――それに、判事、聖職者、売春婦を――社会のくずと見なしがちだった。[20] ポスト印象派の画家アンリ・ルソーのエピソードはもっと微笑ましい。若いころ、ルソーはパリに入ってくる商品に課される入市関税の徴税人だった。友人のあいだでは「税関吏《ドゥアニエ》」というあだ名で呼ばれていた。詩人のギヨーム・アポリネールはそれにちなみ、つぎの一節をルソーの墓碑銘にした。「われわれが天国の門を通るとき、手荷物の関税をとらないでおくれ。君のために絵筆と絵具とカンバスを持っていくから」[21]

これらの人びとは徴税人だから有名になったのではない。税務に携わる役人のほとんどは、いわゆる束の間の名声を得ることはないし、それなりの敬意を払われることとすらない。とはいえ、とんでもなく重要な例外が存在する。

北アイルランドのポータダウン生まれのロバート・ハートは、1854年に中国にやってきた。熱意あふれるまじめな若者で、言語の習得に長けていた[22]。前年に組織犯罪シンジケートに掌握されていた上海は混沌としていたが、欧米列強（清朝政府の代理で関税を徴収していた）からの要請で、この都市に海関という関税徴収機関が設置された[23]——中国にいくつか設置された海関は原則として中国政府の一部だったが、事実上外国によって運営された。ハートは1863年に上海海関の総税務司に就任し、清廉な人物として高く評価され、46年間その地位にあった。その間、近代化への幅広い貢献にかかわった重要人物のひとりとして、中国の評判を海外に広めたほか、何よりも、郵便局の開設、灯台の建設、気象局の創設にも力を尽くした[24]。「私が責任者を務める機関は中国海関と呼ばれています」と、彼は1885年にイギリス首相に伝えている。「しかし、その業務は広範にわたり、その目的は可能なかぎり多方面において中国のためによい仕事をすることです[25]」

中国の人びとはハートへの称賛を惜しまなかった。ハートは、双龍宝星勲章などの勲章を授与されている。愛新覚羅奕訢親王からは「われらのハート」と呼ばれもした。1889年、西太后は、養子に迎えた息子が成年に達すると位を退いたが、その際に生死を問わない公人100人に栄誉を授けた。ハートは第2位だった。彼は三代一品封典を授けられた。これは彼の三代前までの先祖も併せて表彰を受けるもので、非常に高い敬意のしるしだった[26]。一方、イギリス政府からは準男爵の称号を授けられた。銅像をつくられる税吏はほぼいない。だがハートは例外で、上海の海岸通りに彼の銅像が設置された。毛沢東の時代には植民地主義者の典型として非難されたが、彼の功績はいまや中国においてさえ再評価されつつある[27]。

ハートは輝かしい例外だが、税吏はふつう歴史に名を残さない。その職務は、デイヴィッド・フォスター・ウォレスが感じたとおり、退屈であることがしばしばだ。命取りになることも少なくない。ヴァージニア州では、州所得税が導入された１９０９年以降、複数の役人が徴税に出かけたきり消息を絶っている。[28]今日、世界のさまざまな国や地域で税務を扱う公務員は、信じがたいほど困難な状況に置かれることも少なくないが、税制を効率的かつ公正に実施するべく最善を尽くしている。われわれは彼らに感謝しなければならない。今日の税制、ひいては今日の文明があるのは彼らのおかげなのだ。

ロバート・ハート。「中国人民の真の友」

誰が集める?

収税業務についてわれわれは、政府から税務機関――アメリカのＩＲＳ、イギリスのＨＭＲＣ、オーストラリアの税務局、中国の国家税務総局――に委ねられる公共サービスのひとつだと考えがちである。政府は税務機関に予算を与え、職員は賃金をもらい、それぞれが鋭意職務に努めるというわけである。

しかし、収税業務の運営にはいろいろな方法があって、現代のわれわれが用いているものは、歴史的に見れば原則ではなく、例外である。

収税官は固定給をもらい、政府は支出後の余りをとる。この方法はひとつの極端な可能性に過ぎない。その反対のやり方も可能である。つまり、政府は一定の金額で収税の権利を譲り渡し、その購入者は購入額を上回る金額をとるのである。世界史上のかなりの期間、収税はこの方法で行なわれていた。税金の徴収を外部に請け負わせる「徴税請負」制度である。

徴税請負制度（および徴税請負人）の隆盛と終焉

1794年5月8日は税務の歴史において悪しき日となった。アントワーヌ＝ローラン・ド・ラヴォワジエ――「近代化学の父」――とその父親ほか24人がギロチンにかけられたのだ。彼らの罪状ははっきりしなかったが、ロベスピエールが支配するパリでは、犯した罪が明らかになっている必要はなかった。総徴税請負人《フェルミエ・ジェネロー》はかねてから激しい非難を浴びせられており、毒舌家のマラーなどは彼らに向けてつぎのような警告を発した。「震えて待て、不幸な人びとの生き血をすすってきた者どもめ[29]」。1789年7月に発生したパリ暴動で真っ先に標的になったのは、第4章で述べたとおり、パリ市内に入ってくる商品の市関税の徴収を容易にするため、総徴税請負人が市の周囲にめぐらせていた壁であった。

当時のフランスの総徴税請負人は、多くの意味で、徴税請負制度のこのうえもない象徴である[30]。だが、彼らがやっていたことは古くからの伝統だった。徴税請負は古代メソポタミアですでに実践されており、紀元前282年にプトレマイオス二世によってエジプトに導入され、古代ギリシャでも実践され、紀元前123年に共和政ローマに導入された。そして、イエスの時代にユダ王国に広まった。聖書の「カエサルに返せ」

とは、カエサルに代金を払ってその権利を得た人びとに返しなさい、という意味なのだ。インドのムガル帝国（１５２６－１８５７年）や中国の清朝（１６４４－１９１１年）も徴税請負制度を広く採用していたし、サファヴィー朝ペルシャ（１５０２－１７３６年）もそうだった。西欧で導入されるようになったのは16世紀半ばごろで、農民から地代をとって土地を貸していた当時の君主たちは、収税にもそれと同じ原理をとりいれるようになった。少なくとも一説によれば、だから徴税請負は英語で「タックス・ファーミング tax farming」というようになった。[31]

ラヴォワジェ。徴税を請け負っていた（刑死した）科学者。

イギリスの場合、徴税請負は帝国建設の礎になった。じつは、イギリスがインド支配を確立した重要な瞬間は、１７５７年のプラッシーの戦いでベンガル太守軍とその同盟軍であるフランス軍を打ち破ったときではなく、第1章でとりあげた１７６５年の画期的な出来事、つまりイギリス東インド会社がムガル皇帝から「ディワニ」と呼ばれる徴税権を与えられたときである。年間35万ポンドを支払うことで、東インド会社はムガル帝国の徴税マシンの役割を引き受けた。ロバート・クライヴ――プラッシーの戦いで勝利した「インドのクライヴ」――は、この取引のうまみについてあけすけに語っている。「徴税権によって得る収入の5分の1に満たない金額をムガル皇帝に支払う条件で、皇帝自身の承認のもと、裕福な諸王国の富を手に入れることができる」[32]。東インド会社（およびイギリス政府）にとっては濡れ手で粟のチャンスを得たのも同然だった。だが、前述のとおり、イギリス側の望みどおりとはいかなかった。

徴税請負人は事実上の金貸しとして君主に融資することもあった。将来の収税によって確保されるはずの金額をあらかじめ納め、その利息を受けとるか、徴税権の賃貸借契約書にそれと同じ条件を盛りこんだ。しかし、君主は債務不履行の選択肢を持っていた。契約を取り消したり、返済義務を果たさなかったりしたわけである。そういうことはよくあった。フランスでは、1598年から1655年までの期間に結ばれた賃貸借契約のうち弁済に至ったものは総件数の3分の1に過ぎなかった[33]。徴税請負人は君主の支出の肩代わりをすることもあった。たとえば、パリの道路整備の費用を出したこともある[34]。こういった場合には、政府への支払い金からその支出分を差し引くことにし、現金のやりとりや煩雑な金融手続きは行なわなかった。とりわけフランスの総徴税請負人はさまざまな政策の実務を引き受ける代理人のような存在になった。もちろん、君主はこういう仲介者を排除することもできた。君主自ら収税業務を監督し、別のどこかから借金すればよかった。だが、このやり方には難点があった。効率的な収税システムを構築するには資金を投入する必要があったが、その資金を用意するには借金しなければならず――担保が不十分なため――借金するには効率的な収税システムを構築する必要があった。事実上、君主にはどうすることもできなかった。

ローマ帝国の現地協力者からフランスの総徴税請負人まで、徴税請負人はほぼ時代を問わず、どこででも非難の的になってきた。温厚なイメージのあるオランダ人でさえ徴税請負人に立ち向かった。1748年の「請負人」暴動 Pachtersoproer は「共和国史上……もっとも重大な事件」だった[35]。アムステルダムで、民家は荒らされ、政治家はベッドから引きずり出され、徴税請負制度をただちに中止するよう迫られた。ボスニアでは、1874年から1875年にかけて、キリスト教徒の集団がオスマン帝国のトルコ人徴税請負人に対して反乱を起こした。そして、そのことがハプスブルク家によるボスニアの実効支配につながった[36]。

しかし、徴税請負の廃止は暴力によってなされるとはかぎらなかった。また、廃止の時期は国や地域によってかなり異なった。なかには意外なほど最近まで続いていたところもある。イギリスの場合、徴税請負が廃止されたのは1680年代前半のことである。だがロシアでは、1863年まで、数百もの地方組織がウォトカ税――それによって得られる収入はロシア帝国の総税収の約3分の1を占めた――の収税業務を請け負っていた。オスマン帝国では、「徴税請負は……地中海からインド洋に至るまでのイスラム世界を、その最初期から近世に至るまで支配していた[37]」。またオランダの場合、国内ではすでに廃止されていたが、オランダ支配下のジャワでは1925年まで収税業務を外部に委託していた。伝えられるところでは、パキスタンではごく最近まで「オクトロイ」――入市税――の徴収を民間に委ねていた[38]。

徴税請負の輝かしいとはいいきれない長い歴史を、われわれはどう判断するべきだろう？　公務員として給料をもらっている者に収税業務を担わせる方法と比較した場合、徴税請負には三つのアドバンテージがある。

そのひとつは効率的であることだ。民間企業ならば利益の最大化を目指すものだが、そのためには自ら選んだ業務のコストを最小化する必要がある。この点は、民営化一般に賛成する人びとの主張の核心をなす。そして、効率的であるという点に関していえば、少なくともフランスの総徴税請負人は、概して合理的に任務を果たしていたといえる。なかには際立って勤勉でまじめな者もいた。彼らについての多くの情報がいまに伝わっている理由のひとつに、ラヴォワジェがとんでもなく几帳面で、記録を細かくつけていたことがある。自分の収入を南フランスのミディ運河建設のために使った徴税請負人もいた。総徴税請負人の稼ぎは多かったようだが、法外に多いわけではなかった。[39] １８０６年、総徴税請負人たちの口座がとうとう清算された。ジャコバン派からは政府に納めるべき1億３０００万リーブルを納めずにごまかしたと疑われていたが、実際には７０００万リーブル以上多く納めてしまっていた。[40] 彼らは自分たちの成功の犠牲になったといえそうである。彼らが間接税をそれほど効率的に集めていなければ、免税特権まみれだったタイユ税——基本的に、その収税業務は役人が給与を受けとって行なっていた——の是正が促進されていただろう。そして、もっと公平な税制が構築されていただろう。その場合、徴税請負人はもっと生き延びていたかもしれない。

　ふたつ目のアドバンテージとして、政府は、徴税請負人に対して徴税権を一定の金額で譲渡するため、その分の収入を確実視できる。税収の見込み額が、たとえば不景気や戦争などの影響で期待を下回った場合、政府ではなく徴税請負人の収入が減ることになる——もちろん、期待を上回った場合には、それだけ徴税請負人の利益が大きくなる。だが実際には、税収に対して何らかの悪影響があった場合、徴税請負人は契約条件の見直しを求めて交渉することが多かった。たとえば１７４４年、総徴税請負人は、戦争になった場合には政府への支払い額を減額してもらえるよう交渉し、国王にもリスクの一部を引き受けさせた。徴税請負の三つ目のアドバンテージは、税金を集めることに強力なインセンティブが生まれる点だ。税金として集めてきた金額が増えれば増えるほど、それだけ徴税請負人自身の取り分も増えるからである。

　これら三つのアドバンテージがある一方、大きな欠点もふたつある。まず、徴税請負人側が、収税業務の長期的能力向上のための投資に意欲的になりにくい点である。徴税権の譲渡契約は期限つきなので、投資した分を回収しきれないと考えるからかもしれない。この問題には「社団型」の徴税請負制度によって対処できる。これは、長期間活動しつづける少数の請負業者に委託先を限定するやり方である。総徴税請負制度は定員60人の発展型の社団で、収税業務の向上のため、効率的な組織的・人的・物的インフラストラクチャーを構築していた。彼らは、パリ市内に入ってくる商品にかかる入市税を集めやすくするため、（ラヴォワジェの提案で）市の周囲に新たな壁をぐるりと築いた。そこに市門が設けられ、のちにルソーらが収税吏として勤務した。壁の所有権は国が保有した。(41) オスマン帝国では１６９５年に「マリカーネ malikâne」と呼ばれる終身の徴税委託制度が導入された。この制度によって投資不足の問題にある程度の解決がはかられると思われた――ところが、前任者の死亡時に徴税権を回収することが困難であるとわかった。(42)

もうひとつの欠点はごく基本的な問題で、収税業務のインセンティブそのものの暗い側面にかかわっている。つまり、徴税請負人は税額査定の際に恐喝や虚偽申告の強い誘惑にさらされる。彼らにとって、納税者と共謀して税額を過少申告すれば自分の利益が減ることになるので、そうする動機はほぼない。その一方、納税者は税額を過大申告せずに済ますといって賄賂を懐に入れることができる。もっと一般的にいえば、徴税請負の導入により、納税者あるいは将来の課税ベースに与える損失をいっさい顧みず、納税者から搾りとれるだけ搾りとろうとするインセンティブが生まれてしまう。アダム・スミスはこのリスクを予見していた。

徴税請負人にくらべれば、たちの悪い君主でさえ民への慈悲があるといえる。君主ならば、王家の威光は民の繁栄に依存することをわきまえているから、一時の利益のためにその繁栄を損なうようなことはしない。だが、君主のかわりに税金を集める徴税請負人の繁栄は、多くの場合、民の繁栄ではなく破滅の結果としてもたらされる。(43)

政府にしても徴税請負人自身にしても、こういった懸念事項につねに無関心で、収税活動を監視する必要性に目を向けなかったというわけではない。洗礼者ヨハネは悔い改めた徴税人に「定められた額以上を徴収してはならない」といった（ルカによる福音書、3章13節）。帝政ローマ時代、暴虐的な役人は規定により磔刑あるいは火刑に処された[44]。そしてフランスの総徴税請負人は、過酷な旅をして各地方に足を運び、職権乱用の調査を行なった。

徴税請負にかかわる不正の規模を判断するのは難しい。問題は、不正があったかどうかではないし、徴税請負人が嫌われているかどうかでもない。不正はあったし、徴税請負人は嫌われていた。たとえばインドでは、徴税請負人による納税者の拷問や、徴税対象村の住人の夜逃げなどがしばしば報告された[45]。徴税人は屋内に踏みこんで調査を行なう権限を有していたため、たしかにひどく嫌われていた。ヴォルテールなどはこう述べている。「〔徴税人は〕国王の名のもとにあらゆる乗り物を止め、あらゆるポケットを探り、あらゆる家に押し入ってあらゆる部屋を荒らし、農民たちから賄賂を引き出した。……わけのわからないことに、人びとは彼らに対して警鐘を鳴らさなかった……彼らをひとり残らず屠りもしなかった[46]」。ともあれ真の問題は、収税業務を当時の官僚に任せていたほうが、不正行為の規模がより大きかったのかどうかだ——どういった制度のもとであれ、不正および腐敗の機会はかならず生じるものだからである。

しかし、徴税請負制には、官僚に任せた場合とは明らかに異なる、人びととの不快感を煽るようなところがあった。というのも、収税業務はほんの少数の懐をうるおす直接の手段と認識されていた。集められた税金の一部がそのまま国王とその側近の取り分になると思っている人びとも少なくなかった。チャールズ一世は、議会を通さずに資金を調達することをつねに考えており、アイルランドの税関の徴税請負人から、毎年の徴税権貸与料に加え、彼らの利益の半分あるいはそれ以上をとっていた[47]。アンシャン・レジーム期のフランスでは、徴税請負によって生じる利益の分け前が国王の愛人ポンパドゥール夫人とデュ・バリー夫人にも渡っていたことがわかり、国民が激しく憤った。やがて徴税請負は、不公平きわまりない税制の要素のひとつで、その象徴でもあると認識されるに至った。

キックバック——合法と非合法

今日の税務機関は公的機関で、徴税請負人とはまったく異なるように思える。だが、徴税請負の時代にあった基本的な問題は、形は変わってもなくなってはいない。収税業務のおもな問題は変わっていない。たしかに、契約期間が短いせいで生じていた問題は、ずっと存続するはずの公共セクターにおいては解消されているが、今日の活動と将来の能力構築にどう資金を配分するかを選択しなければならないのは昔もいまも同じである。また、税務職員の個人的利益はやはり一般市民のそれとは相いれないと思われる。勤労意欲にかかわる基本的な問題は解決に至っておらず、今日も個人と組織の両方のレベルで生じている。それに対処するため、各国政府はさまざまな方法を試している。なかには、徴税請負ほどではないものの、市場経済のインセンティブの制度に似たものを用いるところもある。そういう国はこれから増えると思われる。結局は、集めた税金の額に応じて徴税人に報酬を支払う完全な徴税請負から、集めた税金の額の多少にかかわらず一定の報酬を支払う固定給制までの範囲のどこか一点を選ぶことになるのかもしれない。

たとえば、税務職員自身が集めた税金の一定の割合を取り分として認めるやり方は、徴税請負よりも一般的に行なわれてきた。クロムウェル時代の10分の1税の収税吏は税収の3パーセントを手数料として受けとっていたし、1662年の炉税の制度下では、法執行官 constable は税収1ポンドにつき2ペンスを、上級法執行官 high constable は1ペニーを、州長官 sheriff は3ペンスを、治安書記官 clerk of the peace は1ペニーを受けとっていた。(48) 17世紀後半から18世紀のイギリスでは、収税吏は押収した金品のおよそ半分を手元に残したほのである。

制度——は1872年まで続いた。前述のとおり、チェスター・アーサーはこの歩合制によって大儲けした

た。イギリスでは、「歩合制 poundage」——収税吏が自ら集めた税金の額に一定の歩合を乗じた金額をとる

か、[49]密輸業者の発見および捕獲に対する報酬50ポンド（年給と同じくらい）と、[50]収税額の一部を受けとってい

こういったスキームの現代版に関する調査から、それが税収増に効果的であることはほぼ疑いない。たとえばブラジルでは、1989年、延滞税を徴収した税務署員に報酬を与えるボーナスプログラムが実施された結果、（税務調査1回当たりの）罰金徴収にかかる期間が75パーセント短縮された。[51]もっと強力な証拠もある。パキスタンのパンジャブ州で、税務署員を対象にするインセンティブ計画の影響について調べるフィールド実験が行なわれた。すると、収税額のうち一定額を超える部分の最大40パーセントをボーナスとして与えるスキームにおいて、税収が約65パーセント増えたのである。[52]

徴税請負制に関していえば、こういったスキームには恐喝という大きなリスクがある。実際、パンジャブ州で行なわれた実験では贈収賄の平均発生件数が増えていた——しかし、少々奇妙なことだが、納税者から自己申告された「満足度」は下がっていなかった。

一方、税務署員が固定給しかもらっていない場合でも、納税者と示しあわせ、納税すべき額を実際よりも低く偽る不正行為が発生する。勤務成績にかかわらず給与額が決まるのであれば、対策を講じるのは容易なことではない。[53]可能性として、解雇時の退職金額と給与額とを等しくする方法がある。だがそうしても、厳しい罰則がないと、こういった不正行為が一方的な賭けになる。もうひとつは、収賄が行なわれる可能性を織りこみ、給与額をあらかじめ下げておくこと——つまり、基本的にはあきらめることである。そしてもうひとつは、給与額を大幅に引き上げることだ。免職のリスクを冒すよりも、誠実に職務を果たすことが最善

の選択になるようはからうのである。この方法も効率的に税金を集めることへのインセンティブを生みだす。抜け目のないプロイセン王フリードリヒ二世が徴税人として傷痍軍人を雇ったのはこの理由からだったと思われる。収税業務によって生活の糧を得る傷痍軍人たちは、そのほかの仕事の口にありつくのが難しかったため、下手なことをして免職になるのを避け、まじめに職務に励むに違いなかったのだ。この場合の難点は、給与をかなり高くする必要があることだ。かなりの税金が課される紙巻タバコを満載したトラックを黙って見逃してやるのと引き換えにもらえる賄賂に匹敵する金額にするのは、なかなか厳しい。

そんなわけで、おそらく意外ではないだろうが、税務署員の給与を成果歩合で支払う制度は完全に廃止されているわけではないようである。このところの内部成績評価の基準は、たとえば総申告件数に占める電子申告件数の割合や、税務調査の実行件数などであり、徴収額には無関係であることが多い(54)。(ちなみに、パンジャブ州での実験では、このアプローチは税収に影響をおよぼさないと判明している)。だが、収税額を基準にするインセンティブ計画が現在も活用されている兆しがある。12カ国の税務機関を調査したある研究によれば、ボーナスの査定基準のひとつに収税額を用いている国が5カ国あった——そのなかには、納税者と示しあわせて税額を過少申告する腐敗行為の防止を理由に挙げるところもあった(55)。たとえばルーマニアでは、収税額の目標額を超えた部分および不正摘発件数を基準にしてボーナスの査定を行なっていた。また、ボーナスの額は月給の3倍までと定められていた。同じ研究に、フィリピンの事情への言及がある。フィリピンでは、押収した密輸品の価値の20パーセントまでを、その摘発と押収に貢献した職員に支払う場合があった。

収税額を基準にするインセンティブの効果については、他国機関とのやりとりのなかで、税務機関のほうでもすでに認識していると思われる。たとえば、EU圏内の関税収入は、最終的には、各加盟国の政府に入るのではなく、EUの運営資金になる。だが、関税の徴収にあたるのは各国に設置されている税関である。

この仕組みは各税関の善意に頼るばかりのものではないし、各税関に徴税コストを払い戻すわけでもない。じつは、各税関は集めた関税の10パーセントがをとることになっている。

そのほかにも、税務機関はさまざまな手段によって不正に対抗してきた。序列と昇進をとりいれることも不正防止に役立つと考えられる。職務に忠実であることが証明されるまで、給与額の引き上げにある程度の差をつけるのである。フランスの徴税請負人にもそういった仕組みが試された。1768年、フランスの行政機関として初めて恩給制度がとりいれられたのだ。[56] 不正に対抗する方法にはもっと単純なものもある。もっとも基本的な方法のひとつは、納税義務者と税額算定者が一対一で対面する機会を制限することだ。18世紀のイギリスでは、収税官はふたりひと組で職務にあたる決まりだった。ロバート・ウォルポールの考えでは、ふたりならば「たがいに牽制しあうので、賄賂のやりとりをする恐れがなくなる」のだった。[57] また、収税官は定期的に転勤させられた。また、ロバート・ハートは、「地方のしがらみにとらわれる傾向に影響されないよう」、収税官を一定期間ごとに予告なく転勤させる制度を採用した。だが、これはそのずっと前から中国の行政機関で実施されていたことだった。[58] そのほか、収税官の行動の情報を改ざん不可能な記録に残すこともひとつの方法である。単純なやり方として、帳簿のページに番号を振って入れ替えられないようにし、理由のわからない変更箇所を指摘しやすくすることもできる。18世紀のイギリスで、帳簿のページをうっかり破損してしまった収税官が大慌てで修復したという記録がある。彼によれば、「数字を削ったり書き変えたりすること」は「ほぼ容赦されない」のだった。[59]

税務機関のさまざまな不正防止策はよく知られているが、不正は多くの国でいまだに重要な懸案事項で、日々の現実である。ブラジルでは、収税官が納税額を減らしてやるといって大企業に賄賂を要求しているという訴えがあり、2015年に検察によって捜査が行なわれた。その際、そういった不正行為による国庫の損失は過去15年間で61億ドルにのぼると見積もられた[60]。同じ年、グアテマラでは副大統領首席補佐官を首謀者とする脱税汚職グループが検挙され、国税庁の現長官と前長官も拘留された。このグループは収賄および横領により国家に対する詐欺罪に問われた[61]。いうまでもなく、この事件は税制に損害を与え、もっと広い意味での国家の正統性を損なうことにもなった。

職務に忠実な税務機関にとって、政治的干渉もまたリスクの源である。マーティン・ルーサー・キング・ジュニアはＩＲＳに何度も取り調べられ、１９６０年にはアラバマ州で、脱税容疑で初めて起訴された。陪審員団は白人ばかりだったが、驚いたことに、彼は無罪になった[62]。リチャード・ニクソンはＩＲＳ長官への干渉を大統領の職務とこころえており、補佐官のジョン・アーリックマンとボブ・ハルデマンにこう伝えた。

やつには冷酷漢になってもらいたい。やれと命じたことをやり、見たい税務申告書を見せ、われわれの敵を捜査し、われわれの友人を見逃す。簡単なことだ。嫌だというなら、この仕事を辞めてもらう[63]。

こんな調子で、ニクソンはＩＲＳを使って「スペシャル・サービス・スタッフ計画」を進め、政敵をとことん調べあげ、税務調査によって苦しめた[64]。その40年後の２０１３年、ＩＲＳに関してある疑惑が持ちあがった。保守派の非営利団体を狙い撃ちし、税務調査をとくに詳細に行なったことが疑われたのである。

税務機関を政治に利用することを考えた者はそのほかにも大勢いたようだ。『エコノミスト』によれば、２０１７年、ルワンダ政府は野党所属の大統領候補に脱税の容疑をかけ、その母親と妹ともども拘束してしまった。ザンビアの税務当局は、税金の滞納を理由に、敵対的なタブロイド紙を発行停止処分にした。ケニアでは、選挙結果に異議を唱えたふたつのＮＧＯが、税金関連の不正を行なった疑いにより、少なくとも一時的に活動を停止させられた(65)。

税の独立

税務機関の能率を上げるための——とくに、政治的干渉を排するための——画期的な（また、いま流行の）方法に、税務機関を「半自律的収税エージェンシー」（SARA）に変えることがある。草分けとなったのは南米だった——1992年から1997年にかけて税収が回復したペルーはその好例である(66)。この方法はやがてアフリカ諸国に広がり、カナダなどの先進諸国でもとりいれられている。

SARAは政府内に設けられる機関で、その形は国ごとにさまざまである。だが大まかには、それ以外の政府機関とは異なる点がふたつある。ひとつは、雇用と報酬の方針が一般の官庁のルールから切り離されている点である。事実上、前述したものに比較的近いモデルとなっている。つまり、職務に必要な専門技能のある人材を引きつけるに十分なほど高い賃金を設定することで収賄をある程度防ぎ、十分な熱意を引きだす。もうひとつは、収税業務への政治的干渉を排するに十分なほど高い独立性が与えられている点である。結果として獲得した自律性のひとつの側面としてSARAは、多くの場合において、徴収した税金から一定の割合を保持することになる。いわば規模の大きくない徴税請負である。この仕組みは概して理にかなっていると考えられる。というのも、SARAは気まぐれな予算配分の影響から守られる。また、権力者から指図される余地が少なくなる。だがその一方、このエージェンシーが収税業務に取り組む熱意に対し、やはりいくらかの影響をおよぼすと考えられる。

従来型の税務機関をSARAに切り替えた場合の利点について、多くの専門家はいまのところ慎重にとらえている。SARAの導入は大きな混乱を招く可能性もある。場合によっては、不正を排除する目的で、税務機関のすべての職員に改めて現職に応募してもらわなければならない。また、SARA移行の提案に反対する職員たちがストライキを行なった例も、少なくともひとつはある。こういった混乱が生じるとしても、最終的には税務機関にも幅広い人びとにも利益になるのかもしれないが、現行の業務へのダメージという観点から見れば、とんでもなく大きな代償を支払うことになる可能性もある。それに、わざわざ新しい機関を創設しなくても、右記のふたつの方向に前進することは可能だと主張する実務家は少なくない。それでも、SARA移行と税収増加に関連があることは、たしかに証拠によって示唆されている。(67)

収税業務の民営化

徴税請負はいまや昔風のやり方であるように思えるが、民間への委託――民のインセンティブを公の目的に利用すること――の基本概念には現代的なところがある。業務の委託は、一部では、収入が最大になるオークション方式に近い方法で行なわれた。採油権や電波利用権の配分方法として現在大いに推奨されているやり方である。たとえば、紀元前120年ごろのローマ帝国では、各属州の収税業務の委託はローマの都で行なわれる入札によって決定された。(68) オランダ東インド会社も、1744年から1795年まで、関税収税業務の委託に入札方式を採用していた。ヨーロッパに目を転じれば、16世紀ごろのフランスでは、収税業務の委託はおもに一般競争入札によって行なわれた。イングランドでもエリザベス一世がその方式をとりいれた。「請け負いたいと申し出る者がすでに十分にいるのだから、税関の業務の委託を許可」しようというのだった。(69)

さらに、この数十年に多くの場所で、かつては公共セクターの領域と考えられていたさまざまな業務――鉄道輸送、航空交通管制、航空輸送、エネルギー供給など――が民間セクターに移管されている。バングラデシュとインドでは、橋と道路の通行料や公共財産（湖沼や森林など）の使用料の徴収権は民間の個人あるいは法人に有償貸与されることが多い。２００６年、アメリカのインディアナ州は、全長１５７マイル〔約２５０キロメートル〕のインディアナ州有料道路の通行料75年分の収入と引き換えに、オーストラリア企業とスペイン企業の共同事業体から38億ドルを受け取った。徴税請負に似たやり方だといえる。

　規模はそれほど大きくないが、民営化の波は税務機関にもおよんでいる。収税業務の一部が外部委託されているのである。それは、今日一般的になっている、基本機能のごく一部の民間企業委託にとどまらない。何らかの業務を外部に委託している税務機関は全体の約60パーセントにのぼる。そのうちの半数近くがＩＴサービス業務を外部委託している。[70]一部の国では、税務機関の中核的な機能のひとつである未納税の徴収業務についても民営化が進んでいる。

　イギリスでは、２０１０年７月から、「低額未払税」の回収業務の一部が歳入関税庁から債権回収代行機関に委託されている。世界全体では、２０１３年の時点で、歳入機関の約15パーセントが未払税の回収業務を、約８パーセントが税務調査業務を外部委託していた――それ以降、どちらの割合も上昇している。[71]アメリカでは、40を超える州政府が未払税の回収業務の補助を民間業者に委託している。２０１７年には、未払税の回収業務を民間の債権回収企業４社に委託することをＩＲＳが発表した。回収される未払税の25パーセントまでが企業側の報酬になる決まりだった。両院合同租税委員会の見積もりでは、この外部委託によって10年間に24億ドルの税収を確保できると考えられたが、そのことに誰もが喜んだわけではなかった。納税者擁護官のニナ・オルソンがこれを懸念したのは、かつてこの方式が試されたとき、経済的に余裕のない滞納者に対し、外部の業者が「心理的トリック」によって納税を強いたことがあったからである。初期のプログラムはコストが回収額を上回ったために打ち切りになったが、最近のプログラムは効果を挙げており、２０

１９会計年度に回収額2億１３００万ドル、コスト６５００万ドルとなった。[72]

かつてあった徴税請負そのものは、近いうちに復活することはなさそうである。だが税務機関は、これからも民間の団体や個人のインセンティブの活用方法を考案し、遠い昔からの懸案を解消しようとするだろう。つまり、収税業務の必要性と、課税権につきものの不正腐敗のリスクとのバランスをどう保つかという問題のことである。ほかの経済活動の領域でもわかっているとおり、収税業務に市場経済型のインセンティブをとりいれる余地は、多くの意見でいわれているよりも大きいと思われる。

税務機関の規模は？

税務機関は巨大事業である。それはずっと昔からのことだ。紀元前1世紀にビテュニア（アナトリア半島の北西部）で税務を請け負っていたシンジケートには数万人の職員がいたといわれる。[73] アウグストゥス帝時代、ローマの徴税請負団体は約2万人の職員を抱えていた。[74] フランスでは、ラヴォワジェの推定によれば、１７７４年の時点で徴税請負人として常勤していた者は約2万４０００人にのぼった。当時、それ以上の人員を抱えていた組織は陸軍と海軍くらいだった。イギリスの場合、１６９０年の時点で税務職員はすでに２５００人いた。

しかし、税務機関の規模はさまざまである。じつは、ＩＲＳは国際基準からいえばわりあいに小規模だ。２０１３年の時点で、ＩＲＳの運営コストは歳入の０・４７パーセントで、ＯＥＣＤ加盟国のなかでは下から5番目だった。イギリスの歳入関税庁の０・７３パーセントよりもずっと低かったのだ。[75] アメリカでこれほど数値が低いことにはもっともな理由があるといえる。その他の国々の税務機関とは異なって、ＩＲＳはＶＡＴや売上税を徴収していないのである。国内にはさまざまな意見があって、ＩＲＳはあまりにも肥大化しているという声もあれば、極度の資金不足におちいっているという声もある。どの意見が正しいのだろう？　つまり、税務機関はより大きいほうがいいか、より小さいほうがいいかをどう判断すればいいのだろう？

単純に考えれば——税のルールを所与とすれば——税務機関は、収税業務の支出が増加すればするほど、税収がその増加以上に拡大するのであれば、規模をもっと大きくするべきである。このルールにしたがえば、収税業務のコストを差し引いた税収をできるだけ大きくすることになる。これは、魅力的なことはたしかだが、正しい答えではない。

差しあたって問題なのは、税務執行の規模が拡大したとき、納税者が余分に負担しなければならないコンプライアンスのコストが、このルールでは考慮されていないことである。このコストの負担者は脱税者だけではない。脱税などまったく考えていなくとも、余計に記録をとる必要が生じたり、不定期に税務調査が行なわれたりするせいで時間と手間をとられる納税者もまた負担者になる。前述のとおり、このコンプライアンスのコストは税制そのものによって生じるコストよりもずっと大きくなることがある。

コストを差し引いたあとの収入、すなわち純収入の最大化のルールにはもうひとつ問題がある。[76]説明のため、少し前に紹介した、IRSの未払税回収業務の外部委託プログラムを例に挙げる。このプログラムでは、回収額が2億1300万ドル、業務のコストが6500万ドルだった。さて、このときのコンプライアンスのコストが、たとえば4000万ドルだったとする（実際のところはわからない）。2億1300万ドルは6500万ドルよりも多く、6500万に4000万を加えた金額よりもまだ多い。この比較については問題がある。リンゴとオレンジを比較するのと同じことなのだ。業務のコスト6500万ドルとコンプライアンスのコスト4000万ドルは、人びとが使う時間、コンピュータなどから考えれば、現実の資源コストである。

それに対して、徴収された税金は、最終的には政府支出になる。そして、税金を集めることを価値あるものにするのは、前述のとおり、その税金によって賄われる支出の社会的価値が、民間セクターが同じ金額を使って行なう事業よりも大きいという政府の判断である。つまり、民間セクターから移転された1ドルが、社会的な意味で、実質的に、たとえば1ドル20セントの価値のある支出を可能にする。したがって、政府に移転されなかった場合にくらべ、社会的価値が20セント分増すということである。それゆえにこの場合、未払税回収のプログラムにおける純収入1億4800万ドルの真の社会的価値は、総額のわずか20パーセント分、すなわち2960万ドルとなる。収税業務における資源コストの1億500万ドルにくらべれば、これはずっと少ない金額だ。

ここで重要なポイントは、税のルールの強制と遵守のために資源が使い果たされてしまうことであり、さらに、課税によって新たな資源が創造されることなく、たんに政府への移転に過ぎなくなるということである。だから、税務機関の規模が拡大して、コストの増分を上回る収入を得られるようになると、税務機関はかならずやがて過大になる。

税務のテクノロジー

昔もいまも、テクノロジーは税務機関にとってたいへん重要なものである。中国の安徽省博物館に、この上なく素晴らしい例がある（ちなみに、北京には税務博物館という博物館もある）。それは「鄂君啓節」と呼ばれる割符で、紀元前323年、楚の懐王が、河川輸送される特定の商品の免税措置のためにとりいれたものである。銅製の割符は対になっており、それぞれに金で象嵌がほどこされていた。ひとつは船とともに移動し、もうひとつは税関に保管された。これらがぴったりと合い、そこに刻まれた積荷と航路の条件に間違いがなければ、その船は徴税されることなく通過できた。その由来であるもっと古い時代の割符は、ふたつに割った竹でできていた。同じころ、プトレマイオス朝エジプトでは、ナイル川の氾濫時の水位を測定するテクノロジーが用いられていた。この水位によってその年が豊作になるかどうかが判断されていた――また、その判断にもとづいて税率が設定されていた。[77]

遠い昔から、税務機関は新しいツールを業務に活用してきた。だが、その業務――計量、計算、調査、監視――の多くは概して変化していない。税務は、テクノロジーの進歩――計量基準の統一や、樽の液体の体積推定に関するレーウェンフックの研究など――の恩恵にあずかっているが、それによって変わったわけではない。蒸気機関が発明されてからも、税務調査官は雨をものともせず家々の窓をかぞえて歩いていたのである。だが今日、徴税業務にかつてなかったほど大きな変化をもたらしているものがある。それは、大量のデータの収集、分析および処理能力が向上したことだ。

第12章でとりあげた、大衆税課税を効率的に実施するツール――源泉徴収、申告納税、情報にもとづく税務調査、第三者情報の利用――を実用に供するには、膨大な量の情報を処理する能力が必要になる。数百万件のVATインボイスの照合や、納税者数万人分の情報の他機関との共有などといった案は、ほんの20年前でさえ想像もつかないことだった。いまや、電子納税申告は多くの先進国で一般的になっている。さらに先を行く国もあり、第三者などからの情報を用い、所得税の「記入済み」（あるいは「入力済み」）納税申告書の交付を行なっている。申告の時期が近づくと、ほぼ記入済みの納税申告書が、たいていは電子メールを通じて納税者に送られる。内容に問題がなければクリックひとつで終わりである。問題があれば訂正することになる。

税務の美。古代中国の鄂君啓節。

現在、新しい（あるいは、やや新しい）テクノロジーをうまく活用している国や地域はたくさんある。2014年、ブエノスアイレス市の税務署は、未申告の豪邸約200軒と水泳プール約100面をドローンによって特定し、それらの所有者たちから罰金を徴収したところ、その合計額が約200万ドルにのぼった。ドローンの価格は1台につき約1万ドルだったので、この費用対効果は、少し前にわれわれが設定した基準からしても高かった。インドネシアの税務機関は、プランテーションの面積や鉱山の生産量を過少申告した脱税者を見つけるためにドローンを使っている。[78] 同様に、イタリア政府は2007年に空き家調査プログラムを実施した。それは登記されていない、つまり税務機関に認識されていない不動産の発見を目的とする計画で、航空写真をデジタル化した登記簿マップに重ねあわせることで見つけだす。これにより、空き家のある土地が200万区画以上見つかっている。[79] また、2010年にはギリシャ政府が警察用ヘリコプターを使って富裕層の住宅の航空写真をとった。すると、プールが1万6974面見つかったが、申告済みだったのはそのうちの324面のみだった。[80]

われわれは、新しいテクノロジーそのものが解決策になるのではないかとつい考えたくなる。少なくとも、時代に合わなくなった旧式のテクノロジーにそれほどこだわらない発展途上国が新しいものを積極的にとりいれれば、税務行政において一部の先進国を一気に抜き去ることもあるのではないか、と。たとえば、先進国では、エストニアは収税業務の効率化のために新しいテクノロジーをとりいれ、目覚ましい成果を挙げている。ケニアもそうだ。[81] だが、夢中になりすぎてはいけない。政府は、たとえば住民の海外資産に関する情報を大量に入手しても、それをしっかりと吸収し、活用できるとはかぎらない。また政府は、情報システムのアップグレードという（穏やかな言い方をすれば）大規模計画を、つねにうまくできるとはかぎらない。その典型といえそうな例として、2003年、イギリスで還付金支払いの業務を年金事務所から歳入局に移管する試みがあった。もともと段取りや仕組みが複雑であるため、還付金支払いの業務には、収税業務の場合とはまったく異なる技能と実践が必要になった。結局、この制度は期待されたほどうまくはいかなかった。似たような名前の別人同士が取り違えられることもときおりあった。また、ＩＴシステムだけの問題ではなかったが、いろいろな原因――組織的な詐欺なども含まれた――のため、政府からの還付金支払いが10億ドル以上も過多になってしまった。結局、新政府の発足後に控除の制度が改められ、還付金支払いの業務は年金事務所に戻された。

一方、テクノロジーは納税者に利用されることもある。とくに、脱税や給付金の不正受給をもくろむ者にとっては好都合かもしれない。たとえば、税務執行を強化するために染色のテクノロジーを利用するアイデアがある。第９章でも触れたとおり、アメリカでは、ディーゼル燃料税は最終使用燃料に対して発生する。道路以外で使用される場合（たとえば、農業用トラクターや暖房器具など）は税率が低く、道路を走行する自動車に使用される場合は税率が高い。ディーゼル燃料税は最終使用よりも前の段階で徴収されるが、適用税率はどう判断されるのだろう？　１９９３年、アメリカ政府は着色燃料プログラムを開始した。道路を走る自動車に非課税の燃料が使われている場合、簡単に見つけられる方策である。非課税の燃料に赤い色をつけておき、トラックを止めてタンクのなかの燃料を目で見れば、脱税のたしかな証拠になる。これはなかなかいいアイデアで、世界のさまざまな国でとりいれられている。唯一の問題はこの染料を除去できる点である。２０１０年、アイルランドのアーマー県で非合法のディーゼル燃料工場が見つかった。この工場では年間８５０万リットルの燃料から染料を除去することができた――税額にして５５０万ポンド分である。(82)

何らかの方法によって税務機関が出し抜かれた例は、枚挙にいとまがない。すでに述べたとおり、ザッパーを使って電子レジスターを誤作動させることもできる。詐欺師たちは新しいテクノロジーを都合よく利用することに巧みである。2015年、不正に入手された個人情報をもとに、IRSのアプリケーションが不正アクセスを受け、10万人分を超える納税申告の情報が流出した。犯人側は、盗みとった情報を使って不正な納税申告を行ない、還付金を受けとった。IRSがこのたくらみに気づいたとき、その金額は5000万ドルにのぼっていた。[83] 東ヨーロッパでは、比較的大口の請求を集中して審査するという、いわゆる「優れた取り組み」に沿った（巧妙な）制度の裏をかかれ、小口の還付金請求が大量に行なわれた。デジタル化によって、税務機関と、創意工夫に長けた不正直な納税者とのせめぎ合いが生まれたといえるかもしれない。遠い昔から、税務機関は租税回避の手法の進化を追いかけている。民間セクターが何らかの策略を編みだすたびにそれをつぶすことを延々と続けているのだ。そんなわけだから、税務当局がいずれ勝利すると自信をもっていうことはできそうにない。

これまでのところ、税務機関が新しいテクノロジーを採用する際には、現行の業務をよりうまく行なうためであることが多い。ドローンを使って水泳プールを見つけることも、突き詰めれば調査官を使って煙突を見つけることとたいして変わらないのである。数百年前の税関吏が今日の貨物コンテナ用X線検査装置を見れば、その技術の目的をただちに理解するに違いない。VATの電子インボイスは紙のそれにくらべて追跡や確認が容易であるが、記載されている内容は変わらない。また、電子申告用のインボイスの様式は紙のそれと同じである。だが未来に目を向ければ、第15章でも論じるが、デジタル化によって創出される機会はもっとずっと根本的なものになると思われる。また、それによって新たな問題も生まれるはずである。

＊＊＊

デイヴィッド・フォスター・ウォレスは『青ざめた王』にこう書いている。「税政策と税務に関していえば、何もかもが退屈だ。大いに退屈、みごとなまでに退屈である」[84]。ここまでついてきてくれた辛抱強い読者には、この意見に不賛成であってほしいとわれわれは考えている。ここまでは、税制の構造と執行につい て、どういったものが優れているのか、また効率的であるのかをかなりのところまで明らかにしてきた。難しいのはその理論の実践である。この本の終盤ではそのことをテーマにする。まずは税制づくりの現実に目を向ける――その現実は、たいていは見苦しく、しばしばわれわれの気を滅入らせるが、ときおり驚くほど素晴らしい成果につながることがある。

第Ⅴ部　税をつくる

国家の税制は、人が意図的に設計したように見えるものであるべきである。

——ウィリアム・E・サイモン(1)

14 税の喜び

税金をとりつつ人を喜ばせることは、人を愛しつつ分別を持つことと同様、人間には不可能である。

——エドマンド・バーク(1)

1920年代前半、ソ連の共産党政治局は農業税の導入について検討していた。

ルイコフ「農民たちは口々にいっている。集団農場に参加しなければ、税金を支払わされ、ありとあらゆる重荷を背負わされるのではないか。……これは強制ではないのか、と」

トロツキー「強制ではない、奨励である(2)」

税金のルールづくりは、かならずしもこれほど苛立たしくはないだろうが、こころよいと思えることは稀である。ジョン・ゴドフリー・サックスが（それにビスマルクも(3)）こう記している。「法律はソーセージと同じで、つくられる過程を知られれば知られるほど、それだけ尊重されなくなる」。この章では、税金のルールはどうつくられるのかを明らかにするとともに、われわれを不快な気持ちにするその過程から、こころよい結果が生じる場合もあることについて説明する。

財務大臣の夢

18世紀のイギリスでは、密輸は大がかりな事業だった。また、暴力的な事業でもあった。でっぷり太った教区牧師がこっそりブランデーを楽しんだり、品のいい商店経営者が友人たちとお茶をすすったりしている裏では、高度に組織化された物騒な犯罪計画が進められていた。水際でも波止場でも小競り合いが起こった。海上でも戦闘があって、税関艇はたびたび敗北を喫した。また、内陸でも戦闘があった。1723年から1736年までの期間に、税関吏は250人が殴打され、6人が殺害された[4]。

密輸品のなかでも目立って多かったのが茶である。東部沿岸のサフォーク州だけでも、1745年に議院内委員会でなされた報告によれば、この年に荷車1835台分の茶が税関を通らずに上陸し、最大70人の武装した護衛に付き添われて内陸に輸送された。組織犯罪集団の構成員は約2万人にのぼった[5]。茶の愛好者は増えていたが、じつは、茶の輸入関税——重要な歳入源——の収入は減っていた[6]。1745年、ヘンリー・ペラム首相は社会にも財政にも痛手を負わせていたこの問題に大胆に切りこんだ。茶の関税率をそれまでの半分に引き下げたのだ——100パーセントを超えていた関税率は約50パーセントになった[7]。すると、茶の消費者価格は大幅に下がった。関税が支払われている合法の茶はそれまでの3倍も売れるようになった。合法の茶の購入量が増大したことで、関税率は下がっても関税収入は増える結果になった。関税率引き下げの

イギリス人がおいしいお茶を飲めるのは密輸のおかげ。

5年前と5年後をくらべれば、関税収入は2倍近く増えていた。

もちろん、これは財務大臣ならば誰しも夢見ることである。税率を引き下げつつ税収を増やしたい。それで誰もが満足する（少なくとも、敗者になる者は立場上文句をいえない）。行動的反応――18世紀のイギリスにおける茶の例でいえば、密輸の減少――が課税ベースの大幅な増加につながり、税率を下げても税収を増やすことができるという考え方は、ペラムの時代でさえけっして新しいものではなかった。少なくとも、1377年にはムスリムの哲学者イブン・ハルドゥーンがこう記している。「王朝の初期には税率は低く、税収は多い。王朝の末期には税率は高く、税収は少ない」(8)

のちに同じことを指摘した人びとには、(9)ジョナサン・スウィフト、アダム・スミス、デイヴィッド・ヒューム、ジャン＝バティスト・セイ、ジェイムズ・マディソン、アレグザンダー・ハミルトンなどがいる。近年、この考え方はラッファー曲線と関連づけられている。ラッファー曲線の概念は、1974年に（伝えられるところによれば）アーサー・ラッファー――ロナルド・レーガン政権の経済政策諮問委員だった――が首都ワシントンのレストランでナプキンに走り書きしたとされている。ラッファー曲線の基本的な理屈は単純明快である。労働に対して税率100パーセントで課税した場合、(10)税収はゼロになる。労働の見返りがまったくないとなれば、勤労意欲が失われるからである。税率をもっと下げれば税収がもっと増えるのであれば、税収を最大にする、100パーセントよりも低い税率がどこかに存在するはずである。つまり、税率がそれよりも高ければ高いほど、それだけ税収が減ってしまう水準がある。なるほど、それはわかる。だが困ったことに、具体的に税率をどの程度にすれば税収が最大になるかについては、この理論ではわからない。税収を最大にする税率が10パーセントの場合と90パーセントの場合では、政策上の意味合いがまるで異なってくる。ペラムはあてずっぽうに税率を決めたが、当初の茶の関税が、税収が最大になる水準を上回っていたの

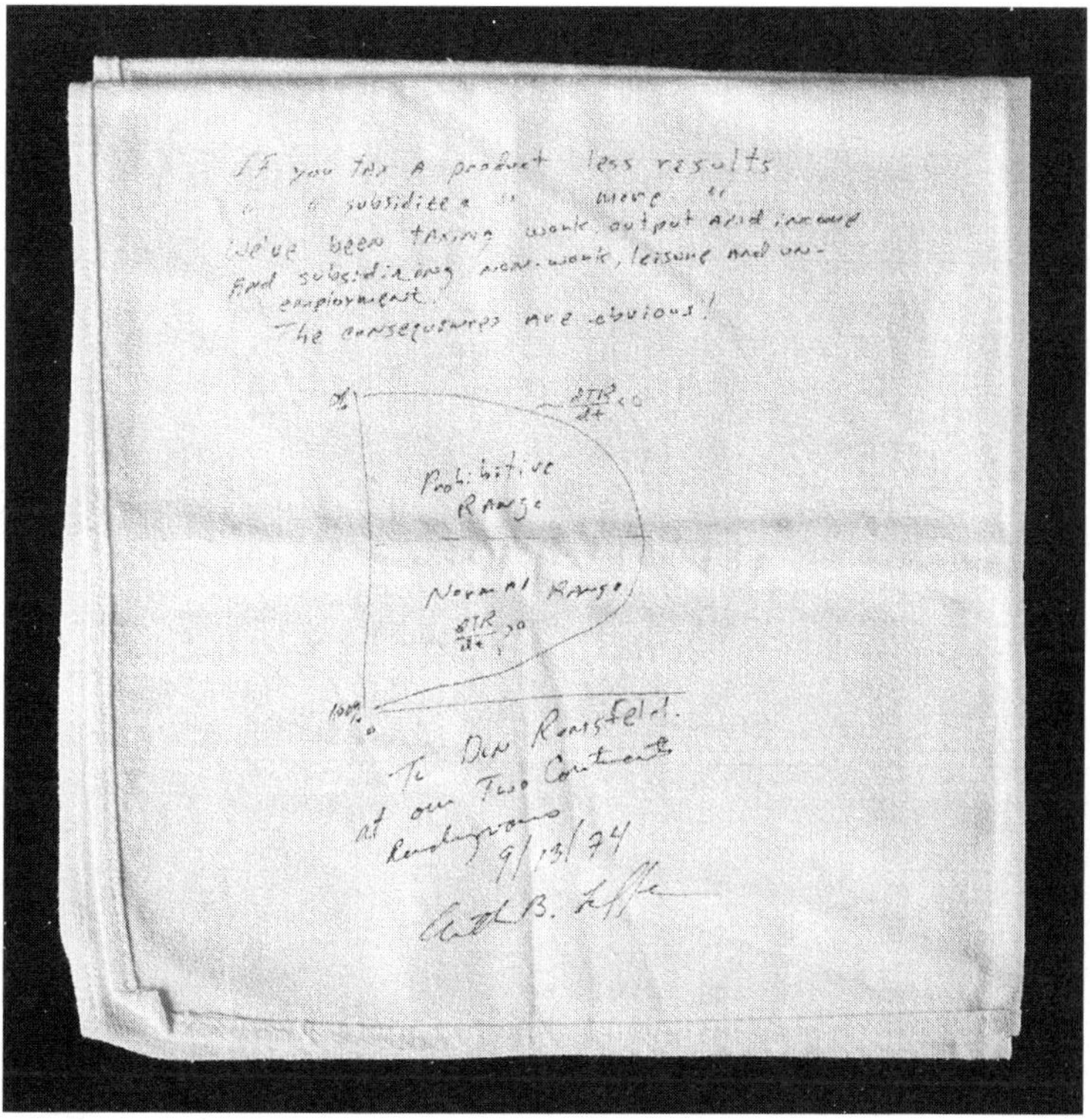

アーサー・ラッファーのナプキン。

は事実だった。だが、どの税であれ、税率がラッファー曲線のどの点にあたるかが明確な例は、近年ではほとんどない。

実際、ペラムの茶税減税――あるいは、その数年前に実施されたコーヒー税減税[11]――のような例外はあるが、税率引き下げによって持続的な税収増がもたらされた税制改革の例はなかなか見つからない。ラッファー曲線効果の最近のおもな例といえば、第5章で触れた、ロシアによる2001年の「フラット・タックス」改革がそうなのかもしれない。それ以前は12パーセント、20パーセント、30パーセントの累進課税方式が用いられていたが、この改革によって税率が一律13パーセントと定められ[12]、一部の控除が縮小されることになった。すると、その翌年の個人所得税収入が約23パーセント増加した。これがラッファー／ペラム曲線現象のように見え、大いに注目を集めた――そして、多くの国がこれに倣った。それからの数年で、フラット・タックス方式を採用する国は十数カ国に増えた[13]。だが、衆目の一致するところでは、ロシアの税制改革によって労働供給や投資が増加することはなかった。たしかに税務コンプライアンスは大きく向上したが、それには同じ時期に実施された税務執行の厳格化も影響していた。税務執行の厳格化を行なった場合、税率引き下げによる減少分を補って余りあるほどではないものの、税収が増える傾向にあった[14]。

アメリカでは、1981年にレーガン政権が所得税の大幅減税を行なったが、一部の主張とは異なって、税収増にはつながらなかった。2012年、カンザス州でその前年に就任した州知事が大幅減税を行なったが、やはり税収は増えなかった。減税後、カンザス州の経済は近隣の州に大きく立ち遅れた。州政府の歳入は減り、道路整備や学校運営の予算を削らざるを得なくなった[15]。

ペラムは大成功を収めたが、それと同じことをしても無駄に終わるだろう。うまくいかないことはほぼ確実である。世界各国の主要な税について、現行の税率をもっと下げれば税収がもっと増えることを示す証拠はほぼ存在しないのである。

とはいえ、要点となる事実は変わらない。つまり、行動的反応は、税率引き下げによる税収の減少分を埋めあわせることはないにせよ、それを小さくする傾向にある。税収の「静的」予測では、インセンティブの変化への反応や、租税回避や脱税を目的とする創意工夫が考慮されないため、減税による税収の減少幅と増税による税収の増加幅がつねに過大に見積もられる。税率変更によって生じる反応の税収に対する影響は、数値化すること――「ダイナミック（動的）・スコアリング」という――が難しい。また、論争の種になることもある。アメリカで行なわれた税収の静的予測では、トランプ政権の2017年減税・雇用法によって生じる10年余りの損失がおよそ1・5兆ドルと見積もられている。支持者たちは、この税制改革が人びとの行動におよぼす影響はきわめて大きく、税収の減少分を埋めあわせることは可能であると主張している。だが、超党派の両院合同租税委員会の予測では、それによって得られる税収は5000億ドル程度である。もちろん、これは情報にもとづく推測に過ぎない。だが、ダイナミック・スコアリングの要点は正確性ではない。その目的は、税制改革によって生じる税収への実際の影響を大まかに把握することである。政治家は、減税を行なって人びとを喜ばせたがる一方、無責任な財政運営への非難を忘れるという行動的反応をそれとなく求める傾向にある。その観点からいえば、ダイナミック・スコアリングのこの目的は、大いに必要になることがしばしばである。

野獣を飢えさせる

税率を引き下げつつ税収を増やすことは財務大臣の夢である。一方、税収を減らしたいからこそ税率引き下げを訴える夢見人もいる。彼らの考えでは、それ自体の利益、あるいはひと握りの身内の利益を追求することで肥大化した政府をもっと抑制するべきであるという。第11章で述べたとおり、国家間の減税競争によって生じる法人税収入の下押し圧力を好ましく思う人びとがいるのは、この理由からのことである。

そういった見解を力強い筆致で著しているのが、ジェフリー・ブレナンと、1986年にノーベル賞に輝いたジェイムズ・ブキャナンである。彼らは政府を「リヴァイアサン（レヴィアタン）」（聖書に登場する海の怪獣）になぞらえ、市民の幸福ではなく、政府自体の規模をできるだけ拡大することばかりを気にかけ、それだからこそ過重に税金をかけるのだと考えた。もちろん、この意見に賛同するかどうかは、税収によって賄われる政府支出をどう考えるかによって変わってくる。たしかに税金は、ひと握りの権力者のみに恩恵をもたらすような、無意味なプロジェクトに浪費されることもあれば、たんに着服されることもある。「無駄な橋」はどこにでもある。[16] 古今を通じ、政府のばかばかしい支出の実例は枚挙にいとまがなく、これとは別に本を書けそうなほどである。だが結局、ある人には公共資源の価値ある使い道――おそらく再分配など――に見えるものが、別の人には無駄に見えるのである。そのため、意義のある対話がほとんど進まないこともある。

政府をリヴァイアサンになぞらえれば、税金に関する一般的な見方がひっくり返ることになる。つまり、じつに奇妙なことに、適正な課税を不適正な課税と見なすようになる。収税業務のコストを下げるような税務テクノロジーの進歩は好ましくない。すでに肥大化している政府をいっそう肥えさせるからである。[17] そこには興味深い含意がある。つまり、超過負担が非常に大きくなるような課税方法のみを用いるべきだといっているのと同じなのだ。

政府の規模を制限し、非効率的な税政策に税金を無駄遣いすることがなくなるようにするには、憲法による規制という方法もある。アメリカの州の約半数は、州政府の収入もしくは支出の水準もしくは増加率が一定の数値目標を超過しないよう、さもなければ人口増加、インフレ上昇あるいは個人所得上昇の幅を超過しないよう、州憲法によって制限を設けている。また一部の州では、新たな課税の承認のための法改正に、州議会両院の圧倒的多数の賛成か、有権者の投票による過半数の賛成が必要である。連邦レベルでは、連邦政府の支出は歳入を超えてはならないことを定める財政均衡条項を盛りこんだ合衆国憲法修正案が、長年にわたって提案されては否決されている。憲法による制限とまではいかなくとも、法律による財政ルールはいろいろある。世界金融危機以降、そういったルールを適用する国はぐんと増加した。２０１５年の時点ですでに90カ国以上にのぼっている。[18] その多くは、政府の規模の制限よりも、政府の赤字バイアス――債務超過の状態が続く傾向――の修正に重きを置いている。だが、赤字あるいは債務に上限を設けるルールには、支出を抑えることだけではなく、収入を増やすことでも対応できる。総税収に、明示的に上限を設けるルールはほぼないが、黙示的に上限を設けるものはあるようだ。現在、支出に上限のある国は20カ国ある。[19] それらは政府の規模拡大の抑制をわりあい直接的に目指している。たとえば、スウェーデンは3年ごとの支出に上限を設定している。（願わくば）全般的な財政責任と、たいていは債務／赤字のルールとともに働くこれらの財政ルールの作用もあって、支出制限によって収入に、黙示的に上限が設定されることになる。

さらに、意図的に「野獣を飢えさせる」戦略もある。明示的に減税を追い求めることで財政赤字を招き、財政赤字を嫌う議員たちを支出削減に向かわせる。[20] この手法の問題は、証拠からわかっているとおり、うまくいかないどころか逆効果になる可能性もある点である。[21] 増税ではなく赤字拡大によって資金を調達すれば、有権者にしてみれば、課税とのつながりが表からは見えにくい行政サービスの提供について、実際よりも金がかかっていないように見えてしまうかもしれない。その結果有権者は、政府の活動を支持しなくなるのではなく、もっと支持するようになると考えられる。[22]

コヴェントリーからKストリートまで

個人も企業も、税政策を自分たちに都合のいいように形づくろうとする。審理中の法案に大金がからんでいる場合には、ロビー活動に大金が費やされることになる。たとえば、２０１７年の減税・雇用法の成立の際にもそうだった。無党派の監視機関パブリック・シチズンによれば、4600人を超えるロビイストがもっぱら税制改革に関連するロビー活動に従事している。2017年の第4四半期のみにおいて、不動産業界団体の全米リアルター協会は2220万ドル、大企業ロビーのビジネス・ラウンドテーブルは1730万ドル、そして合衆国商工会議所は1680万ドルをロビー活動に費やしている。[23]

ロビー活動の赤裸々な真実

とはいえ、税金に関連する事柄においてしばしばそうであるように、これはとりたてて新しいことではない。『ロビンソン・クルーソー』の作者ダニエル・デフォーは、ジンが大流行しはじめたころには蒸留酒製造業者を力強く支持したものだったが、やがて手のひらを返し、その反対者を同じくらい力強く支持するようになった。トマス・ペインは2年間ロンドンに滞在し、収税吏の賃金引き上げを求めるロビー活動に従事した。税金関連のロビイストのもっとも奇抜な例はゴダイヴァ夫人だろう。彼女は、政治活動に大金を注ぎこんだことではなく、金髪の長い巻き毛によって有名になった。[24]

伝えられるところでは、つぎのようなことだった。11世紀初め、マーシア伯レオフリックの妻ゴダイヴァ夫人は、領地コヴェントリーの民の税負担を軽くしてやってほしいと夫に訴えた。するとレオフリックは、一糸まとわずにコヴェントリーの町を馬で一周できたらそうしようといった。そこまではしないだろうと高をくっていたのだ。夫人は受けて立つことにし、コヴェントリーの民には、家に引きこもり、窓やドアをしっかりと閉じておくようお触れを出した。そして、長い髪で体を覆い、馬に乗り、ひっそりと静まり返った通りを進んでいった。ただひとり、我慢できずにこっそり覗き見をしようとした男がいた。名前をトムといった（だから、覗き見をする人のことを英語で「ピーピング・トム Peeping Tom」という）。トムは窓のかんぬきを

重税への抗議行動で知られるゴダイヴァ夫人。

外したが、見たいものを見ることはできなかった。突然盲目になってしまったのである。この物語でもっとも重要なのは、それほど話題にのぼらないが、レオフリックが約束をきちんと守ったことである。コヴェントリーの民は通行税の支払いを免除されることになった[25]――ただし、馬で通行しようとする者は例外だった[26]。

ゴダイヴァ夫人は特別な利益を懐に入れたわけではなかったようだ。だがロビイストは、昔もいまも、そういったものを得られるからこそロビー活動にいそしんでいる。17世紀後半には、イギリスで皮革製品事業者が皮革税撤廃を要求し、議会に嘆願書を提出した。１００軒の事業所から１５０通の嘆願書が集まったという[27]。１６９４年には、プレイングカード〔トランプ〕の製造会社がサブスクリプション方式を導入し、その収益を関税撤廃運動の費用にした[28]。

18世紀前半、ロビイストたちは増税に反対する意見の類型を五つ構築していた。それらはいまだに彼らの商売道具になっている。第1の類型は、増税の影響を受ける産業あるいは職業において、生産性低下や失業者増加などの深刻な結果がもたらされるという主張である。１９８６年の税制改革法案の草案には、当時の主張に対する疑念がほとんど見られない。

> キャピトルヒルに出回っているさまざまな調査報告によれば、かの法案［投資インセンティブの縮小に関する条項も含まれていた］は建設業界に「ジョーンズタウン流の集団自殺」を余儀なくさせ、アパートメントの賃料を20パーセントから40パーセント引き上げ、古くからある都市近郊を破壊し、「アメリカ人の歯の健康」を脅かす。馬の生産頭数を18パーセント減少させ、アメリカ領サモアを荒廃させ、ツナの缶詰を廃れさせる。(29)

第2の類型は、法案は実行不可能であるという主張だ。行政にきわめて大きなコストを強いることになり、手間も金もかかりすぎるため、割に合わないというのである。第3は、状況しだいで憲法違反になること。第4は、マクロ経済に対する影響。たとえば、貿易収支への悪影響などである。(30)

最後のひとつは、審議中のその法案によって他者の幸福が損なわれるという、一見したところ利他的な、しばしば示される懸念である。イギリスで、１７３３年に提出された関税法案に反対した人びとは、その法案はイギリス市民の自由を剥奪するものであるから、タバコ会社やワイン会社の経済的利益のみならず、あらゆるイギリス市民の政治的利益をも守らなければならないと訴えていた。(31) 近年、こういった主張はよく見聞きする。特別利益団体の代表者が、無欲にも、自分たちではなく無辜の民にもたらされる影響を重視するわけである。２０１７年、「国境調整税」型の——輸入品を課税扱い、輸出品を非課税扱いとするもの——

法人税（第11章でとりあげた、仕向地主義キャッシュフロー課税［DBCFT］の流れに沿うもの）の導入の提案がなされると、コーク兄弟（石油事業で莫大な利益を得ている）から支援されていたロビー団体がテレビコマーシャルを制作した。その内容は、「消費税導入によって日用品のコストが上がる。そんな仕打ちより、働き者の一家には納税義務からの解放のほうがふさわしい」というものだった(32)。このコマーシャルが指摘しなかったのが、消費税とともに、賃金額に応じて給付され、消費税負担分を相殺する補助金の制度も導入されること、また、この新税の導入により、石油輸入にかかわる産業の利益に好影響がもたらされることだ。ヒューイ・ロングはこれを簡潔にこう述べている。「彼らには、たとえそうではないとしても、それが彼ら自身のためになることを納得してもらわなければならない(33)」

税金にかかわる提案の内容が、害にはならないような変更であっても、一部の人びとの利益を脅かすことがある。税務申告が不要になることに反対する人はなかなかいないだろう。「2016年税務申告簡易化法案」にはそのことが盛りこまれていた。だが、ターボタックス社に代表される税務申告ソフト産業にいわせれば、それは一般市民にとって有害きわまりない変更であった。

税理士、収税官、税務調査官、税務執行官の役割をIRSに集約することはアメリカ国民の利益にははなはだしく相反し、ことによると有害でもある。さらに、納税者にはこの制度の創設そのものが大きな重荷になる。……。この法案はIRSの基本的な税務を実行不可能にし、納税者に不利益をもたらす(34)。

これもまた理解しがたい主張である。

バター（と税額が同じ）ではないとは信じられない

税金にかかわるロビー活動はライバル打倒の手段になることもある。

1860年代、フランスではバターの価格が高騰していた。プロイセンと戦争になることが予期されており、いっそうの供給不足におちいる恐れもあった。そこでナポレオン三世は、大量生産できる安価な代替品の開発者を1867年開催のパリ万博で表彰すると発表した。フランスの化学者イポリット・メージュ＝ムリエは牛脂から乳脂肪によく似た成分を抽出する方法を思いついた。それを牛乳と混ぜあわせればバターの代替品を安価につくることができた。彼はそれを「オレオマルガリーヌ」と名づけた。そして1874年、USデイリー・カンパニーがアメリカにおける国内特許をメージュ＝ムリエから買いとり、マーガリンをアメリカの消費者に届けるようになった（もちろんメージュ＝ムリエは表彰された）。

ところが、アメリカの乳製品産業がこの低コストの代替品に注目し、それによって生じる競争を制限（できれば排除）するよう議会に訴えた。1877年、ふたつの州で製品表示法が導入された。表向きには、消費者がバターと勘違いしてマーガリンを買うのを防ぐことがその理由だった。1882年には、各地の乳業協会が結束し、全米不純物混入バター防止協会を創設した。マーガリンによって発生する「不純物混入および健康被害」に対抗することがその目的だった。反マーガリンのどぎついプロパガンダのなかには、「偽バター」に使われている、不快感をもよおす材料にまつわる背筋の寒くなるようなお話もあった。1886年にはすでに22州が何らかの反マーガリン法を制定しており、そのうちの7州はマーガリンの製造および販売を禁止していた。[35] 1900年までに、アメリカの30州がマーガリンに着色することを法律で制定していた。バターとは異なる色をつけ、見分けがつくようにするためである。そのうちの5州はマーガリンをピンク色にするよう指定していた。

やがて、このバター防衛の武器のひとつに課税という手段が加わった。1886年に連邦マーガリン法が制定されると、マーガリンは1ポンド当たり2セントの特別税を課されるようになり、マーガリン製造業者は免許料として年600ドルを納めることになった。卸売業者は年480ドル、小売業者はマーガリン販売権のために年48ドルを納めると決まった。マーガリン税の賛成派はその真意をどうしても隠しきれなかった。乳牛の飼養密度の高いウィスコンシン州選出のある連邦議会議員は、課税の力に関するダニエル・ウェブスターの見解の正しさを証明しようとした。「私は、［マーガリン］製造業の撲滅を目指していることをここに表明する。課税によって絶滅させるのである[36]」。1937年までには31州で「オレオマルガリーヌ」に課税されるようになっていた。

こうして、アメリカの乳製品産業は税制を味方につけることに成功した。結局のところ、商売をするには税金を負担するよりもしないほうが好ましく、競争相手のみが税金を負担するのはいっそう好ましいのである[37]。

課税によるチェーン店虐殺

1920年代、各チェーン店は爆発的に成長し、全米に店舗を展開していった。J・C・ペニー百貨店は、1920年には312店だったが、1930年には1452店だった。同じ時期、ドラッグストア・チェーンのウォルグリーンは23店から440店に増えた。スーパーマーケット・チェーンのA&Pは店舗数を飛躍的に増やし、4621店から1万5737店となった[38]。やがて競争が目につくようになった。

小規模商店の店主たちは地元で政治力をふるっていることも多かった。彼らは「地元で買おう」キャンペーンを始めた。また、州議会はチェーン店の増加を抑制するような税制措置を検討するようになった[39]。そういった法律の最初のひとつは裁判で無効になったが、1929年にノースカロライナ州とインディアナ州で成立したチェーン店税法は、異議申し立ての裁判を乗り越え、施行の運びとなった。ルイジアナ州では、州内営業店舗数ではなく、全米の直販店の総数を基準にする段階的なチェーン店税法案が議会を通過した。最終的に、アメリカの28州といくつかの地方自治体で何らかのチェーン店税が設けられた。だが、1936年に潮目が変わった。カリフォルニア州で、新たなチェーン店税法案について住民投票が行なわれ、反対意見が多数を占める結果となった。この税法案では、店舗数が増えれば増えるほど、それだけ税率が——文字通り——飛躍的に上がることになっていた。1店舗で1ドル、2店舗で2ドル、3店舗で4ドル……9店舗で256ドル、10店舗目以降は1店舗につき500ドルである。

一方、これは史上初めてというわけではなかったが、何らかの結果——この場合は大手チェーンの新規出店の制限——をみちびく意図をもって課税を利用したことが、思わぬ面倒につながった。チェーン店側が、「課税の影響を最小限にする良策を発見した。個々の店舗を統合してスーパーストアにし、全体の取引高が、もともとの個々の店舗の売上高の合計を上回るようにする」[40]。1940年代前半以降、すべての州で、チェーン店税法は州議会を通過することがなくなった。1980年の時点で、チェーン店税法がまだ施行されていた州はたった6州で、それらに規定されていた税負担はそれほど厳しくはなかった[41]。

小規模事業と大企業の緊張関係も、課税や規制を対処の手立てにすることも、今日までずっと続いている。2004年、サンフランシスコ市は、市内の一部地域において出店を行なおうとするチェーン店に追加の承認を得ることを義務づけ、同一地域の小売店や住民にチェーン店出店への異議申し立ての機会を設けた。一方、ウォルマートは家族経営の小さな商店を駆逐するマンモス企業の象徴になっている。オーナーのウォルトン家は、連邦税の複数の規定によって利益を得ていることや、州政府と地方政府から受ける経済開発補助金が年間７０００万ドルにのぼっていることで批判されている。[42]

小企業もまた憤慨している。巨大多国籍企業には、第11章で紹介した抜け目のない計略により、小企業にできないやり方で税負担を軽くすることが可能だからである。憤慨する小企業の代表例が、スターバックスのせいで平静を失っている個人経営の小さなコーヒーショップだ。一方、１９３０年代に多くの国で懸念されていた問題が、インターネットの発展によってふたたび浮上している。アマゾンのような巨大な遠隔小売業者があらわれたことで、家族経営の小規模商店のみならず、実店舗を構えるチェーン店も、ウォルマートのような巨大チェーンでさえ脅かされている。そして、こういった遠隔小売業者が台頭した理由のひとつに税金があると考えられる。

アメリカでは、つい最近まで、州外の業者から州内の顧客に商品が販売された場合（インターネット通販を含む）、法律により小売売上税を課税されなかったが、州内の店舗から販売された場合には課税された。家族経営の小規模商店は、これでは遠隔小売業者のほうが競争上優位になるではないかと苦情をいった。だが、状況は変わりつつある。２０１８年の連邦最高裁判所の裁定により、サウスダコタ州では、州外の（一定の規模以上の）販売業者が州内の住民に商品を販売した場合にも小売売上税を課税されることになった。[43]今後このルールは多くの州で導入されると思われる。

国家間でも、とりわけ「無形サービス」に関して似たような問題が持ちあがっている。有形財ならば国境でいったん留め置き、税金をとれるが、有償のサービスやダウンロード可能なソフトウェアなどの場合はそうはいかない。近年、無形サービスに対するＶＡＴ課税について、購入者の居住地国で行なうことを規定している国が増えてきているが、売り手側——買い手の居住地国に実体を置いていない場合がある——を確実に特定し、登録するのは困難である。また、商品に関する問題もある。少額輸入品はＶＡＴの免税対象になることが多い。現在、少額輸入品の販売数量が大きく増加しているため、個人輸入品に対するVATの非課税限度額が引き下げられる傾向にある。

新型コロナウイルス感染症の大流行のあと、多くの小売業者は先の見通しをなかなか立てられなくなっている。今後、遠隔小売業者の有利になる税制の歪みを取り除くことは、政策担当者にとって——また、ロビイストにとって——いっそうの重要課題になると考えられる。

ひとりの免税

17世紀のプレイングカードの製造業者から、現代のKストリートにエレガントなロビー事務所を構える身なりのいいエグゼクティブまで、ロビー活動の根本にあるのは、特定の税制措置によってほんのひと握りに利益が集中し、その他大勢にコストが分散されるという非対称性である。グラッドストンがこう述べている。「ひとりに免税を認めれば、別のひとりに余分な税を負わせることになる」[44]——もっとありそうなのは、その他大勢に少しずつ税を負わせることである。少しずつ損をする多数の敗者を囲いこむことには、ほんの少数の勝者を囲いこむよりも多くのコストがかかる。

ロビー活動は資金を調達することはなく、資金の使途を変更するのみである。そして、その動機の多くの部分が——ロビイストは一般市民を慮っているふりをするが——公益というよりもむしろ私益である。第10章でとりあげた、課税によって発生する超過負担がもっとも小さくなるようそれぞれの商品の税率を決定するべきであるというフランク・ラムジーの案を、経済学者はなかなか推奨したがらない。その理由のひとつに、ロビイストの手前勝手な主張に屈しやすくなることがある。それよりは一律にしておくほうがいい。経済学者はこれを「中立性」と呼ぶことが多い。

しかし、これまでの経験からいえば、経済学者の賢明な忠告はロビー活動の抑制に効果的であると断言することはできない。それよりも、ロビー活動を制限するルールを制定するほうがよさそうである。政治活動とロビー活動のあいだの行き来には制限を設けることができる。憲法の条項も一助になるかもしれない。ドイツの場合、特定の集団に恩恵をもたらす税制措置は憲法で禁じられている。ロビー活動を阻むために政府が講じてきた方策についてはもう少しあとでとりあげる。しかし、根本的な非対称性の影響は残るため、政府は――自ら採用した税制措置の影響についての情報を、直接その影響を受ける人びとと同様に、持っていない場合が多い――グラッドストン流の平等路線に徹することができない。この数年、市民社会組織は一部の手前勝手な嘆願に対する重要かつ有効な抑止力として機能し、彼らの考える公益の保護に努めている。それでも、手前勝手な嘆願によって引き起こされる歪みは、ふたたび税制づくりをソーセージづくりになぞらえれば、今後も少し味の悪い成分のひとつでありつづけるだろう。

課税してはならない――イギリスにおける食料品非課税の400年

税制にはタブーがある。利害団体によるロビー活動がそれほど行なわれなかったとしても、賢い政府ならばしないほうがいいことをわきまえているタブーだ。タブーは国あるいは文化圏に特有であることが多い。聖書やコーランの売上税を非課税にすることに反対する政治家は無謀であるといえるだろう。[45]イギリスの場合、そういったタブーは食料品に対する課税である。

イギリスでは、食料品は売上税を課税されない。[46]これは、一般に、所得に占める食料品費の割合が金持ちより大きい貧困者のためだといわれている。しかし、この件についてきちんと調べればわかることだが、その言い分は、よくいえば不十分、悪くいえばまったくのナンセンスである。食料品に課税し、税収の一部を使って既存の社会福祉制度の支給額を増やせば、貧困者の暮らし向きをもっとよくすることができるし、一部を減税や財政出動のために取り置いておける。[47] 実際、非課税扱いによってもたらされる恩恵のほとんどは金持ちのものになる。金持ちは、所得に占める食料品費の割合は比較的小さいが、食料品に費やす金額自体は比較的大きいため、税率がゼロならばその金銭的利益も大きくなる。食料品を非課税にしても貧困者救済にはほとんど役に立たないことは政策担当者も承知しているが、何も起こらない。どうしてだろう？ もしかすると、権力のある金持ちが、実際に恩恵を受けているのは自分たちであることを知っているからなのかもしれない。その真相はさておき、イギリスでは食料品を非課税にすることが古くからの伝統になっている。その経緯においては何人もが政治的な犠牲者になっている。

食料品への課税にまつわるいざこざの歴史は、1640年代、イングランド内戦の時期にさかのぼる。当時、物品税——国産品に課される税（それに対し、関税は輸入品に課される）——はイングランドではささやかなものだった。[48] 一方、ヨーロッパ大陸では——食料品に課税されるものを含めて——すでに日常だった。オランダでは1574年に事実上のパン税が導入されていた。[49] またヨーロッパ大陸では、（何よりも）市門の外から持ちこまれる農産物に税金をかければ簡単に収入を得られることは、すでに多くの都市でよく知られていた。[50] イングランドでは、1642年に内戦が勃発すると、それぞれの大義のために資金調達を必要とするようになった王党派と議会派が物品税に注目した。議会派では、第2章で述べたとおり、ジョン・ピムがその導入を推進した。1643年、まずはビールなどの飲料品に課税されることになった（税政策づくりの伝統にたがわず、このときも議会議員が新税導入のうわさを否定してからたった数カ月後の導入だった。[51] また、この物品税は、当初は臨時税だと発表された）。やがて、課税対象が肉や魚などの食料品にも拡大されると、不穏な空気が漂いはじめた。1647年までには、スミスフィールド市場ですでに何度か暴動が発生しており、[52] 当時いっそう力をつけ、過激化していた軍隊が、「物品税において……貧しい国民の日々の糧となる日常品を課税対象から除外すること」を要求した。[53] 肉、パン、野菜は物品税の対象から除外された。[54] その他の食料品および飲料品、とりわけビールに対する課税は日常の一部として受け入れられていった。

これではっきりとした基準が生まれた。貧しい人びとにとって重要な商品に税金をかければ、政治のうえで厄介な問題を招きかねなかった。また、物品税は全体として人びとからひどく嫌われていた。後日、サミュエル・ジョンソンが物品税について「商品に対して課される憎むべき税」と述べており、当時の雰囲気をうかがわせる。[55] 事態は過熱し、物品税の悪口をいった女性が役人にとらえられ、舌を釘で木の幹に打ちつけられたこともあった。[56] それでも、貧しい人びとにとって重要なものの一部――ビール、石鹸、塩、ろうそく――に対する物品税課税に関しては、政治的におおよそ持続可能であるとわかった。一方、食料品そのものを課税対象にしようとすれば、イングランド国民の逆鱗に触れると思われた。

つぎに、1733年から1734年にかけて発生した物品税危機と呼ばれる事件でも、人びとはそういった傾向をあらわにした。この事件では、「世論によって審判が下され、この王国の大臣にはめったにないほどの衝撃的な大敗北がもたらされた」。[57] 法案には、食料品を課税対象にすることは含まれていなかった。政府の意図は、タバコとワインに物品税を課税することと、土地税を、収穫1ポンドにつき1シリングに減税することだった。[58] ところが、ロバート・ウォルポール首相にうんざりしていた人びとが、いまに幅広い商品が物品税の対象になるかもしれないといいふらし、世間に不安を広めたのである。第2代ハーヴィー男爵ジョン・ハーヴィーがこう報告している。「イングランドの大小を問わないほとんどのタウンで、9割にのぼる住民が、物品全般を対象にする税の導入が計画されていることと、食料品や衣料品にも課税されることを信じていた」。[59] 結果として政界に大嵐が吹き荒れたが、歴代首相のなかでも辣腕のウォルポールはかろうじて生き残ることができた。その約100年後には穀物法——国産品を輸入品との競争から守るための保護関税——をめぐっていざこざが発生し、第7章で述べたとおり、その時代を決定づけるような政治闘争に発展した結果、保守党は食料品価格引き上げ法案に賛成していると見なされ、そのひと世代あとまで政権をとれなかった。

保守党はこの件を教訓にしなかったらしく、50年後にまたもや食料品への課税の件で自ら首を絞めてしまった。1903年、イギリス帝国主義の主唱者で、片眼鏡と襟の花飾りで知られるジョゼフ・チェンバレンは、「帝国内特恵関税」の採用を主張した。つまり、大英帝国領内からの輸入品には低率の関税を、それ以外の国や地域からの輸入品には、国内産業を保護する目的で、高率の関税をかけるということだった。イギリスでは輸入食料品の多くが帝国領外からのものだったため、食料品価格の高騰が懸念された。(60) 当時の保守党党首で首相のアーサー・バルフォア——たいへん聡明な人物で、オックスフォード大学のオール・ソウルズ・カレッジの研究員になれるほどだった——は歴史から教訓を学んでおり、「食料品に対するささやかな課税への偏見は根が深く、膨大な数の有権者に影響をおよぼす」と述べている。(61) だが、保守党は食料品に課税したがっているという世間の思い込みを一掃することはできなかった。1906年の選挙で大敗し、保守党は第一次世界大戦後まで政権に復帰できなかった。(62)

食料品への課税によって貧困者にもたらされる影響は、今日ならば社会扶助給付などの政策手段によって軽減できるが、かつての政府はそういった手段を持たなかった（ただし、ジョゼフ・チェンバレンはそういった制度を構想し、帝国領外からの輸入品にかける関税の収入を老齢年金制度の拡充資金にすることを検討していた）。(63) 当然ながら、社会政策として劣っていることを理解しながらも、歴史をほんの少し知るイギリスの政治家ならば、あえて食料品への課税を提案することはない。2012年の（すぐに撤回された）いわゆる「パスティ税」法

商人ジョゼフ・チェンバレンが食品に税をかける。左は自由貿易商店、右は保護貿易商店。

案にも猛烈な反発があり、それがタブーであることを政治家たちに改めて痛感させた[64]。

政府のゲーム

政策担当者はロビイストと同じくらい卑劣になれる。税政策に対して有権者がどう反応し、どう圧力をかけてくるかは本人の税の知識と認識しだいであることを承知している。そして、たいていはそれらを操作することに熟達している。

見えなくする

1756年にイギリスで発行されたあるパンフレットにこう書かれている。「税は、商品の価格に組みこまれれば忘れ去られる。記憶されていたとしても、ほとんど認識されなくなる」。その一方、税は、消費者に対して直接請求されれば「ひどく嫌われる[65]」。政治家はずっと昔からそう考えてきた。彼らは、納税者の行動の傾向、認知の限界、あるいはたんなる無知に乗じ、それとわからないように税金をかけることに明白な動機を持っているし、概してその能力を有している。

政治家は人びとに気づかれにくい「ステルス課税」の技をいくつも開発してきた。税を手数料として提示すれば、実際に提供されるサービスのコスト以上を支払わせることができる。課税ブラケットや課税最低限を名目額で設定し、物価に連動させなければ、インフレーションの進行とともに、ひそかに納税者を高税率の所得区分に移行させることができる。一部の社会科学研究者によれば、納税者の認知バイアスにつけこみ、税負担が実際よりも軽いように思いこませる特徴が、所得税の構造にはいくつも含まれている。そして、そういった目的の達成には、マーケティング学の権威のいう「プライス・プレゼンテーション」のような方法が用いられる。それは、たとえばディスカウント（大まかに算出した所得額からの控除など）や、支払いを細かく、多くすること（雇用者による源泉徴収など）などである。[66] そういった戦略に効果があることは、実験でも示唆されている。人は、課税の機会が多く、1回当たりの支払い額が少ないと、負担する税金の総額を実際よりも低く見積もる傾向にあるのだ。[67] さらに、実務面では、支払い額のみならず、支払い方法も重要であることを示唆する証拠もある。有料道路の通行料金の支払いが現金のやりとりから電子式の自動収受に変更されたことにより、政治的に通行料金を値上げしやすくなっている。ドライバーおよび有権者の目から通行料金支払いの行動が見えづらくなったからである。[68]

一部の意見によれば、目に見えない税は、表面的には痛みを伴わないため、やがてその種類がたいへん多くなり、たいして価値のない政府支出を引き起こすのみとなる。たとえば、アメリカでは多くの保守派がVATに反対している。その理由は、有権者の目に見えない税であることと、効率的な「マネー・マシン」であるために、必然的に大きな政府――彼らの考えでは、過剰に大きな政府――を生みだすことである。[69] だが、「目に見えない」税に対するこういった懸念を少なからず奇妙に思うヨーロッパ人は多い。というのも、ヨーロッパでは（小売の段階で）消費者が受けとるレシートにVATの税額がはっきりと記載されているからだ。アメリカを訪れるヨーロッパ人は、商店の陳列棚の表示どおりの金額をぴったり揃えてレジカウンターで出したとき、それが税抜価格だったことを知らされ、思わず腹が立ってしまうかもしれない。いずれの表示方式においても、税はそれほどしっかりと隠されるわけではないようであるが、課税額をしっかりと把握したければ、レシートをちらりと見るよりも、変更を求めて努力するほうがいいかもしれない。しかし、事実としては――税自体がどのように認知されるかの違いの影響があるかないかにかかわらず――このふたつの方式の行動への影響は異なるようだ。陳列棚の表示価格を税抜にした場合と税込にした場合では、商品の売れ行きは後者のほうが悪くなるという証拠があるのである(70)。

それでは、ステルス税はよいものだろうか、あるいは悪いものだろうか？　利点はいくつかあると考えられる。結局のところ、所得税が勤労意欲を削ぐものであるとしても、それを人びとにあまり感じさせないのならば、たとえば仕事量を減らすなどといった、社会的コストを生みだす行動的反応を、比較的小規模にできるかもしれない。たとえば、所得に課税されるときの限界税率（所得の増分に対する負担率）を平均税率（所得で割った税総額）であるかのようにとらえて行動する人びとは多い。だが平均税率は、少なくとも大半の人に単一の税率が適用される場合を除けば、限界税率よりも算出しやすく、たいてい限界税率よりも低くなる。だから人びとは、もっとたくさん稼ぐかどうかを判断するとき、その行動によって引き起こされる増税分を過小評価してしまう(71)。

しかし、いうまでもなく現職の政治家は、彼らの説明責任を減じてくれる種類の税であるからこそ、ステルス税を好ましいと考える。われわれ市民はそこのところを懸念するべきである。人は、自分の金が税金として徴収され、政府に移転されるという認識があれば、その金で行なわれるものごとに注目するものである。

この理由から一部の人は、責任を負い、責任に応える国家の建設には意識的な納税が重要であると強調している。また、アフリカのサハラ砂漠以南の一部の国では、VATをそれと認識することが、所得税納税に対する比較的ポジティブな姿勢につながるという兆候があらわれている。[72] 説明責任をきちんと果たす政府をつくるための国民への働きかけにおいて税制を役立てるには、徴税方法としてもっとも目に見えやすい、政府に直接納める方式を採用するほうがいい。このため、収税業務のコストが税収を上回るとしても、最貧者を除いたすべての国民から少額の税金をとるほうがいいとも考えられる（インカ帝国は不思議なほどそれに似た考えを持っていた。ある州から、規定の貢物を納めるだけの余裕がないという訴えがあったとき、その住民ひとりひとりに対し、生きたシラミのたかった大きな羽根を定期的に納めることが義務づけられた。それは、「貢物を捧げることを教え、それを習慣づける」ためのひとつの方策だった。[73] だが、この場合は政府が市民に対して説明責任を負ったのではなく、臣民が支配者に対して責任を負った）。効率的かつ公平な税よりも非効率的かつ不公平な税のほうが世間に取り沙汰されやすいことから、こういった世界観については少々無謀な解釈も出てきている。つまり、税がまずければまずいほど、それだけ説明責任の面では都合がいい、という理屈である。しかし、課税が目につくことは、現職の政治家よりも一般市民にとってたいへん望ましいとまで信じるにはおよばない。

名前の意味？

税政策の闘いにおいて、もうひとつの戦線を形成するのが命名競争である。１８０３年、イギリス首相アディントンは、かつてウィリアム・ピットが導入し、人びとから嫌悪された所得税を再導入するにあたり、名称をどうするかで頭を悩ませた。ある記事にこう記されている。「閣僚たちはあさましい欲望をあらわにしている。この税について、［所得への税と呼ぶことは］相ならぬというのであるが、適当といえる名称はいまのところ思いついていない」[74]

反対者というものは、その対象が何であれ、不愉快な名前をつけることに巧みである。めったにないほどの好例がある。1990年後半のアメリカで、遺産税（富と特権に対する課税をイメージさせる名称）に反対する共和党員は、それを話題にするときには「死亡税」（人生で遭遇する、どちらかといえば不愉快なふたつのものごとを組み合わせた名称）と呼ぶことにしていた。[75] 全米独立企業連盟の会長兼CEOのジャック・ファリスは、オフィスの職員全員にこの「死亡税」の名称を使うことを要求した。うっかり「遺産税」といってしまった者からは1ドルを徴収し、ピザ基金として蓄えた。1990年代後半、連邦議会でもニュート・ギングリッチ下院議長をはじめとする議員たちがこの呼び名を用いるようになった。2002年、遺産税減税が行なわれ、課税免除額の上限が引き上げられた。[76] この件で、うまい命名がどれほど重大な役割を果たしたかは定かではない――だが、やってみて損はなかった。

ほかにも同じようなことをした人びとがいた。イギリスで2016年に保守党から提出された法案は、パートナーと同居もしくは結婚をしたひとり親については福祉給付金を減額するという内容で、自由民主党から「ラブ税」などと揶揄された。また、10万ポンド以上の資産のある高齢者については在宅介護を有料化するという保守党の提案は、労働党から、病気にかかりやすい人びとに税負担を押しつけるものであるといわれ、「認知症税」などと茶化された。[77] 1971年、ニューヨークでは、飲食店で提供される1ドル未満の食品まで小売売上税の対象に含められることになったが、それが「ホットドッグ税」と呼ばれ、廃止を求める嘆願書に100万人以上の署名が集まった。[78] さらに、熱いうちに提供されても冷めてから消費することを想定されている食品をVATの対象に含める動きもあったが、その「パスティ税」の提案は前述のとおり立ち消えになった。[79]

税の賛成者も創意工夫に長けている。あるいは、人を惑わすことがうまい。すべての金融取引に課される少額の税金を「ロビン・フッド」税と名づけたのは、リッチな銀行家こそ真の負担者であると思わせるためだった。だが、この税のおもな負担者が貯蓄者——裕福な人びとにかぎらない——であることは、少なくとも、さまざまな状況から察しがついた。金融資産を売ったり買ったりするたび課税されたからである（直接的に、もしくは、たとえば年金基金などを通じて間接的に）。

税の名称のなかには税収の用途をあらわすものもある。たとえば、インドでは多くの州に「牛税」がある。(80) 牛税の収入は迷い牛の面倒を見るために使われ、牛舎の建設や飼料の購入などにあてられる。

退屈した立案者がおもしろがってつけたと思われる名称もある。漏水地下貯蔵タンク（Leaky Underground Storage Tank、略してＬＵＳＴ、すなわち「欲望」）基金はその好例である。２０１０年にアメリカで施行された外国口座税務コンプライアンス法、略してＦＡＴＣＡは、一文字足せばそのターゲットである「太った猫 fat cat」〔金持ちの意〕になる。２０１７年の減税・雇用法に使用されている略語、ＧＩＬＴＩ〔国外軽課税無形資産所得。英語で guilty は有罪〕とＢＥＡＴ〔税源浸食濫用防止税。英語で「beat」は「叩く」〕は、多国籍企業の租税回避に対抗しようとする税法の作り手の気持ちの反映と考えざるを得ない。重々しい名前のついた２０２０年の下院提出法案ＨＲ６６９０——「北米消費者起業推進法案 Bring Entrepreneurial Advancements to Consumers Here in North America」——の真の目的はその略語にはっきりと示されていた。ＢＥＡＴ　ＣＨＩＮＡ、すなわち「中国をやっつけろ」である。

税の名称そのものが明らかに重要である場合もある一方、税の重要性がその名称によって高められる場合もある。東ヨーロッパのユダヤ人の大半は、ごく裕福な人びとを除き、ナポレオンの時代まで姓を持っていなかった。その後、ナポレオンに征服されたロシア、ポーランド、ドイツなどのユダヤ人は姓を名乗るよう命じられた。それはおもに徴税と徴兵のためだった。役人のなかには、新種のゆすりで小遣い稼ぎができる

256　TARIFF ACT OF JUNE 6, 1872.　[42D CONG.,

Articles exempt from duty on and after August 1, 1872.

Diamonds, rough or uncut, including glazier's diamonds;
Dried bugs;
Dried blood;
Dried and prepared flowers;
Elecampane root;
Ergot;
Fans, common palm-leaf;
Farina;
Flowers, leaves, plants, roots, barks, and seeds, for medicinal purposes, in a crude state, not otherwise provided for;
Firewood;
Flint, flints, and ground flint-stones;
Fossels;
Fruit, plants tropical and semi-tropical for the purpose of propagation or cultivation;
Galanga, or galangal;
Garancine;
Gentian-root;
Ginger-root;
Ginseng-root;
Goldbeaters' molds and goldbeaters' skins;

200万ドルのコンマ。

と喜ぶ者たちがいた。財力のあるユダヤ人に好ましい語の入った姓を金で売ったのだ。ゴルト（黄金）、ファイン（上質）、ブルム（花）などである。財力のないユダヤ人には、シュマルツ（油脂）、オクセンシュヴァンツ（牛の尾）、エセルコプフ（ロバの頭）などといった姓を押しつけることが多かった。(81)

しまった！

ときには政府がへまをすることもある。

1872年、アメリカ政府から13回目となる関税法の発布があった。これによって多くの製品の輸入関税率が引き下げられた。それまでの関税法では、「繁殖あるいは栽培を目的とする熱帯および亜熱帯の果物植物」は輸入関税の対象にならなかった。一方、果物そのものは高い関税をかけられていた。ところが、1872年の関税法の文面をよく見れば、どういうわけか、「果物」と「植物」のあいだにコンマが入りこんでいた（ハイフンであるはずだった）。この場合、果物の輸入業者は関税の支払いを免れることになった。思いがけず、国庫に入るはずの数百万ドルが入らなくなったわけである。

当初、財務長官はその文面が「明らかに異なる意図をもって書かれた」ことを盾にして免税の主張を退けていた。だが2年後、政府はついに降参した。輸入果物は本当に関税の課税対象ではなくなった。さらに、還付金として何と200万ドルが払い戻された。この金額は1875年の関税収入の約1パーセントにあたった。[82]

この件にはおかしな後日談がある。1883年の関税法で、果物は課税対象から除外されたが、野菜は除外されなかった。すると、トマトの生産者から、トマトは植物学上の分類では果物なので、免税になってしかるべきであると指摘された。ところが最高裁判所は、トマトは一般的には野菜と見なされているという主張（デザートとして食べないではないか？）を採用した。[83] このため、トマトは関税分類において野菜であると法的に確定された。じつにジャッファケーキを思い起こさせる一件である。

まずまずの成功といえる税政策

政府はしばしば税制を手直しする。税率を変えたり、免税措置を付け加えたり（あるいは、稀ではあるが、取り除いたり）といった調子である。今日の税制づくりは、18世紀の劇作家で政治家のリチャード・ブリンズリー・シェリダン[84]が書いた内容とたいして変わらない。

まず、課税に関する法令がつくられる。つぎに、課税に関する法令の修正に関する法令がつくられる。さらに、法令の修正に関する法令についての説明に関する法令がつくられ、それから、法令の修正に関する法令についての説明に関する法令の不備の修正に関する法令がつくられる。

税制法案とは……初めての航海で、出航してから舵がついていないと判明する船のようなものだ。航海のたびに欠陥が見つかり……隙間をふさがれ、外板を取り換えられ、索具を張りなおされ、船体を横倒しにされ、金をかけて修繕をほどこされたあげく、解体され、改めて建造される。(85)

この果てしのない改正の過程で、ときに政府は、誤ってコンマを打つよりもひどい過ちを犯し、大混乱を引き起こすこともある。一方で、事実上の構造変更――「改革」と呼べるほど抜本的な改正――を行ない、かなりの成果を挙げることもある。この本で述べてきたとおり、巨額にのぼる戦費がそういった構造改革の促進に大きな役割を果たした例はいくつもある。しかし、注目に値する改革は平時にも行なわれており、これからそのうちのいくつかをとりあげる。「注目に値する」というのは、議論するまでもなく価値ある変更という意味ではなく、少々手を加えるのみにとどまらないことを反対派でさえ認めるほど大規模な変更という意味である。

これらが税制改革をしかるべく行なうための明確な手引きになれば幸いである。とはいえ、すべての税制改革は、構造、手順、選挙の規定および頻度、性格の点でさまざまに異なっている――また、それが実施された経済的背景、社会的背景、政治的背景もいろいろである。イギリスの場合、税制改正においては、政府の重要文書を運ぶのに使われる赤いブリーフケース（グラッドストン以来の伝統である）から関連書類が取り出されたあとは、概して修正がほとんど行なわれない。その本質的な要素を認めない場合、内閣に対する不信任と見なされる。アメリカの場合はそれとは対照的に、下院でも上院でも、両院のあいだで行なわれる調整でも、かなりの変更が加えられる。(86)これまでに行なわれてきた税制改革の背景については、相違点はもちろん、類似点にも注目するべきである。従来の制度になにかしらの不満が生じたことは必須条件だ（それが前任者の仕事を白紙に戻したいという願望に過ぎないとしても）。そのほかに、明白な共通要素がふたつある。このふたつの要素は、成功した改革の理念にかならず備わっており、ほとんど同語反復的と呼べるほどだ[87]。そのひとつは、よりよい制度の明確なビジョンである。これは、垂直的公平や超過負担などのような洗練された概念を明確に記すことによって改革を導く必要があると言いたいのではない（とはいえ、こういった概念の多くが、粛々と、長年にわたって、改革者の心のなかに漠然としたビジョンを形成してきた）。もうひとつは、ありきたりなようだが、政府トップのリーダーシップである。改革を行なえば勝者と敗者が生まれる。そして、得をしてはしゃぐ勝者よりも不満をぶちまける敗者のほうが、声が大きいものである。対立は避けられず、勝利のためには政治的手腕を含めた力をうまく行使することが必要になる。これまでにうまくいった税制改革はこのふたつの要素をかならず備えているが、それ以外の性質はじつにさまざまだ。

グッチ峡谷などから得られる教訓

頻繁にというわけではないが、平時において政治的コンセンサスを発端に税制改革が行なわれることがある[88]。現代の典型例はアメリカの1986年税制改革法（TRA86）だ[89]。これは、1986年当時、第二次世界大戦以降もっとも意義深い所得税制改正であると考えられていた。そして今日、これほど包括的な徹底改正が超党派からの幅広い支持のもと実現したことに対し、多くの人びとが驚愕している。識者の全員というわけではないが、その大半が手放しで称賛しているところでは、この改革は税率を引き下げつつ課税ベースを合理的に拡げようとする試みに成功している。しかもその方法は、税収を損なわず、概して公平と見なされるものなのである。

TRA86をめぐる政治的駆け引きに深くかかわった人びとすらも、その成功には驚いた。たしかに、所得税の制度が混乱におちいっていたことには誰もが気づいていた。人びとは不満をくすぶらせていた。インフレのため、家計所得はより高い課税ブラケットに入ることになり、世間には、所得税の制度は抜け道のせいで機能不全におちいり、公平性を失っているという意識が生じていた。だが、大々的な改正を求める世論の高まりは見られなかった。そして政治権力は二分されていた。上院は与党民主党が、下院は共和党が多数派となっていた。膠着状態になるのも当然だった。

この停滞を打ち破るものがふたつあった。ひとつは改革推進派がある事実に気づいたことだった。それは、税率の引き下げに課税ベースの拡大を組みあわせれば、歴史的に重要な取引の材料になることである。税率引き下げは共和党に、富裕層の抜け道の遮断は民主党に望ましいことだった。そのため、両党がそれぞれに勝利を主張できることになった。もうひとつは当時国民からの人気が高かったレーガン大統領のリーダーシップである（イラン・コントラ事件が発覚したのはこの法案が通過した2週間後のことだった）。レーガンは、細かいところには口を出さなかったが、改革の継続のために重要な局面で介入し、税制の中立性を主張して譲らなかった（それは特別利益団体の排除に役立った）。そして、一部の共和党員から受け入れがたいと思われていた取引を、連邦所得税最高税率の大幅引き下げを実現するため、喜んで受け入れた。TRA86はレーガンの支援がなければ施行に至らなかった。

しかし、税制改革に関してこういった合意が形成されるのは例外的なことだった。トランプ大統領の2017年減税・雇用法案は民主党議員の票なしに可決された(90)。どちらかといえばそれがふつうであり、根本的な税制改革の提案には一部から強い反対が起こるため、法案はそれを抑えこむ能力、意志、腕力のある政府によって強引に成立に持ちこまれる。

形式的に反対意見が出されることもある。突き詰めていえば、野党は反対意見を出すために存在するものである。たとえば、VATの導入に抵抗した政党はいくつもあるが、政権を掌握してからVATを廃止した例はひとつもない(91)。一方、偽りのない本心として反対意見が出されることもある。それが階級対立の意味合いを含んだ改革案ならばなおのことである。1979年、イギリスで、発足したばかりのサッチャー政権が大規模な税制改革を行なったときもそうだった。それは、ある意味ではTRA86の先駆けになっていた。サッチャーの改革もまた高い税率、狭い課税ベース、インフレによる諸問題に対処するものだった。滑稽に思えるが、そのことは不労所得に対する最高限界税率98パーセントに象徴されていた。サッチャーの改革により、個人所得税の稼得所得の最高税率は83パーセントから60パーセントに引き下げられた。基礎税率〔イギリスの最低税率〕はもう少し緩やかに下がり、33パーセントから30パーセントだった(92)。VATの税率は、それまではぜいたく品で12・5パーセント、その他の商品のほとんどで8パーセントだったが、一律15パーセントに引き上げられた。しかし、ある重要な一点において、この税制改革はTRA86とは異なっていた。所得の分配のうえで中立ではなく、課税によって生じ得る富裕層の負担を大きく取り除くものだった。この税制のリバランシングが効率性を高めると考えた経済学者は多かっただろう。だが、敗者側はこの改革にともなう再分配効果に気づき、強い抵抗を示した――だが、効果はなかった。新しい政権与党は安定多数を確保していた。

うまくいった税制改革には、TRA86と同様、人びとの目が注がれるなか長い時間をかけて進められた例もある。その一方、ほぼ秘密裏に、あっという間に進められた例もある。2001年にロシアでフラット・タックスが導入された背景には、大統領に就任して間もないウラジーミル・プーチンの存在があった。就任と同時に、彼は「ロシア連邦保安庁の局員とリベラル経済学者という奇妙な取り合わせ」を登用した(93)。機能不全におちいっていた制度に秩序をもたらすことを決意していた大統領は、国民、とりわけオリガルヒに対する税務執行の厳格化をただちに示唆した(94)。フラット・タックス導入の発表から立法化までの期間はおよそ半年だった。これほど早く進んだのはプーチン大統領の力あってのことだったが、導入に反対する特別利益団体に動員の時間を与えないという意味でも、スピードが重要になると見なされていたのだった。

　これほどの短時間での改革は、成熟した民主主義国ではつねに可能とはかぎらない。また、効果的かつ持続的な改革を行なうには幅広い協議と慎重な分析が重要な前提条件になるという、比較的広く受け入れられている通念とは相いれない。だが、特別利益団体の介入を制限するために用いられる方法にはそのほかにもさまざまなものがある。たとえば、１９８６年税制改革法案の成立に向けた準備中、重要な議論のいくつかは密室で行なわれた。上院財政委員会委員長ボブ・パックウッドによれば、「会合は奥まった部屋で行なわれ、上院議員たちは心のままに票を投じる。……そして部屋を出ると、ロビイストにこう告げる。「君たちのために奮闘したが……ほら、パックウッドが頑固でね。まったく、最悪だよ」」[95]。その後、議員たちは夏季休暇の前に急いで合意をとりつけた。遅くなれば特別利益団体に再結集の時間を与えてしまうと考えたからである。

　ロビイストに譲歩せざるを得ないとしても、少なくともその場合のコストを抑える方法はいろいろある。「分割統治法」のような戦略を用いることも考えられる。アメリカで、「ライフルショット」〔狙い撃ち〕と呼ばれる特筆すべき（もっといえば、驚愕すべき）規定がつくられる背景には、そういった事情が絡んでいると思われる。この規定は、特定の納税者に利益をもたらすよう起草されたものだが、この納税者の名称が明記されることはない。たとえば、アメリカの１９８６年税法には「１９１６年10月13日にデラウェア州で創設された自動車製造業者」に利益になる条項が含まれている。これはゼネラルモーターズ社のことなのだ。

　税制改革は、どうしてもその必要があって行なわれることもある。財政危機の際にはさまざまなものごとを変える必要が生じるものであり、そのことに関しては多くの人が、賛同するとまではいかなくとも、しぶしぶ認めるのである。だが税制改革は、どうしてもその必要があっても行なわれないこともある。アンシャン・レジーム期のフランスでは、財政危機を脱しようにも、そのためのビジョンもリーダーシップも存在しなかった。

VATの隆盛（と増税）

財政上、過去半世紀でもっとも顕著な成功例であるVAT導入は、大体において必要から生じたものである。60年前には世間にほとんど知られていなかったVATは、いまや160カ国以上でとりいれられ、世界のVAT収入は総税収の約30パーセントを占めている。VAT導入国が大きく増えたのは、1967年に欧州経済委員会が共通の消費税課税形式としてとりいれてからのことである。共通形式を用いることになったのは（輸出品は非課税とし、輸入品は国産品同様の扱いとした）、各加盟国の税率がそれぞれに異なっていても、財とサービスの自由な移動が妨げられないからだ。だが、いまやVATはヨーロッパ以外の国々にも広まっている。実際、1985年以降は欧米以外の低所得国および中所得国を中心に採用されるようになっている。このVATの隆盛は、概して、税の専門家たちから称賛されている。とくに、課税ベースが広いVATは、関税や、カスケード（累積）が生じる取引税にとってかわったとまでいわれている。

VAT導入国の増加をもたらした要素のひとつに、その導入の必要性がある。EUにあとから加盟した国にはVATの導入が義務づけられた。発展途上国の場合、外部のアドバイザーからの働きかけがあった。VATの導入はIMFの金融支援プログラムへの参加と正の相関がある。(96) だが、できるだけ歪みを生みにくい方法で、できるだけ多くの収入を得る必要性はつねに重要な要素になっている。VAT導入の経緯は国によってさまざまだが、VATの歴史の本が書かれるときは、リーダーシップに関する記述に多くのページが割かれるはずである。

ドラマチックな例として、カナダで1991年にVAT（財およびサービス税、略語はGST）が導入されたときの首相であるブライアン・マルルーニーのイニシアティブは、他にほとんど類を見ないほどだった。VATはたいへん不人気で、法案成立のために奥の手――イギリス女王による上院議員の追加任命――を要したうえ、マルルーニーの辞任とその後の選挙での大敗のおもな原因にもなった。だが、新政権はGSTを撤廃しなかった。それどころか、失脚したマルルーニー以後の首相たちはさまざまな形でこの税の範囲をほとんどの州に拡大していった。

VAT導入の経緯には税制改革のビジョンをどこから得るかに関する教訓もある。そのビジョンはしばしば隣から来る。近隣国の、確実に税収増をもたらす制度を自国にとりいれたわけである。VATの拡大は、局所的に、短い期間に起こっている(97)。同様に、ロシアのフラット・タックスは中欧、東欧の多くの国に模倣された。これらの国の政府は、税率引き下げののちに実際に税収が増えているのを見て魅力を感じたのだ(98)（しかし、エビデンスによれば、実際に税収が増えるかどうかは当てにならない）。何度もいうようだが、これも過去に例がないわけではなかった。ずっと昔から、政府はよその国の税制のアイデアを進んでとりいれてきた。1620年代、オランダは、対スペイン戦争の費用のため、優れた新税の考案者に高額の賞金を授与すると発表した。結果として導入されたのが印紙税で、1624年から実施された。すると、それを見たイギリスがオランダのアイデアを躊躇なく採用した。同様に、フランスはイギリスの窓税のアイデアをすんなりとりいれた。アダム・スミスによれば、「政府が国民のポケットを空にする技術を外国から学びとる速度は、他のどの技術の場合よりも速い(99)」。

しかし、半世紀前から続いてきたVATのサクセスストーリーはまだアメリカに到達していないようである。アメリカはVATを導入していない。それに関しては、下院歳入委員長アル・ウルマンがたどった運命のせいだという人びともいる。アメリカでは、税法案は下院歳入委員会から提出されることになっている。1979年、下院歳入委員会から10パーセントのVATの導入が提案された。すると、下院議員を12期務めてきたウルマンは議席を失った。[100] それ以降、アメリカではVAT導入はタブー視されるようになった。単純に考えれば、アメリカ人には税恐怖症の傾向があって、重要な税――とりわけヨーロッパを起源とするもの――の導入の提案に対しては、ただちに疑念を抱くのかもしれない。それに州政府は、連邦税であるVATの導入によって州税である小売売上税の収入を当てにできなくなることを恐れるのではないだろうか。一方、元財務長官でハーヴァード大学元学長のローレンス・サマーズはもっと簡潔に説明している。つまり、共和党はVATがマネー・マシンであるから、民主党はVATが逆進税であるからその導入に反対する――そして、二大政党がそれぞれもう一方の主張の正しさに気づいたときには、アメリカでもVATが導入されるという。[101]

しかし、潮目が変わりつつあるかもしれない。2016年の大統領選挙の共和党候補選で、候補者のうちのふたり（テッド・クルーズとランド・ポール）がVAT導入を提案した。ただし、ふたりとも呼び名の重要性を承知しており、VATとは異なるものを使用した。名称はVATではなくとも、彼らのライバルには目ざとく気づかれた。とくに、マルコ・ルビオ候補を支援するある政治団体が打ったテレビ広告はその実際のところを浮き彫りにした。「クルーズは付加価値税〔VAT〕を導入したがっている」。そして恐ろしい一言を付け加えた。「カナダやヨーロッパの社会主義国と同じように」。そのテレビ広告の映像にはイタリア、フランス、（とくに太い文字で）スウェーデンなどの国名が映しだされた。ナレーションはこう続いた。「クルーズの策を、保守派はリベラル派の夢と呼んでいる。それは、税金集めをもっとずっと容易にする手段だからである」[102] クルーズもポールも（ルビオも）最終的な大統領候補になれず、その後に誕生したトランプ政権はVATを導入するつもりがないことを明確にした。新型コロナウイルス感染症の大流行のために途方もない支出を余儀なくされたことで、アメリカでもVATの導入が検討されるかもしれない。だが、そうなったとしてもVATという名称は使用されないに違いない。

VATの登場によって比較的優れた税制のビジョンをはっきりと描けるようになった国はいくつもある。成功する改革のもうひとつの必須条件であるリーダーシップは、いうまでもないことだが、美徳であるとはいいきれない。善意にもとづくとしても、リーダーシップは尊大さにつながることがある。サッチャーが主導した財政計画は、第4章でとりあげた人頭税の問題のせいで内部崩壊してしまった。だが、税制にほんの少しの改良を加える場合にも、リーダーシップと政治的手腕はやはり必須である。たとえば、中国海関創設の際のロバート・ハートも優れたリーダーシップを発揮している。今日のアフリカで効率的な税務行政の確立のために尽力する弁務官もそうだ。権力のある者は、たとえ政治家でも、いつになく正しいことをしたい衝動に駆られることがある。そして、ロバート・ピールからブライアン・マルルーニーまでのさまざまな例からわかるとおり、その代償を支払うことになるケースも少なくない。

ここまでは過去の出来事について長々と論じてきた。そろそろ税金の未来について考察することにしよう。

15
来るべき世界の形

過去は外国のようなものである。ものごとのやり方が異なるのだ。
――L・P・ハートリー(1)

たしかにそうである。だが人びとの生活は、ハートリーが小説『恋を覗く少年』で描いたもののような絶望的な恋愛があろうと、税金が増えようと、基本的にはたいして変わらない。変わるのは環境と登場人物である。税金をとるにあたって政府は、この小説の、無分別に恋愛関係におちいる登場人物マリアン・モードリーと同じく、できるだけ人びとの不興を買うまいとする。そのせいで直面する問題の核心は歴史を通じてそれほど変わっていない。この点がこの本のおもなメッセージである。

最終章となるこの章では、数千年におよぶ税金の歴史からいくつかの教訓を導きだすとともに、税金の未来を展望する。未来に目を向けるときに不便なことがある。語るべきエピソードがないのだ――串刺し刑や、ズボン下に猫を詰めこまれる刑罰のような実例を持ちだすことができない。だが、未来の想像を生業とする人びとならば、未来の税制の形をすでに見通しているかもしれない。

ナブーとユートピアの税制

映画『スター・ウォーズ／ファントム・メナス』の始まりにおいて、銀河共和国は混乱状態におちいっている。(2)

辺境惑星に対する貿易路使用税の課税について論争になっている。貪欲な通商連合は、事態の打開のために小惑星ナブーをバトルシップで包囲し、物資の流通を遮断する。憂慮すべき出来事が続いていることについて、共和国議会は延々と議論するばかりだが、元老院最高議長はひそかにジェダイの騎士ふたりを派遣していた。

どこかで聞いたような話である。ＳＦ作家は、月旅行、潜水艦、ロボット関連法が現実のものになるずっと前にそれらを思い描いていた。だが、未来の課税方法について思いめぐらしたことはなかったようだ。(3)税金は、ＳＦ小説に登場することがあっても（めったにないが）、反乱のきっかけになる程度のことである。ＳＦ作家は、空想のなかで、しばしばそういった反乱を引き起こすことがある。ＳＦ界の巨匠ロバート・ハインラインは、月の独立を求める人びとの革命運動を心に描き、『月は無慈悲な夜の女王』に著した。大まかにいえば、月を免税区域にすることがこの革命運動の焦点になっている。(4)革命指導者で理論家のベルナルド・デ・ラ・パス教授はダニエル・ウェブスターの名言を知っている。「いったん課税の権限を引き渡してしまえば、その力はとどまるところを知らない。抑えつけ、しまいには滅ぼしてしまう。……。政府をなくすことは不可能かもしれない。……だが、政府を小規模、金欠、無害に保つことは可能ではないだろうか(5)」

ダグラス・アダムズのSF小説『宇宙の果てのレストラン』の登場人物で、途方もない金持ちのロックスターであるホットブラック・デザイアトの考えはもっとおおらかだ。彼は「節税のために」一時的に死んだ状態になっているのである。(6)

じつは、SF関連の事業――出版のほか、玩具製造なども含む――を課税の対象にし、その税収をNASAの運営資金にするという提案がなされたことがある。SFファンならばNASAの設備をよりかっこよく充実させることを望むはずだから、そのための資金になるといえば喜んで支払ってくれるに違いないというわけである。この妙案をひらめいた人物はそのとき連邦議会議員選挙の候補者だったが、「この件に関する試算をまったく行なっていなかったことを認めた」(7)――時代を問わず、選挙戦を戦っている政治家はそんなものなのだ。この候補者は、どういうわけか落選し、スーパーマーケットの袋詰めの仕事に戻った。

そんなわけで、税金の未来のヒントになるような情報は、残念ながらSF界にはほとんどないようである。しかし、後述するとおり、SFじみた夢物語と思われた税金の制度があとで現実になった例はいくつもある。課税の将来について思いめぐらすとき、そのほかに参考になるものはあるだろうか。もしかすると、過去2000年ほどのあいだにさまざまな思索家が思い描いてきたユートピアの税制ならば有望だろうか。

とはいえ、文学作品のユートピアの税制は詳細まで説明されているわけではない。トマス・モアが1516年に著した『ユートピア』では、生産物をセントラルストアに納付することがすべての世帯に義務づけられている。必要なものはそこから受けとれる。(8)だが、全員が納付するわけではない。高齢者、虚弱者、行政官、そして幸いにも学者は免除されるのだ。だから、平均すれば、その他のすべての国民は受けとる分よりも多くのものを納めることになる。この仕組みは、作品中ではそう呼ばれていないが、税であるように思える。エドワード・ベラミーの1888年の小説『顧りみれば』についても同じことがいえる。「陸軍も海軍もない。軍事組織がないのだ。国務省も財務省も、関税局も歳入庁もない。税金もなければ徴税人もない[9]」。公的な税制は存在しないのだが、「一種の税金と見なして差し支えない、個人の所有に帰することのない剰余生産物」が存在する。[10] これらは社会主義あるいは共同体主義のユートピアであり、資源は平等に、あるいは必要に応じて分配される。

保守主義および自由主義のユートピアも、それほど知られてはいないものの、たしかに存在する。1922年に出版されたアウグスト・シュヴァンの小説『新たな社会秩序へ *Towards a New Social Order*』のユートピアでは、税金はほぼ存在せず、ごく小規模な政府に必要な資金（道路整備、下水道、消防などの事業費）は、市民から自発的に支払われる「いくばくかの上納金」——少し曖昧な表現である——で賄われる。税金として存在するのは土地税だけで、ヘンリー・ジョージの説にもとづき、土地所有者は他人に土地を使用させず、したがって他人の自由を侵害しない。小説『肩をすくめるアトラス』の著者アイン・ランドが思い描いた自由主義的な理想社会では、税金は受けたいサービスを受けるために自発的に納めるものである。ランドは政府運営の宝くじに言及しているが、本書の第3章でとりあげた、当選確率がごく低い場合に黙示的な課税が発生する問題には言及していない。

共同体主義的ユートピアと自由主義的ユートピアの共通点は税負担がごく軽いところだ——結局は「理想郷《ユートピア》」なのである。相違点は、前者では社会に貢献することが義務づけられている。しかも、笑顔でそうしなければならない。一方、後者ではそれぞれが自らの意思で社会貢献を行なうことになっている。だが、公共事業として市民から何が求められているのであれ、その費用のために十分な資金が集まらない場合の影響については、詳しいことはわからない。

ディストピア小説ならば、少なくともわれわれが避けるべきことを教えてくれるかもしれない。ところで、ディストピア小説においても宝くじは重要な要素である。ジョージ・オーウェルは、おそらく1930年代のソ連で広く行なわれていたことを念頭に置きつつ、宝くじについて小説『1984年』にこう記している。[11]

それはプロレたちが大いに関心を寄せる国の行事だった。宝くじを、唯一のとまでは行かなくとも、最大の生きがいにしている労働者は何百万人もいると思われた。……ウィンストンは……当選金のほとんどが虚構であることに気づいていた（じつは、党員全員がそれを知っていた）。実際に払い戻されるのは少額の当選金のみで、高額当選者は実在しなかった。

税金の未来について考察するとき、空想家たちが思い描いた未来はほとんど参考にならないようである。それならば、われわれは過去の出来事から得られる教訓に目を向けるしかない。

税金の知恵の柱

税金に関するこの数千年の我慢、議論、考察から、11の教訓を引きだすことができた。[12]

納税者の反乱の理由が税金とはかぎらない

税金について歴史の一ページに綴られるのは、たいてい反乱や抵抗運動が起こった場合のことである。だがそういった反乱や運動には、ほぼかならず、税金以外の重要な要素もかかわっている。多くの場合、税制上の措置はむしろ転機になる。衝突が起こるきっかけになるのだが、その衝突のそもそもの原因は、幅広い主権をどう配分するか、あるいはどう行使するかをめぐる、もっと根本的な対立である——そして強制的に課税する権限は、国家主権の定義にごく近いものであり、そのもっとも顕著な具現のひとつである。

激しい暴力をともなう反乱の最終目的は、たんなる税制の改正ではなく権限の再配分であって、ときにはそういった結果になることもある。その点は、人びとに誤った認識を持たれているボストン茶会事件や、19世紀に南米で発生した10センタボ戦争のような国同士の（実際の、あるいは将来の可能性としての）衝突でも、イングランド内戦やフランス革命のような国内勢力同士の衝突でも同じことである。ワット・タイラーの乱で、ロンドンを占拠した農民たちはさまざまな要求を出したが、人頭税に関する要求は出さなかった。彼らにはもっと大きな悩みの種があった。黒死病の流行後、経済を構成する人員としての地位向上を妨げるさまざまな障害のことである。また、アンシャン・レジーム期のフランスで民衆からひどく嫌われていた塩税は１７９０年に廃止されたが、１８０６年にナポレオンによってひっそりと再導入された。

とりわけ納税者の反乱の原因になりそうなものは、あからさまな不公平である。課税の程度や構造の不公平ばかりではなく、たとえば江戸時代の島原の役人の例や、無数にあったささやかな汚職行為の例からうかがえるとおり、税務執行の不公平もまた問題である。だが、人びとから不公平と見なされている政府は、税金面だけではなく、それ以外のさまざまな面でも不公平と見なされていることが多い。イギリスの１９９０年の人頭税は政府と労働組合との熾烈な闘いののちに導入された。燃料税増税をきっかけに始まったフランスの「黄色いベスト」運動は、一般的な見方によれば、「マクロン氏はパリの裕福なエリートを利する政治を行なっているという認識によって引き起こされた怒り」のあらわれである。[13] 課税に対する抵抗運動や拒否運動は、政府自体に対して不満を表明するときの中心的活動になる。というのも、そういった運動は、国家のもっとも基本的な強制的権限の行使に正当性があることも、実現可能性があることも否定する行動だからである。

言葉に気をつける

政府は、「税金」とは呼ばないさまざまな方法によって民間セクターから資金を調達できる。しかし、そうしてまとまった資金を集められる政府の能力は、強制的な課税の権限にもとづいている。たとえば、政府が借金をする場合、貸し手から返済可能と見なされた金額までしか借りられない。最終的にその借金を担保するものは、債務を履行するための財源を、国民に課税してでも確保できる政府の能力である。そして、強制的な課税の権限を行使する方法のひとつに、法定通貨の素材を決定する能力を利用したシニョリッジ——通貨発行による資金調達——がある。最終的に、政府が何らかの方法で資金を手に入れれば、その獲得のプロセスにつけられた名称が何であれ、民間セクターの誰かが手持ちを減らすことになる。

いうまでもなく、政府は「税 tax」という語をなかなか使いたがらない。そのかわりにたびたび選択するのが、納税すれば見返りを得られることを示唆する「〜料 fee」「〜金 charge」「課徴金 levy」である（もちろん、得られるものを気に入らないとしても、広い意味ではたしかに見返りを得られる）。また政府は、税に名前をつけるときには、あえて誤解を招きそうなものにする。サッチャー政権下で導入されたコミュニティ・チャージは、実際のところは人頭税だった（一方、１３８０年の人頭税は、実際のところはコミュニティ・チャージだった）。だが税金の名称は、政治認識や支持に影響するかもしれず、政府の会計には重要かもしれないが、その税の真の負担者や、その税によって生じる行動的反応にたいした違いをもたらさないと思われる。

しかし、言葉はたしかに大事である。言葉は課税の政治経済のうえで重要になる。というのも、政治家やロビイストは政策論争に用いる言葉をたびたび変えようとする。ディケンズは光と空気への課税だといって窓税をこきおろしたし、今日の共和党は遺産税を「死亡税」呼ばわりしている。それから言葉は、規模の大小を問わず、課税の法的枠組みのうえでも重要である。昔もいまも、憲法の奇妙な規定が税制を制限することがある。たとえば、アメリカでは、憲法の「直接税」に言及する一節が富裕層に対する課税を妨げている。インドとパキスタンでは、1935年のインド統治法が国税としてのVAT導入を困難にしている。(14) アメリカ合衆国憲法のなかでも、1634年に制定されたヴァージニア植民地の税法を踏襲し、課税の公平性の法制化——イタリアの憲法の「税制は累進課税を基本とする」(15) という部分のように——を目的とする条項は、素晴らしいように思えるものの、単純に、あるいは有意義に適用することすら困難である。さらに、法令のこまごました条件を記した細則の部分は重要である。関税法のコンマの位置が間違っていれば、政府は痛い目にあうことになる。船舶税法の文言そのものが人命を危険にさらす場合もある。

昼食代を払うのはあなたかもしれない

課税に関して、結果的に購買力を減じられるという意味において真の負担者になるのは誰なのかという問題は、なかなか答えの出ない難問である。公の討論で、この問題がつねに議題になるように思われるほどだ。だが、人あるいは活動「に対する」税と呼ばれていても（たとえば「〜料」などと呼ばれるものも含む）、そこに言及されている人、あるいは活動に従事する人がその真の負担者であるとはかぎらない。要するに、課税によって需要と供給に影響がもたらされ、それを反映して物価が変わっていけば、税負担は移転する可能性があるし、たいていの場合は移転することになる。とりわけその傾向が強くなるのは、政府にその税を納める人自身「に対する」税と呼ばれるものの場合である。ジョージ王朝時代のイングランドでは女性の使用人に対して税金がかかったが、それを納めることになっていたのは雇用者だった。しかし、そのせいで転職を余儀なくされる女性の使用人は少なくなかったと考えられる。また、低所得労働者の賃金に対して政府から補助金が給付される場合、その雇用者は給付金を上乗せする前の賃金を前もって引き下げておくことで利益を得られる。政府はそういった結果になることを意図しておらず、最終的な真の負担者に関して明確なビジョンを描いていたはずである。だが、税の帰着先を決めるのは、政府の希望ではなく、課税に対する行動的反応の結果なのである。

税の真の負担者を特定するのは困難だろう。現時点で、法人所得税の最終的な負担者は誰か——労働者か、株主か、あるいは消費者か——という基本的な疑問でさえ明確にされておらず、いまだに物議を醸している。税の帰着に関する実証的理解は、急速に深まりつつあるものの、まだまだかぎられている。さらに、現代的な研究手法は、特定の状況下で課されるきわめて狭く定義された税——たとえば、一部のEU加盟国で散髪税の減税が行なわれた場合など——の帰着を分析することにはとても適していることがわかりつつあるが、たとえば、VATの標準税率の引き上げにおいて、その100パーセントが消費者価格に反映されるのか、あるいはその一部が労働者と事業者に負担されるのかといった問題に向きあうとき、政策担当者の手引きになるものはほとんどない。

したがって、恥ずかしながら経済学者は、多くの税の真の帰着に関してほとんど知識がなく、税制全体の帰着について語れることはさらに少ない。だが、税負担の行方を指し示すわかりやすい原則——ヴィクトリア朝時代のイギリスで、穀物法をめぐる議論において浮かびあがったもの——がある。税負担は、課税対象の品目あるいは活動が何であれ、その代替になる選択肢をほとんど持たない者のもとに留まる傾向にある。課税対象の一方の例がレント、つまり所有者が必要とする最低金額を上回る受け取りであり、供給が固定的である何らかの原資産を反映する。そういったものに課される税の負担は所有者についてまわる。もう一方の例が、代替になる、よく似たものごとのある課税対象である。赤ワインが課税対象で、白ワインが課税対象外である税ならば、赤ワイン通の人びとにすべての負担がのしかかることはない。

何らかの税の帰着先について、間違いなくこうだと断言することは不可能だ。だが、こういったシンプルな概念の真に重要なところは、議論において、税の名称や政策担当者の意図をそのまま受けとるのではなく、現実の問題にしっかりと向きあうことを可能にする点である。

ともあれ、課税の公平性は達成しがたい

支払い能力の差を別にして、異なる条件の人びとに異なる課税措置を適用するときに許容できる判断基準についての見解は――つまり、水平的公平性についての見解は――時代とともに変化している。最近は、宗教、人種、ジェンダー、ひげの有無などによって明示的に差別する税の制度はほとんどない。いま問題なのは、どちらかといえば黙示的な差別化である。特定の集団が名指しされるわけではないが、たとえば男女ごと、あるいは人種ごとの好みやニーズの系統的差異が反映されているものだ。そういった差別を完全になくすことは、おそらく不可能だろう。それに、何らかの合理的な目標と相いれない場合もあるかもしれない。たとえば、所得税に累進課税方式を採用するのと同時に単身世帯と既婚世帯の待遇を平等にすることは、数学上は不可能である。また、個人の特徴は、超過負担を最小化する観点から、税率をもっと引き上げるべきであることを示唆するような行動的反応の欠如に関連しているかもしれない。問題は、黙示的な差別がどの程度のときに人びとの不快感を引きだし、反応を引き起こすのかということだ。

もうひとつの公平性、すなわち垂直的公平性はもっと根の深い問題を提起する。富裕者と非富裕者のあいだで税負担をどう配分するべきかという問題は、少なくとも古代アテナイのレイトゥルギアの時代から重要

課題でありつづけている。また、たとえば国防などの基本的な機能のみのために政府に収入が必要であった19世紀には、税金に関する議論の中心をなしていた。以来、この問題はいっそう重要性を増している。それは、福祉国家が台頭したことで、税政策と財政支出政策の両方において、その目的とするところが金持ちから貧乏人への資源再分配になっているからだ。しかし、富裕層の税負担の配分をどの程度まで引き上げるかに関しては、ある程度までは個人的見解の問題で、経済学というよりも哲学の問題である。経済学者にできるのは、税負担を富裕層に偏らせた場合に生じ得る広範な社会的コストを提示すること、そして理想的には、それを数値化することだ。難しい問題は――支払い能力に結びついた定額税がない以上――幸福の代理指標に何を用いるにせよ、裕福な人びとにより多くの税金を納めさせつつ、それ以外の人びとに、裕福になろうとする意欲を失わせないのは不可能だということだ。超過負担を小さく、あるいはゼロに抑えつつ、比較的豊かな人びとから税金をとる方法はいくつかある。それだからこそ、ヘンリー・ジョージの土地税は神の都を地上に引きずり下ろすことになった。またそれだからこそ、法人税を再構築し、レントを課税対象に含めることで株主をおもな負担者にする案は、多くの人びとにとって魅力あるものになり得る。だが、レントを特定することはかならずしも容易ではないし、こういった税のみで政府の歳入ニーズを満たせるとは思えない。結局、累進性と効率性のトレードオフになることは避けられない。これは難しい選択であり、現在も税制の設計における、おそらく唯一の中心的課題となっている。

しかし、忘れてはいけないことがある。税は、現金給付という負の税を含め、水平的公平をはかる政策上の武器庫にある武器のひとつにすぎない。しかも、もっとも効果的な武器ではないかもしれない。貧困層の支援のために――とりわけ低所得国の――政府が用いるきわめて効果の大きな方法に、基礎教育と医療の提供がある。その支出を賄うえで、税収が多く、累進性がほどほどのVATのような税は、税収がごく少なく、累進性がたいへん高い税よりも貧困層のためになるといえる。

課税とはよい代理指標を見つけることだ

税制を気まぐれなものにしないためには、測定可能なものごとを基準とするべきで、そのものごとが法廷で検証できれば理想的である。この数世紀のあいだに、こういった観測の力は大きく高まっている。ジョージ王朝時代のイギリスで首相を務めたノース卿は、四輪馬車と使用人に税金をかけるのは「妥当かつ適切である。というのも、それらは支払い能力の目に見えるしるしであるからだ」と述べた。[16] 今日では、所得はまずまず適切な指標と見なされている。住宅の市場価値を見積もるには、いまや窓の数をかぞえるよりもいい方法がある。経済が、かつてのように小規模な農業経営体主体ではなくなると、被雇用者の賃金にかかる税金の申告、源泉徴収および納付について、雇用者に大いに頼ることができるようになった。そのことで、税制の力は大きく高まっている。だが相変わらず、もっとも利害のあるものではなく、その代理指標が課税対象になることはたびたびある。

代理になるものが、わりあい単純に決まることもある。コモディティへの課税では、対象の定義の線引きをする必要があるため、指標にするべきものごとが自然と明らかになる。たとえば、タバコとは正確にはどんなものか。この問いに対する税法上の答えを出すのは、多少の悶着はあるにせよ、概してやりやすいと思われる。また、外部性の文脈において損害を生んでいるものが明らかな場合には、代理指標はほぼ必要ない。だから、たとえば燃料に含まれる炭素には課税すべきということになる。だが一部のケースでは、とりわけ税制を公正なものにしようと試みる場合には、よい代理指標を探求しつづけるべきであるが、それは税制の目的の核心に触れることでもある。

たとえば、固定資産の価値はその所有者の幸福の程度を完全に正確に、もしくは完璧に示す指標ではないし、所有者の持つすべての富を示すものでもない。さらに、大企業の利益の測定値は、無形資産を含む資産の価値についての仮定にもとづかざるを得ないので、現実とかけ離れているかもしれない。小企業については、粗な代理指標である、たとえば売上高などの所得に頼らざるを得ないことが多い。昔もいまも政策論争の中心は、公正な課税ベースを確保するのにもっともよい所得評価の方法――医療費では何を控除と認めるか、など――や、年次資産税の導入あるいは改正にあたり何を課税ベースに含めるかである。たしかに、所得あるいは資産を正しく評価し、それらに課税することは非常に重要だが、問題はそこではない。むしろ、税負担は支払い能力に見合ったものにするべきだという点では広く意見が一致していながら、支払い能力を有意義にはかるための確実な方法がないという、もっと根本的なことなのだ。突き詰めていえば、支払い能力とは所得あるいは資産を実際にどれだけ持っているかではなく、どれだけ持ち得たかということである。たとえば、税金が余計にかかることを理由に、ある世帯の2番目の稼ぎ手が就労を控えるかもしれない。すると、彼らの客観的な支払い能力――所得によって測定される――は潜在的な支払い能力よりもずっと小さくなる。この潜在的な支払い能力を把握し、就労しているかどうかにかかわらず、ある程度この潜在能力に関連づけて税負担額を決定すれば、勤労意欲の妨げにはならず、税制をより効率的にできる。ただし、この方法には、その潜在的所得の適切な課税率に関して、公平性をどう判断するかが反映されることになる。

これは定額税そのものである。つまり、納税者のいかなる行動にも影響されない税であり、公平性を考慮し、潜在的な支払い能力に応じて調整される。難点は、潜在的な支払い能力を知っていても、納税者側に偽るインセンティブが生まれるところだ。個人であれ企業であれ、たんにどれだけ稼ぐ「可能性があるか」を問われても正直に答えないだろう。また、アテナイのレイトゥルギアや孫文の自己申告制度はほとんど実証されていないものの、これらの手法が機能しないとすれば、納税者に真実を打ち明けさせるうまい方法はないように思われる。すると、未知の支払い能力を推し量るための代理指標を用いるしかないが、納税者は自分の行動を変えることでそれらを都合よく操作できる――これが超過負担を生じさせるのであって、それについてはもっとあとの教訓でとりあげる。

租税回避と脱税に発揮される創造性

歴史からわかるとおり、課税を免れようとする人びとの創意工夫力にはほとんど限界がない。窓の数が10以上で課税されるとなれば、9つ以下にする者があらわれる。家屋の前面の幅に対して課税されるとなれば、間口が狭い、細長い家に住む。壁をなくして可動式の仕切りを設ける工夫は、窓税の場合はむしろ逆効果になるが、間口税の場合は投資税額控除に等しいメリットがある。犬の尾を短く切る者まであらわれる（例の話が本当であれば）。これらについては、納税額をできるだけ減らすための行動であるというほかに説明がつかない。そして、これらの方策はすべて合法なのである。脱税のほうは非合法の領域に属するが、基本的には偽りの申し立てであり、それほど創造的ではないことが多い。それでも、なかにはフラッフィと名づけたペットをわが子と偽って児童手当の受給申請を行なう者や、カルーセル方式のような、あっと驚くVAT脱税の手立てを思いつく知恵者などがいて、驚嘆させられる。

その一方、こういった創造性は迷惑でしかない。政府は、実在しない子供を使った扶養控除の申請を防ぐ手段を見つけ、納税者がつぎつぎと見つける穴を塞がなければならない。納税者のさまざまな創意工夫は、もちろん政府の税収を減らす。そうでなければ、まっとうな、しかし創造性に乏しい納税者に、余計に税を納めさせることになる。しかし、もっとも根本的なところでは、これらの反応、すなわち租税回避および脱税は、資源利用の非効率性を示唆している。これらは税のルールのみによって引き起こされる。だからこそ、個人の利益にはなっても、社会的な意味では非効率なのである。

課税の最大のコストは目に見えないかもしれない

ある税によってどれほど莫大な金額が集められるとしても、同じ税によって社会が負担する真のコストは過小評価されてしまう。[17] それというのも、税は付加的な社会的コスト――つまり「超過負担」――を生み出すからである。このコストは税が個人および法人の意思決定を変えることで生じる。

こういった歪みは、滑稽なほど長い紙巻タバコやロケットのような形の建物などの例のように、容易に見てとれることが稀である。少し前にとりあげた、租税回避や脱税に発揮された創造性は、この場合には必要がない。税がもっと重くなる何らかのものの購入を控える（あるいは、何らかのもの、たとえば労働力などの供給を減らす）というだけだ。課税に対するこういった反応は至るところに見られる。大きな決定にかかわる場合もある。たとえば、仕事の量と熱意、職業（自営業者のほうが脱税しやすい）、貯蓄や投資の金額や形態（たとえば、不動産に投資するとか、タックス・ヘイブンの銀行に預金するなど）、リスクをともなうイノベーションの実行などに関する決定などが挙げられる。それらの経路を通じ、課税による歪みは景気の動向に大きく影響し得る。困ったことに、レンガで塞がれた窓ならばわかりやすいが、損失のなかでも真に重要なものは目に見えないものごとに生じる。つまり、なくなってしまう。たとえば、投資が行なわれなくなるとか、労働者が働かなくなるなどといったことである。こういった損失は、場合によっては大規模になるが、目で見て把握しづらいため、実際の社会的コストでありながら、税政策の議論においてはほとんど重視されない。

しかし、超過負担の観点からいえばどういった税がよくない作用をするのか、また、超過負担の大きさをはかるには何をすればいいのかについては、まずまずよく把握されている。重要な教訓は、課税に対する課税ベースの反応が強ければ強いほど、超過負担がそれだけ大きくなることである。人びとの行動の変化が課税ベースの現実の変化を引き起こすことがあって、例を挙げれば、煙突を封鎖すること、パートタイムの仕事に応募しないと決断すること、それから、たんに租税回避あるいは脱税におよぶこと、さらには、企業が資金調達のために資本を増やすのではなく借金をするのも、パートタイム労働者が所得を申告せずにすませるのもそうである。いずれの場合も、税率の変化に対する課税ベースの反応が強ければ強いほど、それだけ税収1単位当たりの超過負担は大きくなる。

このつながりを認識していれば、超過負担を抑えるような税をうまく設計することができる。極端にいえば、行動を変えるインセンティブを与えない、超過負担を生まない税を設計できる。もっとも明確なものが定額税だ。定額税は、金額が一定で、納税者のどんな選択にも影響を受けない。リカードとマルサスは、行動に影響しない、より幅広い手段があることを示したが、それは土地がどのように「レント」――すなわち地主が必要とする最低額を上回る支払い――を生むかを説明することによってであった。レントは土地以外のところからも生じる。たとえば、特殊技能とか、特殊価値を有する製品の開発などからも生じ得る。そしてレントは、実際に生じれば、供給の確保に必要な額を超過した収益であるからこそ、人びとの行動を変化させずに課税できる。第一次世界大戦と第二次世界大戦下では、そのことを念頭に超過利得税が導入された。今日の法人税も、すべてのコストに100パーセントの控除を認めれば、これに似た性質を持たせることができる。

そのほか、超過負担を抑える（だが、ゼロにはしない）基本的な方法には、正当な理由がないかぎり、個人および法人のものごとのやり方の選択にできるだけ干渉しないことがある。そのわけは、個人の場合と法人の場合でやや異なる。法人の投入の決断に干渉した場合には、利用できる資源からの総産出は減少する傾向にある。これは、いいこととはいえない。だが、税収を少しでも得ようとすれば、消費者の選択に歪みが生じるのは避けられない。消費者に働きかけて、複数の異なるコモディティから選ぶものを変えさせるのは、原則的には超過負担を小さくするひとつの方法だ。しかし、いくつかの大まかな案——たとえば、需要がとくに非弾力的な財は、効率性の観点からいえば、高税率の課税対象として魅力的であるという原則が示唆することなど——を別にすれば、それを実践する最適な方法はほとんどわかっていない。いずれにせよ、あらゆる種類の差別化はロビー活動や陳情を引き起こす。

税の設計は、そうしない明白な理由——とくに、外部性への対処のためであるとか、超過負担よりも公平性への配慮のほうが明らかに重要であるなど——がないかぎり、中立性の基本原則に則って行なうべきである。消費者あるいは法人の決断に対して微調整を試みてはならない。

税はたんなる資金調達ではない

特定の活動を課税のターゲットにすることは、それが環境汚染や交通渋滞のような社会の「悪」を標的にするものならば良策であるといえる。他の人びとに害を与えていること——負の「外部性」——を理由に課税すれば、たとえば空気や水がきれいになるとか、交通渋滞がなくなるなどの利益がもたらされる。それらがGDPの算出に関係ないとしても、この「ピグー税」によって人びとの生活はよりよくなる。好ましくない活動をターゲットにする課税には注意を要する。たとえば、すべての自動車ではなく、渋滞中の道路を走行している自動車のみを課税対象にするほうがいい。また、「究極の外部性」と呼べそうな地球温暖化に関していえば、対策のおもな手段としてカーボンプライシングを推奨することに、経済学者のほとんどが賛成している。税は自制心の問題——「内部性」——への対策としても利用できる。絶つことのできない悪習を、そもそも始めさせないよう仕向けるのである。タバコに重税をかけるべきであるという意見の論拠として、これはもっとも強く打ちだされている主張だと思われる。そして、いまやもっと幅広いものごとにも当てはめられている。ソフトドリンクや脂肪分の多い食品に対する課税がすでに実践されている。また、電子タバコの登場によって新たな問題も持ちあがっている。

しかし、課税は好ましくない行動への対策になるとはかぎらないし、少なくとも完全な対策ではない。補助的な手段として規制を設けることも有用だろう。飲酒運転への対策としては、アルコールに対する課税よりも飲酒運転に対する処罰のほうが適切であると思われる。ことによると、本来的には規制のほうが課税よりも適切なのかもしれない。コロナウイルス感染症の大流行のさなかにソーシャルディスタンスのルールが設けられたこともその一例である。

しかし、資金調達以外の事柄を動機として導入された税にはダークサイドがある。中世のユダヤ人に対する課税から始まって、クロムウェルの10分の1税、1930年代のチェーンストア税、さらには、世界金融危機後の、投資銀行家のボーナスに対する、意趣返しのようにも受けとれる課税の提案まで、税は、敵を罰し、友を利するために用いられてきた。だが、実際にそうすることが正当化できるかどうかはさておき、報復のための課税は効果的ではない場合が多い。というのも、たとえば国外に脱出した王党派のように、問題の元凶になった悪党どもの大半は支払わされる前にいなくなるからである。そして、免税などの特別な措置によって親しい友人を優遇すること——つまり、疎ましい者を冷遇すること——は、感心しない行為であるばかりではなく、超過負担の源でもある。

人は怖いから税金を払う

たいていの人は、かなりの大金を、大騒ぎをすることもなく税金として納めている。それは、さまざまな理由と動機からのことだ。おそらく、政府および役人に対する信頼や、納めた金は無駄にならないという意識がかかわっているだろう。また、それらの影響によって確立された社会規範は、多くの人びとに本来備わっていると思われる、正直であろうとする気持ちを支え、いっそう強める。[18] そして、政府の国民に対する信頼もまた重要である。それがあれば、税務機関は納税者を潜在的な犯罪者か何かとして扱うことがない。強固な税制は相互の強い信頼を土台にして築かれるのである。

賢い税務機関は、納税義務を履行しやすくなるような工夫をし、信頼するべき相手を信頼する努力をする一方、税金が納められるのをただ待つばかりではない。自発的な法令遵守とか、納税者は顧客であるなどといった聞こえのよい言葉を発していても、実際に脱税の抑止に役立つのは、結局は逮捕および処罰への恐れであることをわかっている。脱税がどの程度実行されているかを把握するのは困難だが、ひとつ判明していることがある。脱税しても発見され処罰されるリスクが非常に小さい者――自営業者や小規模事業者など――に脱税者がつねに多いことである。だから、税法の遵守を強制することが必要だ。脱税によって逮捕された有名人はメディアで大きく報じられるが、逮捕されずにいる者は納税義務をまじめに果たしている人びとの税負担をいっそう重くする。脱税は犠牲者のいない犯罪ではない。不特定多数の犠牲者が広範囲に分散しているのである。

税務執行はぞっとするほど厳格に行なわれることが多い。島原の農民は生きたまま焼かれ、ワラキアの商人はヴラド三世によって串刺しにされたが、背筋の寒くなるような事例はそればかりではない。しかし税務当局は、脱税を発見し阻止するための効果的な――また、概して人道的な――方法を、この数百年のあいだにいくつか編みだしてきた。対象を絞ったうえで税務調査を行なうやり方は、脱税を思いとどまらせる比較的安価な方法であり、税務執行の一般的なイメージの典型的な例である。周知のとおり、源泉徴収制を幅広く採用することが可能になったのは、大規模な事業者が増加したおかげである。大企業は労働者に支払う税引前の報酬をごまかしたり隠したりできなくなった。源泉徴収制はたいへん効果的で、税務機関はその適用範囲をもっと広げる道を模索している。そして、雇用者や金融機関などの法人から税務機関への情報報告の役割は、いまますます重要になってきている。

こういったことで税務署の役人が人気者になるわけではない。パーティで税務署の役人のふりをする者はほぼいないのである。だが、有能かつ仕事熱心な税務署員がいなければ、まずまず公平な税制、あるいは効率的な税制を実施することはできない。税務署員に、効率的に、正直に、政治的干渉なしに職務に励んでもらうための方策は、国や地域を問わずなかなか見つけられないものである。その点はいまも昔も変わらない。しかし、たとえ賃金が少なくとも、世間にかえりみられなくとも、責任を負い、勇気を持って仕事に取り組む税吏は遠い昔からたくさんいた。汚職を警戒するあまり、その事実から目を背けてはならない。

国家主権としての課税権は過去の遺物になりつつある

アダム・スミスが早くから気づいていたように、課税に対する課税ベースの反応のひとつが国外移動であり、グローバル化によって、いわゆる世界市民が税という舞台の中央に引きだされることになった。こういった移動性によって、課税の超過負担は国家政府レベルで高くなり得るようになったが、グローバルなレベルでは——ただし、課税ベースが惑星間を動くことのない『スター・ウォーズ』の世界はこれに該当しないが——税が集合的に課されれば、それによって生じる超過負担は小さくなる。さらに、この移動性によって、税率および課税ベースを決定する国家の主権が幻想にすぎなくなるかもしれない。国内で発生した利益に対して非常に高い税率で課税する権限があっても、そもそも利益が発生しなければ意味がない。そして、かつてエカチェリーナ二世が免税を提示してジェイムズ・ワットをロシアに招致しようとしたように、現在――おそらく、歴史上かつてないほど――多くの国や地域の政府は、課税ベースをよそから奪いとるため、あるいは少なくとも現在抱えている課税ベースを守るため、激しい競争をくりひろげている。租税に関する国家主権は、当の国家がいくら否定をしても、実質上というよりも、ほぼ名目上のものになっている。そして各国政府は、手元にまだ残されている権限を行使するなかで他国政府との税制競争に熱中し、そのことによって、ほぼ間違いなく多くの国民を困窮させてしまう。

19世紀末以降、各国政府は租税に関する主権を共有する方向に向かっており、とくに、どこの政府が何に課税できるのかを明確にするために租税条約を締結してきた。だがこの数十年、ヴェスティ兄弟のような抜け目のない金持ちは、国際的な税制協調が足りないことに乗じ、うまい汁を吸ってきた――そして、人びとの反感を買ってきた。世界金融危機以降、パナマ文書などの機密情報がリークされたり、納税額をごく少なく抑える多国籍企業のやり方が暴露されたりしたことで強まった世間の圧力もあって、甚だしい悪用を防ぐためにさまざまな対策が講じられており、主権の集合的行使の取り組みはさらに進みつつある。いまや、低税率の法域に資産を移すことによる所得隠しは非常に困難になった。そして、各国の法人税制度の基礎をなす規範はすでに時代遅れであることが広く認識されるようになった。このため、税制競争の制限などの本格的な制度改革が必要になっている。だが現時点では、国家間の協調はこの難題に対処できるほどには進んでいない。さらに、デジタルサービス税の導入をめぐる意見の食い違いが示すように、一致団結して国際的な税制改革を行なうことの難しさが鮮明になっている。

スローガンに注意

たいていのスローガンは政策づくりの土台にふさわしいものとはいえない。それは税金の領域についてもいえることだ。なかには完全に無意味なものもある。たとえば、「企業は公正な税を負担するべきである」という考えには罠がある。実際に税を負担するのが実在の人ではないという思い込みを招きやすいのだ（「公正」が何を意味するかはさておき）。また、空虚なだけのフレーズもある。「価値が創出されるところに課税するべきであるという考え——G20によって策定された「税源浸食と利益移転に対する行動計画」のスローガンである——は、たしかに納得できるものだ。しかし、それが具体的にどこなのかに関して合意を得られないのであれば、何らかの成果につながるはずはない。

スローガンは危険にもなり得る。真実の核心を突いていれば、過剰反応を引き起こしかねない。たとえば、「課税ベースを拡げ、税率を下げる」ことを目指すべきであるという謳い文句を考えてみよう。たしかに、同じ金額を調達するのであれば、広い課税ベースに一定の税率で課税するほうが、狭い課税ベースに高い税率で課税するよりも、経済にもたらされる損失が小さくなるのは概して真実である。問題は、広い課税ベースに見えるものが不適切な課税ベースである場合もあることと、よい税のなかには課税ベースが比較的狭いものもあるということだ。

たとえば、金融取引に対して課税するときの課税ベースは非常に広くなる。しかし、それが生じさせる歪みは非常に大きい。というのも、取引が継続的に行なわれれば、税率はごく低くとも税額はきわめて大きくなり、社会的価値の高い金融活動が抑制される結果になるからだ。それは、すべての事業売上に対して取引税を課税する場合も同じことである。この場合の歪み効果——表向きの合併をすることへのインセンティブもその一例である——が理由で、世界の多くの国でこの税ではなくVATが選ばれている。VATは課税ベースが本質的に狭くなる。それは、適切に施行されれば事業投入に課税されないからであり、それだからこそ経済活動を歪める可能性が低いのである。法人に対する課税にも似たようなことがいえる。一般的な法人税の、金利ばかりではなく、たとえば株主資本に対するみなし利益などにも控除を認めることで課税ベースを狭めれば、レント税の性質を持つようになり、現時点で生じている歪みは減る。とくに、税制上、資金を調達するときに借入を行なうほうが、新株発行を行なうよりも優遇される仕組みから生じる歪みである。借入による資金調達を促すような構造は、金融の安定に対するリスクになり得る。

VATの利点、および法人税をレント税に似たものに変えることの利点はともに、本書で論じてきた税設計の基本原則を示している。個人および法人の決断に歪みを生じさせることは、そうするもっともな理由がないかぎり、避けなければならない。もっともな理由とは、たとえば何らかの外部性が作用しているとか、公平を期するためにつくられた方針が、明らかに超過負担よりも大きな損害をもたらしていることなどである。スローガンが本当に必要ならば、そのような内容がふさわしいのではないだろうか。ただし、もっと気のきいた文句にしたほうがいい。

最後に書いたこの教訓に例外があるとすれば、いうまでもなく、ここに示した11のスローガンだろう。

未来とその先

教訓とは、行く手に待ち受けるものごとへの対処を助けてくれるものである。現時点における傾向を推し量ることによる未来予測は、新型コロナウイルス感染症の大流行で改めてわかったとおり、絶対に間違いないとはいいきれない。コロナ禍においては過去に例を見ないほどの大々的な対応策が講じられ、2020年の時点で、政府の役割は完全に変わるだろうと考える人びとは多かった。だが、大規模な財政介入をよしとする幅広い合意にしても、人びとの移動や接触に対する、過去に例を見ないほど厳しい監視にしても、コロナ禍収束後にまで続くかどうかは定かではない。

はっきりいえるのは、これからの数十年、世界の税制は多くのものごとに対処しなければならなくなることだ。地球規模の差し迫った難題の数々――公的債務の蓄積、開発ニーズの上昇、高齢化、格差拡大、グローバル化、気候変動――に立ち向かうにあたり、世界の税制はその中心的役割を担うことになる。これらの問題は関連しあっているが、そのつながりは複雑で、多くは複合的でもある。さらに、その上層をうっすらと覆っている問題がある。それは、テクノロジーの急激な進化によってもたらされた新たな可能性および危険性である。

厳しい時代

公的債務は、コロナ禍をくぐり抜けたほぼすべての国において激増しているだろう。だが、平時の水準からいえば、コロナ禍の前からすでにずいぶん高かった。全世界で、公的債務の対GDP比は2019年から2020年に約15パーセントから100パーセント近くまで上昇している――先進国にかぎれば125パーセント以上まで上昇しており、第二次世界大戦末期以来の水準である。[19] そのことによって生じている諸問題にはさまざまな対処方法がある。理想は安定した経済成長だ（金利が低い時期には債務削減にとくに効果的である）。場合によってはデフォルトか債務免除を選ぶこともできる。また、財政ファイナンス〔債務の貨幣化〕や支出削減という方法もある。だが、いずれにせよ税収を大幅に増やすことは必要になるだろう。

税収に関する課題の性質は国によって異なる。税収の対GDP比が15パーセントに満たない国がおよそ半数にのぼる発展途上国の場合、その多くは国民に安定した生活を送らせることを課題とする。また、2030年までに達成するべき持続可能な開発目標（SDGs）を達成するには、追加で対GDP比15パーセントの資金調達が必要になる。[20] 疑いなく、そのほとんどは税制の強化によって集めることになる。これは恐ろしく難しいタスクである。今日の先進国が数十年かけてできたことを、これらの発展途上国はたった数年で行なわなければならない。先ほど挙げた教訓はその作業に生かすことができるが、それでこれほどの大々的な進歩がより容易になったり、迅速になったりするわけではない。

ほとんどの国は今後ますます進むと思われる高齢化の問題を抱え、そのことが税収を増やさざるを得ない要因になっている。約40年後には、世界の総人口に占める65歳以上の割合は2倍、「最高齢者」（80歳以上）の割合は3倍になるといわれている。[21] その影響は先進国でもっとも顕著であり、もっとも問題含みである。先進国の場合、2060年までに65歳以上の人口が労働年齢人口と同程度になると考えられる――日本はすでにそうなっている。[22]（発展途上国の場合は概して若年人口が多く、高齢化は差し迫った問題ではない）。今後、所得に関連する税を納める労働人口が減っていくが、ほとんどの国や地域で医療コストに対する政府負担率が上昇し、公衆衛生および長期介護サービスの支出が大幅に増える。ある試算によれば、OECD加盟国では2060年までに約2倍になり、対GDP比8パーセントの税収増が必要になるという。[23] 年金資金の調達のために収入を増やすことも必要だが、こちらはもう少し緩やかでいいと思われる。増分の一部を高齢者自身に負担してもらうことも考えられる。たとえば、年金支給開始年齢を引き上げたり、もっと巧妙に、VATのような、消費にかかる税金（貯金を増やすよりもむしろ取り崩す傾向にある高齢者のほうが、負担が大きくなる税）の税率を引き上げたりする。だが、高齢者を支えつつ自分自身の老後に備えることを若者に期待すれば、世代間の水平的公平性に関して難しい問題が持ちあがるかもしれない。

そのうえ、前述のとおり税制は、人びとからおおむね公平であると認識されていなければ、その機能を著しく損なわれることになる。そして、格差拡大によってさらなる難題が生まれる。それは「現代を象徴する難問」と呼ばれており(24)(そう呼ばれるにふさわしい問題はほかにもたくさんあるが)、ポピュリズムの台頭と無関係ではない。地球規模でいえば、いまや世界人口の約1パーセントが世界全体の富の約半分を所有している(25)。1980年代以降に、多くの先進国で所得格差が急拡大した。たとえばアメリカでは、上位1パーセントの超富裕層の税引前所得の全体に占める割合は、2012年までに2倍になり、20パーセントに達した。その他の国々でもこの割合は高まっている――イギリスでは7パーセントから12パーセントに、フランスでは8パーセントから11パーセントに上がった――が、増加速度はアメリカよりも遅く、増加率は世界金融危機とその後の景気後退以降は横ばいになっている(26)。

公的支出――移転支出、保健医療支出、教育支出など――は、少なくとも課税と同じ程度には、実質所得の不平等の緩和につながるように実施されてきた(27)。もちろん、それだからこそ支出を賄うために収入を増やす必要性がいっそう高まる。税に関していえば、累進性をもっと強めるよう求める声は大きくなっている。新型コロナウイルス感染症の大流行があったことで、その声はいっそう高まっていくと思われる。万人共通の苦難に見舞われてもっとも苦しんでいるのはもっとも立場の弱い人びとなのだから、負担の配分においては裕福な人びとが連帯を示さなければならないし、そうすることが望ましいという意識が人びとのあいだに生まれるだろうからだ(28)。

こういった流れから考えれば、税制への圧力はこれからますます強まると判断できる。税収をもっと増やさなければならないが、それには時代とともに変わりゆく公平観に沿った方法を用いなければならない。圧力の強さは国によって異なると考えられ、講じられる対応策もそれぞれだろう。しかし、この本で伝えてきた教訓はそういった難題への取り組みの一助になるはずである。今後、経済的コスト――超過負担――の抑制方法の模索がいっそうさかんになるだろう。すると、それのみでは必要な収入を満たすことはできないだろうが、さまざまな経済的レントへの課税にもっと頼るところが増えてくるかもしれない。コンプライアンスの向上は、公正であると認められる方法によって資金を調達する助けになる。一方、税の帰着についての考察は、富裕層をターゲットにする課税における外観と内実の違いに気づかせてくれる。しかし、突き詰めていえば前述の教訓のとおりである。つまり、うまく設計されている税金の制度においては公平性と効率性がトレードオフの関係にあって、その適切なバランスを決定できるのは幅広い意味での政治のみなのだ。

人類の存亡にかかわるある重大問題のために、税収の必要と、効率的な資源配分の促進の要望とのあいだに折り合いをつけるべき機会が生まれている。その問題とは、気候変動である。それが税制にとって何を意味するかは明らかだ。世界各国で、炭素に対して課税すること、あるいは価格付けすることが必要になっている。多くの国で、炭素税の課税額はそれほど多くないが、その収入は対GDP比約1パーセントになり[29]、総税収の必要額からいえばまったく足りないが、かなりの部分を賄える。

しかし、ここに挙げた難題の数々に取り組むには、ある基本的な問題に向きあわなければならない。それは、課税ベースの移動性の上昇である。コロナ禍ののち、各国が自国の利益を厳格に特定し、保護するようになれば、この移動性はいくらか減少するかもしれない。だが、問題の本質はなくならない。だから各国は、国際的な協力関係をもっと緊密にしなければ、やるべきこと――もっと資金を集め、富裕層の税負担の割合を高め、カーボンプライシングを積極的に行なうこと――を実行するのがいっそう難しくなる。そのため、国境をやすやすと越えることのない課税ベースへの依存を高めざるを得ない。たとえば、比較的移動性が低い一般の人びとの消費など、不平等への取り組みには適していない課税ベースである。土地などの、特定の場所に固有の経済的レントを生みだす資源を課税対象にする税は、もっと多くの役割を果たすようになるかもしれない。またそういった税は、富裕層のほうが多くを負担する傾向にある。だが、それらの資源から得られる税収ではやはり不十分で、容易に移動しない消費者がかなりの部分を負担する税なしではやっていけないだろう。

これらの難題に対処する唯一の方法は、国際協力をもっと深めることである。それなしでは、現状と同じく、国外にやすやすと移動できる富裕層に税を負担させることは難しく、国際課税制度へのさらなる不信を招き、カーボンプライシングを効果的に行なえないままとなる。楽観的に考えれば、法人税改革に関する多国間協議や気候変動抑制に関するパリ協定などに緊密な国際協力の萌芽があらわれているのかもしれない。とはいえ、それらは小さな一歩である。もっと革新的なアプローチが必要であることは確実だ。たとえば、連邦国家の構成国間では一般的に用いられているが、国家間ではほぼ前例のない税収分配方式などもひとつのやり方である。おそらく、遠い将来、世界貿易機構の租税版のような世界租税機構とでもいう組織がつくられ、ある程度の税のルールの設定と執行を担うようになるのではないだろうか。

素晴らしき新世界

これらは根深い問題だが、その大まかな性質については、20年前、あるいは100年前の政策担当者から見ても容易に理解できると思われる。しかし、今日のテクノロジーの進歩――税務に対するその影響はまだ評価できない――を見れば、彼らは啞然とするに違いない。

第13章ですでに述べたとおり、テクノロジーの進歩によって、税務機関は従来の税務をもっと効率的に行なう手段を得た。複数の供給源から入手した情報の結合、納税申告書の事前記入方式の導入、モバイルテクノロジーを利用した納税、納税者への重要通知の送付、異なる法域の納税者に関する情報を収集し、照合する技術の構築および導入、ドローンを利用した未申告不動産の特定、その他、まだまだたくさんある。いまや税務機関は「ビッグデータ」の予測力を活用し、申告書の違和感のある部分を検知する能力を向上させつつある。オーストラリアとニュージーランドでは、電話でカスタマーサポートを利用する納税者の身元確認のために音声認識システムが導入されている。デジタルの強みをこのうえなく見事に引きだしたものといえば、新型コロナウイルス感染症の大流行の衝撃だろう。デジタル方式をすでに活用していた税務機関は、物理的なやりとりや書類による手続きを突然に中断しても、比較的うまく対応できた——そして、そうでなかった税務機関は、時代に追いつくことの重要性を実感した。

しかし問題もある。詐欺師たちもデジタルテクノロジーを活用するのだ。セキュリティとプライバシーに深刻な問題が生じている。イギリスでは、２００７年に歳入関税庁が約２５００万人の納税者の情報を記録したデータディスクを紛失している[30]。そして、グーグルやアマゾンのような企業が顧客の購買習慣のデータを集めて利益を得ていることには納得していながら、政府が——その強大な強制力をもって——国民の情報を知りすぎていると考え、反感を抱いている人びとは、少なくとも現時点では大勢いるようである。

デジタル化は現行の法人税の課税方法を拡大しつつある。たとえば、エアビーアンドビー、ウーバー、イーベイなどのビジネスモデルに代表されるプラットフォーム革命である。ウーバーのドライバーは被雇用者で、ウーバー社は彼らの所得税を源泉徴収しなければならないのだろうか。それとも、ドライバーは独立請負業者で、個人事業主に対する課税に関連するあらゆる問題から影響を受ける可能性があるのだろうか。それから、すでに述べたとおり、いまや現地に実体を置かずに外国で事業を行なう可能性がますます広がっているため、国際的な法人税制度の核をなす規範の根拠は弱まりつつある。

しかし、おそらくこれらの事柄はほんの序の口だろう。たとえば、事前記入方式どころか、データプラットフォーム導入の提案もある。これによって納税者と税理士は、政府が管理する安全なデータベースにアクセスし、税に関する情報をダウンロードできるようになる。[31] 納税者とそのアドバイザーは、雇用者や金融機関や第三者からいちいち情報を集めるのではなく、集中化されたデータセンターに頼ることができる。そういったデータベースを使用するようになればコンプライアンスのコストを大幅に節約できることが確実だが、プライバシーとセキュリティに関する懸念が増大する恐れもある。

しかし、もっと根本的な要点がある。デジタル化は、われわれがいまやっていることを異なる（願わくは、もっといい）方法で行なえるようにするだけではない。以前には想像もつかなかったことを可能にしてくれるのである。[32]

ロボットに対する課税は、自動化によって雇用にもたらされる影響を和らげるひとつの方法として提案されている。だが、実際にそういった課税が行なわれるとは思えない。[33] ロボット税にはイノベーションの妨げになるリスクがある。自動化の影響への対応ならば、テクノロジーの進歩によって得られる利益をひと握りのスーパースター・イノベーターに独占させず、ほどよく均等に分配することを確実にするような動きのほうがいいと思われる。[34] 課税ベースにするならば、おそらく「新しい石油」すなわち情報そのものに関連する価値のほうがより有望だろう。

しかし、将来的にもっと根本的な変化が起こると予想されている。たとえば、ブロックチェーンはあらゆる取引を完全かつ改ざん不可能な記録として残すことを可能にするもの――徴税人がつけていた徴税帳簿の最新版――だといわれている。一部には、VATの自動徴収を可能にする「スマート・コントラクト」をそういったシステムに組みこむことを提案する人びともいる。だが、最終消費者に対する販売を含めたすべての取引が完全に記録されるならば（それを確実に可能にする手段がすでにあると仮定するならば）、VATはかならずしも必要ではなくなる――結局のところVATの利点は、記録から漏れている取引からも、少なくともいくらかは確実に税金をとれることだからである。記録が完全ならば、小売売上税もそのように機能することになるのだ。

VATと同じく今日の税制の核心をなす要素である法人税にも、やはりゆくゆくは根本的な変化が起こる可能性がある。それどころか、法人税が消滅するかもしれない。ここで指摘しているのは、国家間の税制競争の結果、思いがけず崩壊に至るということではないし、独立企業間価格の時代遅れの規範や、事業の物理的実体の有無の審査が不要になるような変化でもない。そうではなく、大量の情報を収集し処理する能力の向上により、将来のどこかの時点で、法人レベルでの所得に対する課税をやめるかわり、その所得を株主のものと見なし、彼らが手にする所得に対して課税できるようになり、垂直的公平を期すための取り組みがもっと効率的になるということだ。現時点では、実際にそうなる可能性はほとんどない。だが、利子支払いと資産に関する情報の自動的な交換の制度も、最近まで実現には程遠かったが、いまや当たり前になりつつあるのだ。

課税期間はたいてい1年単位だが、この古くからの慣習をやめることも可能になるかもしれない。時間をたどって情報をつなぎあわせ、たとえば一生涯単位で課税できるようになる――われわれの誰もが経験する人生の浮き沈みを考慮して支払い能力を評価し、それを課税基準にするのである。同時に、政府はそういった人生の浮き沈みへの対応を、より迅速かつ十分に行なえるようになるかもしれない。支援を必要とする人びとに、数週間後とか課税年度末などではなく、当日中に手を差しのべることが可能になる。つまり、公共財政の管理において、伝統的に別々の部署で担当されてきた税務と福祉給付業務をもっと緊密に連携させるのである。結局のところ、目的が課税であれ福祉給付であれ、物的環境や人的環境に関して取得する必要のある情報はほとんど同じ種類のものである。今日そういった情報は豊富に、また適時に入手できるうえ、以前よりも管理しやすくなっている。そのため、もっと包括的なアプローチを用いれば、これまでよりも効果的かつ一貫した介入が可能になる。この制度ならば、税の負担額の決定（それに、おそらく徴収）と給付金の継続的な支給において、人生の思いがけない出来事を踏まえ、長期的な視点と短期的な視点の両方をもって取り組むことができる。

しかし、もっとも劇的な可能性は、ヒトゲノム情報に関するテクノロジーの驚くべき進歩から生まれるかもしれない。幸福や支払い能力の目安となる生涯所得のような基準と統計的に相関した遺伝子マーカーを発見できれば、それを課税および福祉給付の制度に利用することができる。個人が負担する（ことによると負の）税額を決定するときの判断材料としてよく採用されている、障害の有無、年齢、配偶者の有無などとともに用いるのである。[35] 急にSFの話題に戻ったかのように思えるかもしれないが、一部の報告で主張されているところでは、知能のいくつかの面に影響をおよぼすと思われる遺伝子の存在について、すでに証拠が見つかっている。さらに、消耗性疾患の罹患傾向にかかわる遺伝子が特定されている。[36] そういった情報を用いればもっと効率的な税の仕組みづくりにつながるかもしれない。遺伝子情報は、不変であると同時に稼得能力に関連しているならば、原理上は理想的な定額税の課税に活用できる。だがそうすれば、水平的公平性に関して気まずい疑問が持ちあがる。つまり、税制上の差別化待遇の条件として許容されるものとされないものをどう判断するかという昔からある問題に、新たな側面が加わることになる。ある人がある人よりも悪病にかかりやすいという知識は、税・社会保障制度の差別化待遇の条件として正当といえるのかという問題だ。

しかし、これらのテクノロジーの可能性を実現するには、制度や見解を根本から変える必要がある。この場合の変化には、非常に哲学的なものもあれば、どちらかといえば日常的なものもある。たとえば、すでに税務機関は福祉給付業務の一部の引き受けを求められるようになっている。だが、じつは課税業務と給付業務にはまったく異なるアプローチが必要になる。イギリスでは、ＥＩＴＣ型給付金の給付業務が歳入関税庁に移されたとき、待合スペースのことすら問題になった。妊婦のためのトイレの数が不足していたのだ。[37]とはいえ、ここで使えるテクノロジーがすでにあるのは確実である。

彼らはわれわれをどう思うか

現在行なわれている課税の取り組みは、未来の人びとから見ればおかしな部分がいくつもあることだろう。現行の法人所得税には、「何人の天使が針の先で踊れるか？」という神学問題に通じる「独立企業間価格」の論理があり、われわれの子孫には奇妙だと思われそうだ。また、彼らに大笑いされそうな例のひとつに納税申告書がある。これなどはダイヤル式電話と同じ運命をたどることが確実だ。また、地球が太陽を一周する時間を基準にして納税額を決定するという摩訶不思議な慣習もそうである。現代の税制の進歩において最大の成功例となっているＶＡＴでさえ、愛想笑いを引きだす程度かもしれない。

未来から見れば、われわれがまだやっていないことの数々も馬鹿げて見えるに違いない。課税業務と、公共支出を通じて行なわれる福祉給付業務が完全には統合されていないのを見れば、信じがたいといって首を振るかもしれない。また、収税業務の民間委託がほとんど行なわれていないことや、税務機関の成果報酬制度が未熟であることに驚くかもしれない。より幅広い人びとのためにではなく、特別利益団体に都合のいいように税の仕組みが形づくられているのを知れば、きっと大笑いすることだろう。とはいえこれは希望的観測で、実際は大笑いどころではないかもしれない。

未来の人びとから賢明だと思ってもらえるところはあるだろうか？　炭素税という効果的な手段をとりいれる英断により、気候変動による破滅的なダメージの回避に（なんとか）間に合い、国際機関を設け、国際課税に関する協力体制を築いていれば、褒めてもらえるかもしれない。しかし、事態がこのまま悪化しつづけてようやく、われわれはこれらに着手するのだろう。

だが、未来の政府が土台にするはずの英知は、われわれの世代から生まれたわけではなく、何世代にもわたる税の設計者や徴収者からもたらされたものである。つまり、経済活動への副次的なリスクと、公平性という広く受け入れられた基準の両方に配慮した税制を打ち立てるには、納税者の行動と特徴に関する判断と情報を利用することが重要であるということだ。これは、税の設計と徴収における昔からの共通テーマである。古くは、古代中国で、稲田を井の字形に9等分して耕作する土地制度が儒家によって提案された。そして現代、利子所得に関する自動的情報交換の国際規範の制定がG20によって決定された。将来的に利用可能になると思われる個人情報は途方もなく大量にある。今後の可能性について、想像が大きく広がりはじめている。

未来の政府は、利用できるようになったありあまるほど豊富な情報を税制づくりにどう活かすだろうか。その方法には、政府としての強制力をどう幅広く行使するかがあらわれるだろう。新たな時代にも、政府がそのときどきの好機や、配慮を要する状況に対応するなかで、さまざまな愚行が生まれ、賢い判断が求められることだろう。

マイケル・キーン／ジョエル・スレムロッド
課税と脱税の経済史
古今の（悪）知恵で学ぶ租税理論
中島由華訳

2025年 1月16日　第1刷発行

発行所　株式会社 みすず書房
〒113-0033 東京都文京区本郷2丁目 20-7
電話 03-3814-0131(営業) 03-3815-9181(編集)
www.msz.co.jp

本文組版　キャップス
本文印刷所　萩原印刷
扉・表紙・カバー印刷所　リヒトプランニング
製本所　誠製本

ISBN 978-4-622-09755-6
［かぜいとだつぜいのけいざいし］

著者略歴

(Michael Keen)

東京大学の東京カレッジ潮田フェロー．元国際通貨基金（IMF）財政局次長．IMFにおいて20年以上にわたり，税制についての政策と助言の作成・実施を主導した．世界各地の財務省に助言し，40カ国以上を訪問，さらにはG20やIMF理事会のために重要文書を執筆．著書（共著）*Taxing Profit in a Global Economy*（Oxford University Press, 2020）ほか．

(Joel Slemrod)

ミシガン大学ロス・スクール・オブ・ビジネスのビジネス経済学および公共政策教授，および同大経済学部教授．ロス・スクール・オブ・ビジネスの税制研究室長も務める．著書（共著）*Taxing Ourselves: A Citizen's Guide to the Great Debate Over Tax Reform*（5th ed., The MIT Press, 2017）ほか．

両者とも，米国国税協会から長年の貢献に対してダニエル・M・ホランド・メダルを授与されているほか，国際財政学会の会長を務めた．

訳者略歴

中島由華〈なかじま・ゆか〉翻訳家．訳書 メリマン『亡命トンネル29——ベルリンの壁をくぐり抜けた者たち』（2022）ヘイガン『『ローリング・ストーン』の時代——サブカルチャー帝国をつくった男』（2021）フリスビー『税金の世界史』（以上，河出書房新社，2021）ほか．

索引

【数字】

『1984年』(オーウェル)　469

【あ行】

アイアトン, ヘンリー　Ireton, Henry　51
アグニュー, スピロ　Agnew, Spiro　356
アーサー, チェスター　Arthur, Chester　394, 406
アスキス, ハーバート　Asquith, Herbert　142
アダムズ, サミュエル　Adams, Samuel　11, 392
アダムズ, ダグラス　Adams, Douglas　467
アッバース朝　42, 123
アップル社　335
アディソン, ジョゼフ　Addison, Joseph　394
アディントン, ヘンリー　Addington, Henry　136, 157, 161
アテナイ　31, 33, 42, 46, 53, 86, 180, 238, 381, 474, 477
アポリネール, ギョーム　Apollinaire, Guillaume　395
天草四郎　173
アメリカ独立戦争　6, 12, 13, 27, 36, 37, 47, 53, 97, 169, 385, 392
アリエノール・ダキテーヌ　Aliénor d'Aquitaine　42
アーリックマン, ジョン　Ehrlichman, John　409
アリュアッテス(リュディア王)　Alyattes　31, 52
アルジェリア　314
アルゼンチン　56, 218, 316, 317, 320, 362
アン女王(イングランド女王)　Anne　97
アンソニー, スーザン・B.　Anthony, Susan B.　166
イグ・ノーベル賞　63, 358
イスラエル　131
イタリア　50, 75, 86, 135, 217, 252, 279, 281, 286, 356, 378, 380, 418, 462, 472
移転価格　319, 320, 331, 343, 346
イブン・ハルドゥーン　Ibn Khaldūn　428
イングランド内戦　37, 57, 85, 90, 181, 444, 470
インドネシア　255, 271, 418
ヴィクトリア(イギリス女王)　Victoria　221
ウイスキーの反乱(1794年)　13
ウィリアム一世(イングランド王)　William I　80
ウィリアム二世(イングランド王)　William II　97, 268
ウィルクス, エリザベス　Wilks, Elizabeth　166
ウィルクス, マーク　Wilks, Mark　166
ウィルソン, ウッドロー　Wilson,

Woodrow　150, 151, 242
ヴェスティ兄弟　Vestey Brothers　316–21, 326, 331–35, 485
ウェスパシアヌス（ローマ皇帝）　Vespasianus　33, 174
ウェスリー，ジョン　Wesley, John　26
ヴェトナム　123, 252
ウェブスター，ダニエル　Webster, Daniel　215, 439, 466
ウォー，イーヴリン　Waugh, Evelyn　29
ウォラック，イーライ　Wallach, Eli　31
ヴォルテール　Voltaire　96, 97, 394, 404
ウォルポール，ロバート　Walpole, Robert　38, 175, 356, 408, 445
ウォルマート社　440, 441
ウォレス，デイヴィッド・フォスター　Wallace, David Foster　394, 397, 420
ウガンダ　359
ウッド，キングズリー　Wood, Kingsley　363
ウッドハウス，P. G.　Wodehouse, P. G.　282, 283, 318, 327
ヴラド三世（ワラキア公）　Vlad III　353, 361, 374, 483
ウルマン，アル　Ullman, Al　461, 462
エカチェリーナ二世（ロシア女帝）　Yekaterina II　345, 485
エクアドル　377
エジプト　3, 4, 30, 41, 42, 80, 176–78, 266, 354, 368, 416
エストニア　418
エッジワース，フランシス・イシドロ　Edgeworth, Francis Ysidro　140, 158, 303, 305
エドワード一世（イングランド王）　Edward I　56, 174
エリザベス一世（イングランド女王）　Elizabeth I　32, 37, 70, 74, 77, 88, 90, 411
エリザベス二世（イングランド女王）　Elizabeth II　73
塩税　35, 50, 71, 94, 233, 391, 394, 470
オーウェル，ジョージ　Orwell, George　469
欧州委員会　340, 345
欧州連合（EU）　57, 58, 168, 222, 226, 227, 232, 236, 253, 254, 303, 340–45, 359, 360, 381, 407, 452, 460, 473
オースティン，ジェーン　Austen, Jane　23
オーストラリア　219, 290, 379, 382, 412, 493
オーストリア　63, 75, 80, 135, 155, 156, 221, 281, 302, 332, 333, 361, 385, 395
オスマン帝国　34, 40, 42, 177, 217, 401, 403
オバマ，バラク　Obama, Barack　208, 322
オランダ　35, 36, 128, 172, 240, 251, 259, 271, 324, 325, 334, 337, 346, 356, 395, 400, 401, 461
オランダ東インド会社　73, 179, 411
オルソン，ニナ　Olson, Nina　412

【か行】

「カイエ・ド・ドレアンス」（陳情書）　114
懐王（楚）　415
外部性　222–24, 227, 230, 231, 241, 245–47, 294, 301, 315, 346, 476, 481, 487
カイヨー，アンリエット　Caillaux, Henriette　153–56
カイヨー，ジョゼフ　Caillaux, Joseph　153–55, 157
鄂君啓節　415
カサノヴァ，ジャコモ　Casanova, Giacomo　97
『肩をすくめるアトラス』（ランド）

468
カッシウス・ディオ　Cassius Dio　101
カーデュー，フレデリック　Cardew, Frederick　14, 15
稼得所得税額控除（EITC）　158, 203, 204, 278, 304–08, 363, 366, 367, 458, 497
ガーナ　15, 116, 118
カナダ　6, 73, 76, 180, 210, 219, 227, 233, 234, 261, 287, 342, 410, 461, 462
カポネ，アル　Capone, Al　356
カーライル，トマス　Carlyle, Thomas　195
ガーランド，ジュディ　Garland, Judy　358
カリグラ（ローマ皇帝）　Caligula　77, 238, 386
ガルシア，クリスティーナ　Garcia, Cristina　167
ガルシア，ジェリー　Garcia, Jerry　78
カルマン，ジャンヌ　Calment, Jeanne　358
カルメット，ガストン　Calmette, Gaston　153
韓国　117, 377
ガンジー，マハトマ　Gandhi, Mahatma　13
議会予算局（アメリカ）　208
キケロ　Cicero　46
キャッシュフロー　286, 287, 342, 343, 437
キャナン，エドウィン　Cannan, Edwin　187, 210, 211
ギャリー，ウィリアム　Galley, William　391
キュラソー　128, 251
ギリシャ　31, 36, 77, 180, 217, 252, 290, 328, 373, 379, 381, 398, 418
キンク（屈曲）　278, 304
キング，マーティン・ルーサー，ジュニア　King, Martin Luther, Jr.　409
キング，ルーファス　King, Rufus　145
ギングリッチ，ニュート　Gingrich, Newt　451
金融取引税　302, 303
グアテマラ　409
偶発転換社債（CoCo 債）　264
グーグル　18, 287, 334, 335, 339, 493
クフ（エジプト王）　Khufu　80
クライヴ，ロバート　Clive, Robert　399
グラッドストン，ウィリアム　Gladstone, William　51, 53, 138, 139, 158, 221, 239, 272, 442, 443, 455
クリーヴランド，クローヴァー　Cleveland, Grover　81, 144
クルーズ，テッド　Cruz, Ted　462
クレオパトラ　Cleopatra　236
グレンヴィル，ジョージ　Grenville, George　7
グローバル・フォーラム　330
クロムウェル，オリヴァー　Cromwell, Oliver　51, 181, 182, 309, 405, 482
経済協力開発機構（OECD）　45, 156, 158, 310, 332, 338, 341–44, 366, 381, 383, 413, 489
経済諮問委員会（CEA，アメリカ）　208
ゲイツ，ウィリアム，シニア　Gates, William, Sr.　116
ケイマン諸島　322–24
ケインズ，ジョン・メイナード　Keynes, John Maynard　59, 197, 250, 294
ケニア　409, 418
ケネディ，ジョン・F.　Kennedy, John F.　27
減税競争　345, 431
コーウェル，サイモン　Cowell, Simon　380
孔子　309
『高慢と偏見』（オースティン）　24
国際通貨基金（IMF）　57, 460
国際連盟　16, 17, 332, 333, 339

ゴダイヴァ夫人　Godiva, Lady　434, 435
国家統計局（イギリス）　210
コプリー，アイラ・C.　Copley, Ira C.　151
コンスタンティヌス一世（ローマ皇帝）　Constantinus I　178

【さ行】

歳入関税庁（HMRC，イギリス）　234, 317, 357, 397, 412, 413, 493, 497
サイモンズ，ヘンリー　Simons, Henry　126
サックス，ジョン・ゴドフリー　Saxe, Jon Godfrey　425
サッチャー，マーガレット　Thatcher, Margaret　76, 106, 109–11, 458, 463, 471
サットン，ウィリー　Sutton, Willie　232
サドベリー，サイモン　Sudbury, Simon　104, 107
ザ・フー（バンド）　241
サマーズ，ローレンス　Summers, Lawrence　208, 462
サラディン（エジプトとシリアのスルタン）　Saladin　43, 176
ザンビア　409
シェイクスピア，ウィリアム　Shakespeare, William　357
ジェイムズ一世（イングランド王）　James I　34, 74, 77, 97, 229, 230, 233
シエラレオネ　14–17
シェリダン，リチャード・ブリンズリー　Sheridan, Richard Brinsley　454
ジェンダー　167, 169, 171, 177, 179, 474
時間整合性　295
ジスカール・デスタン，ヴァレリー　Giscard d'Estaing, Valerie　314
『死せる魂』（ゴーゴリ）　384
持続可能な開発目標（SDGs）　46, 489
島原の乱　173
ジーメンス，ヴィルヘルム・フォン　Siemens, Wilhelm von　40
社会保障　116, 189, 305, 364, 374, 496
ジャクソン，ハウエル・エドマンズ　Jackson, Howell Edmunds　147
ジャン二世（フランス王）　Jean Le Bon　88, 104
シュヴァン，アウグスト　Schwan, August　468
従価税　259
出生率　196, 218
シュメール　3, 4, 30, 332, 354
シュンペーター，ヨーゼフ　Schumpeter, Joseph　2, 29, 48, 294
ジョージ，ヘンリー　George, Henry　141, 289–93, 468, 475
ジョージ五世（イングランド王）　George V　317
女性納税抵抗同盟　166
ジョン（イングランド王）　John　5, 42
ジョンソン，サミュエル　Johnson, Samuel　255, 445
ジョンソン，リンドン・B.　Johnson, Lyndon B.　386
シラギ，ジョン　Szilagyi, John　374
新型コロナウイルス　54, 66, 246, 265, 344, 378, 442, 463, 482, 487, 488, 490, 491, 493
シンガポール　219, 247, 328
人頭税　32, 33, 94, 101–12, 118–23, 139, 143–46, 152, 169–74, 178, 180, 283, 303, 386, 463, 470, 471
新聞税　220, 221
『進歩と貧困』（ジョージ）　289
スイス　216, 321, 322, 327, 332, 334, 366, 378, 379
スイス銀行法（1934 年）　321
スイス農民戦争（1653 年）　385

推定課税　154, 238, 258, 373
スウィフト，ジョナサン　Swift, Jonathan　428
スウェーデン　65, 76, 242, 373, 433, 462
『スクープ』（ウォー）　29
スクリップス，E. W.　Scripps, E. W.　83
スコットランド　104, 255, 262, 293
スターバックス社　316, 331, 334, 441
スタントン，エリザベス・キャディ　Stanton, Elizabeth Cady　166
ステルス課税　448, 449
スペイン　31–37, 55, 94, 191, 309, 412, 416
スミス，アダム　Smith, Adam　21, 245, 313–15, 394, 403, 428, 461, 484
スミス，シドニー　Smith, Sydney　127
セイ，ジャン＝バティスト　Say, Jean-Baptiste　22, 428
税源浸食と利益移転対策プロジェクト（BEPS）　338, 341, 381
生産効率性　367
世界銀行　189
世界金融危機　54, 57, 182, 264, 265, 330, 433, 485, 490
セリグマン，エドウィン・R. A.　Seligman, Edwin R. A.　133, 199
セルバンテス，ミゲル・デ　Cervantes, Miguel de　393
選挙権　50–52, 84, 169, 171
専売制　34, 70, 71, 74, 75
全米女性権利大会　166
相続税／遺産税　29, 33, 89, 133, 140, 147, 317, 332, 354, 358, 451, 472
租税条約　332, 335, 343, 485
ソ連　218, 309, 425, 469
ソロー，ヘンリー・デイヴィッド　Thoreau, Henry David　385
孫文　289–91, 477

【た行】

第三者情報　376, 377, 416
ダイナミック・スコアリング　430, 431
タイラー，ワット　Tyler, Wat　106–08, 385, 470
タキトゥス　Tacitus　191
ダグラス，スコット　Douglas, Scott　172
多国籍企業　18, 32, 71, 79, 287, 288, 315, 316, 319, 331–38, 341–47, 372, 381, 441, 452, 485
タックス・ヘイブン　321–26, 338, 344, 345
ターナー，トマス　Turner, Thomas　235
タバコ税　93, 230–32, 236
『タバコ排撃論』（ジェイムズ一世）　229
タフト，ウィリアム・ハワード　Taft, William Howard　149, 150, 157
ダレイオス一世（ペルシャ王）　Dārayavau I　122
ダントン，ジョルジュ　Danton, Georges　61
弾力性　199–201, 274, 276, 297–300, 303
チェン，ジャッキー　Chan, Jackie　380
チェンバレン，ジョゼフ　Chamberlain, Joseph　446, 447
チャター，ダニエル　Chater, Daniel　391
チャーチル，ウィンストン　Churchill, Winston　49, 117, 294
チャップリン，チャーリー　Chaplin, Charlie　322
チャールズ一世（イングランド王）　Charles I　5, 51, 56, 74, 88, 89, 181, 404

チャールズ二世（イングランド王）　Charles II　73, 267, 273
中立性　442, 457, 458, 481
超過利得税　46, 281–86, 293, 317, 480
チョーサー，ジェフリー　Chaucer, Geoffrey　393
チリ　18–20, 255
チンギス・ハン　Genghis Khan　309
通貨発行益（シニョレッジ）　58, 59, 63, 65
ティエール，アドルフ　Thiers, Adolphe　82
ディオクレティアヌス（ローマ皇帝）　Diocletianus　32, 328
ディオン，セリーヌ　Dion, Céline　375
定額税　121, 131, 183, 255, 271, 282–84, 293–95, 322, 475, 477, 480, 496
ディケンズ，チャールズ　Dickens, Charles　23, 471
定式配賦法　342
ディズレーリ，ベンジャミン　Disraeli, Benjami　52, 198
ティベリウス（ローマ皇帝）　Tiberius　91
デジタルサービス税　18, 316, 340, 485
太宗（唐）　178
デフォー，ダニエル　Defoe, Daniel　434
デュー，ジョン・F.　Due, John F.　302
デュ・バリー夫人　du Barry, Madame　404
デュポン，サミュエル　du Pont, Samuel　114
テュルゴー，ジャック　Turgot, Jacques　113
テル，ウィリアム　Tell, William　361
デンマーク　41, 43, 49, 241, 242, 257, 309, 359
トイア，ホーネ　Toia, Hone　16
ドイツ領東アフリカ　16
トウェイン，マーク　Twain, Mark　353, 380
トクヴィル，アレクシ・ド　Tocqueville, Alexis de　5, 26
ド・ゴール，シャルル　de Gaulle, Charles　313, 314
ドッド，ケン　Dodd, Ken　352
ドーベルマン，カール・フリードリヒ・ルイス　Dobermann, Karl Friedrich Louis　395
トランプ，ドナルド　Trump, Donald　18, 208, 343, 431, 457, 462
ドレイク，フランシス　Drake, Francis　31

【な行】

内国歳入庁（IRS，アメリカ）　87, 115, 151, 240, 249, 319, 330, 352, 359, 366, 374, 377, 379, 382, 383, 394, 409, 412–14, 420, 437
内部告発　331, 379, 380
内部性　231, 243, 482
ナポレオン三世（フランス皇帝）　Napoleon III　438
ナンゲリ（インド女性）　Nangeli　165
ニクソン，リチャード　Nixon, Richard　356, 409
ニコライ二世（ロシア皇帝）　Nikolai II　244
日本　4, 32, 42, 65, 66, 123, 172, 178, 232, 240, 251, 262, 294, 336, 362, 373, 382, 489
ニュージーランド　17, 49, 159, 290–92, 387, 493
『人間の権利』（ペイン）　139
ネイマール　Neymar　357
ネルソン，ウィリー　Nelson, Willie　358
ネロ（ローマ皇帝）　Nero　102, 190
ノース，フレデリック（ノース卿）

North, Frederick　9, 126, 129, 476
ノッチ（離断）　182, 261–66, 270, 277, 278, 304
ノーベル賞　305, 364, 431
ノルウェー　76, 242, 257, 381

【は行】

ハイパーインフレーション　60–63
ハインライン，ロバート　Heinlein, Robert　466
ハインリヒ六世（神聖ローマ皇帝）　Heinrich VI　42
ハウスマン，クレメンス　Housman, Clemence　166, 167
パキスタン　278, 362, 381, 387, 406, 472
バーク，エドマンド　Burke, Edmund　3, 4, 9, 61, 425
バーケンフェルド，ブラッドリー　Birkenfeld, Bradley　379, 380
ハーコート，ウィリアム　Harcourt, William　140
ハセット，ケヴィン　Hassett, Kevin　208
パックウッド，ボブ　Packwood, Bob　459
ハート，ロバート　Hart, Robert　396, 397, 408, 463, 465
ハドソン湾会社　73, 74
ハートリー，レスリー・P.　Hartley, Leslie P.　465
パナマ文書　315, 379, 380, 485
バハマ諸島　322
パプアニューギニア　386
バベッジ，チャールズ　Babbage, Charles　50–52, 116
パーマストン卿　Palmerston, Lord　221
バミューダ　337
ハミルトン，アレグザンダー　Hamilton, Alexander　145, 164, 345, 428
ハムデン，ジョン　Hampden, John　5, 90
パラダイス文書　379
パリ協定（2015年）　226, 492
ハリントン，ジョン　Harington, John　181
ハル，コーデル　Hull, Cordell　150
ハルデマン，ボブ　Haldeman, Bob　409
バルフォア，アーサー　Balfour, Arthur　446
ハンガリー　63, 112, 156, 175, 281, 332
バングラデシュ　441
ハンコック，ジョン　Hancock, John　11, 385
ハンコック，トニー　Hancock, Tony　6
半自律的収税エージェンシー　410
バーンズ，ロバート　Burns, Robert　393, 394
ハンデルスマン，ジョン・バーナード　Handelsman, John Bernard　214, 275
ハンムラビ（バビロニア王）　Hammurabi　91, 387
ピグー，アーサー・セシル　Pigou, Arthur Cecil　223, 230, 296
ピグー税　223–25, 228, 236, 246, 481
ピゴット，レスター　Piggott, Lester　357
ピット，ウィリアム（大）　Pitt, William (Elder)　7
ピット，ウィリアム（小）　Pitt, William (Younger)　38, 46, 85, 123, 128, 129, 135–37, 150, 157, 189, 304, 309, 363
ピープス，サミュエル　Pepys, Samuel　122, 268
ピム，ジョン　Pym, John　35, 248, 444
ヒューム，デイヴィッド　Hume, David　428
ピョートル大帝（ロシア皇帝）　Pyotr I　215, 216, 220, 244

ピール，ロバート Peel, Robert 138, 198, 199, 463
ファーマン，ジェイソン Furman, Jason 208
ファラデー，マイケル Faraday, Michael 272
ファリス，ジャック Faris, Jack 451
ファン・ビンビン 358
フィリップス，エリザベス・マギー Phillips, Elizabeth Magie 290
フィリピン 407
フェイスブック 18, 206, 328, 334, 339
フェッセンデン，ウィリアム・ピット Fessenden, William Pitt 143
フェリペ二世（スペイン王） Felipe II 37, 55
フォード，ヘンリー Ford, Henry 83
ブキャナン，ジェイムズ Buchanan, James 431
福祉国家 39, 48, 50, 475
プーチン，ウラジーミル Putin, Vladimir 458
ブーディカ（ケルト女王） Boudicca 101, 102
ブライアン，ウィリアム・ジェニングス Bryan, William Jennings 115, 147, 149
ブラジル 286, 406, 408
フランクリン，ベンジャミン Franklin, Benjamin 23
フランス革命 37, 44, 60, 66, 91, 95, 114, 121, 153, 181, 470
フランス東インド会社 73
ブランソン，リチャード Branson, Richard 356
フリードマン，ミルトン Friedman, Milton 158, 290, 364, 368
フリードリヒ二世（プロイセン王） Friedrich II 375, 407
フリードリヒ・ヴィルヘルム一世（プロイセン王） Frederick William I 38
フリードリヒ・ヴィルヘルム三世（プロイセン王） Frederick William III 86
ブレー，バイ Bureh, Bai 14–17
ブレア，トニー Blair, Tony 96
プレスリー，エルヴィス Presley, Elvis 77, 78
ブレナン，ジェフリー Brennan, Geoffrey 431
プロイセン 38, 51, 86, 112, 121, 122, 155, 345, 375, 407, 438
ブロックチェーン 494
ペイン，トマス Paine, Thomas 2, 131, 393, 434
ペイン，セリーノ Payne, Sereno 150
ヘーゲル，ゲオルク Hegel, Georg 103
ベスト，ジョージ Best, George 228
ベッカー，ボリス Becker, Boris 357
ベネズエラ 57
ベラミー，エドワード Bellamy, Edward 467
ペラム，ヘンリー Pelham, Henry 426
ペルー 18–20, 410
ベルギー 286, 311, 327, 346
ペルティナクス，プブリウス・ヘルウィウス（ローマ皇帝） Pertinax, Publius Helvius 69
ベルトルト，ペーター Berthold, Peter 228
ヘルムズリー，レオナ Helmsley, Leona 357
ベルルスコーニ，シルヴィオ Berlusconi, Silvio 356
ヘロドトス Herodotus 31, 122
ヘンリー二世（イングランド王） Henry II 43, 174
ヘンリー八世（イングランド王） Henry VIII 27, 34, 91, 120, 362
ボウイ，デヴィッド Bowie, David 358
ボストン茶会事件 6, 11–13, 392, 470
ホッブズ，トマス Hobbes, Thomas

101, 160
ボナパルト，ナポレオン　Bonaparte, Napoleon　3, 38, 62, 86, 138
ホームズ，オリヴァー・ウェンデル　Holmes, Oliver Wendell　115, 356
ボーラ，ウィリアム　Borah, William　206
ポーランド　251, 254, 452
ボリビア　18–20, 32
ボールドウィン，スタンリー　Baldwin, Stanley　86
ポロック，チャールズ　Pollock, Charles　146
ポロック対ファーマーズ・ローン&トラスト社裁判　147
香港　240, 322
ポンパドゥール夫人　de Pompadour, Madame　395, 404

【ま行】

マキアヴェッリ，ニコロ　Machiavelli, Niccoló　32, 179
マグナ・カルタ　5, 88, 112
マクロン，エマニュエル　Macron, Emmanuel　470
松倉勝家　174
マディソン，ジェイムズ　Madison, James　145, 428
マドックス，レスター　Maddox, Lester　92
マラー，ジャン＝ポール　Marat, Jean-Paul　61
マーリーズ，ジェイムズ　Mirrlees, James　305, 308
マルクス，カール　Marx, Karl　103
マルクス，グルーチョ　Marx, Groucho　78
マルサス，トマス　Malthus, Thomas　195–200, 285, 288, 480
マルルーニー，ブライアン　Mulroney, Brian　461, 463
ミッチェル，ジョニ　Mitchell, Joni　292
ミトリダテス六世（ポントス王）　Mithridates VI　391
南アフリカ　17, 218
ミラボー，オノーレ　Mirabeau, Honoré　61
ミル，ジョン・スチュアート　Mill, John Stuart　160, 196, 272, 288
ムッソリーニ，ベニート　Mussolini, Benito　86
メキシコ　45, 242, 287
メージュ＝ムリエ，イポリット　Mège-Mouriès, Hippolyte　438
メッシ，リオネル　Messi, Lionel　357, 379
メルヴィル，ハーマン　Melville, Herman　393, 394
メロン，アンドリュー　Mellon, Andrew　152
モア，トマス　More, Thomas　467
孟子　32
モーゲンソー，ヘンリー　Morgenthau, Henry　322
モナコ　313, 314, 324, 348, 357
モノポリー　290
モーリシャス　322
モロッコ　167
モンティ・パイソン　238
モンロー，マリリン　Monroe, Marilyn　78

【や行】

野獣を飢えさせる　346, 431, 433
『ユートピア』（モア）　467
ユリアヌス，ディディウス（ローマ皇帝）　Julianus., Didius　69
ヨハネ，洗礼者　Ioannes Baptista　404
ラヴォワジェ，アントワーヌ＝ローラン　Lavoisier, Antoine-Lauren　398–403, 413

【ら行】

ラッファー，アーサー　Laffer, Arthur　428–30
ラムジー，フランク　Ramsey, Frank　296–98, 303, 305, 308, 442
ラルフ，ディチェトの　Ralph de Diceto　42
ランスキー，マイヤー　Lansky, Meyer　322
ランド，アイン　Rand, Ayn　468
リカード，デイヴィッド　Ricardo, David　54, 195–98, 200, 281, 285, 288, 294, 342, 480
リチャード一世（イングランド王）　Richard I　42, 43, 88
リチャード二世（イングランド王）　Richard II　105, 107
両院合同租税委員会（アメリカ）　208, 412, 431
ルイ十二世（フランス王）　Louis XII　175
ルイ十四世（フランス王）　Louis XIV　73, 77, 113
ルクセンブルク　322, 325, 346
ルクセンブルク・リークス　331, 345
ルソー，アンリ　Rousseau, Henri　395, 403
ルビオ，マルコ　Rubio, Marco　462
『ル・フィガロ』　153
ルーマニア　218, 219, 304, 353, 407
ルワンダ　80, 409
レイトゥルギア　33, 36, 290, 328, 375, 474, 477
レーウェンフック，アントニ　Leeuwenhoek, Antony　395, 416
レーガン，ロナルド　Reagan, Ronald　428, 430, 457
『レ・ミゼラブル』（ユーゴー）　23
レント税　286, 287, 295, 301, 343, 487
ロイド・ジョージ，デイヴィッド　Lloyd George, David　39, 48, 96, 141, 245, 290, 317
ロシア　39, 43, 63, 123, 158, 215, 236, 244, 281, 304, 309, 316, 345, 376, 401, 429, 430, 452, 458, 461, 485
ローズ，ピート　Rose, Pete　357
ローズヴェルト，セオドア　Roosevelt, Theodore　147
ローズヴェルト，フランクリン・デラノ　Roosevelt, Franklin Delano　193, 203, 322
ロゼッタ・ストーン　3
ロック，ジョン　Locke, John　199, 394
ロックフェラー，ジョン・D.　Rockefeller, John D.　81
ロナウド，クリスティアーノ　Ronaldo, Cristiano　357
ロビー活動　13, 209, 393, 433–43, 447, 459, 471, 481
ロビンソン，ヒース　Robinson, Heath　335
ロムニー，ミット　Romney, Mitt　192
ローリー，ウォルター　Raleigh, Walter　37, 74
ロング，ヒューイ　Long, Huey　44, 171, 221, 437

【わ行】

ワイルド，オスカー　Wilde, Oscar　217, 236
ワーグナー，アドルフ　Wagner, Adolph　49
ワシントン，ジョージ　Washington, George　13, 37, 47
ワット，ジェイムズ　Watt, James　345, 485
ワット・タイラーの乱（1381 年）　106–11, 173

原 注

はしがき

1. Mencken (1922, p. 279).
2. Matthews (1958, p. viii).

第1部

1. Paine ([1792] 1894, p. 412).
2. Schumpeter ([1918] 1991, p. 101).

第1章

1. Burke ([1790] 1935, p. 223).
2. University of Pennsylvania (2002).
3. OECD (n.d.a)
4. de Tocqueville (1866, p. 152): "Il n'y a presque pas d'afaires publiques qui ne naissent d'une taxe ou qui n'aboutissent à une taxe . . ." 著者による英訳。
5. 本書では国王などの国家の長には在位を記載した。
6. 厳密には署名ではなく印璽の押印だった。いずれにせよすぐに取り消した。
7. Bank of England (n.d., table A29).
8. 以下で引用。Brogan (1985, p. 116).
9. Johnson (1998, p. 132). 当時は1ポンド（£）が20シリング（s)、1シリングが12ペンス（d）だった。
10. 以下で引用。Robins (2012, p. 17).
11. Davidson (2011, p. 25).
12. 以下で引用。Burke (1774, p. 9).
13. 以下で引用。Hibbert (1990, p. 18).
14. Bowen (1991, Table 2, p. 104).
15. 以下で引用。Dalrymple (2015).
16. Robins (2012, p. 114).
17. Bowen (1991). 東インド会社の1772年の危機について記載がある。
18. Bowen (1991, p. 122).
19. Bowen (1991, p. 126).
20. Dalrymple (2015) によれば、当時下院議員の4分の1が株主だったという。
21. Burke (1774, p. 12).
22. Bowen (1991, p. 27). 第2代ギルフォード伯爵フレデリック・ノース（1732－1792年）は1770年から1782年までイギリス首相を務めた。在任期間にアメリカ独立戦争が

起こっている。1767 年に財務大臣に就任、首相と財務大臣を兼任した。

23. Labaree (1966, p. 7). 推定値はタウンゼント関税以前の 1760 年代のもの。
24. Burke (1774, p. 13).
25. ボウヒー茶はもっとも安く、当時ロンドンのオークションで、1 ポンド当たり 2 シリングで売られた（Labaree 1966、p. 76）。しかし、1773 年の時点で影響はそれほどなかったと思われる。1772 年に輸入関税の 60 パーセントが廃止されていたからだ。この点から、1773 年の茶税法に関しては密輸業者に対するいっそうの締め付けになったと見るほうがよい。
26. ここではパブ経営者のことだが、「publican」という語にはローマ時代の徴税人という意味もある。語源はいずれもラテン語の「publicus」つまり「public」で、前者は「public house」つまり居酒屋を営む者、後者は「public revenue」つまり国の収入を預かる者を指していうようになった。
27. Johnson (1998, pp. 141–142).
28. Adams (2001, p. 313).
29. Brogan (1985, p. 159).
30. 1786 年から 1787 年にかけてマサチューセッツで起こった武装蜂起「シェイズの反乱」は、アメリカ合衆国憲法発効よりも前の出来事である。しかし減税は生活の苦しい反乱者たちの要求の一部にすぎなかった。
31. 蒸留酒はすべて対象になったが、ウィスキーは非常に大きな税収をもたらした。
32. 税額は 1 ガロン当たり 9 セント、もしくは樽単位の定額だった。後者を選んだ場合、大規模な蒸留所ならば 1 ガロン当たり約 6 セントに抑えられた。
33. この税そのものは概して効果的ではなく、1801 年に反連邦派のジェファーソンが大統領に就任すると廃止された。だがアメリカではその後も納税者の武装蜂起が起こっている。1799 年から 1800 年に発生したフリーズの反乱がその最後となった。
34. Roberts (2014, p. 48).
35. Hernon (2003, p. 714).
36. 以下で論じられている。Abraham (1974).
37. Hernon (2003, p. 728).
38. 衝突の軍事的側面については以下を参照。Hernon (2003).
39. Hernon (2003, p. 717).
40. Kup (1975, p. 187).
41. *New African* (2011).
42. 以下で引用。Kup (1975, p. 181).
43. Hernon (2003, p. 731).
44. Ochiai (2017, p. 72).
45. Kup (1975, p. 181).
46. Hernon (2003, p. 709).
47. Ochiai (2017, p. 75).
48. Hernon (2003, p. 730).
49. 以下を参照。Ballara (1993). 彼の予言はすでに実現している。ニュージーランドで

は 1819 年から個人所得税が導入されていたが、マオリはその対象ではなかったと思われる。

50. 反乱の全容については以下を参照。Lewis (1977).
51. Crawford (2002, p. 276).
52. 問題は、フランス国内で事業をいとなむアメリカ企業の全世界での利益に対して課税する権利をフランス政府が主張したことだった。そのためアメリカはそういった方策に対する大々的な報復を可能にするような規定を設けた。結局そうする必要はなかったが、この規定は忘れられたわけではなく、現在も有効である (Thorndike, 2016).
53. 「太平洋戦争」「硝石戦争」とも呼ばれる。
54. de la Riva-Agüero ([1874–1875] 1929, p. 62).
55. 1 キンタルは約 100 質量ポンド。この税は 1877 年に発生した大地震および津波の被害からの復興のために導入された (Farcau, 2000).
56. これは 1880 年のアリカの戦いにおけるペルー軍司令官の戦死場面。
57. International Court of Justice (n.d.).
58. *BBC News* (2018a); C. Mann (2011, p. 255).
59. 北米では窓税は定着しなかった。1840 年代のアメリカを舞台にするチャールズ・ディケンズの小説『マーティン・チャズルウィット』で、あるアメリカ市民がマーティンとその相棒のイギリス人マーク・タプリーに、「この国には窓税がない」といって自慢する。「税金をかけようにも窓がない」とマークはいいかえす。窓税はスコットランドで 1748 年に、アイルランドで 1799 年に導入された。
60. Hughes and White (1991). これは蔑称である。だが時間がたつにつれて窓税の運営にさまざまな改善が図られた。たとえば、査定と申立てに最終的責任を負う地元の有力者の裁量（合法であれ非合法であれ）が中央で管理されるようにもなった。このことは税務機関が公正かつプロフェッショナルな組織として所得税の運営能力を持つようになる重要なカギだった。以下の資料を参照。Ward (1952).
61. たとえば以下を参照。Eckert (2008).
62. Smith ([1776] 1868, p. 357). 1808 年以降、この問題に関して調整がなされた。賃貸価格が比較的高い物件の窓に対する課税額が引き上げられたのだ。税の複雑さの問題はつい最近のものではない。以下の資料を参照。Glantz (2008, p. 21).
63. この件の詳細は以下を参照。Ydema and Vording (2014, p. 514). 超過負担は「死重損失」とも呼ばれる。
64. Stebbings (2011, p. 61).
65. Glantz (2008, pp. 32–35).
66. Franklin (1931, p. 20).
67. Dickens (1850). 以下で引用。Oates and Schwab (2015, p. 163).
68. Hugo ([1862] 1982, p. 29).
69. Austen (1906, p. 244). 窓税導入の建築物への影響があとあとまで続いている件については以下を参照。Glantz (2008). 現在でも見られる実例に、レンガで塞がれた窓を模した意匠を外壁にほどこしたものなどがある。

70. Braddick (1996, p. 159).
71. 1747 年の国税庁長官の報告書を参照。以下に引用。Glantz (2008, p. 25).
72. Dowell (1884c, p. 201).
73. Ward (1952, p. 536).
74. Thornton and Ekelund (2004).
75. たとえば以下で示されている。Wood (1934, p. 88). 宗教改革に関する最近の分析でもほぼ同じ結論が出ている。この点から、中世のカトリック教会は救済および王侯の世俗的権威の承認を独占的に行ない、それによって巨額の利益を得ていた。だがカトリック教会は独占事業体として非効率だったために不評を買い、プロテスタント教会との競争にさらされた。プロテスタント教会は、とりわけ王侯からそれほどの大金を搾りとることなく、同じサービスを提供できた (Ekelund, Hébert, and Tollison, 2002).
76. アン・ブーリンとの結婚のためにローマ・カトリック教会と決別する前年の 1532 年に、ヘンリー八世は教会税収入の 5 パーセントのみをローマ教会に送り、今後は全額を国庫に入れるといって脅した。そして 1534 年に実際にそうした。1536 年には修道院解散に着手した。
77. Cunich (1999, p. 129). しかもこれは経常利益だった——そのほか、不定期に徴収することもあった。
78. Cunich (1999, p. 135).
79. 以下を参照。Spartacus Educational (n.d.).

第 2 章

1. Schumpeter ([1918] 1991, p. 100). ヨーゼフ・シュンペーター（1883－1950 年—— 20 世紀を代表する経済学者のひとりで、1919 年に短期間オーストリアの財務大臣を務めたこともある）は同じ著書で「専門分野としての財政社会学」の必要性を主張している（p. 101）。この考えは 20 世紀末まであまりとりあげられなかったが、現在ではさかんに研究されている。
2. Waugh ([1938] 2012, p. 95).
3. この一節は以下から。Belsey (1985, p. 2).
4. 上記のシュンペーターの発想をきっかけに出現しつつある「財政史学」からはさまざまな概念が誕生しており、本書にも大きく影響している。財政制度の発展と国家制度の発展のつながりに着目した、影響力あるアプローチのひとつに、財政制度と国家制度を 4 段階に区分する方法がある。「貢納国家」（「略奪」ともいう）、「領邦国家」（特殊な状況——おもに戦争状態——におちいった場合を除き、支配者自身によって資金が工面される）、「租税国家」（明確な規定にもとづいて資金が調達される）、そして「財政国家」（大規模な借金を管理し、返済資金を調達できる）である。しかし各段階への移行はかならずしも一方向ではないため、単純にはとらえられない。段階をいくつか飛ばして移行する例もあれば、共同体が複数の段階の特徴を持つ例や、見解が分かれて（たとえばアングロ゠サクソン時代のイギリスは貢納国家か租税国家かに関して）判断できない例もある。しかし本書は急速な発展を追

うためにこれらの概念を省略した。詳細についてはとりわけ以下を参照。Ormrod, Bonney, and Bonney (1999).

5. Beard (2015, pp. 214, 483).
6. Hurstfield (1955, p. 57).
7. The Magnificent Seven (1960).
8. Strassler (2009, p. 12). ティベリウス帝（在位 14－37 年）は重要なポイントを理解してもいた。属州からもっと多くの税金を取り立てるよう勧められたとき、「よい羊飼いは羊の毛を刈りとるが、羊を鞭打つことはない」と答えたのだ（Suetonius [121] 1957, p. 126）。映画『荒野の七人』でイーライ・ウォラックが演じた登場人物にこんなせりふがある。「神は毛を刈らせるために羊をおつくりになった」
9. Goldsmith (1987, p. 33).
10. Dietz (1921, p. 184).
11. Machiavelli ([1515] 1908, p. 125).
12. これは「井田制」と呼ばれる。漢字の「井」型に土地を分割するもの。以下を参照。Huang (2016); Theobald (2016).
13. Beijing Tax Museum (2019, p. 1).
14. 「土地税」は何らかの形で農業活動を対象にする税を指していう包括的な用語として使われることも多い。こういった税は農産物への課税によって間接的に課されることがしばしばある。
15. ローマ皇帝コンスタンティヌス一世の助言者ラクタンティウスの言葉。以下で引用。Bartlett (1994, p. 298).
16. Gilmour (2006, p. 111).
17. Chen (1911, p. 669).
18. 古代ギリシャとローマのレイトゥルギアに関しては以下を参照。Webber and Wildavsky (1986, pp. 102–107).
19. Bernardi (1970, p. 75).
20. Goldsmith (1987, p. 32).
21. これは英語の表現だが、フランス語とスペイン語にも似たような言い回しがあった。“vivre du sien,” “conformare con lo suyo” (Ferguson 2001, p. 53).
22. 以下が強調。Schumpeter ([1918] 1991, p. 105).
23. 軍事テクノロジーの変化と国家構造の発展のつながりについては、たとえば以下を参照。 Bobbitt (2003). 過去数世紀の軍事テクノロジーの変遷と「費用対効果」については以下を参照。Ferguson (2001).
24. Ferguson (2001, p. 57).
25. Grapperhaus (1998, p. 17).「ロクサンヌ Roxanne」とあるが、正しくは今日のロアンヌのことだと思われる。
26. Tarver and Slape (2016).
27. Goldsmith (1987, p. 165).
28. Merriam-Webster's Collegiate Dictionary (2005).
29. ジョン・ピム（1584－1643 年）は反国王派の指導者としてチャールズ一世に対抗

した。チャールズ一世はピムをはじめとする5人の庶民院議員について逮捕要請を出したが、その全員が逮捕を免れた——内戦が始まったのはその後まもなくのことだった。

30. Webber and Wildavsky (1986, pp. 102–105).
31. Dietz (1921, pp. 386–387).
32. J. Marshall (1836, p. 37).
33. 初代オックスフォード伯爵ロバート・ウォルポール（1676－1745年）。一般にイギリスの初代首相と見なされる。
34. その原因のひとつは課税対象の資産価値の再評価が政治上困難であることだった。たとえばイギリスの土地税は、その導入から廃止まで、1692年に行なわれた評価にもとづいて課税されていた。これは18世紀に政府の総収入に占める土地税収入の割合が減少した理由のひとつだった（Mathias 2013, p. 462）。19世紀にイギリス領インドで土地税収入が減少したのは、概して1793年のベンガルの永代地租査定に起因する。これにより、地租は永久に固定された（Richards 2012, pp. 420–421）。そして第4章でとりあげているとおり、イギリス政府は資産の再評価を避けたかった。（2度目の）人頭税の失敗の原因になっていたからである。
35. 以下で引用。Dowell (1884b, p. 99).
36. Clark (2006, p. 88).
37. Grapperhaus (1998, p. 63) は1797年にバタヴィア共和国で所得税が導入されたことに言及している。
38. デイヴィッド・ロイド・ジョージ（1863－1945年）は自由党急進派の政治家で、1908年から1915年まで財務大臣を、1916年から1922年まで首相を務めた。
39. 近代的なVATの考案者は誰かについては議論になっている。もうひとりの主要な候補はアメリカの経済学者トマス・S・アダムスで、1911年にはすでにVATに近い仕組みを考えていたといわれる。以下を参照。James (2015).
40. HM Revenue & Customs (2018, charts 8 and 9). たしかにこれは異常に高い。それというのもイギリス政府が「ゼロ税率」——つまり、売上に課税せず、企業に対しては仕入の全額を還付している——を（通常どおり）輸出品のみならず、消費支出額の多くを占める食料品にも適用しているからである。
41. VATの広がりについては以下が分析。Ebrill et al. (2001); Keen and Lockwood (2010); James (2015).
42. Goode (1993, p. 37).
43. Meade (1977, p. 320).
44. Jones (2014, p. 120).
45. Goldsmith (1987, p. 32). アテナイを盟主とするデロス同盟に参加するその他の都市国家からの収入は含まれない。
46. Goldsmith (1987, p. 78).
47. Goldsmith (1987, p. 92).
48. Nakabayashi (2012, pp. 395–396).
49. Goldsmith (1987, p. 122).

50. Goldsmith (1987, p. 226).
51. Ferguson (2001, p. 94). 以下も参照。Hellie (1999, pp. 496–497); Gerschenkron (1970).
52. Goldsmith (1987, p. 226).
53. Williams (2017).
54. Stubbs ([1870] 1936, p. 189).
55. North and Weingast (1989, p. 809). 数値は1617年のもの。ここには王領からの収入は含まれない。また、徴発分をいくらか考慮に入れている（それについては第3章を参照）。
56. デンマークは例外で、この国では国教会が「政府機関」の一部と見なされている。
57. ヒューイ・ロング（1893－1935年）は1928年から1932年までルイジアナ州知事を務めたのち1932年から暗殺される1935年まで上院議員として活動した。彼は手段を選ぶことなく「アメリカの一州の支配権を、どの時代のどの政治家よりもしっかりと掌握した」(White 2006, p. ix).
58. White (2006, p. 91).
59. この段落でとりあげたイギリスの数値については以下を参照。Bank of England (n.d.). 数値は中央政府のみのもので、国民保険料を含む。産業革命期のイギリスの地方税は本文中にある中央政府の数値の10パーセントから17パーセントほどである。Hartwell (1981, pp. 137–138).
60. Hungerford (2006) and Office of Management and Budget (n.d.).
61. Bank of England (n.d., table A27).
62. Office of Management and Budget (n.d., table 14.1).
63. OECD (2019c, table 3.1).
64. OECD (2019c, table 3.1).
65. 観察眼の鋭いコメディアンのジョン・スチュワートでさえこの租税支出の要点を見誤っていた。2011年にオバマ大統領が租税支出の制限を提案したとき、スチュワートはそれを攻撃した。「何だって？　税法といえば支出ではなく徴収だろう。……増税を支出削減だなんてごまかして。そんなことで大丈夫か。政府からジョージ・オーウェルにロイヤルティの小切手を送らなきゃいけないじゃないか？」それに憤慨したある財政学の専門家はスチュワート氏を非難し、減税に見せかけた支出プログラムはいくつもあると指摘した。「税法に支出についての記載がないとでも？　実例を挙げよう。あのクソな税額控除だ」（おかしな話だがこんな事実がある。養鶏所の経営者はニワトリの糞の環境に優しい廃棄方法にかかった支出について税額控除が認められる）。以下を参照。Burman (2011).
66. Gaspar et al. (2019).
67. Bean (1973, p. 212).
68. Brewer (1988) にすばらしい説明がある。
69. Clark (2006, p. 88).
70. Peacock and Wiseman (1961).
71. アミアンの和約の有効期間だった1802年から1803年に短期間だけ廃止された。
72. しかしこの数値は国によって大きく異なる。韓国では対GDP比11パーセント、

フランスでは32パーセントである。

73. Handcock (1996, p. 127).
74. Goldsmith (1987, pp. 55–57).
75. Thane (2000, p. 108).
76. 詳細は以下を参照。Tanzi and Schuknecht (2000).
77. Schumpeter ([1918] 1991, p. 131).
78. 政府規模の決定要因については実証研究がさかんに行なわれている。最近の代表的なものは以下のとおり。Le, Moreno-Dodson, and Bayraktar (2012); Bird, Martinez-Vazquez and Torgler (2008). この研究は――ひとり当たりの国民所得と政府規模のあいだに関連性が見つかるとはかぎらない。たとえば下記。Rodrik (1998). 税の高い対国民所得比率と関連性を有するものとしてさまざまな要素が示されている。たとえば、自由貿易体制であること、人口が少ないこと、選挙制度が多数制ではなく比例代表制であること、従属人口比率（老年人口と年少人口の生産年齢人口に対する割合）が高いこと、農業セクターの規模が小さいこと、汚職が少ないこと、幅広い国民が政治的プロセスに参加していること、メディアの自由度が高いことなどである。
79. Genovese, Scheve, and Stasavage (2016).
80. Scheve and Stasavage (2016, p. 80).
81. Ferguson (2001).
82. Guicciardini ([1534] 1994, p. 49).
83. アイアトンはクロムウェルの義理の息子で、イングランド内戦では議会派の将校として活躍した。
84. Kekewich (1994, p. 45).
85. Babbage (1851, p. 22).
86. 自由党を率いた政治家ウィリアム・ユワート・グラッドストン（1809 – 1898年）は19世紀イギリスの政界の大御所で、財務大臣を4回（1852 – 1855年、1859 – 1866年、1873 – 1874年、1880 – 1882年）、首　相　を4回（1868 – 1874年、1880 – 1885年、1886年、1892 – 1894年）務めた。
87. 以下で引用。Matthew (1979, p. 630).
88. Ferguson (2001, p. 86).
89. Scheve and Stasavage (2016, p. 64). 15カ国を抽出して実施した調査の結果である。
90. つまり1ポンド当たり7ペンスから1シリングである。（後者の数値については以下を参照。Daunton (2001, p. 361).
91. つまり1ポンド当たり1シリング8ペンスである (Daunton 2001, p. 361).
92. 当時の首相ダービー卿の発言。
93. ディズレーリは所得税の納付を条件に選挙権を付与することを考えてもいた (Ferguson 2001, p. 84)。また、この「跳躍」がうまくいくという自信は、後日自ら主張したほどにはなかったかもしれない (Blake, 1969).
94. もちろん、それによって自分たちが豊かになるわけではないとしても、金持ちを弱めることに利益があると彼らが考えていたのならば話は別である。
95. Kagan (2003, p. 452).

96. Hansard's Parliamentary Debates (1854, p. 376).
97. Goldsmith (1987, p. 214).
98. Ferguson (2001, p. 121).
99. Belasco (2014).
100. 戦争（あるいはその他の使途）のための資金調達がどう行なわれているかを明らかにするのはそれほど容易なことではない。たとえば9.11アメリカ同時多発テロ後の軍事行動がなかったならば、減税が行なわれていたかもしれない。Bank、Stark、and Thorndike (2008). 上記はアメリカの戦時における課税の歴史を包括的に提示するもので、財政論議における犠牲の概念の役割に着目している。
101. R. Barro (1987, p. 239).
102. 2と4の平方和は4 + 16 = 20となる。これは2と4の平方平均の2倍つまり2 × 3^2 = 18よりも大きい。さらに――課税平準化のもうひとつの根拠であるが――税率変更はやがて人びとのインセンティブに歪みを生じさせる。この問題については第9章でとりあげる。
103. Gaspar (2015).
104. 1918年の自由公債を金（きん）で償還するという約束を破られたためである。以下を参照。Bott (2013). しかし最高裁は、導入された関連施策と併せて審理した結果、これを違憲ではないと判断した。
105. Reinhart and Rogof (2009, figure 5.7, p. 80).
106. Koyama (2010, p. 397).
107. Katznelson (2005, p. 119).
108. Ferguson (2001, p. 172).
109. ここでは、貨幣を実際に製造する中央銀行を「政府」の一部と見なしている。
110. Hopkins (1980, p. 123).
111. Board of Governors of the Federal Reserve System (2017).
112. 例外として考え得るのは高額紙幣の発行である。そのおもな使用者はとりわけ不愉快な犯罪者であると考えられる。Rogoff (2016, p. 4) によれば、高額紙幣発行は「逆マネーロンダリング」である。現金の危機については第12章でとりあげている。
113. Keynes (1919, p. 220).
114. 数値は以下から。Bernholz (2003, pp. 48, 107).
115. このハイパーインフレーションの定義は以下の資料の時代にさかのぼる。Cagan (1956).
116. Spang (2015, p. 63).
117. 以下で引用。Sargent and Velde (1995, p. 502).
118. アシニャ発行によるシニョリッジは1792年から1795年までの政府支出の総額の約80パーセントを賄った (Sargent and Velde 1995, p. 507).
119. 一般的な定義によれば、フランスでは1795年5月から12月までハイパーインフレーションが発生していた (Sargent and Velde 1995, fn. 37, p. 500).
120. Levasseur (1894, p. 191).
121. 政府は1797年にアシニャを正式に無効とした (Levasseur 1894, p. 195).

122. Burke ([1790] 1935, p. 233).
123. 以下で引用。Spieth (2006, p. 22).
124. Spang (2015, p. 216).
125. 以下で引用。Cooper ([1932] 2001, p. 39).
126. Levasseur (1894, fn. 1, p. 189).
127. Levasseur (1894, p. 187).
128. Taylor (2013, p. 269).
129. Keynes (1923, p. 46).
130. Hanke and Kwok (2009, p. 355).
131. Click (1998).
132. Rogof (2016, figure 6.1, p. 84).
133. Spicer (2015).
134. たとえば以下を参照。Blanchard and Pisani-Ferry (2020).

第3章

1. Hicks (1969, p. 81).
2. Gibbon ([1776] 1946, p. 100).
3. 「salad（サラダ）」もまた「salt」を語源にする。古代ローマの人びとが葉物野菜などに塩をかけて食べていたことに由来する。
4. Viard (2014).
5. 専売制は緩和されつつある。2017年の時点で、国営企業以外の塩製造業者が価格を決定し、市場に直接販売することができる (Hancock, 2017).
6. Webber and Wildavsky (1986, p. 170).
7. Newman (1985, pp. 90–91).
8. Dowell (1884a, p. 206).
9. Lockyer (1964, p. 209).
10. 専売事業の収入は、政府の年間総収入が約90万ポンドだったのに対し（Bank of England n.d., table A26）、約10万ポンドにのぼった（Loades 1974, p. 385）。
11. Rapport (2009, p. 43); Beales and Biagini (2013, p. 88); Smith (2000, p. 62).
12. Dupuit ([1844] 1969).
13. こういった売上はしばしば収入源と表現され、今日実際に現金収入を生みだしているが、資産売却によって将来の収入は失われる。会計基準はこの点にとらわれており、政府の金融資産の売却はせいぜい手元の資産と別の資産の交換として扱われ、財政赤字あるいは政府の純負債にまったく影響しないと認識されている。だがこういった錯覚はそれ以外にもたくさんある。たとえば以下を参照。Irwin (2012).
14. Cramton (2010, p. 301).
15. Binmore and Klemperer (2002); Klemperer (2004). ひとり当たりの計算は後者の152ページを参照。為替レートはKlempererが225億ポンドを390ユーロに換算した際に使用したと思われるものを使用。
16. Roller (2001, p. 204).

17. Palan (2002).
18. Steinberg and McDowell (2003, p. 49).
19. Slemrod (2008) は、国家主権の商品化が、それ以外の方法による資金調達が困難な国で行なわれる傾向にある証拠を示している。
20. Beech (2016).
21. International Monetary Fund (2017b, p. 8).
22. Henley & Partners (n.d.).
23. *BBC* (2014).
24. Webber and Wildavsky (1986, p. 68). もっと最近の考古学的調査によれば、その人数はむしろ 2 万人から 2 万 5000 人であり、労働者の一部は自発的に汗水たらして働いたと考えられる。
25. Carpenter (2003, p. 84).
26. Judson (2016, p. 194).
27. Rwanda Governance Board (n.d.).
28. Olken and Singhal (2011).
29. Grapperhaus (1998, p. 43).
30. Levi (1997, p. 89).
31. Meier (1994).
32. Levi (1997, p. 97); Meier (1994).
33. エドセルの名前は、彼にちなんで名づけられた自動車の商業的な大失敗によって世間に知られている。
34. *BBC News* (2014).
35. Scheve and Stasavage (2016).
36. Chambers (1987, p. 213).
37. Chambers (1987, p. 185).
38. *New York Times* (1863).
39. Ellis and Noyes (1990, p. 190).
40. Levi (1997, p. 111). ひどかったのは船乗りのジョージ・サムソンの例である。サムソンは、彼自身のために開かれる祝賀会に普段着で出かけたところ、その途上で白い羽根を突きつけられた。彼はガリポリの戦いでの勇敢な行動によりヴィクトリア十字章を授与されていた。
41. MacFarlane (1844–1845, vol. 1, p. 130).
42. 「公平かつ平等な貢献を回避したがる卑劣さが……自発的な愛国心の発揮によって相殺されてきた」とピットは考察している (Seligman 1914, p. 71).
43. Marshall (1912, p. 30).
44. これは皮肉なことだった。ボールドウィン家の財産は鉄鋼業によって築かれたからである。
45. Brunner and Sonstelie (2003, p. 2180).
46. 寄付をした場合はその分の税控除を認められる。これは少々奇妙である。その控除によって政府は税収を減らし、債務を増やしてしまうのだ。

47. Weir (1998, p. 265).
48. Dowell (1884a, p. 243).
49. 第 12 条。Bagley and Rowley (1968, p. 103).
50. Hurstfield (1955, p. 53).
51. Kenyon (1990, p. 118).
52. Powicke (1950).
53. Quintrell (2014). この金額はチャールズ一世がそれ以前に発した船舶税令状による一回分の徴収額に相当した。船舶税についてはつぎに論じる。
54. 当時は一般に金銭で支払われるようになっていたが、ロンドンではそうとはかぎらなかった (Gill 1990, p. 347).
55. Dowell (1884a, p. 228).
56. それでも 1636 年と 1637 年の令状によってそれぞれ 20 万ポンド近くの資金が調達された (Kenyon 1990, p. 119).
57. Gill (1990, p. 357).
58. Dowell (1884a, pp. 240–241).
59. Constitution Society (n.d.).
60. Johnson, Coleman-Norton, and Bourne (1961, p. 120).
61. Aftalion (1990, p. 160).
62. Cunich (1999, p. 126). 1534 年、分割払いの最後の 1 回は免除された。この年、ヘンリーは教会税の権利をわがものとした。
63. City of Doraville (2013).
64. Simmons (2014).
65. Seidl (2015).
66. Philip Morris Inc., R. J. Reynolds, Brown & Williamson, and Lorillard.
67. これに加えてコロンビア特別区、アメリカ領プエルトリコ、アメリカ領ヴァージン諸島。また、その前年に主要企業側と和解した州が 4 州ある。
68. つまり、その他の企業がこの増加分を相殺する以上に売上を減少させないかぎり。
69. Bulow and Klemperer (1998, p. 340). 理論上はこの取引で企業の利益が増えることもあり得る。競合がほんの数社であれば、増税となっても、黙って（表立った合意は違法になる）生産高を減らし、価格を増税分以上に引き上げ、税引後利益を増やすことも可能だ。たとえば以下を参照。Delipalla and Keen (1992); Weyl and Fabinger (2013). 新しいように思える概念もそのほとんどは昔からあったものである。こういったやり方にしても最初期の（もっとも偉大な）数理経済学者であるオーギュスタン・クールノーによる観察記録がある。Augustin Cournot [1838] (1897).
70. それぞれ『国家』と『政治学』から。
71. Brewer (1988) は、イギリスで売官制の利用が比較的少なかった原因として、軍事支出の必要性が比較的高くなかったことを挙げている。
72. Brewer (1988, p. 15).
73. Doyle (1996, p. 9).
74. それでも七年戦争の戦費の 5 パーセントほどを賄った (Doyle 1996, p. 99).

75. Doyle (1996, p. 60).
76. Doyle (1996, p. 77).
77. Doyle (1996, p. 12).
78. 彼はプロテスタントだったので、法律上はそうではなかった。
79. Doyle (1996, p. 266).
80. Doyle (1996, p. 11). 売官制を称賛した数少ないひとりにモンテスキューがいた。彼自身も売官制を通じて獲得されていたボルドー高等法院長の官職を継承した (Doyle 1996, pp. 76–77). 国王の意思にしたがって官職を割り当てるほうがよほど腐敗といえるのではないかというのが彼の言い分だった。ヴォルテールは売官制に反対したが、ポンパドゥール夫人から与えられた御寝所侍従の職を譲渡することで利益を得た (Doyle 1996, p. 250).
81. Doyle (1996, pp. 275–276).
82. 実際、1790 年 9 月に初めてアシニャの発行数が大幅に増加されたが、これは役人の給与のためだった。
83. イギリスの売官制において興味深いのは、他国よりもずっとあと、つまり 1871 年まで陸軍士官の階級を売買する制度が残っていた点である。ばかげたことに思えるかもしれないが、この制度には望ましいインセンティブを生みだす効果があった。臆病は望ましくなく、臆病だと階級が剝奪された。無謀もそれと同じで、戦闘中の無謀な行為で死ねば、これまた階級を剝奪された（残された妻子は当てにならない陸軍の義援金を頼みにしなければならなかった）。売官制によって士官になった人物のなかには、勇敢な行為ではあったが多くの戦死者を出した 1854 年の「軽騎兵旅団の突撃」の指揮官カーディガン卿もいれば、大佐の階級を金で買ったが戦闘をいっさい経験しなかったウェリントン公爵もいる (Allen 1998, p. 45).
84. 利益を得たひとりにウィリアム・ヴェスティがいたといわれる。彼については第 11 章でくわしくとりあげる。
85. North and Weingast (1989, p. 811).
86. めったに当選しないと知っていながら宝くじを買いたがる人は多い。以下を参照。Clotfelter and Cook (1991).
87. Pearson (2016).
88. 例を挙げれば、ニューヨーク州の宝くじに関するある調査によれば、2009 年の世帯収入に対する宝くじ購入額の割合は、年収 2 万ドルの賃金労働者では約 3 パーセントだが、年収 6 万ドルから 8 万ドルの賃金労働者では約 1 パーセントだった。平均損失についてもやはり逆進的になると考えられる。以下を参照。Kramer (2010).
89. Ezell (1960).
90. Statista (2017a, 2017b). 州営の宝くじがない州は、アラバマ州、アラスカ州、ハワイ州、ミシシッピ州、（意外にも）ネヴァダ州、それにユタ州である。

第 2 部

1. Gibbon ([1746] 1946, p. 488).

第4章

1. 以下より。De Cive (Hobbes 1651, p. 199).
2. カッシウス・ディオの言葉は以下から引用。Dio ([61] 1925, pp. 85, 87).
3. カッシウス・ディオは相続税に関して彼女につぎのような軽口を叩かせてもいる。「あの者たちの場合は死ぬことにすら金がかかる。……それ以外の人間、とりわけ他人の奴隷であった者は、死ぬことで自由を手に入れる。ローマ人にかぎっていえば、間違いなく死者であっても利益のためならば生者でありつづける」(Dio [61] 1925, p. 87).
4. たんに「金持ち」「貧乏」と表現するのは行き過ぎた単純化であって、こういう言い方をしていれば課税について考察する場合にかなり重要になると思われる問題を見過ごしかねない。たとえば今年の低所得者は将来高所得者になるかもしれない。所得は高額だが資産はほとんどないという人もいるだろう。それに、豊かさへの見方については、それが相続によるものかイノベーションの成功によるものかで変わってくることも考えられる。とはいえ、こういった単純化によって長たらしい説明を簡潔にできることはたしかである。
5. Marx (1852, p. 1).
6. 以下で引用。Oman (1906, p. 9).
7. わずらわしい税のひとつに「ヘリオット」があった。借地人が亡くなった場合、いちばんいい家財（たいていは家畜）を領主に差しだすことになっていた。それに「マーチェット」という税もあった。これは娘、場合によっては息子の結婚許可を得るための料金であった (Hilton 1969, p. 66).
8. 第2章でも述べたとおり、この税は「サラディンの10分の1税」と呼ばれた。1188年、第3回十字軍の戦費を賄うため、動産に対して10パーセントの課税を行なったものだ (Dowell 1884a, p. 44).
9. 最貧困地域は（それに何らかの理由からチェスターとダラムも）納税義務を免除された。
10. Dowell (1884a, p. 97). そのため、15分の1および10分の1税はたんに約3万9000ポンドの調達を意味するようになり、望ましい金額を集めるために3万9000の倍数にあたる金額が割り当てられるようになった。
11. この場合の問題——もっと広くいえば、時代遅れの資産評価方法の問題——は、全体の繁栄のレベルではなかった。その点ならば税率（15分の1および10分の1税の何倍を徴収するか）の調整によって対応できた。真の問題は、各地域の相対的な繁栄度の変化であった。
12. 以下で引用。Dowell (1884a, p. 102).
13. 物乞いのみ納税義務を免除され、夫婦は1単位として課税された (Oman 1906, p. 25).
14. Oman (1906, p. 27).
15. Oman (1906, p. 24).
16. Oman (1906, p. 25).
17. しかしこの点を大げさに言い立てるべきではない。逆進性は厚かましい下層階級を

おとなしくさせる方策として用いられる場合もあったようだ。「イングランドのすべての富が労働者と職人の手に渡ってしまった」(以下に引用。Oman 1906、p. 24)。それに、ブロックリーのような場所ばかりではなかった。近隣のシェヴィントンの場合、裕福な地主がひとりしかおらず、もっとも貧しい者はどうにかして1シリングを払わなければならなかった (Oman 1906, p. 27).

18. McLean and Smith (1994, p. 132).
19. Dickens (1914, p. 134).
20. Oman (1906, p. 76).
21. ロンドン郊外ではいざこざがしばらく続いた。
22. Oman (1906, p. 84).
23. 以下で引用。Dowell (1884a, p. 116).
24. 真の税負担者の問題については第7章でもっとくわしくとりあげる。
25. ただし学生と社会福祉受給者は課税額の20パーセントを納めればよかった。
26. Thatcher (1993, p. 648).
27. Smith (1991, p. 429).
28. たとえば以下およびその参考文献を参照。Keen (2013).
29. コミュニティチャージは1989年にスコットランドで初めて導入され、ただちに強い抵抗にあった(Bagguley 1995, p. 699)。冷笑的に、保守党政権はスコットランドでほとんど犠牲を払わずに実験を行なったなどといわれた。スコットランドならば選挙にほとんど影響しなかったからだ。情勢不安定な北アイルランドでこの税が導入されることはなかった。
30. Smith (1991, p. 429).
31. 地区ごとの数値は以下から。Bowles and Jones (1993, p. 446).
32. 以下で引用。Bagguley (1995, p. 713).
33. Smith (1991, p. 432).
34. 以下を参照。Bowles and Jones (1993); Besley, Preston, and Ridge (1997).
35. Bagguley (1995).
36. カウンシル税は(賃貸価値ではなく)資産価値を基準にして課税されるが、その資産価値は(現時点で)8段階に区分されている。ひとり暮らしであれば基本額の75パーセントを納めればよい。
37. 納税義務の有無は選挙登録にもとづくものではなかったが、税務当局は課税のために選挙人名簿を利用した。
38. オリヴァー・レトウィン Oliver Letwin。以下で引用。McLean and Smith (1994, p. 128).
39. McLean and Smith (1994, pp. 141–142). このためコミュニティチャージはアメリカ南部諸州の人頭税によく似たものになった。それについては第6章でとりあげる。
40. 軍役免除税はアングロ=サクソン時代にはすでにあったと考えられる (Hollister, 1960).
41. Bagley and Rowley (1968, p. 103).
42. Clark (2006, pp. 91, 94).

43. Judson (2016, p. 46).
44. Dewald (1996, p. 32).
45. Cobban (1963, p. 58).
46. 偉大な軍事工学者ヴォーバンは 1707 年にタイユ税をはじめとする税をすべて廃止するかわりに事実上の所得税を導入することを提案した。控除はなく税率は一律 10 パーセントというものだった。この提案およびフランスにおける所得への課税全般に対する考え方の推移については以下を参照。Chambas and Combes (2001).
47. 以下で引用。Schama (1989, p. 86).
48. たとえば 1749 年から 1790 年まで導入されていた「ヴァンティエム」(「ディズィエム」の後継) は土地・会社・経済活動から生じた所得を課税対象にする 6 パーセントの税だった (Kwass 1999, p. 359).
49. 以下で引用。Jeanneney (1982, p. 29). 英訳は著者。デュポン家はアメリカ税金史のもっとあとにも登場する。ピエール・サミュエル・デュポンは当時世界でも指折りの金持ちで、デュポン家の巨大化学製品製造会社の社長であると同時にその影響下にあったゼネラルモーターズ社の社長でもあり、禁酒法廃止のためロビー活動をさかんに行なった。彼は所得税を忌み嫌い、新たに合法化されたビールへの課税による収入は莫大になるのだから所得税は必要なくなるのではないかと考えていた。
50. Davies (2009, p. 20).
51. Schama (1989, p. 386).
52. アメリカ大統領選挙に民主党候補として 3 度出馬しいずれも落選した（1896 年、1900 年、1908 年）。人の心をつかむ雄弁家で、ウィルソン政権で国務長官を務めた（政府の方針が開戦に向かっているとして辞任した）。残念ながら彼にまつわるエピソードで今日もっとも有名なのは、進化論裁判として知られる 1925 年のスコープス裁判で創造説を擁護したことだろう。
53. Bryan and Bryan (1900, p. 243).
54. 以下の裁判記録の少数意見。*Compañía General de Tabacos de Filipinas v. Collector of Internal Revenue*, 275 U.S. 87 (1927).
55. Babbage (1851, p. 15).
56. 「担保契約」ともいう。一方、アメリカでは一般に「イヤーマーク」という用語が使われている。通常の配分のプロセスを回避する支出方法に関する法令の但し書きを指していう。
57. Daunton (2001, p. 68).
58. Bird and Jun (2005, p. 27).
59. Pérez (2008).
60. Daunton (2002, p. 130).
61. Institute for Fiscal Studies (1993, pp. 64–65).
62. Seligman (1914, p. 368).
63. このアプローチが存在することを前提とする幸福の定量的指標を個人間で比較することがどの程度可能なのか、またそれがどの程度必要なのかに関してはさまざまな疑問が上がっている。個人の幸福の概念に着目するこの「厚生主義的」アプローチ

にはいくつかの代替案がある。より広い社会にしっかりと参画する能力を重視するものもそのひとつだろう。以下が提示している。Sen (2009).

64. Rawls (1971).
65. 以下で引用。Lockyer (1964, p. 33).
66. Dowell (1884a, pp. 170–171).
67. Dowell (1884a, pp. 105–107). 1379 年の制度と 1513 年のそれでは異なる点がある。公爵、伯爵、男爵に対して課税した点は変わらなかったが、1513 年の制度では区分がもっと大まかになり、いくらかは所得に関連づけられてもいた。
68. たとえば公爵、伯爵、子爵その他によって税額の異なる出生、死亡、結婚に対する課税もあった。
69. North (2012, p. 161).
70. Hill (1892).
71. Latham (1985, pp. 102–103). どういうわけか 1666 年の炉税申告の記録にピープスの名前はないという (Wareham 2017, p. 472).
72. Hill (1892, p. 211).
73. たとえばフランスの「カピタシオン」では社会階級によって異なる税額が徴収されるようになっていった。Seligman (1914、p. 50) によれば「カピタシオン」は 1705 年にはフランスの 4 分の 3 の地域で事実上の所得税になっていた。またプロイセンの「階級税」では社会階級のみによって税額が決定されるわけではなかった。この点は 1821 年の「階級税」法に関する指示書に明記されている。「階級税は定額の人頭税と……所得税の中間に位置づけられるものである。……所得税の場合は納税者の個人情報を徹底的に調査しなければ税務を執行できない。……そのためつねに煩雑である」。以下で引用。Hill (1892, p. 210).
74. またバビロンとアッシリアは少年 500 人を宦官にしなければならなかった。Strassler (2009, pp. 250–255).
75. Dowell (1884a, p. 98).
76. 構造からいえば、これは基本的には所得税だった——たとえば、給与は課税対象だった（ただし陸海軍の現役士官を除く）——が、まもなく土地税の要素が圧倒的となった。たとえば、公務員は税金の還付を受けた。また、この土地税は散発的にではなく定期的に——原則として毎年——発生する直接課税の始まりでもあった (Ward 1953, pp. 7, 28, 16).
77. Ward (1953, p. 20).
78. Ward (1953, p. 3).
79. Pezzolo (2012, p. 274).
80. Nakabayashi (2012, p. 384).
81. Gatrell (2012, p. 197).
82. Goldsmith (1987, p. 73).
83. Scott (1998, fn. 69, p. 38).
84. Ward (1953, p. 37). 引用は以下から。Plumb (1967, p. 148). もともとは『スペクテイター』誌に掲載された記事だった。

85. Goldsmith (1987, p. 226).
86. 偽造用の印刷版の所有については以下を参照。Rickards (2000).
87. フランスはそれよりも早く、1690年に帽子税を導入していた (Dowell, 1884d, p. 401).
88. Uglow (2014, p. 149). 帽子税は1811年まで、かつら税は1869年まで課された。
89. 以下で引用。Ward (1953, p. 123).
90. Simons (1938, p. 40).
91. *Robertson's British Tax Tables* (Robertson 1792, p. 58). 獣脂ろうそく——動物の脂肪でできたろうそく——は、ろう（あるいは鯨油）でできたろうそくよりも長持ちしなかったうえひどいにおいがした。灯心草ろうそくは乾燥させたイグサの髄を油脂に浸してつくった。富裕層をターゲットにする税としてのろうそく税については、たとえば以下を参照。Plumb (1960, pp. 241–242).
92. Brown (2007, pp. 12–13).
93. 以下で引用。Dillon (2002, p. 136).
94. Smith (1820, p. 78).
95. 以下で語られている。*This Way Caribbean Islands* (2001, p. 167).
96. この税は1792年まで継続された。以下で引用。Brown (2007, p. 19).
97. Ward (1953, p. 123).
98. Smith ([1776] 1868, Book V, chapter II, para v. 2.155.)
99. たとえば以下を参照。Tax Research Foundation (1938, pp. 29–30).
100. そのほか、納税者の居宅の窓およびドア、不動産の賃貸価値、それに人的財産を対象にする税があった。
101. 以下を参照。Rajaraman (1995); Yitzhaki (2007).「タクシヴ」と同じく、これらの推定評価は「反証を許す」ものだったと思われる。レストラン経営者は、「タクシヴ」の数式から示される金額よりも所得が少ないことを証明できれば、その少ないほうの金額を受けつけてもらえた。
102. Paine ([1792] 1894, p. 496).

第5章

1. Seligman (1914, p. 672). エドウィン・R・A・セリグマン（1861－1939年）はアメリカの経済学者で、1885年から1931年までコロンビア大学で教鞭をとった。税および公共財政について画期的な研究を行なった。所得税研究の大家で、その代表的な著書は1911年初版の『所得税』である。セリグマンはアメリカ経済学会の創設者でもある。また、本書の著者にとっては経済学界の英雄である。
2. Mitchell (1988, p. 580).
3. トリプル・アセスメントの詳細は以下を参照。Dowell (1884b, pp. 221–222); Seligman (1914, pp. 65–66).
4. 居宅の賃貸価値を対象にする税は1778年にノース卿によって導入され（Shehab 1953, p. 35）、窓税とともに大きな収入をもたらした。
5. たとえば、1795年に導入された髪粉税は髪粉の購入に対してではなく年間の使用

許可に対して課された。髪粉に関してはこの税以外に事実上の物品税も課された（1800年まで）(Jefrey-Cook 2010, p. 384).

6. Kennedy (1913, p. 169).
7. 以下で引用。Seligman (1914, p. 71).
8. 所得税の導入によって評価税が廃止されることはなく、そのうちのいくつかは長く継続された。窓税が廃止されたのは1851年で、土地税は1963年まで継続された。
9. 例によって、馬鹿げているようでも実際はそうではなかった。この場合、もっとも高い所得は全額の10パーセントを支払い、（近年のように）所得の60ポンドを超過した分のみについて払うわけではなかった。60ポンドを超過して初めて10パーセントを課税されるとなれば、所得がその閾値からたった1ポンド増えただけで税額が6ポンドも増えることになった。複数の税率を用いることで税額の上昇は緩やかになったが、なくなりはしなかった。たとえば、所得が60ポンドをわずかに上回る場合は税率120分の1パーセントが適用され、税額は10シリング増えるのみだった。イギリスでは第一次世界大戦後までこういった税額の急上昇（「ノッチ」）が問題になっていた。
10. この分類はかなりの長期にわたって継続された。イギリスでは労働所得は2003年までスケジュールEに分類され課税された。
11. Jefrey-Cook (2010, p. 389).
12. Daunton (2001, table 2.1, p. 35).
13. Shehab (1953, p. 60) によれば、廃止は税そのものへの抵抗よりも政治工作により大きくかかわっていた。
14. ロバート・ピール（1788－1850年）は首相を2度にわたって務め（1834－1835年、1841－1846年）、歴代のイギリス首相のなかでもとりわけ称賛されているひとりで、保守党の創設者といわれる。引用は以下から。Gladstone (1863, p. 18).
15. Seligman (1914, pp. 128–129).
16. Gladstone (1863, p. 48).
17. Seligman (1914, p. 153).
18. Seligman (1914, pp. 172–173).
19. イギリスの所得税は、厳密にはいまでも毎年4月5日を期限にする時限税で、毎年提出される税制改正法案によって更新される。
20. Heilbroner (1999, p. 173).
21. ハーコートは温和な人物だったが、運悪く世間の笑い種になったことが2度あった。ひとつは1882年に『タイムズ』紙に載った記事である。ハーコートの演説に関する記述にとんでもない一文がまぎれこんでいた。「すると、登壇者は少々ファックしたい気分だと述べた」。もうひとつは晩年の出来事で、彼は思いがけず不動産を相続し、彼自身が制定した法律により遺産税を支払うことになった――ところがまもなく亡くなったため、相続人に余計に多くの税金を支払わせた。
22. 反対の根拠は、源泉徴収方式でこれほど高い税率の税金を集めるとなれば、還付金を受けとる資格のある納税者が手に負えないほど多人数になるというものだった。
23. 委員長を務めたのは急進派の才気煥発なチャールズ・ディルク卿だった。乱れた女

性関係が取り沙汰され政治家生命を絶たれた人物だ。ヴィクトリア朝時代の政界は退屈などではなかった。

24. 源泉徴収制の維持のため、この超過税は独立した税として設けられた。この税の納税義務があると思われる者は納税申告書の提出を義務づけられた——すべての所得の情報を政府に知らせることを初めて義務づけられたのは小ピット政権時代だった。
25. Mallet (1913). 以下で要約。Daunton (2001, p. 361).
26. *The Public* (1909).
27. *Hansard's Parliamentary Debates* (1909, p. 1959).
28. 「控除 deduction」は課税対象の所得（あるいはその他の課税ベース）から差し引くもので、納税者の限界税率に応じて税額を減らす。それに対して「税額控除 credit」は直接税額から差し引く。
29. 以下で引用。Seligman (1914, p. 203).
30. ディズレーリは 1852 年の予算に差別化を盛りこもうとしたが、少数与党政権だったためにかなわなかった。ところどころで洗練された議論がくりひろげられているその記録については以下を参照。Daunton (2001); Shehab (1953).
31. 前者は（2000 ポンドまでの所得に対して）1 ポンドにつき 9 ペンス、後者は 1 シリング (Daunton 2001, p. 361).
32. Seligman (1914, p. 430).
33. 南部は 1863 年に所得税を導入した。セリグマンらによればその設計は北部のものよりも優れていた。Seligman (1914, p. 492).
34. Weisman (2002, p. 34).
35. Seligman (1914, p. 439).
36. Weisman (2002, p. 102).
37. Seligman (1914, p. 472).
38. 1880 年の連邦政府の総税収に占める割合は、関税収入が 56 パーセント、アルコールおよびタバコ税が 34 パーセントで、残りはその他のさまざまな税の収入だった (Mehrotra 2013, table 1.1, p. 7).
39. 州および地方政府は資金調達を財産税に頼っていたが、パートタイムの査定人が徴収しており、脱税が横行していた。だが、原則として財産税はすべての財産を課税対象としたため、事実上の農業従事者差別であるという批判の声も上がった。農業従事者の財産は目で見て確認することの容易な土地・家畜・農業機械だったが、都市部の富裕層のそれは国外移転が容易な金融資産だったからである (Mehrotra 2013, p. 44).
40. *New York Times* (1891).
41. 連邦議員デイヴィッド・A・デアーモンドの言葉。以下で引用。Seligman (1914, p. 502).
42. Article 1, Section 9, Clause 4.
43. この解釈でさえ紛らわしい。というのも、第 4 章でとりあげたフランスの「カピタシオン」は人頭税ではなかったからだ。
44. Jensen (2016, p. 10).

45. Seligman (1914, p. 568).
46. Seligman (1914) には、南北戦争時の所得税導入につながった議論について、誰もがこの解釈に同意したとまで書かれている。
47. Seligman (1914, p. 435).
48. このおかしな解釈の原因のひとつに、第7章で触れた18世紀の重農主義者の思想があったかもしれない。あらゆる税負担を最終的に引き受けるのは土地（すなわち「土地所有者」）であるから、税は土地に直接課税するものとそれ以外に二分されるというのである。実際にこの説は「ポロック」裁判（もう少しあとで論じる）の際に引用されている。だが、われわれが畏敬するセリグマンが明らかにしたところでは、所得税は「間接税」であるという主張を偉大な重農主義者アンヌ・ロベール・ジャック・テュルゴー（1727－1781年）がかつて支持していたとする文献は誤解を招くものだ。Seligman (1914, pp. 562–564). また言及されている覚書は（英訳されていないどころか）フランスで出版されていない。それにテュルゴーはその他の著述のなかで所得税を明確に「間接税」に分類している（読者にもわれわれがセリグマンを英雄視する理由がおわかりいただけただろう）。ともあれ奴隷がこの論理のどこに組みこまれたかは不明である。
49. Article 1, Section 2, Clause 3.
50. Weisman (2002, p. 33). それほど懸念する必要はない理由があった。1795年、馬車に対する課税は直接税ではないという主張が最高裁に支持されていた（ヒルトン対アメリカ合衆国裁判）。というのも、直接税ならば配分されなければならないが、その結果として生じる状況――馬車が少ない、比較的貧しい州で税率が高くなる――は馬鹿げており、憲法の意図するところにまったく一致しないからであった。.
51. Strong (1917, p. 225).
52. *Pollock v. Farmers' Loan & Trust Company* 158 U.S. 601.
53. この1857年の最高裁判決――アフリカ人を先祖に持つ者はアメリカ市民になり得ないという主張を支持したこと――との対比は、セリグマンの論文に引用されているところでは,「ポロック対農民信託貸付会社裁判」の判決に対してしばしば見られた反応であった。Seligman (1914, p. 589). この最高裁判決を呆れるほどひどいと考えていたセリグマンは、珍しいことに根拠となる資料を示していないが、以下はそれに近いものである。Jones (1895).
54. Blakey and Blakey (1940, p. 20).
55. Roosevelt (1919).
56. 第一次世界大戦中に所得税収入が増大する少し前、アルコール税は関税にかわって連邦税最大の税源になった。
57. Okrent (2010, p. 54).
58. Weisman (2002, pp. 210–211).
59. Weisman (2002, p. 102).
60. フィリピン総督時代、タフトは山岳地帯に馬で出かけたことをエリフ・ルート国務長官に報告した。するとルートは電報で返事をよこした。「馬は無事か？」(Zimmerman, 2002, p. 392).

61. この法案は違憲性を問われることになった——反対派の主張では、法人格付与は州の役割であるから、法人に課税できるのは州のみであった——が、最高裁によって合憲とされた。*Flint v. Stone Tracy Co.* 220 U.S. 107 (1911).
62. 以下で引用。Blakey and Blakey (1940, p. 62).
63. Hormats (2007, p. 103).
64. Paris and Hilgert (1983).
65. 以下で引用。Mehrotra (2004, p. 188).
66. 以下を参照。Internal Revenue Service (1918, 1919).
67. Mellon (1924, pp. 56–58).
68. この点は北欧諸国の二元的所得税の制度に顕著である。以下を参照。Sørensen (2010).
69. カイヨー事件については以下を使用。Le Naour (2007).
70. その後の議論については、とりわけ以下を参照。Seligman (1914), Jeanneney (1982), and Didier (2014).
71. Institut des Politiques Publiques (2014, p. 2).
72. Seligman (1914, p. 281).
73. 以下で引用。Seligman (1914, p. 318).
74. ジョゼフ・カイヨーにとっては苦い結末となった。1917 年に反逆罪で刑務所に送られたのである。だが、見方によっては難を逃れたともいえる。7 月 31 日、愛国者ラウル・ヴィランは殺したい相手を探していた。手にした拳銃にはふたつのイニシャルが刻まれていた。ひとつはジャン・ジョレスの「J」だった——フランス左派の指導者で、断固たる反戦主義者である。ヴィランは彼をモンマルトルのカフェで見つけ、撃ち殺した。そしてもうひとつのイニシャルはカイヨーの「C」だった。
75. フランスは 18.6 パーセント、OECD 加盟国の平均は 23.9 パーセントであるが、フランスは実効税率が加盟国のなかで最も高い (OECD 2019c, table 1.1).
76. 個人所得税収入に分類される収入の約 5 分の 3（注 75 にも記した歳入の 18.6 パーセント）は「一般社会拠出金」およびそれに直接関連する税収である (OECD 2019c, table 5.10).
77. Chambas and Combes (2001).
78. Chambas (2005, pp. 82–86).
79. 皮肉なことに、われわれはアメリカにおける所得税の始祖をなかなか挙げられなかった。その他の候補には、アメリカで所得税への理解の促進に多大なる貢献をしたエドウィン・セリグマンや、1815 年、財務長官時代に前述の提案をしたアレグザンダー・ダラスがいる。
80. 以下で引用。Matthew (1979, p. 627).
81. OECD (n.d.b, table I.7).
82. この件については第 14 章でとりあげる。
83. つじつまが合わない考えだ。法人は（法的な意味を別にすれば）個人ではないからである。
84. Daunton (2001, p. 95).

85. このふたつの方法の相違は、第 2 の方法においてのみ、好むと好まざるとにかかわらず、政府が貯蓄から生じる利益のパートナーになる点である。アメリカの読者ならば、第 1 の方法は「ロス IRA」、第 2 の方法は「401（k）」だと気づくかもしれない。
86. ここでは以下を念頭に置いた。Thomas Piketty (2013); Emmanuel Saez and Gabriel Zucman (2019b). これらは新たな富裕税について論じている。
87. Seligman (1914, p. 89).
88. United Kingdom of Great Britain and Ireland (1920).
89. たとえば以下を参照。Gordon (1992); Mintz (1994); Sørensen (2007).

第 6 章

1. *Congressional Globe* (1870, p. 4038). ルーツはアーカンソー州選出の議員を 1 期務めた。
2. Thornton (1983, p. 24).
3. Dowell (1884a, p. 28).
4. Holloway and Wilson (2017, p. 180).
5. これはルイジアナ州選出の民主党上院議員ラッセル・ロングの見解である。彼は 1966 年から 1981 年まで上院財政委員会で議長を務めた。その父親はやはり政治家だったヒューイ・ロングである (Pine, 1978).
6. この出来事については以下で論じられている。Sadasivan (2000, p. 394); Radhakrishnan (2009); Surendranath (2013). Arya (2016) はその歴史的信憑性をこう評する。「インド史上の事件として正式に認められていない村の言い伝え」。いつ起こったかの説明は資料によってさまざまで、1803 年だったともいわれている。
7. Tutt (2010).
8. Crawford (2003, pp. 293–294).
9. 以下を参照。Frances (2004).
10. 2018 年現在。以下を参照。U.S. Agency for International Development (2018, p. 28).
11. 明示的なジェンダーバイアスと黙示的なそれの相違については以下に詳しい。Stotsky (1997).「ピンク税」「女性税」などと呼ばれた女性差別は税抜価格にもあったといわれる。たとえば 2010 年に『コンシューマー・レポート』誌が報じたところでは、ドラッグストアは、内容がまったく同じ商品であっても、女性向けと銘打たれたものにより高い価格をつけていた (*New York Times*, 2014).
12. 以下を参照。Larimer (2016); Leskin (2016); Geiger and Garcia (2016).
13. 効率性の観点から、ほとんどが女性である第 2 の稼ぎ手には、第 1 の稼ぎ手よりも低い限界税率を適用すればいいということもできる。多くの調査の結論によれば、女性の労働市場についての決定、とりわけ労働市場に参加するかどうかの決定は、税引き後賃金の変化に、男性の場合より敏感に反応する。第 10 章でも論じるとおり、これは女性への課税によってより多くの超過負担が生じるということだ。何らかの税が課されることで、男性の場合よりも多くの労働供給が失われることになるからである。女性の税を下げ、男性の税を上げれば、総合的な労働供給は増えると考えられる。以下を参照。Boskin and Sheshinski (1983).

14. Hitchman and Fong (2011).
15. 以下を参照。Thomas (1990, 1993); Lundberg, Pollak, and Wales (1997). おそらく、新型コロナウイルス感染症に対する支出面の反応が目に見えて大きいのは、いくつかの国――インドやトーゴなど――が意図的に女性の待遇を男性よりもよくしているからだ。
16. Ogden (1958, p. 6).
17. 南部における人頭税の記述については以下を参照。Ogden (1958, pp. 59–66). 引用は59ページから。
18. 以下で引用。White (2006, p. 160).
19. Johnson (2010, p. 93).
20. アメリカ合衆国憲法修正第24条は連邦選挙のみに言及しているが、1966年の連邦裁判所の一連の判決により、州選挙においても制限が撤廃された。
21. The Sentencing Project (2016).
22. Sheets (2017).
23. 以下を使用。Clements (2016).
24. 事実上、これはカトリックを意味した。プロテスタントであったオランダ人は不本意ながらも島原の乱の鎮圧に協力した。キリスト教徒を特定する手段として踏み絵が行なわれ、信者のなかにはキリストの絵を難なく踏んでみせた者もいたようだ。
25. Clements (2016, p. 65). 2カ所の引用は順に79ページと54ページから。
26. 天草四郎あるいは天草四郎時貞としても知られる。日本では1960年代以降この人物を登場人物とする漫画、アニメ、ビデオゲームが数多く制作されている。
27. Clements (2016, p. 200).
28. Heemstra (2010).
29. Koyama (2010).
30. Katznelson (2005, p. 108).
31. Dowell (1884b, pp. 62–63).
32. Jewish Virtual Library (n.d.).
33. Jewish Virtual Library (n.d.). 一般に考えられているほど過酷であるとはかぎらなかった。1244年の時点で、オーストリアでは死体ならば免税になった。
34. Gelber (1967).
35. Under the Act of Uniformity 1558.
36. この法律は空位時代に廃止された。だが、王政復古にともない、空位時代に成立したすべての法令が無効になった。ほとんど注目されなかったが、この法律は1888年までは制定法のままだった。
37. Weir (1998, p. 63).
38. Ward (1953, p. 69).
39. 補助金が用いられることもあった。フランスでは、太陽王と呼ばれたルイ十四世（在位1643－1715年）の時代、カトリックに再改宗したユグノー（フランスのプロテスタント）に補助金が出された。
40. Ansary (2009, p. 47).

41. 以下で引用。*Oxford Dictionary of Islam* (n.d.).
42. たとえばサウジアラビアでは、「喜捨税（ザカート）」は税務機関によって徴収されたのち社会保障機関に送金され、「イスラム法（シャリーア）」にしたがって支出される。
43. Eraly (1997, p. 405).
44. Eraly (1997, p. 401).
45. Montefiore (2011, pp. 198, 343–344).
46. Hanioğlu (2008, p. 90).
47. Ibrahim (2013).
48. Ibrahim (2015).
49. Dennett (1950, p. 74).
50. Saleh (2018).
51. Bowman (2000, p. 86).
52. Gernet (1995, pp. 37, 57).
53. Abbott and Johnson (1926, p. 225).
54. Martinez (2011).
55. Williams (1981).
56. 余談だが、ブレイ対アレクサンドリア女性健康クリニック裁判で最高裁は、「特定の階級の人びとがたまたま独占的にあるいは主として行なう」何らかの活動に対して不利な取り扱いがなされた場合、「その階級に対する冷遇の意図があると容易に推定される」という見解を述べている。挙げられた（おそらく仮説的な）一例は「ヤルムルケ〔ユダヤ人がかぶる帽子〕に対する課税はユダヤ人に対する課税に等しい」だった。
57. Kraal and Kasipillai (2014, p. 277).
58. 以下を参照。Stiem (2016); Kassam (2016).
59. U.S. Constitution art. IV, cl. 1.
60. イギリスの廷臣で作家のハリントン（1561－1612年）は人類にもっと大きな貢献をしている。水洗トイレを発明したのである。
61. Hyden (2015).
62. 以前は「臨時税」と呼ばれた。よく知られた「10分の1税」の名称は、臆病な行動をとった、あるいは不服従を行なった部隊の10人にひとりを選んで処刑する古代ローマの刑罰「10分の1刑」を思い起こさせた。この部分の記述は以下を参照。Durston (2001).
63. 地所は持っていないが、1500ポンドの価値のある財産を持っている場合、1500ポンドにつき100ポンドを支払った。
64. Vaughan (1840, p. 523).
65. Hazlitt ([1744] 1875, p. 355).
66. ウィリアム・ゴフからオリヴァー・クロムウェル護国卿時代の国務大臣ジョン・サーロウへの書簡。以下を参照。Birch (1742, p. 344).
67. 夫婦は申告を別々に行なうこともできるが、ほとんどの場合まとめて行なうほうが

税額を抑えられる。

第7章

1. Evidence to the Colwyn Committee (1927, p. 65).
2. 1280年には、関税収入（おもに羊毛による）は国庫収入の約40パーセントにのぼっていた (Barratt, 1999, table 3.6.2, p. 77).
3. 以下で引用。Power (1941, p. 42).
4. Dowell (1884a, pp. 135–136).
5. Salpukas (1992).
6. Sun-Sentinel (1993).
7. 非営利団体タックス・ファウンデーション・オヴ・ハワイのエグゼクティブ・ディレクターの発言。Kalapa (2012).
8. この件には落とし穴がある。税率25パーセント（あるいは何パーセントであれ）の意味は所得税と消費税とでは異なる。たとえば税率が100パーセントだとする。所得税の場合、納税者は税引後に何も得られない。だが消費税の場合、小売売上税であれVATであれ、あらゆる財とサービスの価格が（たんに）2倍になり、消費できるものが——消えてなくなるのではなく——半量になる。だから100パーセントの消費税は50パーセントの所得税に等しく、25パーセントの消費税は20パーセントの所得税に等しい。
9. この件については以下を参照。英訳も以下による。McCulloch ([1845] 1975, p. 156).
10. Aguado (2018).
11. Kopczuk et al. (2016).
12. Rucker (2011).
13. この不滅の原則をもっとも鮮やかに説明しているのは、イギリスの法学者ウィリアム・ブラックストン卿である。彼の著作『イングランド法釈義』によれば、法人は株主や経営者が変わってもそれ自体は変わらない。それは「部分部分は刻々と変化していても、テムズ川はテムズ川である」のと同じなのだ。Blackstone (1794, p. 495).
14. Haig (1934, pp. 31–32).
15. Haig (1934, p. 30).
16. Kornhauser (2010, p. 334).
17. コロラド、コネチカット、ケンタッキー、ネブラスカの各州。
18. Cole (2014).
19. *BBC News* (2009).
20. アメリカ英語の「corn（トウモロコシ）」のみを指しているわけではない。
21. 東インド会社とのつながりは本書のそこかしこに登場する。マルサスはヘイリーベリーの東インド・カレッジの教授だった。少しあとに登場するジョン・スチュワート・ミルは東インド会社に勤務していた——その父親で哲学者のジェイムズ・スチュワートもまたそうだった (Robins 2012, p. 187).
22. 1814年から1815年にかけてのマルサスとリカードの議論に関しては驚くほど多く

の論文が生まれている。しかもこのふたりは分析面において基本的に意見が一致していた。たとえば以下を参照。彼らの関係をより全般的にとらえている Dorfman (1989) および Salvadori and Signorino (2015).

23. 穀物法がどの程度保護的であったかに関してはいまだに論争が続いている。たとえば以下を参照。Sharp (2010).
24. Dorfman (1989, fn. 12, p. 158) によれば、ジェイムズ・アンダーソンは彼らのアイデアを 1777 年に思いついていたという。
25. リカードとマルサスは、この分析については意見が一致していたが、政策的意味合いについてはそうではなかった。リカードは、土地所有者の富の増加分はたんに消費活動に使用されるため、成長に貢献しないと主張した。それについてマルサスは、まったく問題ないと見ていた。さらに、農業の人為的拡大は国家の安全のために有益であるとも考えていた。それに対してリカードは、イギリスへの食糧供給を中断すれば外国の供給業者にとっても大きな損害になるので、実際にそうすることはないと主張した。結局のところ、ナポレオン時代のフランスでさえイギリスに食糧を輸出していた。
26. *The Economist* (2018a).
27. Irwin (1989, p. 54).
28. つまり貨幣賃金は、その賃金で実際に購入できるものと釣り合うように、物価で調整される。
29. Keynes (1923, p. 80).
30. 『イヴニング・サン』紙の記事によれば、これはトマス・トンプソンであった。以下で引用。Turner (1998, p. 1011).
31. Peel (1853, p. 601).
32. Peel (1853, p. 591).
33. Peel (1853, p. 651).
34. 以下で引用。Blake (1969, p. 236). 後日ディズレーリはピールについての意見を（少なくとも彼についての話し方を）変えている。「後世の人びとにはイギリス議会史上もっとも偉大な議員と認識されていることだろう」(Lexden, 2011).
35. Hurd (2007, pp. 368–370).
36. Seligman (1899).
37. Locke (1691, vol. 2, p. 36).
38. Rothstein (2008).
39. こういった便益移転の現象は EITC にかぎったことではない。ある研究によれば、アメリカの「扶養家族の世話費用控除」の 1 ドルのうち 73 セントから 90 セントまでが、物価および賃金の上昇の形でケア事業者の手にわたり、子供のケアの価格が下がることはない。別の研究の結論によれば、アメリカの高等教育の学生支援政策においては、学生とその家族に与えられる便益が、カレッジおよびユニバーシティの学費値上げによって大幅に減じられている。以下を参照。Rodgers (2018); Turner (2012).
40. Churchill (1909).

41. その背景には合憲性に関する考察もある。所得税が違憲とされた1895年のポロック裁判では、州債および地方債の利子への課税もまた違憲とされた。政府間非課税の法理に反することがその根拠だった。合衆国憲法修正第16条によって、連邦所得税がこの問題に対処する必要はなくなったが、所得税の導入を定めた1913年の歳入法により、地方債の利子は連邦税の課税対象から明確に除外された。この歳入法は現在も有効である。この除外が廃止されると合憲性が問題になるかどうかについては議論になっている。
42. ここではその2種類の債券を所有するリスクは同等と見なされている。コロナ禍後、本書の執筆時点で地方債の利回りは米国債の利回りよりも高かった。概して、地方債のデフォルトリスクのほうがより大きいと認識されていたためである。
43. (1−0.233) × 2.02 = 1.55 であるため。
44. Congressional Record (1909, p. 3989).
45. 消費者物価も上昇するかもしれないが、上昇の余地は消費財の輸入の可能性によって制限されると考えられる。
46. たとえば以下でのエビデンスの検証を参照。de Mooij (2011).
47. Furman (2017).
48. Summers (2017).
49. Gravelle (2017, p. 33).
50. 同委員会によれば「こうした資本と労働のあいだの分配は、経済研究における事業税の分配の推定値のミッドレンジを反映している」(Joint Committee on Taxation 2013, p. 30).
51. Yglesias (2013).
52. おもな目的は、資本税を導入するかどうかについて助言することであった。結局、このときには多数派報告は導入反対と結論した。
53. Colwyn Committee (1927, par. 845, p. 66).
54. Office for National Statistics (2020). こういった研究はしばらく前から少々時代遅れになっている。疑いなく、それにはここに記した懸念も反映されている。しかし、注目すべき例外がある。公正性推進研究所（Commitment to Equity Institute）による中所得国および低所得国を対象にする一連の分析である。その手法は同研究所のハンドブックに明確に記載されている (Lustig, 2018).
55. 以下を比較せよ。Saez and Zucman (2019a); Splinter (2020).
56. 一部の研究では、負の税の形をとる移転だけでなく、概して無償提供される基礎教育や保健医療などの公共サービスの形をとる移転も考慮に入れられている。これはいいことである。そもそもこれらのサービスの提供は課税のおもな理由のひとつだからだ。だがそれらの価値は、こういった研究においては生産コストで評価される場合が多く、受益者が考える金銭的価値とはかけ離れているかもしれない。
57. 関税については、穀物法の件で示されているように、消費への課税に国内生産への補助金給付を組み合わせたものととらえることもできる。だが関税は、税の帰着の研究においてはふつうそのように扱われない。
58. たとえば、公正性推進研究所の調査からもわかる。Lustig (2018, p. lxv).

59. とりわけそういった研究では、消費への課税（VAT など）は 100 パーセント消費者が負担し、賃金所得への課税は 100 パーセント労働者が負担すると仮定することが一般的になっている。少し前に述べた、このふたつの税のあいだの等価性は、ここに矛盾があることを示している。そのとき論じた一般原則を当てはめれば、消費への課税が 100 パーセント労働者の負担になるのは、消費財への需要が完全に非弾力的である場合である。だがそれならば、消費者物価が（この税のせいで）上昇すれば、（変化しない）消費のコスト上昇を賄うために労働供給もまた増加することになる。だから労働供給はいくらか弾力的だということになる。そうなると、労働供給は完全に非弾力的というわけではなく、賃金所得への課税が 100 パーセント労働者の負担になることはあり得ない。
60. Whalley (1984).
61. イギリス国家統計局によるこの種の調査についてのこうした解釈は、以下を参照。Dilnot, Kay, and Keen (1990).
62. The analysis in Benedek et al. (2020) の分析は、どちらかといえばこの仮定を支持するものだ――しかし、問題は解決とは程遠い。

第 3 部

1. "The Dog and the Accountant" より。以下で引用。Barzel (1976, p. 1177). また、1973 年 9 月 17 日発行の『ニューヨーカー』誌の 40 ページにも掲載されている。

第 8 章

1. 最高裁におけるウェブスターの弁論より。McCulloch v. Maryland, 1819. 17 US 36.
2. 農民はこの税の修正版の対象だった。都市に足を踏み入れるときにはひげを剃ること、もしくは 1 コペイカ（100 分の 1 ルーブル）を支払うことを義務づけられたのだ。ひげ税の納税額がどれほどの負担だったかを把握するための参考として、ピョートル一世の治世における非熟練労働者の平均賃金は 1 日当たり 5 コペイカから 8 コペイカだった（Sudakov, 2013）。貴族や商人の場合、毎年の納税額が 100 ルーブルにのぼることもあった（Eschner, 2017）。ひげ税は 1772 年まで継続された。
3. 紀元前 403 年のローマにさかのぼる (Peck, 1898).
4. これと比較してほしいのが、現代イギリスの地方財産税における「裕福な独身者」減額だ。これは、納税義務者がひとりしかいない不動産にかかるカウンシル税が 25 パーセント減額されるものだ。税のブランディングという意味ではこれに引けをとらないが、地方自治省大臣ブランドン・ルイスはこの制度の無効化の提案を「ブリジット・ジョーンズ税」と呼んだ (Eleftheriou-Smith, 2014).
5. 以下で引用。Redman (1959, p. 33).
6. Forcucci (2010); Mann (1943).
7. Kornhauser (2013).
8. Matthews et al. (1919, p. 133). Barnett (2013, pp. 18–19) は人種に関連する動機を示唆している。
9. これはキャロリン・デイビッドソンの歴史ロマン小説『独身税』の前提になってい

る。*TheBachelor Tax* by Carolyn Davidson (2000).

10. *Los Angeles Herald* (1903).
11. この付加税の制度は 1992 年まで継続された。
12. 子供のいない 26 歳以上の男女は、未婚か既婚かを問わず課税の対象になったが、その額はひと月当たり 30 ドルにのぼることもあった。当時の一般的な月給額の 10 パーセントを超えていたようだ。以下に詳しい。Vâlsan (2014).
13. 当時の政府は第 2 子誕生の年に「社会扶養費」を徴収した。都市住民の場合は年間の可処分所得、小作人の場合は年間の現金収入の一定の割合をとったのだ。親は罰金をとられ、第 1 子と第 2 子の学費も、家族全員の医療費も負担しなければならなかった。
14. *BBC News* (2019).
15. Gans and Leigh (2009, p. 246).
16. History House (n.d.).
17. Oats and Sadler (2007, p. 358).
18. Oats and Sadler (2007, pp. 367–368).
19. Jenkins (2002, pp. 226–227).
20. Musson (1958, p. 411).
21. Printers' Ink (1897).
22. Kolbert (2006).
23. Waterson (2020).
24. 所有権の初期配分が逆だった場合、汚染者には環境汚染の権利がないことになり、賄賂は汚染者から被汚染者に渡されると考えられる。
25. 以下による。Coase (1960).
26. Pigou (1920).
27. 外部性は「市場の失敗」の一例である。というのも、外部性が存在するところでは、自由市場は資源の効率的な配分を達成できないからだ。たとえば汚染が過剰になったり、住宅の前面の美化や、基礎研究がおろそかになったりする。
28. ピグー税は、罰するためではなく、効率的な資源利用のためのものである。資源は、負の外部性を生みだす活動では過剰に利用され、正の外部性を生みだす活動では過小に利用される。ピグー税の論理の最重要点は、汚染者と被汚染者のあいだでの適切な移転（両者間の取引から生じる擬似的な支払い）と組み合わせれば、被汚染者のみならず汚染者にもよりよい状況になることだ。この点は、「罪悪」税においては概して忘れられているが、よりクリーンなテクノロジーへの移行にかかる事業コストの軽減のため、環境税収入のイヤーマーキングがかなり広い範囲で実施されていることについて、いくらかの論理的根拠になっている。
29. もっと生々しい例にアメリカの 1934 年連邦火器法がある（全米ライフル協会から支持された）。ほとんどの火器の製造および譲渡に連邦税を課すというものだ。この税はいまも有効で、金額も変わらない。ここでは火器の所有（あるいは譲渡）によって負の外部性が生じるか否かという問題はわきに置くが、2012 年以降、アメリカでは少なくとも 12 州が火器および弾薬を課税対象にする税の増税を行なって

いる。

30. ある推定によれば、炭素排出量削減への取り組みがなかった場合、平均的な低所得国での1人当たり産出量は、21世紀末時点で、取り組みがあった場合よりも10パーセント近く減少する (International Monetary Fund, 2017c, p. 119).
31. Tol (2009, p. 29).
32. 化石燃料のうち発生エネルギーに対するCO_2排出量がもっとも大きいのは石炭である。ガソリンは石炭の3分の2、天然ガスはおよそ半分。
33. たとえば以下を参照。International Monetary Fund (2019a).
34. ここにも帰着に関する重要な点があって、リカードとマルサスの論から得られる教訓が当てはまる。化石燃料によるCO_2排出に課される税の負担の一部は、比較的安価に採取できる埋蔵田の所有者のレントにのしかかると考えられるため、供給に対する影響はあってもごくわずかだ。この点は、石油にある程度の関連性を有するかもしれないが、石炭にはそうではないようである。というのも、世界の石炭可採埋蔵量は数百年分あり、結果としてレントは少ないと考えられるからだ。
35. Carbon Tax Center (n.d.).
36. The U.S. Environmental Protection Agency (2016) は、たとえば2015年の中央推計値を1トン当たり36ドルとしている。一方、Nordhaus (2017) は、ノーベル賞受賞の対象になった研究内容を反映し、2015年は1トン当たり31ドルと推計している。
37. Dale (1922); Archer (2016). 石炭税の管轄区域の境界を示す碑がロンドンにまだ残っている。
38. 世界全体への適用が想定されており、税以外の手段をも導入する必要があった。以下を参照。International Monetary Fund (2019a, p. 7).
39. これらふたつのアプローチには重要な違いがある。炭素価格は、キャップ・アンド・トレード方式においては、たとえば排出量の需要などに応じてさまざまに異なってくるが、炭素税制度においてはそうではない。これらの比較は以下を参照。Goulder and Parry (2008).
40. 世界の平均気温は産業革命前よりも摂氏1.5度から2度高くなっている。これを産業革命前の水準に抑えることが合意目標だが、この方法ではまだ不十分である。ともあれ一歩前進というところだ。
41. たとえば、燃費の悪い自動車を対象にする税制度と燃費のいい自動車を対象にする補助金制度とを組み合わせてもCO_2排出量を削減できる。だが自動車運転自体は抑制されず、その効果はカーボンプライシングよりも小さい。
42. 温室効果ガスに関連する数値は以下から。Gerber et al. (2013); Ritchie (2020). メタンガスは二酸化炭素にくらべて直接的な害はより大きいが、大気中に残留する時間はより短い。
43. ここでフロリダ州の牛レンタル騒動に言及したい。フロリダ州には農地保護を目的とする緑地帯法があって、農地に適用される固定資産税率が低く抑えられている。適用条件はその土地が「正真正銘」農業に使用されていることである。ところが、どこかから牛を数頭借りてきて放しておけば適用されるとわかった。この税法と租税回避の工夫については以下に詳しい。Weissmann (2012).

44. Erb (2013b).
45. ジョージ・ベストは、初のロックスター的サッカー選手にして、1960 年代から 80 年代には名うての放蕩者だった (*BBC News*, 2005).
46. King James I (1604).
47. King James I (1604).
48. Smith (2008); Crawford, Keen, and Smith (2010).
49. Shiono and Behrman (1995).
50. Viscusi (1995) などの著名な研究によれば、純外部性は実質的にほぼ負であるが、この結論に対してはいくつもの異論が出ている
51. ギャラップ社の 2008 年の世論調査によれば、アメリカでは比較的貧しい人びとに喫煙者が多い傾向にある。以下を参照。Goszkowski (2008).
52. Gruber and Kőszegi (2004); Allcott, Lockwood and Taubinsky (2019).
53. Gruber and Kőszegi (2002).
54. 州税の情報は以下から。Boonn (2020).
55. Statista (2019a, 2019b).
56. Bouw (2017); Statista (2018); OECD (2018).
57. 良家の出であったが、1930 年代から 1950 年代にかけて何度か銀行強盗を働き、伝えられるところでは、銀行強盗をする理由を尋ねられてこう答えた。「そこに金があるからさ」
58. Chaloupka, Powell, and Warner (2019, p. 189).
59. Foster (2009).
60. Matthews (1958, pp. 95–98).
61. カナダでは連邦タバコ税の課税対象だが、連邦消費税の課税対象ではない (Lickers and Griffin, 2015).
62. カナダでもアメリカでも、先住民以外の者の購買時に課される税をより確実に徴収するため、さまざまな手段が用いられている。たとえば、先住民に対する一定の数量の免税タバコの割り当てもそのひとつである。以下を参照。DeLong et al. (2016); Lickers and Griffin (2015).
63. たとえばアメリカでは、連邦法によって先住民はタバコを購入した非先住民からタバコ税を徴収することを義務づけられているが、それを政府に納付することを強制されていない。
64. DeLong et al. (2016, p. i32).
65. Marsden (2009); Dowd (2010).
66. Petit and Nagy (2016, p. 11).
67. Sen and Fatima (2011).
68. Marsden (2009).
69. National Coalition Against Contraband Tobacco (2017).
70. HM Revenue & Customs (2018, table 1.2). 公的機関による最近の推定値はこれ以外にないようだ。
71. 以下およびそこに引用されている論文を参照。Petit and Nagy (2016, p. 9).

72. もっと一般的にいえば、電子ニコチン送達システム（ENDS）である。
73. たとえば、以下に引用。Fruits (2018). タバコの葉を燃やすのではなく熱する商品は、有害性からいえばタバコと ENDS の中間に位置づけられる。
74. 公平のためにいえば、この傾向はそれほど意外なことではないともいえる。世界保健機構からお墨付きを得ている従来の考えからいえば、すべてのタバコ商品は等しく課税されるべきであるからだ。
75. 2019 年 9 月時点 (Dadayan, 2019).
76. Fruits (2018).
77. なかには加熱式タバコを対象にする税もあって、課税額はリキッドあるいはニコチンの量に応じて決まる。これならば依存症予防の目的にかなっている（この章ですでに述べたとおり、この目的にはそれ自体に限界がある）。そのほか、課税額が価格に応じて決まるものもある。以下を参照。Fruits (2018); Dadayan (2019).
78. 詳細については以下を参照。Chaloupka, Sweanor, and Warner (2015). とくに 595 ページ。
79. たとえば、アメリカのいくつかの州は、第 3 章でとりあげた「タバコ大手 4 社との和解合意」から得られる収入で償還する「タバコ債」を発行した。だが、その収入はタバコの売上に左右される。電子タバコはその市場に予想以上の勢いで大きく食いこんでおり、電子タバコにも同じように課税したいと思わない政策担当者がいるとすれば、とんでもなく高潔な人物に違いない。
80. O'Brien (2007, table 1).
81. Vaisey (1985, p. 159).
82. Cnossen (2008, p. 514).
83. 以下から。Cnossen (2008, p. 518). この地域の証拠を検証しており、以下も同様。Crawford, Keen, and Smith (2010).
84. Oliver (2011, p. 48).
85. 「……労働はこの国の飲酒階級の災厄である」(Harris, 1918, p. 166).
86. 以下を参照。Dorn (1983); Harrison (1994).
87. Dingle (1972, p. 611). 数値は 1850 年から 1900 年までのもので、免許手数料収入を含む。
88. Marks (2017).
89. Sunley (2008) は「ビディ」への課税について論じている。2017 年に物品サービス税が導入され、「テンドゥ」の葉は初めて中央政府の課税対象になった。以下を参照。Kukreti (2017).
90. Johari (2015); Nair (2015).
91. Monty Python (1969). 彼らのひとりは、そういう税が導入されれば公認会計士の仕事はもっとずっとおもしろくなるだろう、と答えている。
92. この税がようやく廃止されたのは 498 年のことである (Kornhauser, 2013).
93. Ditmore (2009). これは、ネヴァダ州の一部のカウンティは娼館から納められる固定資産税をおもな収入源にしていることも報告している。
94. Sahadi and Lobb (2004).
95. 実際の性行為がないケースでも、受胎に関連して税の問題が持ちあがっている。

2015 年に合衆国租税裁判所で争われた件で、不妊治療を受けたのち自分の卵子を売った女性に対し、手術の苦痛をかんがみてその報酬を非課税とするかどうかが焦点になった。租税裁判所の回答はノーだった (Wood, 2015).

96. 以下で引用。Jenkins (2002, p. 60).
97. Feige and Miron (2008).
98. Peters (2006, p. 4).
99. Grund and Breeksema (2013).
100. マリファナの売上からの税収は 7000 万ドル近くにのぼった。一方、アルコールの売上からの税収は 4200 万ドルだった (Basu, 2015).
101. Staggs (2020).
102. Bishop-Henchman (2014).
103. 「サクセス・ストーリー」。1975 年録音。
104. *The Economist* (2012).
105. Asen (2019). この件の概要は以下を参照。Petit, Mansour, and Wingender (2021).
106. Watson and Treanor (2016).
107. 以下で引用。Gallucci (2015).
108. University of Oxford (2018).
109. Hamermesh and Slemrod (2008).
110. 不完全情報の問題への対処には規制も適している。たとえば消費者がある種の薬物の副作用を知らなければ、課税にによって対処することはほぼできない。この場合、処方箋がなければその薬物を入手できないようにするほうがいい。
111. Lovenheim and Slemrod (2010).
112. Wilson (2016).
113. この減り幅はかなりの大きさになりうる。Parry and Small (2005) によれば、イギリスとアメリカでは、ピグー税は、燃料税の一部として交通渋滞の外部性に対処する場合、少なくとも気候変動に対処する場合と同じほどの大きさにする必要があるという。

第 9 章

1. 以下の裁判での意見。*Ayrshire Pullman Motor Services and D.M. Ritchie v. The Commissioners of Inland Revenue*, 14 TC 754, 1929.
2. Graham (1956, p. 78).
3. 税関で積載状態の船舶の深さを計測するのは困難だったようで（Lane 1964, p. 228)、単純に船舶の長さの 2 分の 1 が深さと見なされていた。少々おかしな数式が使われていた件などの詳細については以下を参照。French (1973). この制度は 1836 年まで続いたが、その代替制度が完全に行きわたったのはその 20 年後のことだった (Graham 1956, p. 78).
4. 以下で引用。Graham (1956, fn. 2, p. 78).
5. 以下などで引用。Mackay (1991). 一次資料は不明。
6. 課税によって促された製品イノベーションについては以下を参照。Gillitzer, Kleven,

and Slemrod (2017).

7. Nakamura and Maeguchi (2013).
8. Sauvegrain (2001).
9. たとえば以下を参照。Beautiful Puglia (n.d.).
10. Lafer (2014).
11. この件については以下で論じられている。McCulloch ([1845] 1975, pp. 159–160).
12. Johnson (1787, p. 417).
13. 自動車の例については以下から。Harberger (1995).
14. Atiyeh (2013). この関税は「鶏肉税」として知られた。アメリカから輸出された鶏肉にフランスとドイツが関税をかけたことへの報復として導入された税だったからである。
15. 1836 年まで続いた。
16. 1845 年まで続いた。
17. *The Lancet* (1845, p. 214).
18. Vose (1980).
19. レンガ税については、奇妙なことにたいへん多くの論文が書かれている。たとえば以下もそうだ。Exwood (1981). そして特に以下。Lucas (1997). 後者はレンガの大きさによる回避現象の重要性を熱弁している。
20. 以下を参照。Festa (2009); Tague (2008).
21. この件についての模範的な解説は以下を参照。Barzel (1976).
22. 従価税であっても販売されるものの性質に影響をおよぼし得る。「従量税」(コモディティの数量に応じた課税であるため、販売価格に影響をおよぼさない) にくらべて、「従価税」は、どちらかといえば品質の低い商品に都合がいい。というのも、品質向上のコスト 1 ドルを賄うのに必要な価格引き上げは、従価税の場合は 1 ドルを超えるが (引き上げ分の一部が税金として政府に徴収されるため)、従量税の場合は 1 ドルで十分だからである。細かいようだが (実際に細かいのだが)、この違いは重要になり得る。たとえばヨーロッパでは、タバコ企業はロビー活動で税水準について訴えても無駄だと気づいているため、その企業の市場が高級市場か低価格市場かに応じ、従量税と従価税のバランスについて訴えるようになっている。以下を参照。Keen (1998).
23. State of Wisconsin (2010).
24. *CBC News* (2014).
25. Hays (2013).
26. *The Economist* (2018b, p. 48).
27. McHugh (2016).
28. Greene (2016, pp. 23–24).
29. Burman, Clausing, and O'Hare (1994).
30. Gans and Leigh (2009).
31. このボーナス減価償却の規定により、2008 年末までに取得した資産の大半 (不動産を除く) を対象に、その価値の 50 パーセントを購入年の損失として計上できた

（残りの50パーセントは通常の減価償却の扱いとなった）。期間限定の措置だったが、その後延長された。

32. 以下を参照。O'Brien (n. d.). 改暦のときの収入損失を避けるために課税年度を変えたという説もまた税をめぐる誤解のひとつである。
33. Soled (1997).
34. 中王国まで。Webber and Wildavsky (1986, p. 71).
35. たとえば以下を参照。Liu et al. (2019).
36. 正確にいえば、イングランド、ウェールズ、それに（イングランドとスコットランドのあいだで）領有権を争われていたタウンであるベリック＝アポン＝ツイードである。スコットランドは1691年から1695年まで、アイルランドは1663年ごろから1795年まで炉税を課していた。
37. Petty (1662, p. 74).
38. 1662年6月の観察報告 (Latham 1985, p. 210).
39. Hervey (1905, p. xxi).
40. ただしアイルランドでは19世紀初頭まで継続された。
41. Douglas (1999, p. 13).
42. Macaulay (1855, p. 11).
43. *Hansard's Parliamentary Debates* (1818, p. 243).
44. ホーリー・ルード教区についての情報は以下から。Hughes and White (1991).
45. これは炉税の導入以降のことだったが、ウィンドーヴァー氏がすでにこの税に反応していた可能性はなさそうだ。当時はまだ導入直後だった（法制化は3月、徴収は9月からの予定だった）。レンガで塞ぐなどして炉の数を減らすにはもっと時間がかかる。さらに、当初この税は臨時税になると見こまれていたので、わざわざ炉を減らしたとは思えない。
46. たとえば以下を参照。Misa (2011, p. 41). こういった主張はよく行なわれるが、裏づけになる証拠はいまのところ見つかっていない。その他、もっと前にとりあげたレイトゥルギアの方式（それに、もう少しあとでとりあげた資産価値の方式）で徴税が行なわれたと主張する文献もある。積荷の課税価値の評価は自己申告されたが、デンマーク王にはその評価額で積荷を買い取る権限があったという (Haan et al., 2012).
47. この章の冒頭でとりあげたイギリスの方式では、船舶の幅は喫水線の位置で計測された。
48. 以下で示唆されている。Graham (1956, p. 78).
49. 1848年に出版された重要な著書『経済学原理』でミルは、税の差別化について、つぎのように述べている。Mill ([1848] 2009, p. 654).「（この税は）課税されないほうの工程を、そちらのほうが質が劣るとしても、好んで選ぶ人為的動機をつくりだす。したがって、それが何らかの影響をおよぼすとするならば、商品の生産において品質を下げる、あるいは労働支出を増やすということになる。そのために、共同体の労働力は大量に浪費され、労働力への支援と報酬に費やす資本は、人を雇って穴を掘らせ、その穴をまた埋めさせることに費やすのと同じく、無駄になる」

50. Bartlett (1994).
51. Keane (2011) はこの主題についての経済数理的な研究の概説である。
52. 課税に対するひとりの反応がその他の人びとにも影響をおよぼすとき、社会にとっての損失は、納税者自身の超過負担よりも小さいかもしれないし、大きいかもしれない。たとえば、賄賂の支払いを反映させた場合には超過負担が小さくなる。それは、受け取った側はそれによって一定の利益を手にするだろうからだ。ただし、賄賂のような不正利得を社会にとっての利益にかぞえるべきではないと考えるならば話は別である。
53. この点を初めて明確に記述したのが以下である。Feldstein (1999).
54. Saez, Slemrod, and Giertz (2012).
55. 以下を参照。Oates and Schwab (2015). この段落はこの論文に頼った。約 150 年後である現在、グーグルマップでソーホー地区のオールド・コンプトン街を南下するとそのことが見てとれる。
56. ノッチ（notch）のおもしろさについては以下を参照。Slemrod (2013). 題名は何と「ブエナス・ノッチス（Buenas Notches. スペイン語で Buenas Noches は「こんばんは」)」である。
57. Oates and Schwab (2015).
58. パキスタンの研究については以下。Kleven and Waseem (2013). VAT の研究については Liu et al. (2019).
59. 「それに近い」という語句は重要である。キンクについては、所得がわずか数ドル増えたために 50 パーセントの限界税率ブラケットに入るのは、たいしたことではない。だがノッチの場合――窓の数が 9 窓ではなく 10 窓である場合は――たいしたことである。
60. Saez (2010).
61. 以下を参照。Kirchgaessner (2017).

第 10 章

1. コルベールの言葉。彼はフランスのルイ十四世の治世に 1665 年から 1683 年まで財務大臣を務めた。
2. その他の国々には、オーストラリア、カナダ、オランダ、ニュージーランド、スペイン、スイスがあった。デンマークとスウェーデンは中立だったが、早期に導入した。これらの国々の企業は戦争によって大儲けしていたため、この税は「ドイツのシチュー」税といわれた (Stamp, 1917; Encyclopedia Britannica, 1922).
3. *Encyclopedia Britannica* (1922).
4. Daunton (2002, p. 83).
5. McCrum (2004, p. 216).
6. Haig (1920, p. 1).
7. *Encyclopedia Britannica* (1922).
8. Haig (1920, p. 4).
9. Buehler (1940, p. 292); *Encyclopedia Britannica*(1922).

10. Haig (1920, p. 9).
11. Buehler (1940).
12. コロナ禍で興味がいくらか再燃された。以下を参照。Avi-Yonah (2020).
13. こういった税の経験と構造については以下を参照。International Monetary Fund (2016); de Mooij (2012).
14. 企業にその他の納税義務がない場合、政府はかわりに現金を与えるか、将来の納税額をその分控除する必要がある。
15. メキシコの企業単一税 El Impuesto Empresarial a Tasa Única (IETU) は一種のミニマム課税制度だ。企業は通常の法人所得税と IETU 税の税額のうち、より大きいほうを納付することになっていた。だがうまくいかず、IETU は 2013 年に廃止された。
16. 採取産業に対するレント税の利用と構造については以下を参照。Boadway and Keen (2010); Land (2010); International Monetary Fund (2012).
17. 以下から。Cole Porter, “Don’t Fence Me In” (Porter, 1944).
18. 概して利用可能な土地は、実質的には、明らかに供給量が完全に固定されているわけではない。たとえば、埋立地が香港、オランダ、シンガポールの国土の多くの部分を占める。供給が非弾力的なのは（最低限必要な収益が得られている場合）、一定の質を有する土地である。
19. Ricardo ([1817] 2004).
20. Mill (1875, p. 225).
21. 「立地価値」あるいは「用地価値」税とも呼ばれる。
22. George ([1879] 2005, p. 392).
23. *The Economist* (2015).
24. ジョージは 1886 年にニューヨーク市長選挙に立候補した。落選したものの、セオドア・ローズヴェルトよりも多くの票を獲得した。
25. *New York Times* (1912, p. 12).
26. Friedman (1978, p. 14).
27. Pilon (2015).
28. McCluskey, Grimes, and Timmins (2002).
29. Douglas (1999, 2011–2012).
30. オーストラリアにもいまだに土地税がある。この国のすべての州と準州は何らかの形で土地税を徴収している。世界各国の土地税の実施については以下を参照。Franzsen (2009).
31. 以下で報告されている。*The Public* (1912, p. 349). 以下も参照。Kaizen Certified Public Accountants Limited (n.d.).
32. その変型として Harberger (1965) で提案されているのが、自己申告された評価に割増金を加えた金額を支払えば誰でも購入できる方式である。近年に発表された以下の論文はこのアイデアを掘り下げている。Posner and Weyl (2018). ここで提案されている高額富裕税では、所有者は自分の資産を自己評価するが、その価格で進んで売却しなければならない。
33. だが、法的な煩雑さがあって、それほど活用されなかったようだ。1900 年には廃

止された。

34. Dye and England (2009, p. 5).
35. Bourassa (2009, p. 17).
36. 経済学者たちは「ヘンリー・ジョージの定理」なるものを提示している。（当然ながら）ある仮定のもとで、地代に 100 パーセントの税率で課税すれば、すべての公的支出を賄えるだけの収入がちょうど得られるというものである (Stiglitz, 1977).
37. 長年用いられてきた方法は、人の手によって施された改良（建物の建設など）を考えあわせた 1 区画の価値から、その改良のコストを差し引くというものである。もっと最近のアプローチのひとつに統計モデリングがある。固定資産の実際の市場価格（もしくは専門家による査定）を、立地を含むさまざまな特徴から明確にし、それによって、土地の区画と黙示的に結びついた価値を推定する。Bell, Bowman, and German (2009) に、アメリカで使用できる、また使用されている方法の詳細がある。また、以下の第 16 章を参照。Mirrlees et al. (2011).
38. Brunori and Carr (2002).
39. 以下の収入データから算出。OECD (2013).
40. Bank of England (n.d.).
41. ヒュー・ダルトンの言葉。以下で引用。Daunton (2002, p. 60). ダルトンは 1945 年から 1947 年まで大蔵大臣を務めたが、税制改革案を含む予算案の演説の前にその情報をある記者に漏らしてスキャンダルになり辞任した。経済学では不平等についての画期的研究で知られる。
42.「事実上」とした理由は、ここでいう「定額」が、支払うべき税額はいかなる行動的反応によっても変わらないことを指しているからである。レント税においては、たとえば抽出された石油の量に応じてレントの程度が決まれば、税額はまさに行動に応じて決まる。しかしこの場合の要点は、レントに対して課税されてもされなくても、この行動は変わらないということにある。
43. Daunton (2002, pp. 66, 69, 80).
44. これらの事例については以下で検証されている。Eichengreen (1990).
45. ジョン・A・ホブソンの言葉。以下で引用。Eichengreen (1990, p. 200).
46. Duarte (2009, pp. 450–451).
47. Ramsey (1927). Keynes (1933, p. 295) によれば、ラムジーは「たいていの経済学者が望ましいと思うものよりも素晴らしい、めったにない環境で苦もなく日々を生き、われわれの科学の技術的装置を、もっとずっと難しいものに慣れているかのように、ゆったりと優雅に扱った」。
48. Feldstein (1999).
49. 実際のところ、上記の逆弾力性ルールが当てはまるのは、課税対象の商品のあいだにまったく代替がない場合に限られる。
50. この洞察を定式化したのが以下である。Corlett and Hague (1953).
51. もっと正確にいえば、労働意欲を削ぐのは、物品税を全体的に上げることの代替効果である――これは超過負担に重要なものだ。
52. ここでの議論が指摘しているのは、逆弾力性ルールとの関連だ。ある商品の需要の

弾力性が高いとき、価格が上昇すれば、その商品への支出は比較的大きく減少するが、それによって勤労所得も、さらには勤労意欲も大きく減少するかもしれない。これは超過負担の観点からいえば好ましくない。

53. この困難の性質については以下を参照。Crawford, Keen, and Smith (2010).

54. この結論を導きだすために数値を調整したのではないかと疑う読者もいるかもしれない。そんなことはしていない。たとえば、4 シリングへの引き上げに対するウィンドーヴァー氏の反応が、炉ひとつの半分を減らすことであったとする（仮定の話である）。この場合、彼にとっての炉ひとつの価値は 2 シリングのままであると考えれば、超過負担は 3 シリングとなる（2 シリングの 1.5 倍）。これでも、やはり 2 倍よりも大きくなる。

55. ジョージ・H・W・ブッシュ政権時代に税政策担当の財務副次官補を務めた R・グレン・ハバードの言葉 (Hubbard, 2010).

56. 売上高税の歴史はずいぶん長いが、VAT がさかんに導入されるようになると、ほとんどは廃止された。だが、近年にアメリカの数州（デラウェア、イリノイ、ニューメキシコ、オハイオなど）で、「総収入税」として改めて導入されている。第 4 章で述べたとおり、売上高税は多くの発展途上国で、小規模事業への推定課税に利用されている。

57. Diamond and Mirrlees (1971).

58. Glantz (2008).

59. Due (1957).

60. 2011 年の欧州委員会からの提案は、株式および債券の取引に 0.1 パーセント、先物取引に 0.01 パーセントの課税を行なうことで年間 570 億ユーロの税収を得られるというものだった。Matheson (2011) は、金融取引への課税の長所と短所について冷静に論じている。

61. Matheson (2011).

62. イギリスの勤労所得に関連する数値は以下から。Daunton (2002, table 2.5).

63. Peter, Buttrick, and Duncan (2010).

64. 第 5 章でとりあげた、貯蓄および資本所得への課税は、ここでは無視している。

65. Phelps (1973); Sadka (1976); Seade (1977).

66. たとえば以下を参照。Dahan and Strawczynski (2000).

67. たとえば以下を参照。Brewer, Saez, and Shephard (2010).

68. 本書の著者のひとりは衝撃的な結論の発見に貢献した。このケースでは、最高所得者の限界所得税率はマイナスにならなければならないのである（なぜならば、「最高所得者税率 0 パーセント」のロジックに重要なのは、付加的な税支払い総額で、消費税の支払い額は所得に応じて増えるからである）(Edwards, Keen, and Tuomala, 1994). そしてもうひとりの著者は、彼にエッジワースの言葉を思い起こさせた。つまり、異なる状況においては、「非常に賢い者だけが例外的な事例を発見し、非常に愚かな者だけがそれを一般的な原則の土台にしようとする」(Edgeworth 1915, p. 9).

69. Piketty, Saez, and Stantcheva (2014).

70. Adams (2001, p. 46).
71. Holzman (1955, pp. 178–180). しかし共産主義国の顕在税率との対比は誤解を招きかねない。万人が表向き国家のために働く国においては、われわれのいう「税」はたんに報酬の引き下げとしてあらわれるかもしれない。
72. Keen and Lockwood (2006).
73. Gaspar, Jaramillo, and Wingender (2016).

第 11 章

1. Smith ([1776] 1868, Book 5, Ch. 2, pt. 2).
2. 以下を参照。Bezias (2007); Hassan (2015); Askolovitch (2017).
3. この章では、「国」ではなく「法域」という言葉を用いる場合が多い。論じている影響は海外領土や直轄植民地、さらには準国家的な地域などにもおよぶと考えるからだ。
4. *The Guardian* (1999).
5. フレデリック・バンベリー議員の『モーニング・ポスト』紙への寄稿。以下で引用。Knightley (1993, p. 47).
6. McCrum (2004, p. 207).
7. 以下で引用。Knightley (1993, p. 35).
8. Knightley (1993, p. 8). 正確には、女王は所得税額に相当する金額を自発的に支払う。
9. The OECD (1998, p. 20). OECD のかつての定義によれば、タックス・ヘイブンとは所得に対する税負担がゼロかごく軽く、租税回避に利用できることを示して非居住者を引きつける法域であった。だが、現在 OECD も国際通貨基金もこの定義を採用しなくなっている。
10. 以下を参照。Palan (2002); Shaxson (2011).
11. 一部の見解によれば、この制限はスイスに置かれたユダヤ人の資産をナチから守るための善意の措置だった。実際、いくらかの効果はあった。別の意見によれば、この措置はバスラー・ハンデルス銀行が、フランスの司教 2 人と将軍数人、それに『ル・フィガロ』紙と『ル・マタン』紙のオーナーたちの租税回避を助けていたことが発覚した 2 年後に講じられた (Shaxson 2011, p. 157).
12. この措置は、持株会社――つまり、他の会社を所有する会社――が、その子会社からかなりの配当所得を得ていても、少額の支払いをすれば法人税を免除するものだった。所有者の国籍に制限がなく、守秘条項によって居住国に所得額が通知されることもなかったため、これはおいしい取り決めだった。
13. Higham, Hudson, and Guevara (2013).
14. Shaxson (2011, p. 89).
15. Halperin and Palan (2015, p. 52).
16. この小村は免税措置の上に成り立っていた。約 300 年前、地域の君主が法令を発布し、領民を「10 分の 1 税などの税」から解放するかわり、海岸堤防の建設に従事させていた (Larner and Collinson, 2004).
17. 上に挙げた理由で、私見ながら「タックス・ヘイブン」を列挙すると誤解を招くか

もしれないが、以下のリストによると平均人口は 1 億 2600 万人で、50 あるうちの 37 までが島である。Gravelle (2015).

18. Palan (2002).
19. Dharmapala and Hines (2009).
20. Shaxson (2011, p. 19).
21. このランキングは国内および国外への直接投資の合計にもとづく。以下を参照。International Monetary Fund (2020b).
22. 伝えられるところでは、F・スコット・フィッツジェラルドはアーネスト・ヘミングウェイにこういった。「なあ、金持ちってのは、君や僕とは違うんだよ」。するとヘミングウェイはこういった。「そうだ。連中は金をたくさん持ってる」
23. Strumpf (2017).
24. McCrum (2004, p. 221).
25. Trannoy (2015, p. 35).
26. Kleven, Landais, and Saez (2013). スペインのプロサッカーリーグ、ラ・リーガの会長にいわせれば、クリスティアーノ・ロナウドがイタリアのユヴェントスに移籍した理由のひとつはスペインの税金が高いことだった (Garcia, 2018).
27. Abbott, Frost, and Johnson (1926, pp. 96–97).
28. Webber and Wildavsky (1986, p. 141). 同じようなことで、14 世紀の都市国家フィレンツェの裕福な商人たちは、租税回避のために市の外側に住居を構えた。すると、共和国政府はこの都市の境界を郊外の田園地帯まで動かした (Webber and Wildavsky, 1986, pp. 201–202).
29. 「出国税」を課されると思われる。市民権を放棄する者がその前に全資産を売却した場合に課税されるキャピタルゲイン税である。
30. Organ (2020).
31. Zucman (2013).
32. Alstadsæter, Johannesen, and Zucman (2018).
33. Alstadsæter, Johannesen, and Zucman (2019).
34. EU にその先駆けが存在した。2003 年の EU 指令によって各加盟国は、自動的に情報提供すること、もしくは他の加盟国を居住国とする非居住者への支払いに対する課税額を源泉徴収することを義務づけられた。その税収入の 75 パーセントは居住国に送られる。（詳細は以下を参照。Details are in Keen and Ligthart, 2006a.）
35. より正確には「税の透明性と情報交換に関するグローバル・フォーラム Global Forum on Transparency and Exchange of Information for Tax Purposes」
36. 金融センターを持たない発展途上国を除く。
37. 以下のコミットメント声明を参照。OECD (2018).
38. それ以外の可能性としては、各国に情報提供のインセンティブを与えるために、その情報によって生じる税収からいくらかを分配すればいい (Keen and Ligthart, 2006b).
39. EU は税務に非協力的であると見なした法域の「ブラックリスト」をつくっている。リストからの削除の条件は、何よりもまず、情報交換に関する規範を遵守すること

である。

40. Johannesen and Zucman (2014); Beer, Coelho, and Leduc (2019).
41. 提供することで得られるものはかなり大きい (Elsayyad and Konrad, 2012).
42. European Commission (2018, p. 10) によれば、税額が一致する割合（提供された情報と国内の納税者の申告）は 37 − 80 パーセントとさまざまに異なる。
43. 多くの国は情報交換制度の強化に先立って「自発的開示」制度を設けている（一般に、国外保有の情報を開示した者に対して罰則あるいは金利負担を軽減する）。それによってかなりの金額——約 950 億ユーロ（Kerfs, 2019）——が徴収されているが、現在は歳入に加算されていない。
44. U.K. Parliament (2015).
45. 少なくとも政策に関するもの。税務に関する国際協定が初めて締結されたのは 1843 年である。フランスとベルギーが税務面での相互協力について合意した (Jogarajan, 2011, p. 687).
46. Jogarajan (2011, p. 684).
47. 4 人の経済学者のなかにはわれらが英雄エドウィン・セリグマンもいた。また、イギリスの税制の専門家サー・ジョサイア・スタンプも含まれた。彼は第 5 章でとりあげたウィリアム・ハーコートと同じような運命をたどった。第二次世界大戦中に空襲にあい、息子と同時に亡くなったが、当時の法律により息子より先に亡くなったと見なされ、遺産に対して二重に課税された。
48. 魔法のようだが、そうではないことを説明する。ある多国籍企業が A 国と B 国に子会社を持っているとする。A 国の税率は 50 パーセント、B 国の税率は 10 パーセントである。さて、B 国の子会社は A 国の子会社に金利 5 パーセントで 1000 万ドルを貸しつける。金利として支払われる 50 万ドルは B 国で課税対象になり、その税額は 5 万ドルである。しかし、この金利の支出は A 国で控除対象になり、税額は 50 万ドルの 50 パーセント分だけ、つまり 25 万ドル下がる。総合すれば、この多国籍企業は 20 万ドル得をする。
49. 以下で報告されている。Bergin (2012). このプロセスはもっとずっと複雑な構造の一部に過ぎず、その他の手法を使って、イギリスでの控除が他国で課税対象にならないようにもなっている。スターバックスはその後、イギリスおよびヨーロッパでの業務を再編した。
50. 仕組みを説明する。ある国は国内で設立された法人を自国の居住と見なし、別の国は実質的な経営地の居住と見なすとすると、後者で法人を設立し、前者でその経営を行なう。
51. この仕組みについては以下で説明されている。International Monetary Fund (2013).
52. ヒース・ロビンソン（1872 − 1944年）はアメリカのルーブ・ゴールドバーグ（1883 − 1970 年）のイギリス版のような漫画家である。
53. Tax Justice Network et al. (2015).
54. この事例はボーダフォンによるインドでの資産売却に関連したもの。この件と、それによって引き起こされた回避問題については以下を参照。Platform for Collaboration on Tax (2020).

55. OECD (2015a, p. 15).
56. Crivelli, de Mooij, and Keen (2016, figure 3).
57. たとえば、以下の table 1 に国別の結果が示されている。International Monetary Fund (2019c). アメリカの結果として引用されているのは 2017 年税制改革法以前のものである。利益移転はこの改正法の施行後に減ったと考えられる。
58. たとえば以下の figure 4 を参照。International Monetary Fund (2019c).
59. Kennedy (1961).
60. League of Nations (1923, p. 23).
61. *The Economist* (2017b).
62. いったん明らかになれば、「事実」というものは供給が固定されており、その点ではいったん発見された石油埋蔵量と同じである。情報と天然資源の類似性と、税制におけるその意味合いについては、以下で考察されている。Cui (2019); International Monetary Fund (2019c); Aslam and Shah (2020).
63. Hufbauer and Lu (2018).
64. International Monetary Fund (2019c) に、そういった計画の指針がはっきり示されている。
65. もっと正確にいえば、グローバル無形資産低課税所得の規定は、繰延なく、通常税率の半分で、有形資産収益の 10％を超える国外利潤を、アメリカの課税ベースにするものである。外国税額は一部（最大 80％）控除される。
66. 税源浸食濫用防止税。
67. 2017 年税制改革法の新しい国際税務規定は、以下でひととおり紹介されている。Chalk, Keen, and Perry (2018); Dharmapala (2018).
68. 国際企業課税改革のための独立委員会（2018 年）などの市民社会組織は、ずっと前からグローバルな定式配分法を提唱している。
69. 共通連結法人税課税標準。以下を参照。European Commission (2016).
70. Devereux et al. (2019).
71. 輸入品には VAT が課税されるが、事業目的の仕入であれば、売上時の税額からすべて控除される。効果は相殺される。
72. しかし、不思議に思う人もいるかもしれない。高税率の国で賃金コストを負担すれば、税額控除の幅がそれだけ大きくなるのだから、そうするインセンティブがあるのではないか？ だが、労働需要が高まれば、それが賃金率の上昇や通貨の高騰につながり（外国通貨においてその労働の価値が大きくなる）、多くの場合、効果は相殺される。もっと一般的にいえば、為替レートあるいは国内物価あるいはその両方は、国が適用する仕向地基準キャッシュフロー税（DBCFT）の税率の、国家間の差を相殺するように変動する。この点と、DBCFT の構造および影響についての詳細は以下を参照。Auerbach et al. (2017).
73. このすばらしい特性が当てはまるのは、すべての国が DBCFT を採用している場合にかぎられる。一部の国が採用していない場合、たとえば DBCFT 採用国から非採用国への輸出品に過度に高い値段をつけるインセンティブが生じる。というのも、そうすれば、DBCFT 採用国での納税額はまったく影響を受けないが、DBCFT 非

採用国での納税額は、輸入コストの控除を通じて減ることになるからである。

74. ここで言及しているのは以下。Part A of the "Pillar One" proposal in OECD (2019d).
75. 以下を参照。OECD (2020).
76. Weightman (2007, p. 31).
77. Weightman (2007, p. 32).
78. Hamilton (1791, p. 13).
79. Clark (2006, p. 176).
80. Norwich (2003, p. 273).
81. Ruding (1992).
82. 以下を参照。Djankov et al. (2010).
83. 西アフリカ諸国経済共同体 The West African Economic and Monetary Union と中部アフリカ経済通貨共同体 Communauté Economique et Monétaire de l'Afrique Centrale.
84. "Pillar Two" proposal in OECD (2019b).
85. Keen, Parry, and Strand (2013).
86. International Monetary Fund (2019a, 2019b).
87. Mourlane (2005). 翻訳は著者。

第 4 部

1. イギリスのコメディアン（1927－2018 年）。*BBC News* (2018b).

第 12 章

1. Twain (1870, p. 2).
2. 父祖の名前にちなんでドラキュラ公とも呼ばれたが、ブラム・ストーカーの小説や怪奇映画に登場するドラキュラとは異なる。
3. Tibballs (2017).
4. デニス・ヒーリーの言葉。ヒーリーは労働党に所属し、1974 年から 1979 年まで財務大臣を務めた。以下で引用。*The Economist* (2006).
5. West (1908, pp. 11–12).
6. このアプローチを初めて公にとりあげたのは以下の論文である。Allingham and Sandmo (1972). ノーベル賞を受賞したゲイリー・ベッカーの、犯罪に対する経済学的な分析手法を脱税に応用したもの。Gary Becker (1968).
7. あらゆる賭けと同様、納税者は純期待利得だけでなく、リスクも考慮すべきだ。
8. *United States v. Sullivan* 274 U.S. 259. これから犯罪を手がけようとする者にとっては嬉しい驚きかもしれないが、違法行為全般に必要な費用は、その行為が——たとえば贈収賄や禁止薬物摂取のように——禁止行為として特定されている場合を除き、控除を認められる。
9. Plumb (1960, pp. 121–122); Pearce (2011, p. 36).
10. Samson (2005).
11. 高齢であることを考慮され、結局 1 年間だけ社会奉仕活動に従事すると決まった。
12. Nelson (2014).

13. Wood (2015).
14. Conn (2015).
15. Lawless (2013).
16. いわゆる「ボウイ債」である。つまり、過去に発表した作品から生じるロイヤルティを担保にして債券を発行する。うまい仕組みになっていて、この債券を発行することで将来の所得をすぐに非課税で利用できるようになる。また、債券の金利はそのロイヤルティによって相殺される。それに、税外の利益も期待できる。ロイヤルティが予想を下回るリスクは債権者が負うことになる。ストリーミングサービスなどの出現により、実際にそういった状況が生じている (Gupta, 2016).
17. Myers (2018, p. A12).
18. この論争については以下を参照。Collins (2020).
19. 前者については以下を参照。Rowland (2019). 後者については以下を参照。Kopczuk and Slemrod (2003). なかには死亡時間の改竄もあっただろうが、違法行為である死亡日の偽装もあったと思われる。前者のほうが不気味に思えるが、後者は租税回避である。
20. *DW News* (2017).
21. このカテゴリーは意図的な未納のみではなくもう少し幅が広い。たとえばうっかりミスなども含まれる（だが、ミスの場合は大まかに、過少申告分が過大申告分によって相殺されると考えられる）。IRS がこの推計のために用いるのは、無作為抽出による税務調査という特別プログラムによって入手した情報と、現行の税務執行や税務調査では見つけにくい特定の収入源（たとえば、子守や住宅塗装工が受けとるチップや現金）の特別調査によって入手した情報を組み合わせたものだ。ほぼ徹底的な手法だが、国外の隠し資産から生じる収入は見つけられないかもしれない。
22. Internal Revenue Service (2019a).
23. また、国民保険拠出料を含む (HM Revenue & Customs, 2018, table 1.2). 報告されるタックス・ギャップに一部の租税回避行動が含まれるのはイギリス独自のことである。
24. Kleven et al. (2011, p. 668). 報告内容の国ごとのばらつきは、各国の定義および手法の違いによって生じているようだ。
25. EU の数値は以下から。Poniatowski et al. (2019). ウガンダの数値は以下から。Hutton, Thackray, and Wingender (2014).
26. MTIC 詐欺のひとつで、よく報道されるのが「カルーセル（回転木馬）詐欺」である。その仕組みを説明する。商品を一方の加盟国からもう一方の加盟国に輸出する際には VAT は免税となる。不正業者は商品を輸入し、VAT の支払いなしに他の業者に販売する。商品はくりかえし再販売され、最終的に同じ輸出業者のもとに戻る。最初に輸入した業者は支払いをしていない VAT の還付を請求し、同じ商品をまた輸入する。この商品はぐるぐる回りつづける（だから回転木馬と呼ばれる）。複雑に見えるが、これは VAT を利用した詐欺の初級編である。もっと複雑なスキームはたくさんある。詳しくは以下を参照。Keen and Smith (2006).
27. Europol (n.d.).
28. Mwakikagile (2000, p. 66).

29. Hogg (2011).
30. Dalrymple (2019, p. 34).
31. テルがオーストリアの代官への不敬により逮捕されたのか、納税拒否により逮捕されたのかは明らかでない。彼が実在したかどうかも不明である。
32. Lunt (1909, p. 268).
33. アメリカの数値は以下から。Internal Revenue Service (2020, table 24). イギリスの数値は以下から。Houlder (2015).
34. 2000 年代前半、アメリカ合衆国司法省は、納税申告の締切日が近くなると、税務執行の成功に関するプレスリリースを大量に出していたようだ。脱税をもくろむ納税者の注意を引くと思われる時期を狙ったのである。Blank and Levin (2010).
35. Kornhauser (2007).
36. Rosenberg (1996, p. 221).
37. Soos (1997, pp. 36–37).
38. Soos (1990, p. 124).
39. 1913 年に合衆国憲法修正第 16 条が批准されたとき、議会は納税申告締切日として 3 月 1 日を選んだ。1918 年、議会はこれを 3 月 15 日に改めた。そして 1955 年、4 月 15 日に変更した。
40. 課税年度のつぎの年に納付する制度から、雇用者による源泉徴収の制度に切り替わるとき、移行期に 2 年分の所得に対する課税額を負担しなければならないという問題が生じる。たとえばアメリカでは、1943 年、原則として 1942 年度と 1943 年度の所得に対して課税された。戦費調達のためアメリカ政府には税収が必要だったが、1943 年のみで 2 年分の税金をとられるのは国民にとって腹に据えかねることだった。そのため、1943 年当期税金納付法により、移行期における 1942 年度の課税分のほとんどが免除されることとなった。フランスでも 2019 年に源泉徴収方式に移行するとき同じことが行なわれた。
41. 以下を参照。Redelmeier and Yarnell (2012).
42. Friedman and Friedman (1998, p. 123). アメリカにおける源泉徴収制度の推進者はニューヨーク連邦準備銀行の取締役ビアズリー・ラムルだった。百貨店のメイシーズを経営する R・H・メイシー社の重役だったラムルは、消費者にとっての分割払いの魅力をよくわかっていたと思われる。源泉徴収方式は、大きな金額を一度にではなく何度かに分けて支払うという点で、分割払いに似ていた。
43. この主張は以下に示されている。Kleven, Kreiner, and Saez (2016). 共謀へのインセンティブを弱めるには、利益への課税において、賃金支払い分の控除を認めることもひとつの方法である。その税率が賃金への個人所得税課税の税率よりも高ければ、雇用者にとって、賃金支払いを隠蔽するよりも、控除を受けつつ源泉徴収を行なうほうが安上がりになる。
44. OECD (2019e).
45. 納税者は還付を受けないように源泉徴収分を減らして申告することもできるが、たいていそうしない。以下を参照。Fennell (2006).
46. 以下を参照。Keen and Lockwood (2010). サハラ以南アフリカの対照的な結果につい

ては、以下を参照。Alavuotunki, Haapanen, and Pirttila (2019); Ebeke, Mansour, and Rota-Graziosi (2016).

47. たとえば以下を参照。OECD (2015b, table 9.6).
48. こういった税の低所得国における普及および潜在的有用性については以下が論じている。Keen (2008).
49. Armey (1996, p. 99).
50. Dušek and Bagchi (2018, p. 5). 分析上、この疑問は、VAT は政府規模拡大の原因か結果かという前述の疑問に似ている。
51. Maseko (2008, p. 164).
52. Douglas (1999).
53. OECD (2017a); Slemrod and Velayudhan (2018).
54. 詳細は以下を参照。Dillon (2002).
55. George (1965, p. 44).
56. Dillon (2002, p. 75).
57. 大手の蒸留所と、大土地を所有する有力な小麦生産者は十分に予想していたと考えられる。ウォルポール首相自身、明らかにこの問題を予期していた。
58. 消費自体に関するデータは存在しない。ここに挙げたものは課税対象に含まれる自家製の蒸留酒に関する数値である。Mitchell (1988, p. 407).
59. Crandall, Gavin, and Masters (2019, table 34).
60. Internal Revenue Service (2018, table 2.1).
61. 低所得国の政府のなかにはこの恵みの規模を意図的に拡大するところがあるかもしれない。課税しやすい大企業を優遇する規制などを利用するのである (Auriol and Warlters, 2005).
62. Internal Revenue Service (2019a, table 2). 過少申告による税収減すなわちタックス・ギャップは、個人所得税では 2450 億ドル、事業所得税では 1100 億ドルだった。法人所得税では 380 億ドルで、そのうちの 11 億ドルは資産額が 1000 万ドル未満の企業によって生じていた。
63. Ishi (1993, p. 68).
64. HM Revenue & Customs (2020, figure 1.5).
65. Artavanis, Morse, and Tsoutsora (2016).
66. 一部の新興国および発展途上国は VAT の仕組みのなかでこれを行なっており、大企業あるいは公開会社あるいはその両方に対し、仕入れに関する税の一部の納付を義務づけ、仕入先業者に対し、その金額分の税額控除を認めている。
67. Webber and Wildavsky (1986, p. 141).
68. Daunton (2001, p. 197).
69. シラギの悲しい物語は以下に基づく。Dubner and Levitt (2006).
70. Weinberg and Bealer (2002, pp. 86–87).
71. この節の見出しは、1981 年から 1985 年までアメリカ財務省長官を務めたのち、1986 年の税制改革を主導したドナルド・リーガンにちなむ。
72. Bellon et al. (2019) によれば、たとえば、ペルーでは、電子インボイス制度の導入に

より小企業の売上と仕入れに関する申告の件数がぐんと増加した。

73. 以下を参照。OECD (2013).

74. アメリカにおける「ザッパー」の有名な例に、中東料理のレストランチェーン「ラ・シシュ」がある。本書の著者のひとりの自宅近くには、かつてこのチェーンの支店があった (Ellison, 2012).

75. こうした政策は以下が論じている。Williams (2014, pp. 102–103). ザッパーその他については以下を参照。Ainsworth (2010).

76. このイノベーションおよび各種の電子キャッシュレジスターについては以下を参照。OECD (2019a).

77. 納税者および政府以外の誰かということである。

78. たとえば Internal Revenue Service (2019a, figure 3) によれば、2011 年から 2013 年までのコンプライアンス・ギャップは、納税申告および源泉徴収の対象になる所得（賃金と給料）では 1 パーセント、納税申告のみの対象になる所得では 5 パーセント、納税申告の対象にも源泉徴収の対象にもならない所得では 55 パーセントだった。

79. OECD (2015b, table 9.6).

80. Slemrod et al. (2017).

81. Carrillo, Pomeranz, and Singhal (2017).

82. Sung, Awasthi, and Lee (2017).

83. Rowlatt (2016).

84. Blackstone (2019).

85. Calvert (2019).

86. Clark (1988, p. 80).

87. イギリス英語で「grass ＝草」は「情報屋」のことである。

88. Warner and Ivis (1999, p. 309).

89. Carver (1898, p. 426). 以下が論じている。Mehrotra (2013, pp. 202–203).

90. 当時のギリシャの財務大臣ヤニス・ヴァルファキスからユーロ圏財務大臣会合議長への書簡。以下で引用。Traynor and Smith (2015).

91. Australian Taxation Office (n.d.).

92. UBS の税関連のトラブルはこれだけではなかった。2019 年 2 月、フランスで裁判にかけられ、顧客の脱税行為を幇助した罪により 37 億ユーロの罰金を科された (Bisserbe and Blackstone, 2019).

93. Kocieniewski (2012). 付け加えておくと、通報者への報奨金も課税対象になる (Saunders, 2015).

94. Kroll (2016); Watt et al. (2016).

95. Addady (2016).

96. アメリカの 1909 年法人税法では、納税申告書は公文書であり、「それとして閲覧に供されるもの」と見なされた。だが一般公開は、そのための資金充当がなされず、実現しなかった。

97. Twain (1870, p. 2).

98. Weisman (2002, p. 99).

99. イタリアのデータ保護機関は 1 日の終わりに情報を消去するよう命じ、その公開について、プライバシー侵害で違法であると述べた (Coronel, 2013).
100. 素晴らしい写真が以下に掲載されている。Webber and Wildavsky (1986, p. 298).
101. 情報公開は北欧では一般的であるようだ。たとえば、スウェーデンでは、1903 年から納税申告情報が公開されている。以下を参照。Coronel (2013).
102. この増加は、オンライン投稿によって情報検索が比較的容易になった場所で生じている (Bø, Slemrod, and Thoresen 2015).
103. Slemrod, Ur Rehman, and Waseem (2021). 情報公開の影響と、2012 年に実施されたその他のさまざまな変更の影響とを区別するため、ここでは、ありふれた名前の納税者と珍しい名前の納税者とで、それぞれの申告書に記載された所得額にどのような変化があったかを比較している。公開されるのは納税者の名前と納税額のみであるため、事実上、ありふれた名前の納税者は情報を開示されないが、珍しい名前の納税者は開示されることになる。
104. Boone (2012).
105. 公共事業体は事業のさまざまな情報を公開しなければならないが、たいていの国において、税務用語の income と財務諸表で報告される income の定義が異なり、課税額と納付税額を容易に識別することはできない。また、公共事業体は一般に、実際の納付額を報告する必要はない。Lenter, Shackelford, and Slemrod (2003) は、企業の納税申告書に関連する情報の公開に対する賛否両論をとりあげている。
106. 2016 年 4 月、欧州委員会はある提案をした。すべての多国籍企業に対し、活動拠点を置く各国での年間の利益および納付税額の開示を義務づけるというものだ。その法案は欧州議会によって 2017 年に承認されたが、本書執筆の時点ではまだ実施されていない。
107. 以下を参照。Hasegawa et al. (2013).
108. Hoopes, Robinson, and Slemrod (2018).
109. ジョニー・ウォルターズの言葉。以下で引用。Langer (2014).
110. Crandall, Gavin, and Masters (2019, table 40).
111. OECD (2017b, p. 99). 監査の対象になる確率は、所得が増えれば増えるほどそれだけ高まる。申告額が 1000 万ドル以上ならば 20 パーセント近くにのぼる。アメリカなどの国々では、大企業に対する監査は、基本的には継続的に行なわれる。
112. Internal Revenue Service (2020).
113. 小説『死せる魂』でも、税は重要な役割を担っている。チチコフは農奴を集めて借金の抵当にしようとした。すでに死亡したが、人頭税の徴税簿にはまだ載っている農奴の名義を買い集めたのだ。厄介払いしたい農奴所有者は、（たいていは）喜んで安く売ってくれた。
114. Levi (1989).
115. Crevar (2015, p. 8, travel section).
116. Gross (2016).
117. ジェイムズ・ボールドウィン、ノーム・チョムスキー、ローレンス・ファーリンゲティ、ベティ・フリーダン、アレン・ギンズバーグ、ノーマン・メイラー、トマ

ス・ピンチョン、スーザン・ソンタグ、ベンジャミン・スポック、グロリア・スタイネム、ハンター・トンプソン、カート・ヴォネガットなど。

118. たとえば以下を参照。the legislative proposal in U.S. Congress House Committee on Ways and Means (2017).
119. Burg (2004, pp. 108–109, 193, 219).
120. Billings (1969). それに引けをとらないのが、太平洋の島国バヌアツのヤオーナネン村の村民で、彼らはエリザベス2世の夫であるエジンバラ公フィリップ王配を信仰の対象にしていた (Shears, 2006). だが残念ながら、このフィリップ王配信仰には税に関連する側面はないようである
121. 実際、世界規模の調査においては、脱税は正当化できないという意見が多い。だが「言うは易し」である。
122. Suetonius [121] (1957). カリグラ暗殺の動機にも税がかかわっていた。スエトニウスによれば、陰謀（および暗殺）の首謀者となるカッシウス・カエレアはカリグラから女々しいといって咎められていた。声がか細いことや、収税を厳格に行なわないことを責められたという (Barrett, 1990, p. 161).
123. Marcuss et al. (2013).
124. Webber and Wildavsky (1986, p. 58).
125. 現在は廃止されている。
126. 愛国心と税務コンプライアンスの関連については証拠が存在する。以下を参照。Konrad and Qari (2012).
127. Blumenthal, Christian, and Slemrod (2001) は収税についての最初のフィールド実験である。これ以降、多くの実験がなされており、それを概観したのが下記。Slemrod (2019).
128. 以下を参照。Frey (1997).
129. 調査によれば、イスラエルのある保育所で子供を引き取りにくる親の遅刻が相ついでおり、遅れた場合は罰金をとることにしたところ、かえって遅刻する親が増えてしまった。親側としては、時間を守ることをかならずしも遵守できない義務ととらえていたが、罰則の設置によって、遅刻を、希望する分だけ購入できるコモディティと見なすようになったのかもしれない (Gneezy and Rustichini, 2000).
130. Dwenger et al. (2016).
131. Besley, Preston, and Ridge (1997); Besley, Jensen, and Persson (2015).

第13章

1. United States Conference of Catholic Bishops (2019).
2. Doran and Tucker (2019, p. 828).
3. Burg (2004).
4. 最近発表された、初期キリスト教をテーマにする非常に変わったある論文は、収税吏が世間から軽視されていたことを示唆している。この論文で、収税吏はイエスから愛を示された人びとの一覧に含まれている。その他の人びとはつぎのとおり。「精神病質者、小児性愛者、ひき逃げ運転者、往来で独り言をいう者……浮浪者に

火をつけかねないスキンヘッド、児童虐待者……」(Car- rère 2017, p. 261).

5. 彼の貢献によって家族経営の醸造所が破産に追いこまれたことを考えれば、これは皮肉なことである。
6. Brogan (1985, p. 141).
7. Unger (2011, pp. 100, 106).
8. Conway ([1909] 1970, pp. 7–8).
9. U.S. Customs and Border Protection (n.d.).
10. ". . . many loud thanks to the big black devil/That danced away with the Exciseman." この物語（および英訳）は以下から。Ferguson (2001, pp. 76, 444).
11. Salih (2011). 言わせてもらえば、この賛辞にふさわしい作品はほかにはあまりなさそうだが、第 12 章の冒頭で引用したマーク・トウェインのほとんど知られていない短編小説『不思議な訪問 *Mysterious Visit*』ならば該当するだろう。
12. Wallace (2012, p. 87). ただし、『青ざめた王』に書かれている「事実」のすべてが真実というわけではないが、非常に奇妙なエピソードのいくつかは真実であることに注意。たとえば、核攻撃を受けた場合に税金を徴収するという計画は実在した (*New York Times*, 1989).
13. Davidson (2010, p. 429).
14. この仕事は楽ではなかった。「税関は 800 種類もの法令にしたがいつつ指揮監督にあたり、延々と裁定を下しつづけることになっていた」(Phillipson 2010, p. 257).
15. Karabell (2004, p. 4).
16. Karabell (2004, p. 25).
17. 1874 年にこの制度が議会によって廃止され、アーサーの所得はもともとの金額である 1 万 2000 ドルになった (Reeves, 1975).
18. Lens on Leeuwenhoek (n.d.).
19. Pet Health Network (2014).
20. Waite (1993, pp. 133, 221).
21. Eisinger (2013).
22. この記述については、とりわけ Bickers (2011) さらに――称賛ぶりはそこまで大げさではないが―― Spence (1969) を参照した。ラジオ番組シリーズ「中国の男――日記 *Our Man in China: The Diaries*」(*BBC Radio*, 2016) は、ハートのほぼ未発表の日記をもとにしている。
23. Hall (1977, pp. 8–12).
24. 余暇にバンドを組んで音楽演奏を楽しんだり、罪悪感に苛まれつつ女性と遊んだりしたほか、阿姚という中国人女性に惚れこんでパートナーにし、彼女とのあいだに 3 人の子をもうけた。ハートの波瀾万丈の人生は『わがすばらしき内妻 *My Splendid Concubine*』(Lofthouse, 2013) という伝記小説になっており、そこに税務以外のことも記されている。
25. Hall (1977, p. 35).
26. Chang (2013, p. 140).
27. ハートは 1908 年に中国を去ったが、1911 年に亡くなるまで総税務司の肩書を保持

していた。亡くなったのは清朝終焉の 3 週間前のことだった (Spence 1969, p. 128).
海関は 1950 年まで存続した。

28. Weisman (2002, p. 253).
29. Matthews (1958, p. 279).
30. たとえば、いくつかの契約はたいへん洗練されていた。ジャック・ネッケルは 1774 年の賃貸借契約で、農民の取り分について、賃貸価格を超過する部分が 400 万リーブルまでならばその 50 パーセント、1200 万リーブルを超えればその 80 パーセントと定めた。これは、第 10 章でとりあげた規定を思い起こさせる。つまり、ある条件のもとにおいて、最高所得に課税するときの限界税率をゼロにするべきだという規定である。
31. タックス・ファーミングは世界のどこででも行なわれていたわけではない。江戸時代の日本では採用されていなかった。また官僚制度が大規模で複雑だった中国では、王朝が弱体化してからようやく採用された。
32. Forrest (1918, p. 413).
33. Johnson and Koyama (2014, p. 11).
34. Matthews (1958, pp. 224–225).
35. de Vries (1976, p. 202).
36. McCarthy (2005, p. 640).
37. Pamuk (2012, p. 317).
38. パキスタンは 1990 年代半ばに「オクトロイ（物品入市税）」の収税業務を民間業者に委託していた (Zaidi 1996, pp. 2950–2951).
39. White (2004).
40. Matthews (1958, p. 283).
41. 伝えられるところでは、ラヴォワジェの遺体は恐怖政治のその他の犠牲者たちの遺体とともに地下納骨堂に収容された。現在のバタイユ・ド・スターリングラード広場に立つ壁の下に眠っているという。
42. Salzmann (1993).
43. Smith ([1776] 1868, p. 46).
44. Adams (2001, p. 104).
45. Copland and Godley (1993, p. 64).
46. Davidson (2010, p. 429).
47. Wedgwood (1961, pp. 196, 212).
48. Hervey (1905, p. xxii).
49. Plumb (1967, p. 123).
50. Brewer (1988, p. 108).
51. Kahn, Silva, and Ziliak (2001).
52. Khan, Khwaja, and Olken (2016).
53. Besley and McLaren (1993).
54. Crandall (2010) は、各税務機関のパフォーマンス評価の状況について論じている。
55. World Bank (2001).

56. Matthews (1958, p. 216).
57. Brewer (1988, p. 102).
58. Spence (1969, p. 113).
59. だが、部下を信頼する上司のおかげで彼は生き延びた (Brewer 1988, p. 109).
60. Trevisani (2015).
61. Perez (2015).
62. Galloway (2017).
63. 結局のところ、彼がこの仕事のために選んだジョニー・ウォルターズという人物は、ニクソンの政敵リストに載った人物の追跡を（ジョージ・シュルツ財務長官の助けもあって）拒否した。この件に関しては続きがあって、ホワイトハウスの録音テープのなかでニクソンは、前政権下で行なわれた彼自身への調査について不平を述べており、ウォルターズは「ケネディ政権時代には行なうべきでないことが行なわれていた」と認識していた (Langer, 2014).
64. スペシャル・サービス・スタッフの歴史については以下に詳しい。Andrew (2002).
65. *The Economist* (2017a).
66. Mann (2004).
67. Ebeke, Mansour, and Rota-Graziosi (2016).
68. Beard (2015, p. 263).
69. 以下で引用。Johnson and Koyama (2014, p. 10).
70. Cleary, Crandall, and Masters (2017, table 5).
71. 以下の table 5 から算出。Cleary, Crandall, and Masters (2017).
72. Internal Revenue Service (2019b).
73. Webber and Wildavsky (1986, p. 116).
74. Goldsmith (1987, p. 50).
75. OECD (2015b).
76. これ以降の議論は以下を参照。Keen and Slemrod (2017).
77. Romeo (2016).
78. Brummitt and Purnomo (2015).
79. Casaburi and Troiano (2016).
80. Daley (2010).
81. 2 国で起こったことについては以下の annex 2.1 を参照。International Monetary Fund (2018). ケニアについては以下も参照。Ndung'u (2017).
82. *BBC News* (2010).
83. Smith (2015).
84. Wallace (2012, p. 85).

第 5 部

1. アメリカの財務長官、1974 – 1977 年。以下で引用。U.S. Department of the Treasury (1977, p. 1).

第 14 章

1. Burke (1774). この演説は 1774 年 4 月 19 日に行なわれた。
2. Service (2009, p. 350).
3. 以下で引用。the University Chronicle of the University of Michigan (1869, p. 4). サックス（1816 − 1887 年）はアメリカの詩人。同じような言葉がよくオットー・フォン・ビスマルクの発言として紹介されるが、実際にビスマルクがそう言ったかどうかは定かではない。最初に法律をソーセージにたとえたのが政治家ではなく詩人であった理由は不明。
4. Jarvis (1987, p. 20).
5. Jarvis (1987, p. 21).
6. McCulloch ([1845] 1975, p. 344).
7. 数値は以下から引用もしくは算出。McCulloch ([1845] 1975, p. 332). 厳密には、減税によって合法の購入が増加したとは言いきれない。同じ時期にさまざまな変化があったし、じつは減税とともに罰則の強化も実施されていた。たとえば、密輸業者をかくまうだけで死刑に処された。罰則については以下を参照。Jarvis (1987, pp. 25–27). とはいえ、減税が主要な要素ではなかったとは考えにくい。
8. Ibn Khaldûn ([1377] 1967, p. 89).
9. 以下を参照。Bartlett (2012, pp. 1207–1208).
10. この 100 パーセントという数値は所得税のものである。この場合、所得が増えても手取りは増えない。ペラムの例にある 100 パーセントの関税との違いに注意。この場合は（たんに）価格が 2 倍になる。
11. McCulloch ([1845] 1975, p. 340).
12. さらに、最低税率が 12 パーセントからわずかに上昇することにもなった。
13. Keen, Kim, and Varsano (2008).
14. ロシアのフラット・タックス導入の影響については以下で分析されている。Ivanova, Keen, and Klemm (2005); Gorodnichenko, Martinez-Vazquez, and Peter (2009).
15. 1981 年の減税については以下を参照。Slemrod and Bakija (2017, p. 224). カンザス州については以下を参照。Ritholtz (2017).
16. アメリカにおける象徴的な例として、アラスカ州のケチカン市（人口 8900 人）と、ケチカン空港のあるグラヴィナ島（人口 50 人）とを結ぶ橋を建設する案があった。建設費は 3 億 2000 万ドルにのぼると見積もられた。しかし建設はされなかった (Utt, 2005).
17. Becker and Mulligan (2003).
18. Lledó et al. (2017).
19. Cordes et al. (2015, p. 4).
20. この計画の主唱者であるアメリカの活動家グローヴァー・ノーキストは、政府の規模を 25 年以内に半分にしたいという願望を述べた。「バスルームに引きずっていき、バスタブに沈めてしまえるほど小さく」したいというのだ。以下に掲載されたインタビューより。Liasson (2001).
21. Romer and Romer (2009).

22. この説明をしたのは著名なリバタリアンのウィリアム・ニスカネンである (Niskanen, 2006).
23. これらの数値はすべて以下から。*CBS News* (2018).
24. PAC はアメリカの政治資金団体の略称で、会員から資金を集め、特定の立候補者の当選あるいは法令の制定の実現あるいは非実現の運動のために献金する。
25. ラヌルフ・ヒグデンの年代記『ポリクロニコン』（1342 年ごろ）にもとづく。
26. 実際、エドワード一世の治世に行なわれたある調査に示されているところでは、当時のコヴェントリーで通行料を徴収されたのは馬に乗って通る者のみだった (Barber, 1855; Harris, 1909).
27. Brewer (1988, p. 233).
28. Brewer (1988, p. 237).
29. Birnbaum and Murray (1988, p. 111).
30. Brewer (1988, pp. 243–244).
31. Brewer (1988, p. 247).
32. Jagoda (2017).
33. White (2006, p. 253).
34. Free File Alliance (2016).
35. Sundelson (1941, p. 86).
36. Sundelson (1941, p. 87).
37. 時代は変わった。イギリスとアメリカでは、バター以外のスプレッドは健康によいという理由から商業的優位性を得ている。そんなわけで、油脂をブレンドした加工食品である「バターじゃないなんて信じられない！ I can't believe it's not butter!®」という名称の商品は、健康的な食事をこころがける消費者によく選ばれている。
38. 数値は以下から。Lebhar (1959, pp. 16, 20, and 29).
39. 家族経営の小規模事業者は同時に、（たいていは販売手数料の形をとった）規制や税の導入を求め、組織化されていない小さい移動式の販売店から自衛している。ミシガン州の誇り高いアナーバー市は、かつて「露天商」が使用する車両 1 台ごとに 150 ドルのライセンス料を徴収していた。この政策は「人民対リクセン裁判」で支持された。*People v. Riksen*, 284 Mich. 284, 279 N.W. 513 (1938). 露天販売は合法な職業ではあるが、大きな迷惑になりがちであるとされたのだ。以下を参照。Arlt (1941, p. 180).
40. Lee (1941, p. 158).
41. Ross (1986). ルイジアナ州はチェーンストア税を徴収する権限を小教区および市町村に与えている。また、メリーランド州の各カウンティはチェーンストアライセンス料を徴収している。その金額は、州内に 20 店舗以上を構えるチェーンストアの場合、1 店舗につき 300 ドルになる。
42. Americans for Tax Fairness (2014).
43. *South Dakota v. Wayfair, Inc.*, et al.
44. 以下で引用。Seligman (1914, p. 154).
45. 歴史とのかかわりによって税制に悪影響がおよぶもうひとつの例に、南アフリカの

VAT がある。アパルトヘイト体制終盤に導入されたが、現在ではそのこともあって徴収が困難になっている。以下を参照。Naidoo (2012).

46. イギリスでは食料品は VAT 非課税である。つまり売上に課税されない。一方、投入に課される税は還付される。
47. たとえば以下を参照。Crawford, Keen, and Smith (2010).
48. その理由は「おもに」、第 3 章でとりあげた独占が同様の経済的影響をおよぼしていたこと、さらに、石炭などの天然資源の国内生産に対して課される税があったことである。しかし、日用品に対して課される明示的な税はほとんどなかった (O'Brien and Hunt 1999, pp. 204–205). イングランドに物品税がないことは、外国人には奇妙だった。1550 年代、メアリー一世の治世にイングランドに渡ったヴェネツィア大使は「奇妙で驚くべきことだ」と書きのこしている (Dowell, 1884b, p. 8).
49. de Vries (2012).
50. Grapperhaus (1998, p. 24).
51. Kennedy (1913, pp. 51–52).
52. Kennedy (1913, p. 53).
53. 彼らが起草した国政改革の草案「建議要目」より。"Heads of Proposal" (Hughes 1934, pp. 122–123).
54. O'Brien and Hunt (1999, p. 210).
55. Webber and Wildavsky (1986, p. 390). サミュエル・ジョンソンの定義はつぎのように続く。「判定を下すのは、固定資産を評価する通常の査定人ではなく、物品税を徴収する側に雇われた卑しい者どもである」。
56. O'Brien and Hunt (1999, p. 211).
57. Langford (1975, p. 1).
58. Plumb (1960, p. 241).
59. Hervey (1848, p. 179).
60. 図版のポスターの左側のパネルに描かれているのは自由貿易の世界である。商店の前で列をつくる女性たちは待ちきれないようすである。店頭には安価な商品がたくさん並んでいる。右側に描かれているのは保護貿易の世界だ。商店はショーウインドーにクモの巣がかかり、品揃えが乏しく、値段が高い。見たところ女性客はおらず、男性の徴税員とジョゼフ・チェンバレンに驚くほどよく似た店員がいるのみである。
61. Crosby (2011, p. 176).
62. 1932 年から 1937 年までは緩やかな帝国内特恵関税体制が採用されていた。当時はそれ以外にも不平不満の種が山ほどあった。
63. Crosby (2011, p. 164).
64. パスティはスペインなどで食べられている具入りペイストリー、エンパナーダのイギリス版である。この提案は、もっと正確にいえば、できたてを熱いうちに食べるものに対しては VAT を標準税率で課税するということである。つまり、パブで飲み、終電で帰宅するまでのあいだに食べたくなるようなものだ。
65. 以下で引用。Seligman (1899, p. 87). セリグマンは以下を引いている。Anonymous

(1756, p. 28).
66. 以下を参照。McCafery (1994); Krishna and Slemrod (2003).
67. McCafery and Baron (2003).
68. Finkelstein (2009).
69. Keen and Lockwood (2006) に示されている、前述の証拠から見ると、この疑いにはある程度の真実がありそうだ。
70. Chetty, Looney, and Kroft (2009).
71. Rees-Jones and Taubinsky (2020).
72. Ali, Fjeldstad, and Sjursen (2014).
73. de León (2005, p. 71).
74. Courtenay (1803).
75. これは賢い命名であるが、誤解を招きかねない。われわれの尊敬すべき同僚ジェイムズ・ハインズ・ジュニアが記しているとおり、遺産税は、これもまた的確な命名だが、「生命補助金」と呼ぶこともできる。さらに、Slemrod and Gale (2001) で指摘されているとおり、死はアメリカの連邦遺産税および連邦贈与税発生の必要条件でもなければ十分条件でもない。必要条件ではないのは、生きている人から人への富の移転によって贈与税がかかる場合があるからで、十分条件ではないのは、控除額が大きいために死者の 99.8 パーセントは遺産税を支払わずにすむからである。
76. Alvarez (2001).
77. Mason and Campbell (2017).
78. Erb (2013a).
79. Quinn (2012).
80. 牛税の課税ベースは州によってさまざまで、資産移転もあれば、四輪車や酒の購入もある。
81. Petersen (1997, p. 232).
82. Crockett (2014).
83. *Nix v. Hedden* 149 U.S. 304 (1893).
84. 劇作家としては『恋がたき』『悪口学校』の作者として有名である。
85. 以下で引用。Rhodes (1933, pp. 94–95).
86. この手続きの相違は以下が議論している。Daunton (2002, pp. 18–20); Keen (2005).
87. このテーマについての研究は多い。興味のある読者には、まず IMF (2013) とそこに掲載されている参考文献をお薦めする。
88.「グッチ峡谷」とはアメリカ議会両院の租税策定委員会が開催される会議室の前の廊下につけられた呼び名。ここに高級な服を着たロビイストたちが集まる。
89. TRA86 の概要は以下から。lemrod and Bakija (2017, pp. 392–395).
90. 以下を参照。Slemrod (2018). 減税および雇用法の考察および TRA86 との比較について。
91. VAT を廃止した国は 6 つある。だが—— 2018 年に廃止したマレーシアを除いて——どの国もあとで復活させている。
92. Adam and Shaw (2003, p. 24). その後、さらなる減税が行なわれた。1984 年、不労所

得に対する 15 パーセントの追加課徴金が廃止された。1988 年には最高税率が 40 パーセントに、基本税率が 25 パーセントに引き下げられた。法人税率は当初 40 パーセントに据え置かれたが、1984 年までに 30 パーセントに引き下げられた (Corporation Tax Rates, n.d.).

93. Treisman (2002, p. 60). FSB は、KGB（国家保安委員会）の後継組織のロシア連邦保安庁。
94. Gaddy and Gale (2005, p. 985).
95. Birnbaum and Murray (1988, p. 260).
96. Keen and Lockwood (2010).
97. Keen and Lockwood (2010).
98. フラット・タックスがさまざまな形で広がった件については以下を参照。Keen, Kim, and Varsano (2008).
99. Smith ([1776] 1868, pp. 392–393).
100. 以下を参照。Thorndike (2013). 本当に VAT 導入の提案がウルマンの運命を決定づけたのかどうかについては意見が分かれている。
101. 詳細については以下を参照。Barro (2015).
102. Nef (2016).

第 15 章

1. 小説『恋を覗く少年』の冒頭部分 (Hartley 1953, p. 17).
2. *Star Wars* (1999).
3. ここでの議論は、SF 小説に税金があまり登場しないことを考察した以下のレビューによる。Anders and Jackson (2011).
4. Heinlein (2008, pp. 256–257).
5. Heinlein (2008, pp. 308–309).
6. Adams (1980, p. 115). この作品はアダムズの SF 小説シリーズ『銀河ヒッチハイク・ガイド』のひとつである。『銀河ヒッチハイク・ガイド』シリーズは 1978 年に BBC が放送したラジオ番組から始まった。同年、イギリスのロックバンド、ピンク・フロイドのメンバーが節税のためイギリス国外で 1 年間を過ごしている。アダムズはピンク・フロイドと一緒にステージで演奏したことがあるといわれている。以下を参照。Sale (2012).
7. Manjoo (2002).
8. ユートピアの税制については以下を大いに参考にした。Goodwin (2008).
9. Bellamy (1888, p. 134).
10. Goodwin (2008, pp. 316–317).
11. Orwell (1949, p. 85).
12. どうして 11 人か？　フィールドで対戦する各チームのメンバー数は、イギリスなどの国々におけるフットボール（アメリカでサッカーと呼ばれるスポーツ）とアメリカンフットボール（アメリカ以外ではあまり知られていないスポーツ）の唯一の共通点である。

13. *The Economist* (2018c).
14. この法令により、財とサービスに対する課税権は政府のさまざまなレベル（中央政府および地方／州）に振り分けられた。VAT の場合、こういったことは実行不可能である。インドでは、2016 年の憲法改正によって初めて連邦税 VAT の導入が可能になった。パキスタンの場合はまだ問題がある。
15. イタリア共和国憲法第 53 条。
16. Shehab (1953, p. 35).
17. ここではピグー税を考慮しない。
18. 納税義務を履行する意向には、政府への信頼度、公共サービスへの満足度、腐敗の不在、それに愛国心の度合いもかかわってくるが、結果はばらつきが大きく、年齢や信仰心などの要素も重要になる。たとえば、以下を参照。Ali, Fjeldstad, and Sjursen (2014); Konrad and Qari (2012); OECD (2019f). しかし、相関があるからといって因果があるとはいえない。たとえば、もともと義務の履行を重視する性格の人は公共サービスに満足しやすいということもできる。
19. IMF (2020a, table 1.2). 数値は一般政府の総債務。
20. Gaspar et al. (2019).
21. He, Goodkind, and Kowal (2016).
22. United Nations (n.d.). 低所得国の場合、65 歳以上の人口に対する 15 − 64 歳の人口の割合は 2 倍近く上昇すると予測されているが、それでもたった 11 パーセント前後になるのみである。
23. この数値は、この支出増大を抑制する政策が導入されない場合。
24. バラク・オバマの言葉。White House, Office of the Press Secretary (2013).
25. Credit Suisse Research Institute (2017).
26. World Inequality Database. https://wid.world/world/#sptinc_p99p100_z/US;FR;DE;CN;ZA;GB;WO/last/eu/k/p/yearly/s/false/5.11/30/curve/false/country.
27. たとえば、先進国では再分配のおよそ 4 分の 3 は支出側で達成されている（所得移転を含む）。以下などを参照。International Monetary Fund (2017a, p. ix).
28. たとえば、イギリスの場合は以下を参照。Blundell et al. (2020). これによれば、パンデミックによって、所得格差のみならず、男女格差、世代間格差、地域格差がロックダウン期間を通じていっそう広がった。
29. 数値は、多くの人が重くないと考えると思われる 1 トンあたり 35 ドルの炭素税でのもの (International Monetary Fund, 2019a, p. 28).
30. Wintour (2007).
31. Ventry (2011).
32. ここで述べる予測の類については以下を参照。Gupta et al. (2017); Jacobs (2017).
33. Seamans (2017).
34. 大金持ちに対する課税の問題点についての考察は以下を参照。Scheuer and Slemrod (2020).
35. 税制における遺伝子情報利用の将来性と問題点については以下で論じられている。Logue and Slemrod (2008).

36. 仮定として記した理由は、将来、遺伝情報の操作が可能になるかもしれないからだ。以下はその点を強調している。Chen, Grimshaw, and Myles (2017).
37. King and Crewe (2013, p. 154).

参考文献　映画なども含まれる。邦訳が複数存在するものは詳細書誌を省いた。

Abbott, Frank Frost, and Allan Chester Johnson. 1926. *Municipal Administration in the Roman Empire.* Princeton, NJ: Princeton University Press.

Abraham, Arthur. 1974. "Bai Bureh, the British, and the Hut Tax War." *International Journal of African Historical Studies* 7 (1): 99–106.

Act of Uniformity 1559. Public Act, 1 Elizabeth I, c. 2.

Adam, Stuart, and Jonathan Shaw. 2003. *A Survey of the U.K. Tax System.* Institute for Fiscal Studies Briefing Note 9, London.

Adams, Charles. 2001. *For Good and Evil: The Impact of Taxes on the Course of Civilization*, 2nd ed. Lanham, MD: Madison Books.

Adams, Douglas. 1980. *The Restaurant at the End of the Galaxy.* New York: Harmony Books. Addady, Michal. 2016. "Bank Whistleblower Believes CIA Is Behind the Panama Papers Leak." *Fortune*, April 13.

Aftalion, Florin. 1990. *The French Revolution: An Economic Interpretation*, translated by Martin Thom. Cambridge: Cambridge University Press.

Aguado, Jesús. 2018. "Spain to Change Law to Force Banks to Pay Mortgage Stamp Duty." *Reuters*, November 7.

Ainsworth, Richard Thomas. 2010. "Zappers — Retail VAT Fraud." Boston University School of Law Working Paper No. 10–04, Boston, MA.

Alavuotunki, Kaisa, Mika Haapanen, and Jukka Pirttila. 2019. "The Effects of the Value Added Tax on Revenue and Inequality." *Journal of Development Studies* 55 (4): 490–508.

Ali, Merima, Odd-Helge Fjeldstad, and Ingrid Hoem Sjursen. 2014. "To Pay or Not to Pay? Citizens' Attitudes toward Taxation in Kenya, Tanzania, Uganda, and South Africa." *World Development* 64: 828–842.

Allcott, Hunt, Benjamin B. Lockwood, and Dmitry Taubinsky. 2019. "Regressive Sin Taxes, with an Application to the Optimal Soda Tax." *Quarterly Journal of Economics* 134 (3): 1557–1626.

Allen, Douglas W. 1998. "Compatible Incentives and the Purchase of Military Commissions." *Journal of Legal Studies* 27 (1): 45–66.

Allingham, Michael, and Agnar Sandmo. 1972. "Income Tax Evasion: A Theoretical Analysis." *Journal of Public Economics* 1 (3–4): 323–338.

Alstadsæter, Annette, Niels Johannesen, and Gabriel Zucman. 2018. "Who Owns the Wealth in Tax Havens? Macro Evidence and Implications for Global Inequality." *Journal of Public Economics* 162: 89–100.

Alstadsæter, Annette, Niels Johannesen, and Gabriel Zucman. 2019. "Tax Evasion and Inequality." *American Economic Review* 109 (6): 2073–2103.

Alvarez, Lizette. 2001. "Capitol Hill Memo — In 2 Parties' War of Words, Shibboleths Emerge as Clear Winner." *New York Times*, April 27.

Americans for Tax Fairness. 2014. "Walmart on Tax Day: How Taxpayers Subsidize America's Biggest Employer and Richest Family." Americans for Tax Fairness, Washington, DC.

Anders, Charlie Jane, and Gordon Jackson. 2011. "Nobody Pays Taxes Today: Tax Revolts from Science Fiction and Fantasy." *Gizmodo*, April 14.

Andrew, John A. 2002. *Power to Destroy: The Political Uses of the IRS from Kennedy to Nixon*. Chicago: Ivan R. Dee.

Anonymous. 1756. *A Letter from a Member of Parliament, on the Plate-Tax*. London: Printed for J. Scott at the Black Swan.

Ansary, Tamim. 2009. *Destiny Disrupted: A History of the World through Islamic Eyes*. New York: Public Affairs.

Archer, Ian. 2016. "Facing Up to Catastrophe: The Great Fire of London." *The Oxford Historian*. Michaelmas Term. Faculty of History, University of Oxford.

Arlt, Carl T. 1941. "Discriminatory Vendor Licensing and Taxing of Out of-State Corporations." In *Tax Barriers to Trade*, by Mark Eisner, Robert L. Cochran, Edgar L. Burtis et al., 176–186. Philadelphia: University of Pennsylvania Tax Institute.

Armey, Dick. 1996. "Why America Needs the Flat Tax." In *Fairness and Efficiency in the Flat Tax*, by Robert E. Hall, Alvin Rabushka, Dick Armey, Robert Eisner, and Herbert Stein, 96–101. Washington, DC: AEI Press.

Artavanis, Nikolaos, Adair Morse, and Margarita Tsoutsoura. 2016. "Measuring Income Tax Evasion Using Bank Credit: Evidence from Greece." *Quarterly Journal of Economics* 131 (2): 739–798.

Arya, Divya. 2016. "The Woman Who Cut Of Her Breasts to Protest a Tax." *BBC News*, July 26.

Asen, Elke. 2019. "Soda Taxes in Europe." Tax Foundation online, September 5.

Askolovitch, Claude, 2017. "En 1962, le Général de Gaulle Lance La Guerre Fiscale contre Monaco." *France Inter*, March 19.

Aslam, Aqib, and Alpa Shah. 2020. "Tec(h)tonic Shifts: Taxing the 'Digital Economy.'" International Monetary Fund Working Paper No. 20/76, Washington, DC.

Atiyeh, Cliford. 2013. "Feds Watching: Ford's Run Around on 'Chicken Tax' Riles U.S. Customs Officials." *Car and Driver* online, September 26.

Auerbach, Alan J., Michael P. Devereux, Michael Keen, and John Vella. 2017. "Destination-Based Cash Flow Taxation." Saïd Business School Research Paper 2017–09, University of Oxford, Oxford, UK.

Auriol, Emmanuelle, and Michael Warlters. 2005. "Taxation Base in Developing Countries." *Journal of Public Economics* 89 (4): 625–646.

Austen, Jane. 1906. *Pride and Prejudice*. In *The Novels of Jane Austen*, edited by R. Brimley Johnson. New York: Frank S. Holby.〔邦訳　ジェイン・オースティン『高慢と偏見』〕

Australian Taxation Office. n.d. *ATO Tip Of Form*. Sydney.

Avi-Yonah, Reuven. 2020. "It's Time to Revive the Excess Profits Tax." *The American Prospect*, March 27.

Babbage, Charles. 1851. *Thoughts on the Principles of Taxation, with Reference to a Property Tax, and Its Exceptions*, 2nd ed. London: John Murray.

Bagguley, Paul. 1995. "Protest, Poverty and Power: A Case Study of the Anti-Poll Tax Movement." *The Sociological Review* 43 (4): 693–719.

Bagley, J. J., and P. B. Rowley. 1968. *A Documentary History of England: Vol. 1 (1066–1540).* Harmondsworth, U.K.: Penguin.

Ballara, Angela. 1993. "Tōia, Hōne Riiwi." In *Dictionary of New Zealand Biography, Te Ara–The Encyclopedia of New Zealand.* Wellington, New Zealand.

Bank, Steven A., Kirk J. Stark, and Joseph J. Thorndike. 2008. *War and Taxes.* Washington, DC: Urban Institute Press.

Bank of England. n.d. *A Millennium of Macroeconomic Data.* https://www.bankofengland.co.uk/statistics/research-datasets.

Barber, John W. 1855. *European Historical Collections; Comprising England, Scotland, with Holland, Belgium, and Part of France.* New Haven, CT: John W. Barber.

Barnett, Le Roy. 2013. "The Attempts to Tax Bachelors in Michigan." *HSM Chronicle* 4 (35): 18–19.

Barratt, Nick. 1999. "English Royal Revenue in the Early Thirteenth Century and Its Wider Context, 1130–1330." In *Crises, Revolutions and Self-Sustained Growth: Essays in European Fiscal History, 1130–1830*, edited by William Mark Ormrod, Margaret Bonney, and Richard Bonney, 58–96. Stamford, U.K.: Shaun Tyas.

Barrett, Anthony A. 1990. *Caligula: The Corruption of Power.* New Haven, CT: Yale University Press.

Barro, Josh. 2015. "Rand Paul and the VAT That Dare Not Speak Its Name." *New York Times*, June 18.

Barro, Robert J. 1987. "Government Spending, Interest Rates, Prices, and Budget Deficits in the United Kingdom, 1701–1918." *Journal of Monetary Economics* 20 (2): 221–247.

Bartlett, Bruce. 1994. "How Excessive Government Killed Ancient Rome." *Cato Institute Journal* 14 (2): 297–299.

Bartlett, Bruce. 2012. "The Lafer Curve, Part 2." *Tax Notes* 136 (10): 1207–1209.

Barzel, Yoram. 1976. "An Alternative Approach to the Analysis of Taxation." *Journal of Political Economy* 84 (6): 1177–1197.

Basu, Tanya. 2015. "Colorado Raised More Tax Revenue from Marijuana Than from Alcohol." *Time*, September 16.

BBC. 2014. "Seven Man Made Wonders: Silbury Hill." September 24.

BBC News. 2005. "Best: Decline of the Golden Boy." June 4.

BBC News. 2009. "VAT Cut Boosts French Restaurants." July 1.

BBC News. 2010. "Customs Raid the Largest Illegal Fuel Plant Found in NI." February 5.

BBC News. 2014. "10 Big Myths about World War I Debunked." February 25.

BBC News. 2018a. "Bolivia Sea Dispute: UN Rules in Chile's Favour." October 1.

BBC News. 2018b. "Ken Dodd: 17 of His Funniest One-Liners." March 12.

BBC News. 2019. "Hungary Tries for Baby Boom with Tax Breaks and Loan Forgiveness." February 11.

BBC Radio. 2016. "Our Man in China: The Diaries." November 7.

Beales, Derek, and Eugenio F. Biagini. 2013. *The Risorgimento and the Unification of Italy*, 2nd ed London: Routledge.

Bean, Richard. 1973. "War and the Birth of the Nation State." *Journal of Economic History* 33 (1): 203–221.

Beard, Mary. 2015. *SPQR: A History of Ancient Rome*. New York: Liveright.

Beatles, The. 1966. *Taxman*. Studio 2, EMI Studios, Abbey Road. Recorded April 20–22 as the first song on the *Revolver* album.

Beautiful Puglia. n.d. "Alberobello." Italy.

Becker, Gary S. 1968. "Crime and Punishment: An Economic Approach." *Journal of Political Economy* 76 (2): 169–217.

Becker, Gary S., and Casey B. Mulligan. 2003. "Deadweight Costs and the Size of Government." *Journal of Law & Economics* 46 (2): 293–340.

Beech, Samantha. 2016. "The Island Nation of Tuvalu Is Being Kept Afloat by Its Domain Name." *News Corp Australia Network*, March 7.

Beer, Sebastian, Maria Coelho, and Sebastien Leduc. 2019. "Hidden Treasure: The Impact of Automatic Exchange of Information on Cross-Border Tax Evasion." International Monetary Fund Working Paper No. 19/286, Washington, DC.

Beijing Tax Museum. 2019. *Introduction to Beijing Tax Museum*. Beijing.

Belasco, Amy. 2014. "The Cost of Iraq, Afghanistan, and Other Global War on Terror Operations since 9/11." Working paper, Congressional Research Service, Washington, DC.

Bell, Michael E., John H. Bowman, and Jerome C. German. 2009. "The Assessment Requirements for a Separate Tax on Land." In *Land Value Taxation: Theory, Evidence and Practice*, edited by Richard F. Dye and Richard W. England, 171–194. Cambridge, MA: Lincoln Institute of Land Policy.

Bellamy, Edward. 1888. *Looking Backward*. Boston: Ticknor and Co.〔邦訳　エドワード・ベラミー『顧りみれば』山本政喜訳、岩波文庫、1953 年〕

Bellon, Matthieu, Jillie Chang, Era Dabla-Norris, Salma Khalid, Frederico Lima, Enrique Rojas, and Pilar Villena. 2019. "Digitalization to Improve Tax Compliance: Evidence from VAT e-Invoicing in Peru." International Monetary Fund Working Paper No. 19/231, Washington, DC.

Belsey, Catherine. 1985. *The Subject of Tragedy: Identity and Difference in Renaissance Drama*. London: Methuen.

Benedek, Dora, Ruud de Mooij, Michael Keen, and Philippe Wingender. 2020. "Varieties of VAT Pass Through." *International Tax and Public Finance* 27 (4): 890–930.

Bergin, Tom. 2012. "Special Report — How Starbucks Avoids UK Taxes." *Reuters*, October 15.

Bernardi, Aurelio. 1970. "The Economic Problems of the Roman Empire at the Time of Its Decline." In *The Economic Decline of Empires*, edited by Carlo M. Cipolla, 16–83. London: Methuen.

Bernholz, Peter. 2003. *Monetary Regimes and Inflation: History, Economic and Political Relationships*. Northampton, MA: Edward Elgar.

Besley, Timothy, Anders Jensen, and Torsten Persson. 2015. "Norms, Enforcement, and Tax

Evasion." Centre for Economic Policy Research Discussion Paper DP10372, London.

Besley, Timothy, and John McLaren. 1993. "Taxes and Bribery: The Role of Wage Incentives." *Economic Journal* 103 (416): 119–141.

Besley, Timothy, Ian Preston, and Michael Ridge. 1997. "Fiscal Anarchy in the UK: Modeling Poll Tax Noncompliance." *Journal of Public Economics* 64 (2): 137–152.

Bezias, Jean-Rémy. 2007. "Les Alpes-Maritimes et la Crise Franco-Monégasque de1962." *Cahiers de la Méditerranée* 74: 321–336.

Bickers, Robert. 2011. *The Scramble for China: Foreign Devils in the Qing Empire, 1832–1914*. London: Penguin Global.

Billings, Dorothy K. 1969. "The Johnson Cult of New Hanover." *Oceania* 40 (1): 13–19. Binmore, Kenneth, and Paul Klemperer. 2002. "The Biggest Auction Ever: The Sale of the British 3G Telecom Licenses." *Economic Journal* 112 (478): C74–C96.

Birch, Thomas, ed. 1742. *A Collection of the State Papers of John Thurloe*. London: Fletcher Gyles.

Bird, Richard M., and Joosung Jun. 2005. "Earmarking in Theory and Korean Practice." International Tax Program Paper 0153, University of Toronto.

Bird, Richard M., Jorge Martinez-Vazquez, and Benno Torgler. 2008. "Tax Effort in Developing Countries and High Income Countries: The Impact of Corruption, Voice and Accountability." *Economic Analysis and Policy* 38 (1): 55–71.

Birnbaum, Jefrey H., and Alan S. Murray. 1988. *Showdown at Gucci Gulch: Lawmakers, Lobbyists, and the Unlikely Triumph of Tax Reform*. New York: Vintage Books.

Bishop-Henchman, Joseph. 2014. "Tax Code Disallows Business Deductions for Marijuana Sales." Tax Foundation online, February 6.

Bisserbe, Noemie, and Brian Blackstone. 2019. "UBS Is Fined $4.2 Billion in French Tax-Evasion Case." *Wall Street Journal*, February 20.

Blackstone, Brian. 2019. "Big-Money Bills Get Little Love — Except in Switzerland." *Wall Street Journal*, March 5.

Blackstone, William. 1794. *Commentaries on the Laws of England*, 12th ed. Dublin: L. White, William Jones, and John Rice.

Blake, Robert. 1969. *Disraeli*. London: Methuen.

Blakey, Roy G., and Gladys C. Blakey. 1940. *The Federal Income Tax*. New York: Longmans, Green and Co.

Blanchard, Olivier, and Jean Pisani-Ferry. 2020. "Monetisation: Do Not Panic." *VoxEU*, April 10.

Blank, Joshua D., and Daniel Z. Levin. 2010. "When Is Tax Enforcement Publicized?" *Virginia Tax Review* 30 (1): 1–38.

Blumenthal, Marsha, Charles Christian, and Joel Slemrod. 2001. "Do Normative Appeals Affect Tax Compliance? Evidence from a Controlled Experiment in Minnesota." *National Tax Journal* 54 (1): 125–138.

Blundell, Richard, Monica Costa Dias, Robert Joyce, and Xiaowei Xu. 2020. "COVID-19 and Inequalities." *Fiscal Studies* 41 (2): 291–319.

Bø, Erlend E., Joel Slemrod, and Thor O. Thoresen. 2015. "Taxes on the Internet: Deterrence Effects

of Public Disclosure." *American Economic Journal: Economic Policy* 7 (1): 36–62.

Boadway, Robin, and Michael Keen. 2010. "Theoretical Perspectives on Resource Tax Design." In *The Taxation of Petroleum and Minerals: Principles, Practices and Problems*, edited by Philip Daniel, Michael Keen, and Charles McPherson, 14–74. London: Routledge.

Board of Governors of the Federal Reserve System. 2017. "How Much Does It Cost to Produce Currency and Coin?" Washington, DC.

Bobbitt, Philip. 2003. *The Shield of Achilles: War, Peace, and the Course of History.* New York: Anchor Books.

Boone, Jon. 2012. "Pakistan Politicians Engulfed by Tax Evasion Storm." *The Guardian*, December 12.

Boonn, Ann. 2020. *Cigarette Tax Increases by State per Year 2000–2018.* Washington, DC: Campaign for Tobacco-Free Kids.

Boskin, Michael J., and Eytan Sheshinski. 1983. "Optimal Tax Treatment of the Family: Married Couples." *Journal of Public Economics* 20 (3): 281–297.

Bott, Uwe. 2013. "A Brief History of U.S. Defaults." *The Globalist*, January 16.

Bourassa, Steven. 2009. "The U.S. Experience." In *Land Value Taxation: Theory, Evidence, and Practice*, edited by Richard F. Dye and Richard W. England, 11–26. Cambridge, MA: Lincoln Institute of Land Policy.

Bouw, Annerie. 2017. "Tobacco Taxation in the European Union: An Overview." World Bank Group. Brussels, Belgium.

Bowen, H. V. 1991. *Revenue and Reform: The Indian Problem in British Politics, 1757–1773.* Cambridge: Cambridge University Press.

Bowles, Roger, and Philip Jones. 1993. "Nonpayment of Poll Tax: An Exploratory Analysis of Tax Resistance." *International Review of Law and Economics* 13 (4): 445–455.

Bowman, John. 2000. *Columbia Chronologies of Asia History and Culture*. New York: Columbia University Press.

Braddick. Michael J. 1996. *The Nerves of State: Taxation and the Financing of the English State, 1558–1714.* Manchester, U.K.: Manchester University Press.

Brewer, John. 1988. *The Sinews of Power: War, Money and the English State, 1688–1783.* New York: Alfred A. Knopf.

Brewer, Michael, Emmanuel Saez, and Andrew Shephard. 2010. "Means Testing and Tax Rates on Earnings." In *Dimensions of Tax Design: The Mirrlees Review*, edited by Stuart Adam, Tim Besley, Richard Blundell, Stephen Bond, Robert Chote et al., 90–173. Oxford: Oxford University Press.

Brogan, Hugh. 1985. *The Longman History of the United States of America*. New York: William Morrow.

Brown, Susan E. 2007. "Assessing Men and Maids: The Female Servant Tax and Meanings of Productive Labour in Late-Eighteenth-Century Britain." *Left History: An Interdisciplinary Journal of Historical Inquiry and Debate* 12 (2): 11–32.

Brummitt, Chris, and Herdaru Purnomo. 2015. "Indonesia Is Using Drones to Catch Tax Cheats." *Bloomberg* online, June 3.

Brunner, Eric, and Jon Sonstelie. 2003. "School Finance Reform and Voluntary Fiscal Federalism." *Journal of Public Economics* 87 (9–10): 2157–2185.

Brunori, David, and Jennifer Carr. 2002. "Valuing Land and Improvements: State Laws and Local Government Practices." *State Tax Notes* 25: 1023–1033.

Bryan, William Jennings, and Mary Baird Bryan. 1900. *The Life and Speeches of Hon. Wm. Jennings Bryan*. Baltimore, MD: R. H. Woodward Company.

Buehler, Alfred G. 1940. "The Taxation of Corporate Excess Profits in Peace and War Times." *Law and Contemporary Problems* 7 (Spring): 291–300.

Bulow, Jeremy, and Paul Klemperer. 1998. "The Tobacco Deal." *Brookings Papers on Economic Activity: Microeconomics*: 323–394.

Burg, David F. 2004. *A World History of Tax Rebellions: An Encyclopedia of Tax Rebels, Revolts, and Riots from Antiquity to the Present*. New York: Routledge.

Burke, Edmund. 1774. *Speech of Edmund Burke, Esq., on American Taxation, April 19, 1774*, 4th ed. London: J. Dodsley.

Burke, Edmund. [1790] 1935. *Reflections on the French Revolution*. Introduction by A. J. Grieve. London: J. M. Dent & Sons.

Burman, Leonard E. 2011. "Jon Stewart's Fake News on Tax Expenditures." *Forbes*, May 10.

Burman, Leonard E., Kimberly A. Clausing, and John O'Hare. 1994. "Tax Reform and Realizations of Capital Gains in 1986." *National Tax Journal* 47 (1): 1–18.

Cagan, Phillip. 1956. "The Monetary Dynamics of Hyperinflation." In *Studies in the Quantity Theory of Money*, edited by Milton Friedman, 25–117. Chicago: University of Chicago Press.

Calvert, Scott. 2019. "Philadelphia Is the First City to Ban Cashless Stores." *Wall Street Journal*, March 7.

Carbon Tax Center. n.d. *Carbon Tax FAQs*. New York.

Carpenter, David. 2003. *The Struggle for Mastery: The Penguin History of Britain 1066–1284*. London: Penguin.

Carrère, Emmanuel. 2017. *The Kingdom: A Novel*, translated by John Lambert. New York: Farrar, Straus, and Giroux.

Carrillo, Paul, Dina Pomeranz, and Monica Singhal. 2017. "Dodging the Taxman: Firm Misreporting and Limits to Tax Enforcement." *American Economic Journal: Applied Economics* 9 (2): 144–164.

Carver, Thomas Nixon. 1898. *The Ohio Tax Inquisitor Law*. New York: Macmillan.

Casaburi, Lorenzo, and Ugo Troiano. 2016. "Ghost-House Busters: The Electoral Response to a Large Anti-Tax Evasion Program." *Quarterly Journal of Economics* 131 (1): 273–314.

CBC News. 2014. "Twinkies, Pop Tarts among Tax-Exempt Foods." January 22.

CBS News. 2018. "Money Spent on Lobbying Skyrocketed During Tax Overhaul." February 2.

Chalk, Nigel A., Michael Keen, and Victoria J. Perry. 2018. "The Tax Cuts and Jobs Act: An Appraisal." International Monetary Fund Working Paper No. 18/185, Washington, DC.

Chaloupka, Frank J., Lisa W. Powell, and Kenneth E. Warner. 2019. "The Use of Excise Taxes to Reduce Tobacco, Alcohol, and Sugary Beverage Consumption." *Annual Review of Public Health*

40: 187–201.

Chaloupka, Frank J., David Sweanor, and Kenneth E. Warner. 2015. "Differential Taxes for Differential Risks — Toward Reduced Harm from Nicotine-Yielding Products." *New England Journal of Medicine* 373 (7): 594–597.

Chambas, Gérard. 2005. *Afrique au Sud du Sahara: Mobiliser des Ressources Fiscales pour le Développement*. Paris: Economica.

Chambas, Gérard, and Jean-Louis Combes. 2001. "L'impôt Progressif sur le Revenu: Deux siècles de débat sur la progressivité de l'impôt en France 1700–1917." *Revue Française de Finances Publiques* 74: 197–213.

Chambers, John Whiteclay II. 1987. *To Raise an Army: The Draft Comes to Modern America*. New York: Free Press.

Chang, Jung. 2013. *Empress Dowager Cixi*. New York: Alfred A. Knopf〔邦訳 ユン・チアン『西太后秘録――近代中国の創始者』川副智子訳、上下巻、講談社、2015 年〕

Chen, Huan-Chang. 1911. *The Economic Principles of Confucius and His School*, vol. 45, Studies in History, Economics and Public Law. New York: Columbia University.

Chen, Jignan (Cecilia), Shaun Grimshaw, and Gareth D. Myles. 2017. "Testing and Implementing Digital Tax Administration." In *Digital Revolutions in Public Finance*, edited by Sanjeev Gupta, Michael Keen, Alpa Shah, and Geneviève Verdier, 113–145. Washington, DC: International Monetary Fund.

Chetty, Raj, Adam Looney, and Kory Kroft. 2009. "Salience and Taxation: Theory and Evidence." *American Economic Review* 99 (4): 1145–1177.

Churchill, Winston. 1909. "On Land Monopoly." Speech in the House of Commons, May 4. London.

City of Doraville, GA. 2013. *Annual Financial Report*.

Clark, Christopher. 2006. *Iron Kingdom: The Rise and Downfall of Prussia*. Cambridge, MA: Harvard University Press〔邦訳 クリストファー・クラーク『鋼の王国 プロイセン』小原淳訳、上下巻、2024 年、みすず書房〕

Clark, Peter. 1988. "The 'Mother Gin' Controversy in the Early Eighteenth Century." *Transactions of the Royal Historical Society* 38: 63–84.

Cleary, Duncan, William Crandall, and Andrew Masters. 2017. "Understanding Revenue Administration: Results from the Second Survey of the Revenue Administration-Fiscal Information Tool." International Monetary Fund, Washington, DC.

Clements, Jonathan. 2016. *Christ's Samurai: The True Story of the Shimabara Rebellion*. London: Robinson.

Click, Reid W. 1998. "Seigniorage in a Cross-Section of Countries." *Journal of Money, Credit and Banking* 30 (2): 154–171.

Clotfelter, Charles T., and Philip J. Cook. 1991. *Selling Hope: State Lotteries in America*. Cambridge, MA: Harvard University Press.

Cnossen, Sijbren. 2008. "Do Drinkers Pay Their Way in the European Union?" *Finanzarchiv* 64 (4): 508–539.

Coase, Ronald H. 1960. "The Problem of Social Cost." *Journal of Law and Economics* 3: 1–44.
Cobban, Alfred. 1963. *A History of Modern France, Vol. 1: 1715–1799,* 3rd ed. Harmondsworth, U.K.: Penguin.

Cole, Gail. 2014. "It's Against the Law to Advertise No Sales Tax." *Sales Tax News*, March 14.

Collins, Lauren. 2020. "Was Jeanne Calment the Oldest Person Who Ever Lived — Or a Fraud?" *New Yorker*, February 10.

Colwyn Committee. 1927. *Minutes of Evidence Taken before the Committee on National Debt and Taxation*, vol. 1. London: His Majesty's Stationery Office.

Compañía General de Tabacos de Filipinas v. Collector of Internal Revenue, 275 U.S. 87 (1927).

Congressional Globe. 1870. 2nd sess. 41st Cong. *The Debates and Proceedings of the Second Session Forty-First Congress together with An Appendix, Embracing the Laws Passed at That Session*. Washington, DC.

Congressional Record 44. 1909. 3989. Statement of Senator William Borah.

Conn, David. 2015. "England Ashes Heroes among Cricketers Facing Large Bills for Tax Avoidance Schemes." *The Guardian*, March 15.

Constitution Society. n.d. "The Code of Hammurabi." San Antonio, TX.

Conway, Moncure Daniel. [1909] 1970. *The Life of Thomas Paine*. New York: Benjamin Blom.
Cooper, Duf. [1932] 2001. *Talleyrand.* London: Jonathan Cape.

Copland, Ian, and Michael R. Godley. 1993. "Revenue Farming in Comparative Perspective: Reflections on Taxation, Social Structure and Development in the Early-Modern Period." In *The Rise and Fall of Revenue Farming*, edited by John G. Butcher and Howard W. Dick, 45–68. London: Palgrave Macmillan.

Cordes, Till, Tidiane Kinda, Priscilla Muthoora, and Anke Weber. 2015. "Expenditure Rules: Effective Tools for Sound Fiscal Policy?" International Monetary Fund Working Paper No. 15/29, Washington, DC.

Corlett, Wilfred J., and Douglas C. Hague. 1953. "Complementarity and the Excess Burden of Taxation." *Review of Economic Studies* 21 (1): 21–30.

Coronel, Sheila. 2013. "Time for Public Officials to Disclose Their Tax Payments?" International Consortium of Investigative Journalists, Washington, DC.

Corporation Tax Rates. n.d. https://www.figurewizard.com/list-uk-corporation-tax-rates.html.

Cournot, Antoine Augustin. [1838] 1897. *Researches into the Mathematical Principles of the Theory of Wealth,* translated by Nathaniel T. Bacon. New York: Macmillan.

Courtenay, Thomas Peregrine. 1803. *Observations upon the Present State of the Finances of Great Britain; Suggested by Mr. Morgan's Supplement to His "Comparative View," and by Mr. Addington's Financial Measures*. London: J. Budd.

Cramton, Peter. 2010. "How Best to Auction Natural Resources." In *The Taxation of Petroleum and Minerals: Principles, Practices and Problems*, edited by Philip Daniel, Michael Keen, and Charles McPherson, 289–316. Abingdon, U.K.: Routledge.

Crandall, William. 2010. "Revenue Administration: Performance Measurement in Tax Administration." International Monetary Fund, Fiscal Affairs Department, Technical Notes and

Manuals 10/11, Washington, DC.

Crandall, William, Elizabeth Gavin, and Andrew Masters. 2019. "ISORA 2016: Understanding Revenue Administration." International Monetary Fund, Fiscal Affairs Department, Paper 19/05, Washington, DC.

Crawford, Elizabeth. 2003. *The Women's Suffrage Movement: A Reference Guide 1866–1928*. London: UCL Press.

Crawford, Ian, Michael Keen, and Stephen Smith. 2010. "Value Added Tax and Excises." In *Dimensions of Tax Design: The Mirrlees Review*, edited by James Mirrlees, Stuart Adam, Timothy Besley, Richard Blundell, Stephen Bond et al., 275–362. Oxford: Oxford University Press.

Crawford, Neta C. 2002. *Argument and Change in World Politics: Ethics, Decolonization, and Humanitarian Intervention*. Cambridge: Cambridge University Press.

Credit Suisse Research Institute. 2017. *Global Wealth Report 2017: Where Are We Ten Years after the Crisis?* Online, November 14.

Crevar, Alex. 2015. "In the Heart of the Balkans, a City Transformed." *New York Times*, August 30.

Crivelli, Ernesto, Ruud de Mooij, and Michael Keen. 2016. "Base Erosion, Profit Shifting and Developing Countries." *Finanzarchiv* 72 (3): 268–301.

Crockett, Zachary. 2014. "The Most Expensive Typo in Legislative History." *Priceonomics Blog*, October 9.

Crosby, Travis L. 2011. *Joseph Chamberlain: A Most Radical Imperialist*. London: I. B. Tauris.

Cui, Wei. 2019. "The Digital Services Tax: A Conceptual Defense." *Tax Law Review* 73 (1): 69–111.

Cunich, Peter. 1999. "Revolution and Crisis in English State Finance, 1534–47." In *Crises, Revolutions and Self-Sustained Growth: Essays in European Fiscal History, 1130–1830*, edited by William Mark Ormrod, Margaret Bonney, and Richard Bonney, 110–137. Stamford, U.K.: Shaun Tyas. Dadayan, Lucy. 2019. "Are States Betting on Sin? The Murky Future of State Taxation." Tax Policy Center Research Report, October. Washington, DC.

Dahan, Momi, and Michel Strawczynski. 2000. "Optimal Income Taxation: An Example with a U-Shaped Pattern of Optimal Marginal Tax Rates: Comment." *American Economic Review* 90 (3): 681–686.

Dale, Hylton B. 1922. "The Worshipful Company of the Woodmongers and The Coal Trade of London." *Journal of the Royal Society of Arts* 70: 816–823.

Daley, Suzanne. 2010. "Greek Wealth Is Everywhere but Tax Forms." *New York Times*, May 1.

Dalrymple, William. 2015. "The East India Company: The Original Corporate Raiders." *The Guardian*, March 4.

Dalrymple, William. 2019. *The Anarchy: The Relentless Rise of the East India Company*. London: Bloomsbury Publishing.

Daunton, Martin. 2001. *Trusting Leviathan: The Politics of Taxation in Britain, 1799–1914*. Cambridge: Cambridge University Press.

Daunton, Martin. 2002. *Just Taxes: The Politics of Taxation in Britain, 1914–1979*. Cambridge: Cambridge University Press.

Davidson, Carolyn. 2000. *The Bachelor Tax*. Toronto: Harlequin. Davidson, Ian. 2010. *Voltaire: A*

Life. New York: Pegasus Books.

Davidson, Jonathan. 2011. *Downing Street Blues: A History of Depression and Other Mental Afflictions in British Prime Ministers*. Jeferson, NC: McFarland and Company.

Davies, Peter. 2009. *The French Revolution: A Beginner's Guide*. Oxford: Oneworld.

de la Riva-Agüero, J. [1874–1875] 1929. "No. 25. The Treaty of Sucre or the Martinez-Baptista Agreement." In *University of Iowa Studies in the Social Sciences*, vol. 8, no. 3, edited by William Jeferson Dennis, 61–63. Iowa City, IA: University of Iowa.

de León, Pedro de Cieza. 2005. "Taxation and the Incas." In *The Peru Reader: History, Culture, Politics*, edited by Orin Starn, Robin Kirk, and Carlos Iván Degregori, 70–74. Durham, NC: Duke University Press.

Delipalla, Sofia, and Michael Keen. 1992. "The Comparison between Ad Valorem and Specific Taxation under Imperfect Competition." *Journal of Public Economics* 49 (3): 351–367.

DeLong, Hillary, Jamie Chriqui, Julien Leider, and Frank J. Chaloupka. 2016. "Common State Mechanisms Regulating Tribal Tobacco Taxation and Sales, the USA, 2015." *Tobacco Control* 25 (Suppl. 1): i32–i37.

de Mooij, Ruud. 2011. "The Tax Elasticity of Corporate Debt: A Synthesis of Size and Variations." International Monetary Fund Working Paper No. 11/95, Washington, DC.

de Mooij, Ruud. 2012. "Tax Biases to Debt Finance: Assessing the Problem, Finding Solutions." *Fiscal Studies* 33 (4): 489–512.

Dennett, Daniel C. 1950. *Conversion and the Poll Tax in Early Islam*. Cambridge, MA: Harvard University Press.

de Tocqueville, Alexis. 1866. *L'Ancien Régime et la Révolution*, 7th ed. Paris: Michel Lévy Frères.

Devereux, Michael P., Alan J. Auerbach, Michael Keen, Paul Oosterhuis, Wolfgang Schön, and John Vella. 2019. "Residual Profit Allocation by Income." Said Business School Working Paper No. 19/01, University of Oxford, Oxford, U.K.

de Vries, Jan. 1976. *The Economy of Europe in an Age of Crisis, 1600–1750*. Cambridge: Cambridge University Press.

de Vries, Jan. 2012. "Taxing the Staff of Life: The Dutch Bread Tax, 1574–1855." Paper for presentation to the Yale Economic History Seminar, April 23.

Dewald, Jonathan. 1996. *The European Nobility, 1400–1800*. Cambridge: Cambridge University Press.

Dharmapala, Dhammika. 2018. "International Spillovers from Proposed US Tax Reforms." *Australian Tax Forum* 33: 79–100.

Dharmapala, Dhammika, and James R. Hines Jr. 2009. "Which Countries Become Tax Havens?" *Journal of Public Economics* 93 (9–10): 1058–1068.

Diamond, Peter A., and James A. Mirrlees. 1971. "Optimal Taxation and Public Production I: Production Efficiency." *American Economic Review* 61 (1): 8–27.

Dickens, Charles. 1850. *Household Words*, vol. 1. London: Bradbury and Evans.

Dickens, Charles. 1914. *The Works of Charles Dickens*, vol. 4. London: Chapman & Hall.

Didier, Anne-Céline. 2014. "Impôt sur le Revenu, Contribution Sociale Généralisée (CSG): Quelles

Réformes?" Conseil des Prélèvements Obligatoires, online.
Dietz, Frederick C. 1921. *English Government Finance, 1485–1558*. Urbana, IL: University of Illinois.
Dillon, Patrick. 2002. *Gin: The Much Lamented Death of Madam Geneva*. London: Review.
Dilnot, Andrew, John Kay, and Michael Keen. 1990. "Allocating Taxes to Households: A Methodology." *Oxford Economic Papers* 42: 210–230.
Dingle, Anthony E. 1972. "Drink and Working-Class Living Standards in Britain, 1870–1914." *Economic History Review* 25 (4): 608–622.
Dio, Cassius. [61] 1925. *Roman History*, vol. VIII. Cambridge, MA: Loeb Classical Library.
Ditmore, Melissa. 2009. "Sex and Taxes." *The Guardian*, April 16.
Djankov, Simeon, Tim Ganser, Caralee McLiesh, Rita Ramalho, and Andrei Shleifer. 2010. "The Effect of Corporate Taxes on Investment and Entrepreneurship." *American Economic Journal: Macroeconomics* 2 (3): 31–64.
Doran, Timothy, and Spencer C. Tucker. 2019. "Mithridates VI Eupator Dionysius (ca. 134–63 BCE)." In *Middle East Conflicts from Ancient Egypt to the 21st Century*, edited by Spencer C. Tucker, 827–828. Santa Barbara, CA: ABC-CLIO.
Dorfman, Robert. 1989. "Thomas Robert Malthus and David Ricardo." *Journal of Economic Perspectives* 3 (3): 153–164.
Dorn, Nicholas. 1983. *Alcohol, Youth, and the State*. London: Croom Helm.
Douglas, Roy. 1999. *Taxation in Britain since 1660*. Basingstoke, Hampshire, U.K.: Macmillan.
Douglas, Roy. 2011–2012. "The Lloyd George Land Taxes." *Journal of Liberal History* 73: 4–13.
Dowd, Allan. 2010. "Reynolds, JTI Settle Cigarette Smuggling Case." *The Globe and Mail*, April 13.
Dowell, Stephen. 1884a. *A History of Taxation and Taxes in England from the Earliest Times to the Present Day*, vol. 1. London: Routledge. First published by Longmans Green.
Dowell, Stephen. 1884b. *A History of Taxation and Taxes in England from the Earliest Times to the Present Day*, vol. 2. London: Routledge. First published by Longmans Green.
Dowell, Stephen. 1884c. *A History of Taxation and Taxes in England from the Earliest Times to the Present Day*, vol. 3. London: Routledge. First published by Longmans Green.
Dowell, Stephen. 1884d. *A History of Taxation and Taxes in England from the Earliest Times to the Present Day*, vol. 4. London: Routledge. First published by Longmans Green.
Doyle, William. 1996. *Venality: The Sale of Offices in Eighteenth-Century France*. Oxford: Clarendon Press.
Duarte, Pedro Garcia. 2009. "Frank P. Ramsey: A Cambridge Economist." *History of Political Economy* 41 (3): 445–470.
Dubner, Stephen J., and Steven J. Levitt. 2006. "Filling in the Tax Gap." *New York Times*, April 2.
Due, John F. 1957. *Sales Taxation*. Urbana, IL: University of Illinois Press.
Dupuit, Jules. [1844] 1969. "De la Mesure de l'Utilité des Travaux Publics." Reprinted in *Readings in Welfare Economics*, edited by Kenneth J. Arrow and Tibor Scitovsky, 255–283. Homewood, IL: Richard D. Irwin.
Durston, Christopher. 2001. *Cromwell's Major-Generals: Godly Government during the English*

Revolution. Manchester, U.K.: Manchester University Press.

Dušek, Libor, and Sutirtha Bagchi. 2018. "Are Efficient Taxes Responsible for Big Government? Evidence from Tax Withholding." Working Paper, Villanova University, Villanova, PA.

DW News. 2017. "German Man Pretends His Dog Is a Sheep to Save Taxes." January 27.

Dwenger, Nadja, Henrik Kleven, Imran Rasul, and Johannes Rincke. 2016. "Extrinsic and Intrinsic Motivations for Tax Compliance: Evidence from a Field Experiment in Germany." *American Economic Journal: Economic Policy* 8 (3): 203–232.

Dye, Richard, and Richard England. 2009. "The Principles and Promises of Land Value Taxation." In *Land Value Taxation: Theory, Evidence, and Practice*, edited by Richard F. Dye and Richard W. England, 3–10. Cambridge, MA: Lincoln Institute of Land Policy.

Ebeke, Christian, Mario Mansour, and Grégoire Rota-Graziosi. 2016. "The Power to Tax in Sub-Saharan Africa: LTUs, VATs, and SARAs." Working Paper No. 201611, CERDI, Clermont-Ferrand, France.

Ebrill, Liam, Michael Keen, Jean-Paul Bodin, and Victoria Summers. 2001. *The Modern VAT*. Washington, DC: International Monetary Fund.

Eckert, Joseph. 2008. "Computer-Assisted Mass Appraisal Options for Transitional and Developing Countries." In *Making the Property Tax Work: Experiences in Developing and Transitional Countries*, edited by Roy Bahl, Jorge Martinez-Vazquez, and Joan Youngman. Cambridge, MA: Lincoln Institute of Land Policy.

Economist, The. 2006. "Holes in the Net." May 4.

Economist, The. 2012. "Denmark's Food Taxes: A Fat Chance." November 17.

Economist, The. 2015. "Why Henry George Had a Point." April 2.

Economist, The. 2017a. "Tax Authorities Are the Latest Tools of Repression in Africa." September 30.

Economist, The. 2017b. "The World's Most Valuable Resource Is No Longer Oil but Data." May 6.

Economist, The. 2018a. "A Manifesto for Renewing Liberalism." September 13.

Economist, The. 2018b. "Ditch Sugar or Raise Prices? Drinks-Makers Face a New Tax." April 5.

Economist, The. 2018c. "What, and Who, Are France's 'Gilets Jaunes'?" November 17.

Edgeworth, Francis Y. 1915. *On the Relations of Political Economy to War*. London: Oxford University Press.

Edwards, Jeremy, Michael Keen, and Matti Tuomala. 1994. "Income Tax, Commodity Taxes and Public Good Provision: A Brief Guide." *Finanzarchiv/Public Finance Analysis* 51 (4): 472–487.

Eichengreen, Barry. 1990. "The Capital Levy in Theory and Practice." In *Public Debt Management: Theory and History*, edited by Rudiger Dornbusch and Mario Draghi, 191–220. Cambridge: Cambridge University Press.

Eisinger, Dale. 2013. "Where the Graves of Famous Artists Are Located." *Complex* online. September 1.

Ekelund, Robert B., Robert F. Hébert, and Robert D. Tollison. 2002. "An Economic Analysis of the Protestant Reformation." *Journal of Political Economy* 110 (3): 646–671.

Eleftheriou-Smith, Loulla-Mae. 2014. "'Bridget Jones Tax': LGA Wants to Claw Back £200m Lost in 'Wealthy Bachelor' Council Tax Discounts to Rich Singletons Living Alone." *The Independent*,

March 15.

Ellis, Susan J., and Katherine H. Noyes. 1990. *By the People: A History of Americans as Volunteers*. San Francisco: Jossey-Bass.

Ellison, Garrett. 2012. "New Michigan Law Cracks Down on Cheating 'Zapper' Technology." *MLive*. August 31.

Elsayyad, May, and Kai A. Konrad. 2012. "Fighting Multiple Tax Havens." *Journal of International Economics* 86 (2): 295–305.

Encyclopedia Britannica. 1922. "Excess Profits Duty and Tax." 31: 36–40.

Eraly, Abraham. 1997. *Emperors of the Peacock Throne*. New Delhi: Penguin.

Erb, Kelly Phillips. 2013a. "Remembering the 'Hot Dog Tax' on National Hot Dog Day." *Forbes*, July 23.

Erb, Kelly Phillips. 2013b. "Scientist Pitches Proposal to Curb Bird Deaths: A Tax on Cats." *Forbes*, May 14.

Eschner, Kat. 2017. "Why Peter the Great Established a Beard Tax." *Smithsonian Magazine* online, September 5.

European Commission. 2016. *Proposal for a Council Directive on a Common Corporate Tax Base and a Common Consolidated Corporate Tax Base*. COM No. 683, Brussels, Belgium.

European Commission. 2018. *Report from the Commission to the European Parliament and the Council on Overview and Assessment of the Statistics and Information on the Automatic Exchanges in the Field of Direct Taxation*. COM No. 844, Brussels, Belgium.

Europol. n.d. "MTIC (Missing Trader Intra Community) Fraud." The Netherlands.

Exwood, Maurice. 1981. "The Brick Tax and Large Bricks." *British Brick Society Information* 24: 5–7.

Ezell, John Samuel. 1960. *Fortune's Merry Wheel: The Lottery in America*. Cambridge, MA: Harvard University Press.

Farcau, Bruce W. 2000. *The Ten Cents War: Chile, Peru, and Bolivia in the War of the Pacific, 1879–1884*. Westport, CT: Praeger.

Feige, Chris, and Jefrey Miron. 2008. "The Opium Wars, Opium Legalization and Opium Consumption in China." *Applied Economics Letters* 15 (12): 911–913.

Feldstein, Martin S. 1999. "Tax Avoidance and the Deadweight Loss of the Income Tax." *Review of Economics and Statistics* 81 (4): 674–680.

Fennell, Lee Anne. 2006. "Hyperopia in Public Finance." In *Behavioral Public Finance*, edited by Edward J. McCafery and Joel Slemrod, 141–171. New York: Russell Sage Foundation.

Ferguson, Niall. 2001. *The Cash Nexus: Money and Power in the Modern World, 1700–2000*. New York: Basic Books.

Festa, Lynn. 2009. "Person, Animal, Thing: The 1796 Dog Tax and the Right to Superfluous Things." *Eighteenth-Century Life* 33 (2): 1–44.

Finkelstein, Amy. 2009. "E-ztax: Tax Salience and Tax Rates." *Quarterly Journal of Economics* 124 (3): 969–1010.

Forcucci, Lauren E. 2010. "Battle for Births: The Fascist Pronatalist Campaign in Italy 1925 to 1938." *Journal of the Society for the Anthropology of Europe* 10 (1): 4–13.

Forrest, George. 1918. *The Life of Lord Clive*, vol. 2. London: Cassell.

Foster, Peter. 2009. "Chinese Ordered to Smoke More to Boost Economy." *The Telegraph*, May 4.

Frances, Hilary. 2004. "Wilks [*née* Bennett], Elizabeth." *Oxford Dictionary of National Biography*. Oxford: Oxford University Press.

Franklin, Benjamin. 1931. "Daylight Saving: To the Authors of *The Journal of Paris, 1784*." In *The Ingenious Dr. Franklin: Selected Scientific Letters of Benjamin Franklin*, edited by Nathan G. Goodman, 17–22. Philadelphia: University of Pennsylvania Press.

Franzsen, Riël. 2009. "International Experience." In *Land Value Taxation: Theory, Evidence, and Practice*, edited by Richard F. Dye and Richard W. England, 27–50. Cambridge, MA: Lincoln Institute of Land Policy.

Free File Alliance. 2016. "Free File Program: 'Tax Filing Simplification Act' Would Create a Conflict of Interest & End a Free Program that's Working for Taxpayers." Centreville, VA, April 14.

French, Christopher J. 1973. "Eighteenth-Century Shipping Tonnage Measurements." *Journal of Economic History* 33 (2): 434–443.

Frey, Bruno S. 1997. "A Constitution of Knaves Crowds Out Civic Virtues." *Economic Journal* 107 (443): 1043–1053.

Friedman, Milton. 1978. "An Interview with Dr. Milton Friedman." *Human Events* 38 (46): 14.

Friedman, Milton, and Rose D. Friedman. 1998. *Two Lucky People: Memoirs*. Chicago: University of Chicago Press.

Fruits, Eric. 2018. "Vapor Products, Harm Reduction, and Taxation." International Center for Law and Economics, Portland, Oregon.

Furman, Jason. 2017. "No, the GOP Tax Plan Won't Give You a $9,000 Raise: The White House's Wild Claims about the Wage Effects of Corporate Rate Cuts Don't Add Up." *Wall Street Journal*, October 22.

Gaddy, Cliford G., and William G. Gale. 2005. "Demythologizing the Russian Flat Tax." *Tax Notes International* (March): 983–988.

Galloway, Jim. 2017. "That Time an Alabama Jury of 12 White Men Declared MLK 'Not Guilty.' *Political Insider*, February 5.

Gallucci, Maria. 2015. "As Mexico's Sugary Drink Tax Turns 1 Year Old, US Health Proponents Hope It Can Sway American Voters." *International Business Times*, January 11.

Gans, Joshua S., and Andrew Leigh. 2009. "Born on the First of July: An (Un)natural Experiment in Birth Timing." *Journal of Public Economics* 93 (1–2): 246–263.

Garcia, Adriana. 2018. "Cristiano Ronaldo Move to Juventus Influenced by Spain Tax Rate — La Liga Chief." *ESPN*, July 19.

Gaspar, Vitor. 2015. "A Prudent Man's Curse." *Finance and Development* 52 (1): 50–51.

Gaspar, Vitor, David Amaglobeli, Mercedes Garcia-Escribano, Delphine Prady, and Mauricio Soto. 2019. "Fiscal Policy and Development: Human, Social, and Physical Investments for the SDGs." International Monetary Fund Staff Discussion Notes 19/03, Washington, DC.

Gaspar, Vitor, Laura Jaramillo, and Philippe Wingender. 2016. "Political Institutions, State Building, and Tax Capacity: Crossing the Tipping Point." International Monetary Fund Working Paper

No. 16/233, Washington, DC.

Gatrell, Peter. 2012. "The Russian Fiscal State, 1600–1914." In *The Rise of Fiscal States: A Global History, 1500–1914*, edited by Yun-Casalilla Bartolomé and Patrick K. O'Brien, with Francisco Comín Comín, 191–212. Cambridge: Cambridge University Press.

Geiger, Kim, and Monique Garcia. 2016. "Rauner Approves Repeal of Sales Tax on Tampons." *Chicago Tribune*, August 19.

Gelber, Nathan M. 1967. "The Period of Austrian Rule, 1772–1848." In *The History of the Jews of Rzeszow*, translated by Jerrold Landau, 47–55. New York.

Genovese, Federica, Kenneth Scheve, and David Stasavage. 2016. *Comparative Income Taxation Database*. http://data.stanford.edu/citd.

George, Henry. [1879] 2005. *Progress and Poverty.* New York: Cosimo.

George, Mary Dorothy. 1965. *London Life in the 18th Century*. New York: Harper & Row.

Gerber, Pierre J., Henning Steinfeld, Benjamin Henderson, Anne Mottet, Carolyn Opio, Jeroen Dijkman, Alessandra Falcucci, and Giuseppe Tempio. 2013. *Tackling Climate Change through Livestock – A Global Assessment of Emissions and Mitigation Opportunities*. Rome: Food and Agriculture Organization of the United Nations.

Gernet, Jacques. 1995. *Buddhism in Chinese Society: An Economic History from the Fifth to the Tenth Centuries*, translated by Franciscus Verellen. New York: Columbia University Press.

Gerschenkron, Alexander. 1970. *Europe in the Russian Mirror: Four Lectures in Economic History*. Cambridge: Cambridge University Press.

Gibbon, Edward. [1776] 1946. *The Decline and Fall of the Roman Empire*, vol. 1, edited by J. B. Bury. New York: Heritage Press.

Gill, Alison Ann McKay 1990. "Ship Money during the Personal Rule of Charles I: Politics, Ideology and the Law 1643 to 1640." Ph.D. thesis, University of Sheffield.

Gillitzer, Christian, Henrik Jacobsen Kleven, and Joel Slemrod. 2017. "A Characteristics Approach to Optimal Taxation: Line Drawing and Tax-Driven Product Innovation." *Scandinavian Journal of Economics* 119 (2): 240–267.

Gilmour, David. 2006. *The Ruling Caste: Imperial Lives in the Victorian Raj*. New York: Farrar, Straus and Giroux.

Gladstone, William E. 1863. *The Financial Statements of 1853, 1860–1863: To Which Are Added, a Speech on Tax-Bills, 1861, and on Charities*. London: J. Murray.

Glantz, Andrew E. 2008. "A Tax on Light and Air: Impact of the Window Duty on Tax Administration and Architecture, 1696–1851." *Penn History Review* 15 (2): 18–40.

Gneezy, Uri, and Aldo Rustichini. 2000. "A Fine Is a Price." *Journal of Legal Studies* 29 (1): 1–17.

Goldsmith, Raymond W. 1987. *Premodern Financial Systems: A Historical Comparative Study.* Cambridge: Cambridge University Press.

Goode, Richard. 1993. "Tax Advice to Developing Countries: An Historical Survey." *World Development* 21 (1): 37–53.

Goodwin, Barbara. 2008. "Taxation in Utopia." *Utopian Studies* 19 (2): 313–332.

Gordon, Roger H. 1992. "Can Capital Income Taxes Survive in Open Economies?" *Journal of*

Finance 47 (3): 1159–1180.

Gorodnichenko, Yuriy, Jorge Martinez-Vazquez, and Klara Sabirianova Peter. 2009. "Myth and Reality of Flat Tax Reform: Micro Estimates of Tax Evasion Response and Welfare Effects in Russia." *Journal of Political Economy* 117 (3): 504–554.

Goszkowski, Rob. 2008. "Among Americans, Smoking Decreases as Income Increases." *Gallup News*, March 21.

Goulder, Lawrence H., and Ian W. H. Parry. 2008. "Instrument Choice in Environmental Policy." *Review of Environmental Economics and Policy* 2: 152–174.

Graham, Gerald S. 1956. "The Ascendancy of the Sailing Ship 1850–85." *Economic History Review* 9 (1): 74–88.

Grapperhaus, Ferdinand H. M. 1998. *Tax Tales from the Second Millennium: Taxation in Europe (1000 to 2000), the United States of America (1765 to 1801) and India (1526 to 1709).* Amsterdam: International Bureau of Fiscal Documentation.

Gravelle, Jane G. 2015. "Tax Havens: International Tax Avoidance and Evasion." Congressional Research Service Report, Washington, DC, January 15.

Gravelle, Jane G. 2017. "Corporate Tax Reform: Issues for Congress." Congressional Research Service Report, Washington, DC, September 22.

Greene, Robert W. 2016. "Understanding Cocos: What Operational Concerns & Global Trends Mean for U.S. Policymakers." Harvard Kennedy School, M-RCBG Associate Working Paper Series No. 62, Cambridge, MA.

Gross, David M. 2016. "How Quaker War Tax Resistance Came and Went, Twice." *Friends Journal,* February 1.

Gruber, Jonathan, and Botond Kőszegi. 2002. "A Theory of Government Regulation of Addictive Bads: Optimal Tax Levels and Tax Incidence for Cigarette Excise Taxation." NBER Working Paper No. 8777, Cambridge, MA.

Gruber, Jonathan, and Botond Kőszegi. 2004. "Tax Incidence When Individuals Are Time-Inconsistent: The Case of Cigarette Excise Taxes." *Journal of Public Economics* 88 (9–10): 1959–1987.

Grund, Jean-Paul, and Joost Breeksema. 2013. "Coffee Shops and Compromise: Separated Illicit Drug Markets in the Netherlands." Open Society Foundation, New York.

Guardian, The. 1999. "Heirs and Disgraces." August 10.

Guicciardini, Francesco. [1534] 1994. *Dialogue on the Government of Florence*, edited and translated by Alison Brown. Cambridge: Cambridge University Press.

Gupta, Ajay. 2016. "David Bowie: Rock Star of Tax Planning." *Tax Notes*, January 28.

Gupta, Sanjeev, Michael Keen, Alpa Shah, and Geneviève Verdier. 2017. "Introduction." In *Digital Revolutions in Public Finance*, by Sanjeev Gupta, Michael Keen, Alpa Shah, and Geneviève Verdier, 1–21. Washington, DC: International Monetary Fund.

Haan, Marco A., Pim Heijnen, Lambert Schoonbeek, and Linda A. Toolsma. 2012. "Sound Taxation? On the Use of Self-Declared Value." *European Economic Review* 56 (2): 205–215.

Haig, Robert Murray. 1920. "British Experience with Excess Profits Taxation." *American Economic*

Review 10 (Supplement): 1–14.

Haig, Robert Murray. 1934. *The Sales Tax in the American States.* 以下の主導でなされた研究である。A study made under the direction of Robert Murray Haig by Carl Shoup with the assistance of Reavis Cox, Louis Shere, Edwin H. Spengler, and staff members. New York: Columbia University Press.

Hall, Basil E. Foster. 1977. "The Chinese Maritime Customs: An International Service, 1854–1950." Edited and updated by Robert Bickers. University of Bristol Occasional Papers No. 5, Bristol, U.K.

Halperin, Sandra, and Ronen Palan, eds. 2015. *Legacies of Empire: Imperial Roots of the Contemporary Global Order.* Cambridge: Cambridge University Press.

Hamermesh, Daniel, and Joel Slemrod. 2008. "The Economics of Workaholism: We Should Not Have Worked on This Paper." *BE Journal of Economic Analysis & Policy* 8 (1): 1–29.

Hamilton, Alexander. 1791. *Final Version of the Report on the Subject of Manufactures.* Philadelphia, December 5.

Hancock, Tom. 2017. "China Shakes up 2,000-Year-Old Salt Monopoly." *Financial Times,* January 2.

Handcock, W. D. 1996. *English Historical Documents,* vol. X. c. 1874–1914. Abingdon, U.K.: Routledge.

Hanioğlu, M. Sükrü. 2008. *A Brief History of the Late Ottoman Empire.* Princeton, N.J.: Princeton University Press.

Hanke, Steven H., and Alex K. F. Kwok. 2009. "On the Measurement of Zimbabwe's Hyperinflation." *Cato Journal* 29 (2): 353–364.

Hansard's Parliamentary Debates. 1818. From the Year 1803 to the Present Time, vol. 38. Comprising the Period from the Thirteenth Day of April to the Tenth Day of June. London: T. C. Hansard.

Hansard's Parliamentary Debates. 1854. Third Series, Second Volume of the Session. Commencing with the Accession of William IV, vol. 131. Comprising the Period from the Twenty-Eighth Day of February 1854 and the Twenty-Eighth Day of March 1854. London: T. C. Hansard.

Hansard's Parliamentary Debates. 1909. Income Tax, vol. 4, May 12. London: T. C. Hansard.

Harberger, Arnold C. 1965. "Issues of Tax Reform for Latin America." In *Fiscal Policy for Economic Growth in Latin America.* Conference on Fiscal Policy for Economic Growth in Latin America, 110–121. Baltimore, MD: Johns Hopkins Press.

Harberger, Arnold. 1995. "Tax Lore for Budding Reformers." In *Reform, Recovery, and Growth: Latin America and the Middle East,* edited by Rudiger Dornbusch and Sebastian Edwards, 291–310. Chicago: University of Chicago Press and NBER.

Harris, Frank. 1918. *Oscar Wilde: His Life and Confessions,* vol. 1. New York: Frank Harris. Harris, Mary Dormer, trans. and ed. 1909. *The Coventry Leet Book: Or Manor's Register.* London: Early English Text Society.

Harrison, Brian Howard. 1994. *Drink and the Victorians: The Temperance Question in England 1815–1872.* Staffordshire, U.K.: Keele University Press.

Hartley, L. P. 1953. *The Go-Between.* New York: New York Review Books〔邦訳　L. P. ハートレイ

『恋を覗く少年』蕗沢忠枝訳、新潮社、1955 年〕
Hartwell, Ronald Max. 1981. "Taxation in England during the Industrial Revolution." *Cato Journal* 1 (1): 129–153.

Hasegawa, Makoto, Jefrey L. Hoopes, Ryo Ishida, and Joel Slemrod. 2013. "The Effect of Public Disclosure on Reported Taxable Income: Evidence from Individuals and Corporations in Japan." *National Tax Journal* 66 (3): 571–608.

Hassan, Fabien. 2015. "Lessons from History #11 — The Monaco Crisis from 1962–1963 and the Emancipation of Tax Havens." *Finance Watch*, April 27.

Hays, Jefrey. 2013. "Beer in Japan: Asahi, Kirin, Sapporo, Suntory, Low Malt and Third Category Beers." Facts and Details online, January.

Hazlitt, William Carew. [1744] 1875. *A Select Collection of Old English Plays*, vol. 14. London: Robert Dodsley.

He, Wan, Daniel Goodkind, and Paul Kowal. 2016. "An Aging World: 2015." U.S. Census Bureau, International Population Reports, P95/16–1, Washington, DC.

Heemstra, Marius. 2010. *The Fiscus Judaicus and the Parting of the Ways*. Tübingen, Germany: Mohr Siebeck.

Heilbroner, Robert. 1999. *The Worldly Philosophers: The Lives, Times, and Ideas of the Great Economic Thinkers*, 7th ed. New York: Touchstone.

Heinlein, Robert A. 2008. *The Moon Is a Harsh Mistress*. London: Victor Gollancz.

Hellie, Richard. 1999. "Russia, 1200–1815." In *The Rise of the Fiscal State in Europe c.1200–1815*, edited by Richard Bonney, 496–497. Oxford: Oxford University Press.

Henley & Partners. n.d. *A Selection of Prime Citizenship Programs*. Malta.

Hernon, Ian. 2003. *Britain's Forgotten Wars: Colonial Campaigns of the 19th Century*. Stroud, U.K.: Sutton Publishing.

Hervey, Ian. 1848. *Memories of the Reign of George the Second from His Accession to the Death of Queen Caroline*, vol. 1. Philadelphia: Lea and Blanchard.

Hervey, Sydenham Henry Augustus. 1905. *Suffolk in 1674, Being the Hearth Tax Returns*, XI ed., vol. 13. Woodbridge, U.K.: George Booth.

Hibbert, Christopher. 1990. *Redcoats and Rebels: The American Revolution through British Eyes*. New York: W. W. Norton.

Hicks, John. 1969. *A Theory of Economic History*. Oxford: Oxford University Press.

Higham, Scott, Michael Hudson, and Marina Walker Guevara. 2013. "Piercing the Secrecy of Ofshore Tax Havens." *Washington Post*, April 6.

Hill, Joseph A. 1892. "The Prussian Income Tax." *Quarterly Journal of Economics* 6 (2): 207–226.

Hilton, Rodney H. 1969. *The Decline of Serfdom in Medieval England*. London: Palgrave Macmillan.

History House. n.d. "What Was Known as a 'Tax on Knowledge'? Campaign against a Tax on Newspapers." https://historyhouse.co.uk/articles/tax_on_knowledge.html.

Hitchman, Sara C., and Geofrey T. Fong. 2011. "Gender Empowerment and Female-to-Male Smoking Prevalence Ratios." *Bulletin of the World Health Organization* 89: 195–202.

HM Revenue & Customs. 2018. *Annual VAT Statistics. Commentary and Tables, 2017–2018*. https://

assets.publishing.service.gov.uk/government/uploads/system/uploads/attachment_data/file/763555/Annual_VAT_Statistics_-_Commentary.pdf. London.

HM Revenue & Customs. 2020. *Measuring Tax Gaps 2020 Edition: Tax Gap Estimates for 2018–19*. London, July 9.

Hobbes, Thomas. 1651. *De Cive*. Translated as *Philosophical Rudiments Concerning Government and Society*. London: R. Royston〔邦訳　トマス・ホッブズ『市民論』本田裕志訳、京都大学学術出版会、2008 年〕

Hogg, Chris. 2011. "China Ends Death Penalty for 13 Economic Crimes." *BBC News*, February 25.

Hollister, C. Warren. 1960. "The Significance of Scutage Rates in Eleventh- and Twelfth-Century England." *English Historical Review* 75 (297): 577–588.

Holloway, Carson, and Bradford P. Wilson, eds. 2017. *The Political Writings of Alexander Hamilton, Vol. 1: 1767–1789*. Cambridge: Cambridge University Press.

Holzman, Franklyn D. 1955. *Soviet Taxation: The Fiscal and Monetary Problems of a Planned Economy.* Cambridge, MA: Harvard University Press.

Hoopes, Jefrey L., Leslie Robinson, and Joel Slemrod. 2018. "Public Tax-Return Disclosure." *Journal of Accounting and Economics* 66 (1): 142–162.

Hopkins, Keith. 1980. "Taxes and Trade in the Roman Empire (200 B.C.–A.D. 400)." *Journal of Roman Studies* 70: 101–125.

Hormats, Robert D. 2007. *The Price of Liberty: Paying for America's Wars*. New York: Macmillan.

Houlder, Vanessa. 2015. "More UK Tax Evaders Going to Jail but Prison Terms Are Falling." *Financial Times*, May 31.

Huang, Grace. 2016. "Well-Field System." In *Encyclopedia of Chinese History*, edited by Michael Dillon. Abingdon, U.K.: Routledge.

Hubbard, R. Glenn. 2010. "Left, Right and Wrong on Taxes." *New York Times*, November 15.

Hufbauer, Gary C., and Zhiyao (Lucy) Lu. 2018. "The European Union's Proposed Digital Services Tax: A De Facto Tarif." Petersen Institute for International Economics Policy Brief 18–15, Washington, DC.

Hughes, Edward. 1934. *Studies in Administration and Finance, 1558–1825: With Special Reference to the History of Salt Taxation in England*. Manchester, U.K.: Manchester University Press.

Hughes, Elizabeth, and Philippa White, eds. 1991. *The Hampshire Hearth Tax Assessment 1665 with the Southampton Assessments for 1662 and 1670*. Winchester, U.K.: Hampshire County Council.

Hugo, Victor. [1862] 1982. *Les Misérables*. Harmondsworth, U.K.: Penguin〔邦訳　ユゴー『レ・ミゼラブル』〕

Hungerford, Thomas L. 2006. "U.S. Government Revenues: 1790 to the Present." Congressional Research Service Report, Washington, DC.

Hurd, Douglas. 2007. *Robert Peel: A Biography.* London: Weidenfeld & Nicolson.

Hurstfield, J. 1955. "The Profits of Fiscal Feudalism, 1541–1602." *Economic History Review* 8 (1): 53–61.

Hutton, Eric, Mick Thackray, and Philippe Wingender. 2014. "Uganda, Revenue Administration Gap Analysis Program — The Value-Added Tax Gap." International Monetary Fund, Fiscal

Afairs Department, Washington, DC.

Hyden, Marc. 2015. "Lucius Cornelius Sulla: Guardian or Enemy of the Roman Republic." *Ancient History Encyclopedia* online. https://www.ancient.eu/article/818/lucius-cornelius-sulla-guardian-or-enemy-of-the-ro/.

Ibn Khaldûn. [1377] 1967. *The Muqaddimah: An Introduction to History*, vol. 2, 2nd ed., translated by Franz Rosenthal. Princeton, NJ: Princeton University Press〔邦訳　イブン・ハルドゥーン『歴史序説』森本公誠訳、全 4 巻、岩波文庫、2001 年〕

Ibrahim, Raymond. 2013. "Brotherhood Imposes Jizya Tribute on Egypt's Christians." *Human Events*, September 10.

Ibrahim, Raymond. 2015. "Islamic Jizya: Fact and Fiction." *FrontPage*, May 28.

Independent Commission for the Reform of International Corporate Taxation. 2018. "A Roadmap to Improve Rules for Taxing Multinationals: A Fairer Future for Global Taxation." Online.

Institut des Politiques Publiques. 2014. "1914–2014: Cent Ans d'Impôt sur le Revenu." Les Notes de l'IPP No. 12, Paris.

Institute for Fiscal Studies. 1993. *Options for 1994: The Green Budget*. London: Institute for Fiscal Studies.

Internal Revenue Service. 1918. *Statistics of Income*. Washington, DC. U.S. Government Printing Office.

Internal Revenue Service. 1919. *Statistics of Income*. Washington, DC. U.S. Government Printing Office.

Internal Revenue Service. 2018. *SOI Tax Stats–Corporation Complete Report*. Washington, DC.

Internal Revenue Service. 2019a. *Federal Tax Compliance Research: Tax Gap Estimates for Tax Years 2011–2013*. Publication 1415 (Rev. 9–2019), Washington, DC.

Internal Revenue Service. 2019b. *Private Debt Collection Program 4th Quarter Update FY 2019*. Washington, DC.

Internal Revenue Service. 2020. *Data Book, 2019*. Publication 55–B. Washington, DC.

International Court of Justice. n.d. *Obligation to Negotiate Access to the Pacific Ocean (Bolivia v. Chile)*. The Hague, Netherlands.

International Monetary Fund. 2012. *Fiscal Regimes for Extractive Industries–Design and Implementation*. Washington, DC.

International Monetary Fund. 2013. *Fiscal Monitor: Taxing Times*. Washington, DC.

International Monetary Fund. 2016. *Tax Policy, Leverage and Macroeconomic Stability*. Washington, DC.

International Monetary Fund. 2017a. *Fiscal Monitor: Tackling Inequality*. Washington, DC.

International Monetary Fund. 2017b. *St. Kitts and Nevis*. IMF Country Report No. 17/186. Washington, DC.

International Monetary Fund. 2017c. *World Economic Outlook: Seeking Sustainable Growth: Short-Term Recovery, Long-Term Challenges*. Washington, DC.

International Monetary Fund. 2018. *Fiscal Monitor: Capitalizing on Good Times*. Washington, DC.

International Monetary Fund. 2019a. *Fiscal Monitor: How to Mitigate Climate Change*. Washington,

DC.
International Monetary Fund. 2019b. *Fiscal Policies for Paris Climate Strategies–From Principle to Practice*. Washington, DC.
International Monetary Fund. 2019c. *Corporate Taxation in the Global Economy*. Washington, DC.
International Monetary Fund. 2020a. *Fiscal Monitor: Policies for the Recovery*. Washington, DC.
International Monetary Fund. 2020b. *Coordinated Direct Investment Survey*. https://data.imf.org/?sk=40313609-F037-48C1-84B1-E1F1CE54D6D5.
Irwin, Douglas A. 1989. "Political Economy and Peel's Repeal of the Corn Laws." *Economics and Politics* 1 (1): 41–59.
Irwin, Timothy C. 2012. "Accounting Devices and Fiscal Illusions." IMF Staf Discussion Note 12/02. Washington, DC.
Ishi, Hiromitsu. 1993. *The Japanese Tax System*, 2nd ed. Oxford: Clarendon Press.
Ivanova, Anna, Michael Keen, and Alexander Klemm. 2005. "The Russian 'Flat Tax' Reform." *Economic Policy* 20 (43): 398–444.
Jacobs, Bas. 2017. "Digitalization and Taxation." In *Digital Revolutions in Public Finance*, edited by Sanjeev Gupta, Michael Keen, Alpa Shah, and Geneviève Verdier, 25–55. Washington, DC: International Monetary Fund.
Jagoda, Naomi. 2017. "Koch-Backed Group Unveils TV Ad against Border Tax." *The Hill*, April 10.
James, Kathryn. 2015. *The Rise of the Value-Added Tax*. Cambridge: Cambridge University Press.
Jarvis, Stan. 1987. *Smuggling in East Anglia 1700–1840*. Newbury, U.K.: Countryside Books.
Jeanneney, Jean-Noël. 1982. "La Bataille de la Progressivité sous la IIIe République." *Pouvoirs* 23: 21–31.
Jefrey-Cook, John. 2010. "William Pitt and His Taxes." *British Tax Review* (4): 376–391.
Jenkins, Roy. 2002. *Gladstone*. New York: Random House.
Jensen, Erik M. 2016. "The Power to Tax." In *The Powers of the U.S. Congress: Where Constitutional Authority Begins and Ends*, edited by Brien Hallett, 1–14. Santa Barbara, CA: ABC-CLIO.
Jewish Virtual Library. n.d. "Louis XII." Online.
Jogarajan, Sunita. 2011. "Prelude to the International Tax Treaty Network: 1815–1914; Early Tax Treaties and the Conditions for Action." *Oxford Journal of Legal Studies* 31 (4): 679–707.
Johannesen, Niels, and Gabriel Zucman. 2014. "The End of Bank Secrecy? An Evaluation of the G20 Tax Crackdown." *American Economic Journal: Economic Policy* 6 (1): 65–91.
Johari, Aarefa. 2015. "Why Do Poor Indians Continue to Drink Deadly Moonshine?" *Quartz*, June 22.
Johnson, Allan Chester, Paul Robinson Coleman-Norton, and Frank Card Bourne. 1961. *Ancient Roman Statutes*. Clark, NJ: The Lawbook Exchange.
Johnson, Kimberley. 2010. *Reforming Jim Crow: Southern Politics and State in the Age before Brown*. Oxford: Oxford University Press.
Johnson, Noel D., and Mark Koyama. 2014. "Tax Farming and the Origins of State Capacity in England and France." *Explorations in Economic History* 51 (1): 1–20.
Johnson, Paul. 1998. *A History of the American People*. New York: Harper Collins. Johnson, Samuel.

1787. *Debates in Parliament*, vol. 2. London: John Stockdale.

Joint Committee on Taxation. 2013. *Modeling the Distribution of Taxes on Business Income.* JCX- 14-13. Washington, DC.

Jones, Dan. 2014. *The Plantagenets: The Warrior Kings and Queens Who Made England*, rev. ed. New York: Penguin.

Jones, Francis R. 1895. "Pollock v. Farmers' Loan and Trust Company." *Harvard Law Review* 9 (3): 198–211.

Judson, Pieter M. 2016. *The Habsburg Empire: A New History*. Cambridge, MA: Harvard University Press.

Kagan, Donald. 2003. *The Peloponnesian War*. London: Penguin Books.

Kahn, Charles M., Emilson C. D. Silva, and James P. Ziliak. 2001. "Performance-Based Wages in Tax Collection: The Brazilian Tax Collection Reform and Its Effects." *Economic Journal* 111 (468): 188–205.

Kaizen Certified Public Accountants Limited. n.d. "Guide to Taiwan Land Value Increment Tax." Hong Kong.

Kalapa, Lowell. 2012. "Unintended Consequences of Tapping the 'Rich.'" Foundation of Hawaii, Honolulu.

Karabell, Zachary. 2004. *Chester Alan Arthur*. New York: Time Books.

Kassam, Ashifa. 2016. "Vancouver Slaps 15% Tax on Foreign House Buyers in Efort to Cool Market." *The Guardian*, August 2.

Katznelson, Ira. 2005. "To Give Counsel and to Consent: Why the King (Edward I) Expelled the Jews (in 1290)." In *Preferences and Situations*, edited by Ira Katznelson and Barry Weingast, 88–126. New York: Russell Sage Foundation.

Keane, Michael P. 2011. "Labor Supply and Taxes: A Survey." *Journal of Economic Literature* 49 (4): 961–1075.

Keen, Michael. 1998. "The Balance between Specific and *Ad Valorem* Taxation." *Fiscal Studies* 19 (1): 1–37.

Keen, Michael. 2005. "Peculiar Institutions: A British Perspective on Tax Policy in the United States." *National Tax Journal* 18 (4): 371–400.

Keen, Michael. 2008. "VAT, Tariffs, and Withholding: Border Taxes and Informality in Developing Countries." *Journal of Public Economics* 92 (10–11): 1892–1906.

Keen, Michael. 2013. "Taxation and Development — Again." In *Studies of Critical Issues in Taxation and Development*, edited by Clemens Fuest and George Zodrow, 13–41. Cambridge, MA: MIT Press.

Keen, Michael, Yitae Kim, and Ricardo Varsano. 2008. "The Flat Tax(es): Principles and Experience." *International Tax and Public Finance* 15 (16): 712–751.

Keen, Michael, and Jenny E. Ligthart. 2006a. "Information Sharing and International Taxation: A Primer." *International Tax and Public Finance* 13 (1): 81–110.

Keen, Michael, and Jenny E. Ligthart. 2006b. "Incentives and Information Exchange in International Taxation." *International Tax and Public Finance* 13 (2): 163–180.

Keen, Michael, and Ben Lockwood. 2006. "Is the VAT a Money Machine?" *National Tax Journal* 59 (4): 905–928.

Keen, Michael, and Ben Lockwood. 2010. "The Value Added Tax: Its Causes and Consequences." *Journal of Development Economics* 92 (2): 138–151.

Keen, Michael, Ian Parry, and Jon Strand. 2013. "Planes, Ships, and Taxes: Charging for International Aviation and Maritime Emissions." *Economic Policy* 28 (76): 701–749.

Keen, Michael, and Joel Slemrod. 2017. "Optimal Tax Administration." *Journal of Public Economics* 152: 133–142.

Keen, Michael, and Stephen Smith. 2006. "VAT Fraud and Evasion: What Do We Know and What Can Be Done?" *National Tax Journal* 59 (4): 861–887.

Kekewich, Margaret Lucille, ed. 1994. *Princes and Peoples: France and the British Isles, 1620–1714.* Manchester, U.K.: Manchester University Press.

Kennedy, John F. 1961. "Special Message to the Congress on Taxation, April 20." Washington, DC.

Kennedy, William. 1913. *English Taxation 1640–1799: An Essay on Policy and Opinion*. London: G. Bell & Sons.

Kenyon, J. P. 1990. *Stuart England*, 2nd ed. London: Penguin.

Kerfs, Phillip. 2019. "Effective Use of CRS Data." Presentation, Tenth IMF-Japan High-Level Tax Conference for Asian Countries, Tokyo.

Keynes, John Maynard. 1919. *The Economic Consequences of the Peace*. New York: Harcourt, Brace and Howe〔邦訳　ケインズ『平和の経済的帰結』〕

Keynes, John Maynard. 1923. *A Tract on Monetary Reform*. London: Macmillan. Keynes, John Maynard. 1933. *Essays in Biography*. New York: Harcourt, Brace〔邦訳　ジョン・メイナード・ケインズ『貨幣改革論』中内恒夫訳、中公クラシックス、2005 年〕

Khan, Adnan Q., Asim I. Khwaja, and Benjamin Olken. 2016. "Tax Farming Redux: Experimental Evidence on Performance Pay for Tax Collectors." *Quarterly Journal of Economics* 131 (1): 219–271.

King, Antony, and Ivor Crewe. 2013. *The Blunders of Our Governments*. London: Oneworld Publications.

King James I. [1604] 2008. *A Counterblaste to Tobacco*. https://www.amazon.com/Counter-Blaste-Tobacco-King-James-I/dp/1438504829.

Kirchgaessner, Stephanie. 2017. "Shady Deal: Italian Shop Owners in Conegliano Fight Tax on Shadows." *The Guardian*, January 17.

Klemperer, Paul. 2004. *Auctions: Theory and Practice*. Princeton, NJ: Princeton University Press.

Kleven, Henrik, Martin Knudsen, Claus Kreiner, Søren Pedersen, and Emmanuel Saez. 2011. "Unwilling or Unable to Cheat? Evidence from a Randomized Tax Audit Experiment in Denmark." *Econometrica* 79 (3): 651–692.

Kleven, Henrik, Claus Kreiner, and Emmanuel Saez. 2016. "Why Can Modern Governments Tax So Much? An Agency Model of Firms as Fiscal Intermediaries." *Economica* 83 (330): 219–246.

Kleven, Henrik, Camille Landais, and Emmanuel Saez. 2013. "Taxation and International Migration of Superstars: Evidence from the European Football Market." *American Economic Review* 103 (5):

1892–1924.

Kleven, Henrik, and Mazhar Waseem. 2013. "Using Notches to Uncover Optimization Frictions and Structural Elasticities: Theory and Evidence from Pakistan." *Quarterly Journal of Economics* 128 (2): 669–723.

Knightley, Philip. 1993. *The Rise and Fall of the House of Vestey*, 2nd ed. London: Warner.

Kocieniewski, David. 2012. "Whistle-Blower Awarded $104 Million by I.R.S." *New York Times*, September 11.

Kolbert, Elizabeth. 2006. "The Big Sleazy." *The New Yorker*, June 12.

Konrad, Kai A., and Salmai Qari. 2012. "The Last Refuge of a Scoundrel? Patriotism and Tax Compliance." *Economica* 79 (315): 516–533.

Kopczuk, Wojciech, Justin Marion, Eric Muehlegger, and Joel Slemrod. 2016. "Does Tax- Collection Invariance Hold? Evasion and the Pass-Through of State Diesel Taxes." *American Economic Journal: Economic Policy* 8 (2): 251–286.

Kopczuk, Wojciech, and Joel Slemrod. 2003. "Dying to Save Taxes: Evidence from Estate Tax Returns on the Death Elasticity." *Review of Economics and Statistics* 85 (2): 256–265.

Kornhauser, Marjorie E. 2007. "Tax Morale Approach to Compliance: Recommendations for the IRS." *Florida Tax Review* 8 (6): 599–640.

Kornhauser, Marjorie E. 2010. "Remembering the 'Forgotten Man' (and Woman): Hidden Taxes and the 1936 Election." In *Studies in the History of Tax Law*, vol. 4, edited by John Tiley, 327–340. Oxford: Hart Publishing.

Kornhauser, Marjorie E. 2013. "Taxing Bachelors in America, 1895–1939." In *Studies in the History of Tax Law*, vol. 6, edited by John Tiley, 467–488. Oxford: Hart Publishing.

Koyama, Mark. 2010. "The Political Economy of Expulsion: The Regulation of Jewish Moneylending in Medieval England." *Constitutional Political Economy* 21 (4): 374–406.

Kraal, Diane, and Jeyapalan Kasipillai. 2014. "The Dutch East India Company's Tax Farming in 18th Century Malacca." *eJournal of Tax Research* 12 (1): 253–281.

Kramer, Brent. 2010. "The New York State Lottery: A Regressive Tax." *State Tax Notes* (March 29): 961–966.

Krishna, Aradhna, and Joel Slemrod. 2003. "Behavioral Public Finance: Tax Design as Price Presentation." *International Tax and Public Finance* 10 (2): 189–203.

Kroll, Luisa. 2016. "Billionaires, Former Billionaires Outed for Offshore Wealth by the Panama Papers." *Forbes*, April 3.

Kukreti, Ishan. 2017. "GST of 18% on Tendu Leaves: How It Will Impact Tribals." *DownToEarth*, July 17.

Kup, Alexander P. 1975. *Sierra Leone: A Concise History*. Vancouver, BC: Douglas Davis & Charles.

Kwass, Michael. 1999. "A Welfare State for the Privileged? Direct Taxation and the Changing Face of Absolutism from Louis XIV to the French Revolution." In *Crises, Revolutions and Self-Sustained Growth: Essays in European Fiscal History, 1130–1830*, edited by William Mark Ormrod, Margaret Bonney, and Richard Bonney, 344–376. Stamford, U.K.: Shaun Tyas.

Labaree, Benjamin Woods. 1966. *The Boston Tea Party*. Oxford: Oxford University Press.

Lafer, Arthur B. 2014. *Handbook of Tobacco Taxation: Theory and Practice*. San Francisco: The Lafer Center at the Pacific Research Institute.

Lancet, The. 1845. "The Duty on Glass," February 22.

Land, Bryan C. 2010. "Resource Rent Taxes: A Re-appraisal." In *The Taxation of Petroleum and Minerals: Principles, Practices and Problems,* edited by Philip Daniel, Michael Keen, and Charles McPherson, 241–262. London: Routledge.

Lane, Frederic C. 1964. "Tonnages, Medieval and Modern." *Economic History Review* 17 (2): 213–233.

Langer, Emily. 2014. "Johnnie Walters, IRS Commissioner under President Richard M. Nixon, Dies at 94." *Washington Post*, June 26.

Langford, Paul. 1975. *The Excise Crisis: Society and Politics in the Age of Walpole*. Oxford: Oxford University Press.

Larimer, Sarah. 2016. "The 'Tampon Tax' Explained." *Washington Post*, January 8.

Larner, Judith, and Patrick Collinson. 2004. "A Haven Right Here on Earth." *The Guardian*, February 21.

Latham, Robert, ed. 1985. *The Shorter Pepys*. London: Bell and Hyman.

Lawless, Jill. 2013. "William Shakespeare: Tax Dodger, Shady Businessman?" *Christian Science Monitor*, April 1.

Le, Tuan Minh, Blanca Moreno-Dodson, and Nihal Bayraktar. 2012. "Tax Capacity and Tax Effort: Extended Cross-Country Analysis from 1994 to 2009." Policy Research Working Paper No. 6252, World Bank, Washington, DC.

League of Nations. 1923. *Report on Double Taxation Submitted to the Financial Committee*. Economic and Financial Commission Report by the Experts on Double Taxation. Geneva.

Lebhar, Godfrey M. 1959. *Chain Stores in America, 1859–1959*. New York: Chain Store Publishing Company.

Lee, Maurice W. 1941. "Protectionism and Chain Store Taxes." In *Tax Barriers to Trade*, edited by Mark Eisner, Robert L. Cochran, Edgar L. Burtis et al., 151–164. Philadelphia: University of Pennsylvania Tax Institute.

Le Naour, Jean-Yves. 2007. *Meurtre au Figaro*. Paris: Larousse.

Lens on Leeuwenhoek. n.d. "Antony van Leeuwenhoek." https://lensonleeuwenhoek.net/.

Lenter, David, Douglas Shackelford, and Joel Slemrod. 2003. "Public Disclosure of Corporate Tax Return Information: Accounting, Economics, and Legal Perspectives." *National Tax Journal* 56 (4): 803–830.

Leskin, Paige. 2016. "'Tampon Tax' Officially Eliminated in New York." *PIX11News*, July 21.

Levasseur, E. 1894. "The Assignats: A Study in the Finances of the French Revolution." *Journal of Political Economy* 2 (2): 179–202.

Levi, Margaret. 1989. *Of Rule and Revenue*. Berkeley: University of California Press.

Levi, Margaret. 1997. *Consent, Dissent, and Patriotism*. Cambridge: Cambridge University Press.

Lewis, Gavin Llewellyn MacKenzie. 1977. *The Bondelswarts Rebellion of 1922*. Master of Arts thesis, Rhodes University, Grahamstown, South Africa.

Lexden, Lord Alistair. 2011. "Peel and Disraeli." https://www.alistairlexden.org.uk/news/peel-and-disraeli.

Liasson, Mara. 2001. "Conservative Advocate." Interview with Grover Norquist on National Public Radio, May 25.

Lickers, Kathleen, and Peter Griffin. 2015. *Review of the First Nations Cigarette Allocation System in Ontario*. Discussion Paper 2.0. Ontario, Canada.

Liu, Li, Ben Lockwood, Miguel Almunia, and Eddy H. F. Tam. 2019. "VAT Notches, Voluntary Registration, and Bunching: Theory and UK Evidence." *Review of Economics and Statistics*: 1–45.

Lledó, Victor, Sungwook Yoon, Xiangming Fang, Samba Mbaye, and Young Kim. 2017. *Fiscal Rules at a Glance*. International Monetary Fund. Washington, DC.

Loades, David M. 1974. *Politics and the Nation, 1450–1660: Obedience, Resistance, and Public Order*. London: William Collins, Sons.

Locke, John. 1691. *Some Considerations of the Consequences of the Lowering of Interest and Raising the Value of Money*. London: Printed for Awnsham and John Churchill.

Lockyer, Roger. 1964. *Tudor and Stuart Britain: 1471–1714*. London: Longman, Green.

Lofthouse, Lloyd F. 2013. *My Splendid Concubine*. San Diego: Three Clover Press.

Logue, Kyle, and Joel Slemrod. 2008. "Genes as Tags: The Tax Implications of Widely Available Genetic Information." *National Tax Journal* 61 (4, Part 2): 843–863.

Los Angeles Herald. 1903. "Hire Girls to Say 'No': Young Argentines Escape the Celibacy Tax." July 7. California Digital Newspaper Collection.

Lovenheim, Michael F., and Joel Slemrod. 2010. "The Fatal Toll of Driving to Drink: The Effect of Minimum Legal Drinking Age Evasion on Traffic Fatalities." *Journal of Health Economics* 29 (1): 62–77.

Lucas, Robin. 1997. "The Tax on Bricks and Tiles, 1784–1850: Its Application to the Country at Large and, in Particular, to the County of Norfolk." *Construction History* 13: 29–55.

Lundberg, Shelly J., Robert A. Pollak, and Terence J. Wales. 1997. "Do Husbands and Wives Pool Their Resources? Evidence from the United Kingdom Child Benefit." *Journal of Human Resources* 32 (3): 463–480.

Lunt, W. E. 1909. "The Financial System of the Medieval Papacy in Light of Recent Literature." *Quarterly Journal of Economics* 23 (2): 251–295.

Lustig, Nora, ed. 2018. *Commitment to Equity Handbook: Estimating the Impact of Fiscal Policy on Inequality and Poverty*. Washington, DC: Brookings Institution.

Macaulay, Thomas Babbington. 1855. *The History of England: From the Accession of James the Second*, vol. 3. London: Longman, Brown, Green, and Longmans.

MacFarlane, Charles. 1844–1845. *The French Revolution*, 4 vols. London: Charles Knight.

Machiavelli, Niccolò. [1515] 1908. *The Prince*. Translated with an introduction by W. K. Marriott.
London: J. M. Dent & Sons〔邦訳　マキャヴェッリ『君主論』〕

Mackay, Alan. 1991. *A Dictionary of Scientific Quotations*. London: Institute of Physics Publishing.

Magnificent Seven, The. 1960. Directed by John Sturges. Beverly Hills, CA: United Artists and Mirish Company.

Mallet, Bernard. 1913. *British Budgets, 1887–88 to 1912–13.* London: Macmillan. Manjoo, Farhad. 2002. "A Tax Plan to (and from) Space." *Wired.com*, April 26.

Mann, Arthur J. 2004. "Are Semi-Autonomous Revenue Authorities the Answer to Tax Administration Problems in Developing Countries? A Practical Guide." Research paper for the project titled Fiscal Reform in Support of Trade Liberalization.

Mann, Charles C. 2011. *1491: New Revelations of the Americas before Columbus*, 2nd ed. New York: Vintage Books〔邦訳 チャールズ・C・マン『1491――先コロンブス期アメリカ大陸をめぐる新発見』布施由紀子訳、NHK 出版、2007 年〕

Mann, Fritz Karl. 1943. "The Sociology of Taxation." *Review of Politics* 5 (2): 225–235.

Marcuss, Rosemary, George Contos, John Guyton, Patrick Langetieg, Allen Lerman, Susan Nelson, Brenda Schafer, and Melissa Vigil. 2013. "Income Taxes and Compliance Costs: How They Are Related?" *National Tax Journal* 66 (4): 833–854.

Marks, Steven G. 2017. "War Finance (Russian Empire)." *International Encyclopedia of the First World War*. Online.

Marsden, William. 2009, updated 2014. *Canada's Boom in Smuggled Cigarettes: Indian Tobacco Factories, Organized Crime Control a Billion-Dollar Black Market*. Center for Public Integrity, Washington, DC.

Marshall, Henrietta Elizabeth. 1912. *Through Great Britain and Ireland with Cromwell*. London: T. C. and E. C. Jack.

Marshall, John. 1836. *The Life of George Washington: Commander in Chief of the American Forces, during the War Which Established the Independence of His Country, and First President of the United States*, vol. 1. Philadelphia: James Crissy.

Martinez, Michael. 2011. "Arizona Church Is a House of Prostitution, Police Say." *CNN*, September 10.

Marx, Karl. 1852. "The Eighteenth Brumaire of Louis Bonaparte." *Die Revolution* 1〔邦訳 マルクス『ルイ・ボナパルトのブリュメール 18 日』〕

Maseko, Achim Nkosi. 2008. *Church Schisms & Corruption*: *Tithes*. Book 5. Durban, South Africa.

Mason, Rowena, and Denis Campbell. 2017. "Theresa May under Pressure over 'Dementia Tax' Social Care Shakeup." *The Guardian*, May 21.

Matheson, Thornton. 2011. *Taxing Financial Transactions: Issues and Evidence*. International Monetary Fund Working Paper No. 11/54, Washington, DC.

Mathias, Peter. 2013. *The Transformation of England: Essays in the Economic and Social History of England in the Eighteenth Century*. London: Routledge.

Matthew, H. C. G. 1979. "Disraeli, Gladstone, and the Politics of Mid-Victorian Budgets." *Historical Journal* 22 (3): 615–643.

Matthews, E. L., G. M. Swift, G. Hartog, and Cecil Bayley. 1919. "South Africa." *Journal of Comparative Legislation and International Law* 1 (2): 103–136.

Matthews, George T. 1958. *The Royal General Farms in Eighteenth-Century France*. New York: Columbia University Press.

McCafery, Edward J. 1994. "Cognitive Theory and Tax." *UCLA Law Review* 41 (7): 1861–1948.

McCafery, Edward J., and Jonathan Baron. 2003. "The Humpty Dumpty Blues: Disaggregation Bias in the Evaluation of Tax Systems." *Organizational Behavior and Human Decision Processes* 91 (2): 230–242.

McCarthy, Katherine. 2005. "Bosnia-Hercegovina." In *Eastern Europe: An Introduction to the People, Lands, and Culture,* vol. 3 (Southeastern Europe), edited by Richard Frucht, 621–694. Santa Barbara, CA: ABC-CLIO.

McCluskey, William, with Arthur Grimes and Jason Timmins. 2002. "Property Taxation in New Zealand." Lincoln Institute of Land Policy Working Paper WP02WM1, Cambridge, MA.

McCrum, Robert. 2004. *Wodehouse: A Life*. New York: W. W. Norton.

McCulloch, John Ramsay. [1845] 1975. *A Treatise on the Principles and Practical Influence of Taxation and the Funding System*. Edited and with an Introduction by D. P. O'Brien. Edinburgh: Scottish Academic Press.

McHugh, Erin. 2016. "Understanding Contingent Convertible Securers: A Primer." NERA Economic Consulting, New York.

McLean, Iain, and Jeremy Smith. 1994. "The Poll Tax, the Electoral Register, and the 1991 Census: An Update." *British Elections and Parties Yearbook* 4 (1): 128–147.

Meade, Marion. 1977. *Eleanor of Aquitaine: A Biography*. New York: Penguin.

Mehrotra, Ajay K. 2004. "'More Mighty Than the Waves of the Sea': Toilers, Tarifs, and the Income Tax Movement, 1880–1913." *Labor History* 45 (2): 165–198.

Mehrotra, Ajay K. 2013. *Making the Modern American Fiscal State: Law, Politics, and the Rise of Progressive Taxation, 1877–1929*. Cambridge: Cambridge University Press.

Meier, Michael T. 1994. "Civil War Draft Records: Exemptions and Enrollments." *Prologue* 26 (4).

Mellon, Andrew M. 1924. *Taxation: The People's Business*. New York: Macmillan.

Mencken, Henry L. 1922. "The Dismal Science." In *Prejudices: Third Series*, Chapter 15. New York: Alfred A. Knopf.

Merriam-Webster's Collegiate Dictionary. 2005. 11th ed. s.v. "excise." Springfield, IL: Merriam-Webster.

Mill, John Stuart. [1848] 2009. *Principles of Political Economy*. Project Gutenberg Ebook.

Mill, John Stuart. 1875. "Papers on Land Tenure." In *Dissertations and Discussions: Political, Philosophical, and Historical,* vol. 5, 224–294. New York: Henry Holt and Co.

Miller, John C. 1943. *Origins of the American Revolution*. Boston: Little, Brown.

Mintz, Jack M. 1994. "Is There a Future for Capital Income Taxation?" *Canadian Tax Journal* 42 (6): 1469–1503.

Mirrlees, James, Stuart Adam, Tim Besley, Richard Blundell, Stephen Bond, Robert Chote, Malcom Gammie, Paul Johnson, Gareth Myles, and James M. Poterba. 2011. *Tax by Design*. Oxford: Oxford University Press.

Misa, Thomas J. 2011. *Leonardo to the Internet: Technology and Culture from the Renaissance to the Present*. Baltimore: The Johns Hopkins University Press.

Mitchell, Brian R. 1988. *British Historical Statistics*. Cambridge: Cambridge University Press.

Montefiore, Simon Sebag. 2011. *Jerusalem: The Biography*. New York: Vintage.

Monty Python. 1969. Television show featuring Graham Chapman, Eric Idle, Terry Gilliam, Terry Jones, John Cleese, and Michael Palin. BBC.

Mourlane, Stéphane. 2005. "La Crise Franco-monégasque de 1962–1963." *Recherches Régionales Côte d'Azur et Contrées Limitrophes* 46: 109–116.

Musson, Alfred Edward. 1958. "Newspaper Printing in the Industrial Revolution." *Economic History Review* 10 (3): 411–426.

Mwakikagile, Godfrey. 2000. *Africa and the West*. Hauppauge, NY: Nova Publishers.

Myers, Steven Lee. 2018. "Fan Bingbing, China's Most Famous Actress, Faces Huge Fines in Tax Evasion." *New York Times*, October 2.

Naidoo, Jay. 2012. "South Africa: Marikana Signals Our Second Chance." *Equal Times*, Opinions, September 1.

Nair, Smitha. 2015. "Mumbai Hooch Tragedy Claims Over 100 Lives, Main Supplier Arrested in Delhi." *News18*, June 23.

Nakabayashi, Masaki. 2012. "The Rise of a Japanese Fiscal State." In *The Rise of Fiscal States: A Global History, 1500–1914*, edited by Bartolomé Yun-Casalilla and Patrick K. O'Brien, with Francisco Comín Comín, 378–409. Cambridge: Cambridge University Press.

Nakamura, Yuko, and Aina Maeguchi. 2013. "Kyoto Machiya and Their Renovation." *The Kyoto Project*. Kyoto University of Foreign Studies, May 27.

National Coalition Against Contraband Tobacco. 2017. "1 in 3 Cigarettes Sold in Ontario Are Contraband." Ottawa, Canada.

Ndung'u, Njuguna. 2017. "Digitalization in Kenya: Revolutionizing Tax Design and Revenue Administration." In *Digital Revolutions in Public Finance*, edited by Sanjeev Gupta, Michael Keen, Alpa Shah, and Geneviève Verdier, 241–257. Washington, DC: International Monetary Fund.

Neff, Blake. 2016. "Rubio-Aligned PAC Hits Cruz for 'Canadian' Tax Plan." *Daily Caller*, January 19.

Nelson, Jerry. 2014. "Richard Branson: From Tax Fraud to Billionaire." *Liberty Voice*, May 29.

New African. 2011. "Sierra Leone: How Independence Was Won." August 9.

Newman, Peter C. 1985. *Company of Adventurers*, vol. 1. New York: Viking Press.

New Yorker. 1973. "FABLES: The Dog and the Accountant." September 17.

New York Times. 1863. "The Diseases and Infirmities Exempting from the Draft." November 15.

New York Times. 1891. "Taxing Food." June 1.

New York Times. 1912. "Single Tax Attracts Orient: Dr. Sen's Advocacy Due to Missionaries, Says Henry George, Jr." April 6.

New York Times. 1989. "Nuclear War Plan by I.R.S." March 28.

New York Times. 2014. "The Pink Tax." Editorial. November 12.

Niskanen, William A. 2006. "Limiting Government: The Failure of Starve the Beast." *Cato Journal* 26 (3): 553–558.

Nordhaus, William. 2017. "Revisiting the Social Cost of Carbon." *Proceedings of the National Academy of Sciences* 114 (7): 1518–1523.

North, Douglass C., and Barry R. Weingast. 1989. "Constitution and Commitment: The Evolution of Institutions Governing Public Choice in Seventeenth-Century England." *Journal of Economic History* 49 (4): 803–832.

North, Michael. 2012. "Finances and Power in the German State System." In *The Rise of Fiscal States: A Global History, 1500–1914*, edited by Yun-Casalilla Bartolomé and Patrick K. O'Brien, with Francisco Comín Comín, 145–163. Cambridge: Cambridge University Press.

Norwich, John Julius. 2003. *A History of Venice*, 2nd ed. London: Penguin.

Oates, Wallace, and Robert Schwab. 2015. "The Window Tax: A Case Study in Excess Burden." *Journal of Economic Perspectives* 29 (1): 163–180.

Oats, Lynne, and Pauline Sadler. 2007. "Securing the Repeal of a Tax on the 'Raw Material of Thought.'" *Accounting, Business & Financial History* 17 (3): 355–373.

O'Brien, Patrick K. 2007. "The Triumph and Denouement of the British Fiscal State: Taxation for the Wars against Revolutionary and Napoleonic France, 1793–1815." LSE Department of Economic History Working Paper No. 99/07, London.

O'Brien, Patrick K., and Philip A. Hunt. 1999. "Excises and the Rise of a Fiscal State in England, 1586–1688." In *Crises, Revolutions and Self-Sustained Growth: Essays in European Fiscal History, 1130–1830,* edited by William Mark Ormrod, Margaret Bonney, and Richard Bonney, 198–224. Stamford, U.K.: Shaun Tyas.

Ochiai, Takehiko. 2017. "In a Grove? Sierra Leone's 1898 Hut Tax War Reconsidered." *Asia Journal of African Studies* 41: 55–86.

OECD. 1998. *Harmful Tax Competition. An Emerging Global Issue*. Paris.

OECD. 2013. *Electronic Sales Suppression: A Threat to Tax Revenues*. Paris.

OECD. 2015a. *Measuring and Monitoring BEPS, Action 11-2015 Final Report*. Paris.

OECD. 2015b. *Tax Administration 2015: Comparative Information on OECD and Other Advanced and Emerging Economies*. Paris.

OECD. 2017a. "Legal Tax Liability, Legal Remittance Responsibility & Tax Incidence: Three Dimensions of Business Taxation." OECD Taxation Working Paper Series, Paris.

OECD. 2017b. *Tax Administration 2017: Comparative Information on OECD and Other Advanced and Emerging Economies*. Paris.

OECD. 2018. *Automatic Exchange of Information: Implementation Report 2018*. Paris.

OECD. 2019a. *Implementing Online Cash Registers: Benefits, Considerations and Guidance*. Paris.

OECD. 2019b. *Public Consultation Document: Global Anti-Base Erosion Proposal ("GloBE")– Pillar Two*. Paris.

OECD. 2019c. *Revenue Statistics 2019: Tax Revenue Trends in the OECD*. Paris.

OECD. 2019d. *Secretariat Proposal for a "Unified Approach" under Pillar One*. Paris.

OECD. 2019e. *Tax Administration 2019: Comparative Information on OECD and Other Advanced and Emerging Economies*. Paris.

OECD. 2019f. *Tax Morale: What Drives People and Businesses to Pay Tax?* Paris.

OECD. 2020. *Tax Challenges Arising from Digitalisation–Economic Impact Assessment*. Paris.

OECD. n.d.a. OECD Library. Definition of the Word "Tax."

OECD. n.d.b. Top Statutory Personal Income Tax Rates and Top Marginal Tax Rates for Employees. OECD.Stat. https://stats.oecd.org/index.aspx?DataSetCode=TABLE_I7.

Office for National Statistics. 2020. *Effects of Taxes and Benefits on UK Household Income: Financial Year Ending 2019*. London.

Office of Management and Budget. n.d. *Historical Tables*. Washington, DC. https://www.whitehouse.gov/omb/historical-tables/.

Ogden, Frederic D. 1958. *The Poll Tax in the South*. Tuscaloosa: University of Alabama Press.

Okrent, Daniel. 2010. *Last Call: The Rise and Fall of Prohibition*. New York: Scribner.

Oliver, Garrett, ed. 2011. *The Oxford Companion to Beer*. Oxford: Oxford University Press.

Olken, Ben, and Monica Singhal. 2011. "Informal Taxation." *American Economic Journal: Applied Economics* 3 (4): 1–28.

Oman, Charles. 1906. *The Great Revolt of 1381*. Oxford: Clarendon Press.

Organ, Paul. 2020. "U.S. Citizenship Renunciation and the Tax System." University of Michigan Working Paper, Ann Arbor, MI.

Ormrod, William Mark, Margaret Bonney, and Richard Bonney, eds. 1999. *Crises, Revolutions and Self-Sustained Growth: Essays in European Fiscal History, 1130–1830*. Stamford, U.K.: Shaun Tyas.

Orwell, George. 1949. *Nineteen Eighty-Four*. New York: Harcourt, Brace〔邦訳　オーウェル『1984』〕

Oxford Dictionary of Islam. n.d. "Jizyah." Oxford Islamic Studies Online. http://www.oxfordislamicstudies.com/article/opr/t125/e1206.

Paine, Thomas. [1792] 1894. "Rights of Man." In *The Writings of Thomas Paine*, vol. 2, collected and edited by Moncure Daniel Conway, 398–523. New York: The Knickerbocker Press. First published by G. P. Putnam's Sons in London〔邦訳　トマス・ペイン『人間の権利』西川正身訳、岩波文庫、1971 年〕

Palan, Ronen. 2002. "Tax Havens and the Commercialization of State Sovereignty." *International Organization* 56 (1): 151–176.

Pamuk, Şevket. 2012. "The Evolution of Fiscal Institutions in the Ottoman Empire, 1500–1914." In *The Rise of Fiscal States: A Global History, 1500–1914*, edited by Yun-Casalilla Bartolomé and Patrick K. O'Brien, with Francisco Comín Comín, 304–331. Cambridge: Cambridge University Press.

Paris, David, and Cecelia Hilgert. 1983. "70th Year of Individual Income and Tax Statistics, 1913–1982." *Statistics of Income Bulletin*. Internal Revenue Service, Winter 84: 1–10.

Parry, Ian W. H., and Kenneth A. Small. 2005. "Does Britain or the United States Have the Right Gasoline Tax?" *American Economic Review* 95 (4): 1276–1289.

Peacock, Alan T., and Jack Wiseman. 1961. *The Growth of Public Expenditure in the United Kingdom*. Princeton, NJ: Princeton University Press.

Pearce, Edward. 2011. *The Great Man. Sir Robert Walpole: Scoundrel, Genius and Britain's First Prime Minister*. London: Random House.

Pearson, Roger. 2016. "Voltaire's Luck." *Lapham's Quarterly* IX (3).

Peck, Harry Thurston, ed. 1898. *Harper's Dictionary of Classical Antiquities*. New York: Harper and

Brothers.

Peel, Robert. 1853. *The Speeches of the Late Right Honourable Sir Robert Peel, Bart.*, vol. 3. Delivered in the House of Commons. London: Routledge.

Pérez, Arturo. 2008. "Earmarking State Taxes." National Conference of State Legislatures, Washington, DC.

Perez, Sonia. 2015. "Guatemala Arrests Current, Former Tax Chiefs, Over a Dozen Others, in Corruption Case." *Associated Press*, April 16.

Peter, Klara Sabirianova, Steve Buttrick, and Denvil Duncan. 2010. "Global Reform of Personal Income Taxation, 1981–2005: Evidence from 189 Countries." *National Tax Journal* 63 (3): 447–478.

Peters, Gretchen. 2006. "Taliban Drug Trade: Echoes of Colombia." *Christian Science Monitor*, November 21.

Petersen, William. 1997. *Ethnicity Counts*. New Brunswick, NJ: Transaction Publishers.

Pet Health Network. 2014. "The Doberman Pinscher." IDEXX Laboratories, Westbrook, ME.

Petit, Patrick, Mario Mansour, and Philippe Wingender. 2021. *How to Apply Excise Taxes to Fight Obesity*. Washington, DC: International Monetary Fund.

Petit, Patrick, and Janos Nagy. 2016. *How to Design and Enforce Tobacco Excises?* Washington, DC: International Monetary Fund.

Petty, William. 1662. *A Treatise of Taxes & Contributions*. London: Cornhill.

Pezzolo, Luciano. 2012. "Republics and Principalities in Italy." In *The Rise of Fiscal States: A Global History, 1500–1914*, edited by Yun-Casalilla Bartolomé and Patrick K. O'Brien, with Francisco Comín Comín, 267–284. Cambridge: Cambridge University Press.

Phelps, Edmund S. 1973. "Taxation of Wage Income for Economic Justice." *Quarterly Journal of Economics* 87 (3): 331–354.

Phillipson, Nicholas. 2010. *Adam Smith: An Enlightened Life*. New Haven, CT: Yale University Press.

Pigou, Arthur Cecil. 1920. *The Economics of Welfare*. London: Macmillan & Co.

Piketty, Thomas. 2013. *Capital in the Twenty-first Century*. Cambridge, MA: Belknap Press〔邦訳 トマ・ピケティ『21 世紀の資本』山形浩生・守岡桜・森本正史訳、みすず書房、2014 年〕

Piketty, Thomas, Emmanuel Saez, and Stefanie Stantcheva. 2014. "Optimal Taxation of Top Labor Incomes: A Tale of Three Elasticities." *American Economic Journal: Economic Policy* 6 (1): 230–271.

Pilon, Mary. 2015. *The Monopolists: Obsession, Fury, and the Scandal behind the World's Favorite Board Game*. New York: Bloomsbury.

Pine, Art. 1978. "Thoughts of Chairman Long." *Washington Post*, February 26.

Platform for Collaboration on Tax. 2020. *The Taxation of Offshore Indirect Transfers–A Toolkit*. Washington, DC.

Plumb, John Harold. 1960. *Sir Robert Walpole: The King's Minister*, vol. 2. London: Cresset Press.

Plumb, John Harold. 1967. *The Growth of Political Stability in England, 1675–1725*. London: Macmillan.

Poniatowski, Grzegorz, Mikhail Bonch-Osmolovskiy, José María Durán-Cabré, Alejandro Esteller-Moré, and Adam Śmietanka. 2019. "Study and Reports on the VAT Gap in the EU-28 Member States: 2019 Final Report." Center for Social and Economic Research Paper No. 500, Warsaw.

Porter, Cole. 1944. "Don't Fence Me In." Original lyrics written by Bob Fletcher. Published by Warner Bros.

Posner, Eric A., and E. Glen Weyl. 2018. *Radical Markets: Uprooting Capitalism and Democracy for a Just Society*. Princeton, NJ: Princeton University Press〔邦訳　エリック・A・ポズナー、E・グレン・ワイル『ラディカル・マーケット　脱・私有財産の世紀』遠藤真美訳、東洋経済新報社、2019年〕

Power, Eileen. 1941. *The Wool Trade in English Medieval History*. London: Oxford University Press.

Powicke, Michael R. 1950. "Distraint of Knighthood and Military Obligation under Henry III." *Speculum* 25 (4): 457–470.

Printer's Ink. 1897. "The Austrian Press." 19 (10): 28.

Public, The. 1909. "Portions of a Speech Made at Newcastle by Lloyd George, the British Chancellor." October 29.

Public, The. 1912. "Sun Yat Sen's Economic Program for China," April 12.

Quinn, Ben. 2012. "A Brief History of the Pasty Tax." *The Guardian*, May 29.

Quintrell, Brian. 2014. *Charles I 1625–1640*. Oxford: Routledge.

Radhakrishnan, C. 2009. "The Unforgettable Contributions of Nangeli, Kerala". *DeviantArt*, September 30. Online.

Rajaraman, Indira. 1995. "Presumptive Direct Taxation: Lessons from Experience in Developing Countries." *Economic and Political Weekly* 30 (18–19): 1103–1124.

Ramsey, Frank P. 1927. "A Contribution to the Theory of Taxation." *Economic Journal* 37 (145): 47–61.

Rapport, Mike. 2009. *1848: Year of Revolution*. New York: Basic Books.

Rawls, John. 1971. *A Theory of Justice*. Cambridge, MA: Harvard University Press〔邦訳　ロールズ『正義論』〕

Redelmeier, Donald A., and Christopher J. Yarnell. 2012. "Road Crash Fatalities on US Income Tax Days." *Journal of the American Medical Association* 307 (14): 1486–1488.

Redman, Alvin, ed. 1959. *The Wit and Humor of Oscar Wilde*. New York: Dover.

Rees-Jones, Alex, and Dmitry Taubinsky. 2020. "Measuring 'Schmeduling'." *Review of Economic Studies* 87 (5): 2399–2438.

Reeves, Thomas C. 1975. *Gentleman Boss: The Life of Chester Alan Arthur*. New York: Alfred A. Knopf.

Reinhart, Carmen M., and Kenneth S. Rogoff. 2009. *This Time Is Different: Eight Centuries of Financial Folly*. Princeton, NJ: Princeton University Press〔邦訳　カーメン・M・ラインハート、ケネス・S・ロゴフ『国家は破綻する――金融危機の800年』村井章子訳、日経BP、2011年〕

Rhodes, Raymond Crompton. 1933. *Harlequin Sheridan: The Man and the Legends*. Oxford: Basil Blackwell.

Ricardo, David. [1817] 2004. *The Principles of Political Economy and Taxation*. London and New York: J. M. Dent & Sons and Dover〔邦訳　デイヴィッド・リカードウ『経済学および課税の原理』羽鳥卓也、吉澤芳樹訳、上下巻、岩波文庫、1987 年〕

Richards, John F. 2012. "Fiscal States in Mughal and British India." In *The Rise of Fiscal States: A Global History, 1500–1914*, edited by Bartolomé Yun-Castalilla and Patrick K. O'Brien, with Francisco Comín Comín, 410–441. Cambridge: Cambridge University Press.

Rickards, Maurice. 2000. *The Encyclopedia of Ephemera: A Guide to the Fragmentary Documents of Everyday Life for the Collector, Curator, and Historian*, edited by Michael Twyman, with the assistance of Sally De Beaumont and Amoret Tanner. New York: Routledge.

Ritchie, Hannah. 2020. "Sector by Sector: Where Do Global Greenhouse Gas Emissions Come From?" *Our World in Data*. https://ourworldindata.org/ghg-emissions-by-sector.

Ritholtz, Barry. 2017. "Lessons from Kansas Tax-Cutting Experiment." *The Big Picture*, June 19.

Roberts, Andrew. 2014. *The Holy Fox: The Life of Lord Halifax*. London: Head of Zeus.

Robertson. 1792. *Robertson's British Tax-Tables, on an Improved Plan; Containing All the Taxes Which Affect Every Description of Men, Both in England and Scotland. Together with Useful Regulations for the Cities of London and Edinburgh*. London: Printed for and Sold by All the Booksellers.

Robins, Nick. 2012. *The Corporation That Changed the World: How the East India Company Shaped the Modern Multinational*, 2nd ed. New York: Pluto Press.

Rodgers, Luke. 2018. "Give Credit Where? The Incidence of Child Care Tax Credits." *Journal of Urban Economics* 108: 51–71.

Rodrik, Dani. 1998. "Why Do More Open Economies Have Bigger Governments?" *Journal of Political Economy* 106 (5): 997–1032.

Rogoff, Kenneth S. 2016. *The Curse of Cash*. Princeton, NJ: Princeton University Press〔邦訳　ケネス・S・ロゴフ『現金の呪い——紙幣をいつ廃止するか？』村井章子訳、日経 BP、2017 年〕

Roller, Matthew B. 2001. *Constructing Autocracy: Aristocrats and Emperors in Julio-Claudian Rome*. Princeton, NJ: Princeton University Press.

Romeo, Nick. 2016. "Ancient Device for Determining Taxes Discovered in Egypt." *National Geographic* online. May 16.

Romer, Christina D., and David H. Romer. 2009. "Do Tax Cuts Starve the Beast: The Effect of Tax Changes on Government Spending." *Brookings Papers on Economic Activity* 40 (1): 139–214.

Roosevelt, Theodore. 1919. *The Roosevelt Policy*, vol. 2, edited by William Griffith. New York: Current Literature Publishing Company.

Rosenberg, Joshua D. 1996. "The Psychology of Taxes: Why They Drive Us Crazy and How We Can Make Them Sane." *Virginia Tax Review* 16 (2): 155–236.

Ross, Thomas W. 1986. "Store Wars: The Chain Tax Movement." *Journal of Law and Economics* 29 (1): 125–137.

Rothstein, Jesse. 2008. "The Unintended Consequences of Encouraging Work: Tax Incidence and the EITC." Center for Economic Policy Studies, Princeton University.

Rowland, Oliver. 2019. "Oldest Ever Woman Accused of Having Faked Age." *The Connection*,

January 2.

Rowlatt, Justin. 2016. "Why India Wiped Out 86% of Its Cash Overnight." *BBC News*, November 14.

Rucker, Philip. 2011. "Mitt Romney Says 'Corporations Are People.'" *Washington Post*, August 11.

Ruding, Onno. 1992. *Report of the Committee of Independent Experts on Company Taxation*. Executive Summary, European Commission, Brussels.

Rwanda Governance Board. n.d. "Umuganda." Kigali.

Sadasivan, S. N. 2000. *A Social History of India*. New Delhi: APH Publishing.

Sadka, Efraim. 1976. "On Income Distribution, Incentive Effects and Optimal Income Taxation." *Review of Economic Studies* 43 (2): 261–267.

Saez, Emmanuel. 2010. "Do Taxpayers Bunch at Kink Points?" *American Economic Journal: Economic Policy* 2 (3): 180–212.

Saez, Emmanuel, and Gabriel Zucman. 2019a. *The Triumphs of Injustice: How the Rich Dodge Taxes and How to Make Them Pay*. New York: Academic Press〔邦訳　エマニュエル・サエズ、ガブリエル・ズックマン『つくられた格差――不公平税制が生んだ所得の不平等』山田美明訳、光文社、2020年〕

Saez, Emmanuel, and Gabriel Zucman. 2019b. "Progressive Wealth Taxation," *Brookings Papers on Economic Activity* Fall: 437–511.

Saez, Emmanuel, Joel Slemrod, and Seth H. Giertz. 2012. "The Elasticity of Taxable Income with Respect to Marginal Tax Rates: A Critical Review." *Journal of Economic Literature* 50 (1): 3–50.

Sahadi, Jeanne, and Annelena Lobb. 2004. "Strangest Taxes: You Might Pay Taxes on Illegal Drugs, Pepsi, Playing Cards and Being a Star. And That's Not All." *CNN/Money*, April 9.

Sale, Jonathan. 2012. "Douglas Adams's 60th Birthday Marked with Liff, the Universe and Pink Floyd." *The Guardian*, March 6.

Saleh, Mohamed. 2018. "On the Road to Heaven: Taxation, Conversions, and the Coptic-Muslim Socioeconomic Gap in Medieval Egypt." *Journal of Economic History* 78 (2): 394–434.

Salih, Zak M. 2011. "Fiction Review: The Pale King." *Richmond Times–Dispatch*, July 31.

Salpukas, Agis. 1992. "Falling Tax Would Lift All Yachts." *New York Times*, February 7.

Salvadori, Neri, and Rodolfo Signorino. 2015. "Defense versus Opulence? An Appraisal of the Malthus-Ricardo 1815 Controversy on the Corn Laws." *History of Political Economy* 47 (1): 151–184.

Salzmann, Ariel. 1993. "An Ancien Régime Revisited: 'Privatization' and Political Economy in the Eighteenth-Century Ottoman Empire." *Politics & Society* 21 (4): 393–423.

Samson, William D. 2005. "President Nixon's Troublesome Tax Returns." *Tax Notes*, April 11.

Sargent, Thomas, and Francois Velde. 1995. "Macroeconomic Features of the French Revolution." *Journal of Political Economy* 103 (3): 474–518.

Saunders, Laura. 2015. "Blowing the Whistle on Tax Cheats." *Wall Street Journal*, September 4.

Sauvegrain, Alexandra. 2001. "Dialogues of Architectural Preservation in Modern Vietnam: The 36 Streets Commercial Quarter of Hanoi." *Traditional Dwellings and Settlements Review* 13 (1): 23–32.

Schama, Simon. 1989. *Citizens: A Chronicle of the French Revolution*. New York: Alfred A. Knopf.

Scheuer, Florian, and Joel Slemrod. 2020. "Taxation and the Superrich." *Annual Review of Economics* 12: 189–211.

Scheve, Kenneth, and David Stasavage. 2016. *Taxing the Rich: A History of Fiscal Fairness in the United States and Europe*. Princeton, NJ: Princeton University Press〔邦訳　ケネス・シーヴ、デイヴィッド・スタサヴェージ『金持ち課税』立木勝訳、みすず書房、2018 年〕

Schumpeter, Joseph A. [1918] 1991. "The Crisis of the Tax State." In *Joseph A. Schumpeter: The Economics and Sociology of Capitalism*, edited by Richard Swedberg, 99–140. Princeton, NJ: Princeton University Press〔邦訳　ヨーゼフ・シュムペーター『租税国家の危機』木村元一・小谷義次訳、岩波文庫、1983 年〕

Scott, James C. 1998. *Seeing Like a State: How Certain Schemes to Improve the Human Condition Have Failed*. New Haven, CT: Yale University Press.

Seade, Jesus K. 1977. "On the Shape of Optimal Tax Schedules." *Journal of Public Economics* 7 (2): 203–235.

Seamans, Robert. 2017. "No, Robots Should Not Be Taxed." *Forbes*, March 3.

Seidl, Jonathon M. 2015. "There's Something Odd about Some Tickets in Texas — and a Judge Has Resigned Over It." *The Blaze*, June 4.

Seligman, Edwin R. A. 1899. *The Shifting and Incidence of Taxation*, 2nd ed. New York: Macmillan.

Seligman, Edwin R. A. 1914. *The Income Tax: A Study of the History, Theory and Practice of Income Taxation at Home and Abroad*, 2nd ed. New York: Macmillan.

Sen, Amartya. 2009. *The Idea of Justice*. Cambridge, MA: Belknap Press〔邦訳　アマルティア・セン『正義のアイデア』池本幸生訳、明石書店、2011 年〕

Sen, Anindya, and Nafeez Fatima. 2011. "Do Lower Taxes Increase Smoking? Evidence from the Canadian National Experiment." *Canadian Tax Journal* 59 (2): 221–238.

Sentencing Project, The. 2016. *6 Million Lost Voters: State-Level Estimates of Felony Disenfranchisement, 2016*. Washington, DC.

Service, Robert. 2009. *Trotsky: A Biography*. Cambridge, MA: Belknap Press〔邦訳　ロバート・サーヴィス『トロツキー』山形浩生・守岡桜訳、白水社、2013 年〕

Sharp, Paul. 2010. "1846 and All That: The Rise and Fall of British Wheat Protection in the Nineteenth Century." *Agricultural History Review* 58 (1): 76–94.

Shaxson, Nicholas. 2011. *Treasure Islands: Uncovering the Damage of Offshore Banking and Tax Havens*. New York: St. Martin's Griffin.

Shears, Richard. 2006. "Is Prince Philip a God?" *Daily Mail*, June 3.

Sheets, Connor. 2017. "Too Poor to Vote: How Alabama's 'New Poll Tax' Bars Thousands of People from Voting." *The Guardian*, October 4.

Shehab, Fakhri. 1953. *Progressive Taxation: A Study in the Development of the Progressive Principle in the British Income Tax*. Oxford: Clarendon Press.

Shiono, Patricia H., and Richard E. Behrman. 1995. "Low Birth Weight: Analysis and Recommendations." *Future of Children* 5 (1): 4–18.

Simmons, Andria. 2014. "Georgia Towns Are Getting Rich Of Speeding Tickets." *Governing*,

October 23.
Simons, Henry. 1938. *Personal Income Taxation: The Definition of Income as a Problem of Fiscal Policy*. Chicago: University of Chicago Press.
Slemrod, Joel. 2008. "Why Is Elvis on Burkina Faso Postage Stamps? Cross-Country Evidence on the Commercialization of State Sovereignty." *Journal of Empirical Legal Studies* 5 (4): 683–712.
Slemrod, Joel. 2013. "Buenas Notches: Lines and Notches in Tax System Design." *eJournal of Tax Research* 11 (3): 259–283.
Slemrod, Joel. 2018. "Is This Tax Reform, or Just Confusion?" *Journal of Economic Perspectives* 32 (4): 73–96.
Slemrod, Joel. 2019. "Tax Compliance and Enforcement." *Journal of Economic Literature* 57 (4): 904–954.
Slemrod, Joel, and Jon Bakija. 2017. *Taxing Ourselves: A Citizen's Guide to the Debate over Taxes*, 5th ed. Cambridge, MA: MIT Press.
Slemrod, Joel, Brett Collins, Jefrey L. Hoopes, Daniel Reck, and Michael Sebastiani. 2017. "Does Credit-Card Information Reporting Improve Small-Business Tax Compliance?" *Journal of Public Economics* 149: 1–19.
Slemrod, Joel, and William G. Gale. 2001. "Rethinking the Estate and Gift Tax," Conference Report, The Brookings Institution, Washington, DC.
Slemrod, Joel, Obeid Ur Rehman, and Mazhar Waseem. 2021. "Pecuniary and Nonpecuniary Motivations for Tax Compliance: Evidence from Pakistan." *Review of Economics and Statistics*.
Slemrod, Joel, and Tejaswi Velayudhan. 2018. "Do Firms Remit at Least 85 Percent of Tax Everywhere? New Evidence from India." *Journal of Tax Administration* 4 (1): 24–37.
Smith, Adam. [1776] 1868. *An Inquiry into the Nature and Causes of The Wealth of Nations*, edited by Edwin Cannan. Chicago: University of Chicago Press〔邦訳　スミス『国富論』〕
Smith, Denis Mack. 2000. "The Revolutions of 1848–1849 in Italy." In *The Revolutions in Europe, 1848–1849: From Reform to Reaction*, edited by R. J. W. Evans and Hartmut Pogge von Strandmann, 55–82. Oxford: Oxford University Press.
Smith, Jada F. 2015. "Cyberattack Exposes I.R.S. Tax Returns." *New York Times*, May 26.
Smith, Peter. 1991. "Lessons from the British Poll Tax Disaster." *National Tax Journal* 44 (4, Part 2): 421–436.
Smith, Stephen. 2008. "Restraining the Golden Weed: Taxation and Regulation of Tobacco." *FinanzArchiv/Public Finance Analysis* 64 (4): 476–507.
Smith, Sydney. 1820. "Review of Seybert's Annals of the United States." *Edinburgh Review 33*.
Soled, Jay A. 1997. "A Proposal to Lengthen the Tax Accounting Period." *American Journal of Tax Policy* 14 (1): 35–68.
Soos, Piroska E. 1990. "Self-Employed Evasion and Tax Withholding: A Comparative Study and Analysis of the Issues." *University of California Davis Law Review* 24 (1): 107–193.
Soos, Piroska E. 1997. *The Origins of Taxation at Source in England*. Amsterdam: International Bureau of Fiscal Documentation.
Sørensen, Peter Birch. 2007. "Can Capital Income Taxes Survive? And Should They?" *CESifo*

Economic Studies 53 (2): 172–228.

Sørensen, Peter Birch. 2010. "Dual Income Taxes: A Nordic Tax System." In *Tax Reform in Open Economies: International and Country Perspectives*, edited by Iris Claus, Norman Gemmell, Michelle Harding, and David White, 78–108. Cheltenham, U.K.: Edward Elgar.

Spang, Rebecca L. 2015. *Stuff and Money in the Time of the French Revolution*. Cambridge, MA: Harvard University Press.

Spartacus Educational. n.d. *JFK Theory: Texas Oil Men*. Online.

Spence, Jonathan. 1969. *To Change China: Western Advisors in China*. Boston, MA: Little, Brown.

Spicer, Jonathan. 2015. "Fed Handed Record $96.9 Bln Profit to Government Last Year." *Reuters Bond News*, March 20.

Spieth, Darius A. 2006. "The Corsets Assignat in David's *Death of Marat*." *Notes in the History of Art* 25 (3): 22–28.

Splinter, David. 2020. "U.S. Tax Progressivity and Redistribution." *National Tax Journal* 73 (4), 1005–1024.

Staggs, Brooke. 2020. "California Passes $1 Billion in Cannabis Tax Revenue Two Years after Launching Legal Market." *The Mercury News*, March 11.

Stamp, Josiah. 1917. "The Taxation of Excess Profits Abroad." *Economic Journal* 27: 26–37.

Star Wars. 1999. "Opening Scene from *The Phantom Menace: Episode 1*." Written and directed by George Lucas. San Francisco, CA: Lucasfilm.

State of Wisconsin. Department of Revenue. 2010. "Sales of Ice Cream Cakes and Similar Items." November 8.

Statista. 2017a. "Profits of State Lotteries in the United States from 2009 to 2016 (in billion U.S. dollars)."

Statista. 2017b. "Sales of State Lotteries in the United States from 2009 to 2016 (in billion U.S. dollars)."

Statista. 2018. "Tobacco Tax Revenue and Forecast in the United States from 2000 to 2023."

Statista. 2019a. "Annual Average Price of a Pack of the Most Sold Brand of Cigarettes in France from 2000 to 2015 (in euros)."

Statista. 2019b. "Recommended Retail Price of a Typical Pack of 20 Cigarettes in the United Kingdom (UK) from 2005 to 2017 (in GBP)."

Stebbings, Chantal. 2011. "Public Health Imperatives and Taxation Policy: The Window Tax as an Early Paradigm in English Law." In *Studies in the History of Tax Law*, vol. 5, edited by John Tiley, 43–72. Oxford: Hart Publishing.

Steinberg, Philip E., and Stephen D. McDowell. 2003. "Mutiny on the Bandwidth: The Semiotics of Statehood in the Internet Domain Name Registries of Pitcairn Island and Niue." *New Media & Society* 5 (1): 47–67.

Stiem, Tyler. 2016. "Race and Real Estate: How Hot Chinese Money Is Making Vancouver Unlivable." *The Guardian*, July 7.

Stiglitz, Joseph E. 1977. "The Theory of Local Public Goods." In *The Economics of Public Services*, edited by Martin S. Feldstein and Robert P. Inman, 274–333. London: Macmillan.

Stotsky, Janet G. 1997. "Gender Bias in Tax Systems." *Tax Notes International* (June 9): 1913–1923.

Strassler, Robert B., ed. 2009. *The Landmark Herodotus: The Histories*. New York: Anchor Books.

Strong, Theron George. 1917. *Joseph H. Choate: New Englander, New Yorker, Lawyer, Ambassador*. New York: Dodd, Mead.

Strumpf, Koleman. 2017. "Tax Flights." Wake Forest University Working Paper, Winston-Salem, NC.

Stubbs, William, ed. [1870] 1936. *Select Charters and Other Illustrations of English Constitutional History from the Earliest Times to the Reign of Edward the First*. Oxford: Clarendon Press.

Sudakov, Dmitry. 2013. "Russian Kopeck Goes Down in History Yet Again." *Pravda*, January 29.

Suetonius. [121] 1957. *The Twelve Caesars*, edited by E. V. Kieu, 150–179. Durham, NC: Duke University.

Summers, Lawrence H. 2017. "Trump's Top Economist's Tax Analysis Isn't Just Wrong, It's Dishonest." *Washington Post*, October 17.

Sundelson, J. Wilner. 1941. "Banning the Use of Margarine through Taxation." In *Tax Barriers to Trade* by Mark Eisner, Robert L. Cochran, Edgar L. Burtis et al., 85–104. Philadelphia: University of Pennsylvania Tax Institute.

Sung, Myung Jae, Rajul Awasthi, and Hyung Chul Lee. 2017. "Can Tax Incentives for Electronic Payments Reduce the Shadow Economy? Korea's Attempt to Reduce Underreporting in Retail Businesses." World Bank, Washington, DC.

Sunley, Emil. 2008. "India: The Tax Treatment of Bidis." Presentation given at the World Bank, Washington, DC, April 8.

Sun-Sentinel. 1993. "Boat Builders Scuttled by Yacht Tax." August 16.

Surendranath, Nidhi. 2013. "200 Years On, Nangeli's Sacrifice Only a Fading Memory." *The Hindu*, October 21.

Tague, Ingrid H. 2008. "Eighteenth-Century English Debates on a Dog Tax." *Historical Journal* 51 (4): 901–920.

Tanzi, Vito, and Ludger Schuknecht. 2000. *Public Spending in the 20th Century: A Global Perspective*. Cambridge: Cambridge University Press.

Tarver, H. Micheal, and Emily Slape, eds. 2016. *The Spanish Empire: A Historical Encyclopedia*, vol. 1. Santa Barbara, CA: ABC-CLIO.

Tax Advisory Partnership. n.d. "Why Does the UK Tax Year Start on April 6 Each Year?" London.

Taxback.com. n.d. "UK Tax History Lesson — How Come the UK Tax Year Ends on April 5th?" Online.

Tax Justice Network, Global Alliance for Tax Justice, PSI, and Oxfam. 2015. *Still Broken: Governments Must Do More to Fix the International Corporate Tax System*. Joint Agency Briefing Note 15, November 10. Oxford, U.K.

Tax Research Foundation. 1938. *Tax Systems of the World*, 7th ed. Chicago: Commerce Clearing House.

Taylor, Frederick. 2013. *The Downfall of Money: Germany's Hyperinflation and the Destruction of the Middle Class*. London: Bloomsbury Publishing.

Thane, Pat. 2000. *Old Age in English History: Past Experiences, Present Issues*. Oxford: Oxford University Press.

Thatcher, Margaret. 1993. *The Downing Street Years*. New York: HarperCollins〔邦訳 マーガレット・サッチャー『サッチャー回顧録――ダウニング街の日々』石塚雅彦訳、日本経済新聞社、1993 年〕

Theobald, Ulrich, 2016. "*jingtian zhi* 井 田 制 , The Well-Field System." http://www.chinaknowledge.de/History/Terms/jingtian.html.

This Way Caribbean Islands. 2001. Winston-Salem, NC: Hunter Publishing.

Thomas, Duncan. 1990. "Intra-household Resource Allocation: An Inferential Approach." *Journal of Human Resources* 25 (4): 635–664.

Thomas, Duncan. 1993. "The Distribution of Income and Expenditure within the Household." *Annales d'Economie et de Statistique* 29: 109–135.

Thorndike, Joseph J. 2013. "Tax History: Is the VAT a Career Killer for Politicians?" *Tax Analysts*, Tax History Project, December 12.

Thorndike, Joseph J. 2016. "Threats, Leverage, and the Early Success of Reprisal Taxes." *Tax Analysts*, Tax History Project, March 17.

Thornton, John. 1983. *The Kingdom of Kongo: Civil War and Transition, 1641–1718*. Madison: University of Wisconsin Press.

Thornton, Mark, and Robert Burton Ekelund Jr. 2004. *Tariffs, Blockades, and Inflation: The Economics of the Civil War*. Wilmington, DE: Scholarly Resources.

Tibballs, Geof. 2017. *Royalty's Strangest Tales*. London: Pavilion Books.

Times, The. 1882. Speech made by Home Secretary Sir William Harcourt at Burton upon Trent, January 23.

Tol, Richard S. J. 2009. "The Economic Effects of Climate Change." *Journal of Economic Perspectives* 23 (2): 29–51.

Trannoy, Alain. 2015. "Much Ado about Nothing: The Solidarity Tax on Wealth (ISF) in France." In *Taxing Wealth: Past, Present and Future*, edited by Caterina Astarita, 32–37. European Commission Discussion Paper 003.

Traynor, Ian, and Helena Smith. 2015. "Wired-up Tax Snoopers Could Be Unleashed in Greece." *The Guardian*, March 6.

Treisman, Daniel. 2002. "Russia Renewed." *Foreign Affairs* 81 (6): 58–72.

Trevisani, Paulo. 2015. "Brazil Probes Alleged Corruption among Tax Officials." *Wall Street Journal*, April 7.

Turner, Michael J. 1998. "The 'Bonaparte of Free Trade' and the Anti-Corn Law League." *Historical Journal* 41 (4): 1011–1034.

Turner, Nicholas. 2012. "Who Benefits from Student Aid? The Economic Incidence of Tax- Based Federal Student Aid." *Economics of Education Review* 31 (4): 463–481.

Tutt, Juliana. 2010. "'No Taxation without Representation' in the American Woman Suffrage Movement." *Stanford Law Review* 62 (5): 1473–1512.

Twain, Mark. 1870. "A Mysterious Visit." *Bufalo Express*, March 19.

Uglow, Jenny. 2014. *In These Times: Living in Britain through Napoleon's Wars, 1793–1815*. London: Faber & Faber.

U.K. Parliament. Public Accounts Committee. 2015. *Tax Avoidance: The Role of Large Accountancy Firms*. London.

Unger, Harlow Giles. 2011. *American Tempest: How the Boston Tea Party Sparked a Revolution*. Boston: Da Capo.

United Kingdom of Great Britain and Ireland. 1920. *Report of the Royal Commission on the Income Tax*. London: His Majesty's Stationery Office.

United Nations. n.d. *World Population Prospects 2019*, File POP/13-A (median estimates). https://population.un.org/wpp/Download/Standard/Population/.

United States Conference of Catholic Bishops. 2019. "Matthew, Chapter 21, Verse 31." *Bible*.

University Chronicle. 1869. "An Impeachment Trial." University of Michigan, March 27.

University of Oxford. 2018. "Tax on Meat Could Offset Health Costs." Press Release, November 6.

University of Pennsylvania. 2002. "Taxes in the Ancient World." *Almanac* 48 (28).

U.S. Agency for International Development. 2018. *Morocco Gender Analysis (Final)*. Washington, DC: Banyan Global.

U.S. Congress. House Committee on Ways and Means. 2017. H.R.1947 — Religious Freedom Peace Tax Fund Act of 2017, 115th Cong.

U.S. Customs and Border Protection. n.d. "Did You Know . . . Thomas Melvill, Herman Melville and Nathaniel Hawthorne All Are Part of CBP History?" Washington, DC.

U.S. Department of the Treasury. 1977. *Blueprints for Basic Tax Reform*. Washington, DC.

U.S. Environmental Protection Agency. 2016. *Social Cost of Carbon*. Washington, DC.

Utt, Robert. 2005. "The Bridge to Nowhere: A National Embarrassment." The Heritage Foundation, Washington, DC.

Vaisey, David, ed. 1985. *The Diary of Thomas Turner, 1754–1765*. Oxford: Oxford University Press.

Vâlsan, Lucian. 2014. "A Bachelor's Tax — Not So Unlikely." *A Voice for Men Blog*.

Vaughan, Robert. 1840. *The History of England under the House of Stuart, including the Commonwealth, Part II*. London: Baldwin and Cradock.

Ventry, Dennis J. Jr. 2011. "Americans Don't Hate Taxes, They Hate Paying Taxes." *UBC Law Review* 44 (3): 835–890.

Viard, Brian. 2014. "China's Salt Monopoly: Cracking Down on Illegal Contraband." *Forbes*, August 4.

Viscusi, W. Kip. 1995. "Cigarette Taxation and the Social Consequences of Smoking." In *Tax Policy and the Economy*, vol. 9, edited by James Poterba, 51–102. Cambridge, MA: MIT Press.

Vose, Ruth Hurst. 1980. *Glass*. London: HarperCollins Distribution Services.

Waite, Robert G. L. 1993. *The Psychopathic God: Adolf Hitler*. New York: Da Capo.

Wallace, David Foster. 2012. *The Pale King*. New York: Little, Brown.

Ward, William R. 1952. "The Administration of the Window and Assessed Taxes, 1696–1798." *English Historical Review* 67 (265): 522–542.

Ward, William R. 1953. *The English Land Tax in the Eighteenth Century*. Oxford: Oxford University

Press.

Wareham, Andrew. 2017. "The Unpopularity of the Hearth Tax and the Social Geography of London in 1666." *Economic History Review* 70 (2): 452–482.

Warner, Jessica, and Frank Ivis. 1999. "'Damn You, You Informing Bitch.' Vox Populi and the Unmaking of the Gin Act of 1736." *Journal of Social History* 33 (2): 299–330.

Waterson, Jim. 2020. "Government Will Abolish the 20% 'Reading Tax.'" *The Guardian*, March 11.

Watson, Katy, and Sarah Treanor. 2016. "The Mexicans Dying for a Fizzy Drink." *BBC News*, Mexico, February 2.

Watt, Holly, David Pegg, Juliette Garside, and Helena Bengtsson. 2016. "From Kubrick to Cowell: Panama Papers Expose Offshore Dealings of the Stars." *The Guardian*, April 6.

Waugh, Evelyn. [1938] 2012. *Scoop*. New York: Little, Brown〔邦訳　イーヴリン・ウォー『スクープ』高儀進訳、白水社、2015 年〕

Webber, Carolyn, and Aaron Wildavsky. 1986. *A History of Taxation and Expenditure in the Western World*. New York: Simon & Schuster.

Wedgwood, Cicely Veronica. 1961. *Thomas Wentworth, First Earl of Strafford, 1593–1641*. London: Phoenix Press.

Weightman, Gavin, 2007. *The Industrial Revolutionaries: The Making of the Modern World, 1776–1914*. New York: Grove Press.

Weinberg, Bennett Alan, and Bonnie K. Bealer. 2002. *The World of Caffeine: The Science and Culture of the World's Most Popular Drug*. New York: Routledge.

Weir, Alison. 1998. *The Life of Elizabeth I*. New York: Ballantine Books.

Weisman, Steven R. 2002. *The Great Tax Wars*. New York: Simon & Schuster.

Weissmann, Jordan. 2012. "America's Dumbest Tax Loophole: The Florida Rent-a-Cow Scam." *The Atlantic*, April 17.

West, Max. 1908. *The Inheritance Tax*. New York: Columbia University Press.

Weyl, E. Glen, and Michael Fabinger. 2013. "Pass-Through as an Economic Tool: Principles of Incidence under Imperfect Competition." *Journal of Political Economy* 121 (3): 528–583.

Whalley, John. 1984. "Regression or Progression: The Taxing Question of Incidence Analysis." *Canadian Journal of Economics* 17 (4): 654–682.

White, Eugene N. 2004. "From Privatized to Government-Administered Tax Collection: Tax Farming in Eighteenth-Century France." *Economic History Review* 57 (4): 636–663.

White, Richard D. Jr. 2006. *Kingfish: The Reign of Huey P. Long*. New York: Random House.

White House. Office of the Press Secretary. 2013. "Remarks by the President on Economic Mobility." December 4.

Williams, Colin C. 2014. *Confronting the Shadow Economy: Evaluating Tax Compliance and Behaviour Policies*. Cheltenham, U.K.: Edward Elgar.

Williams, Judith. 2017. *Little History of Essex*. Gloucestershire: History Press.

Williams, Lena. 1981. "Town of Ministers Still Battling Taxes: The Talk of Hardenburgh." *New York Times*, May 4.

Wilson, Scott. 2016. "Singapore Will Have World's First GNSS Urban Congestion Pricing Scheme

by 2020." *D'Artagnan Consulting Blog*, March 18.

Wintour, Patrick. 2007. "Lost in the Post — 25 Million at Risk after Data Discs Go Missing." *The Guardian*, November 21.

Wood, Robert W. 2015. "10 Notorious Tax Cheats: Queen of Mean Leona Helmsley Proved Little People Can Put You in Jail." *Forbes*, April 17.

Wood, Samuel. 1934. *Tithes*. Fresno, CA: Crown Printing and Engraving.

World Bank. 2001. *Salary Supplements and Bonuses in Revenue Departments: Final Report*. Washington, DC: World Bank.

Ydema, Onno, and Henk Vording. 2014. "Dutch Tax Reforms in the Napoleonic Era." In *Studies in the History of Tax Law*, vol. 6, edited by John Tiley, 489–522. Oxford: Hart Publishing.

Yglesias, Matthew. 2013. "Scrap the Corporate Income Tax." *Slate.com*, April 9.

Yitzhaki, Shlomo. 2007. "Cost-Benefit Analysis of Presumptive Taxation." *FinanzArchiv/Public Finance Analysis* 63 (3): 311–326.

Zaidi, S. Akbar. 1996. "Urban Local Government in Pakistan: Expecting Too Much from Too Little?" *Economic and Political Weekly* 31 (44): 2948–2953.

Zimmermann, Warren. 2002. *First Great Triumph: How Five Americans Made their Country a World Power*. New York: Farrar, Straus and Giroux.

Zucman, Gabriel. 2013. "The Missing Wealth of Nations: Are Europe and the U.S. Net Debtors or Net Creditors?" *Quarterly Journal of Economics* 128 (3): 1321–1364.

図版クレジット　左の数字は掲載ページである。

4（左） the Penn Museum, object no. 33–59–19.
4（右） ©The Trustees of the British Museum. All rights reserved.
8 Benjamin West (1738–1820) / British Library.
11 Time Life Pictures / Mansell / The LIFE Picture Collection.
17（左） CC BY-SA 3.0.
17（右） Photo by Herman John Schmidt. Auckland Libraries Heritage Collections 31–70772.
20 Juan Lepiani — Museo de los Combatientes de Arica.
25 Gary Burt (myspace / slowsmile). CC BY-SA 3.0.
64 Hulton Deutsch / Corbis.
72 故宮博物院所蔵。
93 Georgia Archives, Vanishing Georgia Collection, lon001.
129 Copyright © The British Museum (1868/0808.5437).
137 *John Bull at his studies* by James Gilray (1799).
154 *Le Petit Journal*, March 29, 1914.
165 Murali T.
166 Museum of London, c. 1909.
167 Schwimmer-Lloyd collection, NYPL.
202 $1LENCE D00600D under the GNU.
237 the Milwaukee County Historical Society.
253 David Sanger Photography.
254 Never Ending Voyage.
256 *Eighteenth Century English Drinking Glasses: An Illustrated Guide* by L.M Bickerton (Barrie & Jenkins 1971). Page 148, Plate 385.
257 JRPG. CC BY-SA 3.0.
272 Vladimir Sitnik.
291 Thomas Forsyth, LandlordsGame.
297 Stephen Burch.
315 Georges Lukomski — Archives du Palais de Monaco /Institut audiovisuel.
323（下） Photo: DAVIDT8. Public Domain.
336 William Heath Robinson, "Doubling Gloucester cheeses by the Gruyere method in an old Gloucester cheese works when cheese is scarce," *The Sketch*, 15 May 1940. Pen and wash, 390 x 295mm. With kind permission of the Heath Robinson Museum.
365 Mary Evans Picture Library Ltd.
380 Photographer: Bradley C. Bower / Bloomberg via Getty Images. Reprinted by permission.

399　Géraldine Simonnet-Keen.

427　*Smugglers* by John Augustus Atkinson, 1808.

429　Division of Work and Industry, National Museum of American History, Smithsonian Institution.

435　*Lady Godiva* by John Collier (1897).

447　"Free Trade and Protections," London School of Economics.